जहाँ फव्वारे लहू रोते हैं

नासिरा शर्मा का जन्म सन् 1948 में इलाहाबाद में हुआ। उन्होंने फ़ारसी भाषा साहित्य में एम.ए. किया। हिन्दी, उर्दू, अंग्रेज़ी, पश्तो एवं फ़ारसी पर उनकी गहरी पकड़ है। वह ईरानी समाज और राजनीति के अतिरिक्त साहित्य, कला व संस्कृति विषयों की विशेषज्ञ हैं। इराक़, अफ़ग़ानिस्तान, पाकिस्तान व भारत के राजनीतिज्ञों तथा प्रसिद्ध बुद्धिजीवियों के साथ उन्होंने साक्षात्कार किये, जो बहुचर्चित हुए। ईरानी युद्धबन्दियों पर जर्मन व फ़्रांसीसी दूरदर्शन के लिए बनी फ़िल्म में उनका महत्त्वपूर्ण योगदान रहा। सर्जनात्मक लेखन में प्रतिष्ठा प्राप्त करने के साथ ही स्वतन्त्र पत्रकारिता में भी उन्होंने उल्लेखनीय कार्य किया है।

प्रकाशन : उपन्यास : *सात नदियाँ एक समन्दर, शाल्मली, ठीकरे की मँगनी, ज़िन्दा मुहावरे, कुइयाँ-जान, ज़ीरो रोड, अक्षयवट, अजनबी ज़जीरा, पारिजात, काग़ज़ की नाव, शब्द पखेरू, दूसरी जन्नत, अल्फ़ा-बीटा-गामा*; **कहानी-संग्रह :** *शामी काग़ज़, पत्थर गली, संगसार, इब्ने मरियम, सबीना के चालीस चोर, .ख़ुदा की वापसी, बुतख़ाना, दूसरा ताजमहल, इन्सानी नस्ल*; **सम्पूर्ण अध्ययन अफ़ग़ानिस्तान :** *बुज़कशी का मैदान,* (दो खण्डों में) *मरजीना का देश इराक़*; **लेख-संग्रह :** *राष्ट्र और मुसलमान, औरत के लिए औरत, औरत की दुनिया, वो एक कुमारबाज़ थी, औरत की आवाज़*; **रिपोर्ताज :** *जहाँ फ़व्वारे लहू रोते हैं*; **संस्मरण :** *यादों के गलियारे*; **अनुवाद :** *शाहनामा-ए-फ़िरदौसी, गुलिस्तान-ए-सादी, क़िस्सा जाम का, काली छोटी मछली, पोयम ऑफ़ प्रोटेस्ट, बर्निंग पायर, अदब में बायीं पसली* (छह खण्डों में); **आलोचना :** *किताब के बहाने, सबसे पुराना दरख़्त*; **विविध :** *जब समय बदल रहा हो इतिहास*; **बाल-साहित्य :** *भूतों का मैकडोनल, दिल्लू दीमक, बदलू और उसकी मित्रमण्डली* (उपन्यास)। *गुल्लू, गिल्लो बी, दर्द का रिश्ता, चितकबरी* (कहानी-संग्रह); **नवसाक्षरों के लिए :** *धन्यवाद, पढ़ने का हक़, सच्ची सहेली, एक थी सुल्ताना*; **टी.वी. फ़िल्म व सीरियल :** 'तड़प', 'माँ', 'काली मोहिनी', 'आया बसन्त सखी', 'सेमल का दरख़्त' (टेलीफ़िल्म), 'शाल्मली', 'दो बहनें', 'वापसी' (सीरियल)।

सम्पर्क : डी-37/754, छत्तरपुर हिल्स, नयी दिल्ली-74।

जहाँ फ़व्वारे लहू रोते हैं

नासिरा शर्मा

वाणी प्रकाशन

प्रकाशन के उत्कृष्टतम 62 वर्ष

पेपरबैक पहला संस्करण : 2021
पेपरबैक दूसरा संस्करण : 2024
पेपरबैक तीसरा संस्करण : 2025

vaniprakashan.com

वाणी प्रकाशन

4695, 21-ए, दरियागंज, नयी दिल्ली-110 002

फ़ोन : + 91 11 23273167, 23275710

शाखाएँ

अशोक राजपथ, पटना-800 004, बिहार

कॉफ़ी हाउस कैम्पस, महात्मा गांधी मार्ग, प्रयागराज-211 001, उत्तर प्रदेश

महात्मा गांधी अन्तरराष्ट्रीय हिन्दी विश्वविद्यालय, वर्धा-442 001, महाराष्ट्र

sales@vaniprakashan.in
vaniprakashan@gmail.com

Jahan Favvare Lahoo Rote Hain
by Nasera Sharma

ISBN : 978-81-948736-1-7
Travelogue/Reportage

मूल्य : ₹ 695

सिटी प्रेस, दिल्ली-110 095 में मुद्रित
वाणी प्रकाशन का लोगो मक़बूल फ़िदा हुसैन की कूची से

अपने फ़ारसी उस्ताद
ख़ुसरू कसरवी
को

दो शब्द

इतने साल गुज़र जाने के बाद भी मेरी पहचान ईरान पर लिखी मेरी रिपोर्ताज़ों से बनी हुई है। इसका अन्दाज़ा उन जगहों पर जाकर होता है जहाँ लोग मेरी साहित्यिक कृतियों से क़तई वाक़िफ़ नहीं हैं मगर मेरा नाम सुनते ही एकाएक पूछ बैठते हैं 'वही नासिरा शर्मा, ईरान वाली?' फिर वे इण्डियन एक्सप्रेस, हिन्दुस्तान टाइम्स, असरी अदब, क़ौमी आवाज़, सारिका, पुनश्च, नवभारत, दैनिक हिन्दुस्तान जहाँ भी मुझे पढ़ा हो उसका ज़िक्र करते हुए फ़ौरन कह उठते हैं कि आप से मिलने और आपको देखने की बड़ी इच्छा थी जो आज पूरी हुई। फिर किसी लेख या रिपोर्ताज़ के माध्यम से बातचीत का सिलसिला शुरू हो जाता जिसमें ईरान की वर्तमान स्थिति पर ढेरों प्रश्न होते। एक ग़लतफ़हमी जो अक्सर लोगों को मेरे बारे में है जिसमें डाक्टर रामविलास शर्मा सरीखे विद्वान भी शामिल हैं कि मैं ईरानी हूँ और बी.बी.सी. लन्दन वाले मार्कटुली की तरह भारत प्रेम एवं पेशे के चलते हिन्दुस्तान में रह गई हूँ। उनकी बातें सुनकर हँसती भी हूँ और ताज्जुब भी करती हूँ कि क्या वास्तव में राहुल सांकृत्यायन को लोग भूल गए हैं जिन्होंने ईरान पर विस्तार से काम किया या फिर रेणु को जो नेपाल क्रान्ति को देखकर बौद्धिक स्तर पर उद्वेलित हो उठे थे?

इन रिपोर्ताज़ों से दोबारा गुज़रना मेरे लिए बड़ा कष्टदायक अनुभव साबित हुआ। एक तरफ़ यक़ीन करना मुश्किल हो रहा था कि इस सबसे गुज़रने वाली मैं ही थी जो इब्नेबतूता बनी, सर पर कफ़न बाँधे इन इलाक़ों में घूम रही थी। या फिर दूसरी तरफ़ आश्चर्यमिश्रित अविश्वास में डूब-उतर रही थी कि क्या वास्तव में ईरानी क्रान्ति का वह समय इस हद तक अंकुश, आतंक, अत्याचार एवं अमानवीय घटनाओं से भरा हुआ था? इस दिमाग़ी कैफ़ियत का असर यह हुआ कि जो पुस्तक साल भर के अन्दर आनी थी वह पूरे तीन साल बाद आई क्योंकि प्रूफ़ पढ़ते हुए कोई भी लेख या रिपोर्ताज़ पूरा करने से पहले ही मैं उत्तेजना से भर जाती। बदन में गर्म-गर्म ख़ून दौड़ने लगता, आँखें तन-सी जातीं, नसें चिटखने सी लगतीं और मैं कई-कई दिन तक मेज़ की तरफ़ जाने का हौसला नहीं बना पाती थी। शहादत, हादसा, युद्ध के ज़रिये मरने वाले मित्रों की शक्लें आँखों के सामने घूमने लगतीं जो मुझसे सवाल करतीं कि मैंने ईरान की सियासत पर लिखना क्यों बन्द कर दिया? मैं कैसे कहती कि मेरी जान का ख़तरा कितना बढ़ गया था। पहले तो

वीज़ा मिलना नामुमकिन था दूसरे 1983 में युद्धबन्दियों पर बनी मेरी दोनों फ़िल्में रात-दिन ईरान में इस घोषणा के साथ दिखाई जाती थीं कि इस चेहरे को पहचान लें यह इंक़िलाब के दुश्मन का है। ख़ानम शिया और सैयद हैं मगर शादी हिन्दू से की है इसलिए इनका किरदार कैसा होगा इसका अन्दाज़ा आप ख़ुद कर लें। ऐसे प्रचार के बाद वहाँ जाना शेर की माँद में हाथ डालना था। उद्देश्यहीन मौत को दावत देना कोई अक़्लमन्दी नहीं थी। बिना जाए केवल रेडियो की ख़बरों के आधार पर लेख लिखना मुझे कभी स्वीकार न था सो नई क्रान्ति के इन्तज़ार में यह चन्द साल मैंने ख़ामोशी से गुज़ारे मगर इन रिपोर्ताज़ों ने जो उथल-पुथल मेरे अन्दर जगाई और जो पीड़ा मैंने सही उसका बयान मुश्किल है तो भी वाजिदअली शाह की यह पंक्तियाँ मेरे लिए बहुत बड़ा सच हैं जो उन्होंने मटिया बुर्ज कलकत्ता में रहते हुए कही थीं जब उन्हें अपने वतन लखनऊ की ख़बरें मिलतीं और अंग्रेज़ों की तानाशाही की वारदातें :

सर्व गड़ गड़ गए
फौव्वारे लहू रोते हैं
ख़ाक उड़ी बाग़ में
क्या क्या न हुआ मेरे बाद

ईरान मैं अन्तिम बार 1982 में गई। उसके बाद बहुत कुछ गुज़रा। जानने वाले बिखर गए। पते खो गए। घर बम से उड़ गए। उन सारे हादसों को मैं शब्दों से गढ़ कर अपनी कहानियों में जीवित करने लगी। 'संगसार' कहानी संग्रह उन्हीं यादों का एक क़ाफ़िला है जिसमें वह सब कुछ है जो मेरे आने के बाद वहाँ गुज़रा जिसकी परछाइयाँ मेरा पीछा तब से कर रही थीं जब से मानव अधिकार संस्था से मैं लगातार ईरान में मौत के घाट उतारे जाने वाले बुद्धिजीवियों के लिए अपील करती रही हूँ मगर कुछ नहीं रुका थमा शायद इसीलिए कहा गया है कि इंक़िलाब अपने ही बच्चे खाता है। यह सारी रिपोर्ताज़ जो पिछले पच्चीस वर्ष (1976-2003) के अन्तराल में लिखी गई हैं! जब ईरान के सोये आतशकदे लोगों के दिल व दिमाग़ में सुलग उठे थे। ज़मीन पानी की जगह ख़ून उगलने लगी थी। सूरज सवा नेज़े पर पहुँच गया था। माहौल कुछ इस तरह का बन गया था कि घटनाएँ इतिहास बनकर अपनी रिपोर्टिंग ख़ुद लिख रही थीं। आतंक और अंकुश भाषा शैली का नया मुहावरा गढ़ रहे थे। जिसमें बहुत कुछ अनकहा छूटने के बावजूद बहुत कुछ दर्ज़ हो रहा था। संकेत भरी अभिव्यक्तियों के बीच इन्सान से ज़्यादा मुद्दे महत्त्वपूर्ण हो उठे थे।

ईरान की यह क्रान्ति केवल अपनी सरहदों तक क़ैद नहीं रही बल्कि दो महान शक्तियों की रस्साकशी के बीच इसने विश्व के लगभग सभी राष्ट्रों पर प्रभाव डाला चाहे यह प्रभाव सियासी था या समाजी या फिर धार्मिक परन्तु वैचारिक स्तर पर इससे कोई भी नहीं बच पाया। इस क्रान्ति में प्रत्येक राष्ट्र ने अपना व्यक्तिगत लाभ देखा और विशेष विचारधारा रखने वाले गुटों ने समाजवाद का भविष्य आँका।

महान शक्तियों द्वारा शोषित इलाक़ों ने इमाम ख़ुमैनी के न पूर्व न पश्चिम के नारे में अपने स्वतंत्र अस्तित्व का सपना पाया। इस बात का प्रमाण मेरी वह रिपोर्ताज़ें हैं जो अन्य देशों पर लिखी हुई हैं जहाँ से मैं उन वर्षों में गुज़री जब ईरान आर्थिक स्तर पर भी मुद्दा बना हुआ था उसके द्वारा महत्त्वपूर्ण योजनाएँ उन देशों में ठप पड़ी हुई थीं। ईरान-इराक़ युद्ध भी इस सन्दर्भ की एक बेहूदा साज़िश थी जो विश्व स्तर पर दो प्रगतिशील विचार वाले एवं समृद्ध देशों को तबाह करने के लिए रची गई थी। फ़िलिस्तीन का इलाक़ा जो सभ्यता एवं इतिहास की दृष्टि से गहरी जड़ें रखता था पिछले पचास वर्षों में ख़ूनी मुठभेड़ों एवं सियासी विवाद के घेरे में खड़ा है। चौथा देश लीबिया है जहाँ राष्ट्रपति ग़द्दाफ़ी ने अमेरिका की मुँहज़ोर नीति के ख़िलाफ़ आवाज़ उठाई तो उसके देश पर अमेरिका ने विश्व स्तर की सभी मानवीय एवं क़ानूनी बन्दिशों का उल्लंघन कर भारी बमबारी की थी। इन चार देशों के तेवरों के संग जो छोटे राष्ट्र अमेरिका विरोधी हैं वे भी हर तरह का अभिशाप सहते हैं मगर सऊदी अरेबिया जहाँ पर अमेरिकी सत्ता मौजूद है वहाँ पर उसका दोहन हर स्तर पर हो रहा है जो जगज़ाहिर है।

ऐसी स्थिति में ईरान क्रान्ति के अर्थ बदल जाते हैं वह केवल समाजी बदलाव के लिए नहीं आई थी बल्कि अपने अस्तित्व को क़ायम रखने के लिए हुई थी जिसमें ज़बान और क़लम की आज़ादी, आर्थिक स्वावलम्बन, धन का सही वितरण, महान शक्तियों द्वारा शोषण यह वह मुद्दे थे जो विचारधारा एवं धर्म की भाषा में व्यक्त हो रहे थे जिसका लक्ष्य ईरान को अमेरिका या सोवियत संघ (विखंडन से पहले) में नहीं बदलना था बल्कि अपनी ईरानी पहचान को क़ायम रखना था।

पहली यात्रा में जिस ईरान ने मुझे अपना मेहमान बना कर बुलाया था, उसकी आध्यात्मिक एवं सूफ़ियाना साहित्यिक ऊर्जा को मैंने गहराई से महसूस किया था। यह अहसास जागा था जैसे अपने देश का दरवाज़ा खोल कर मैंने अपने घर के दूसरे आँगन में क़दम रखा हो। दूसरी यात्रा वर्ष भर बाद मैंने अपने ख़र्च पर की जिसका उद्देश्य ईरान की महत्त्वपूर्ण साहित्यिक कृतियों एवं हिन्द व ईरान साझी सभ्यता पर काम करना था। उसी सिलसिले में शाहनामा फ़िरदौसी के महत्त्वपूर्ण किरदार रुस्तम को एक हीरो के रूप में कॉमिक सीरीज़ द्वारा पाठकों तक पहुँचाना था। लिखित प्रोजेक्ट पर बातचीत कई माह से चल रही थी। देशी-विदेशी पब्लिशरों को मैंने प्रोजेक्ट की कापी भेज दी थी। ईरान में स्थित 'बुनियाद-ए-शाहनामा' के ज़बानी बुलावे पर कि इस पेशकश पर बात हो सके मैं ईरान गई मगर वहाँ तो शाही व्यवस्था के विरोध में बिसात बिछ गई थी। शाहनामा का अर्थ अब ऐतिहासिक ग्रन्थ नहीं बल्कि पहलवी काल के प्रति उपजी घृणा का नाम हो गया था। बुनियाद-ए-शाहनामा संस्थान बन्द और उसके प्रोफ़ेसर अंडरग्राउंड हो गये और नया साहित्य का अध्याय मेरे सामने खुला था जो जनता की भाषा में वह सब कुछ कह रहा था जो इन्सान की ज़रूरतों के क़रीब था। मैं इस जागृति से प्रभावित हुई थी। यह आन्दोलन केवल रोटी, कपड़ा, मकान का न था बल्कि लिखने, पढ़ने, बोलने की स्वतंत्रता को लेकर था। अकुंश और सेंसरशिप के बेजा दखल के विरुद्ध था। एक दूसरी आग सीने में दबाए लौटी। यह अलग बात है कि दस वर्ष बाद

कॉमिक के रूप में तो नहीं परन्तु पुस्तक के रूप में शाहनामा की ग्यारह महत्त्वपूर्ण कहानियों का अनुवाद करने में सफल हुई।

शाह व्यवस्था के विरोध में क़लम उठाने से पहले मेरी नैतिक ज़िम्मेदारी थी कि मैं अपने ईरानी उस्ताद ख़ुसरू कसरवी से जिनसे प्राइवेट ट्यूशन लेती थी उन्हें सूचित करूँ कि मैं यह काम करने जा रही हूँ। दरअसल कसरवी साहब ईरान ऑयल रिफाइनरी में से रिटायर होकर भारत अपने बेटे के संग आये थे ताकि वह पढ़ाई कर सके। उनका निवास इंडिया इंटरनेशनल में था। उनका साहित्यिक रुझान और लम्बे अरसे तक रेडियो से सम्बन्धित रहने के कारण उनका व्यक्तित्व अफ़सराना कम और प्रोफ़ेसराना ज़्यादा था जिसने मुझे केवल फ़ारसी भाषा का ज्ञान नहीं दिया बल्कि जीवन मूल्यों में गहरी नैतिक दृष्टि का सदा समर्थन देकर मुझे व्यावहारिक जीवन का अर्थ समझाया। उनकी सीख थी कि कोई कुछ बुरा कह रहा है तो उसको अनसुना कर दो। यदि बहरा बनना मुमकिन न हो तो बेहतर है उस नामाकूल बात से सकारात्मक पहलू निकालना। उनकी इन बातों ने मुझे उस समय बहुत शक्ति दी जब इन रिपोर्ताज़ों के लिखने के कारण मेरा दाखिला पी-एच.डी. में न हो सका और नौ माह जे. एन. यू. छात्र यूनियन ने फ़ारसी विभाग से लड़ाई की और अन्त में कुछ लड़कों के भुन जाने और एस. एफ. आई. के दो टुकड़े होने से सम्पूर्ण छात्र आन्दोलन बैठ गया और फर्स्ट डिविज़न उसी विभाग से लेने के बाद मुझे इस बात पर रद्द कर दिया कि मुझे फ़ारसी नहीं आती। जामिया में तीन वर्ष पढ़ाने के बाद ईरान पर अपने दृष्टिकोण के कारण नौकरी से इस्तीफा देना पड़ा क्योंकि रूढ़िवादी एवं अवसरवादी शक्तियाँ फ़ारसी अध्यापन की सक्रिय हुईं तो उनके समर्थन में पूरा मोर्चा मेरे विरुद्ध बन गया। मुझे लगा कि हर जगह लड़ने से अच्छा है क़लम चलाना; सो 1983 से अध्यापन कार्य छोड़ मैं पूर्ण रूप से लेखन में समर्पित हो गई।

ईरान के अलावा अन्य कई देशों पर मेरे लिखे रिपोर्ताज़ एवं लघुलेख इस पुस्तक में शामिल हैं। जापान, पेरिस, लन्दन, नेपाल, अफ़ग़ानिस्तान, पाकिस्तान, इराक़, फिलिस्तीन, कुर्दिस्तान आदि जहाँ सुरक्षा और शान्ति एक सपना बन गये हैं। उन देशों में भी ईरान की क्रान्ति के पदचिह्न साफ़ नज़र आते थे जैसे आज अमेरिका एवं अफ़ग़ानिस्तान के चलते पूरा विश्व किसी न किसी रूप में इस युद्ध की चपेट में आ गया है। अकसर मैं सोचती हूँ कि इस तरह के लेखन के चलते मैं पिछले तीस वर्ष से कितने तनाव-दबाव और व्यथा में रही हूँ। मेरे लेखन ने इन देशों का रुख कैसे किया मैं नहीं जानती मगर कारण ज़रूर कुछ होगा शायद सिर्फ़ इतना सा कि मैं अपने समय के प्रति सचेत हूँ।

दुनिया के अनेक राष्ट्र तरह-तरह की कठिनाइयाँ झेल रहे हैं सब तक पहुँचना और उन सब के बारे में लिखना एक पुस्तक में मुश्किल है तो भी एक सरसरी नज़र डालती हूँ तो ज्ञात होता है कि अमेरिका के बम अफ़ग़ानिस्तान के अलावा कहाँ-कहाँ कब-कब गिरे। निकारागुआ 1981-90, लेबनान 1982-84, होंडूरास 1983-89, ग्रेनेडा 1983-1984, ईरान 1984, लीबिया 1986, बोलीविया 1986,

ईरान 1987-88, लीबिया 1989, फिलीपींस 1989, पनामा 1989-90, सऊदी अरब 1990-91, इराक़ 1990 से लगातार, कुवैत 1991, सोमालिया 1992-94, युगोस्लाविया 1992-94, बोस्निया 1993-95, हैती 1994-96, क्रोएशिया 1995, ज़ायर कागो 1996-97, सूडान 1998, अफ़ग़ानिस्तान 1998, इराक़ 1998, युगोस्लाविया 1999, यमन 2000, मैसेडोनिया 2001, अफ़ग़ानिस्तान 2001, इराक़ 2003, लीबिया 2011, सीरिया 2014-2017, ईरान 2020। इससे इन्सान और हथियार के ख़तरनाक रिश्ते का तो पता चलता ही है साथ ही यह सवाल भी उठता है कि ऐसे भयानक हथियार बनते क्यों हैं और संवाद की जगह उनका प्रयोग करने के पीछे का मनोविज्ञान क्या है।

उस्ताद ख़ुसरू कसरवी को मेरा इस तरह का लेखन पसन्द नहीं आया। उनका ख़याल था कि मैं अपने चारों तरफ विश्व स्तर पर शत्रुओं को उद्वेलित कर लूँगी दूसरे यह कि जो इस समय घटित हो रहा है वह केवल ईरान को वीरान करने की साजिश भर है जिसमें मेरा पड़ना मुनासिब नहीं है क्योंकि मेरा लक्ष्य साहित्य है सियासत नहीं। उनके समझाने के बावजूद मैंने लिखा। बहुत कुछ भुगता मगर हमारे बीच कभी कटुता नहीं आई। तब भी नहीं आई जब ईरान से रुपए आने बन्द हो गए और वह इंडिया इंटरनेशनल के फ्लैट से नीतिबाग़ की एक बरसाती में रहने लगे। उनका बेटा बकताश अमेरिकन स्कूल से निकल कर जामिया मिलिया इस्लामिया में पढ़ने लगा मगर हालात के इतने बड़े बदलाव को न झेल पाने के कारण वह 'डिप्रेशन' का शिकार हो गया। उनकी परेशानी देखकर मुझे दुख होता। मैं चाहकर भी उनके लिए कुछ नहीं कर सकती थी। अन्त तक हमारा उस्तादशागिर्द का रिश्ता उसी शिक्षादान के रूप में चलता रहा जहाँ से बना था। उनका योगदान मेरे जीवन में गहरा है यदि वह फ़ारसी का उच्चारण सही न सिखाते न पर्तदार फ़ारसी का मुहावरा समझाते तो मैं नए ईरान पर काम नहीं कर सकती थी। क्लासिक फ़ारसी और माडर्न फ़ारसी में भाषा साहित्य के स्तर पर ज़मीन आसमान का फ़र्क़ आ गया था। कसरवी साहब आज कहाँ हैं मुझे कोई इत्तला नहीं है मगर उनकी दी विद्या आज भी मेरे पास है। उनके प्रति मेरी श्रद्धा का बेहद हक़ीर परन्तु महत्त्वपूर्ण तोहफ़ा यह पुस्तक है जो उनको समर्पित है।

ईरान की वर्तमान स्थिति को समझने के लिए यह पुस्तक एक अहम दस्तावेज़ है।

मैं उन चित्रकारों की आभारी हूँ जिनके रेखाचित्रों को मैंने इस पुस्तक में लिया।

नासिरा शर्मा

डी 37/754
छतरपुर पहाड़ी
नई दिल्ली-30

अनुक्रम

खण्ड : एक

पहली यात्रा

● ईरान : एक ख़ूबसूरत ग़ज़ल

ईरान : एक ख़ूबसूरत ग़ज़ल

ईरान इतना ख़ूबसूरत होगा, हमारे वहम गुमान में भी न था। चिनार के घने दरख़्तों की छाया में पड़ी काली चौड़ी सड़कें और वृक्षों की जड़ों से बहता शफ़ाफ़ ठंडा अलबुर्ज़ पर्वत की बर्फ़ का पिघला पानी किसी पेंटिंग की तरह लगता था। लड़के-लड़कियों का अल्हड़, मस्त टोला हँसता, आइसक्रीम खाता गुज़र जाता था। इस भीड़ से ही पहली बार किसी शरीफ लड़की ने मेरी साड़ी देखकर पुकारा था। 'ख़्वाहर-ए-राजकपूर' अर्थात राजकपूर की बहन। बाद में पता चला कि ईरानी भारत की हर चीज़ पर बुरी तरह फ़िदा रहते हैं। चाहे वह गाँधी-नेहरू हों या ऋग्वेद की ऋचाएँ या फिर हिन्दी फ़िल्में हों। हर ईरानी अपनी रुचि के मुताबिक़ विस्तृत हिन्दुस्तान से कुछ न कुछ उठा लेता है।

पहलवी काल की पचासवीं सालगिरह को बड़े धूमधाम से मनाया जा रहा था। उसी कार्यक्रम में एक योजना फ़ारसी अध्यापकों एवं विद्यार्थियों के लिए थी। हम तेरह लोग जिसमें पूरे भारत से चुने हुए अध्यापक एवं विद्यार्थी शामिल थे एक साथ मेहमानख़ाने में रखे गए थे। हमारा काम सुबह उठकर नाश्ता करना और फिर सारे दिन तेहरान घूमना था ताकि हम वहाँ की बोलचाल की फ़ारसी सीख लें। शाम को ऐतिहासिक इमारतों, विश्वविद्यालय, पुस्तकालय से लौटते तो काफ़ी थके होते मगर फिर चाय पीकर थोड़ा आराम कर हम सब बाहर निकल पड़ते और फ़ारसी फ़िल्में देखते। डबिंग में ईरान का पहला नम्बर था सो हर देश की महत्त्वपूर्ण फ़िल्में हम फ़ारसी में देखते। शुरू में बड़ा परेशान होते मगर धीरे-धीरे कान फ़ारसी उच्चारण के आदी हो गए और जब हमको हफ़्ते भर बाद बुनियाद-ए-फरहंग-ए ईरान जिसकी दावत पर आए थे जाना पड़ता तो सारी सूचनाएँ देने के बाद हमें एक वाक्य ज़रूर सुनने को मिलता कि किसी भी भाषा को सीखने के लिए कान, आँख, ज़बान खुली रखनी चाहिए सो फ़िल्में और लोगों द्वारा सही उच्चारण सुनना और दोस्तों से बातचीत के समय बिना झिझक फ़ारसी बोलना और बुनियाद ने जो क्लासिक साहित्य को आसान फ़ारसी में छोटे खंडों में छापा है, उसे पढ़ना।

एक विचित्र अनुभव था कि फ़ारसी द्वारा हमें संसार भर का पता चल रहा

था क्योंकि फ़िल्में विदेशी, पुस्तकें विश्व भर की, बेहतरीन साहित्य के अनुवाद के रूप में मौजूद थीं। इससे हमारा ज्ञान पूरे विश्व स्तर पर बढ़ रहा था। हर पल कुछ सीखना और समझना। ईरानी क़ौम बहुत मेहमाननवाज़ क़ौम है आख़िर भारत का ही तो अंग है बक़ौल जवाहर लाल नेहरू के आर्य, एक चने की दो दाल के रूप में ईरान और भारत की ओर आए। बहरहाल सड़क पर यदि उन्हें पता चल जाता कि हम पाकिस्तानी नहीं भारतीय हैं तो हज़ार क़समें दिलाकर वे लड़कियाँ, औरतें हमें घर ले जातीं और ख़ूब जी भर कर आवभगत करती थीं। कभी-कभी वात्सल्य और स्नेह से भर कोई तोहफ़ा दे देतीं। मुझे लगने लगा कि ईरान का सौन्दर्य प्रकृति नहीं बल्कि वहाँ के लोग हैं।

भारतीय अपनी भावना को छुपाना मर्यादा समझते हैं मगर वहाँ मर्यादा-पालन का अर्थ था अपनी भावना को व्यक्त करना। उदाहरण के रूप में यदि किसी ने आपको चाय की प्याली थमाई तो आपको झट कहना पड़ेगा कि तुम्हारे हाथ दुःखे न और जिसने प्याली थमाई है वह फ़ौरन कहेगा कि आपका मुँह और सर दर्द न करें। यही नहीं बल्कि इससे आगे देखें कि अगर किसी ने कहा कि आपका यह ज़ेवर बड़ा ख़ूबसूरत है तो वह फ़ौरन शुक्रिया के साथ यह वाक्य कहेगी, श्रीमती जी आपकी आँखें सुन्दर हैं। ऐसी भाषा को जो इतनी संवेदनशील हो उसको बोलने में विशेष माधुर्य कंठ में अपने आप आ जाता था। इस तरह की बातें शुरू में बड़ा परेशान करती थीं। बोलने से पहले चेहरा लाल हो जाता था। शर्म से ज़बान रुकती थी मगर एक माह बाद हम लोग फ़र्राटे से फ़ारसी बोलने लगे थे।

फ़ारसी भाषा साहित्य के एक बड़े सेमिनार के दावत में भूतपूर्व प्रधानमन्त्री हुवैदा से मुलाक़ात हुई थी। जो ईरानी व्यवस्था में अपना महत्त्वपूर्ण स्थान रखते थे। उसी के बाद पता चला कि हम सबको शाहबानो फ़रहा ने अपने महल में बुलाया है चूँकि रमज़ान का महीना था सो चाय-नाश्ता नहीं होगा बस मुलाक़ात होगी। शाहबानो के बारे में इतना कुछ पढ़ रखा था कि उसे देखने की उत्सुकता बढ़ गई। महल के बड़े हाल में जब हम पहुँचे तो वह अन्दर दाख़िल हुई और एक-एक करके हमारा परिचय हुआ और सबसे उन्होंने थोड़ी-थोड़ी देर बात की और हम लौट आए। जितना उत्साह और तैयारी थी वह पल भर की मुलाक़ात के बाद उदासी में बदल गई थी। शायद यह प्रकृति का उसूल है। हर उत्सव का अन्त थकान होता है और हर बारात की बिदाई के बाद उदासी। बहरहाल जो लुत्फ़ उसी शाम 'बटरफ़्लाई' आपेरा फ़ारसी में देखने में मज़ा आया वह आज भी ज़िन्दा है।

ईरान के पाँच शहर हमको देखने थे। इस्फ़ाहान, शीराज़, तेहरान, ख़ुर्रमशहर और मशहद। चारों शहर साहित्यिक एवं ऐतिहासिक दृष्टि से महत्त्वपूर्ण थे। ख़ुर्रमशहर तेल का भंडार था। उसको हमें ईरानी की प्रगति की धुरी के रूप में देखना ज़रूरी था जो एक अनुभव से कम न था। तेल के कुओं पर जलती गैस के लपकते शोले एक अलग आकाश का निर्माण कर रहे थे। समन्दर के किनारे होने के कारण एक अजीब भाप भरा माहौल पूरे शहर में व्याप्त था। बाज़ार पुराने अन्दाज़ के सराये की तरह थे जिन्हें हम आज के वातानुकूल बाज़ार से तुलना कर सकते हैं ताकि लोग गर्मी से भी ढके छुपे सारी ख़रीदारी कर सकें। यहाँ पर अरब देशों का सामान भी भरा था और भाषा भी अरबी बोली जा रही थी।

मशहद, शीराज़ एवं इस्फ़ाहान का अनुभव अपने में बेजोड़ था। फ़िरदौसी, सादी, हाफ़िज़ जैसे बड़े कवियों के सुन्दर मक़बरों में बैठना एक अलौकिक सुख की प्राप्ति जैसा था। वहाँ के शाही पार्क जहाँ पर बड़े-बड़े बुद्धिजीवियों की मूर्तियाँ लगी थीं। हर मोड़ पर किसी एक कवि का अस्तित्व अपनी पूरी गरिमा के साथ नज़र आता था। मामूली लोग जो ज़्यादा पढ़े-लिखे नहीं थे मगर किताब साथ रखते थे। वह मज़दूर जो अंगूर रोटी या तरबूज़ रोटी खाकर अपनी पेट की आग बुझा किसी पेड़ की छाया में लेट थकान उतारता था। वह भी शे'र पढ़ना और सुनना पसन्द करता था। शायरी ईरानियों के ख़ून में बहता वह द्रव था जो उन्हें हमेशा मस्त रखता था। इसी कारण वहाँ पुस्तकों के दाम बहुत कम थे और हर आम और ख़ास आदमी उसे ख़रीदने का हौसला और औक़ात रखता था। यह कहना अतिशयोक्ति नहीं होगी कि क़ुरान के बाद ईरानियों के लिए जो सबसे महत्त्वपूर्ण किताब थी वह थी 'हाफ़िज़ का दीवान' जिससे ईरानी 'फ़ाल' देखते थे। जवान लड़के-लड़कियों का पाकेट साइज़ दीवान ज़रूर अपने पर्स में डाले रखते और जब चाहते हाफ़िज़ की महबूबा 'शाख़-ए-नबात' को सम्बोधित कर इच्छा का स्मरण कर दीवान खोलते और उसमें निकली ग़ज़ल से अपना भविष्यफल देखते जो उनके विश्वास के अनुसार सही निकलता था।

ईरान के चायख़ाने बड़े दिलचस्प थे। उनमें कशीदाकारी के नमूने लगे होते। बड़े-बड़े पेचवान और मोतियों की झालरों से सजे हुक़्क़े और फ़ालगीरन राजस्थानी ड्रेस की तरह बड़े-बड़े घुमावदार लहँगे पहने घूमती लोगों का हाथ पढ़ती थी और धीरे-धीरे शाहनामा फ़िरदौसी जिसको 'नक़्क़ाली' कहा जाता वह संगीत की तरह गूँजता। पूरा माहौल बड़ा ऐतिहासिक हो उठता और वहाँ बैठकर महसूस होता कि आम ईरानी नहीं बल्कि व्यवस्था तक साहित्य के प्रक्षेप का महत्त्व समझती है। नाटक, फ़िल्में, संगीत समारोह, नृत्य सभी कुछ हरदम कहीं-न-कहीं होता रहता था और हर जगह हमारा पहुँचना नामुमकिन होता तो भी हमने बहुत कुछ देख समझ लिया था जिससे हम इस नतीजे पर पहुँचे थे कि हम भारतीयों और ईरानियों की

बनावट में कोई अन्तर नहीं है सिवाय भाषा के और वह फ़र्क़ भी इतना कि फ़ारसी और संस्कृत सगी बहनें हैं जब मुहावरे देखती जैसे ख़रबूज़ा, ख़रबूज़े को देखकर रंग पकड़ता है तो ताज्जुब में पड़ जाती थी कि इतनी समानता?

अफ़ग़ानिस्तान में बोली जाने वाली फ़ारसी 'दरी' कहलाती है अर्थात् पहाड़ी दर्रों में बोली जाने वाली फ़ारसी भाषा। उसी तरह ताजिकिस्तान में बोली जाने वाली फ़ारसी 'ताज़िकी' कहलाती है ईरान में बोली जाने वाली तेहरानी फ़ारसी परन्तु यह तीनों जगहों की फ़ारसी एक होते हुए भी अपने उच्चारण एवं अभिव्यक्ति में बहुत जुदागाना है क्योंकि पेट्रोल आने से ईरान में जो खुशहाली आई उसने भाषा का भी विकास किया। साहित्य-भाषा के नये प्रयोगों ने फ़ारसी भाषा को जहाँ ख़ालिस फ़ारसी बनाया वहीं नई अभिव्यक्तियों का आविष्कार भी किया। यह बात हमारे तब समझ में आई जब स्वयं ईरानियों ने यह फ़र्क़ बताया कि हमारी फ़ारसी उन्हें एक अफ़ग़ान के मुक़ाबले में जल्द समझ में आ जाती है। बहरहाल मैं भारत में फ़ारसी विभाग एवं उनके अधिकतर अध्यापकों की वेशभूषा एवं विचारों से यह मान बैठी थी कि फ़ारसी एक क्लासिक भाषा है और ईरान एक रूढ़िवादी देश है। मगर यहाँ आकर लग रहा था कि ईरान एक आधुनिक बल्कि अत्यधिक आधुनिक देश है। लोग, रहन-सहन, दुकानें, सामान, सड़क, इमारत हर चीज़ आधुनिक यहाँ तक कि चादर ओढ़े औरतें भी जिस अन्दाज़ से अपना आधा चेहरा छुपाती और फुलमेकअप करती हैं विशेषकर आँखों का जो उनकी एक अलग शैली का निर्माण करती है। तेज़ नुकीले रंगे नाख़ून, बाल सेट करे हुए, सुरुचिपूर्ण लिबास एवं सेंट यह सब कुछ सौन्दर्यबोध का एक ऐसा क्लास पेश करता था जो आपकी उस पुरानी धारणा को तोड़ डालता था। ऊपर से उनके विचार एवं भाषा जो उनको एक विशेष गरिमा प्रदान करते थे। ईरानी मर्द भी एक विशेष मर्यादा का पालन करते हुए बहुत शालीनता भरा व्यवहार करते। इन्सान की कमज़ोरियाँ और ख़ूबियाँ हर जगह समान होती हैं मगर उसके 'डिस्पले' में अवश्य फ़र्क़ होता है।

ईरानी अध्यापक एक बात पर आश्चर्य करते थे कि आख़िर भारतीय फ़ारसी अध्यापक अपने विद्यार्थियों से इतना शुष्क एवं दूरी का सम्बन्ध क्यों रखते हैं। यह सम्बन्ध बहुत महत्त्वपूर्ण है। आदर और प्रेम के साथ जो निकटता बनती है उसमें ज्ञान का आदान-प्रदान ज़्यादा सुलभ रूप में होता है, मगर उनके इस प्रश्न का उत्तर क्या दिया जाता सो हम सब मुस्कुराकर रह जाते। ईरान में इन्सानी सम्बन्धों में जो खुलापन था वह गूढ़ एवं गम्भीर था। वह अनादर या उच्छृंखलता से परे था मगर यह बातें यह फ़र्क़ एक बड़ी बहस का कारण बन सकता था। जे. एन. यू. में ऐसा ही माहौल था। यह बताकर मैं अपने अध्यापकों का दिल नहीं दुखाना चाहती थी क्योंकि उनका परिवेश मकतबी था। वह फ़ारसी को आधुनिक भाषा के स्थान पर एक क्लासिक भाषा की तरह ट्रीट करते थे। नए लेखक, कवि के

कलाम न उन्होंने पढ़े थे न पढ़ना चाहते थे। उसका कारण भी था कि माडर्न फ़ारसी जैसा कोई प्रभाग या पाठ्यक्रम मौजूद न था। पहली बार जे. एन. यू. में आरम्भ हुआ जिसका पहला बैज हमारा था। हम नये ईरान के अधिक निकट थे बल्कि उसे समझना हमारे लिए आसान था जबकि हमारे अध्यापक उस पूरी सोच से परे केवल शोध पुस्तकें लेख से वास्ता रखते जो पुस्तकालय में उन्हें आसानी से मिल जाती थीं।

नए लेखकों से मुलाक़ात हुई मगर वे लोग नहीं मिल पाए जो कोर्स में थे। गौहर मुराद, अहमद शामलू सरीखे साहित्यकार कहाँ हैं किसी को पता नहीं था। अलबत्ता कुछ जवान कवियों से हमारा परिचय हुआ और उन्होंने कुछ ऐसे संकेत दिए जैसे शाह का तख़्ता पलटने वाला हो। मोहसिन मीहन दूस्त नामक एक कवि एवं समाजशास्त्री ने इस बात पर विशेष ज़ोर दिया कि मैं भारत जाकर ईरान के बारे में लिखूँ। तुम्हारा प्रेस आज़ाद है इसलिए वह सब लिखो जो मैं बता रहा हूँ। मुश्किल यह थी कि हमारी फ़ारसी ठीक थी मगर इतनी अच्छी नहीं थी कि मैं सारे गूढ़ प्रश्न समझ पाती। यह बात मेरे लिए परेशानकुन थी कि आख़िर मुझ जैसी फ़ारसी भाषा की नई विद्यार्थी क्या योगदान कर सकती है? रात को जब बातों का सिलसिला अध्यापकों के सामने चला तो सभी ने एक ज़बान होकर पूछा, ''आप ईरान पर लिखेंगी?'' फिर दूसरा वाक्य था करंजिया के अलावा तो किसी अन्य ने ईरान पर लिखने की जुर्रत नहीं की है फिर आप लिखेंगी क्या? उनकी बातें सुन मैं चुप हो गई। उनको मेरा कोई तौर-तरीक़ा भी पसन्द नहीं था वह समझते थे कि मैं कुछ नहीं जानती हूँ और न इस क़ाबिल हूँ कि इस तरह के मुद्दों पर बात करूँ। मुझे पहली बार बड़ी अपमान भरी बेचैनी महसूस हुई। मेरी कहानियाँ या लेख उनके लिए कोई महत्त्व नहीं रखते थे जिनको बिना-पढ़े ईरानी अध्यापक एवं लेखक मुझे 'अदीब' समझ इज़्ज़त देने लगे थे। उनका सत्कार मेरे लिए कम दूसरों के लिए परेशानी का बायस बन रहा था। मैं भी बहुत कुछ जानने के लिए व्याकुल थी सो उनका तिरस्कार मेरे लिए महत्त्वपूर्ण नहीं रह गया था और मैं ईरान की सामाजिक, राजनीतिक, आर्थिक एवं साहित्यिक गतिविधि को समझने में लग गई।

ईरान मुझे ज़र्दुश्ती एवं इस्लाम संस्कृति का मिला-जुला देश लगने लगा था। आतशकदे ठंडे होने के बावजूद वहाँ पर कुरूश महान् का महत्त्व था। उनके यहाँ 'नौ रोज़' का जश्न ठीक होली की तरह मनाया जाता था। उनकी शबेरात हमारी दीवाली की तरह थी। धर्म में भी एक दर्शन एवं खुलापन था। तेहरान में और मशहद में दो पवित्र स्थानों पर जाने का मौक़ा मिला। वहाँ की काशीकारी देखकर दंग रह गई। कला एवं वास्तुशिल्प का संगम बड़ा ही लुभावना था। नीली काशीकारी का काम पूरे ईरान में था और यह जानकर मुझे बहुत ताज्जुब हुआ कि हमारे यहाँ

का ‘तुरन्ज’ वास्तव में ईरानी कलाकारों की देन है।

ईरान की पहली यात्रा मेरे कितने भ्रम तोड़ बैठी, मेरे जीवन में ईरान शब्द का कोई महत्त्व नहीं था। उसका वजूद मेरे लिए विश्व नक्शे पर केवल एक राष्ट्र के रूप में था मगर दो माह बीस दिन रहने के बाद यह महसूस हुआ कि यदि मैं ईरान न देखती तो कोमलता का यह रूप मुझसे अनदेखा छूट जाता, जहाँ प्राकृतिक सौन्दर्य है, लोगों का निश्छल प्रेम एवं तारीख़, साहित्य का एक साँझा सेतु जिस पर जाने कब से आना जाना जारी है फ़र्क़ सिर्फ़ इतना है कि इस बार की यात्रा में, मैं शामिल थी। अगली बार कब आना होगा, कह नहीं सकती।

फ़ारसी सेमिनार : अक्तूबर, 1976

खण्ड : दो

दूसरी यात्रा

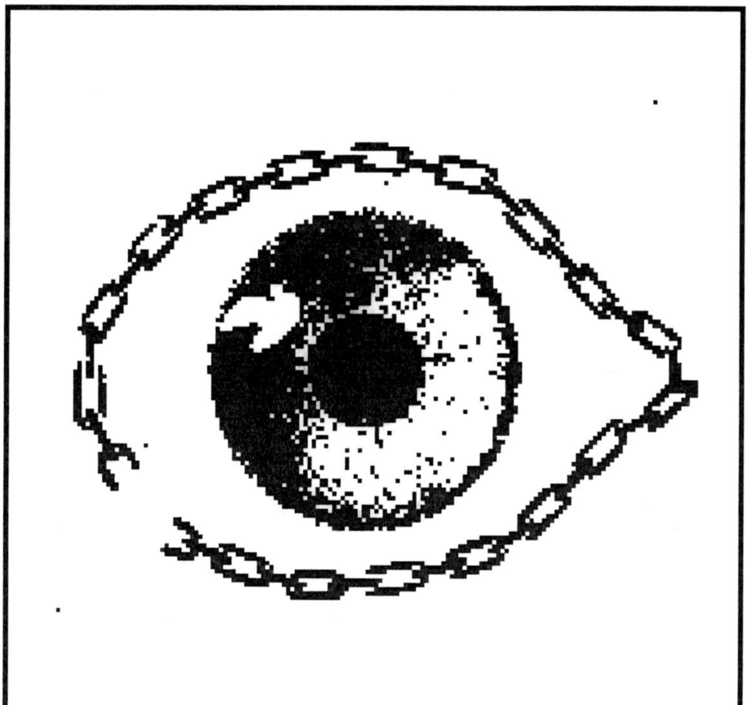

- ईरान : ज्वालामुखी का निहत्था उद्‌गार
- तेल की धरती पर रक्त की धारा
- आज़ादी की ताज़ा ब्यार

ईरान : ज्वालामुखी का निहत्था उद्‌गार

हवाई अड्डे से निकलते ही महसूस हुआ कि ईरान बदल गया है। शायद यह पतझड़ के मौसम का प्रभाव है या फिर उस जागृति का, जो जाने कब से ईरानियों के सपनों में बसी हुई थी, सड़क पर खुलेआम राजनीतिक बातें हो रही थीं। यही ईरान दो साल पहले क्या था? किसके पास हौसला था कि शाह का नाम फुसफुसा ले?

"ईरान हसीन हो गया है न!" किसी ने दफ़्तरों के बाहर हड़तालियों को खड़े देखकर कहा। दूसरे ने उसकी पुष्टि की, "कल तो इस सुन्दरता की हद हो गई थी, हमादान का इंक़िलाब! क्या बात है, 'परवीन ऐहतेसामी' स्कूल की उस लड़की के साथ पुलिस का यह व्यवहार बहुत शर्मनाक था, मारे हया के बेचारी ने खुदकुशी कर ली। पूरा हमादान लोगों के क्रोध और ख़ून से रंग गया है—अच्छा है फिर कभी औरतों पर ग़लत नज़र नहीं डालेंगे!"

"कल शीराज़ में हद हो गई...कितने लोग मारे गए!"

"भूख और ज़रूरत सब करवाती है, मरना ऐसे भी है और रोज़-रोज़ घुटते-पिसते व्यर्थ-सा तनाव झेलते हुए भी। महँगाई है, बेकारी है... और रुपये हाथ में हैं तो बाजार से चीजें ग़ायब...!"

"इसीलिए तो दोस्त! यह इंक़िलाब सरमायदारी के ख़िलाफ़ उन नंगे-भूखे किसानों-मज़दूरों का है, जो जोतने के लिए ज़मीन नहीं रखते, जिनके पास खाने को रोटी और रहने को छत नहीं।" जोश में बातें करते लोग आगे बढ़ जाते हैं।

यह वार्तालाप मुझे अटपटा और हैरत-अंगेज़ लगा। तेल के कुओं के दम पर पेट्रोडालर से भरे इस देश में ग़रीबी! गगनचुम्बी इमारतें, ज़ेवरात की दुकानों की भरमार, हर चार दुकानों के बाद एक बैंक, होटल, कारें, दुर्लभ वस्तुओं से लदा बाज़ार! आख़िर, ग़रीबी, बेकारी, भूख कहाँ है? इतना सब कुछ उपलब्ध होने के बावजूद ईरानी आख़िर और क्या चाहते हैं? दुबारा सड़क पर गहरी नज़र डालती हूँ—सिनेमा की भव्य इमारतें जली पड़ी हैं, बैंकों के शीशे टूटे हुए हैं और फ़र्नीचर कोयला-सा हुआ बाहर बिखरा पड़ा है। न रेस्तरां में भीड़ नज़र आती है, न मदमाते संगीत की स्वरलहरी और न सेंट में महकते मेकअप पुते चेहरे ही!

सुबह धूप खुल कर छिटकी थी पर जाने क्यों एक उदासी-सी तेहरान पर छायी हुई थी। तेहरान विश्वविद्यालय के सामने दूसरी तरफ़ किताबों की बेशुमार दुकानें हैं, जहाँ पर इससे पहले इतनी भीड़ मैंने कभी नहीं देखी थी। किताबें देखनी शुरू ही की थीं कि सड़क पर शोर उठा और लड़के-लड़कियों का गोल भागता हुआ कारों, टैक्सियों, बसों को चीरता किसी फ़ौजी अफ़सर के पीछे भागा, जो कार में बैठ तेज़ी से पार हो गया। मेरे बदन में एकाएक ख़ून का दौरा बढ़ गया। तेहरान शहर के ऊपर हेलीकॉप्टर ने तेज़ी से चक्कर लगाना शुरू कर दिया। भीड़ नारे लगाती जमा होने लगी और थोड़ी देर बाद कई जवान, कटे पेड़ की तरह ज़मीन पर ढह गए। क्रोध, नफ़रत, बेबसी और सवालों की मिश्रित संवेदनाओं को बरबस रोकने की कोशिश में आँखें भर आयीं। रोने का इरादा न था तो भी मेरे समीप खड़े, किताब छाँटते मोहसिन मीहनदूस्त ने कहा, "आँसू पोंछ डालो! आख़िर हो न गाँधी की धरती की, जहाँ ख़ून—वह भी इंसानी ख़ून—बहाना मना है। पर आज हमें बेतहाशा ख़ून बहाने की आवश्यकता है...इसके बिना क्षितिज पर सूरज उगने से रहा!"

रोज़-रोज़ होती मौतों से उदास तेहरान के बाज़ारों में दुकानदारों ने आज अँधेरा कर रखा है। अजीब समां है, सड़कों पर रोशनी है और दुकानें ख़ुदी हुई, क़ब्रों की तरह सुरंग-सा मुँह खोले, एक दूसरे के गले में बाँहें डाले खड़ी हैं, सड़कों के किनारे टैंक तैनात हैं। हर फ़ौजी बन्दूक़ें ताने एक ही अंदाज़ में खड़ा है। शरबत की दुकान पर वह छोटा लड़का गाजर का रस निकाल रहा है, किसी ने पूछा—"दुकान खोल रखी है, इस अँधेरे में भी?"

"तो क्या हुआ!" लापरवाह-सा जवाब था।

"डर नहीं लगता! सामने टैंक, सिपाही, गोली और मौत है।" मैंने क़ुरेदने के लिए भयावह शब्दों का प्रयोग किया।

"डर! डर क्या होता है?" नफ़रत से नाक-होठ सिकोड़कर—फिर हँसते हुए कन्धे उचकाकर बोला, "वियतनामी डरे थे क्या" गाजरी शरबत-सी उसके मुख पर छायी नारंगी गौरव की आभा उस अँधेरे को भी अलौकिक कर गई!

रात को मशहद शहर में स्थित हरम (आठवें इमाम की आरामगाह) का सोने का कलश नीली काशीकारी में अधिक दमक उठा था। चारों तरफ़ टैंक सजे हुए थे। बर्फ़ गिर रही थी। सिकुड़े-सिमटे फ़ौजी बन्दूक़ ताने खड़े थे। "बेचारे!" सोसन के अफ़सोस की इस अदा पर ग़ुस्सा आता है। लगता है ईरानी भी अजीब हैं। रोज़ नारे लगाएँगे, मरेंगे, पर यह नहीं होता कि टैंक और फ़ौजियों पर क़ब्ज़ा कर

लें। पर वास्तविकता जानकर ठगी-सी रह गई कि शाही महल के रक्षकों से लेकर हर बड़ा सैनिक अधिकारी विदेशी है और अधिकतर 'इसरायली' खिलौनों-से सजे सिपाही केवल ख़ाली बन्दूक़ें ताने खड़े हैं। पर यह भी सच है कि इन्हीं टैंकों के बीच से कोई टैंक, कोई विदेशी अधिकारी मशीनगन के साथ एकदम से मोर्चा सँभाल लेगा और मुट्ठी भर टुकड़ी को भून डालेगा। कुल जमा हर ईरानी निहत्था है। चाहे वह फ़ौजी हो, चाहे मुँह से गोला बारूद उगलने वाला एक इंक़िलाबी। इस लानत पर मलामत भेज एक फ़ौजी सिपाही ने शर्म से ख़ुदकुशी कर ली थी। इस तरह एक नस्ल मिट रही है। रोज़ मूली-गाजर की तरह काटते हैं सोलह-बीस साल के किशोर-किशोरियाँ! किसी अन्य ईरानी ने जब यह सुना कि शाह के रक्षक सबके सब विदेशी हैं तो हँस कर बोला, "मैंने आज तक केवल सुना था कि इसराइल से मुर्ग़े और अण्डे निर्यात होते हैं पर रक्षकों को भी ईरान ख़रीदता है मालूम न था ईरानी इतने नामर्द हैं।" दूसरे ने कहा कि आँखों के दो प्रसिद्ध डॉक्टर भी वहाँ हैं जो ख़ासतौर पर शाह का इलाज करते हैं। इसके अलावा हमें ख़बर नहीं और सामने रखे 'फ़िनजान' से चाय पीने लगा। इन सारी बातों के बावजूद क्या इस हक़ीक़त का उत्तर है किसी के पास?

क्या तेल के कुएँ इस आने वाली नयी नस्ल की कमी पूरी कर सकेंगे?

हिन्दुस्तान की तरह ईरान की सरज़मीन पर भी भाँति-भाँति की नस्लें और ज़बानें साँस लेती हैं। मसीही, सुन्नी, बहाई आदि। शिया तो ख़ैर वहाँ की जनसंख्या का विशेष हिस्सा हैं। इस राजनीतिक लड़ाई को धर्म की लड़ाई बनाने की बहुत कोशिश की गई। कभी सुन्नियों पर इल्ज़ाम, तो कभी बहाइयों पर तोहमत तो कभी ईसाइयों को बदनाम करने की कोशिश की गई किन्तु मौजूदा शासन का हर वार ख़ाली गया। वह लोगों में आपसी फूट का बीज नहीं बो पाये। दुनिया के सबसे पुराने, राजनीतिक क़ैदी 'सिफ़र कहरमानी', जो तीस वर्ष बाद जेल से, सफ़ेद बाल लिए छूटे तो ईरान की गली-कूचों को भूल चुके थे, उनका कहना है, "मौजूदा शासन के लिए सबसे बड़ा ख़तरा, ईरानी क़ौम का एक हो जाना है!"

आज ईरानी सारे भेदभाव भूलकर केवल आज़ादी चाहते हैं। यह इंक़िलाब न धर्म का है, न साम्यवादियों का बल्कि यह विभिन्न वर्गों के बीच पिसते इन्सान की लड़ाई है जिसमें भूखा-नंगा आदमी घर, खाना, कपड़ा, नौकरी चाहता है और बुद्धिजीवी अपने विचारों की आज़ादी। इसलिए इस इंक़िलाब में पिसता हर आदमी शामिल हो गया है, चाहे वह धार्मिक हो या कम्युनिस्ट, मज़दूर हो या क्लर्क। इन सबकी लड़ाई हक़ की लड़ाई है। आज़ादी की लड़ाई है। मौजूदा शासन प्रणाली

से थक जाने की लहर है जो सैलाब बनकर ईरान के जीवन को डाँवाडोल कर रही है। ईरान में ग़ज़ब की बेकारी है। नौकरियाँ सिमटकर एक वर्ग के क़ब्ज़े में पहुँच गई हैं। एक आदमी चार-पाँच स्थानों पर आराम से नौकरी करता है। काम तो क्या कर पाता होगा, केवल खानापूरी करता होगा। पर हाँ तनख़्वाह वह हर जगह से लेता है। कितना सुखी है यह वर्ग! दूसरी तरफ़ हैं भटकते नौजवान, जिन्हें काम ढूँढ़ने से पहले एक शाही 'रोज़गार-पत्र' भी चाहिए। जिसके बिना नौकरी न की जा सकती है और न मिल सकती है। बेकारी का दूसरा दुख है, ईरान में विदेशियों को नौकरी देना। इंजीनियर, डॉक्टर अन्य बड़ी जगहों पर विदेशियों का ही नाम देखने को मिलता है। आख़िर क्यों? इसी कारण इस पहले वर्ग और ताजिरों के मकान जायदाद आदि विदेशों में हैं। कहते हैं विदेशों के कई शहर ऐसे हैं जो ईरानियों ने ख़रीद रखे हैं। इस भविष्य की सुरक्षा के कारण वे लोग ईरान के हंगामों से घबराकर अपने रुपये समेट कर बाहर जा बसे हैं। इन्हें देशद्रोही कहा जाता है। इसका खंडन करते हुए शासन प्रणाली का कहना है कि ईरान में हर व्यक्ति स्वतंत्र है और उसका धन उसका अपना है। जहाँ चाहे ले जाए। हमने व्यक्तिगत स्वतंत्रता दे रखी है। इन्हीं लोगों में शहंशाह आर्य मेहर या शाही कुटुम्ब भी है जो आजकल बाहर है पर स्वयं आर्य मेहर अपने महल में हैं।

कल हरम के सामने से जुलूस निकल रहा था। काले कपड़ों में जवान, बूढ़े, मर्द, बच्चे, औरतें सबके सब कफ़न बाँधे ख़ुमैनी साहब की तस्वीर लिए हरम का चक्कर लगा रहे थे। जुलूस के चारों तरफ़ हाथ बाँधे लड़के रस्सियों की रोकने का काम दे रहे थे और धीरे-धीरे कह रहे थे...

"दुरुद बर ख़ुमैनी, दुरुद बर मुजाहिद!" (ख़ुमैनी को सलाम, धर्म योद्धाओं को सलाम!)

आज हरम के सामने फिर गोलियाँ बरसीं और एक लड़का 'मर्ग बर शाह' (शाह की मौत आए) का नारा लगाता हुआ भागते टैंक के सामने कूद पड़ा। ज्वालामुखी एकाएक फट गया... लोग अपने होश-हवास खोकर अपने पिछले दुःखों का फ़ैसला चाहते हैं। 'सादी गर्ल्स कॉलेज' में लड़कियों के बीच केवल ज़बानी झड़प नहीं हुई बल्कि मारपीट ऐसी हुई कि दोनों दलों को एक-दूसरे से अलग करने वाले भी ज़ख़्मी हो गए। शाह के दल का कहना था, "शाह ने ईरान को, ईरान-वासियों को क्या नहीं दिया! पिछले पचास साल में संसार ने ईरान को पहचाना है वरना विभिन्न देशों से घिरा यह देश था ही क्या? यह इमारतें, यह ऐश्वर्य, यह सड़कें, पुल, बाँध, घर, कपड़े, कभी देखने को मिले थे?" विरोधी दल का कहना था, "हमारी ज़रूरतें केवल एक वर्ग की नहीं हैं। हममें से हर ईरानी को घर चाहिए,

रोटी चाहिए, शिक्षा चाहिए, हमें क्या मिला है··· केवल नक़ल और नक़ल। हमें 'हम' नहीं रहने दिया गया है। यह सूखे खेत, शाह के सत्रह सूत्री कार्यक्रम का रोना नहीं है। हमारी धरती विदेशियों के हाथों बिकी है और हम विदेश में उपजे गेहूँ की रोटी से अपनी भूख मिटाते हैं··· क्योंकि हमें अपने पेट्रोल से कमाये धन को उसी देश में ख़र्च करना है। पूरा बाज़ार घूम लो पर ईरान की बनी कोई चीज़ नहीं मिलती। हम अपने खनिज-धन से अपने ही अर्थशास्त्र को बेच रहे हैं! समझो, आँखें खोलो! सफ़ेद चमड़ी वालों ने किसका ख़ून नहीं चूसा!''

''ओह, पर यह जो फ़ौलाद का कारख़ाना इस्फ़ान में है वह?''

''वह केवल हमारे आँसू पोंछने के लिए बेहोशी का रूमाल है वरना हमारा कुछ भी नहीं है। न यह लिबास, न रोटी, न विचार, न धरती, बस एक भूख हमारी है। वह है आज़ादी! आज़ादी! आज़ादी!''

''कैसी आज़ादी? क्या नहीं है तुम्हारे पास। फल तुम खाते हो, खाना तुम खाते हो, घूमते तुम हो, पढ़ते तुम हो, फिर?''

''फल तो जानवर भी खा सकते हैं। डाल पर बैठने वाला तोता भी सेब खा सकता है और कीचड़ में पड़ा सुअर भी ग़न्दगी से पेट भर सकता है। पर उस उक़ाब का क्या होगा, जो अपना शिकार ख़ुद खाना चाहता है? रहा शिक्षा का प्रश्न तो शिक्षा की किसे आज़ादी है? 'कंकूर' की बेड़ी कहाँ पढ़ने देती है?''

''तुम्हें ज़्यादा कुछ न आये, फ़ेल हो जाओ और इल्ज़ाम शिक्षा मंत्रालय को, शिक्षा पद्धति को दो।''

''बहुत ख़ूब! पहली सीढ़ी यदि कमज़ोर है तो यह ग़लती किसकी है? छात्रों की, अध्यापकों की, शिक्षा प्रणाली या फिर···?'' अगले शब्द मारपीट में गुम हो जाते हैं।

यह सच है कि विश्वविद्यालय प्रवेश की परीक्षा 'कंकूर' इतनी कठिन कर दी गई है कि अधिकतर लड़के बहुत चाहने पर भी आगे पढ़ नहीं पाते हैं। वे या दुकान लगा लेते हैं या फिर नौकरी ढूँढ़ते हैं। जो पैसे वाले हैं, वे विदेशों की ओर निकल जाते हैं जो ये सब कुछ नहीं कर पाते वे या तो ज़िन्दगी से थक जाते हैं या रोज़-रोज़ दूरदर्शन पर दिखाई जाने वाली काव-ब्याय या अमरीकी ब्लू-फ़िल्में देखकर गैंग की स्थापना कर लेते हैं। यही उनका भविष्य है···बन्द गली की तरह जिसका रास्ता कहीं नहीं खुलता।

शहर में इंक़िलाब पुराने मोहल्लों से उठ रहा है। सारा दिन ये लड़के नारे लगाते हैं और इनके बीच छुपे सवाकी उन्हें तोड़फोड़ की ओर ले जाते हैं। जिसके परिणामस्वरूप पूरे ईरान में न थियेटर बचे हैं, न बैंक। मशहद के सारे थियेटरों

के दरवाज़े ईंटों से चुन दिए गए हैं। बैंकों के कमरे खुले पड़े हैं। यह सब काम करवाने में, फ़ौजी और पुलिस गोली चलाने का बहाना ढूँढ़ते हैं ताकि मौत की दहशत से लोग शाह के ख़िलाफ़ नारे लगाना बन्द कर दें। पर सवाकियों की यह चाल भी नाकाम हुई। मैदान-ए-ज़ाले में हुए क़त्ले-आम की फ़िल्म बनी थी। बच्चे, लड़कियाँ, गर्भवती स्त्रियों के चित्र दूरदर्शन पर दिखाये गए, जिनका उद्देश्य लोगों में डर फैलाना था। मगर उसका असर यह हुआ कि लोग अधिक उफान से उबल उठे। यही हाल आबादान, तेल के कुएँ से भरे शहर में जले रेक्स सिनेमा की घटना में हुआ। मृतकों की क़ब्रें बुलडोज़र से खोदी गईं। थानों कफ़न फटा था, कई दिनों तक लोग जले मांस की बू से परेशान होते रहे। तब भी इल्ज़ाम साम्यवादियों पर है, जिसका कोई ओर-छोर नहीं। मशहद में रोज़ जुमे के दिन लाउडस्पीकर पर मरने वालों के लिए धार्मिक पाठ होता है। शाही ख़ानदान के 'हज' पर जाने की फ़िल्म तीन-चार बार दूरदर्शन पर दिखाई जाती है, तो भी लोग नहीं पिघल रहे। उन पर आज़माया हर धार्मिक वार ख़ाली जा रहा है। उधर इंक़िलाब को बाहर से देखने वाला हर कोई इसको धार्मिक इंक़िलाब का नाम दे रहा है। जबकि सच्चाई यह है कि ईरान में एक पक्ष ख़ुमैनी व इस्लामी शासन के ख़िलाफ़ है। वह आज़ादी के लिए लड़े हैं पर इस्लामी शासन न उन्हें चाहिए न मौलवियों के विचार।

मशहद विश्वविद्यालय में जेल से छूटे राजनीतिक क़ैदी का भाषण था। भाषण में पहले मर्द-औरतों ने अलग-अलग नमाज़ पढ़ी। यह नमाज़ धार्मिक आयोजन न होकर एक संकेत था। अपने आप में सामूहिक जन-एकता का कि हम नमाज़ की पंक्ति में खड़े छोटे-बड़े सब इंक़िलाब के हक़ में एक हो गए हैं!

भाषण समाप्त हो गया। लोग बाहर सड़क पर निकलने लगे। चौराहे पर खड़े सिपाहियों ने भीड़ को छँटने का आदेश दिया··· लोग चलते रहे और सदा की तरह फ़ौजियों ने फिर छेड़खानी शुरू कर दी। यह देखकर घर लौटते लोग भीड़ में जमा होने लगे और जुलूस की शक्ल में चलने लगे। अपने एकता बिन्दु पर फिर सब सिमट आए। उनकी यह मजाल! शाही फ़ौज भड़क उठी। टैंक हरकत में आ गए। लोग आगे दौड़ते, टैंक उनके पीछे! अचानक भागती भीड़ सड़क पर आराम से बैठ गई। दौड़ते टैंक थम गए, जीप-ट्रक रुक गए। एक विदेशी अफसर कूद कर बाहर आ गया। "आप लोग घर जाएँ।" भीड़ में ख़ामोशी छायी रही। लोगों ने सिगरेट सुलगा ली। इधर-उधर से कई युवक उठकर चिनार के पेड़ों के नीचे खड़े लोगों से बैठ जाने को कहने लगे जिसका तात्पर्य यह था कि वे रात भर वहीं बैठे रहेंगे! और मैं टैंक के सामने खड़ी यह भूल गई थी कि मैं क्या हूँ···ईरानी या हिन्दुस्तानी? बस यही याद रहा, यहाँ से हटना नहीं है। पूरा माहौल बाग़ी हो गया था। हर किसी में ख़ामोश बग़ावत की एक आग थी! सड़क पर बैठी भीड़ को देखकर नानबाइयों ने गर्म रोटियाँ बाँटनी शुरू कर दीं तन्दूर सुलग रहे थे रात

ढल रही थी। मैंने गर्म रोटी का कौर मौत से पहले टपके पानी की तरह चबाना शुरू कर दिया। सोसन ख़ुशी से पागल हो रही थी पर बरबस अपने को रोके थी। हर ईरानी के चेहरे पर अजीब ज्वाला थी जैसे उन्हें उनका जीवन, उनकी आवाज़, मिल गए हों।

मोहसिन ने धीरे से कहा, ''घर लौट चलते हैं। तुम 'अमानत' हो। तुम्हें अपने देश लौटना है। गोली चलाने वाला देशी-विदेशी नहीं देखता...जबकि वो स्वयं विदेशी हो!'' मैंने सुना या नहीं पर इतना यक़ीन था कि उसके आसपास खड़े अपने दोस्तों को मैं आख़िरी बार देख रही हूँ। हर चेहरा खुश था...कि कम-से-कम वह खुलकर इज़हार तो कर सकता है। अफ़सर ने दोबारा कहा, ''आप लोग घर जाएँ,'' फिर उसने सामने बैठे लोगों से कहा, ''या आप लोग जवाब दें वरना मैं गोली चलाता हूँ।'' गोली चलाने की उसकी खुद की हिम्मत नहीं पड़ रही थी। इतना ओज, इतना बड़प्पन किन निहत्थे इंकिलाबियों में होगा? वे मौलवी, विद्वान, अध्यापक थे, जिन पर गोली चलाने का मतलब था स्वयं की बोटी-बोटी नुचवाना, पीछे बैठा हज़ारों का जनसमूह क्या उसे छोड़ देता? भीड़ के छत्ते पर हाथ डालना मुनासिब न समझकर वह अफ़सर बोला, ''पाँच मिनट का समय देता हूँ, आप लोग घर चले जाएँ!'' और जीप में बैठ गया। शाहीफ़ौज लौट गई।

भीड़ धीरे-धीरे उठ खड़ी हुई। वही नपे-तुले भारी क़दमों से सड़कों पर चलना शुरू कर दिया। आज शहीदों का चालीसवाँ था...निहत्थे शहीदों को आदरपूर्वक यह ख़ामोश सलाम था।

शहर की हर दुकान से शाही ख़ानदान की तस्वीरें उतार ली गईं...वरना गोश्त की दुकान से लेकर किताब, जूते, मेकअप, ज़ेवर की दुकान में मलका और शाही ख़ानदान की हर पोज़ की तस्वीरें लगी थीं। हर दफ़्तर में, हर बैंक में।

इस हंगामे को देखकर पास खड़े सूटबूट में सजे, सज्जन बोले, ''देखो तो ज़रा, क्या हिन्द में भी यही सब होता है?''

''हाँ, हम बहुत भुगत चुके हैं, पर यह जागृति कितनी प्यारी है...जैसे ठहरे पानी में लहरें!''

वह हँस दिए, ''यह हंगामा करने वाले ईरानी नहीं...इधर-उधर के उठाईगीर हैं, जिनको कोई काम नहीं है, आ गए हैं देश की सम्पत्ति बर्बाद करने! ये सौ-सौ तुमान पर ख़रीदे गए मज़दूर हैं।'' ''अच्छा?'' मैंने कटाक्ष भरी आवाज़ में कहा। ''और नहीं तो क्या। यह तो लहर है आज जो शाह के ख़िलाफ़ है वह कल ख़ुमैनी के ख़िलाफ़ होंगे। परसों कम्युनिस्टों के!'' उसने लापरवाही से कहा। ''और इतना ख़ून जो बह रहा है?'' मेरा प्रश्न था। ''अपनी बेवक़ूफ़ी से, जब पता है मार्शल

लॉ है तो क्यों बाहर निकलते हैं? अफ़सर चिल्ला-चिल्लाकर कह रहा है 'वापस घर जाओ' तो क्यों नहीं सुनते? अन्त पता है कि मारे जाएँगे। नादान हैं यह मरने वाले, क़ौम को बदनाम कर रहे हैं।'' और मैं अवाक्-सी उसका मुँह ताकती रह जाती हूँ। सवाकियों का डर ईरानियों पर बुरी तरह से छाया हुआ है।

'शिरकते नफत' बैंक के सामने कई दिन बाद दोबारा हंगामा उठा। ऊपर दफ़्तरों में बैठे लोग, उदास हो गए कि जाने कितनी लाशें गिरेंगी।

एक युवक ने दुःखी होकर कहा, ''अमेरिका-प्रवास के समय मैंने दीवारों पर लिखा देखा—तुम तेल रखते हो, हम दिमाग़!'' फिर बिखरकर बिलख उठा, बोला, ''हमारे ही दिमाग़ थे, जिन्होंने संसार को दर्शन और सूफ़ीवाद दिया और जाने क्या-क्या नहीं दिया है। यह किताबें शाहिद हैं! पर भला हो इस शासन का, जिसने ईरान के बेहतरीन दिमाग़ों को या तो क़ब्र में सुलाया है, या जेल में पाला है···और जो बाक़ी हैं वह ज़बान बन्द किए क़लम तोड़कर ज़िल्लत की ज़िन्दगी गुज़ार रहे हैं।''

दूसरा, जो कवि भी था और वहीं पुरातत्त्व विभाग में काम भी करता था, बोला, ''काम भी क्या करो? इतिहास पर किताबें छापो केवल उस हद तक जिसमें हमारे पूर्वजों से आज तक के शासन काल के गुणगान हों और हम लोग भी सासानी व 'हाक़ामंशी' काल की मूर्तियाँ बनकर रह गए हैं। हर विचार, हर शोधकार्य, हर खोज को पुरानी शिलाओं के बीच दबाये रखो, बस तारीफ़-तारीफ़···'शाह बेगम' का ड्रामा!'' तीसरा लेखक जो शाह की तस्वीर के नीचे बैठा था, बोला, ''हमारे बुद्धिजीवी केवल पचास-साठ हज़ार तुमान तनख़्वाह लेते हैं एक नौकरी से। ठीक है पर हमें देते क्या हैं? पुराने साहित्य को बार-बार छापना—कभी गद्य में कभी पद्य में। या फिर अनुवाद या फिर सेंसर किया हुआ साहित्य! केवल उनका काम छपेगा, क्योंकि वह दरबारी है। उनकी पहुँच है और दूसरी ओर प्रगतिशील विचारों की पांडुलिपियाँ घरों में छुपी पड़ी हैं, क्यों? सेंसर द्वारा एक बार रद्द कर देने पर हर प्रकाशक का हाथ कट जाता है।''

नीचे शोर उठा। सब खिड़की की ओर भागे, सड़क ख़ाली हो रही थी। घूमते पुलिस के सिपाही लोगों से कुछ कह रहे थे। उन्होंने बन्दूक़ ऊपर करके दो हवाई फायर दाग़े और चिल्लाए, ''किसी ने खिड़की से सर निकाला, तो भून दिया जाएगा!''

तेहरान के बहिश्ते-ज़हरा क़ब्रिस्तान के कोने में बैठा लड़का दार्शनिक अन्दाज़ से बोला, ''मौत कितनी अर्थहीन-सी हो गई है!''

दूर पेड़ के नीचे बहुत रोकने-सम्भालने पर भी एक औरत शाह को गाली

दे रही है—ज़ंजीरी कुत्ते! बता मेरे पाँच लाडलों को मार कर तुझे क्या मिला?

क़ब्रों पर उम्रें लिखी हैं—फातमा : 14 साल, सोहेल : 16 साल, अब्बास : 28 साल, शोरे : 18 साल, ज़ैनब : 33 साल। हलवे की प्लेट सामने आती है। शहीदों का तोहफ़ा समझकर सब मुँह मीठा कर रहे हैं। मैं बहुत चाहने पर भी हलवा नहीं खा पाती। सीमिन, मेरी दोस्त, रो रही है। बरबस अपने को रोकती हूँ, मेरे आँसू इन शहीदों के लिए बड़ी तुच्छ-सी भेंट होंगे!

तभी एक गर्जना-सी सुनाई पड़ी। लम्बे क़द की एक औरत, जिसके माथे पर बाल बिखरे थे, हाथों में मेहँदी लगी थी…शर्म दिलवा रही थी, "चुप रहो, काहे को रो रही हो, रोयें तो वे लोग जिनके बेटे-बेटियाँ घर पर छुपे बैठे हैं!" उसके समझाने-ललकारने से औरतों के आँसू रुक गए। रोती औरतें उठकर उस औरत के कपोल चूम कर बोलीं, "ठीक कहती हो, हम शहीदों की माँएँ हैं। हमारे दूध की लाज रखी है उन्होंने!"

एकदम से ताज़िये के साथ मातम करने वालों के चारों तरफ़ शहीदों के ख़ानदान का मेला लग आया और मातम करते हुए सब नारे लगाने लगे। "ज़ंजीरी कुत्ते पर लानत…अपने देश को बेचने वाले पर लानत!" वह रात भी अजीब गुजरी थी। रह-रहकर सोचती रही…

ख़ून-ख़राबे के बाद ये लोग फिर मुक़ाबला करते मरते हैं…पर कब तक लड़ेंगे? केवल आज़ादी के वास्ते, पर कैसी आज़ादी? ख़ाली पेट, ख़ाली ज़बान की? या भरे पेट, बन्द ज़बान की?

कल एक दुकान पर गई। दुकानदार बूढ़ा था। साड़ी देखकर बोला, "अलहम्द-ो लिल्लाह! आज आज़ादी की खुशबू आई है…हमने भी सूँघ ली। कितने ख़ुश-क़िस्मत हो तुम लोग…आज़ाद हो! हम तो आज़ादी देखेंगे नहीं, शायद हमारे बच्चे देख लें! जानती हो, हम लोग एक ही बाप की दो औलादें हैं। हिन्द व ईरान!"

मोहराम में हंगामे की अधिक उम्मीदें हैं। मार्शल-लॉ के बाद अब फ़ौजी हुकूमत आ गई है पर किसी ईरानी को परवाह नहीं। भारतवर्ष में रहकर ख़बरों में जो सुनती थी, यहाँ आकर लगा वो सब झूठा था। यहाँ तो हर ईरानी अपनी बँधी मुट्ठी को अपना हथियार समझता है। बाहर तो कराहती ईरानी जनता की चीख़ों की भनक भी सुनाई नहीं पड़ती जबकि यह सुनने पर कि हुकूमत बिजली-पानी तक ठप्प कर देगी, लोगों ने कुछ दिन का सामान भर लिया है और जूझते-जूझते मरने को तैयार हैं। अख़बार पहले से ही बन्द हैं और इस प्रकार ऊपर से ख़ामोश दिखने

वाले समुद्र में एक तूफ़ान वलवले ले रहा है। पर एक प्रश्न बार-बार कौंधता है। शाह जानते हैं कि उनके साम्राज्य में उनके आस-पास वालों ने ऊधम मचाया, सवाकियों ने ज़ुल्म किया, शाह की शराफ़त-दरियादिली व नरमी से ग़लत फ़ायदे उठाये गए और इस कारण उन्होंने हर वज़ीर, यहाँ तक कि मंत्रालय का मंत्रालय बदल डाला। क्योंकि हर व्यक्ति भ्रष्ट था। इस सबके बाद भी शाह ने फ़ौजों को सारे अधिकार क्यों दे रखे हैं। वह अपनी क़ौम की तकलीफ स्वयं सुने, तो शायद यह ख़ूँरेज़ी ख़त्म हो जाए!

पहलवी काल का और तेल का आगमन ईरान में साथ-साथ हुआ। कौन पहले या बाद में आया, पता लगाना कठिन है और किसने ईरान को नई आर्थिक उन्नति दी, शाह ने या तेल ने? ईरानी किसी हद तक मानते हैं शाह के पिता का हाथ उनकी स्वतन्त्रता में था। वह 'इंक़िलाब-सफ़ेद' ने आज़ादी दी थी। पर आज उसी के बेटे का ख़ून अपने 'हम वतनों के लिए सफ़ेद हो गया है।'

शहंशाह आर्य मेहर ने ईरान के लिए बहुत कुछ किया, पर जो कुछ किया, उसमें अपने विचार, अपनी मर्ज़ी और रुचि का अधिक ध्यान रखा। ईरान का वर्तमान इंक़िलाब पचास वर्ष की राजतंत्र की ऐसी ही घुटन का परिणाम है।

शाह ने अपनी पुस्तक 'देश के नाम मेरा सन्देश' में लिखा है कि लोग अपने जीवन की प्रमुख आवश्यकताओं—रोटी, कपड़ा और मकान समझते हैं, परन्तु मेरा विचार है कि जीवन की प्रथम व प्रमुख आवश्यकता शान्ति है, क्योंकि शान्ति होगी तभी इन्सान खाने, कपड़े व मकान के बारे में सोचेगा। इसी कारण आतंकवादियों (कम्युनिस्टों) को, जो देश और प्रजा की शान्ति भंग करते हैं, क़त्ल करवाना मैं राजहित और प्रजाहित के लिए आवश्यक समझता हूँ।

ईरान के इस इंक़िलाब में ईरान का हर वर्ग शामिल हुआ। मेरे दो मास के प्रवास में यह इंक़िलाब सीढ़ी-दर-सीढ़ी चढ़ा। आख़िरी जीत तब हुई थी जब गाँवों से लोग शाह के ख़िलाफ़ नारे लगाते हुए बाहर निकल आए थे। ईरान का वह वर्ग, जिसे शान्ति के साथ धन-दौलत, मकान, दुनिया का हर आराम नसीब था, देश छोड़ कर विदेशों में बस गया। उनमें शाह के बहनोई—संस्कृति व कला के मंत्री—भी शामिल थे। जो चालीस लाख डालर लेकर देश को शोचनीय स्थिति में छोड़ कर चले गए। ऐसा क्यों हुआ? यह वर्ग, जो शाह के सगे-सम्बन्धियों और मित्रों का था, क्या उनका जीवन असुरक्षित था?

जिस वर्ग के पास कुछ भी नहीं है, वह शान्ति के लिए, जीवन की आवश्यकताओं के लिए माँग करते-करते मर गया। बड़े पैमाने पर होने वाले इस क़त्लेआम के बावजूद शाह कोई उपाय नहीं कर सके। बल्कि उन्होंने जनता के

नंगे सीने को छलनी करने के लिए तेल के पैसे (पैट्रो डालर) से ख़रीदे विदेशी हथियारों का प्रयोग करवाया, ताकि ईरान की शान्ति भंग न हो। पैट्रो-डालर हथियार ख़रीदने में बुरी तरह ख़र्च किए गए, क्योंकि हमेशा से ईरान को अरब देशों से डर लगा रहा है और ईरानी अर्थशास्त्र की कुंजी के क्षेत्र को बचाने वाले हथियार अपने लोगों को मारने के काम आये।

शाह ने अपनी पुस्तक में लिखा है, 'सावक पुलिस अमन की (खुफ़िया शाही) पुलिस है, आप उसे जितना सहयोग देंगे, वह आपकी सुरक्षा शान्ति के लिए उतनी ही तत्परता दिखाएगी।'

सावक पुलिस ने ईरानियों के सामाजिक, आर्थिक, राजनीतिक जीवन को इतना कसा कि जनता के तड़पने के बावजूद उसकी आवाज़ शाह के महल तक नहीं पहुँच पाती थी। आतंक ऐसा छाया हुआ था कि एक नगरवासी सच्चाई जानने के बाद भी दूसरे की मदद तब तक नहीं कर सकता था जब तक वह स्वयं अपनी जान की बाज़ी न लगा लेता हो। सबको अच्छी तरह मालूम था कि ज़बान खोलने का मतलब है अपनी गर्दन कटवाना। पिछले दिनों मैं वहाँ थी तो एक घटना घटी—

जुलूस में कुछ लोग ज़ख़्मी हो गए। उन्हीं में दो लड़के भी थे। गोलियाँ उनके पैरों में लगी थीं। किसी तरह छिपते-छिपाते वे पास ही के एक क्लिनिक में चले गए। पुलिस ढूँढ़ते-ढूँढ़ते उस डॉक्टर के यहाँ गई और दोनों लड़कों की माँग की। डॉक्टर ने कहा, "क़िस्सा ख़त्म कीजिए, लड़के हैं, फिर उनका मैंने इलाज किया है, यह मेरा क्लिनिक है। आप उनसे बाहर मिल लीजिएगा।"

इतना सुनना था कि अमन की पुलिस आग-बबूला हो गई। "ग़द्दार! जिसे हमने ख़तरा समझा, उसे तुमने पनाह दी।"

इसके बाद डॉक्टर, उसके दो बच्चे और दोनों ज़ख़्मी लड़के वहीं खड़े-खड़े भून दिए गए।

यह इंक़िलाब, जो इस्लामी इंक़िलाब समझा जाता है, इसमें सबसे अधिक सहायता देने वाला वर्ग व्यापारी वर्ग, जिसने दुकानें बन्द कर, नुक़सान उठा कर, अपना गुस्सा व नफ़रत दर्शायी और साथ ही धन से उन कुटुम्बों की देखरेख भी की है जिन्होंने ईरान के इंक़िलाब में जानें दीं।

ईरान की इस्लामी आबादी गाँवों में रहती है। इसलिए यह कहना पड़ता है कि यह इंक़िलाब इस्लामी इंक़िलाब है। पर कौन-सा इस्लाम—हज़रत अली के काल का या हज़रत मुहम्मद के ज़माने का? दरअसल इस्लाम वह है जिसमें लोगों को आज़ादी से रहने का हक़ हासिल हो। धर्म के नाम पर केवल रोना-धोना, सीना कूटना और कर्बला की सारी घटनाओं का ग़लत अवलोकन करना इस्लाम

नहीं है। इस्लाम का मतलब है ज़ुल्म के ख़िलाफ़ आवाज़ उठाना। वह आवाज़ उठी और ज़ोर से उठी—उस सत्ता के ख़िलाफ़ जो इन्सानियत को कुचल रही थी।

यहाँ एक बात ध्यान देने लायक़ है कि पहलवी काल ने धार्मिक स्थलों पर पैसा पानी की तरह बहाया। सोना, चाँदी, हीरे, मोती, काशीकारी, शीशेकारी का जितना भी सौन्दर्यपूर्ण समावेश हो सकता है, वह इन स्थलों पर कला की श्रेष्ठता के साथ देखने को मिलता है तो भी मौलवी वर्ग ने पहलवी काल को इस्लाम के लिए ख़तरा महसूस किया क्योंकि अमेरिकी जीवन का जो प्रभाव नई नस्ल को तबाह करने के लिए बढ़ रहा था, वह शोचनीय स्थिति को पहुँच गया।

नई नस्ल का एक बड़ा वर्ग इन तीनों बातों में रत हो गया—सेक्स, कसरत और नशीली वस्तुएँ।

दुनिया भर की सेक्सी फ़िल्में और साहित्य खुलेआम बाज़ार में बिकने लगा। होटल, कैबरे के दिल लुभावने इश्तेहारों से और कसरत के लिए बेहतरीन कसरतगाह के साथ नशीले पदार्थों का प्रसार होने लगा था जो राजनीतिक चाल को समझते थे, वे इन सबसे दूर थे। क्योंकि ईरान में नशा पीने वाले को मौत की सज़ा मिलती है। सावक शाही खुफ़िया पुलिस सब बातों का पता लगा लेती थी। लेकिन आश्चर्य कि केवल नशे के बढ़ते प्रकोप के बारे में उसे कुछ ज्ञान न था। इस बढ़ती घुटन से घबराकर लोग चीख़ पड़े। इसलिए बुद्धिजीवी, ताजिर, मौलवी, आम आदमी सबको एक ही रास्ता दिखाई दिया अपने को सही रूप में व्यक्त करने का और वह था इस्लाम। इसी कारण कर्बला के हीरो इमाम हुसैन की तरह हर आदमी हक़ के लिए लड़ते-लड़ते मरना चाहता है।

ईरानी समझते हैं कि तेल उनके लिए मुसीबत बन गया है। यह भी ख़तरा महसूस हुआ कि अमेरिकी प्रभाव कम होते ही रूस आ जाएगा। यदि ऐसा हुआ तो भी ईरानी इतनी ही क़ुरबानी देंगे। वे स्वतंत्रता के साथ सभी देशों से मैत्रीपूर्ण सम्बन्ध रखना चाहते हैं। ईरान के इस 'युद्ध' में केवल दो प्रतिशत कम्युनिस्ट हैं। इस कारण ईरान एक कम्युनिस्ट देश बनेगा, ऐसी सम्भावना न के बराबर है। वे लोग भारतीय जनता से अलग नहीं हैं—न विचारों में, न मर्यादा में, फ़र्क़ केवल लिबास और ऊपरी टीम-टाम का है जो कोड़ों के ज़ोर से ईरानी जीवन पर लादा गया है। किसी को भी इजाज़त नहीं कि वह अपने लोक-लिबास में आफ़िस आ सके, राष्ट्रीय पोशाक ज़रूरी है। अर्थात् कोट-पैण्ट, फ्राक और खुली टाँगों पर मोज़े?

ईरान में बच्चों का साहित्य अधिकतर अनुवाद पर निर्भर है। छपाई, साज-सज्जा और तस्वीरें देखने के क़ाबिल हैं, परन्तु यहाँ कुछ विशेष प्रकार की पत्रिकाओं का ज़िक्र दिलचस्प रहेगा। इन्हें कुछ विशेष संस्थाएँ चलाती थीं। मिसाल के तौर पर 'पैक' जो छः-सात वर्ष के बालक-बालिकाओं की पत्रिका है, इसके

हर अंक के चार, पाँच पन्नों में विभिन्न तस्वीरों के साथ सरल फ़ारसी भाषा में कुछ यूँ लिखा होता—

'ये झूले, ये पार्क, ये बाग़, ये किताबें, ये खिलौने, जिससे तुम फ़ायदा उठा रहे हो, कितने प्यारे हैं, अपनी दादी, नानी से पूछो, उनके समय में ये थे? वे कहेंगी—नहीं। जानते हो इतनी सुख-सुविधा को बाँटने वाला हमारा बादशाह और पहलवी साम्राज्य है जिसने हमें ये बड़ी-बड़ी इमारतें, सड़के, बसें और रेलें दी हैं।'

उफ! हद है। इन दो महीनों में मेरे देखते-देखते बच्चों ने अपनी पुस्तकों से बादशाह, मलिका औ वालीअहद की ये तीनों तस्वीरें फाड़ डालीं। बच्चों की नफ़रत देख कर लगा कि यह कटु बीज बच्चों के मन में इस प्रकार घर कर गया था कि पहलवी साम्राज्य का जनाज़ा निकल गया।

लोग किसी बिखरे विद्रोह की तरह फैल रहे हैं। चाहे शहंशाह रहे न रहे। इसका अन्त केवल तबाही है, यह ईरानी भी समझते हैं। उन्हें ज्ञात है आज की यह आज़ादी की लड़ाई कल कई तरह के कष्टों में उन्हें जोतेगी और सुबह के सूरज की प्रतीक्षा में उन्हें बहुत तरह के मूल्य चुकाने पड़ेंगे। इस सबके बाद भी वह आज़ादी चाहते हैं। उस सुख का स्वाद चखना चाहते हैं। उसको जीना चाहते हैं। उसे पाना चाहते हैं···उन्हें वसन्त नहीं पतझड़ चाहिए···किन्तु इस शर्त के साथ कि वे हवाई रुख़ का शिकार न हों!

पूरा ईरान पीली-सुर्ख़-कत्थई पत्तियों से भर गया है। पत्तियाँ झड़ रही हैं। रास्ते पत्तियों से भर गए हैं।

"इतनी सुन्दर शरद ऋतु ईरान में पहले कभी नहीं देखी! क्यों दोस्त ठीक कह रहा हूँ न?"

"कहते तो दोस्त ठीक हो, हर लम्हे नंगी होती शाखाएँ नई कोपलों के लिए ख़ाली हो रही हैं!" दूसरे का उत्तर था।

"हाँ! अब तो आज़ादी की हवा भी आने लगी है!"

सारिका : 1 जनवरी, 1979

तेल की धरती पर रक्त की धारा

आज ईरान से आए कुछ हफ़्ते ही गुज़रे हैं, लेकिन वहाँ ऐसा कोई दिन नहीं गुज़रा, जब गोलियों की आवाज़ें, धुएँ के बादल, चीख़ें, रोना, नारे सुनाई न पड़े हों। सड़कों पर काले कपड़ों में घूमती औरतें, क़ब्रिस्तान के ग़ुस्सलख़ानों में मुर्दों के ढेर देखने को न मिले हों। वे दिन और भी बुरे थे, जब ग़ुस्सालों ने (मुर्दा नहलाने वाले) हड़ताल कर दी थी। कटे ख़ून में लुथड़ी लाशें, पेड़ के लट्ठों की तरह तेहरान का क़ब्रिस्तान 'बहिश्ते-ज़हरा' के हमामख़ाने के सामने बिखरी थीं।

उस दिन एक क़यामत ही तो टूटी थी, जो बिना कहे-सुने ही इस तरह से ईरान की धरती पर आ गई थी जब लालकेने के फूलों के बीच, रोते-चीख़ते चेहरे, धूल खुदी क़ब्रें, उन पर बेहोशी से मरने वालों के माँ-बाप, पेड़ों की घनी छाँव में खड़ी रंगीनकारों की लम्बी क़तारें। कौन पत्थर दिल होगा जो न पसीजेगा और वहीं, मुझे भी इन सारी घटनाओं ने सोचने पर मजबूर किया कि आख़िर वे कौन-से कारण हैं, जो यों लोग रोज़ मर रहे हैं? रोज़ मौत को इतने क़रीब से जी कर भी लोग मरने जमा हो जाते हैं? आख़िर क्यों?

दो वर्ष पहले यही क़ब्रिस्तान 'बहिश्ते-ज़हरा' था, जहाँ सौन्दर्य एवं शान्ति का साम्राज्य था। सड़कों पर खुशी से उबलते, खिलखिलाते चेहरे, खाने-पीने की चीज़ों से भरी मण्डियाँ, विदेशी वस्त्रों व प्रसाधनों से भरी दुकानें, ग़म की कहीं परछाईं भी न थी। सिनेमाघरों के सामने लम्बी लाइनें देखी थीं, पर आज वे ही सिनेमाघर जले हुए हैं। जिनके मुख्य द्वार ईंटों से चुनी दीवारें अजीब बेजोड़-सी लगती हैं। हर सड़क पर कई बैंक थे, आज हर बैंक जला, टूटा हुआ नज़र आ रहा है। इन पिछले पाँच सालों में जो सम्बन्ध फ़ारसी ज़बान से स्थापित कर पाई थी, उस ज़बान के कारण ही ईरान को देखने का मौक़ा मिला। साहित्य के साथ ही साथ राजनीतिक-ऐतिहासिक ज्ञान बढ़ा था। सदा से सुनती रही थी कि ईरान में बड़ी घुटन है, बोलने की इजाज़त नहीं है। दो वर्ष पहले ईरान के प्राकृतिक सौन्दर्य को व इमारतों, पार्कों के देखने के साथ-ही-साथ बहुत कुछ घुटन का अहसास किया था, पर उस घुटन का विस्फोट यों होगा, कभी यक़ीन न था। शाह की खुफ़िया पुलिस और प्रचार का ऐसा ज़ोरदार जाल था, जिसमें पड़ी जनता दमघोंट तकलीफ़ों

को सह तो रही थी पर उसकी आहें उसके पड़ोसी देशों तक भी न पहुँच पाईं।

मशहद (ईरान का एक प्रमुख धार्मिक नगर) में आज ऐसा शोक मनाया जा रहा है जैसे किसी की मौत हो गई हो, पर मौतें तो लगातार पिछले एक साल से हो रही हैं। ईरानियों का कहना है ऐसे बेदर्दाना क़त्ल तो पिछले पच्चीस साल से हो रहे हैं, फिर भी आज के शोक का रंग ही कुछ दूसरा है। सारी दुकानें बन्द हैं। कॉलेजों के लड़के सीने पर काला रिबन लगाए साइकिलों पर जुलूस की शक्ल में पूरे शहर का चक्कर लगा रहे हैं। उन्हें देख कर लगता है जैसे एक साँचे में ढाल कर बनाए गए हों, लम्बे, गोरे, पतले चेहरों पर हल्की उगती दाढ़ी-मूँछों के बालों का ग़ुबार। पूरी सड़क अजीब अद्‌भुत-से जोश से नहाई हुई है। लड़के नारे लगाते गुज़रते हैं—

अपने ख़ून से लिखते हैं
या मौत! या ख़ुमैनी
ईरान हमारा देश
ख़ुमैनी हमारा नेता है।

आज शाह का जन्मदिन है। इस अवसर पर पिछले छत्तीस वर्षों से ऐसी सजावट होती थी, लगता था कि आकाश धरती पर उतर आया है और जिस दुकान पर रंगीन बल्ब नहीं लगे होते थे, उसे दो वर्ष की जेल होती थी। पर आज उदास सड़कों पर काग़ज़ उड़ रहे हैं। सड़क के किनारे टैंक और बन्दूक़धारी सिपाही खड़े हैं। इस सारे नफ़रत-भरे वातावरण में केवल नये ख़ून से उबलती यही युवावर्ग की टोली है, जो हर कण में जोश भर रही है।

कुछ दूर जा कर लड़के चौराहे पर लगी शाह की मूर्ति नीचे गिराना चाहते हैं। रस्सी के फ़न्दे से कहीं पीतल की हज़ार किलो की मूर्ति गिरती? उलटे दो-तीन हवाई फ़ायर पुलिस ने किए, आँसू गैस फेंकी। लड़के आँसू पोंछते हँसते नारे लगाते गलियों से दूसरी सड़क पर चले गए।

ऐ फ़ौजी!
हम तुम्हें फूल देते हैं—
तुम हमें गोली देते हो।

आँसू गैस से घबराए लोग, तेज़ी से दुकानों के आगे जमा लकड़ियों में आग लगाते हैं। चीख़ती कारें गलियों में मुड़ती हैं और ऊपर आकाश पर हेलीकाप्टर तेज़ी से घूमने लगता है। पलकें झपकते ही मशहद के हर चौराहे के बीच बने पार्क के अन्दर चबूतरे के सामने जिसके ऊपर शाह की मूर्ति लगी है, तीन फ़ौजी ट्रकें खड़ी हो जाती हैं और हर सड़क के सामने पार्क की रेलिंग से लग कर बन्दूक़

लिये सिपाही तैनात हो जाते हैं।

लोग सड़कों पर आराम से गुज़र रहे हैं। उन्हीं गुज़रने वालों में हम लोग भी हैं। न लोग आपस में लड़ते हैं, न फ़ौजी आने-जाने वालों से भिड़ते हैं, मुसीबत बस उस समय होती है, जब अफ़सर मशीनगन सँभाल लेते हैं और नारे लगाने वाले मुँह से उगलने वाले ज़हर को उगलते ही रहते हैं।

मशहद में जगह-जगह लोगों की सभाएँ छुप कर हो रही हैं। इसी मशहद का रूप मैं दो वर्ष पहले देख चुकी हूँ। तब तेहरान, इस्फ़हान, शीराज़, अबादान देख चुकी थी। हर शहर, हर दुकान, हर दफ़्तर, हर घर में विभिन्न मुद्राओं में शाह की तस्वीरें दिखती थीं। एक ही आदमी को दिन में सौ बार देखना, घर में, आफ़िस में, सब्ज़ी-गोश्त और जूते की दुकानों पर, वही मुस्कुराता, घूरती आँखों वाला चेहरा बड़ा अजीब अनुभव था।

वही हुआ, जो मैंने दो वर्ष पहले सोचा था, लोग दीवाने से शाह की रंगीन, बड़ी-बड़ी तस्वीरों को उतारकर फाड़ रहे थे, जला रहे थे, आग की इन लपटों को थोड़ी देर में गोलियों की बौछारों ने ख़त्म कर दिया। मुट्ठी भर लोग मर गए। मौत से डरता भी कौन है? पर उस दिन से पूरे मशहद से शाह की तस्वीरें ग़ायब हो गईं। छोटे-मोटे दुकानदारों ने जो तस्वीरें दीवारों पर चिपका रखी थीं, उन्होंने घबराकर उस पर गूगूश, दारियुश जैसे गाने वालों की तस्वीरें चिपका दीं।

अख़बारों के मुखपृष्ठों पर शाह की तस्वीर की जगह उन लड़कों व हड़तालियों की तस्वीरें छप रही थीं, जो शाह की शासन-प्रणाली के ख़िलाफ़ आवाज़ उठा रहे थे। सब कुछ देखकर लगता है कि यह इंक़िलाब बहुत दिनों की रौंदी-कुचली क़ौम का इंक़िलाब है।

ईरान के आज के ख़ूनी इंक़िलाब की नींव लगभग पचास वर्ष पहले 'इंक़िलाब सफ़ेद' ने डाली थी। काज़ारी काल के आख़िरी बादशाह का देहान्त यूरोप में हो गया था। इससे बहुत पहले से काज़ारी-शासन से प्रजा दुखी थी, जिसे मुक्त कराने वाला और बिना ख़ून की बूँद बहाए इंक़िलाब लाने वाला एक फ़ौजी सिपाही था। वह बाद में अपनी प्रतिभा से चीफ़ कमाण्डर बना था। वह अपनी देश-भक्ति व प्रतिभा से ईरानी जनता के दिल में घर कर चुका था। यह मामूली सिपाही रेज़ा ख़ान था, जो प्रजा की इच्छा से नहीं बल्कि मिलिटरी कूप से 1926 में बादशाह बना। उसने पहलवी साम्राज्य की नींव डाली और अपना नाम रेजाशाह पहलवी रखा। 1926 से 1941 तक बराबर रेजाशाह के ख़िलाफ़ लोग उठते रहे। उनमें डॉ. मुस्दिक़ का नाम और कम्युनिस्टों की सहायता से बनी तोदह पार्टी का नाम लिया जाने लगा। जो लगातार पहलवी साम्राज्य की नींव खोखला बनाने में लगे थे। रेजाशाह पहलवी

की कोशिशें लोगों की मुख़ालफ़त दबा न पाईं और उन्हें देश-निकाला मिला। शहंशाह आर्य मेहर विदेश में पढ़ रहे थे। 1941 में उन्हें बुलाया गया और वह सिंहासन पर बिठाला गया। पिता के अन्त से डरे शहंशाह ने प्रजा को दबाने-डराने के लिए हर तरीक़े अपनाए। आज़रबायजान के इंक़िलाब में अमेरिका ने पहली बार सहायता दी। एक बड़ी तादाद में कम्युनिस्ट मरवाए गए, जिन्हें टैररिस्ट या आतंकवादी कहा जाता था। उनका अनुसरण करने या सन्देह के जुर्म में बड़ी गिनती में लोग क़ैद में डाल दिए गए और फिर वे क़ैदी भूली कहानी बने क़ैद में सड़ते रहे। पिछले माह आज़ाद किए गए लोगों में सिफ़रकहरमानी हैं, जो तीस वर्ष से जेल में थे। ज़िन्दगी का कितना क़ीमती हिस्सा जेल की कोठरी के घुटते कोने में बिना कुछ किए गुज़ार दिया? सज़ा? आज़रबायजान का इंक़िलाब।

पिछले सैंतीस सालों में कितनी बार शाह के ख़िलाफ़ बग़ावतें हुईं, जिन्हें शाह ने दबा दिया। कितनी बार उन पर क़ातिलाना हमले हुए, पर वह बच गए। इसी बात पर वह कहते हैं उनके पास अलौकिक शक्ति है, जो उन्हें सदा बल देती है और उनकी रक्षा करती है। पर इस बग़ावत का रंग अलग है, यह टुकड़ों में नहीं हुई है। पूरा ईरान एक हो गया है। आज ईरान के सभी बावन शहरों में शाह के ख़िलाफ़ पचास-पचास हज़ार, तीस-तीस हज़ार लोगों के जुलूस निकले हैं, जिनमें मरने वालों की गिनती सैकड़ों में है। सचमुच कितने मरे होंगे, यह कहना मुश्किल है।

शाह अपने पिछले इतिहास को देखकर अब भी विश्वास रखते हैं कि वह दोबारा लोगों को कुचल सकते हैं, पर वह भूले हुए हैं कि ज़माना बदल चुका है और अपने को समय के साथ बदलना ही राजनीतिक ज़िन्दगी है। वह लोगों की माँगों को बिना समझे उन्हें दबाना चाहते हैं। जनता की माँगें बहुत मामूली हैं— 1. राजतंत्र का अन्त, 2. खुफ़िया पुलिस के आतंक की समाप्ति, 3. राजनीतिक क़ैदियों की आज़ादी, 4. राजनीतिक दलों को आज़ादी, 5. अमेरिका से सम्बन्ध-विच्छेद और किसी भी स्वदेशी की गुलामी क़बूल न करना।

इनमें से शाह ने अधिकतर माँगें क़बूल नहीं कीं, केवल तीसरी माँग भी जो कुछ हद तक मानी है, उसे भी दो माह रह कर देखा है कि रोज़ 'किहान' 'इत्तेलात' आदि समाचार-पत्रों में छोड़े गए क़ैदियों के नामों की सूची के साथ निकलता है कि उन्होंने माफ़ी माँगी है। उन्होंने शाह की बड़ी भलाई मानी है, अपने किए पर शर्मिन्दा हैं इस कारण उन्हें छोड़ा जाता है। पर इन्हीं बातों का खण्डन करते हुए सालेह नेकबख़्त ने इत्तेलात में लिखा कि मुझे जेल से आए तीन मास हो रहे हैं, मैं अपना समय पूरा कर निकला हूँ। हमारे साथ बहुत से लोग थे, जिन्होंने न माफ़ी माँगी, न शर्मिन्दा हुए। फिर भी तीन माह बाद हमारे नाम क्यों छपे, यदि हमारे नाम पर लोग छोड़े गए हैं तो वे कौन हैं? यह केवल कोरा प्रचार तो नहीं है?

इन बातों से मशहद की जनता में दुःख व गुस्से की लहर फैली हुई थी। मशहद विश्वविद्यालय के कैम्पस में रोज़ किसी न किसी जेल से छूटे क़ैदी का भाषण होता था, जिससे जेल में किए गए ज़ुल्मों और अत्याचारों के पुलिन्दों का पता चलता था, जैसे मोहन्दिस रहमत भसगेई जो ईरान के रेडीकल मूवमेंट का नेतृत्व करते हैं। पिछले दिनों फ़ौजी सरकार ने उन्हें जेल में डाल दिया था। वह बहुत दुःखी होकर बता रहे थे, जेल की दुर्दशा मैंने वहाँ जाकर देखी। कर्मचारियों का व्यवहार क़ैदियों के साथ जितना कड़ा है, उतना ही अपमानजनक। मैंने अपनी आँखों से देखा है कि जेल का दवाख़ाने वाला कमरा ख़ाली कर दिया गया और उसे अच्छी तरह सजा कर रेडियो, टी.वी. व अन्य सुख-सुविधा का सामान जुटाया गया, ताकि डॉ. शेख़ुलस्लाम इमामज़ादे फ़रीदुन मेहदवी और मोहन्दिस रूहानी जो कुछ समय पहले मार्शल लॉ के समय में अनुचित क़ानूनी हरकतों, लड़ाई व धन का ग़लत इस्तेमाल करने जैसे जुर्म में पकड़े गए थे, जाकर आराम करें। दिन भर क़हक़हे लगाते जो जेल की चहारदीवारी में एड़ी रगड़ते क़ैदियों के लिए हथौड़े का काम करते। वे अपने सूटबूट पहन कर जेल के आँगन में टहलते थे, हँसी-मज़ाक़ करते जिनका बहुत ही बुरा प्रभाव क़ैदियों के दिमाग़ों पर पड़ता। इसी बीच हज़रत आयतउल्लाह आज़मी दस्तग़ीव को भी क़ैद में देखा, जो कमज़ोरी और बुढ़ापे से काँप रहे थे। वह वहीं अस्पताल की गैलरी में ज़मीन पर बैठे हुए थे, ताकि उनका ब्लड प्रेशर लिया जाए, कई घण्टों की प्रतीक्षा के बाद भी कोई न आया, कौन आता? पहले ही दवाख़ाना मेहमानख़ाने में बदल गया था। वहाँ कोई न था जो मरीज़ों की देखभाल करता।

यह फ़र्क़ देखकर लगा, हमारी जेलों में दो प्रकार के क़ैदी हैं एक आदर व पोज़ीशन वाले अर्थात् वे क़ैदी जिन्होंने चोरी की है, फूट डाली है, फ़साद फैलाया है, लोगों का हक़ मारा है और दूसरे वे जो केवल राजनीतिक विचार रखते हैं। उन्हें हर प्रकार की सज़ा सहनी पड़ती है।

पुलिस कर्मचारियों ने उन लोगों को जो पिछले दिनों पकड़े गए थे, जब उन्हें छोड़ा तब उनकी सारी डिग्रियाँ व सर्टिफ़िकेट, यहाँ तक कि किताबें भी घर आकर बर्बाद कर दीं या फिर उन्हें अपने साथ ले गए। मेरे क़ैद के समय मेरे दफ़्तर व घर से रेकार्ड्स की सारी फ़ाइलें ले गए थे, पर अभी तक मुझे नहीं लौटाई हैं।

जेल में तड़पते बुद्धिजीवी की दुर्दशा शोचनीय है, अब भी लोग उन कवियों और लेखकों के नाम लेकर उन्हें स्वतन्त्र करने का अनुरोध कर रहे हैं जो सालों से जेल में हैं, पर क्या पता वे उसी दिन मार डाले गए हों?

आज एक त्रिकोण युद्ध प्रचलित है, जिसका बिन्दु एक ही है कि वह शाह को नहीं चाहता है। यह मैं दो मास के अल्पकाल में रहकर देख चुकी हूँ। पहला मौलवी शाह की शासन-प्रणाली को इस्लाम की स्वतन्त्रता का दुश्मन समझता है।

दूसरा बुद्धिजीवी वर्ग तो इतनी क़ुर्बानी दे चुका है कि उसके पास अब बचा क्या है, गिने-चुने चन्द दिमाग़। तीसरा आम आदमी जिसके पास न घर है, न कपड़ा, न नौकरी, न पीने का पानी, न नहाने के लिए हमाम, जाड़े की कड़ी सर्दी में न ओढ़ना है, न बिछौना है, वह नंगे सीने और निहत्था सा शाह के महलों के समीप अपने हक़, अपने हिस्से की माँग करता है।

मार्शल लॉ का जिस दिन ऐलान हुआ है, वह ख़ून से भीगा दिन था। तेहरान में पाँच हज़ार लोग मारे गए थे, जिसमें से केवल चार हज़ार पाँच सौ 'बहिश्ते-ज़हरा' में दफ़न किए गए। चार सौ ज़ख़्मी जरगान अस्पताल में, इब्ने सीना अस्पताल में एक सौ चालीस, बहादरी अस्पताल में, सौ जाले में चार, शहरबिर में तेरह लोगों ने अपनी जानें दीं।

रोज़ होती मौतों से लोग न डरते हैं, न पीछे हटते हैं, बल्कि वे इंक़िलाब लाने के लिए बेचैन हैं। उन्हें पता है, वे कहते हैं आज़ादी बहुत दूर है, पर उसे हम लेकर रहेंगे। चाहे उसे देखने के लिए ज़िन्दा न रहें पर यही क्या कम है कि हमारे पोते-नवासे इसका लाभ उठा सकेंगे।

कुछ जवान वर्ग का विचार है कि शाह यदि चला भी जाता है तो दूसरी मुसीबत और सबसे बड़ी मुसीबत तो अमेरिका है, हम उससे कब छुटकारा हासिल करेंगे?

कुछ दुःखी हो कहते हैं, यह पेट्रोल हमारी मुसीबत हो गया है। न हमें ईरानी रहने दिया है, न आज़ाद।

दूसरा कहता है, बीस वर्ष बाद जब तेल समाप्त हो जाएगा तब सब के दिल में ठण्डक पड़ जाएगी। तब शायद हम आज़ादी की साँस ले सकें।

'तब तक हम, हम रह पाएँगे, कहाँ होगी हमारी निशानी?' पचास वर्ष बहुत होते हैं। उसमें पच्चीस वर्ष ख़ून थूकते ही ईरानियों ने गुज़ारे हैं, यानी एक नस्ल पैदा हुई और मरने के क़रीब है पर जो नस्ल अभी जवान है, वह भी आज़ादी के लिए समाप्त हो रही है।

पिछले एक साल में हड़तालों का बाज़ार ईरान में गर्म है, पर जो हड़ताल तेल के कारख़ाने वालों ने की है, उसने ईरान की अर्थव्यवस्था तोड़ दी है, जाने कितनी तरह का नुक़सान ईरानियों ने उठाया है? उन्हें पता है इससे दुगुना उन्हें उठाना है, पर फिर भी वे लड़ रहे हैं। उनका कहना है कि जो कुछ खो चुके हैं, वह इतना अधिक है कि उसके सामने ये कटते-मरते जिस्म कुछ नहीं हैं। उन्होंने हमारे दिमाग़ों को मारा है, दिमाग़ पनपने कब दिए जाते हैं? हमें तो भेड़ों की तरह हाँका जाता है। इस प्रकार के कटु विष में बुझे दुखी शब्द सारे वातावरण में गूँज

रहे हैं—जिसका अर्थ है इंक़िलाब आएगा।

दो मास में एक बात बहुत अच्छी लगी कि इस इंक़िलाब में कोई किसी की कमज़ोरी से फ़ायदा नहीं उठा रहा था, बल्कि एक ऐसा भाईचारा था, जिसे देखकर लगता था, इन निहत्थे ईरानियों की ताक़त टैंकों व गोला बारूद से कहीं ज़्यादा है।

रोज़ तरह-तरह की ख़बरें सुनती हूँ, लेकिन मुझे पता है यह इंक़िलाब की सही तस्वीर नहीं है, ईरान में बहुत कुछ हो रहा है, जो कोई भी बाहर बैठा नहीं जान सकता, रोज़ होती क़ुर्बानियों से स्वतन्त्रता एक दिन हाथ आएगी ज़रूर। पर कब? यह अभी अँधेरे में है।

साप्ताहिक हिन्दुस्तान : 14 जनवरी, 1979

आज़ादी की ताज़ा ब्यार

सितम्बर 1980 की वह रात जब हवा में हल्की-हल्की ठण्ड घुल गई थी वास्तव में कभी भूलने वाली नहीं थी। इस्फ़ाहान के फ़ौलाद के कारख़ाने के समीप इराक़ी बम गिरे थे जिनके धमाके से हम सब सोते से जाग उठे थे। जिस परिवार के साथ मैं थी वह शाहपरस्त था और ख़ुमैनी का घोर आलोचक। चाय का समावर रौशन कर दिया गया था और सब हल्की चादरें बदन पर लपेट आँगन में आकर बैठ गए थे। उनकी नज़रें आसमान पर थीं जहाँ टिमटिमाते तारे एक-एक करके विदा ले रहे थे।

इतने लम्बे अरसे की ख़ामोशी को तोड़ने वाले यह बम वास्तव में ईरानी जनमानस को कई तरह की आन्तरिक हलचल से दो-चार करा रहे थे। ऊपर से वह हँसी-मज़ाक़ कर रहे थे मगर उनका सारा वजूद इस चिन्ता से हिला हुआ था कि आगे क्या होगा? इस परिवार में वैचारिक स्तर पर मर्द-औरत बँटे हुए थे। औरतें ख़ुमैनी समर्थक थीं, इसलिए जब मर्द पूरे विश्वास से यह कहते कि शाहपोर बख़्तियार आने वाले हैं तो वे हँसकर कहतीं, शाह का दौर गया। इस युद्ध में ईरान हारेगा नहीं बल्कि जीतेगा।

ईरान में 'मेहर' माह की पहली तारीख़ स्कूल खुलने का दिन है उस दिन के लिए यह ख़बर बड़े विश्वास से फैलायी जा रही थी कि शाहपोर बख़्तियार और शाह के अन्य अनुयायी मिलिटरी कूप के द्वारा ईरान की सत्ता को हाथ में ले लेंगे। इसलिए ईरान में स्कूल के लड़के-लड़कियों का जुलूस निकला था ख़ुमैनी के समर्थन में, यह दृश्य देखने वाला था। चिनार से ढँकी चौड़ी सड़कें जवानों से भर गई थीं। ख़ूबसूरत चेहरे, चमकती आँखें और ज़बान खोलने की पहल का ताज़ापन पूरे वातावरण को महका रहा था। इस तरह सड़क पर जुलूस के रूप में चलना उनका पहला अनुभव था।

ईरानियों के लिए इराक़ का आक्रमण एक नया अनुभव था। पचास वर्ष के अंकुश के बाद ईरानी अपने ही देश और देशवासियों से बिना किसी औपचारिकता के

मिल रहे थे। शाह का जाना एक बड़ी घटना थी। उनका भावुक होना ज़रूरी था। ऊपर से इराक़ी हमले ने उन्हें उत्तेजित कर दिया था। वतन का प्यार दोहरे वेग से उन्हें उद्वेलित कर रहा था। विदेशी अख़बार हर दिन नए मौलवियों का परिचय छाप रहे थे जो इमाम ख़ुमैनी के संग विदेशों में रह संघर्षरत थे। ईरानी जनता उनके बारे में जानने को बेचैन हो उठी जो शाह के बाद सत्ता में आने वाले थे।

1979 ईरान-इराक़ दोनों ही देशों के लिए महत्त्वपूर्ण ऐतिहासिक घटनाओं का वर्ष रहा है। शाह का जाना ख़ुमैनी का आना। आधुनिकता से रूढ़िवादिता की ओर ईरान का धीरे-धीरे पलायन करना और इसी बीच, युद्ध का शुरू होना। सद्दाम हुसैन का इराक़ में राष्ट्रपति बनना और एकाएक इराक़ का आधुनिकता की तरफ़ बढ़ना। यह सारी घटनाएँ सतही तौर पर ईरानियों को यह सोचने पर मजबूर कर रही थीं कि इराक़ी हमले को पीछे शाहपोर बख़्तियार और अमेरिका का हाथ है जिन्होंने सद्दाम को भड़काया वरना मध्य पूर्वी इलाक़े का कोई देश ईरान पर आक्रमण करने का सोच नहीं सकता है। उसका कारण ईरानी फ़ौजों का संसार में दूसरा दर्जा था। एयरफ़ोर्स आधुनिक हथियारों से लैस थी। शस्तुल अरब के समीप के सारे इलाक़े शाह द्वारा हथियारों के गोदाम बने हुए थे।

इराक़ी हमला एक 'पोलिटिकल रूमानियत' की तरह ईरानियों की धमनी में बहने लगा। ट्रकों पर जवान जब गाना गाते गुज़रते कि मैं ईरानी हूँ मेरा अरमान शहादत है तो उन्हें देख सड़क पर चलते, दुकानों में काम करते लड़के सब कुछ छोड़ उन ट्रकों पर लटक जाते थे। गायक गूगूश के गानों की तरह वतनपरस्ती के तराने और टी. वी. में युद्ध क्षेत्र की फ़िल्में देखकर एक विचित्र सनसनाहट सबके बदनों में तैरती रहती थी, मौत एक लक्ष्य एक मंज़िल एक पड़ाव सा हो गई थी हर ईरानी के लिए। वह हरदम सीना तान गोली खाने के तेवर लिए घूमता रहता था। मेरे लिए इन नए ईरानियों से मिलना एक अलग तरह का अनुभव था। कल तक जो सजे-सजाए मुस्कुराते हुए हाफ़िज़ की ग़ज़लें गुनगुनाते थे वे आज मौत का तराना गाते जाम-ए-शहादत को पीने के लिए बेचैन थे।

इस्फ़ाहान से चार दिनों बाद तेहरान लौटना हुआ। तेहरान की हर दुकान, कार के शीशों पर ख़ुमैनी का स्टीकर चिपका देख मैंने पूछा कि यह कौन है? दुकानदार क़हक़हा मारकर हँस पड़ा और मेरे साथ खड़े पत्रकार ने दुकानदार की उस हँसी पर कटाक्ष करते हुए व्यंग्यात्मक अन्दाज़ से मुझसे पूछा था कि आप कैसी शिया हैं जो इतने बड़े आलिम को नहीं जानतीं जिसको सारी दुनिया जानती है?

एक सुबह तेज़ धमाकों से आँख खुली। रेडियो आन किया गया तो बी. बी. सी. ख़बर सुना रही थी कि तेहरान के मेहराबाद हवाई अड्डे पर धुआँधार बमबारी इराक़ी हवाई जहाज़ों ने कर दी है। ईरान का विदेश से रिश्ता लगभग टूट सा गया। सारी उड़ानें महीने भर के लिए बन्द हो गईं। ईरानियों का इराक़ के लिए घृणा का भाव उभरा। इसी के साथ यह विचार भी कि हमारे रेडियो, टी. वी., समाचार-पत्र बाद में ख़बर देते हैं जबकि बी. बी. सी. उसी पल दुनिया को तेहरान के बारे में ताज़ा तरीन ख़बर दे देती है। आख़िर इसके पीछे कौन-सा तंत्र काम कर रहा है। घर-घर इसी विचार के तहत बी. बी. सी. सुना जाने लगा कि उससे आने वाली घटनाओं का भी संकेत मिल जाएगा।

तेहरान का अमीर वर्ग शुरू इंक़िलाब के दिनों में भाग गया था। बड़े-बड़े ताजिर भी विदेश गमन कर चुके थे। देश में जो बचा था वह वर्ग बुद्धिजीवी, छोटे ताजिरों और आम जनता का था। मध्य व निम्न वर्ग की औरतें बँधी मुट्ठी के साथ बाहर निकल आई थीं। सामूहिक रूप से 'आश' पकाकर उस पर 'नज़र' करतीं और जुलूस के बाद खातीं। खेप के खेप स्वेटर सिपाहियों के लिए बुने जाते। जो छोटे और मझोले ताजिर थे उन्होंने इस युद्ध में खुलकर दान दिया। 'आम' जनता अपने भविष्य की चिन्ता में एकजुट हो रही थी, मगर मौलवी उसे धार्मिक रंग दे साम्यवादियों को पस्त कर रहे थे। क़लम साम्यवादियों के पास था सत्ता मौलवियों के हाथ थी। सीना चाक लेखकों एवं जवानों का हो रहा था और बन्दूक़ें व्यवस्था चला रही थी। आम जाहिल इन्सान जो धर्म को भी पूरी तरह नहीं जानता था और धर्म के अलावा कुछ भी नहीं जानता था वह ख़ुमैनी की ललकार पर एकजुट होने लगा। इस्लाम का झंडा चीन से स्पेन तक गाड़ने का वलवला उनमें उबल रहा था। शेख़ अली तेहरानी का बयान था कि मोनतज़री की सबसे बड़ी हसरत है कि इराक़ उनके क़ब्ज़े में आ जाए तो ईरानी संसार का सबसे बड़ा पेट्रोल निर्यात राष्ट्र बन जाएगा। मध्य पूर्वी देश उससे डरेंगे क्योंकि सऊदी अरब अमेरिका के प्रभाव में रहने के बावजूद उससे दबेगा और अन्य मध्यपूर्वी देश अपने आप पके अंगूर के दानों की तरह हमारे दामन में एक-एक करके टपक जाएँगे।

इस जोश भरी देशभक्ति के अलावा भी ईरान का एक यथार्थ था। वह था एक विशेष वर्ग इस युद्ध में ईरान की हार देखना चाहता था। उसे शाह से कोई दिलचस्पी नहीं थी मगर ख़ुमैनी से नफ़रत ज़रूर थी क्योंकि वह धर्म की जड़ता नहीं चाहता था, वह ईरान और ईरानवासियों को आर्य नस्ल का एक खेतिहर देश मानती थी जिसके रस्म व रिवाज़ उसके अपने थे। अरबों से माँगे हुए नहीं थे। उन्हें अपने बेटों को रणक्षेत्र भेजने, युद्ध में दान देने में हिचकिचाहट होती थी। वह इस व्यवस्था को कमज़ोर देखने के इच्छुक थे। इस युद्ध में ईरान की हार का अर्थ था ख़ुमैनी की हार क्योंकि ख़ुमैनी के गणतंत्र ने इस युद्ध को अपनी लोकप्रियता

का मापदण्ड मान लिया था।

रणक्षेत्र जाने का अवसर मिला। वहाँ मेले जैसा माहौल था। जवान पायलेट बड़े अकड़कर कह रहे थे कि खाने को हज़म करने के लिए अक्सर रात को हम इराक़ का एक चक्कर लगा आते हैं दिल चाहा तो बम गिराया वरना डराकर वापस आ जाते हैं। आपने देखा कि ईरानी नमाज़ पढ़कर लड़ता है और इराक़ी शराब पीकर मैदान-ए-जंग में आता है। यह तस्वीर देखें। दीवार पर लगी तस्वीर में केवल एक हाथ था जिसमें रूमाल से बँधी एक बोतल थी। मैंने तस्वीर देखकर कहा कि यह कहाँ से साबित होता है कि यह हाथ इराक़ी सिपाही का है?

हवाई हमले से बचने के लिए जो 'सायरन' होता था उसे सुनकर लोग अपने घरों या इमारतों के तहख़ानों में पनाह लेते थे। वह दृश्य एक तरफ़ रोमांचकारी तो दूसरी ओर हास्यप्रद होता था क्योंकि बालों में शैम्पू लगाए ड्रेसिंग गाउन पहने तौलिया से मुँह पोंछता कोई नज़र आता तो कोई हाथ में पतलून लिये उसे पहनने के लिए कोना ढूँढ़ रहा होता। सबसे दिलचस्प स्थिति एक विधवा स्त्री की थी जिससे मिलने उसका कोई रिश्तेदार उसकी माँ के घर से आया था। सायरन की आवाज़ सुनकर दोनों दमबखुद रह गए। आसपास के फ़्लैट के लोग सामूहिक तहख़ाने की तरफ़ भाग रहे थे और वे दोनों घबराए से सोच रहे थे कि यदि वह नहीं जाते हैं तो दबकर मरते हैं। यदि जाते हैं तो लोग जाने क्या सोचेंगे जिस समाज में भाई-बहन साथ न चल सकते हों। पति-पत्नी को अपना सम्बन्ध बताने के लिए मैरेज सर्टिफ़िकेट साथ लेकर चलना पड़ता है वहाँ पर वह कैसे बताएगी की यह मेरी फूफी का दामाद मेरी ख़ैरियत लेने आया था।

अक्सर बम गिरते और फटते नहीं थे। उसको ख़ुमैनी का चमत्कार मान लोग उनके प्रति अधिक निष्ठावान हो उठते। ऐसे लोगों की बातें सुनकर क्रोध में आकर कुछ लोग कहते कि ख़ुदा जिस बन्दे से नाराज़ होता है वहाँ भूकम्प लाता है। ख़ुमैनी के सत्ता में आने के बाद कितने भयंकर भूकम्प आए और अधिकतर पुराने तेहरान के ग़रीबों का जानी माली नुक़सान हुआ जो अपना नेता ख़ुमैनी को मानते थे। यही लोग थे जो इराक़ी बन्दी पायलेटों को देखकर कह उठते जाने किस माँ का लाल होगा यह?

हर दिन पाँच सौ-छः सौ शहीद सिपाहियों के नाम टी. वी. पर दिखाए जाते थे जिसको पढ़ने के लिए बेचारे माँ-बाप, भाई-बहन टी. वी. के सामने बैठ जाते थे। ख़ूज़िस्तान से आने वाले बताते थे कि युद्ध क्षेत्र से मीलों तक ख़ून और जले गोश्त की बू वातावरण में अटक-सी गई थी। ईरान की पुलिस चूँकि अमेरिकी

प्रशिक्षण प्राप्त थी सो उनकी जगह अब 'पासदारों' ने लेनी शुरू कर दी थी। विश्वविद्यालय बन्द थे। जो सांस्कृतिक क्रान्ति के बाद खुलने वाले थे। आम लोगों ने बैंकों से रुपया निकाल घरों में रखना शुरू कर दिया था। उनका विश्वास सरकार से उठ गया था।

वे ईरानी जो खुमैनी के आने पर उनकी कार को कन्धे पर उठाकर लाए थे। इस युद्ध से आहत हो उठे। उनका सपना बिखर गया। उन्होंने सोचा था कि बेहतर व्यापार और अच्छी ज़िन्दगी गुज़ारेंगे मगर हर चीज़ महँगी और बाज़ार से ग़ायब नज़र आ रही थी। मुझे वह रात याद आ रही थी जब शीराज़ विश्वविद्यालय में किशमिश का पुलाव ढेरों प्लेटों में डाल मेहमानों के आगे रखा गया था। थोड़ी देर बाद उनकी जूठी प्लेटों से आधे से ज़्यादा पुलाव कूड़ेदान में जिस बेदर्दी से डाला जा रहा था। उसे देखकर दिल घबरा गया। यही हाल ख़रीदारी का था। एक किलो से कम कोई चीज़ ख़रीदना लज्जा की बात थी। कंजूसी की निशानी थी। उनका ख़्याल था कि आप न खाएँ मगर घर आए मेहमानों को तो खिलाएँ? उस देश में अब चीजें बाज़ार और दस्तरख़्वान से ग़ायब हो रही थीं। ख़रीदारी के लिए जेब में पैसे कम पड़ रहे थे।

बच्चों पर शहीदों का सम्मान देख एक नशा-सा सवार हो रहा था। हर लड़का अपनी तुतली ज़बान से माँ से पूछता था कि अगर मैं शहीद हो गया तो क्या तुम मेरी क़ब्र के सिरहाने फूल रखने आओगी? युद्ध के चढ़ते बुख़ार में जब हम हस्पताल फ़ौजियों से मिलने गए तो वहाँ भी मिला-जुला हाल था। कुछ सिपाही और अफ़सर प्लास्टर के बावजूद टी. वी. पर रणक्षेत्र देखने में खोये थे। कुछ इस तरह ख़ामोश थे जैसे बोलना ही भूल गए हों। उनकी पत्नियाँ उनके सिरहाने इतनी उदास और दुःखी बैठी थीं कि उनसे हालचाल पूछते डर लगता था। जैसे उनके सामने खड़ा भविष्य उन्हें ताना दे रहा हो कि युद्ध विराम के बाद तुम्हारा लंगड़ा पति क्या कटी टाँग या हाथ वापस ले सकता है? क्या तुम पहले की तरह ख़ुश रह सकती हो?

यह सारे सवाल सुने जाते मगर उनका जवाब एक होता कि देश के लिए लड़ रहे हैं और विजय चाहते हैं। विजय की मूर्ति आपने देखी है जिसके हाथ पैर कभी-कभी सर कटा होता है? मैं उनका हौसला देखकर चुप थी। इस हद तक ईरानियों की निष्ठा से मैं प्रभावित हुई कि मेरे मन-मस्तिष्क में सृजन के अंकुर फूटने लगे। कुछ कहानियाँ सफेद पन्नों के लिए उभरीं। ईरानी वैचारिक धरातल पर बँटे हुए थे। उनका जोश उनकी निष्ठा ईरान के लिए थी मगर उनमें एकता नहीं थी। उनके पास कोई एक मंच नहीं था बल्कि हर व्यक्ति का अपना मंच

था। यह बिखराब बेशक शाह के अंकुश की देन थी मगर वह भयभीत कर रहा था कि क्या इस नाजुक समय में वह महान् शक्तियों से टक्कर ले पाएँगे? प्रगतिशील वर्ग को भी अब महसूस होने लगा था, धार्मिक सत्ता ठहर जाएगी, तब भी उनका हौसला पस्त नहीं होगा और वे हँसकर कहते!

आज़ादी की ताज़ा ब्यार बहने लगी है। अब हमारा समय आएगा जब क़लम और ज़बान आज़ाद होगी और किताबों की दुकानें हमारी लिखी पुस्तकों से भरी होंगी।

पुस्तक **'ईरान इराक़ वार'** 1980

खण्ड : तीन

तीसरी यात्रा

- ईरान : जहाँ इतिहास करवटें बदल रहा है
- कि जब जवान हों बच्चे···तो क़त्ल हो जाएँ?
- 444 ज़ख़्मों के टाँके और एक डायरी के चन्द पन्ने
- क्या दीवारों के मुँह भी होते हैं?
- क़ानून-ए-पिजिश्की : जहाँ मुर्दे खिल खिलाते हैं।
- इराक़ और ईरान रेडियो की सच्ची- झूठी खबरें··· समझेगा कौन यहाँ?
- ईरान : सत्ता का जुनून

ईरान : जहाँ इतिहास करवटें बदल रहा है

क्रान्ति के बाद ईरान कितना बदल गया है, एक सादगी, एक ठहराव, एक उदासी की परत पूरे वातावरण पर हावी नज़र आती है। जहाँ फ्रांसीसी सेंट और मेकअप से सजे-महके चेहरे नज़र आते थे, वहाँ चादरों में छिपे औरतों के सरापा और सादे कपड़ों में लोग। हवाई अड्डे से शहर तक लगा कि एक नया ईरान मेरी आँखों के सामने उभर रहा है। दीवारें रंग-बिरंगे नारों से भरी थीं और मज़े की बात यह है कि हर नारा पहले नारे की काट था। शहयाद की ऊँची इमारत हवाई जहाज़ से देखने पर उजाले के समुद्र में राजहंस-सी गर्दन उठाए नजर आती। कभी इसका रंग ही निराला था। लाखों रुपये लगाकर यह स्मारक शाह ने 'पहलवी साम्राज्य' की पचासवीं वर्षगाँठ पर बनवाया था। इस समय वहाँ न फूल थे, न पत्ते, घास सूखी हुई, फव्वारे ख़ुश्क और संगमरमर की दीवारों पर काले रंग से जाने क्या-क्या लिखा था। पार्के फ़रहा, जहाँ ज़िन्दगी का मेला लगता था, वहाँ सब कुछ झाड़-झंखाड़ में बदल चुका था। लगा शाह ने ईरान छोड़ते हुए जो बात कही थी क्या वास्तव में सही थी कि··· "मैं ईरान से जा रहा हूँ। मगर मेरे साथ तीन चीज़ें भी जा रही हैं—खुशी, धन और शान्ति!" क्या वह चहल-पहल, वह गहमागहमी सब कुछ शाह के ही दम से था?

मगर शाम घिरते ही एक दूसरा नज़ारा देखने को मिला। तेहरान के मोहल्लों में, फुटपाथ के किनारे, लोग जमा होने लगे, सामने सड़क पर चौड़े फुटपाथ पर मैंने देखा, कुछ लोग पोस्टर लगाने तथा किताबें सजाने में व्यस्त हैं। इस भीड़ में हर उम्र के लोग थे। पूछने पर पता चला कि यह लोग स्वतन्त्र वार्तालाप के लिए जमा हो रहे हैं। ख़ुद भीड़ में शामिल होकर लोगों की बातें सुनने लगी। मार्क्सवादी तर्क-वितर्क अपनी चरम सीमा पर था। समझ नहीं पाई कि वह वही ईरान है, जहाँ मार्क्सवादी, आक्रमणकारी माना जाता था और लेनिन को वार्तालाप का विषय बनाना क़ानूनी जुर्म था। मगर यहाँ तो सरकार पर टिप्पणियाँ, युद्ध की ख़बरें, सब कुछ चार्ट पेपर पर लिखकर टँगा हुआ था।

चन्द दिनों बाद जब नए ईरान से जान-पहचान हो गई तो महसूस हुआ कि भले ही शाह कुछ समय के लिए ऊपरी टीमटाम, हँसी, शान्ति व धन ले गया हो किन्तु बदले में जो मिला है, वह बहुत ठोस है। ऊपर से देखने में भले ही लोग ईरान को दस वर्ष पिछड़ा समझें, मगर सामाजिक चेतना जागृति और विचारों में ईरानी आज बीस वर्ष आगे बढ़ गए हैं।

दो वर्ष पहले का यह निहत्था उद्‌गार पचास वर्ष से लगातार धरती के अन्दर खौलता-दहकता हुआ बह रहा था। एकाएक दो वर्ष पहले पूरा ईरान उद्‌गार में ढल गया था। मगर आज वहाँ का हर नागरिक ज्वालामुखी में ढला धधकता-सा जान पड़ता है। हर आदमी को देश के प्रति, क्रांति के प्रति, विचारों के प्रति अपनी ज़िम्मेदारी का इतना ज़बरदस्त एहसास है।

उस दिन पेट्रोल पम्प से गुज़रते हुए तीन सौ मोटर साइकिलों की बलखाई रंगीन पंक्ति देखकर मन हुआ कि तस्वीर खींच लूँ। मगर कैमरा अभी ठीक कर ही रही थी कि पीछे से आवाज़ उभरी, "अभी आपका कैमरा छीनकर यहीं पटकता हूँ, जब चूर-चूर हो जाएगा तब आएगा तस्वीर खींचने का मज़ा! कहाँ की शराफ़त है···हमारा मुल्क सद्दाम जैसे दो टके के गुलाम के हाथों जंग झेल रहा है, पेट्रोल कम हो गया तो कौन-सा पहाड़ टूट पड़ा?"

मैंने अचकचाकर पीछे देखा, मज़दूर क़िस्म का आदमी भाषण दे रहा था। घबरा गई कि इसको कैसे समझाऊँगी। यह कैमरा तोड़े बगैर मुझे जाने नहीं देगा। बड़ी सहिष्णुता से मैंने कहा, "किसने आप पर ये सब इल्ज़ाम लगाए हैं? ईरानी क़ौम कहाँ से थकी और परेशान है? मैं तो तस्वीर इसलिए खींच रही हूँ कि लोग जो सुबह पाँच बजे से इस क़दर शान्ति से यहाँ खड़े हैं, दरअसल ईरानियों के धैर्य, साहस और विश्वास की कहानी कह रहे हैं। यह कहानी मैं भारतवासियों को सुनाना चाहती हूँ, उन्हें पसन्द आएगी क्योंकि चौंतीस वर्ष पूर्व उन्होंने भी यही लड़ाई लड़ी थी।" मेरी हाज़िरजवाबी से वह नर्म पड़ गया और मुस्कुराकर बोला, "ख़ुदा तुम्हें हमेशा कामयाब करे!"

वहाँ से 'बहिश्ते-ज़हरा' गई। बहिश्ते-ज़हरा ईरान का बेहद हसीन क़ब्रिस्तान है। कभी वह वीरान चटियल घास का मैदान था, मगर अब तीनों कोने क़ब्रों से भर चुके हैं। एक तरफ़ तो आम मौत के लोगों की क़ब्रें पहले से थीं, दूसरी तरफ़ क्रान्ति के आरम्भ में मरने वाले शहीदों की सोलह-सत्रह वर्ष वाली नस्ल की असंख्य क़ब्रें थीं, जिनके सिरहाने उनकी तस्वीरें लगी थीं—ख़ूबसूरत चेहरे, कमसिन उम्रें, मासूम आँखें चारों तरफ़ मुस्कुराती आपस में बातें करती नज़र आ रही थीं! क़ब्रों पर एक-एक शाख फूल की रखी थीं।

तीसरी तरफ़ इराक़ की जंग में शहीद लोगों की क़ब्रें थीं। चूँकि क़ब्रें ताज़ा थीं, सो मिट्टी इधर-उधर आधी खुदी बिखरी पड़ी थी। गर्द का गुब्बार चारों तरफ़

फैलता उन क़ब्रों से आसमान की तरफ़ उठ रहा था। एक लड़का बुरी तरह बिलखता, पागलों की तरह क़ब्रों के बीच में बड़बड़ाता चक्कर लगा रहा था। मुझे अपनी ओर घूरता पाकर वह पन्द्रह-सोलह वर्ष का लड़का पेड़ के तने की आड़ में छुपकर पहले की तरह रोता रहा।

मन हुआ कि वहाँ बैठी औरतों से बातें करूँ, रेडियो, टी. वी. पर इस क़ौम की बहादुरी की बड़ी चर्चाएँ सुन ली हैं। इनके तो अपने मरे हैं। बहुत कुछ होगा इनके पास कहने को···जो कहेंगी वह यक़ीनन सच के क़रीब होगा।

"आपका कौन शहीद हुआ है?"

"बेटा!"

"क्या पूछती हो?" दूसरी औरत ने उबलते हुए कहा। "किसका शहीद नहीं हुआ है, अपनी आँखों से देखो अमेरिका का तोहफ़ा···क़ब्रें ही क़ब्रें हैं, ईरान क़ब्रिस्तान बन गया है!"

"ईरान वीरान भी हो जाए तो भी हम थके नहीं हैं। नाउम्मीद नहीं हैं। वियतनामी तीस वर्ष लड़े थे, हम साठ वर्ष लड़ने का दम भरते हैं। सद्दाम हुसैन तो बड़ा नादान निकला, अमेरिका के हाथों की कठपुतली बना हुआ है।"

"तुम लिखना···यह संसार की किस लड़ाई में हुआ है कि बम बजाय फ़ौजियों के···मस्जिद, अस्पताल और ऐम्बुलेंस पर गिराते हों?। सद्दाम बाज़ारी यही करा रहा है। अमेरिका, रूस दोनों से पैसा खा रहा है। हमें डराने के लिए आम जनता को तबाह कर रहा है।"

"हमें किसी चीज़ का दुःख नहीं है। शौहर दिया, बेटा दिया, बेटी लाम पर गई हुई है। हम चैन से न रहें, न सही। आने वाली नस्ल तो सुख से रहेंगी।"

उधर से चक्कर काटकर मैं हमामख़ाने की ओर जाने लगी—मीलों लम्बा क़ब्रिस्तान, महसूस हुआ कि शाह कितना दूरन्देश था, चालीस हज़ार लोगों के मरने के बाद भी अभी क़ब्रिस्तानों में कितनी जगह बाक़ी है।

क़ब्रिस्तान के बीचोंबीच हरे रंग का सादा-सा चबूतरा था, जिसके चारों तरफ़ बैठी जनता उसे स्पर्श करके अजीब अनुभूति में डूबी हुई थी। पूछने पर पता चला कि यह आयतउल्लाह तालग़ानी की क़ब्र थी। बदन काँप उठा, उस शूरवीर की क़ब्र जो वास्तव में ईरानी जनता का प्रतिनिधि था, इस्लाम और क्रान्ति का सच्चा पारखी! इतनी सादा! न फूल, न पत्तियाँ, न मक़बरा न रोशनी···सारे तामझाम से बेज़ार! मुझे हैरान पाकर एक सज्जन ने उदास होकर कहा, "सच्चों का यही हश्र होता है। झूठे को लोग सोना कहते हैं। इनकी तो वसीयत भी यही थी कि···मेरी क़ब्र सादा ही रहे!"

दूसरे ने कहा, "इन्होंने तो बहुत कुछ कहा था मगर सुना किसने? सब अपना भला चाहते हैं।"

मेरे दिमाग़ में क्रान्ति के बाद मशहद विश्वविद्यालय पर लगा आयतउल्लाह ख़ुमैनी का एक पोस्टर कौंध गया कि···आयतउल्लाह ख़ुमैनी ने गन्दगी कर दी और तालग़ानी साहब उसे साफ़ कर रहे हैं!

यही तालग़ानी साहब थे—जो बरसों जेल में रहे थे, जिनका सीना, जिनकी पीठ ज़ख़्मों से भरी हुई थी, दिल में बेटी के बलात्कार का दाग़ था। आज़म तालग़ानी संसद की सदस्या हैं। पिता के साथ ही जेल में थीं। उनके दोनों भाई भी वहीं थे, पूरे ख़ानदान से जब सावाक पुलिस हार गई तो तंग आकर उसने बाप की आँखों के सामने बेटी के साथ बलात्कार किया था। यही तालग़ानी साहब थे जो स्वयं मौलवी होकर कह रहे थे कि मौलवियों की जगह मस्जिद है न कि राजनीति का अखाड़ा। यह वही हमदर्द ईरानी क़ौम के पिता थे, जो बेटे के जेल से छूटने पर प्रसन्न हुए थे। मगर जब उन्हें मालूम हुआ कि जेल में अभी बहुत सारे क्रान्तिकारी सड़ रहे हैं और नयी सरकार उनके बारे में लापरवाह है, तो उन्होंने प्रतिरोध में कहा, "मैं इस शहर में नहीं रह सकता। मैं जा रहा हूँ। जो मेरे साथ आना चाहे आए।" इनके मुँह में ज़बरस्ती पेशाब तक किया गया। तभी तो जनता उन्हें 'आज का गाँधी' कहती है। (ईरानी गाँधी जी के लिए एक विचित्र सम्मान व प्रेम रखते हैं)।

ईरान का दुर्भाग्य रहा है कि पिछले पचास वर्ष में उसने बुद्धिजीवियों व देशभक्तों को बहुत खोया है। आज भी जब उसे एक अच्छे रहबर की ज़रूरत थी, तो तालग़ानी उससे छीन लिए गए। इसीलिए आज ईरान में विचारात्मक धरातल पर बिखराब नज़र आता है। स्वयं तालग़ानी साहब ने ख़ुमैनी साहब को 'क़ौम का रहबर' कहा था। मगर लोगों के बीच जो रुतबा तालग़ानी साहब का है, वह किसी अन्य नेता का नहीं है।

शहर में एक ख़ूबसूरत पार्क!

किसी ने पार्क की उस तरफ़ इशारा करते हुए कहा, "क्रान्ति के बाद जैसा कि इस्लामी गणतन्त्र वाले कहते हैं—बारह फ़रवरी···आप ग़लत न समझें। मैं इस्लाम को मानता हूँ···मगर असली इस्लामी और बारह फ़रवरी को वास्तव में स्वतन्त्रता दिवस नहीं, बल्कि क्रान्ति की राह पर पहला क़दम ही मानता हूँ। अभी तो क्रान्ति आरम्भ हुई है। ख़ैर, उस समय इस पार्क का नाम साम्यवादी कवि 'गोलसोर्ख़ी' पर रखा गया। सेंसरशिप से हम आज़ाद थे, मगर थोड़े वक़्फ़े में इसका नाम बदल दिया गया···भला क्यों? क्या गोलसोर्ख़ी ने जनता के लिए जान नहीं दी थी? क्या उसने जीते जी ख़ुद को संग्राम की आग में नहीं झोंका था? अगर वह मार्क्सवादी था तो नवाब सफ़्फ़ाव्वी कौन थे? रेज़मआरा का क्या चक्कर था? इस्लामी गुरिल्ला,

इस्लामी क्रान्तिकारी, कहाँ हैं उनका नाम? जो आज इस पल है वही सच है, हम इस तर्क को कैसे निगलें? हमारे पास हमारा अतीत भी है और इतिहास भी है। आज ज़रा-ज़रा-सी बात पर काट-छाँट हो रही है!...वह सामने देखिए, वह लड़की अख़बार बेच रही है...हाथ में धार्मिक अख़बार है, मगर कोट के अन्दर गुरिल्लाओं का 'कार' नामक समाचार-पत्र है। कैसे इस नस्ल को आप रोकेंगे? खुल के जीने दो हमें जैसा हम चाहते हैं!"

पहला हवाई हमला हो न हो, इस्पात के कारख़ाने को उड़ाने की नीयत से किया गया था। बम गिरने के बाद नीचे से चलायी गई गोलियों से घंटों आसमान पर अनार छूटते रहे थे। किसी ने मुझसे कहा, "अब आपकी किताब जल्द ही समाप्त हो जाएगी, क्योंकि स्कूल खुलने के पहले दिन शाहपूर बख़्तियार स्वयं आ रहे हैं...सही क्रान्ति तो तब होगी।" उनके इस ख़्याली पुलाव से मैं चकराकर रह गई।

दूसरे साहब बोले, "शाह के अलावा हम किसी को भी बर्दाश्त कर सकते हैं, बेशक शाह ने एक ही बड़ी भारी ग़लती की थी जिसका ख़मियाज़ा आज ईरान भुगत रहा है कि ख़ुमैनी को मरवाया क्यों नहीं, बल्कि उसे इराक़, बग़दाद, पेरिस की यात्रा पर भेज दिया।" कहने वाले अध्यापक थे।

"आपने शरयतमादारी का नाम सुना है? क्या मौलवी हैं, पढ़ा-लिखा खुले विचारों वाला, उसे नज़रबन्द कर दिया गया है। चार लाख तुर्क हैं, जब चाहे हंगामा कर दें। मगर जब ख़ुमैनी ख़ुद उनके घर गए और उनसे याचना की तो वह ख़ामोशी से अलग हो गए। इसी तरह बाज़रगान भी चालीस किताबों के लेखक हैं। मगर बेकार, लाख वह चिल्ला-चिल्लाकर कहें कि...दो साल हो गए हैं, आदमी कब तक सब्र करे, मगर सुनता कौन है!"

"आधा तीतर आधा बटेर, मैं तो यह जानता हूँ। यह सरकार ललितकला की दुश्मन है। कोई भी ख़ूबसूरत चीज़ सहन नहीं कर सकती, रेज़ा शाह के पिता के मक़बरे के पत्थर को फ्रांस मिलियन डालर्स में ख़रीदना चाहता था, नहीं बेचा, मगर तोड़-फोड़कर तबाह कर डाला! शाह के नाम से जैसे सबको एलर्जी हो गई है, जानते ही नहीं कि ईरान था क्या? उसने इन पच्चीस वर्षों में इसे दुनिया में चमकाया। आज जहाँ जाओ लोग नाक सिकोड़ते हैं, जबकि शाह के वक़्त विदेशी सिर आँखों पर बैठाते थे हमें।"

किसी ने मुझसे पूछा, "आपने यहाँ के स्लम देखे हैं।"

मेरे मन में जिज्ञासा उभरी कि तेहरान जैसा शहर और झोंपड़पट्टी? रास्ता पूछने पर अजीब उत्तर सुनने को मिले—"ईरान में और स्लम? ईरान में इतनी ग़रीबी नहीं है, यह ज़बरदस्ती का प्रचार है...उसी तरह जैसे बिना सर्वहारा के मार्क्सवादी

कम्युनिज़्म लाना चाहते हैं!…यह गाँव से काम की तलाश में आए लोग हैं। ईंट जोड़कर रहने लगे। घर जाइए तो यह मुर्गा और शराब उड़ाते मिलेंगे।''

''ठीक कह रहे हैं यह, इनका ख़र्च क्या है? कमाना और उड़ाना, यहाँ तो कमर टूट रही है क़ालीन बिछाओ, मसनद लगाओ, कार ख़रीदो, घर बनवाओ, बीवी के लिए गहने-कपड़े ख़रीदो, अतिथि सत्कार करो…यह सब न करो तो समाज में नाक कटती है। इसीलिए मैं खुश हूँ क्रान्ति से…इस घुटन भरे आडम्बरों से अब हम मुक्त हैं। सादा पहनना, सादा रहना।''

वैसे, यह सच है कि फ़ैशन में ईरान अमेरिका से केवल अस्सी घंटे पीछे था, और ये अस्सी घंटे जहाज़ को ईरान तक सामान पहुँचाने में लगते थे। ऐसी थी चमक से चुँधियायी नवकुबेरों की ज़िन्दगी! शाह के दौर में तेहरान, मशहद, इस्फ़ाहान इत्यादि बड़े शहरों में रात होती ही नहीं थी। इनके कुछ हिस्से दिन के उजाले से अधिक प्रकाशित होते थे।

उसी दिन सुबह साढ़े पाँच बजे तेहरान हवाई अड्डे पर हवाई हमला हुआ। बिना सायरन, बिना किसी संकेत के यह दुर्घटना हुई तो हुई कैसे!…सबको ताज्जुब था। उसी रात टी. वी. पर तीन इराक़ी हवाबाज़ों का कार्यक्रम देखा, बड़ा दिलचस्प था। वे बम गिराने आए थे, नीचे से ईरानी लोगों ने हाथ दिखाया तो उन्हें समझ नहीं आया कि वह ख़ुश हो रहे हैं या कुछ फेंक रहे हैं। उन्हें देखने के चक्कर में ग़लत हैंडिल दब गया और सैकण्ड भर बाद बम की जगह वे स्वयं हवाई जहाज़ से पैराशूट के साथ नीचे उतर आए। लोगों ने उन्हें 'स्वागतम्' कहा और हैड-क्वार्टर ले आए। उन्होंने बयान दिया कि वे दुःखी हैं, ज़बरदस्ती लड़ रहे हैं आदि।

तेहरान विश्वविद्यालय के आसपास बुद्धिजीवियों का प्रभाव अधिक है। मार्क्सवादी विचारधारा सड़कों के चारों तरफ़ फैली नज़र आती है! अच्छा कवि, लेखक, अध्यापक, अधिकारी, समाज सुधारक जो भी शिक्षित है, मार्क्सवादी है। मार्क्सवादी नहीं भी है तो धर्म से उदासीन है। विश्वविद्यालय बन्द पड़ा है, पता नहीं कब खुलेगा, लड़के क्रान्ति की ख़ुशी में घर लौटे और घर के ही होकर रह गए। लौटने की इजाज़त नहीं मिली। सड़क के किनारे फुटपाथ पर ख़ूबसूरत स्मार्ट लड़के जो इंजीनियरिंग या डॉक्टरी पढ़ रहे थे, अब फल, किताबों, कैसिट, कपड़ों की दुकानें लगाए हुए हैं। जिनकी अंग्रेज़ी अच्छी है, उन्होंने विदेशी पत्रकारों के साथ काम करना शुरू कर दिया है। यह भी विचित्र-सा लगा कि दो जापानी, एक जर्मन और दो स्पेनिश पत्रकार आराम से बैठे हैं। उनका सहायक जो लिखकर देता उसे टैलेक्स के ज़रिए वह अपने देश भेज देते। शायद इसीलिए ईरान के बारे में विभिन्न ख़बरें संसार भर में फैली हुई हैं और बेचारा ईरान अफ़वाहों का सलीब पर चढ़ा क्रान्ति

में संघर्षरत है।

जंग के कारण अधिकतर युवक युद्ध में चले गए थे। केवल पन्द्रह दिनों में चार हज़ार लोगों ने युद्ध में जाने के लिए नाम लिखवाया। हर रोज़ एक भीड़ इमारत के सामने जमा रहती कि हमारा नाम लिख लीजिए। लड़कियाँ जो हाई हील या पेन्सिल हील पहने पर्स थामे खटखट इधर-उधर जाती नज़र आती थीं, अब बन्दूक़ें चलाना सीख रही हैं। कुछ दिन ईंधन की कमी रही। मशीनों को गर्म करना था। तब लोगों ने खुद को झोंक दिया! सुनकर सिर से पीठ तक सनसनाहट-सी दौड़ गई! या ख़ुदा, क्या होने वाला है ईरान में! शाह के वक़्त बाज़ार में रिश्वत, चोर बाज़ारी, तस्करी का बोलबाला था। शिकायत करने जाओ तो पहले उपहारस्वरूप उन्हें कुछ भेंट दो, फिर बार-बार दाँत दिखाओ। मध्यवर्गीय दुकानदारों, व्यापारियों का बुरा हाल था। लड़कियों का चलना दूभर था। सुन्दर लड़की शाह से लेकर छोटे-मोटे सावाकी अधिकारी तक सबकी कमज़ोरी थी।

पहली मेहर (सितम्बर 20-25) को शाहपूर बख़्तियार और अमेरिका के ख़िलाफ़ लम्बा जुलूस बच्चों व लड़के-लड़कियों का निकला। आज छुट्टियों के बाद पहला दिन था स्कूल खुलने का। मन हुआ कि उस अध्यापक से लिखकर पूछूँ कि शाह के बेटे की ताजगुज़ारी कब होने वाली है। कुछ दिन बाद फ्रांस सरकार ने उनसे 'रेडियो आज़ाद' का अधिकार और राजनीतिक कार्यक्रमों की आज़ादी छीन ली। शाह के प्रेमियों को इससे दिली सदमा पहुँचा और उनकी आशाएँ बिखरने लगीं। धीरे-धीरे ईरानियों के लिए भूतपूर्व प्रधानमंत्री शाहपूर बख़्तियार का नाम एक भूली दास्तान बन गया और शाह के बेटे का लौटना एक चुटकुला!

मोहर्रम की पहली तारीख़ का चाँद दिखा था। चारों तरफ़ से 'अल्लाहो अक़बर' की आवाज़ें बुलन्द हो रही थीं। कितना अद्‌भुत था सब कुछ। शहर में अँधेरा उस पर से विभिन्न आवाज़ों के उतार-चढ़ाव, विभिन्न उम्रों के रंगों का मिश्रण, अजीब समां था। दस मिनट तक 'अल्लाहो अक़बर' का सुर गूँजता रहा। आशूरे अर्थात् दसवीं मोहर्रम को मैदाने आज़ादी (पहले शहयाद की इमारत, अब उसका नाम 'शहीद स्मारक' हो गया है) में बनीसद्र का भाषण था। कुछ दिन पहले क़ुतुबज़ादे के पकड़े जाने और फिर छोड़ दिए जाने से कुछ लोग क्षुब्ध थे। ऊपर से आए दिन की बढ़ती समस्याओं से घबराकर शहरों में मौलवियों के ख़िलाफ़ प्रदर्शन हुए। उससे इमाम ख़ुमैनी को बहुत दुःख पहुँचा। उनकी तस्वीरें फाड़ी गईं। उनकी आँखें फोड़ी गईं। इस घटना का असर ख़ुमैनी साहब पर बहुत अधिक पड़ा। टी. वी. पर मजलिस पढ़ी जा रही थी, ख़ुमैनी साहब के बहते आँसू देखकर उसको इस घटना से जोड़ा गया। बहरहाल, मैदान-ए-आज़ादी के चार लाख लोग जुलूस में थे...कफ़न पहने

लोगों की भीड़! उस पर से बनीसद्र राष्ट्रपति ईरान का यह कहना कि…"मैं पूछता हूँ उन लोगों से जो धर्म को मानते हैं, कि इस्लामी गणतन्त्र में छः प्रकार की जेलों से क्या अभिप्राय है?" इस तरह के प्रश्न, वह भी ईरान के राष्ट्रपति द्वारा किए जाने पर दुःखी जनता व्याकुल हो उठी। ख़लख़ाली साहब जो इस्लामी कोर्ट में महत्त्वपूर्ण पदवी रखते हैं, क्रोधित मुद्रा में मंच से उठे और चले गए। चीफ़जस्टिस और इस्लाम गणतन्त्र पार्टी के अध्यक्ष बेहिश्ती साहब व उनके समूह के लोग बनीसद्र से रुष्ट हो गए। इमाम ने अपना घटता प्रभाव देखा तो वह बनीसद्र की बातों को उचित समझने लगे, क्योंकि ज़माने का तक़ाज़ा यही था। लोग इस घुटन से ऊब चुके थे। बनीसद्र तो पहले से ही जनता द्वारा पसन्द किए जाते थे। अब इस भाषण के बाद से लोक नेता बन गए। दूसरे दिन ख़ुमैनी साहब की तस्वीरों की जगह बनीसद्र की तस्वीरें पूरे ईरान में चिपकी थीं जिस पर लिखा था "बनिसद्र सद दर सद" अर्थात् सौ प्रतिशत अनुयायी रखने का खुला दावा था।

किसी ने ईरान के ये बदले तेवर देखकर कहा, "हम ईरानी बड़े तोताचश्म हैं। जब डॉ. मुस्दिक़ ने शाह को ईरान से निकालने पर मजबूर किया तो हर तरफ़ डॉ. मुस्दिक़…डॉ. मुस्दिक़ था, फिर जाने कैसे सुबह दस बजे ट्रकों पर भरे लोग नारा लगाते हुए गुज़रे 'शाह ज़िन्दाबाद!' इससे पहले कि लोग सँभलते, शाह ईरान में पहुँच चुका था और प्रधानमंत्री डॉ. मुस्दिक़ जेल में। ज़्यादा समय नहीं गुज़रा है इस बात को यह घटना 1953 की है। अभी देखते जाइए आगे क्या-क्या होता है, कुछ पता नहीं। यह क़ौम कब किसकी जय-जयकार कर दे!"

वास्तविकता यह है कि क्रान्ति तो ईरान में अब आरम्भ हुई है। पचास वर्ष पूर्व काज़ार काल 1927 में फौज़ के एक आफ़िसर ने फ़ौजी बग़ावत कर सत्ता हथिया ली और अपना नाम रेज़ाशाह कबीर रखा। रेज़ाशाह कबीर उस समय का दबा लावा जो अब फूटा, वह भी ख़ुमैनी साहब के आने व शाह के जाने से एकाएक वजूद में आया है। ईरानी क़ौम इतनी भावुक हो उठी कि उसने क्रान्ति का अन्त इसी को समझ लिया था, जबकि यह तो एक सुखद घटना थी, मगर अब जिस तरह लोग अपने अधिकारों के प्रति सजग हो रहे हैं, उसमें परिवर्तन लाने की चेष्टा कर रहे हैं, उससे लगता है कि अब ईरान में क्रान्ति की जड़ें मजबूत हो रही हैं और वह शीघ्र ही अपनी मंज़िल पर पहुँचेगा।

आज ईरान का ज़िन्दा सवाल यह है कि क्या वास्तव में ईरान कम्युनिस्ट देश बन जाएगा? सौ वर्ष से अधिक ईरान पर कम्युनिस्ट प्रभाव रहा है। संघर्ष की वैभवपूर्ण दास्तान भी है, बलिदानों का एक लम्बा सिलसिला। शाह के समय में लोग कुचले गए और आज भी उन्हें वह स्थान नहीं मिला है जो उन्हें मिलना चाहिए। इसकी वजह उनकी अपनी कमज़ोरियाँ हैं। देश में विभिन्न समुदायों का होना ही इस बात का द्योतक है कि उनमें एकता नहीं है। मगर जिस तरह से

वे लड़ रहे हैं, उसे देखकर लगता है कि जैसे ईरान कम्युनिस्ट देश बन जाएगा। उसके कई कारण हैं, पहला वहाँ 'जाति' का कोई महत्त्व नहीं है। लोगों का सपना 'रूस' है कि वहाँ पर कारख़ाने हैं। पढ़ाई का उचित प्रबन्ध है। आम आदमी की आवश्यकताओं का पूरा ख़्याल रखा जाता है। वर्तमान ईरान सरकार की तुलना लोग रूस से करते हैं। मगर दूसरी ओर अस्सी प्रतिशत जनता अनपढ़ है। वह रूस से घबराती है। भले ही उनके लड़के-लड़कियाँ कम्युनिस्ट विचारधारा की ओर झुकाव महसूस करते हों किन्तु इस्लाम के रेशे बहरहाल ईरान में कम्युनिस्ट दर्शन से बहुत पुराने व गहरे हैं। शियाओं को अली से अलग करना कठिन ही नहीं, ग़ैर-मुमकिन सी बात नज़र आती है।

विचारात्मक धरातल पर ईरान का वातावरण इतना तनावपूर्ण है कि लगता है, बस, गृहयुद्ध होकर रहेगा। हुआ भी वही। थोड़ा बहुत तो हिज़बउल्लाही (कट्टर धर्मपन्थी) स्वतन्त्र वार्तालाप वालों पर आक्रमण करते थे, मगर जिस तरह से दिसम्बर में मुजाहिदीनों के कई लोगों को मारा गया और ग्यारह फ़रवरी को गुरिल्ला समुदायों पर चाक़ू, पत्थर, गोलियों की जो बारिश हुई, उससे स्वयं आयतउल्लाह के बेटे हाज मोहम्मद को कहना पड़ा, "जब तक हम लोग सँभलें, कहीं बहुत देर न हो चुकी हो!" उनका कहना वास्तव में गहरा अर्थ रखता है। यह समय देश के निर्माण का है, न कि चौदह सौ वर्ष पुरानी विचारधारा को फिर से नए रूप से लागू करने का। फिर यह लागू भी हुई है तो केवल कोड़े, फाँसी के रूप में ही संसार में पहचानी जा रही है, इससे स्वयं ईरानी बड़े दुःखी हैं।

किसी ने मुझसे पूछा, "आप किस-किस समुदाय के लोगों से मिली हैं?" मैंने बताया तो सुनकर बोला, "केवल एक ही समुदाय का बहुमत है...डॉ. शरयतमदारी का, और वह है मुजाहिदीन समुदाय।"

किसी ने कहा, "मुजाहिदीन, मुनाफ़ाख़ोर हैं, मार्क्सवादी हैं, मगर अपने को इस्लामी कहते हैं।"

इस तरह की छींटाकशी, इस तरह के कटुवाण, कटाक्ष वहाँ परस्पर चलते रहते हैं। मगर जब देश और आज़ादी की बात आती है तो वे एक होकर एक ही बात दोहराते हैं कि अमेरिका हमारा दुश्मन है। तब तक वे केवल अपने शत्रु को रौंदना ही अपना उद्देश्य मानते हैं।

ईरान में इस समय शाह के समय की तरह ही एक पार्टी सिस्टम है। इस समय इस्लामी गणतन्त्र पार्टी और दूसरी ग़ैरसरकारी पार्टी जो पुरानी है, वह है—तोदे (कम्युनिस्ट) पार्टी। इसके बारे में लोगों में काफ़ी वाद-विवाद हैं।

'रूदकी' हाल के सामने बड़े-बड़े पोस्टर लगे थे। मैं खड़ी होकर देखने लगी। तभी कुछ लोग कहते गुज़रे, "तोदे पार्टी का नया षड्यन्त्र! अब इसके धोखे में कोई नहीं आएगा।" दूसरे ने कहा, "कहते अपने को मार्क्सवादी हैं, मगर सरकार

की हर बात पर दुम हिलाते हैं।" तीसरा बोला, "इनका इतिहास यही है। मुस्दिक़ को ऐन समय पर कैसा धोखा दिया था। अगर ये साथ देते तो आज की क्रान्ति 20-25 वर्ष पहले ही हो जाती...और ईरान को इतना कुछ न झेलना पड़ता।"

"भाई, तुम ग़लत समझते हो, बिना इस्लामी विचारधारा वालों से दोस्ती के ईरान में कम्युनिज़्म नहीं आ सकता। तोदे पार्टी के अध्यक्ष कियानूरी का यही कहना है।"

मेरी समझ में कुछ नहीं आया। बाद में पता चला कि कियानूरी के नर्म व दोस्ताना स्वभाव के कारण बाज़ार में कम्युनिस्ट किताबें दिखती हैं। उन्हीं के समाचार-पत्र स्वतन्त्र रूप से छपते हैं, क्योंकि सरकार पर आलोचना तो दूर, कटाक्ष तक नहीं होता, बल्कि तारीफ़ अलग से होती है। जबकि गुरिल्ला समुदाय वाले अधिक दुःखी हैं। उन्हें किसी बात की स्वतन्त्रता नहीं है। माली और जानी, दोनों ही तरह से वह टूटे हुए हैं और तभी वे कहते हैं कि यह तोदे पार्टी वाले ईरान में साम्यवाद लाने में अपने इस साज़िशाना व्यवहार से कितनी हानि पहुँचा रहे हैं। बाद में समझेंगे, अभी तो हज़ारों रुपये भेजकर बच्चों को अमेरिका में पढ़ा रहे हैं। ऐसे लोग क्या क्रान्ति लाएँगे!

गली-कूचे, घर-बाहर, दफ़्तर, कॉलेज, दुकान, सिनेमा...कभी इन जगहों पर शे'र पढ़े जाते थे। अच्छे कवियों के संग्रह बीस-बीस हज़ार प्रतियों तक बिके हैं, मगर आज वह शायराना माहौल समाप्त हो चुका है।

एक अध्यापिका के घर जाने का अवसर मिला। उनके पति फ्रांस में छिपे हुए हैं। शाह की तारीफ़ करने में उन्होंने ज़मीन-आसमान के क़ुलाबे मिला दिए थे। अपना पुस्तकालय मुझे दिखाने ले गईं। एक पुस्तक खोलते हुए बोलीं, "यह देखो! और तब सोचो हम क्या थे। और इन लोगों के हाथों कहाँ पहुँच गए। अपने को पहचानते नहीं हैं यह अरब विदेशी!" कहकर उन्होंने शाहनामा (फ़िरदौसी का महाकाव्य, ईरान का इतिहास) खोला। आँखों को एक अजीब सुकून मिला...क्या आर्ट है, कितनी बारीकी, कितनी नज़ाकत है! मैं अभी प्यासी निगाहों से उसे पी ही रही थी कि वह बोली, "यह सारा सुनहरा काम जो आप देख रही हैं, सोने के पानी का है। यह तो हम जैसे छोटे लोगों के लिए है। जिन्हें शाह ने स्वयं शाहनामा भेंट किया था वह खालिस सोने का काम था!" मन घृणा से भर उठा। लगा कि ऐसी कला से क्या फ़ायदा जिसमें किसी एक का अहंमात्र तुष्ट होता हो।

ईरान में बुद्धिजीवी वर्ग ने बड़ी क़ुर्बानी दी है। जहाँ पैसा बह रहा हो अय्याशी के लिए हर कोना आपको वहाँ आने की दावत दे रहा हो, उस वातावरण में जान

हथेली पर रख हर चीज़ से अपने को काटकर केवल अपने सिद्धान्तों और देश के भविष्य के लिए लड़ते-लड़ते जीना खेल नहीं है।

उनकी इतनी गम्भीरता देखकर मुझे महसूस हुआ कि उन लोगों से भी इस तनावपूर्ण वातावरण में मिलना चाहिए। देखें, वे क्या कहते हैं।

बहुत कोशिशों के बाद भी लेखकों का पता न चला कि वह हैं कहाँ। पुराने घर, फ़ोन नम्बर, सब बदल गए थे। पता चला कि लेखकों व कवियों में सबसे पहले पिटने वाले नेमत मिर्ज़ाज़ादे और हुमानातिक़ (लेखिका) थे, जिन पर लेखक संघ से निकलते हुए विश्वविद्यालय के सामने लोगों ने आक्रमण कर दिया, तब से बुद्धिजीवी वर्ग अपने ही खोल में छिपकर रेशम बनाने में जुटा हुआ है।

जितने महत्त्वपूर्ण रचनाकारों से मुलाक़ात हुई बेरोज़गार थे, क़र्ज़दार थे। स्वयं संघ चलाने व ज़िन्दा रहने के लिए हर रोज़ चन्दा माँगा जाता। कुछ दे देते, कुछ जेबें टटोलते रह जाते। मगर चेहरे पर ज़रा भी शिकन न होती!

''ईरान में कभी हर चीज़ या तो पहले नम्बर पर थी या दूसरे पर। शाह को तीसरी-चौथी क़िस्म की चीज़ें एकदम नापसन्द थीं। बड़े-बड़े अस्पताल थे, कारख़ाने थे, मगर चलते नहीं थे''—एक ने मुझे बताया।

''मगर वह दिन दूर नहीं, जब हमारा ईरान कारख़ानों के धुएँ से भर उठेगा। तब हम आलोचनाओं का उत्तर देंगे।''

''आप बुरा मान गए, मगर यह हक़ीक़त है कि आप जब बाज़ार जाएँगे, विशेषकर मिठाई या मेकअप की दुकानों पर...तो लगता ही नहीं कि क्रान्ति हो रही है।''

''एक वर्ग है, जिसके लिए ये बाज़ार ये दुकानें खुली हैं क्योंकि उनके पास पैसा है और उन पूँजीपतियों से हम लड़ना चाह रहे हैं, लड़ रहे हैं।''

''मगर हालत सुधरी नहीं, ख़राब हो गई है आर्थिक व्यवस्था तो...''

''आपका ख़्याल ही है...हमारे खनिज स्रोत वैसे ही हैं! जब हम क्रान्ति के माध्यम से अपनी मंज़िल पर पहुँचेंगे, इन्हीं ख़ज़ानों को फिर से खोलेंगे, फिर वही धन की बारिश होगी। यहाँ मसला अर्थ का नहीं, विचार का है, व्यवस्था का है कि कौन-सी प्रणाली आए जो ईरान को सुचारु रूप से चलाए।''

देश का इश्क़ बहुत विचित्र इश्क़ होता है...फ़ना हुए बिना चैन ही नहीं आता! और यह बेचैनी आज पूरे ईरान को व्याकुल किए हुए है!

16-31 मई, **सारिका,** 1981, **ईरानी क्रान्ति विशेषांक**

कि जब जवान हों बच्चे··· तो क़त्ल हो जाएँ?

विश्वविद्यालय बन्द और सड़कों पर लाशों के अम्बार···उस माहौल में जबकि ख़ुशबू बिखेरते बहार के फूलों को रौंदा जा रहा था, ईरान की जनता कौन-सा गुल खिलाना चाह रही थी और ख़ून के दरिया में क्या हासिल करना चाहती थी? क्या वो सब उसे मिला?

लगभग एक वर्ष होने को आया, फिर भी ईरान के सारे विश्वविद्यालय बन्द पड़े हैं। मशहद, तेहरान, सीसतान, बिलोचिस्तान तथा अहवाज़ में इस तरह से लड़कों की लाशों का अम्बार लगा हुआ था और किताबें जलायी गई थीं कि कुछ लोगों को अहसास हुआ कि जिस तरह से शाह के ज़माने में विश्वविद्यालय 'फ़साद की जड़' कहलाते थे, इंक़िलाब के आरम्भ दिसम्बर, 1997 को तेहरान विश्वविद्यालय में कोई छः सौ लड़के दो घण्टे में भून कर रख दिए गए थे और ईरान की तारीख़ में 16 आज़र (दिसम्बर) एक यादगार दाग़ बन गया था। आज फिर जनवरी मास में विचारों की आज़ादी और विकास की चिता जल रही है, जिसकी गर्मी स्वयं अपने ही भाई-बन्धु सेंक रहे हैं। विश्वविद्यालय के बन्द होने का प्रभाव केवल ईरानी जीवन पर ही नहीं पड़ा, बल्कि उसका प्रभाव भारत में भी नज़र आया है। विश्वविद्यालय बन्द होने से सारे के सारे विद्यार्थी भारत की ओर आए और आते चले गए। यह समस्या ऐसी थी इस पर लोगों से बातें करना ज़रूरी था।

आजकल तेहरान विश्वविद्यालय के सामने कैसेट, मैगज़ीन तथा किताबों आदि की छोटी-मोटी बेशुमार दुकानें फुटपाथ पर खुली हैं, जिनके समीप बड़ी-बड़ी किताबों, फ़ोटोग्राफ़ी, रेस्तरां इत्यादि की लम्बी क़तारें हैं। यहाँ पर ग़ज़ब की भीड़ रहती है। गाने और भाषण तेज़ आवाज़ में गूँजते रहते हैं। लोग एक दूसरे से टकराते हुए चलते जाते हैं। दुकानों के शो क़ेस के सामने नौजवान विद्यार्थियों की पूरी फ़ौज बेकार-सी बैठी रहती है, जैसे आशिक़, माशूक़ की एक झलक के लिए आँखें बिछाये रहता है, वैसे ही यह लड़के अपने विश्वविद्यालय की इमारत को ताकते बैठे रहते हैं। जहाँ से वह धूल ख़ून के लिथड़े निकाल बाहर किए गए थे।

"उस दिन वहाँ जमा हम सारे विद्यार्थी विभिन्न साम्यवादी समुदायों से थे। हाथ में हाथ डाले अपने बदनों से हमने विश्वविद्यालय के चारों तरफ़ एक ज़ंजीर-सी

बना रखी थी। अन्दर भी विद्यार्थी भरे थे। कुछ दिन पहले से हमें पता था कि ऐसा होने वाला है, यानी सांस्कृतिक इंक़िलाब। मगर सरकार ने जब यह नोटिस दिया कि तीन दिन के अन्दर विद्यार्थी विश्वविद्यालय को खाली कर दें तो समस्या के जटिल होने का अहसास जागा। अमेरिकी दूतावास पर हिज़बउल्लाहियों ने क़ब्ज़ा कर लिया था। हिम्मत भी बढ़ गई थी और विश्वास भी जाग गया था कि वे बहुत कुछ कर सकते हैं। सो, उसके बाद उनकी दृष्टि तेहरान विश्वविद्यालय पर थी। संविधान के आरम्भ में आया है कि हमारा उद्देश्य ईरान से विदेशी व शाही जड़ें उखाड़ फेंकना है। यह ठीक भी है, मगर उस शाही या विदेशी प्रभाव के हटाने का अर्थ केवल अमेरिकी दूतावास पर क़ब्ज़ा और विश्वविद्यालय का बहिष्कार करना ही तो नहीं है।''

कुछ लड़कियाँ भी किताबें ख़रीदते हुए हमारे पास आ गईं। उनसे भी मैंने कुछ सवाल पूछे। वे बहुत जज़्बाती होकर बोलीं, ''तीन दिन का नोटिस हमें मिल गया था, विश्वविद्यालय ख़ाली करने के लिए, मगर कोई भी अपनी जगह टस से मस न हुआ। विश्वविद्यालय के विभिन्न कमरों में विभिन्न मार्क्सवादी समुदायों का क़ब्ज़ा था। एक में 'फिदाईन' तो दूसरे में 'मुजाहिदीन' तीसरे में 'पैकार' चौथे में 'राहेकारगर' पाँचवें में 'रजंबरान' छठे में 'तूफ़ान' सातवें में 'तोदे' आठवें में··· कहाँ तक आदमी समुदायों का नाम याद रखे। विश्वविद्यालय की इसी इमारत के सामने हज़ारों लड़के-लड़कियों का मजमा था, जो अपने विचारों और राजनीतिक स्वतन्त्रता के लिए यहाँ आए थे। आस-पास कबाब और सैंडविच की दुकानें खुल गई थीं। छोटे-मोटे बाज़ार का दृश्य उभर रहा था। पोस्टर लहरा रहे थे। दीवारें नारों से भरी थीं। मेज़ें किताबों से दमक रही थीं। वास्तव में साम्यवादी विचारों के विद्यार्थियों का यह असीमित समुद्र, उनका बढ़ता मार्क्सवादी स्वभाव और जनता पर बढ़ता प्रभाव दोनों ही सरकार के लिए एक बड़ा ख़तरा बन गए थे। अंजुमने इस्लामी, जिसके हाथों यह मसला सौंपा गया था, ने तीन दिन का नोटिस दे दिया था। हमारे देश में अभी विचारों का टकराव बहुत है। इसे मैं बुरा नहीं समझती, इससे बाद में हमें फ़ायदा होगा। ऐसा मेरा विश्वास है।''

''अन्दर हम ख़ामोश थे। जानते थे कि जो जनता खड़ी है सिपाहियों के साथ हमें बाहर निकालने के लिए, वह यह नहीं जान रही है कि हम उसी के लिए, ईरान के भविष्य के लिए ऐसा कर रहे हैं। उसके दिमाग़ में तो हम वतनफ़रोश, रूसी एजेण्ट, ख़यानतकार हैं। यह प्रचार आज से नहीं, शाह के समय से रूस के विरुद्ध फैलाया जा रहा है। रूस से तो हमारी सीमा मिलती है। शाह भी डरता है, इस्लामी गणतन्त्र पार्टी भी डरती है। मगर हमारा उसमें क्या दोष है, अगर हम जनता के लिए सोचते हैं, असमानता को समाप्त करना चाहते हैं तो बुरा क्या है? न स्कूल हैं, न कॉलेज। चार महँगे स्कूल, वह भी अमीरों के बच्चों के लिए,

न खेलने के पार्क, जहाँ बच्चे व्यायाम कर सकें, कसरत कर सकें। गलियों में फुटबाल खेलते हैं। अगर हम आम जनता के लिए यह सारी चीज़ें ज़रूरी समझते हैं तो क्या ग़लती करते हैं? अगर हम विकास और समय के साथ चलना चाहते हैं तो इसमें रूस कहाँ से आ जाता है? दरबारियों के घर के बाथरूमों की ज़ंजीरें व हैंडिल तक सोने के थे और पूरे ईरान में एक भी पब्लिक बाथरूम नहीं है? पेट्रो डालर कहाँ गया और आज क्या हो रहा है। जो हो रहा है, वह हम होने नहीं देंगे।'' कहते हुए नीले स्कार्फ़ में बँधा ज़नाना चेहरा लाल अंगारा हो गया था।

''लेकिन इतना सब करने के बाद आप लोगों ने विश्वविद्यालय बन्द क्यों होने दिए?'' मेरा सवाल वहीं अटका था।

''हार तो हमारी हुई, जानें हमारी गईं। आपस में मनमुटाव और छींटाकशी भी हुई, मगर अभी खुले विचारों के लोग हैं ही कितने ईरान में। पचास वर्ष से बुद्धिजीवी मारे जा रहे हैं। धनी वर्ग तो किसी भी बदलाव को नहीं चाहता। शाह के विरुद्ध था, मगर अमेरिका के विरुद्ध नहीं है। 'कशकाई' क़बीला के सरदार नासिर ख़ाँ का बहुत ज़ोर है। वे शाह को उखाड़ फेंकना चाहते थे। इसे हम अभी ख़ानदानी लोगों की ईर्ष्या का नाम दे सकते हैं। एडमिरल अली मदनी, जो राष्ट्रपति के चुनाव के लिए खड़े हुए थे, शाह विरोधी थे मगर बाद में पता चला कि वे अमेरिका के परम मित्र हैं। सनद अमेरिकी दूतावास से मिली। उनके भागकर पेरिस जा छिपने में किसकी सहायता का हाथ है? कशकाई क़बीले के इन्हीं सरदार नासिर ख़ाँ का। आपके प्रश्न का उत्तर यही है कि हम अपनी ग़लती समझ गए हैं कि बिना जनता को शिक्षित किए हम एक क़दम भी आगे नहीं बढ़ा सकते, और जाहिल जनता उस दिन 25 मार्च, 1980 को हमारे ख़िलाफ़ थी, यह देखकर पीशगाम और फ़िदाई समुदाय ने कहा कि हम खाली हाथ हैं। वह हर हथियार से लैस हैं। हमारा पीछे हटना ही ठीक है। वे चले गए। तोदे पार्टी वाले चले गए, मगर अन्त तक पैकारी (माओ ग्रुप) जमे रहे। उनका विश्वास था कि हम शहीद हों। मरने वालों की संख्या जितनी अधिक होगी, हम जनता पर अपना प्रभाव अधिक बना पायेंगे। इस विचार को लेकर वे बैठे रहें। बाहर वालों को एकता के टूटने का जैसे ही अहसास हुआ, उन्होंने हवाई फ़ायर के साथ ज़ोरदार आवाज़ उठाई, ''अन्दर से गोली मत चलाओ, बाहर जनता खड़ी है वह तुम्हारी दुश्मन नहीं है।'' उसी के बाद दूसरी आवाज़ उभरी, ''अगर तुम्हारे पास हथियार नहीं हैं तो पीछे हट जाओ।'' हमें पता चल गया कि उनमें भी विचारों की एकता नहीं है, मगर उद्देश्य और ज़ोर की एकता है। सो, कुछ लड़कों ने उत्तर दिया, ''हमारे पास हमारा हथियार हमारा दिल है, जो घृणा से भरा है, इम्पीरियलिस्ट के ख़िलाफ़। उसी को लेकर हम तुम्हारे सामने खड़े हैं।'' ग़र्ज़ कि हमारे चालीस-पैंतालीस साथी पलभर में ही घायल हो गए। घायल होते गए, चारा सामने कुछ नहीं था। पन्द्रह हज़ार

का मजमा विश्वविद्यालय में हार कर, साथियों की लाशें कन्धों पर उठाए दूसरी ओर से निकल गया। मगर हमारी लड़ाई जारी है। उचित बात कहने से हम डरते नहीं हैं। हम पूँजीवाद के ख़िलाफ़ लड़े थे। आज ताज की जगह इमामा आ गया है। हम उसे भी उखाड़ फेंकेंगे, वह पचास साल पुराना था, यह दो साल पुराना है।''

तेहरान विश्वविद्यालय के टीचरों से बातें हुईं। पहले तो वे काफ़ी डरे, फिर कहने लगे, ''जो हालात इस यूनिवर्सिटी के थे, उनमें इसका बन्द हो जाना ही उचित था, क्योंकि यहाँ पढ़ाई-लिखाई तो होती नहीं थी, मगर उसका यही एक इलाज था तो इसके मैं ख़िलाफ़ हूँ। वही तानाशाही, वही सितमशाही। इंक़िलाब का अर्थ बदलाव है, न कि शक्लों का बदल जाना। इस आचरण की घोर भर्त्सना करते हुए उसी समय वाइसचांसलर ने त्यागपत्र दे दिया था। हम कोई सपने में तो रहते नहीं हैं, न यूनिवर्सिटी कोई काल्पनिक वाटिका है, जो ज़िन्दगी से दूर हो। लड़कों की माँगें उचित थीं। उनका उग्र व्यवहार अनुचित था। मैं भी इस्लामी आदमी हूँ मगर यह कौन सा इस्लाम है, स्वयं मोहम्मद साहब ने कहा है कि इल्म हासिल करने के लिए चीन भी जाना पड़े तो जाओ, इल्म यानी इन्सान की फ़िकरी उन्नति, मगर यहाँ? आगे क्या कहूँ आप स्वयं ही देख रही हैं।'' अंग्रेज़ी साहित्य के एक प्रोफ़ेसर मेरे प्रश्नों का उत्तर देते हुए बोले, ''जितने प्रोफ़ेसर यूनिवर्सिटी से निकाले गए हैं। उनमें से आधे से अधिक का निष्कासन उचित था, मसलन कोई फ़ार्मेशियन का मेम्बर था तो कोई सावाकी एजेण्ट। चार जिल्दों की किताब 'फ़ार्मेशन' के नाम से छपी है। बड़े-बड़े लोगों का उसमें मय तस्वीरों के ज़िक्र है। उनका कहना इस इंक़िलाब को खोखला करना था। हाँ, कुछ का निकाला जाना जरूर अपवाद है। उसको मैं इस सरकार का रूढ़िवादी होना समझता हूँ।''

इन्हीं प्रश्नों को लेकर कुछ औरतों से मिली, जिनके बेटे या तो विदेश से लौट आए थे या रणक्षेत्र में थे या फिर विदेश जाने की तैयारी कर रहे थे।

''विश्वविद्यालय क्या बन्द हुआ है। यहाँ तो सब कुछ ही बन्द है। यह सरकार नई नस्ल के ही ख़िलाफ़ है। लड़का अच्छा भला पढ़ रहा था। इंक़िलाब देखने आया। यहाँ फँस गया, चूँकि पचीस वर्ष के नीचे के लड़कों को फौज में जाना पड़ता है। सो, चला गया। दो लड़के बेकार हैं। फल की दुकान खोल ली है।''

''हमारी तक़दीर ही फूट गई। अच्छी लड़की ढूँढ़ने जाओ तो लड़के की डिग्री देखी जाती है। नौकरी लो तो डिग्री, मगर पढ़ाई का इन्तज़ाम न पहले अच्छा था, न अब। सरकार कहती है, बच्चे खेती करें। पूछो उनसे कि सांस्कृतिक बदलाव इसी का नाम है क्या। दूसरी चीज़ें एवं विषय सांस्कृतिक बदलाव में नहीं आते हैं क्या? या फिर पड़ोसी देशों में डॉक्टर, इंजीनियर और उस्ताद हैं, पैसे फेंककर उन्हें बुला लेंगे। पेट्रोल उनके पास नहीं है, हम पेट्रोल देते हैं। यह तो आपस में

चलता है। यह कौन-सी बातें हैं? यह किस कल्चर की दुहाई है? हम तो पागल हो गए हैं?''

''मेरा बेटा अभी भारतवर्ष गया है। अव्वल तो बड़ी मुश्किल से नाम लिखवाया। अब ईरानी दूतावास उस कॉलेज को मानता ही नहीं है अब स्टूडेंट वीज़ा उसे नहीं दे रहे हैं। वीज़ा नहीं तो पैसा बैंक से भेजना कठिन है। किसी आते जाते के हाथ ज़ेवर भेजूँगी। यहाँ तो कौर हलक़ में अटकता है। जाने क्या मिल रहा होगा वहाँ खाने को। यहाँ सारे दिन रसोई में उन तीनों के लिए पकवान बनाती थी। अब कुछ पकाया ही नहीं जाता है। अगर भारत सरकार हमारी मदद न करती तो हमारे बच्चे कहाँ पढ़ने जाते? कौन पूछे इन उजड्ड देहातियों से कि इस्लाम दिल में है, न कि दिमाग़ में। मगर नए-नए मुसलमान हुए हैं, नमाज़ ज़्यादा पढ़ेंगे।''

अपने प्रश्नों के साथ मैं जब अंजुमने इस्लामी के अनुयायियों से मिली तो उनमें ग़ज़ब की नफ़रत दिखी। बोले, ''हम अमेरिका के जानी दुश्मन हैं, मगर रूस के दोस्त नहीं हैं। हमारा नारा 'न पूर्व, न पश्चिम' है। हमारा रास्ता इस्लाम है। रूस से ख़रीदे गुलाम यह लड़के चाहते हैं कि हम वतन को रूसियों के हाथ बेच दें? कौन थे लेनिन, कौन थे मार्क्स, क्या रसूल सबसे बड़े साम्यवाद के प्रतीक न थे? उस समय आज से चौदह सौ वर्ष पहले मज़दूरों के दुःख के विरुद्ध किसने आवाज़ उठाई थी। किसने बराबरी की बात कही थी? फिर यह पौलेण्ड में क्या हुआ। अगर मार्क्सवाद में इतनी ही ताक़त थी तो वहाँ अमेरिकी प्रभाव क्यों बढ़ रहा है? हमारी सारी किताबों के चार पन्ने शाह और शाही कुटुम्ब के चित्रों से भरे रहते थे। आज ख़ुमैनी साहब का चित्र है, क्योंकि वे हमारे नेता, हमारे रहबर हैं। उन पर कीचड़ उछालने वालों और इस्लाम के ख़िलाफ़ आवाज़ निकालने वालों को हम पीसकर रख देंगे।''

तेहरान विश्वविद्यालय की इमारत की मरम्मत चल रही थी। जुमे को वहाँ पर पब्लिक नमाज़ होती है, बजाय मस्जिदों के। मस्जिदों में राशन से लेकर हर तरह के कार्ड इशू होते हैं। यह बताने के लिए कि बदलाव तेज़ी से हो रहा है। सो, जुमे को छोड़कर विश्वविद्यालय के सुनसान कम्पाउण्ड में केवल मज़दूरों की हथौड़ी-छेनी, आरी, सीमेण्ट-कोलतार की ख़ुशबू और आवाज़ ही गूँजती रहती है। तभी विश्वविद्यालय के बाहर बनीसद्र का पोस्टर ख़रीदती हुई एक औरत से मैंने पूछा कि यह विश्वविद्यालय क्यों बन्द है? इमारत की मरम्मत क्यों हो रही है? तो उसने कहा, ''बदक़िस्मती है हमारी। अमेरिका की सियासत है पहले शाह के जरिये, अब मौलवी के ज़रिए। वे हमें पिछड़ा ही रखना चाहते हैं, ताकि जी भर कर शोषण करें। यह इमारत तो गोलियों से छलनी है। जरा सोचो, इतनी गोलियाँ हमारे जवानों की भीड़ पर जब पड़ी होंगी तो कितनी कोखें ज़ख़्मी हुई होंगी?''

''पासदार भी मारे गए होंगे?''

"कहते तो लोग यही हैं कि तीन पासदार भी मारे गए थे, मगर अस्पतालों से उठने वाले जनाज़ों में केवल विद्यार्थी ही थे। 29 मार्च को सारे सिपाही बन्दूक़ की नलियों में लाल फूल सजाए कटाक्षभरी मुस्कुराहट लिए चारों तरफ़ बिखरे हुए थे। इनसे कोई पूछता कि ज़ालिमो! अगर तुम्हारा अपना कोई मरा होता तो चार रंगों में उस पासदार का फ़ोटो छापते। हर गली-बाज़ार में धूम मच जाती। मगर ऐसा न हुआ। किसी को सही गिनती भी नहीं पता है। हमें तो इंक़िलाब करके भी कुछ न मिला।" और फिर बड़े दुःख से बोली, "मेरी बहन के तीनों लड़के मारे गए थे।" दीवानी हो गई तो एक पासदार को झिंझोड़कर बोली, "क्यों इन गुलों को गोलियों से मारा? यह तो बहार के फूल थे? यह तो अपनी ख़ुशबू से चारों दिशाओं को महकाते? पासदार ने शायद अपने ऊपर इतना तो कंट्रोल किया कि हाथ में पकड़ी बन्दूक़ पर उसकी अँगुली का जोर अधिक बढ़ गया और अनजाने में ही गोली उसके हलक़ से पार हो सिर को छेदती हुई आसमान को निकल गई।"

सारे प्रश्नों के उत्तर मुझे मिल गए थे। गली-कूचों, कारों के शीशों, दुकान-दरवाज़ों तथा दीवारों पर लगे पोस्टरों में जब जवान शहीदों की तस्वीर देखती तो लगता कि इन मासूमों के हाथों जाने कितने और जाने किन मासूमों के हाथों उनका क़त्ल हुआ होगा। इन सबके हाथ अनजानेपन में बेगुनाह मासूम ख़ूनों से रंगे हुए हैं। केवल एक छोटी-सी ग़लती पर कि उनके अपने देशवासियों के बीच उचित वैचारिक सम्पर्क की कमी है। शायद यह ज़हर भी शाह के अन्य उपहारों में से एक हो, जिसे ईरानी क़ौम कई वर्षों तक भुगतती रहेगी।

16-31 मई, **सारिका,** 1981, **ईरानी क्रान्ति विशेषांक**

444 ज़ख़्मों के टाँके और एक डायरी के चन्द पन्ने

4 नवम्बर 1979 सुबह दस बजे। पूरे ईरान में यह ख़बर जंगल की आग की तरह फैल रही थी कि छात्रों ने अमेरिकी दूतावास पर क़ब्ज़ा कर लिया है और वहाँ कर्मचारियों को बंधक बना लिया है। जो भी यह ख़बर सुनता, काम-धाम छोड़कर सीधा अमेरिकी दूतावास की तरफ़ भाग पड़ता।

"यह छात्र कौन हैं?"

"शायद मार्क्सवादी हों या फिर मुजाहिदीन समुदाय के हो सकते हैं।"

"है तो हिम्मत का काम...मगर किया कैसे?"

टी. वी., रेडियो के संवाददाता अपने-अपने कैमरे लटकाए बदहवास-से अमेरिकी दूतावास की तरफ़ भाग रहे थे। सड़क पर भीड़ थी, लोगों में एक उत्तेजना फैली हुई थी, जिसमें क्रोध, भय और उत्सुकता तीनों ही थे। तभी रेडियो से प्रसारण हुआ—

"ये विद्यार्थी इमाम के अनुयायी तथा धार्मिक विचारों के हैं। इनमें तेहरान विश्वविद्यालय, पोलिटेकनीक व अन्य कॉलेजों के लड़के शामिल हैं।"

लोगों की बेचैनी शान्त हुई तो आलोचना आरम्भ हो गई। बर्फ़ गिरी हुई थी। जाड़ा अपने शबाब पर था। मगर लोग जोश से भरे इधर-उधर सड़क पर घूमते, दूतावास के अन्दर-बाहर जा रहे थे, जैसे चाँदनी छिटकी हो।

"इसमें, हो न हो क़ुतुबज़ादे का हाथ है। वह अमेरिका के मित्र हैं।"

"भई विदेश मंत्री हैं, जो चाहे करें। फिर सुना है कि सी. आई. ए. के पुराने एजेण्ट हैं।"

"मुझे इन विद्यार्थियों का यह उग्र आचरण पसन्द नहीं आया। क्या फ़ायदा इन्हें पकड़कर रखने का? बेकार की हंगामेबाज़ी है। हमारे सामने दसियों जटिल समस्याएँ मुँह बाये खड़ी हैं।"

"शाह की वापसी और पैसा लौटाने की माँग...मुझे तो लगता है कि इस तरह ये समस्याएँ बढ़ा रहे हैं।"

"यह ज़मीन, यह इमारत दूसरे देश की थी। शाह की लकीर पीटते जाना कहाँ का न्याय है। पहले शोर था कि···शाह ज़रूर जाए, अब हंगामा है कि···शाह ज़रूर आए!"

"और हमारी जो दौलत अमेरिका हथियाए बैठा है, वही उसकी है क्या?···"

"शाह ईरानी मुजरिम है···वह क्यों पनाह दिए बैठा है?"

इमाम ख़ुमैनी के भाषण का एक अंश–

"यह उन कॉलेजों, विश्वविद्यालयों के धर्मपन्थी छात्रों का कर्तव्य था, जो अपने ऊपर किए गए हर प्रकार के हमले का जवाब देने की ताक़त रखते हैं, ताकि इज़राइल और अमेरिका अपने हिंसात्मक व्यवहार की त्रुटियों को समझते हुए शाह के विरुद्ध कदम उठायें।"

विरोधी दल शान्त हो गए। सभी सहमत थे। इसके बाद अमेरिकी दूतावास में कुछ ऐसे काग़ज़ात मिले, जिनसे पता चला कि वह तो जासूसी का अड्डा बना हुआ था। बस, फिर क्या था, जनता का एक ही नारा था कि···इन्हें गोली से उड़ा दो!

4 फ़रवरी, 1980

बाज़ार सामानों से भरा है। ग्राहक कम हैं। चीज़ें महँगी हैं। लोगों में असन्तोष फैल रहा है। बनीसद्र की कृपा से स्वतन्त्र वार्तालाप की सबको स्वतन्त्रता है। सो, दुकानदार आराम से धूप सेंकते फुटपाथ के किनारे अपनी दुकानों के सामने खड़े गप्पें मार रहे हैं।

"जो काग़ज़ात मिले थे उनकी कुछ ख़बर है?"

"भई, जासूसों के नाम पर अपने ही लोगों के नाम निकल रहे हैं। फलाँ विद्यार्थी, फ़लाँ अफ़सर। मगर अमेरिकी षड्यन्त्रों की कोई चर्चा नहीं।"

"मुझे तो लगता है कि यह सारा खेल प्रधानमन्त्री बज़रगान की सरकार को गिराने के लिए हुआ है। दूसरी ओर मदनी जैसा शाही दुश्मन भी अमेरिकी निकला!"

"कहते तो ठीक हो, उधर यज़दी और बज़रगान ने अलजीरिया में ब्रिजनेस्की से भेंट की, उनको लेकर ईरान के हर वर्ग में अजीब-अजीब अटकलें लगाई गईं कि वह कार्टर के साथ साँठ-गाँठ कर रहे हैं। अमेरिका को लाकर रहेंगे···उधर अमेरिका आया और इधर बज़रगान का पत्ता साफ़।"

"मगर यह इस्लामी गणतन्त्र वाले कामयाब रहे। उधर बज़रगान का लौटना, इधर अमेरिकी दूतावास पर धरना। पूरा ईरान अमेरिका के ख़िलाफ़ हो रहा था, बज़रगान ख़ामोश रह गए। न सफ़ाई में कुछ बोले, न लड़े। बस, इतना कहा–हमने तो बारिश की इच्छा की थी, यहाँ बाढ़ आ गई।"

"कुछ भी कहो, आदमी पढ़ा-लिखा था। इन सबसे समझदार। चालीस पुस्तकों का लेखक इनके आगे मूर्ख बनकर रह गया।"

"मगर विद्यार्थी वर्ग तो भाई, इंक़िलाबी समिति को भी नकारता है, केवल इमाम की बात सुनता है। पहले तो लोगों का कहना था कि स्वयं इमाम के कहने से ऐसा हुआ है..."

"पता नहीं देखो क्या होता है आगे" सब दुकानों में लौट गए।

20 फ़रवरी, 1980

शहर तब्स में अमेरिकी युद्ध-विमान मौसम की ख़राबी से ग़लत जगह उतरा और इंजन में आग लग गई। उधर से गुज़रती बस के ड्राइवर ने यह सब देखा और इस्लामी सिपाहियों को ख़बर दी। वे दौड़े। अमेरिकी घबराए-से भागे और आठ लाशें वहीं जहाज़ के पास पड़ी रहीं। यहाँ पर प्रश्न उठता है—क्या ईरानी राडार एकदम ख़राब थे? फिर जब एक ईरानी अफ़सर ने कुछ काग़ज़ सँभाले तो वहाँ उनके सिर में गोली किसने मारी? इन सारे प्रश्नों का उत्तर है कि ईरान की पुलिस व सेना शाह के प्रति बहुत वफ़ादार थी। सो, आज भी वे लोग उन्हीं के साथ हैं और उस इंक़िलाब को समाप्त करना चाहते हैं। नौ-सेना प्रमुख इस षड्यन्त्र में मिला हुआ था, तभी तो अफ़सरों को गोली से उड़ाया गया।

अप्रैल, 1980

बनीसद्र शान्ति समिति की बैठक में जाना चाहते थे। उनका कहना था, "हमारे लिए शान्ति समिति क़र्बला का मैदान है, जहाँ पर जाकर हम शहीद हों और अपनी जीत को हासिल करें!" बनीसद्र चाहते थे कि वह पच्चीस वर्षों के अमेरिका के जुल्म को बेनक़ाब करें। शाह की दौलत वापस लें और ईरान की स्थिति स्पष्ट करें। मगर आन्तरिक गुटबन्दी के कारण वे नहीं जा सके। क़ुम से आए हुक्म के अनुसार उनकी जगह क़ुतुबज़ादे विदेश मंत्री बन बैठे और फ़ौरन 500 पत्रकारों के सामने उन्होंने कहा, "बरोसलेगन व उनके दो साथी; बन्धकों में से ईरान से सुरक्षापूर्वक जा सकते हैं।" इससे ईरान में तूफ़ान मच गया। मगर क़ुतुबज़ादे अपना काम निकाल ले गए। बनीसद्र की कोई नहीं सुन रहा था। सभी उनसे नाराज़ थे।

अगस्त, 1980

"न अमेरिकियों ने हमें पैसा दिया न शाह को लौटाया। शाह मर गया और यहाँ हज़ारों बार मिलिट्री कूप हुआ। अब उस पक्ष का सारा जोश शाह के पुत्र को वापस लाने में है।"

"कुछ भी कहो, हमने दुनिया को हिला दिया है।"

"विदेशी अख़बार तो निन्दा कर रहे हैं। वह हमें भावुक, उग्र, व्यवहार कुशलता

में शून्य और जाहिल समझ रहे हैं क्योंकि हमने अन्तर्राष्ट्रीय क़ानून तोड़ दिए हैं।''

''हमारा सन्ताप और शोषण वे क्या जानें! ईरान की ऊपरी टीमटाम के अन्दर की हालत लोगों को पता भी तो नहीं है...कहने दो!''

''हम सब बहुत-बहुत ख़ुश हैं। अब अमेरिका किसी भी पिछड़े देश का शोषण नहीं कर पाएगा। इन्हें छठी का दूध याद दिलाया है, यह काफ़ी है!''

20 अक्तूबर, 1980

''इराक़ का आक्रमण, बावन बन्धकों पर होने वाला ख़र्च, महँगाई, बेकारी सबने जैसे एक साथ कमर कस ली हैं। हमारा इम्तिहान हो रहा है शायद!'' वैन से बत्तीस लाशों को निकालता ग़ुस्साल बोला।

''तो यहाँ थका कौन है? लोग लड़ रहे हैं। किस बात की कमी है? हमारी आँखों में घृणा की भावना ही काफ़ी है उन्हें ख़त्म करने के लिए!'' क़ब्रिस्तान में चार सौ पाँचवीं क़ब्र खोदते हुए जवाब मिला।

30 अक्तूबर, 1980

बम का गोला फटा। सब हैरान। इमाम के अनुयायी छात्रों में से एक का खुला बयान—''हमने बंधकों को पकड़ा था। धीरे-धीरे सरकार ने हमसे उन्हें ले लिया। सारे काग़ज़ात, सारी फ़ाइलें। हमें कुछ भी पता नहीं है कि वास्तव में ये बंधक हमने क्यों पकड़े थे! अब वह कहाँ हैं? लोग हमसे उन्हें स्वतन्त्र करने की माँग करते हैं...मगर हम मजबूर हैं।''

''इन सारी बातों पर विश्वास न करो...किसी ने झूठ छाप दिया है।''

''पता नहीं, क्या हो रहा है। मुझे तो लगता है कि इसमें अमेरिका का हाथ है।''

''अमेरिका का हाथ क्या है, अमेरिका स्वयं है यहाँ। यह हुकूमत और है क्या? एक इमाम से क्या होता है?''

4 नवम्बर, 1980

सुबह दस बजे का समय। आज अमेरिकी दूतावास के कर्मचारियों को पकड़े एक साल हो चुका है। सारा ईरान जुलूस, नारों और पोस्टरों से भरा हुआ है। ऊपर से हवाई जहाज़ भी ढेरों पर्चे फेंक रहा है। सब लड़के-लड़कियों के बदन पर कफ़न हैं। सब मरने को तैयार हैं। भय का निशान भी नहीं। दूतावास के प्रांगण में लोग बैठे हैं, लेटे हैं, खा रहे हैं, पी रहे हैं। क्योंकि प्रधानमंत्री का भाषण ग्यारह बजे आरम्भ होगा।

"जब तक अमेरिका हमारी चारों शर्तें मान नहीं लेता, हम उन्हें आज़ाद नहीं करेंगे। इन पर मुक़दमा चलेगा, ये जासूस हैं।" लड़कियों का झुण्ड बोला।

"अगर यह ऐसे ही छोड़ दिए गए तो?" किसी का दिल धड़का।

"इन शहीदों का ख़ून जो नाहक़ बहा है, इसका भुगतान कौन करेगा? यह हमारे जीते जी नहीं हो सकता। सारी लड़ाई इन्हीं शर्तों पर निर्भर है।"

जर्मन डॉक्टरों का कहना है, "क़ैद में रहने के कारण उनके दिलों पर असर पड़ा है। मगर ईरानियों के दिल और उनकी स्थिति? कौन समझेगा उसे? लेकिन हम समझाकर रहेंगे!"

लड़कियाँ, लड़के, बच्चे, बूढ़े, सब ऊपर से नीचे तक एक ही बात कह रहे हैं। मगर एक आवाज़ सबसे अलग थी पर दबी हुई, "जो वास्तव में जासूस थे, अफ़सर थे, वे कोरियन दूतावास की मदद से भाग निकले। अब तो ये कर्मचारी हैं। इनसे क्या लेना-देना?"

"यक़ीन करो, इस सरकार का तख़्ता जंग के बाद पलट जाएगा। समस्याओं के प्रकोप में अब ये हमें नारों और जुलूसों से नहीं बहला सकते।"

10 नवम्बर, 1980

कार्टर की हार, रीगन का आना, ईरान में कुछ लोगों में दुःख की लहर फैली। रीगन को सब पहचानते हैं। जिस दिन रीगन ने तसल्ली का ख़त बंधकों के कुटुम्बों को भेजा, लोग समझ गए हैं कि वह हवाई हमले की तैयारी कर रहा है। बन्द हवाई अड्डे खोल दिए गए। विदेशियों से भरे जहाज़ हर हफ़्ते विभिन्न दिशाओं की तरफ़ उड़ने लगे। ईरान सरकार के सामने कोई चारा नहीं रह गया था, सिवाय उन्हें छोड़ने के।

25 दिसम्बर, 1980

क्रिसमस का त्यौहार! बन्धकों के लिए पूरा इंतिज़ाम—केक का, गाने बजाने का, पादरी का। वे भी प्रसन्नचित से उसमें मगन हैं। मगर संसद में इस समस्या को लेकर गर्मागर्म बहसें और अफ़वाहें फैल रही हैं। लोग चाहते हैं कि बन्धक वापस जाएँ और इराक़ अपनी फ़ौज पीछे खींचे।

18 जनवरी, 1981

एक लम्बे वार्तालाप के बाद अलजीरिया की मध्यस्थता से मसला हल हुआ। अमेरिका ईरान की चारों शर्तें मान गया और हज़ारों कठिनाइयों के बाद बावन बन्धक अलजीरिया एयर लाइन के द्वारा आज उड़े। सीधे न जाकर वे वाईसबाडेन में रुके

ताकि उनका डॉक्टरी मुआयना हो।

19 जनवरी, 1981

डॉक्टरों ने बताया कि उन्हें 'किज़-सिनडरोम' बीमारी हो गई है। यह बीमारी दिमाग़ी सदमे के कारण पैदा हो जाती है। ताज्जुब है दूसरों को कठपुतली की तरह नचाने वालों का यह हाल है! ईरानियों को तीस वर्ष तक बन्धक बनाए रहे। लाशों के ढेर के ढेर क़ुम में स्थित नमक की झील में डलवाते रहे...तो भी ईरानी बीमार न पड़े। यह केवल एक वर्ष कुछ मास में ही बोल गए? जर्मन डॉक्टरों का कहना है कि क़ैद में रहने से उनके दिलों पर असर पड़ा है। मगर ईरानियों के दिल और उनकी स्थिति? कौन समझेगा उसे? ...मगर हम समझाकर रहेंगे!

20 जनवरी, 1981

रीगन के शपथ ग्रहण करने के आधे घण्टे बाद बावन बन्धक अमेरिका पहुँच गए। चार लाख लोग सड़क पर उनके स्वागत के लिए खड़े थे।

बावन ईरानी छात्र जो अमेरिका निवासी हैं, बावन गुलाब की कलियाँ लेकर उन्हें शुभ 'आगमन' कहने आए।

444 दिन बाद यह मसला शान्त हो गया। मगर इराक़ और ईरान की लड़ाई अभी तक जारी है।

इराक़ ने बम गिराकर ईरान के कुछ हिस्से नष्ट किए। मगर ईरान रेडियो का दावा है कि उसने अमेरिका का चेहरा ज़मीन पर रगड़ दिया है, अब वह कभी इधर का रुख़ नहीं करेगा!

मार्च, 1981

ईरानी सरकार केवल इस्लाम का प्रचार करने में व्यस्त रही और बड़े से बड़ा अवसर अपनी नादानी से खोती रही। जहाँ बन्धकों को पकड़ हमने साम्राज्यवाद की नींव हिला दी थी, वहीं पर उन्हें अधिक समय रखकर अपनी साख खो बैठे। ईरान की जनता यह क्रान्ति लाई थी, आज वही सब कुछ झेल रही है। तय था कि बिना मुक़दमे के ये बन्धक नहीं छोड़े जाएँगे। फिर यह क्या हुआ? क्या रीगन ने धमकाया था? क्या इस्लामी सरकार अपनी सत्ता जमाने के लिए उनसे सहायता माँगेगी? रेज़ा साआदती, जो वर्षों शाह की क़ैद में रहे, उनका मुक़दमा, जेल, सज़ा सब कुछ हुआ मगर...? बाईस बिलियन की जगह मिस्टर रीगन केवल आठ बिलियन के लिए तैयार हुए हैं। वह भी शाह द्वारा लिए गए क़र्ज़ वग़ैरह में से कटकर मिलेगा। शाह की बहन अशरफ़ पहलवी और पूरा उनका परिवार वहाँ है। सही अनुमान भी तो नहीं लगाया जा सकता है कि ईरान का वास्तव में कितना धन वहाँ है।

सारे लोग रुपयों के साथ बहुत पहले भाग गए थे। उनके घरों में गुसलख़ाने की ज़ंजीरें तक सोने की थीं। पर जनता के लिए पूरे ईरान में कोई भी जनसुविधा न थी! मेरे मन से कोई पूछे कि (ईरानी जनता से) कैसे-कैसे झूठ बोले गए हैं। लगता है यह सरकार भी पूँजीवाद की धुरी पर नाच रही है। देखो, आगे होता क्या है, कुछ ख़बर नहीं है!

16-31 मई, **सारिका,** 1981, **ईरानी क्रान्ति विशेषांक**

क्या दीवारें के मुँह भी होते हैं?

सड़क पर भीड़, जुमे का दिन। मीलों लम्बा जुलूस, देहातियों का, आम आदमियों का, बन्दूक़ पकड़े, मार्च करता नए-पुराने कपड़े पहने चला जा रहा था। रणक्षेत्र में शहीद हो जाने का इरादा लिए, फटेहाल, देश-प्रेम का मारा। नमाज़ से लौटती औरतों-मर्दों की भीड़ सड़क के दोनों तरफ़ खड़ी गीली आँखों से उन्हें देख रही थी। ऐसे समय का फ़ायदा उठाते हुए कुछ सियासी समुदायों के लड़के-लड़कियाँ लोगों में पर्चे बाँटने लगे। सड़क की दीवारों पर लिखा था—कम्युनिस्ट चूज़ों पर लानत, कम्युनिस्ट इंक़िलाब के दुश्मन हैं।

भीड़ घरों को लौटने लगी। रास्ते में फिर किसी ने पर्चा थमाया मगर उसने इन्कार कर दिया। साथ वाली औरत बोली, "ले लेतीं, दिल ही रखने को, मेहनत करते बेचारे।"

"दिल कैसा रखना भई! तरस कैसा बेचारों पर, बिना कारण आँख फोड़ते हैं, इन्हें कौन समझाए कि यहाँ वर्गों की लड़ाई नहीं है। धर्म की लड़ाई है। अच्छाई और बुराई की लड़ाई है। समय गँवाना हो तो गँवाएँ। मैं तो नहीं पढ़ती।"

कोई बोला, "दो वर्ष से मेरा दिल भरा हुआ है। बहुत कुछ है कहने को। मगर मैं मामूली आदमी हूँ। कौन सुनेगा मेरा भाषण? बहुत सारे प्रश्न हैं। मुझे बार-बार लगता है कि यदि यही सब होना था तो शाह क्या बुरा था? फिर सिर झटक देता हूँ कि क्या सोच रहा हूँ, किसके बारे में सोच रहा हूँ। स्वयं काँप जाता हूँ!"

दीवार पर लिखा था—इस्लाम एक राजनीतिक धर्म है। सामने पंडाल में लोगों की भीड़ है। माइक पर किसी ने कहा, "मुसलमान भाइयों से अनुरोध है कि नमाज़ का वक़्त है, नमाज़ के लिए पंक्तिबद्ध हों।"

पीछे से कोई दोस्त के कान में फुसफुसाया, "अभी देखना, मुसलमान भाई, दोस्तों और भाइयों से अलग हो जाएँगे।"

पोस्टर चिपका था—शर्म औरत का ज़ेवर है। अपने को ढाँककर रखना औरत का सौन्दर्य है।

दीवारों के भी कान होते हैं, यह तो आपने सुना होगा, लेकिन अगर यह

कहा जाए कि 'दीवारों के मुँह भी होते हैं' तो यह शायद आपको अविश्वसनीय लगे, मगर सोचिए…तब क्या होता है, जब जनता के मुँह संगीनों से चीर दिए जाते हैं…और आकाश से बरस रहा होता है बारूद?…ईरानी नागरिकों के दिलों में उठती टीसों का ज्वलंत प्रमाण!

दीवार : जब जनता की आवाज़ बनती है!

सामने ऑफ़िस से लिपटी लिपटाई लड़कियाँ निकल रही थीं। टैक्सी के लिए खड़ी एक लड़की ने चादर से होंठ निकालकर पूछा, "बिरादर! नारमक जाना है।" टैक्सी वाले ने इन्कार में गर्दन हिलायी और बड़बड़ाया, "बहन, भाई से पर्दा कैसा?" पीछे बैठी सवारी बोली, "इस्लामी गणतन्त्र में सब एक-दूसरे के बहन-भाई हैं, मगर उतना ही अपने को छिपाते-ढाँकते हैं। अजीब बेगानगी का माहौल है।"

अख़बार की सुर्ख़ियाँ थीं—कम्युनिस्टों पर हमला! बाज़ार में मौलवियों के ख़िलाफ़ नारे! सिर न ढाँकने पर कुछ औरतों को नौकरी से निकाला गया। मस्ज़िद में राशन कार्ड मिलने आरम्भ हो गए हैं।

इराक़ी हमलों से ख़राब रिफ़ाइनरी। अब तेल, पेट्रोल मिलना बन्द। सब बस से सफ़र करते हैं। बस अड्डे पर भीड़-भाड़ में भीख माँगता फ़क़ीर। ख़ामोश बेगाने चेहरे फैले हाथ के सामने गुज़र रहे थे। एक जवान जोड़े के सामने एकदम से वह हाथ रुक गया। वह जवान बोला, "हमसे क्या माँगते हो। हम दोनों बेकार हैं। इमाम से जाकर माँगो।"

सबके चेहरे पर कटाक्षभरी मुस्कान थी, "ग़रीबों का इंक़िलाब यानी ग़रीब लाओ आन्दोलन।"

चारों तरफ़ धर्म, धर्म। चारों तरफ़ जंग, जंग, चारों तरफ़ क्रोध, क्रोध। चारों तरफ़ घृणा, घृणा। चारों तरफ़ एक ही आवाज़, "हमें अपने में एकता का संचार करना है।" दीवारें लाल-काले रंग से रँगी थीं और लोगों के सिर तथा बदन लाल-नीले हो रहे थे।

16-31 मई, **सारिका,** 1981, **ईरानी क्रान्ति विशेषांक**

क़ानूने पिजश्की : जहाँ मुर्दे खिलखिलाते हैं!

इन्सान भी कैसा जीव है, जो ज़रा-सा ख़ून देखकर बेहोश हो जाता है और ढेर-सा ख़ून देखकर उसका आदी!—दास्तान उस केन्द्र की जहाँ मुर्दा उठकर फ़ोटो भी खींच लेता है...

डॉक्टर संघ...यानी क़ानून-ए-पिजश्की की इमारत के चारों तरफ़ मृत्यु का प्रमाण-पत्र लेने वालों की भीड़ थी। अन्दर दफ़्तर में दो लम्बी सूचियाँ टँगी हुई थीं। लोग नाम पढ़-पढ़ कर अन्दर जा रहे थे, औरतों ने रो-रोकर बुरा हाल कर लिया था।

सुहेली आग़ा ने फ़ौज में मरे हुए लोगों की फ़ेहरिस्त देने का वायदा किया था। वह वहाँ पर कफ़न-दफ़न के प्रमुख अधिकारी थे। वह ख़ुद हाज़िर नहीं थे। मैं प्रतीक्षा में डॉक्टर वाले कमरे में बैठ गई। मालूम हुआ वह बहिश्ते-ज़हरा में हैं। अठारह सिपाहियों की लाशें आई हैं, उन्हें दफ़नाकर अभी आते हैं।

सुहेली आग़ा के आने के बाद हम लोग अन्दर कोल्डरूम में गए। चारों तरफ़ मुर्दे लेटे हुए थे। लग रहा था अस्पताल है और अब मरीज़ों के सोने का समय है। उन्होंने कोल्ड-मशीन से खींचकर दो इराक़ी पायलटों की लाशें दिखाईं, जो बेतरह जली हुई थीं, कुछ बच्चों की लाशें थीं, जो हमले में बम गिरने से मरे थे। कमरे में जले गोश्त की बदबू भरी हुई थी। सफ़ेद कपड़ों पर ख़ून! पूरा माहौल कबूतर खाने की महक और घुटन से भरा हुआ था, जबकि देखने में सब कुछ बिलकुल साफ़-सुथरा था।

इधर-उधर से सारे कर्मचारी जमा हो गए। हर कोई मुझे विदेशी समझकर बहुत कुछ समझाना चाह रहा था। तभी किसी ने कहा, "उधर नई लाश आई है, वह भी ख़ानम को दिखा दी जाए।"

सुहेली टूटी-फूटी अंग्रेज़ी बोल लेते थे, इसलिए काफ़ी बन रहे थे। दूसरे लोग फ़ारसी में ही बहुत कुछ बताना चाह रहे थे। सभी लोग लाश के पास पहुँचे, सफ़ेद कपड़े से ढकी लाश तख़्त पर पड़ी थी। आम तौर से ये लोग लाशों से चादर पैर

की तरफ़ से उठाते हैं···जैसे ही चादर हटी, साफ़ चमकती वर्दी व फूल बूट नज़र आए। सहसा जाने क्या हुआ कि सुहेली आग़ा ने चादर वहीं छोड़ी और अपने हाथ का पंजा कसकर मुर्दे का मुँह दबा दिया ताकि वह साँस न ले सके। लोग ताज्जुब में पड़ गए। तभी मुर्दे ने हाथ-पैर पटकना शुरू कर दिया और एक तेज़ खिलखिलाहट चादर के तले गूँजी। सुहेली ने कहा, ''मैं तब तक नहीं छोड़ूँगा, जब तक पाँव पकड़कर माफ़ी नहीं माँगोगे कि फिर कभी ऐसी शरारत नहीं करोगे।'' मुर्दे ने हाथ से इशारा किया। सुहेली ने हाथ हटाया, गहरी साँस खींचते खिलखिलाते 'मुर्दे साहब' उठ बैठे। मुझे हँसी भी आई और ताज्जुब भी हुआ कि इन्सान भी कैसा जीव है जो ज़रा-सा ख़ून देखकर बेहोश हो जाता है और बहुत-सा ख़ून देखकर उसका आदी! मुर्दे साहब क़रीब छः फुट लम्बे-तड़ंगे फ़ौजी थे। हँसते हुए बोले, ''आइए, आपकी तस्वीर इन इराक़ी पायलटों के साथ खींच दूँ···ताकि यहाँ की यह यात्रा कभी न भूलें!''

मैं इन्कार न कर सकी। मुझे घबराहट थी कि कहीं आसपास लेटे सारे मुर्दे खिलखिलाते हुए उठ न बैठें और कहें, ''ख़ानम! ठहरिए, मैं आपको युद्ध का आँखों देखा हाल सुनाता हूँ!''

तस्वीर खिंचने के बाद सुहेली ने दोबारा आने की दावत दी और कहा, ''जिस दिन ज़्यादा शहीद आएँगे, आपको फ़ोन कर दूँगा, ताकि आप सारी रस्में देख सकें कि हम शहीदों को कैसे फ़ौजी आदर देते हैं।'' मैंने हामी तो भर ली, मगर तीन दिन बाद उनका फ़ोन आया, तो मैंने कहलवा दिया कि मैं नहीं हूँ, क्योंकि मेरे दिल में मुर्दों की खिलखिलाहट सुनने की कोई तमन्ना बाक़ी नहीं रह गई थी।

16-31 मई, **सारिका** : 1981

इराक़ और ईरान रेडियो की सच्ची-झूठी ख़बरें···समझेगा कौन यहाँ?

ख़ुमैनी जल्लाद, जादूगर हिन्दीज़ाद कब तक इस्लाम के नाम पर ईरानी जनता को बेवक़ूफ़ बनाएगा। ईरानी भाइयो, आओ आप हममें मिल जाओ! हम तुम्हारे धर्म भाई हैं। यह मत भूलो कि तुम जाल में फँसे मज़लूम परिन्दे हो···उठो और ख़ुमैनी के ख़िलाफ़ नारे बुलन्द कर दो!

आज ईरान की रिफ़ाइनरी अपने क़ब्ज़े में कर ली है···पचास ईरानी जहाज़ों को मार गिराया है···जल्द ही हम ईरान पर क़ब्ज़ा कर लेंगे···

ख़बरें सुनकर कुछ के चेहरों पर हवाइयाँ उड़ने लगीं, कुछ को क्रोध आया, कुछ इस हिमाक़त पर हँसे, कुछ वास्तव में ख़ुश हुए कि ईरान हार रहा है। ख़ुमैनी···हिन्दुस्तान में जन्मा एक विदेशी! बंगाल के जादू और चंगेज़ ख़ाँ जैसे जल्लाद की सारी ख़ूबियों का मालिक! अच्छा है, इसका तख़्ता पलटे! जब सारे हथियार समाप्त हो जाएँ, फिर हम बख़्तियार को लाएँगे, शाह का बेटा आएगा!

सद्दाम बाज़ारी, मज़दूर-ए-इम्पीरियलिस्ट! अब समझा गया है कि हम पर उसका ज़ोर नहीं चल सकता। यह ख़रीदा हुआ मज़दूर है। रूस और अमेरिका का हर तरफ़ से पैसा खाकर उनकी नौकरी बजा रहा है। हमारे पास तो एक उद्देश्य है, मगर वह किसको उद्देश्य बनाकर लड़ रहे हैं? हमारी फ़ौजों ने उनको वही जवाब दिया है, जो मुनासिब था। उनके सात सौ आदमी हमारे बन्दी हैं। सौ जहाज़ हमने मार गिराए। उनकी फ़ौजी छावनियाँ हमने तबाह कर दी हैं। चालीस टैंक उड़ा दिए हैं।

एक अन्य प्रसारण—सिर्फ़ आपकी इत्तला के लिए अर्ज़ है कि ईरान में केवल दो सौ राजनीतिक समुदाय हैं। सौ के लगभग मार्क्सवादी व अन्य सौ इस्लामी, माओ गुट व स्वतन्त्र दल। यह सब गुण्डों के रूप में अपने-अपने सिर पकड़े बैठे हैं?

ख़बर सुनने वालों में से कुछ पुलकित हो 'अल्लाह हो अकबर' 'ख़ुमैनी रहबर' के नारे लगाए। कुछ चिन्तित हो गए।

इस सारे हंगामे को देखकर राष्ट्रपति बनीसद्र ने कहा कि इराक़ी हमारे भाई हैं। उनकी सरकार जो भी कर रही है, उसकी ग़लतियों के बावजूद हमें उसे गाली

देने का अधिकार नहीं है। सद्दाम हुसैन का नाम ठीक से लिया जाए। ख़बरों में किसी भी आदमी का अपमान करना बहुत बड़ा काम नहीं है।

अब सद्दाम न बाज़ारी रहा, न मज़दूर, मगर कुछ लोग बनीसद्र के इस भाषण से नाराज़...कि बनीसद्र के पीछे अंग्रेज़ों का हाथ है, बनीसद्र अमेरिकी है तभी तो ऐसा कह रहा है, बनीसद्र लिबरल है...वह आया तो पूँजीवाद आएगा। कुछ लोग बनीसद्र पर सदक़े क़ुर्बान हो रहे थे—बेचारा मौलवियों के बीच फँस गया। ख़ुदा इसे अपनी पनाह में रखे!

उसका यों चकरा जाना देखकर किसी समुदाय के सदस्य ने कहा, "बिना विचारधारा के आदमी यों ही चकराता है। किसी समुदाय, गुट, दल में शामिल हो जाओ, सब समझ में आ जाएगा।"

फिर, आप बताइए...आख़िर जाएँ तो जाएँ कहाँ?

हम थके तो नहीं मगर...

ईरान के इंक़िलाब को जहाँ एक निर्धन वर्ग ख़ून से सींच रहा है, वहीं धनाढ्य वर्ग अपनी दौलत से मस्त इन सारी बातों को रद्द करता हुआ चीख़ रहा है कि 'ईरान' नहीं, 'वीरान' हो गया है। न नाच, न होटल, न कैबरे, न पिकनिक, न घुमक्कड़ी। आख़िर आदमी जिए तो कैसे?

ऐसे ही एक घर में दोपहर के खाने पर अतिथि आए हुए थे। खानों के टीले सजे थे। तभी टी. वी. पर 'परिचर्या' कार्यक्रम में एक देहाती बुढ़िया ने कहा, "हम युद्ध से थके नहीं हैं। दो जवान बेटे शहीद हुए। बहुएँ युद्ध क्षेत्र में नर्स का काम कर रही हैं। मुझे फ़ख़्र है कि हम...."

"कैसा फ़ख़्र? बच्चे क्या इसलिए जवान किए जाते हैं कि दूसरों की ज़िद पर क़ुर्बान कर दिए जाएँ?"

इसके बाद ग़रीब देहातियों की भीड़, रणक्षेत्र पर भेजने के लिए रोटी पकाती बदसूरत औरतें, थके मज़दूर मर्द!

"उफ! कहाँ से आए हैं ये लोग? ख़ुदा की क़सम! ये ईरानी नहीं हैं।"

"इनकी हालत देखकर मुझे परेशानी हो रही है। मैंने सोच लिया है, मैं अपनी यह अँगूठी बेच कर रुपये भेजूँगी।" वह चारों उँगलियों में बड़े-बड़े रंगीन पत्थरों और हीरों की अँगूठी पहने थी। एक अधुनातन जवान औरत घृणा से बोली, "कटोरा थमाकर भीख माँगना सिखा रहे हैं लोगों को। यही ईरान था जो ग़रीब मुल्कों को क़र्ज़ देता था, सस्ता तेल देता है। जहाँ हर मामूली औरत के पास बीस तोला सोना, चार बिस्तर, बीस जोड़ी कपड़े हों, वहाँ इस ग़रीबी के प्रचार का क्या अर्थ? शाह ने जिस गौरव का मुकुट ईरान के सिर पर रखा था, उसे जाहिल रौंद रहे हैं गधे!"

16-31 मई, **सारिका** : 1981

ईरान : सत्ता का जुनून

रोज़ ईरान में यही सुनने को मिलता था कि वर्तमान सरकार अधिक दिन टिकेगी नहीं। इतना अन्याय करके कभी कोई टिका है? शीघ्र ही इसका तख़्ता पलटने वाला है मगर तीन वर्ष हो गए हैं। इस वाक्य को सुनते-सुनते मगर सरकार की जड़ें कोई हिला नहीं पाया। षड्यन्त्र रचे गए, षड्यन्त्रियों को मुँह की खानी पड़ी। तब से अमेरिकन हवाई जहाजों का दुर्घटनाग्रस्त होकर नष्ट होना, फिर उसके बाद यज़दी, अमीनी, मदनी बनी सदर का भागना, उनकी कोशिशें और इस्लामी गणतन्त्र का अपनी जगह अटल रहना और विभिन्न राजनीतिक सदस्यों का उग्र व्यवहार और आए दिन होते हत्याकाण्ड यहाँ तक कि पूरी संसद का उड़ जाना और एक साथ एक सौ तीन लोगों का मर जाना। लोग भी कैसे सारे के सारे महत्त्वपूर्ण, डॉ. बेहिश्ती जो इस्लामी गणतन्त्र के अध्यक्ष थे और संविधान लिखने में उनका बहुत बड़ा सहयोग था। सबसे अधिक पढ़े-लिखे थे साथ ही इस्लामी कोर्ट के चीफ़ जस्टिस भी थे जो 'मृत्युदण्ड' का क़ानून भी आपका लिखा हुआ था। उस दिन कहा जाता है कि डॉ. बेहिश्ती देश की आर्थिक स्थिति पर एक महत्त्वपूर्ण कार्यक्रम पेश करना चाह रहे थे, जिसमें ईरान का समृद्ध भविष्य निर्भर था सो कुछ अनुभवी लोगों का कहना है कि मुजाहिदीन जो भी कहें मगर इस बम को रखने वाला अन्य समुदाय था जो नहीं चाहता था कि ईरान में कोई भी आर्थिक कार्यक्रम लागू हो। इसमें तथ्य जो भी हो मगर सारांश यही है कि इन तीन वर्षों में वह घर बाहर दोनों प्रकार के शत्रुओं से जूझ रहा है। बाहर के शत्रु कोई छोटे-मोटे नहीं बल्कि अमेरिका जैसे विराट और बलवान जो गृह-युद्ध को भी हवा देते रहे हैं। उदाहरणतः क़ुर्दिस्तान युद्ध, ईरान-इराक़ युद्ध, उत्तरीय वनों में विभिन्न समुदायों का इस्लामी पासदारों से मुठभेड़ और इन सबके अलावा मुजाहिदीन से खुली चुनौती का सामना।

इस्लामी गणतन्त्र का सभी ने स्वागत किया था, पेरिस में बैठे आयतउल्लाह ख़ुमैनी ने संसार को आश्चर्य में डाल दिया कि वह साम्यवादियों की प्रशंसा कर रहे हैं। वामपन्थियों ने भी इमाम का भरपूर स्वागत किया था, प्रगतिशील वर्ग आश्चर्यचकित रह गया कि एक मुल्ला भी इतना खुले दिमाग़ का हो सकता है? मगर जब इमाम सत्ता में आए तो उन्हें भी अपने साम्राज्य की फ़िक्र लग गई और

सबसे कष्टदायक समय उन्हीं वामपन्थियों व प्रगतिशील वर्ग को उठाना पड़ा और यह कहकर बनीसद्र ने विश्वविद्यालय बन्द करवा दिया कि हमें इंक़िलाब के शत्रु नहीं पैदा करने हैं। जब यह प्रश्न विश्वविद्यालय के बन्द होने के बाद नौजवानों ने पूछा कि कब विश्वविद्यालय खुल रहा है तो एक उत्तर था—"सांस्कृतिक क्रान्ति वहाँ पर होगी, एक नया कार्यक्रम लागू होगा मगर यह सब कुछ न हुआ और दो वर्ष बाद एक दिन इमाम रुष्ट होकर अपने भाषण में बोले कि—विश्वविद्यालय क्यों खोले जाएँ क्या इसलिए कि साम्यवादी वहाँ जमा होकर उपद्रव मचाएँ?"

विद्यार्थियों का वह बल जो इंक़िलाब के आरम्भ में शाह को निकालने में ख़र्च हुआ था, उन्होंने अपनी जान की बाज़ी लगा दी थी। पन्द्रह वर्ष से बाइस वर्ष तक के लड़के-लड़कियाँ सड़कों पर अपने विचारों को प्रकट करने निकलते थे आज उनकी कोई सुनवाई नहीं थी। न कोई पढ़ाई थी न काम। आज उनका भविष्य केवल ईरान-इराक़ युद्ध था जहाँ पर जाकर उन्हें शहीद होना है या पासदार बनकर देश की रक्षा करना है। बेकारी हर पल ईरान में बढ़ रही है। आधे से अधिक लोग बेकार हैं।

जो नौजवान बेकार थे या गाँव की ओर कृषि में लग गए या फिर इस सरकार के साथ उन्होंने काम करने की ठानी जो साम्यवादी थे उनकी छँटनी होने लगी, दफ़्तरों, स्कूलों, मन्त्रालयों व रेडियो, टी. वी. से, बेकारी व असन्तोष की भावना और बढ़ी, इस छँटनी के बाद भी विभिन्न समुदाय के वामपन्थी पूरे ईरान में फैले हुए हैं जिनका पता जैसे-जैसे चलता जाता है वैसे-वैसे उनको बाहर निकाला जाता है।

इस इंक़िलाब में साम्यवादी व इस्लामी दोनों विचारों के अनुयायियों का हाथ रहा है मगर चूँकि इस्लामी सत्ता में हैं और एक पार्टी प्रणाली शाह को पार्टी 'रस्ताख़ीज़' की तरह चल रही है सो दूसरे समुदायों को अपने विचारों को प्रकट करने की सम्पूर्ण स्वतन्त्रता नहीं है। ईरान के वर्तमान इंक़िलाब का आरम्भ दो बातों को लेकर आगे बढ़ा था। बोलने-लिखने की स्वतन्त्रता व आर्थिक स्थिति। फिर जैसे-जैसे शाह के विरोध में जनता बल बढ़ता गया उसमें धार्मिक व सामाजिक कारण भी मिलते गए। मैदाने ज़ाले में चार हज़ार लोग जब एक साथ भून दिए गए तो जनता का नारा 'अल्लाहो-अक़बर' था और यहीं से इस्लामी रंग का आरम्भ होता है। जबकि यह इंक़िलाब जनता द्वारा किया गया था ख़ून उनका बहा था न कि एक वर्ग विशेष का यानी मौलवियों और उनके बेटों का ? आज भी रणक्षेत्र में आम आदमी का बेटा लड़ने जाता है न कि मौलवियों के बेटे!

जैसे-तैसे चुनाव के बाद ईरानी मुल्लाओं में विश्वास बढ़ता गया उनकी पकड़ भी बढ़ती गई। इस्लामी दर्शन व धर्म के उसूलों की बात किसे अच्छी नहीं लगती सो आरम्भ में शाह के जाने की खुशी में किसी को धर्म बुरा न लगता था मगर

जब सत्ता की लालच बढ़ी और उसमें हर आदमी पर दबाव पड़ने लगा जो वर्तमान व्यवस्था पर आलोचना रखता या सहमत नहीं होता था उसे यह सरकार अपना शत्रु समझने लगी। तब लोगों को अहसास हुआ कि भाषण लेख में जो भी मौलवी समानता व दया क्षमा की बात करें मगर वास्तविकता इससे दूर है सो पहले उन्हें धमकाया जाता, फिर जेल ले जाया जाने लगा और आज जेल मुक़दमा, पेशी, बहस की फ़ुरसत किसी को नहीं है, फिर इमाम कह चुके हैं जो भी इस्लाम व इंक़िलाब का शत्रु दिखे उसे भून दो, सो जमकर नई नस्ल भूनी जा रही है इसका कुप्रभाव भी किशोर-किशोरी के अपरिपक्व मन पर पड़ता है। उनका स्वभाव अतिवादिता की ओर बढ़ता जा रहा है और यही दशा ईरान की सियासत में बढ़ती गई। जैसे-जैसे इस्लामी सरकार रूढ़िवादिता व कट्टरपन को अपनाती गई अपने विरोधी अधिक बनाने लगी। कई बार मुजाहिदीनों ने युद्ध का ऐलान किया था यहाँ तक कि इमाम ख़ुमैनी की कुर्सी के नीचे बम भी रख दिया और फिर फ़ोन पर बताया कि हम ख़ुमैनी को मार सकते हैं मगर मारना नहीं चाहते हैं क्योंकि हम चाहते हैं कि एक दिन उसे क़ैद कर लें और उस पर जवान नस्ल की तबाही और ईरान के नाश का जो इल्ज़ाम है, उसका मुक़दमा उस पर चलाएँ फिर इस मुक़दमे में उस की पेशी हो तब सज़ा देकर उसे फाँसी पर चढ़ाएँगे।

अधिकतर राजनीतिक समुदायों का भी यही विचार है कि ख़ुमैनी अनुयायियों को तब मारना है जब वे उनको क्षति पहुँचाएँ मगर ख़ुमैनी को छूना नहीं है, क्योंकि शाह या ख़ुमैनी का मरना इतना महत्त्वपूर्ण नहीं है (था) जितना उस प्रणाली का जो इस समय राज्य कर रही है। पूरा संसद उड़ गया क्या हुआ? कुछ बदला? नहीं। फिर अच्छा यही है कि इस बर्बर सरकार की जड़ें खोखली करके सदा के लिए उन्हें पाठ पढ़ाना है जैसा कि मोनारकी का दो हज़ार पाँच सौ वर्ष से जलता चिराग़ (वह भी पहलवी साम्राज्य का) गुल करना अपने में एक ऐतिहासिक घटना है।

ईरान में स्त्रियों की हालत शोचनीय है। जगह-जगह पर लिखा है, 'स्त्री का गौरव मातृत्व है'। इमाम अपने भाषण में भी कहते हैं औरतें घर में बैठें और बच्चों का लालन-पालन करें परन्तु वही औरतें जब बन्दूक़ लेकर लड़ने निकलती हैं और सरकार के शत्रुओं को मार डालती हैं तब वे उनको सराहते हैं, लेकिन जब वे मुजाहिदीन व फ़िदाईन के रूप में सरकार से लड़ती हैं तब उनका नाम तिरस्कार से लिया जाता है कि भली लड़कियाँ यह नहीं करती हैं। एक हिज़बउल्लाही धनी परिवार की महिला से मैं मिली जिसकी पुत्री मुजाहिदीन थी और मारी गई थी। बड़ी घृणा से माँ बोली, "हमने इंक़िलाब में मदद करने के बजाय उसे क्षति पहुँचाई है, देखो एक लड़की पैदा की थी वह भी ख़राब निकल गई। उसे घर कब अच्छा लगता था वह तो बस इधर-उधर घरों में रहती थी, मेरी नज़रें झुक गई हैं। और

इसी धनी परिवार और उसकी स्त्रियाँ ख़ुमैनी के समर्थन में निकले जुलूस में भी पैदल चलती थीं वह धर्म के नाम पर था सो ठीक था और यह लड़कियाँ अधर्म पर मिट रही थीं। स्त्रियों की स्वतन्त्रता का भी वर्गीकरण हो गया है।''

ईरान में लगभग अस्सी प्रतिशत जनता दुःखी है, बीस प्रतिशत जनता इस सरकार का वास्तव में आँख बन्द करके समर्थन करती है। अस्सी में बीस प्रतिशत जनता ऐसी है जो सरकार से ख़ुश नहीं है मगर नौकरी के कारण ख़ामोश है। उसके विचार धार्मिक हैं मगर वर्तमान धर्म को वह किसी प्रकार क़बूल नहीं करती है। दस प्रतिशत लोग शाह के समय को याद करते हैं और हर रोज़ बनते नए-नए क़ानूनों से रुष्ट हैं। अन्य दस प्रतिशत लोग बड़े-बड़े व्यापारी हैं जो अपना व्यापार ठप्प हो जाने से इस सरकार की आलोचना करते हैं, बाक़ी बचे चालीस प्रतिशत वे इंक़िलाबी हैं। विभिन्न समुदाय के लोग हैं जो ख़ुलकर इस सरकार का विरोध करते हैं। यह एक कटु सत्य है जिसका अहसास मौलवियों को भी हो गया है कि यदि वह खुला चुनाव करें तो कभी भी वह चुनाव जीत सकते हैं।

एक दुकानदार जो माल न बिकने से दुःखी था सजी दुकान में बैठा सरकार की आलोचना करते हुए उसने बताना आरम्भ किया कि मैं पहला आदमी अपने परिवार में था जो इंक़िलाब के जुलूस में शाह के ख़िलाफ़ ज़ोरदार नारे लगाता था, हमारी आशाएँ, हमारे सपने, सब इस ख़ुमैनी ने हमसे छीन लिए, इसी कारण जो जुलूस सरकार के समर्थन में फ़िलहाल निकलते हैं उसमें भीड़ कहाँ होती है। आपने तो देखा है–

''मगर नमाज़ जुमे की भीड़ क्या झूठ है?''

''उसका भी भाँडा फोड़ता हूँ यह वह दो मिलियन अफ़ग़ानी हैं जो नमाज़ में शामिल होते हैं जिनको इमाम ने ईरान में जगह दी है। इस्लाम के नाम पर उन्हीं की यह भीड़ आपको जुलूस में भी नज़र आएगी। यक़ीन न आए तो बात करके फ़ारसी उच्चारण से समझ लीजिएगा।''

इस्लामी सरकार बार-बार कहती है कि हमने रोटी के लिए नहीं बल्कि धर्म के लिए इंक़िलाब किया था। आज ईरान की आर्थिक व्यवस्था लगभग समाप्त हो गई। बैंक ख़ाली हैं, कच्चा माल न मिलने से लघु कुटीर उद्योग-धन्धे व छोटे-मोटे कारख़ाने बन्द हो रहे हैं। बेकारी, महँगाई पराकाष्ठा पर पहुँच गई हैं। एक कपड़ा धोने का पाउडर जो दो रुपये का मिलता था आज वही डिब्बा बीस रुपये का बाज़ार में है, गोश्त जो ईरानियों का भोजन है उसकी क़ीमत सौ तूमान अब है। कौन क्या खाए? कल को केवल अल्लाह-अल्लाह करने से पेट नहीं भरेगा। सारे नंगे भूखे लोग रोटी की माँग करेंगे! जीवन दर्शन और धर्म दर्शन दोनों ही भरे पेट लोग समझते हैं मगर भूखे इन्सान के लिए पेट ही उसका बड़ा दर्शन बन जाता है। इस्लाम में स्वयं है कि पहले घर में चिराग़ जलाओ फिर मस्जिद में मगर आज

ईरान में धर्म व राजनीति को एक प्लेटफ़ार्म पर लाकर खड़ा कर दिया गया है और कहा जाता है कि ''इस्लाम एक राजनीतिक धर्म है'' क्या इक्कीसवीं सदी में यह वाक्य पूर्ण रूप से सफल हो सकता है जब कूटनीति, चतुरता, झूठ के बल पर राजनीति आगे बढ़ रही है। वहाँ इस्लाम कब तक अन्तर्राष्ट्रीय स्तर पर अपने को बनाए रखेगा?

दूसरी बात यह भी है कि आज जो कुछ ईरान में घट रहा है क्या वह सब इस्लाम धर्म के बताए उसूलों पर हो रहा है? 'क्षमा करना' इस्लाम का पहला पाठ है मगर क्षमा किसे दी जा रही है? हज़रत अली ने कहा था, ''मैं अपने शत्रु से लड़ सकता था मगर जब उसने मुझे व्यक्तिगत रूप से गाली दी तो मैं सामने से हट गया क्योंकि इसके बाद जो भी मेरे मुँह से निकलता उसमें केवल विचार की बहस न होती बल्कि मेरा व्यक्तिगत क्रोध भी शामिल हो जाता। मगर आज ईरान में प्रतिशोध की जो आग भड़क रही है वह शत-प्रतिशत व्यक्तिगत है। स्वयं इमाम ख़ुमैनी कुंठाग्रस्त हैं। शाह ने उन्हें देश निकाला दिया उन्होंने शाह को दिया। अन्तिम समय तक बाज़रगान व अन्य महत्त्वपूर्ण व्यक्ति कहते रहे कि ईरान में शाह का प्रभाव समाप्त हुआ वह ईरान में इंग्लैण्ड के शाही ख़ानदान की तरह सम्मानपूर्वक रहेगा सत्ताहीन मगर ख़ुमैनी का एक ही नारा था एक ही ज़िद थी कि शाह ईरान छोड़ दें।'' जिस दिन शाह ने ईरान छोड़ा और इमाम ख़ुमैनी का ईरान में आगमन हुआ वह वर्ग शाह के रुकने का हिमायती था इस्लामी गणतन्त्र राज ने उसे अपना शत्रु माना सो बाज़रगान सरकार टूट गई और डॉ. मुस्दिक़ का नेशनल फ्रण्ट बुरी तरह से आलोचना का केन्द्र बना और मुस्दिक़ पर 'नेशनलिस्ट' होने का आरोप था जबकि इस्लाम धर्म अन्तर्राष्ट्रीय सीमा पर विश्वास रखता है उसके लिए कोई देशीय सीमा संसार के किसी भी देश की नहीं होती है। इस तरह से शाह से सम्बन्धित सारी चीज़ें चाहे किताब हों, क़ालीन हो, चित्र हो, कला हो, इमारत हो, यहाँ तक इन्सान हो इमाम ने जड़ से उखाड़ने की कोशिश की इसी कारण आज न ईरान में अच्छे डॉक्टर हैं, न इंजीनियर न फ़ौजी अफ़सर न दक्ष राजनीतिज्ञ। सब चुन-चुनकर मारे गए या भाग गए।

दस हज़ार ईरानी डॉक्टर विदेश में हैं अमेरिका के प्रसिद्ध हार्ट के दक्ष डॉक्टर जो हैं वह ईरानी हैं मगर ईरान में भारतीय डॉक्टरों की संख्या पाँच हज़ार से किसी भी प्रकार कम नहीं है। ईरानी डॉक्टर वर्ष भर पहले विदेश यात्रा पर जा रहा था। कस्टम वालों ने उसका सामान झाड़-झाड़कर देखा फिर जितना भी सोना था उसे रोक लिया और कहा, ''यह ज़ेवरात मैं ले जाने नहीं दूँगा।'' डॉक्टर ने बड़ी सहिष्णुता से उत्तर दिया कि, ''आप मुझे नहीं रोक रहे हैं जो देश का सही धन है सोने पर टोक लगा रहे हैं, मेरी तरफ़ से आप रखिए।'' यह घटना वर्ष भर पहले की है जब इमाम ने कह दिया कि जिसे ईरान की वर्तमान सरकार नहीं पसन्द वह विदेश

चला जाए, पन्द्रह दिन का समय था जाते हुए लोगों में जहाँ डॉक्टर, इंजीनियर, प्रोफ़ेसर व व्यापारी थे वहीं पर तस्कर व अन्य कुछ ऐसे लोग थे जो वास्तव में मुजरिम थे मगर वे भी चले गए।

इमाम ख़ुमैनी का बार-बार यही कहना था कि हमें दक्षता की आवश्यकता नहीं है हम दक्ष डॉक्टर, इंजीनियर लेकर क्या करेंगे, जितना पैसा उनकी शिक्षा पर ख़र्च करेंगे उस पैसे को लगाकर एक विद्यार्थी व्यापार करेगा जिसमें शिक्षा व दक्षता की आवश्यकता नहीं होती है और उससे कम पैसों में विद्यार्थीगण कृषि से कमा लेंगे। शोध कार्य ठप्प हो गए। सारे जवान गाँव की ओर जाकर खेती करने लगे मगर बुद्धिजीवी वर्ग हाथ पर हाथ रखकर बैठ गया उसके पास क़लम था, मन व मस्तिष्क था, मगर उसका सोचा हुआ वर्तमान सरकार के लिए लाभकारी न था सो वह धीरे-धीरे करके अँधेरे में डूबने लगा, जो राजनीति को लेकर सचेत भी था और उसमें रत भी था वह पूर्णरूप से झंडा गाड़ कर इस सरकार के सामने खड़ा हो गया और इसका फल यह निकला कि आये दिन वह बुद्धिजीवी व उनके समुदायों के अनुयायी जवान मारे जाने लगे। घुटन का दबाव जब अधिक बढ़ा तो फलतः अतिवादिता का रूप धर बैठा, सरकार इन्हें सज़ा देती, उनके साथी किसी मौलवियों या उनके अनुयायियों में से किसी को बम के ज़रिए उड़ा देते और फिर उसका परिणाम यह निकलता कि मुजाहिदीनों का एक ग्रुप जेल में खड़ा करके भून दिया जाता था। तीन मास में छः हज़ार जवान लड़के-लड़कियाँ गर्भ वाली स्त्रियों को मार डाला गया है। यदि नाम की सूची आप समाचार-पत्रों में देखें तो उनकी उम्र देखकर महसूस होता है कि इतना तेज़ इतना सम्पूर्ण बलिदान यदि अपने विचार प्रणाली के प्रति है तो उसकी भूरि-भूरि प्रशंसा करनी पड़ेगी यदि यह समर्पण सही दिशा में आज होता तो उसकी आलोचना इस तरह से नहीं करनी पड़ती। इन नामों के अतिरिक्त वह लोग भी हैं जो अन्त तक अपना नाम नहीं बताते हैं। दूसरे नाम के साथ मरते हैं घर वालों को पता भी नहीं चलता है कि उनका बेटा या बेटी शहीद हो चुके हैं। इसका पता केवल समुदाय को होता है जब वे नाम और उनकी संख्या, घर का पता विभिन्न समुदाय अपने समाचार-पत्रों में छापते हैं। संक्षेप में ईरान रणक्षेत्र में जवान शहीद हो रहे हैं, अट्ठारह मास से युद्ध चल रहा है, क़ब्रिस्तान भर रहे हैं, इधर गृह-युद्ध में नई नस्ल समाप्त हो रही है।

प्रश्न फिर उठता है कि यदि ईरान की इतनी बुरी हालत है तो फिर यह सरकार जमी हुई क्यों है, अवश्य ही किसी एक वर्ग का सम्पूर्ण समर्थन इसे प्राप्त है। यह सच भी है कि आज तक इमाम ख़ुमैनी को सत्ता में रखने वाला एक ही वर्ग था वह था ईरान का बाज़ार। इमाम ख़ुमैनी जब इराक़ में थे तो भी यही बाज़ारी पूरी तौर से उनकी मदद करते थे। पेरिस से ईरान तक इमाम को लाने वाले हवाई जहाज़ किराए पर लेने वाला ईरान का प्रसिद्ध व्यापारी 'दस्तमालची' था मगर कुछ

समय बाद उसको मरवा डाला गया उसका भेद क्या है कि एकाएक वह इंक़िलाब का शत्रु कैसे बन बैठा पता नहीं। इस तरह से धीरे-धीरे व्यापारीगण, पूँजीपति व बड़े-बड़े धनी रुष्ट होने लगे। उसका कारण व्यापारी बन्धन व माल का विदेशों से न आना था। स्टोर में रखा सामान बिकता रहा मगर उसे भी समाप्त होना था हुआ और उच्च स्तरीय व्यापारी इस सरकार की आलोचना करने लगे। वे लोग जो लघु उद्योगों में थे कुछ दिन प्रसन्न रहे और इस सरकार का गुन गाते रहे उसका कारण था विदेशी वस्तुओं ने उनको क्षति ही पहुँचाई थी उनका माल बड़ी गिरी क़ीमतों पर बिकता था। अब ईरान के बाज़ार में केवल वही थे। इसके कुछ दिन बाद कच्चा माल समाप्त होने लगा और बहुत से कारख़ाने कच्चे माल की कमी के कारण फटाफट बन्द होने लगे। बेकारी बढ़ी महँगाई ने कमर तोड़ी और धर्म का नारा लगाने वालों में असन्तोष पनपा।

यही असन्तोष है जिसकी ओर वामपन्थी समुदाय पहले दिन से सचेत था और बराबर सरकार की आलोचना कर रहा था मगर जोश में भरे मौलवीगण सत्यता को नकार कर धार्मिक दर्शन को फैलाने में जुटे हुए थे। आयतउल्लाह ख़लख़ाली जो एक मामूली मौलवी थे एकाएक इस्लामी कोर्ट के जज बन गए और इस्लामी दृष्टिकोण से मृत्युदण्ड देने लगे मगर वास्तव में जो भी उन्होंने किया वह इस्लाम व किसी भी धर्म से कोसों दूर की बात थी। कट्टरवादिता रूढ़िवादिता का भूत उन लोगों पर सवार रहा जो इमाम ख़ुमैनी के साथ जहाज़ में बैठकर आए थे और चन्द मास बाद ही पता चला कि यह सब अमेरिकन एजेण्ट थे जो वास्तव में संघर्षरत रहे वे मौलवी सत्ता में न आए बल्कि पन्द्रह-बीस वर्ष विदेशों में रहने वाले जिनका नाम भी कोई नहीं जानता था एकाएक इंक़िलाबी बन गए।

आयतउल्लाह तालग़ानी जो शाह के जेल में बरसों रहे कहते हैं, उनका शरीर यातनाओं से चूर था मगर उनमें सत्ता का लोभ न था चिल्ला-चिल्ला कर कहते रहे कि मौलवियों का सही स्थान मस्जिद है न कि राजनीतिक अखाड़ा मगर उसके उत्तर में ईरान की सारी दीवारें इस वाक्य से भर गईं कि "इस्लाम एक राजनीतिक धर्म है।" मौलवी का आपसी मतभेद बढ़ता जा रहा है। इमाम ख़ुमैनी को कहना पड़ा कि यह मतभेद यदि अधिक बढ़ा तो हममें से कोई भी सत्ता में नहीं रहेगा।

जो भी लड़के हिज़बउल्लाही (इमाम का अनुयायी) नहीं है उन सबकी छँटनी स्कूल कॉलेज में से कर दी गई है। दिशाहीन लड़के-लड़कियों की भरमार ईरान में है जो न पढ़ पा रहे न कोई काम कर रहे हैं। सो उचित समय है कि अपना बल राजनीतिक कार्यों में लगाएँ जो इस समय उनके देश की आवश्यकता भी है। इसीलिए कार्यालयों में, स्कूलों में, मन्त्रालयों में, कृषि कार्यों में, अधिकतर जवान हैं जहाँ यह एक अच्छी बात है वहीं यह अनुभवहीन भावुक नस्ल समस्या को बड़े भावनात्मक स्तर पर देखती है और बहुत सारी समस्याएँ बिना किसी कारण जन्म

लेती रहती हैं और छोटी-छोटी समस्याओं ने ईरान के सामाजिक जीवन को तहस-नहस करके रख दिया है। किसी का किसी पर विश्वास नहीं रह गया है। सब एक-दूसरे पर सन्देह की नज़र रखते हैं और इसी सन्देह-सन्देह में बहुत से मासूम लोग मार डाले जाते हैं।

"एक माँ ने रोते हुए कहा कि मेरे बेटे की क्या ग़लती थी कुछ भी न थी बस यही थी कि उसने सड़क पर चिपके पोस्टर को फाड़ा था उसकी उम्र ही क्या है।"

दूसरी माँ ने कहा—"मेरे बेटे की उम्र केवल बारह वर्ष है उसके हाथ में एक पैम्फ़लेट था जो साम्यवादी ग्रुप का था बारह वर्ष का लड़का भला क्या समझता? अब जेल में है, मुझे नहीं पता वहाँ क्या हो रहा है उसके साथ?"

एक अन्य बूढ़े ने कहा कि "शाह और इमाम ख़ुमैनी में क्या फ़र्क़ हुआ है? वही दुःख वही घुटन हम झेल रहे हैं बल्कि उससे अधिक।"

संक्षेप में, यह सरकार दरिद्रों का प्रतिनिधित्व कर रही है मगर इसके अनुयायी एक वर्ग विशेष से नहीं बल्कि पूँजीपतियों से लेकर मज़दूर तक हैं और इसी प्रकार विरोधी भी पूँजीपतियों से लेकर मज़दूर तक हैं। ईरान में वास्तव में वर्गों की असमानता का ही युद्ध है मगर उस युद्ध पर विचारात्मक युद्ध इतना हावी हो गया है कि अब विचार को लेकर सत्ता की लड़ाई है। जीतेगा वही जो अधिक बलवान है सो कहना कि भविष्य में मुजाहिदीनों की सरकार आएगी या साम्यवादियों की या शाह का बेटा कहना बहुत मुश्किल है। युद्ध जारी है रणक्षेत्र एक नहीं अनेक हैं और वास्तविकता यही है कि वर्तमान सरकार जो इस्लामी गणतन्त्र है सत्ता में है और इस सत्ता के विरुद्ध बुनियादी मुद्दों को लेकर संघर्ष जारी है।

नई दुनिया (उर्दू), 1981

खण्ड : चार

चौथी यात्रा

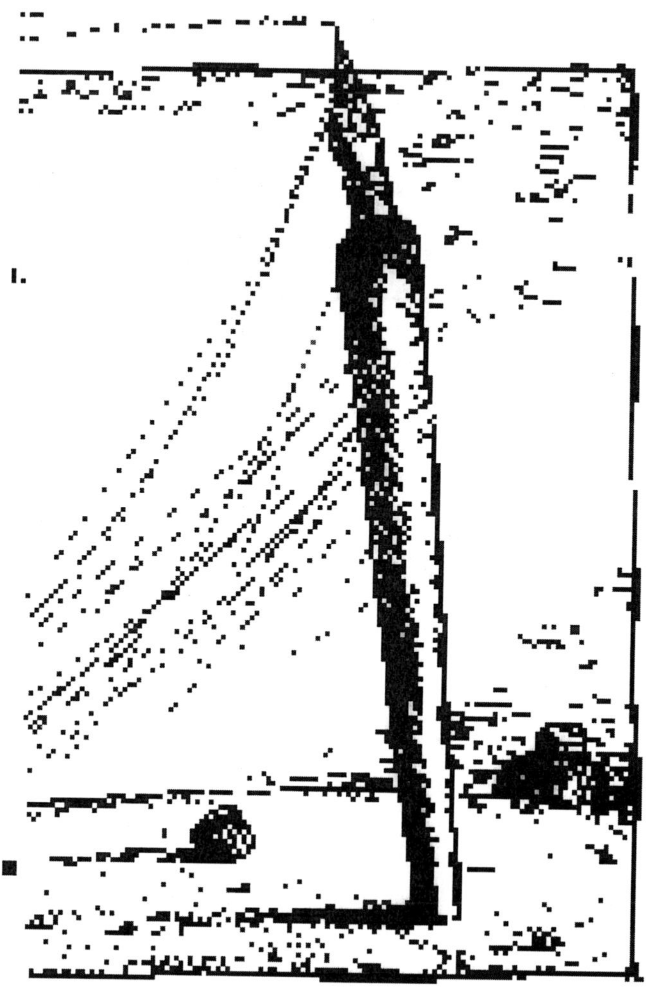

- ईरान जहाँ साहित्यकार होना अपराध है
- ख़ुमैनी का ईरान : लेखकों का क़ब्रिस्तान
- ईरान : बुद्धिजीवियों का मक़्तलगाह
- प्रतिशोध की अग्नि में सुलगता ईरान
- गिरह खोलने के लिए दाँतों का प्रयोग

ईरान : जहाँ साहित्यकार होना अपराध है

जब तोप मुक़ाबिल हो तो अख़बार निकालो! ...कि अराजक सरकारें प्रायः लेखकों पर कैसे-कैसे जुल्म ढाती हैं और दमन के ख़ौफ़नाक साये में पल-पल मौत की प्रतीक्षा करते लेखक किस तरह क़लम के दम पर तलवार से जा टकराते हैं! प्रस्तुत है ईरानी लेखकों के क्रियाकलाप, साहित्य और जीवन पर जानकारीपूर्ण टिप्पणियाँ :

ईरानी लेखक संघ का ख़त राष्ट्रपति के नाम

जनाब राष्ट्रपति! इतिहास के इस नाजुक और पुरख़तर मौक़े पर सेंसरशिप और घुटन का अज़दहा हम सबको निगल रहा है। लगता है, जैसे सरकार की सारी ताक़त छापेखाने को बन्द करने, किताबों को जलाने, मज़दूरों को बेकार करने, क्रान्तिकारी लेखकों पर दबाव डालने और उनकी स्वतन्त्रता छीनने में ही सर्फ़ हो रही है। राष्ट्रपति के चुनाव के बाद इस सिलसिले में आपको एक पत्र हमने लिखा था, जिसमें अपने विचार सेंसरशिप के बारे में, विचारों की राजनीतिक स्वतन्त्रता, वह भी संस्कृति को सामने रखते हुए, जनाब को पेश किए थे। ईरान के इंक़िलाब की मूल माँग यही थी। संविधान की धारा के मुताबिक़, सेंसरशिप और बोलने-लिखने की स्वतन्त्रता आपके हाथों में है। यह संस्था आपसे आज उसी हक़ की बात कर रही है। आपको तीन मास हो गए हैं पद सँभाले हुए। इन तीन मास में छापेख़ाने और सेंसरशिप की हालत बदतर हो गई है। अब तो आलम यह है कि यदि एक पंक्ति भी सरकार की पसन्द की नहीं हुई तो वे कुछ भी छापने से इन्कार कर देते हैं। इस्लामी अदालत के आदेश से छापेख़ाने बन्द पड़े हैं। ज़बानी तौर से प्रकाशकों और बुकसेलर्स को कह दिया जाता है कि सेंसर बोर्ड के पास होने पर ही किताब छपेगी। क्या यही शाही तरीक़ा पहले न था?

हम ईरानी लेखकों का दोष क्या है? देश की सेंसरशिप की घुटन दोबारा हमें अपनी लपेट में ले रही है और इस बार पहले से शदीदतर है। जनाब, वह सारी घुटन, सेंसरशिप, स्वतन्त्रता की कमी, बोलने-लिखने की मनाही आदि हमारी जो भी तक़लीफ़ें पहली हुक़ूमत में थीं, क्या वह उसी तरह अब भी हमारे ऊपर बनी रहेंगी? क्या हज़ारों बेगुनाह लोगों का ख़ून इसी दिन के लिए बहाया गया

था कि दोबारा हम उसी षड्यन्त्र के शिकार हो जाएँ? आपने तो राष्ट्रपति पद को सँभालने से पहले हमें आज़ादी का वचन दिया था और हर तरह की सेंसरशिप और घुटन के ख़िलाफ़ नारे लगाए थे। फिर कैसे इन सारी घटनाओं के साक्षी बने आप ख़ामोश हैं। वह घुटन, जो अपने काले डैनों से हमारे सिरों पर मँडरा रही है, उसके नाश के लिए आप कोई साहसिक क़दम क्यों नहीं उठा रहे हैं? राष्ट्रपति जी, हम छापेख़ाने को बन्द करने, उनके मज़दूरों को बेकार करने, फिर सेंसरशिप लगाने जैसी कार्यवाहियों की अपनी पूरी ताक़त से निन्दा करते हैं। इन बातों के साथ वे कहाँ पहुँचाना चाहते हैं? जनता की बढ़ती चेतना से अपनी घबराहट और ज़्यादती को छिपाना चाहते हैं या बेबुनियाद वायदों एवं जनता के साथ ईमानदारी का व्यवहार न करने से शर्मिन्दा होकर ऐसा कर रहे हैं?

हम अपने अडिग विश्वास और सहृदयता से आपको सावधान कर रहे हैं कि इन तरीक़ों से कोई भी अपने किसी उद्देश्य तक नहीं पहुँच सकता। ईरान की इंक़िलाबी और जागरूक जनता इस बात की इजाज़त कभी भी नहीं देगी कि स्वतन्त्रता के दुश्मन, उन्नत एवं स्वस्थ विचारों वाले देशवासियों की फ़िक्र और आकांक्षा को क़ब्रिस्तान में दफ़न कर डालें।

20 मार्च 1980 ईरानी लेखक संघ

तेल की धरती के लेखकों की जीवन गाथाएँ किसे पढ़ाएँ, किसे सुनाएँ?

ईरान में घुटन का एक दौर वह था, जब कबूतर, आसमान, आज़ादी, ख़ामोशी, लाले का फूल, बँधे हाथ, सिले होंठ का प्रयोग चाहे जिस सन्दर्भ में किया गया हो, मगर उसका अर्थ एक ही लगाया जाता था कि या तो यह सियासी उपमाएँ हैं या फिर शाह पर सीधा कटाक्ष। सेंसरबोर्ड के बिना पास किए किसी किताब का छपना ईरान में नामुमकिन था। सो, तेल की धरती पर साँस लेने वाले लेखकों एवं कवियों की साँसों का हिसाब उनके खाते में होता था और बुद्धिजीवी अपनी साँसें अपने वश में करके किताब छपवाते न थे। अगर छपवाते भी थे तो बहुत लुका-छिपाकर रखी जाती थी और विशेष हाथों तक ही सीमित रहती थी।

सेंसरबोर्ड के लोग अधिक पढ़े-लिखे न होते थे। सो कभी-कभी ऐसा भी होता था कि गूढ़ विषयों पर या कहानी-कविताओं में फैले प्रतीकात्मक शब्दों के मायाजाल में डूबकर मोती नहीं निकाल पाते थे। इन सारे तथ्यों को वह किसी मामूली प्रेमकथा में देखकर उस किताब को न छपने वाली फ़ेहरिस्त में डाल देते थे और जो गहरी आलोचनाओं और उपमाओं के ज़रिए शहनशाहियत के परखचे उड़ाती थी, उन्हें दर्शन समझकर छपने की इजाज़त दे देते थे। यह घपले में होता था, मगर ऐसी किताबों का पाठक एक वर्ग विशेष था, जो उसके छिपे अर्थ को

समझता था, मगर कभी-कभी ऐसा भी होता था कि यदि कोई जेल चला गया तो उसकी पुस्तक सेंसरबोर्ड छापना तो दूर देखेगा भी नहीं। बुद्धिजीवी वर्ग शाह के समय में अपनी पाण्डुलिपियों की सलीब सीने पर रखे जी रहा था।

शाहबानो मल्लिका फ़रहा का विशेष लगाव ललित कलाओं की तरफ़ था या वह आत्म-प्रदर्शन करना चाहती थी। वस्तुतः वह अच्छे और बड़े बुद्धिजीवियों को बड़े-बड़े लालच देकर दरबार एवं उसके जलसों में आमन्त्रित करती थीं, मगर आज जो क्रान्तिकारी लेखक और कवि हैं, उन्होंने उनको किसी भी तरह घास तक न डाली। जो चूक गए, वह दरबारी बन गए। शोहरत मिली, दौलत मिली, ज़िन्दगी की रंगीनी मिली, लेकिन लेखकों और कवियों की उस पंक्ति से, जो समाज के प्रति ईमानदार थी, वे अनजाने ही कटकर अलग हो गए और आज इंक़िलाब के बाद उन दरबारी बुद्धिजीवियों की हैसियत उस कटी पतंग की तरह, जो कहीं पर कटकर किसी भी छत पर अटक सकती है।

इंक़िलाब के बाद जब सेंसरशिप थोड़े दिनों के लिए हटी थी तो उस बीच ईरान का पिछले पचास वर्ष का बेहतरीन साहित्य खुलकर सामने आया और किताबों की उन दुकानों पर, जहाँ इक्का-दुक्का आदमी नज़र आते थे, भीड़ का समुद्र नज़र आने लगा। लोग किताबें यों ख़रीदते और पढ़ते हैं, जैसे बरसों के बाद किसी भूखे को ख़ाना मिला हो।

लेखकों एवं कवियों ने अपनी विचारधारा और ईरान को स्वतन्त्र कराने में जिन-जिन यातनाओं को झेला, उसके सामने उनकी कहानियाँ और कविताएँ फ़ीकी जान पड़ती हैं, क्योंकि स्वयं उनकी अपनी ज़िन्दगी किसी जीती-जागती महानकृति से कम नहीं है। इन शाहकारों में से चन्द का परिचय यहाँ दिया जा रहा है—

कितना अच्छा हो कि···कवयित्री आतफ़े गुर्मीन

खुसरू गोलसोर्ख़ी ऐसे कवि और पत्रकार थे जिन्होंने इस्लाम द्वारा मार्क्सवाद को पहचाना। पौरुष और वीरता में तमाम क्रान्तिकारी लेखकों को पीछे छोड़ गोलसोर्ख़ी ने यह साबित किया कि आम आदमी के लिए आप सिर्फ क़लम से ही नहीं लड़ सकते, समय पड़ने पर जान की बाज़ी भी लगा सकते हैं। उन्होंने शाही सरकार के सामने सिर नहीं झुकाया, बल्कि जनता के पक्ष में बोलते हुए फाँसी के फन्दे पर झूल गए।

गोलसोर्ख़ी की पत्नी आतफ़े गुर्मीन अच्छी कवयित्री और पत्रकार हैं। उन्होंने बताया, ''जब उन्हें फाँसी हुई, मैं जेल में थी। मैं उनसे मिलने गई तो उन्होंने कहा, ''कितना अच्छा हो कि आदमी कुछ देकर जाए। हमारी चिन्ता का केन्द्र पूरा मानव समाज है।'' आज मुझे गर्व है कि मैं कुछ कर रही हूँ। मार्क्सवादी विचारधारा के कारण यहाँ मैं बेकार हूँ, लेकिन मेरे लिए यह चिन्ता की बात नहीं। जहाँ सब

बेकार, वहाँ मैं भी। उनका विश्वास साम्यवाद में था, परन्तु वह किसी भी गुट किसी भी समुदाय में बँधे नहीं थे। उनका सम्पर्क केवल जनता से था। वह ग़रीब-दुःखी जनता के लिए सोचते थे, वही मेरा उद्देश्य है।''

आतफ़े गुर्मीन 'फ़स्ले दर गोलसोर्ख़ी' नामक डाइजेस्ट निकालती हैं, जिसमें साहित्यिक व राजनीतिक विषयों पर चर्चा होती है।

चोर, तस्कर और लेखक! : लेखक बुज़ुर्ग अलवी

फ़ारसी गद्य के सम्राट और अपने समय के प्रसिद्ध क्रान्तिकारी बुज़ुर्ग अलवी की क़लम इतनी पैनी है कि उनका लिखा पढ़कर आदमी का कलेजा ख़ून तो नहीं होगा, मगर ऐसी मीठी-मीठी तड़पन का अहसास होगा, जैसे किसी ने बड़े-बड़े नाख़ूनों से आदमी के सारे वजूद को नोच डाला हो। ख़राश से ख़ून तो नहीं निकला, मगर अपनी तमाम सोजिश के साथ छलक ज़रूर गया। जवानी शाही जेल में कटी। देश निकाला मिला तो विदेशों में दर-दर की ठोकरें खाते रहे। भेंट होने पर उन्होंने बताया कि जेल में शुगर क्यूब के रैपर्स, सिगरेटों की पन्नी व मिठाइयों के लिफ़ाफ़े हमारे राइटिंग पैड हुआ करते थे। जेल में लेखन उस समय बहुत बड़ा जुर्म हुआ करता था। मोहम्मद फ़ारुख़ी यज़दी केवल शेर लिखने के जुर्म में शहीद हुआ। वहाँ आए क़ैदी से एक ही प्रश्न पूछा जाता, ''क्यों भाई, क्या गुल खिलाया था।''

''कुछ नहीं बिरादर, मैं तो मस्जिद में नमाज़ पढ़ रहा था। आए और यहाँ कर गए।'' वे गम्भीर होकर कहते, मगर धीरे-धीरे खुल जाते तो बताते, ''कुछ नहीं, मज़बूरी थी। सौ तुमान चुराए। मुझे क्या पता था कि अस्सी तुमान दारोग़ा को देनी चाहिए थी। सो, भुगत रहा हूँ।'' उसके इस अन्दाज़ से खाने के इन्चार्ज और शातिर बदमाश कहते, ''सौ तुमान की चोरी छिछोरापन है। मैंने तो सरकारी दफ़्तर से चालीस हज़ार का माल उड़ाया है।''

ख़ैर, दुःख की बात यह थी कि क़ैदियों में भेदभाव बरता जाता। सरकारी चोर की अच्छी आवभगत होती। इसके बाद स्मगलर आराम से सोते। ख़राब आदमी तो सिर्फ़ सियासी क़ैदी को समझा जाता। क़त्ल के आरोप में गुलाम हुसैन तीन वर्ष की सजा पाता है। लेकिन सियासी क़ैदी होने के कारण मुझे सात वर्ष की सज़ा मिली, वह भी बामशक़्क़त।

बेचना मना, पढ़ना भी मना! : कवि शफ़ी कदकनी

अभिव्यक्ति पर लगी पाबन्दी के कारण जनता में व्याप्त घुटन का जितना अच्छा चित्रण शफ़ी कदकनी की रचनाओं में मिलता है शामलू को छोड़कर अन्यत्र किसी अन्य कवि के साहित्य में नहीं मिलता। शफ़ी पहले मौलवी थे, फिर अध्यापक हुए और बाद में इंक़िलाबी। उनसे भेंट होने पर लगा कि चेहरे से थकान और

आँखों से निराशा टपक रही है। दुबले-पतले तन और छोटे क़द के इस सीधे-सादे शायर ने बताया कि क्रान्ति के बाद साहित्य में कोई ख़ास इज़ाफ़ा नहीं हुआ। गद्य में पत्रकारिता बढ़ी है, जिसकी धुरी इस्लाम या शाश्वत वचन हैं। जो छप रहा है, वह यही है और जो छप नहीं रहा, लिखकर छिपाया जा रहा है। वह छपेगा तो बहुत अच्छा साहित्य निकलकर सामने आएगा। शफ़ी कदकनी उन लेखकों में से हैं, जिनकी पुस्तकों को शाह के समय में बेचना तो दूर, पढ़ना भी मना था।

क्या-क्या मत करो : नाटककार गौहर मुराद

दीवार पर लगी लोक चित्रकार सीता देवी द्वारा बनी मधुबनी, रविशंकर और बिस्मिल्ला खाँ के बजते रिकार्ड—गौहर मुराद के घर देखकर लगा कि लम्बी यातनाओं के सफ़र के बाद भी गौहर के अन्दर का लेखक मरा नहीं है। वह अपने आसपास ही नहीं, दूर देशों की कला और जीवन को समझने की नज़र रखते हैं। उनके नाटक 'परवारबन्दान' को देखकर मन में एक चित्र बना था—जेल की यातनाओं से अधमरे, दुबले-पतले, थके-हारे एक बूढ़े लेखक का, किन्तु देखा तो इसके विपरीत पाया—सेहतमन्द, प्रसन्नचित्त और हँसमुख आदमी, जिसके चेहरे पर ज़ख़्मों के तमाम निशान, बदन पर सलाख़ों और चाबुकों के न जाने कितने घाव। ईरान और इंक़िलाब की बात पर बोले, "ईरान की संस्कृति को कुछ तोड़-मरोड़ रहे हैं। ललित कलाओं को जड़ से उखाड़ फेंकना चाहते हैं।"

गौहर मुराद न सिर्फ़ सफल नाटककार, बल्कि सफल कथाकार भी हैं। क़रीब एक दर्जन किताबें छपी हैं। लेखन में चुभन और कटाक्ष है। कलम की प्रखरता के कारण बरसों शाही जेल में रहे, पर सरकार की आलोचना से कभी बाज़ न आए।

तलवों पर चमड़े का ज़ुल्म : लेखक नसीम ख़ाकसार

नसीम ख़ाकसार एक अच्छे कथाकार हैं। डेढ़ वर्ष बाद हाल ही में जेल से छूटे हैं। छः वर्ष शाही शासन में भी जेल में गुज़ारे, सो उनकी कहानियों में दबा-दबा सा आक्रोश है, दर्द है और दुःख उठाने का सन्ताप। धरती से जुड़े ईरानी आम जनता की अभिव्यक्ति इनकी कहानियों में विशेष रूप से है। मार्क्सवाद का अध्ययन इन्होंने बचपन से ही प्रारम्भ कर दिया था। इण्टर पास कर गाँव में मास्टर हुए और बच्चों के लेखक समद बहरंगी से पत्र-व्यवहार के बाद इंक़िलाबी हो गए। भेंट होने पर नसीम ने बताया, "कौन-सा ज़ुल्म है, जो जेल में हम पर ढाया न गया। मार खाने के बाद चलना लगभग नामुमकिन हो जाता। वे पहले बहलाते-फुसलाते और फिर पीड़ित करते। झूठी बातें करके वे सच उगलवाना चाहते थे। न बोलने पर चमड़े की बेल्ट होती और हमारे तलवे।"

दूसरे लेखकों की तरह मार्क्सवादी होने के कारण नसीम ख़ाकसार को भी

नौकरी से निकाल दिया गया है। दो छोटे बच्चों के पिता और कई किताबों के लेखक नसीम कल की आशा में किसी तरह ज़िन्दगी की गाड़ी खींच रहे हैं।

इंक़िलाब के बाद का ड्रामा : सईद सोल्तानपोर

अपनी पैनी दृष्टि से क़लम के ज़रिए लोगों के मुखौटे उतारने और खाल उधेड़ने में माहिर सईद सोल्तानपोर न सिर्फ़ सफ़ल नाटककार, बल्कि संवेदनशील कवि भी हैं। सैकड़ों गुटों में बँटे मार्क्सवादियों के हर गुट में समान रूप से लोकप्रिय।

अधपके बाल, पतला-कमज़ोर बदन, घनी मूँछें और ओज से भरा साँवला चेहरा, जिस पर छोटी, मगर तेज़-चमकीली आँखों और मासूम हँसी यही है सईद सोल्तानपोर, जो इस्लामी गणतन्त्र में अपनी चौकड़ी भूल चुके हैं। पूछने पर बताते हैं, ''इंक़िलाब के बाद सेंसरशिप ख़त्म हुई, हमें आज़ादी मिली, जिसको हमने अच्छी तरह से इस्तेमाल भी किया। बाज़ार अच्छी किताबों से पट गए। इसी समय मैंने ईरान की वर्तमान राजनीति पर एक ड्रामा लिखा, जिसके एक पात्र (बस ड्राइवर) की शक्ल खुमैनी से हूबहू मिलती है। इसे देखने के लिए पढ़े-लिखे लोगों की भीड़ बढ़ी, लेकिन दूसरे ही शो में मुझ पर क़ातिलाना हमला हुआ। किसी तरह से यूनिवर्सिटी पहुँच गया तो प्राण बच गए अन्यथा...''

16-31 मई, **सारिका,** 1981, **ईरानी क्रान्ति विशेषांक**

ख़ुमैनी का ईरान : लेखकों का क़ब्रिस्तान

चन्द दिन ईरान में गुज़ार कर महसूस हुआ कि वर्तमान सरकार (लिबरल इस्लामी समुदाय नहीं बल्कि कट्टर रूढ़िवादी) के सर पर एक जुनून सवार है कि जो भी सुन्दर है, स्वतन्त्र है, सचेत है, उसे अपनी सत्ता की तलवार से मौत के घाट उतारना है। सो किसी न किसी बात को लेकर या तो फाँसी की सज़ा मिलती है या गोली से भून दिया जाता है, या बम आदि से उड़ा दिया जाता है। पूरे ईरान में कोई भी इन्सान यह विश्वास ले कर घर से नहीं निकलता है कि वह सही व सालिम घर लौट आएगा। एक साहब ने बड़े सरल भाव से बताया कि "जब मैं घर से निकला हूँ, तो पूर्ण रूप से ख़ुदाहाफ़िज़ करके निकलता हूँ, जब घर लौटता हूँ तो पत्नी का यह पहला वाक्य होता है, स्वागत! नयी ज़िन्दगी देने के लिए ख़ुदा का लाख-लाख शुक्र! हो सकता है बाहर बैठी मेरी सेक्रेटरी मुजाहिदीन हो और वह कल मुझ हिज़बउल्लाही को इसी कमरे में ख़त्म कर दे।"

आज ईरान में केवल साम्यवादी मुजाहिदीन ही घृणा के पात्र नहीं हैं, बल्कि वे सारे लोग आलोचना के पात्र हैं जो इमाम पर पूर्ण विश्वास नहीं रखते हैं। ऐसे लोग अपने विश्वास और आचरण में इस्लामी उसूलों और आदेशों का कितना भी पालन क्यों न करते हों, पर अगर वे ईरान के मौजूदा शासकों के पूर्णतया आज्ञाकारी नहीं हैं तो वे इंक़िलाब के शत्रु हैं। ईरान में जगह-जगह लिखा है—पार्टी केवल हिज़बउल्लाही। इसी बात को लेकर इस पार्टी के लोग इस्लाम के प्रचार के लिए संसार भर में फैल गए हैं। उनके लिए देशों की सीमा रेखाएँ महत्त्वपूर्ण नहीं हैं। मगर दुःख की बात यह है कि पिछले तीन वर्षों में अपने देशवासियों के लिए उनके विचारों के दायरे तंग होते गए और आज ईरान में यह हालत है कि उन सारे समुदायों के बीच जो शाह के समय में गुप्त रूप से लड़े थे, जिन्होंने क़ुर्बानियाँ दी थीं, इस उग्रता के कारण एक विचित्र शत्रुता, रूढ़िवादिता व द्वेष की दीवारें उठ खड़ी हुई हैं। भाई, भाई को नहीं देखना चाहता है। शाह ने कहा था, "मैं अपने देश को व देशवासियों को पहचानता हूँ। मेरे जाते ही ईरान टुकड़ों में बदल जाएगा और हो सकता है रूस की कृपा से उज़बेकिस्तान-ताजिक़िस्तान की तरह उसका

एक नया भाग ईरानिस्तान के नाम से सोवियत संघ में सम्मिलित हो जाए।" शाह की यह बात मौजूदा सरकार के काम आ रही है। वे सारे समुदाय, जो साम्यवादी हो कर भी अपनी धरती से जुड़े हैं, मार खा रहे हैं। मगर खुले आम रूस का समर्थन करने वाली तोदे पार्टी की ओर सरकार का व्यवहार सख़्त नहीं है। भले ही उसके समर्थकों का ख़ास आदर न हो, मगर उच्च पदों पर वे ही लोग आसीन हैं। उनका काम सरकार की आलोचना करना नहीं है, क्योंकि यह सरकार तो अमेरिका के विरुद्ध है। सोवियत संघ इसी से प्रसन्न है, इसीलिए वह भी इस इंक़िलाब का समर्थक है और तोदेह पार्टी भी इस इस्लामी गणतन्त्र को जमने में सहायता कर रही है।

शाह को साहित्य व ललित कला से प्रेम था। संगीत व सौंदर्य का वह रसिया था। आर्य होना उसका गौरव था। इसी दम्भ के नशे में उम्र भर डूबा रहा, जिसका फल यह हुआ कि एक विशेष वर्ग में ये सारी चीजें ख़ूब पनपीं। अब वही कुण्ठा, वही घृणा, जो अन्य वर्गों में उस समय व्याप्त थी, दूसरे रूप में ईरान के सांस्कृतिक व सामाजिक पहलू को नष्ट कर रही है। जिसमें शाह की बू है उसे जड़ से उखाड़ दो। सो बड़े आराम से एक व्यक्ति के नाम पर एक क़ौम को वर्षों के साहित्य, संस्कृति और कला को बेदर्दी से बर्बाद किया जा रहा है। अच्छे-अच्छे चित्रकारों के चित्र जलाए गए, प्रसिद्ध गायक या तो भाग गए या फिर उन्हें गोली से उड़ा दिया गया। अब कलाकारों का काम पत्थर से मूर्ति बनाना या फूल बनाना नहीं रह गया है। बल्कि अब केवल आवश्यकता है क़ब्रों के पत्थरों पर मुर्दों के नाम व जन्म व मृत्यु तिथि खोदना व लिखना। गीत संगीत के कैसेट वर्ष भर पहले ही बाज़ार से ग़ायब हो गए थे। उन्हें सुनने वाले को कड़ी सज़ा थी, क्योंकि इस्लाम धर्म में नाच-गाना, कविता कहना आदि निषिद्ध है।

पूरे ईरान में नेताओं और ख़ुमैनी की इतनी तस्वीरें हैं जितनी शाह ने अपनी सारी उम्र नहीं छपवाई होंगी। आज प्रचार पर बेरहमी से धन बर्बाद किया जा रहा है। जब कि इस धन की इस क़ौम को बहुत ज़रूरत है। ऐसा महसूस होता है कि आज धर्म का विश्लेषण भी एक विशेष वर्ग के लिए कुछ और जनता के लिए कुछ और है। मन्त्रालयों, दफ़्तरों, रेडियो, टी. वी. से वे सारे हसीन चेहरे और दिमाग़ हटा दिए गए, क्योंकि वे ताग़ूती (शैतान) थे। आज ईरान में दक्ष लोगों को ही नहीं, बल्कि जिनका इमान 'इमाम' पर है, उन्हीं को नौकरी में रखा जाता है। ईरानी सरकार के ज़रिए दी जा रही ख़बरें इतनी अविश्वसनीय हो गई हैं कि लगभग साठ प्रतिशत लोग विदेशी रेडियो को सुन कर ईरान के बारे में सही जानकारी हासिल करते हैं।

लड़कियों और औरतें सर से पैर तक चादरों से अपने को न ढकें तो उन्हें भ्रष्टाचार फैलाने के आरोप में नौकरी से बर्ख़ास्त कर दिया जाता है। महँगाई और

बेकारी से ग्रस्त ईरानी आज भय व आतंक से बदहवास रहते हैं। उनके लिए रोटी एक हक़ीक़त है। सपना नहीं। सो मुँह आँखें बन्द करके काम करते रहते हैं। यहाँ सबसे बुरा हाल बुद्धिजीवियों का है, चाहे वे लेखक हों या कवि या विचारक व किसी विशेष विचारधारा पर लेख लिखने वाले प्रसिद्ध शोधकर्त्ता, आज उनकी पाण्डुलिपियाँ उनकी सनदें जली दी गई हैं। क्योंकि उसमें सत्य के साथ प्रगतिशीलता व नास्तिकता की गन्ध भरी हुई थी।

आज ईरान में अगर देखने को कुछ है तो वे हैं नेताओं की रंग-बिरंगी तस्वीरें और पढ़ने को जो कुछ है वे हैं नारे और इमाम के कथन। लगता है पूरे ईरान की दीवारें पुस्तक बन गई हैं। और पुस्तकें मरघट पर जली अपनी चिताओं की राख। यही है वर्तमान ईरान, जहाँ पर क़लम और विचार की स्वतन्त्रा को लेकर इंक़िलाब उभरा था, जिसमें धीरे-धीरे आर्थिक, राजनीतिक, सामाजिक, धार्मिक कारण मिलते गए और फिर सारे वर्ग मिल कर शाह के खूँख़ार साम्राज्य की नींव हिलाने में कामयाब हुए थे। मगर आज क़लम और विचार उसी तरह जंज़ीरों में बँधे क़ैद हैं, दूसरे कारण वैसे ही प्रश्न बने हुए हैं और व्यक्तिगत जीवन पर अलग पहरे लग गए हैं।

शाह और इमाम के दौर की स्वतन्त्रता में केवल इतना फ़र्क़ है कि पहले शाह-विरोधी नारे बाथरूम में महीन-महीन अक्षरों में लिखे जाते थे, अब दीवारों पर सरकार-विरोधी नारे बड़े-बड़े अक्षरों में लिखे जाते हैं मगर खुल कर कहने, लिखने, छापने की कोई स्वतन्त्रता नहीं है। किसी ने कहा, ''इमाम ने पेरिस से कहा था कि ईरान में जेल नाम की कोई चीज़ वजूद नहीं रखेगी, मगर देखिए, केवल अठारह हज़ार जवान नौजवान राजनीतिक क़ैदी हैं, अन्य क़ैदी जो भ्रष्टाचार के आरोप में पकड़े गए हैं, उन्हें मिलाकर पैंतालिस हज़ार हैं। जवान लड़के-लड़कियाँ, जिनमें गर्भवती स्त्रियाँ भी थीं आठ हज़ार के लगभग मार दी गईं। (इस्लाम धर्म में गर्भवती स्त्रियों को दण्ड नहीं दिया जाता है) यह तो गिनती है, जिसमें नाम दिए गए हैं, वास्तव में कितने मरे हैं, ज्ञात नहीं। उनकी क़ब्रों का कुछ पता नहीं। सीधे एक साथ एक गहरे गड्ढे में गाड़ दिए जाते हैं। अब तो मार कर नाम भी नहीं बताते हैं पहले बता कर आतंक फैलाया था। जब संसार में बदनामी हुई तो जेल में अब शिक्षा के नाम पर प्रचार करते हैं कि वह सबको क्षमा कर रहे हैं। टी. वी. पर जेल में प्रोग्राम दिखाते हैं, सब झूठ सब झूठ। हमसे झूठ बोला जाता है। हमसे धोखा किया गया, क्या-क्या अरमान थे हमारे दिल में, कि इमाम पेरिस से आएँगे तब इस धरती पर कोई दुःखी, कोई बेचारा, कोई बेकार न होगा। पहले बेकारी बीस प्रतिशत थी, उस तेल की आमदनी के समय में, अब तीस प्रतिशत हो गई है। हर बात का उत्तर है, 'ईरान-इराक़' का युद्ध।''

दूसरी महिला ने कहा, ''इस युद्ध में रोज़ कितने शहीद हो रहे हैं, इसका

अन्दाज़ा इसी बात से लग जाता है। कल ही तीन हज़ार लाशें आई हैं, सारे-के-सारे नौजवान। हमने तो हर दौर में धोखा खाया। जो आया, उसने हमें भेड़ समझा। जैसा चाहा, हाँका। जनता तो बस जानवर है, खाना दे दो। मगर, अब कुछ दिन बाद हमें 'चारा' भी नहीं मिलेगा।'' मुझे पूरे ईरान में केवल प्रश्न-ही-प्रश्न उभरे नज़र आ रहे थे। सचमुच क्या होगा ईरान का?

लेखक संघ को नष्ट कर देने के बाद सईद सोल्तानपोर के अपहरण के साथ और अन्य लेखकों का भी अपहरण शुरू हो गया। किताबें छपनी पहले ही बन्द हो गई थीं। समाचार छापने की स्वतन्त्रता भी समाप्त हो गई। प्रकाशक बिना सरकार के आज्ञापत्र के कोई भी पाण्डुलिपि नहीं स्वीकार कर सकता। लोग लिख-लिख कर इस आशा से एक-दूसरे को सुनाते कि कभी तो इस संघर्ष का अन्त होगा।

सरकार को इससे ही सन्तोष नहीं हुआ। उसने शाह के शासनकाल में दस वर्ष जेल में रह चुके मुजाहिदीन रेज़ा सआदती को रूस का जासूस क़रार दे कर दोबारा जेल में डाल दिया। हंगामा तो तब हुआ, जब रेज़ा सआदती को मृत्युदण्ड देने की घोषणा की गई। मुजाहिदीन गुस्से से पागल हो गए। उन्होंने एक सौ तीन संसद सदस्यों को बम से उड़ाने का निश्चय किया और उनके पहले शिकार हुए इस्लामी पार्टी के अध्यक्ष डॉ. बेहिश्ती। मुजाहिदीन ने ख़ुमैनी की कुर्सी के नीचे बम रख कर उन्हें चेतावनी दी—हम यह भी कर सकते हैं। मगर नहीं चाहते हैं कि इमाम अभी मरे। हमें उससे इतनी घृणा है कि हम चाहते हैं कि वह अपना अन्त देख कर अपनी मौत मरे। ताकि उसको 'शहीद' की उपाधि कोई न दे पाए।

जेलर आयतुल्लाह ग़िलानी ने सईद सोल्तानपोर को बुलाया। उन पर तस्करी का आरोप था। जिसकी सज़ा मौत तो नहीं हो सकती थी, सो प्रश्न पूछा, ''आपका इस्लामी गणतन्त्र राज्य के बारे में क्या ख़्याल है?''

सईद का बड़ा छोटा सा उत्तर था, ''फासिस्ट।''

वापस ले जाने का हुक्म मिला। सईद को गुमान भी न था कि इतनी जल्दी इस विचार का जवाब मिल जाएगा। और वह भी मौत के रूप में। इसलिए न किसी के नाम वसीयत लिखी और न ही किसी के लिए पैग़ाम दिया। असलियत का पता तो तब चला जब दोबारा बुलाए जाने पर जोखो के सामने खड़े उन्होंने अपनी चारों ओर बन्दूक़ें तनी हुई देखीं। वे खुद चल कर सामने खड़े हो गए और बाक़ी विचारों को, जो वह उस दिन पूर्ण रूप से प्रकट नहीं कर पाए थे, लगातार उगलते गए। पर उनकी आवाज़ को गोली की मामूली सी आवाज़ ने शांत कर दिया। इस ख़बर ने सारे ईरान को हिला दिया। संघर्ष दोगुने वेग से आगे बढ़ा। उसे सँभालना कठिन था। संसार के सारे समाचार पत्रों व बुद्धिजीवियों ने खुलकर इस्लामी सरकार की निन्दा की। इससे हिज़्बउल्लाहियों का क्रोध और भड़का। उन्होंने सईद की क़ब्र को खोदा और उसे वहाँ से निकालकर एक अन्य अनजानी

जगह पर गाड़ दिया। लेकिन और हज़ारों साम्यवादियों की क़ब्रों का क्या किया जाए। उन्होंने उनकी क़ब्र के पत्थर या तो हटा दिए या फिर उन्हें तोड़ दिया।

किसी लेखक ने मुझसे कहा कि हमारे सीनों पर बहुत घाव हैं। पहला घाव समद बेहरंगी का था, जो आज तक ताज़ा है। उसके बाद बहरोज़ दहग़ानी व अन्य कई लेखकों व कवियों के ज़ख़्म लगे, मगर वह ज़ख़्म समद के घाव को हर बार हरा कर देते हैं। समद केवल शाह की पुलिस सावक के द्वारा समुद्र में डुबो कर इसलिए मारे गए थे कि उन्होंने झोंपड़पट्टी के बालकों को अपनी कहानियों का पात्र बनाया था। अपने प्रकाशकों से उनका निवेदन होता था कि वे किताबें सादी छापें व दाम सस्ता रखें—लगभग दो रुपये से किसी हालत में अधिक न रखें। वे गाँव में अध्यापक थे। अपनी किताबों का थैला कन्धे पर रख गाँव-गाँव जाकर किताब बच्चों को देते थे। चूँकि तेहरान में थे, इसलिए पढ़ाने स्लम में जाते थे, पैसे की रेल-पेल में वे कच्चे मकानों में शिक्षा का संचार करना चाहते थे। उन्होंने सन् चौहत्तर में एक कविता लिखी थी 'जेल के गीत' शाह की सरकार ने उन्हें बदले में दो-तीन वर्ष की क़ैद। इक्कीस दिन तक टूटा पैर लिए नीम बेहोश से यातनाएँ झेलते रहे थे। सन् 1961 में अध्यापकों की हड़ताल के समर्थन में संसद के सामने एक जुलूस निकालने के आरोप में इनके मित्र डॉ. ख़ानलरी मारे गए थे। अपने मित्र की शहादत के बाद स्कूल-स्कूल जाकर भाषण देते रहे। उनकी शहादत से जहाँ पर विदेशी बुद्धिजीवियों को सदमा पहुँचा, वहीं पर ईरान में सईद के नाटक 'अब्बास आगा' के कई पात्रों को, जो मामूल मजदूर थे, हार्ट अटैक हुआ। वे हफ़्तों अस्पताल में रहे।

अब हसन हस्साम तीसरा महत्त्वपूर्ण इंक़िलाबी लेखक कवि जेल में है, सईद की मौत के बाद हसन हस्साम को भी जेलर ने बुला कर पूछा था कि आपका विचार, आपका सम्बन्ध, किस तरफ़ है? उन्होंने कुछ भी जवाब देने से इन्कार कर दिया, सो 'उम्र-क़ैद' हो गई है। हुमा नातिक़ (लेखिका) और बाक़र परहाम (लेखक) का नाम रोज़ ईरान में गूँज रहा है कि वे मारे गए हैं। पर असलियत क्या है, कुछ पता नहीं, क्योंकि सरकार इस बात का खण्डन करती है। वैसे लेखक संघ से एक सौ दस लोगों को मृत्युदण्ड मिला है। काग़ज़ हस्ताक्षर के लिए इमाम के पास भेजा गया है।

आतफ़े गुर्मीन अपने पुत्र के साथ न जाने कहाँ छुपी हैं? उनके पति प्रसिद्ध कवि, लेखक क्रान्तिकारी गोलसोर्ख़ी ने शाह की सरकार से क्षमा याचना नहीं की थी, बल्कि कहा था मेरा ख़ून एक दिन सफ़ाई देगा। उनका नाम शाह को बदनाम करने के लिए ख़ूब उछाला गया था। उनके नाम के पार्क बने, सड़कें बनीं, मगर अब उनकी क़ब्र भी मिटाई जा रही है। किसी ने आलोचना करते हुए कहा कि कल तक तो ये सब इंक़िलाबी थे और आज…? उत्तर मिला, "ज़रूरी नहीं है कि

एक इंक़िलाबी जीवन भर इंक़िलाबी रहे। कल तक यह इंक़िलाबी था, मगर आज ग़द्दार है।''

प्रसिद्ध कवि शामलू के सर की बाज़ी लगी है। उनका सब कुछ फूँक दिया गया। पत्नी के साथ इस घर से उस घर में छुपते वे क़ैदियों से भी बदतर ज़िन्दगी गुज़ार रहे हैं। अब तो शाह का दौर है नहीं कि जिसे ईरान या वर्तमान सरकार न पसन्द हो, वह विदेश चला जाए। अब तो सीधी परलोक यात्रा पर जाना पड़ता है।

शामलू ने 'किताब-ए-हफ़्ता' के बाद किताब-ए-जुमा के नाम से छत्तीस साहित्यिक डाइजेस्ट निकाले थे। गौहर मुराद के साथ (ईरान शहर) अख़बार निकाला। गौहर मुराद व शामलू लन्दन से ईरान लौटे। मगर फिर गौहर मुराद को लौटना पड़ा। शामलू भूमिगत हैं। दो वर्ष पहले कवि रिज़वान का देहान्त सन्देहपूर्ण स्थिति में हुआ था। अली कूचयानी का अपहरण हुआ। नसीम ख़ाकसार लेखक शाह के दौरे से जेल में थे फिर क्रान्ति के आरम्भ में पकड़े गए।

मर्ज़ियाह उस्कोई अध्यापिका, कवयित्री, लेखिका, मार्क्सवादी गुरिल्ला ने कहा था कि मैं कुछ भी नहीं हूँ। मेरी ज़िन्दगी वास्तव में एक बढ़िया कहानी लिखेगी, उसकी बात सच साबित हुई। मर्ज़ियाह ने जी भर कर लिखा ही नहीं था, स्वतन्त्रता के लिए जी भर कर लड़ी भी थी, इसी लड़ाई में विश्वविद्यालय के सामने मारी गई। आज मर्ज़ियाह की तरह बहुत-सी लेखिकाएँ हैं, जो समझती हैं, जो लिखो, वही करो, जो ख़ुद को, अपने विचारों को अपने देशवासियों के लिए बलिदान कर चुकी हैं।

इतना अनादर, इतनी घृणा, इतनी वेदना और यातनाएँ ईरानी लेखक व बुद्धिजीवियों ने कभी भी नहीं सही हैं। यहाँ तक कि विदेशी सत्ता में भी नहीं। आज वहाँ का शिक्षित वर्ग सबसे दुःखी वर्ग है। विश्वविद्यालय बन्द है, नई नस्ल क्या करे, उसके सामने दो तरीक़े हैं, वह या तो युद्ध में मारी जाए या मुजाहिदीनों व साम्यवादी गुरिल्ला व पासदारों की आपसी मुठभेड़ में मारी जाए। जो ईरानी जवान पढ़ाई के नाम पर बाहर हैं उनकी भी दुर्दशा है। समय पर पैसा नहीं आता। यदि उनके विचार राजनीतिक हैं और सरकार के विरोधी, तो उनको वापस ईरान भी भेजा जा सकता है और दूतावास उनकी स्कॉलरशिप भी बन्द कर सकता है। जब दूतावास किसी का नाम भेजेगा या किसी की वापसी तय करेगा, तो यह निश्चित ही है कि वह जेल में ठूँस दिया जाएगा। यह भी हो सकता है कि उसे गोली से उड़ा दिया जाए। दो मास पहले उस्मानिया यूनिवर्सिटी से जाने वाले लड़के तेहरान एयरपोर्ट पर पकड़ लिए गए और दो को गोली से उड़ा दिया गया। यह बात विरोधी दलवालों को पता है तो भी वे लड़ने से बाज़ नहीं आते हैं। ईरान के हर घर में या कोई जेल में है या युद्ध में मारा गया है या गोली से उड़ाया व फाँसी पर चढ़ाया

गया है।

जवानों व नौजवानों को डराने व जनता में आतंक फैलाने के लिए हबीबुल्लाह इस्लामी को, जो मुजाहिदीन था, बारह अक्तूबर को ऐविन जेल में सबके सामने फाँसी पर लटकाया गया। देखने वाले ख़ामोश बैठे थे। किरमान शहर की एक सड़क पर दो भाई हमीद व हामिद फाँसी पर लटकाए गए। ताकि जनता को इससे सीख मिले। हर शहर में तीस-पैंतीस जवान लड़के-लड़कियों की लाशों का ढेर सड़क के किनारे मौजूद था। उनके पुकारने पर भी कोई घरों से न निकला। एक ओर मुजाहिदीन मारे जाते, दूसरी तरफ़ पासदार भूने जाते, पासदारों को अस्पताल पहुँचाया जाता उनकी लाशों को गार्ड ऑफ ऑनर दिया जाता, मगर इनकी लाशें, ज़ख़्मी बदन, दम तोड़ते कई घंटों तक यूँ ही पड़े रहते, फिर कहीं पर मुजाहिदीनों को गड्ढा खोद कर उन्हें एक साथ दफ़न कर दिया जाता।

तलाशी की आम रस्म हर मन्त्रालय व हर दफ़्तर में चल पड़ी है। जबसे लड़के-लड़कियों ने जम कर वैचारिक युद्ध आरम्भ कर दिया है, उस दिन से स्कूलों, कॉलेजों व नर्सरी में भी तलाशी शुरू हो गई है। अध्यापकों को शिक्षामन्त्री का आदेश है कि हिज़बउल्लाही के अतिरिक्त किसी विद्यार्थी का नाम रजिस्टर में नहीं हो। जो पकड़े जाते हैं, वे ख़त्म कर दिए जाते हैं। हर स्कूल-कॉलेज से दस-बीस तक लड़के-लड़कियाँ मारे गए हैं। वास्तव में अब किसी की हिम्मत भी नहीं है कि वह कह सके कि वह हिज़बउल्लाही नहीं है। हर स्कूल-कॉलेज ने अपनी कमेटी बना रखी है, जो जासूसी भी करती है, नर्सरी में इससे भी वहशतनाक तरीक़ा अपनाया गया है। अध्यापक पूछते हैं कि कल रात जब इमाम खुमैनी ने टी. वी. पर भाषण दिया तो तुम्हारे माँ-बाप ने क्या कहा था? अकसर बच्चे कह जाते, कुत्ता कहा था या जल्लाद या थूका था, बस इतनी ख़बर काफ़ी है। दूसरे दिन बाप या माँ जिसने भी ऐसा कहा था, जेल में होता है।

इस गृहयुद्ध ने जब भीषण रूप धर लिया तो घर-घर तलाशी लिए जाने का ऐलान हुआ। इस तलाशी के ख़ौफ़ में बिना सोचे-समझे लोगों ने छिप-छिप कर किताबें जलायीं, बेहतरीन पाण्डुलिपियाँ, जो शाह के समय छप नहीं पाई थीं, इंक़िलाब के बाद छपी थीं, अब सदा के लिए दोबारा जल कर राख हो गईं। सरकार ने किताबों की दुकानों व अन्य स्थानों से लगभग दो करोड़ किताबों को लुगदी में बदल दिया था। एक लाइब्रेरियन से मुलाक़ात हुई कहने लगे, "साहित्य के नादिर नमूने, जो क़ौम की धरोहर थे, जला दिए गए। मैं कहता रहा कि हर पुस्तक पर लाख-लाख रुपये का ख़र्च आया था, इन्हें मत जलाइए। केवल उन ऊपरी तीन-चार पन्नों को, जिन पर शाह उसके कुटुम्ब के चित्र व शाही मोहर है, फाड़ डालिए, मगर मेरी किसी ने नहीं सुनी, बल्कि, मुझे इंक़िलाब के शत्रु की उपाधि देकर नौकरी से निकाल दिया है। यहाँ तो विदेशी आक्रमण हुआ है। इन्हें हम

कब जानते थे, जो आज हमारे ऊपर हुक़ूमत कर रहे हैं। यह तो विदेशी सरकार है, जो चुन-चुन कर ईरानियों को हर रूप में बर्बाद कर रही है।''

पूरे ईरान में केवल दो प्रकार की किताबें नज़र आती हैं धार्मिक व ऐतिहासिक। दूसरी प्रकार की किताबों में वही लेखक आते हैं जो इस सरकार के समर्थक हैं। इसमें अधिकतर तोदे पार्टी के लेखक आते हैं। उनको पूर्ण स्वतन्त्रता है, बल्कि उन्होंने मुजाहिदीनों के घर के पते बताने में सरकार की बड़ी सहायता की है। उनका कहना है कि ये साम्यवादी गुट व गुरिल्ला गुट वास्तव में जनता के शत्रु हैं, इन्हें तो ढूँढ़-ढूँढ़ कर मारना चाहिए। इस प्रकार से एक साम्यवादी गुट अपने ही मित्रों द्वारा छला गया, सो अब कोई किसी से मिलता नहीं, अधिकतर लोगों ने घर बदल लिया है। या कुछ लोग विदेश चले गए हैं ताकि वहीं पर संघर्ष को आगे बढ़ाएँ। मसूद रज़वी ने पेरिस जाकर जेलों की यातनाओं की फ़िल्में दिखाईं, जिसका प्रभाव इटली की एक महिला पर इतना हुआ कि वह उन शहीद बच्चों की तस्वीरें सीने पर लगा कर ज़िन्दा जल मरी। संसार भर में इस्लामी गणतन्त्र की निन्दा की जाने लगी।

यह अपने आप में बड़ी दिलचस्प बात है कि ईरान का शिक्षित वर्ग यूँ भी कम है और जो है भी लेखक, कवि, डॉक्टर, इंजीनियर, अध्यापक, अफ़सर, विद्यार्थी–वे या तो वामपन्थी हैं या फिर उनका झुकाव साम्यवाद की ओर है। भाषा के द्वारा व शब्दों के चुनाव से अन्दाज़ा लग जाता है कि अमुक व्यक्ति किस विचारधारा का है। शाह के समय में कविताओं में कबूतर, लाले का फूल, बँधे हाथ, सिले होंठ, इंक़िलाबी होने के चिह्न थे। बग़ावत के गोले थे, मगर अब वर्गों की असमानता, वर्गीय युद्ध, जनता, ये तीन शब्द ही किसी को इंक़िलाब का शत्रु सिद्ध करने में सहायता कर देते हैं। इसलिए बोलने वाले को अपने शब्दों का सेन्सर ख़ुद करना पड़ता है।

तालग़ानी या उन जैसे अन्य धार्मिक उदार विचारों के मुल्ला लोगों का कोई स्थान ईरान में नहीं है। हर वह धार्मिक व्यक्ति आलोचना का पात्र बन जाता है जो तर्कपूर्ण व तथ्यपूर्ण बातें करता है। कुछ मौलवी दुःखी हैं, ख़ामोश हैं, अच्छे-अच्छे धार्मिक समझ के लोग शर्मिन्दा हैं। वे खुल कर कह नहीं सकते हैं कि धर्म यह नहीं है। जो भी धर्म में मना है, वही आज ईरान में हो रहा है। मोसवी तबरीज़ी ने कह दिया–'सड़क पर जो भी जुलूस की शक्ल में दिखे, उसे भून दो।' इमाम ख़ुमैनी ने कहा, 'इस्लाम का शत्रु जो भी दिखे उसे गोली मार दो।' न अब ईरान में जेल ले जाने की ज़रूरत पड़ती है, न मुक़दमे और कोर्ट की, सारे फ़ैसले केवल एक गोली करती है।

एक धार्मिक विचार की स्त्री ने सिर पीटते हुए कहा, ''अपने स्वार्थ में हम सबकी कोखें उजाड़ रहा है। हम ग़रीब हैं, अनपढ़ हैं, मगर युद्धक्षेत्र में किसी भी

अमीर का लड़का नहीं जाता है न किसी मौलवी का, आख़िर क्यों? देश की सारी ज़िम्मेदारी हमारे ही कन्धों पर क्यों? अब तो इस सरकार के अलावा कोई भी सरकार आए हम उसे मानेंगे, मगर धर्म के नाम पर ऐसी विपदा हम नहीं सहेंगे।"

कहा जाता है कि यदि फाँसी पर चढ़ते वक़्त रस्सी का फंदा टूट जाए, तो इस्लाम में वह क़ैदी स्वतन्त्र हुआ, मगर इस सरकार ने वह भी क़ानून न माना। चन्द माह पहले लगातार फाँसी देने से रस्सी कमज़ोर पड़ गई थी। एक क़ैदी गिरा, गिरते ही भागा, मगर ख़लख़ाली साहब ने हुक्म दिया—'गोली से भून दो।'

एक धार्मिक हिज़बउल्लाही को, जो राष्ट्रपति एवं प्रधानमन्त्री के मित्र हैं और जिन्हें कुल सात हजार तनख़्वाह मिलती है, दो हज़ार रुपयों पर मकान किराए पर ढूँढ़ रहे हैं, लेकिन मकान नहीं मिल रहा।

दीवारों पर लिखा है, 'इस्लाम को बचाने के लिए जासूसी आवश्यक है।' पूरा ईरान इमाम ख़ुमैनी के इस कथन से जासूसी में ढल गया है। जितने लूले-लंगड़े फ़ौजी बचे हैं, उनका काम दिन भर, रात भर फ़ोन सुनना है। ईरान के सारे फ़ोन कंट्रोल्ड हैं। इस सारी स्थिति को देखकर शामलू की कविता 'घुटन' की पंक्तियाँ बरबस याद आ जाती हैं, जो आज के ईरान की सही तस्वीर है।

आज का ईरान घुटन, आतंक, सन्देह, द्वेष, प्रतिशोध से भरा ऐसा अन्धा कुआँ हो रहा है जिसके रहने वालों में से केवल वही ऊपर खुला आसमान देख रहे हैं जो पानी के ऊपर हैं और सत्ताधारी हैं। जिन्हें आसमान का केवल एक ही रंग नज़र आता है जैसा कि वे स्वयं देखना चाहते हैं। उनका पूर्ण विश्वास है कि यह रंग संसार के सारे आसमानों को अपने रंग में रंग लेगा, इसलिए उस कुएँ से उभरने वाले हर सिर को वे कुचल देते हैं। मगर इसका अन्त कभी तो होगा। इस तथ्य को भूल भय से आतंकित, सत्ता कहीं हाथों से चली न जाए, मौत का नृत्य तेज़ कर रहे हैं। मगर वे नहीं जानते कि ये बढ़ते क़ब्रिस्तान, जलती किताबें संघर्ष जारी रहने की निशानियाँ हैं।

नवभारत टाइम्स : 9 मई, 1982

ईरान : बुद्धिजीवियों का मक़तलगाह

वर्तमान सरकार ने इंक़िलाब के आरम्भ में उन सारे लेखकों, कवियों, अध्यापकों, शोधकर्ताओं, पत्रकारों को जेल में यह कहकर ठूँसा था कि इंक़िलाब के शत्रु हैं। यह वास्तव में शाह का क़सीदा पढ़ने वाले गवैया थे। जिनका काम केवल शाह को ख़ुश करना भर था। इन्होंने अपने को सोने के सिक्कों के बदले बेच दिया था सो इन दरबारियों का इस इंक़िलाबी समाज में क्या काम रह गया है।

तेहरान, शीराज़, मशहद, इस्फ़ाहान विश्वविद्यालयों से अध्यापकों की छँटनी हो गई। जिनका कोई न कोई दूर नज़दीक का सम्बन्ध शाह से था इनमें लेखक भी थे, कवि भी थे, शोधकर्त्ता भी थे। कुछ समय बाद सावकों की सूची निकली। नाम और पते के अनुसार लोगों की पकड़-धकड़ आरम्भ हो गई। यह वह समय था जब इमाम ने पेरिस से और ईरान आकर चन्द बार कहा था वामपन्थी अपने विचारों को व्यक्त करने में पूर्ण स्वतन्त्र हैं। सो उनके लिए यह अमन का समय था। मगर लिब्रल विंग व अमेरिकन शाह मित्रगणों के लिए सबसे अधिक दुःखदायी समय था। गेहूँ के साथ घुन भी पिस रहा था। लोग अपनी जान बचाकर विदेशों की ओर भाग रहे थे। इसी बीच चार जिल्दों की पुस्तक 'फ़ार्मेसियन' नाम से निकली जिसके पूरे सेट की क़ीमत चार हज़ार रुपया थी। उसमें लोगों के नाम थे, उनका सम्बन्ध विदेश से उजागर हुआ ऐसे लोगों में ज़बीह उल्लाह सफ़ा जैसे लेखक, अध्यापक फ़ारसी साहित्य भाषा के पंडित का भी नाम था। बहुत सारे डॉक्टर, इंजीनियर इत्यादि भी थे। कुछ शाही फ़ौजी अफ़सरों के साथ मौत के घाट उतार दिए गए, कुछ भाग खड़े हुए।

शाह ने अपने समय के बुद्धिजीवियों को विभिन्न संस्थाओं में बाँट रखा था और उन्हें इतना पैसा मिलता था कि पूर्ण रूप से वह काम में डूबे रहते थे, कुछ इन अध्यापकों के बीच बहुत बड़े भाषा पंडित और शोधकर्ता हुए हैं जैसे अलीदश्ती हबीब यग़माई, ज़ियापोर, इत्यादि का नाम जो हर पुस्तक पर नज़र आता था अब ग़ायब था, वह सारी संस्थाएँ जैसे बुनियादे फ़रहंग-ए-ईरान, बुनियादे-ए-शाहनाम, फ़रहागिस्तान ख़त्म कर दी गईं। उसके द्वारा छपी किताबें उनका विषय जो भी हो मगर चूँकि शाह के चिन्ह 'शेर व ख़ुरशीद' और उनके चित्र के संग थीं, लाखों

की तादाद में तबाह और बरबाद की गईं। चूँकि शाहबानों का विशेष लगाव ललित कलाओं में था और वह हर संस्था से किसी न किसी रूप से जुड़ी थीं, सो उनका नाम जड़ से उखाड़ना नया सिस्टम लाना इस इंक़िलाब का उद्देश्य था। ऐसे अवसरवादी लोगों की आलोचना दोनों ओर से हो रही थी रूढ़िवादी वर्ग और इंक़िलाबी बुद्धिजीवी वर्ग जो सम्पूर्ण शाह के साम्राज्य में अण्डरग्राउण्ड संघर्षरत रहे थे।

ईरान के बुद्धिजीवियों को उनके सामाजिक व राजनीतिक कारणों से कई वर्गों में बाँटा जा सकता है। उन्हें छोड़कर जो शाही थे। एक तो वह जो शाह के समय में भी प्रसिद्ध थे, उनका अपना व्यक्तित्व था, दरबार और शाह से उन्हें कुछ लेना-देना नहीं था, उनकी अपनी भाषा थी, उपमाओं और अलंकारों से भरी हुई जिसको समझने वाला एक बहुत बड़ी तादाद का पाठकगण था, सो सेंसर बोर्ड के आप्रेशन के बाद भी उनकी पुस्तकें छपती थीं, पढ़ी जाती थीं। उदाहरणतया प्रसिद्ध इंक़िलाबी कवि अहमद शामलू की पुस्तकें दस हज़ार केवल दो मास में बिककर समाप्त हो जातीं। जबकि हर पंक्ति कटाक्ष से भरी हुई होती थीं। लेखक संघ ने जब शेरो शब का कार्यक्रम रखा और शाहबानों ने बिना लेखकों के चाहे अपनी रुचि दिखाई। तब उसे रद्द करने के लिए लेखकों ने ख़ामोशी से वह कार्यक्रम स्थगित कर दिया। शाहबानों की बहुत कोशिश थी कि शामलू उनकी दावत क़बूल करके उनके द्वारा आयोजित कार्यक्रम में आएँ मगर उनकी आरज़ू हसरत में बदल गई। शामलू देश छोड़कर लन्दन जा बसे। इसी दौर के अन्य कवि व लेखक, जैसे जलाल आल अहमद जिनकी हत्या शाह द्वारा की गई उसका उनकी पत्नी सीमीन दानिश्वर को गहरे छू गया जो स्वयं बड़ी अच्छी लेखिका हैं इस व्यवस्था में हुई पति की हत्या का उनको इतना जबरदस्त सदमा लगा था कि उन्होंने एक नावेल 'सियाशून' नामक लिखी। मेहन्दी अखवाने सालिस का भी यही हाल था कि वह आधी ज़िन्दगी जेल में रहे मगर उनकी किताबें छपती थीं क्योंकि उनकी भाषा विशेष थी। इसी वर्ग में वे कवि व लेखक आते हैं जिनका उद्देश्य साहित्य के द्वारा समाज सुधार था उसमें समद बहरंगी, नसीम ख़ाकसार, गौहर मुराद, हसन हस्साम, सईद सोल्तानपोर, मर्जिह उस्कोई, मोहसिन मीहन दूस्त, नेमतमिर्ज़ाज़ादेह, नासिर ज़ेराती, आतफ़े गुर्मीन, बिराहनी इत्यादि थे।

एक दूसरे क़िस्म का वर्ग है जो पूर्ण रूप से किसी ज़माने में शाह के विरोधी थे मगर चूँकि धार्मिक आस्था व अन्य कारणों से इस सरकार के ज़ुल्म में ख़ामोश हैं, और ख़ामोशी से आँखें बन्द केवल साहित्य रचना एवं शोध का कार्य कर रहे हैं। उसमें आते हैं शफ़ी क़दकनी व शम्स आल अहमद इत्यादि। इनसे हटकर एक तीसरी तरह का लेखक बुद्धिजीवी वर्ग है जिसने साहित्य का काम ख़ूब किया है जैसे बहआजीन, सियावुश कसराई, ज़माल मीर सादक़ी। इनका विचार है कि बिना सरकार से दोस्ती किए हम संघर्ष आगे नहीं बढ़ा सकते हैं। वैसे यह हैं

साम्यवादी विचारों के और और अब वर्तमान सरकार के संविधान को तो मानते ही हैं साथ ही वे सारे समुदाय (साम्यवादी) जो वर्तमान सरकार के आलोचक हैं, जिनको सरकार इंक़िलाब का शत्रु कहती है। इस सिलसिले से यह सरकार के विचार का समर्थन करते हैं। इसी कारण अन्य समुदायों के लिए इन्होंने अपने समाचार-पत्र 'मरदुम' व 'ऐतेहादे मरदुम' में साफ अपने अनुयायियों के लिए लिखा कि इन इंक़िलाबी शत्रुओं (अन्य साम्यवादी समुदायों) को जहाँ भी देखो पासदारों के हवाले कर दो। सो घरों के पते देने में, संघर्ष के तरीक़े बताने में इस पार्टी ने वर्तमान सरकार की बहुत सहायता की है। इतनी बड़ी तादाद में मुजाहिदीनों व साम्यवादी समुदायों का सफ़ाया करना इन मौलवियों के वश में न था क्योंकि वे उनके संघर्ष के तरीक़ों से अनभिज्ञ थे और तोदे पार्टी की मदद के कारण इस्लामी कोर्ट के जज ने कहा था कि "तीन मास में हम ईरान से इन लोगों को साफ़ कर देंगे।" घरों पर आक्रमण होता घमासान युद्ध होता। मगर मुजाहिदीन व फ़िदाईन यही नारा लगाते हुए मर जाते "हम आज़ादी के दीवाने हैं तोदे पार्टी का रूप षड्यन्त्री का है।" ईरान में एक अन्य क़िस्म का बुद्धिजीवी था जो बिना नाम के लिख-पढ़ रहा था। उनके लेख पढ़े जाते थे मगर उनका नाम किसी को पता न था। ऐसे लोगों का लहजा तेज़ था उसमें सरकार का लेखा-जोखा होता, उपमाओं के द्वारा दर पर्दा बातें न होतीं। इस वर्ग में शकरूल्लापाक नैज़ाद जैसे लोगों का नाम आता है।

इंक़िलाब के आरम्भ में शाह के जनाज़े के साथ उन बुद्धिजीवियों की अर्थी भी उठ गई जो शाह के शासन में किसी न किसी रूप से दरबार के नज़दीक थे और इंक़िलाब के बाद बाज़ारों में उनकी पुस्तकें देखकर लोग कहते, "अभी भी आप शाह के युग में हैं? सो धीरे-धीरे करके जो किताबें बरबाद नहीं हुई थीं गोदाम में चली गईं। अब न कोई नादिर-नादिर पोर को पढ़ना चाहता था न अब्बास हकीम को न अब्बास पहलवान को न सफ़ा को न ख़ानलरी को। वह सारी पाण्डुलिपियाँ जो अब तक तहख़ानों में पड़ी धूल खा रही थीं पचास वर्ष बाद प्रेस में गईं और फिर सामाजिक चेतना से जगमगाती किताबों से बाज़ार भर गया। अब बुज़ुर्ग अलवी थे, समद थे, सईद थे, जलाल थे व अन्य बेहतरीन कवि व लेखक। दुनिया भर का साहित्य था जो अनुवाद के बाद ईरान में नज़र आ रहा था। लोग यूँ ख़रीद रहे थे जैसे बरसों का प्यासा पानी पीता है। घर, दुकान, सड़कें सब कुछ किताबों से भर गए थे।"

ईरान को शाह माडर्न बनाना चाहता था और यह इंक़िलाब इस्लामी लिबास में आया जो रूढ़िवादिता के साथ आया और इस विश्वास के साथ आया कि इस्लाम धर्म न केवल ईरान को बल्कि सम्पूर्ण संसार को अपने वश में कर लेगा। इसलिए बहाइयों को इस इंक़िलाब के बाद बहुत कष्ट उठाना पड़ा जैसे धार्मिक विचार के

एक इंजीनियर ने बताया कि "मुझे वीज़ा चाहिए था, यह दो वर्ष पहले की बात है। मुझसे कहा गया कि यदि आप वीज़ा चाहते हैं तो हमारी शर्त यह है। मैंने थोड़ी झिझक के बाद शर्तें मान लीं। दो दिन की ट्रेनिंग के बाद हम पाँच लोगों को एक बहाई के घर पर आक्रमण करना था। हवाई फ़ायर करते हम वहाँ पहुँच गए। उनकी धार्मिक किताबें हमने ढेर के रूप में जमा करके आग लगा दी थी। हमें वीज़ा मिल गया मगर आज भी अपने से शर्माता हूँ कि उस घर की जवान लड़कियाँ कैसी काँपती हुई हमारे सामने सर झुकाए खड़ी थीं। आज मैं अपने से पूछता हूँ कि क्या वह मेरा व्यवहार धर्म के अनुसार था? धर्म तो दूसरे धर्म का आदर और मानवता का महत्त्व समझता है और यह…।"

उस समय लाखों किताबें बहाई धर्म और साहित्य की जल गईं। यह सारी बातें उस ईरान की हैं जिसने इंक़िलाब किया था और हर आदमी इंक़िलाबी हो उठा था और आँखें बन्द करके इमाम का अनुयायी बन गया था। बुद्धिजीवी, व्यापारीगण, सम्पूर्ण निम्न वर्ग व निम्न मध्यवर्ग, पूर्ण रूप से इस्लामी गणतन्त्र को मान रहा था, उसमें प्रारम्भ के दिनों में बहाई, मसीही जैसे धार्मिक समुदाय भी मिले थे। मगर आज वही लोग सबसे अधिक त्राहि-त्राहि कर रहे हैं क्योंकि कल की इसी अतिवादिता ने अब उग्रता का रूप धारण कर लिया और उस पर से उसे सत्ता का भी लालच है और इस सबके बाद स्वयं सरकार की नैया भी डाँवाडोल है। इस्लामी सरकार के पास कोई भी आर्थिक, सामाजिक कार्यक्रम न था जिससे देश उन्नति करता बल्कि सरकार का सारा ज़ोर क़त्ल ग़ारतगरी थी और धर्म का प्रचार और नैतिक शिक्षा। गाना, नाचना, सजना, हँसना सब कुछ गुनाह समझा जाने लगा था। इस घुटन के ख़िलाफ़ कोई आवाज़ें उठाता उसे या जेल में बन्द कर दिया जाता था या खलखाली साहब की गोली उसकी खोपड़ी में छेद कर देती थी। उन दिनों केवल वामपन्थियों को स्वतन्त्रता मिली हुई थी। अधिकतर ईरान का बुद्धिजीवी वर्ग या साम्यवादी है या उनका झुकाव साम्यवाद की ओर है। धीरे-धीरे उनकी आँखें पचास वर्ष के अन्धकार के बाद इस प्रकाश से अभ्यस्त हो गईं तो उन्होंने समझा कि यह सरकार नारा अवश्य लगाती है 'मर्ग बर अमेरिका' का मगर कुछ भी नहीं बदला है। न ही कुछ किया जैसा करना चाहिए था। बढ़ते ख़तरे को देखकर मुजाहिदीन, फ़िदाईन समुदायों ने अपने-अपने समाचार-पत्रों में वर्तमान सरकार की शाह के साम्राज्य के बाद आलोचना करना आरम्भ कर दी थी और यहीं से विचारात्मक धरातल पर ईरान ने बँटना आरम्भ कर दिया। वह एकता जो शाह के समय में नज़र आ रही थी, धीरे-धीरे समाप्त होने लगी और लोगों को बार-बार आयतउल्लाह तालग़ानी का कहा याद आता है कि मौलवियों का सही स्थान मस्जिद है न कि राजनीति मगर इमाम के अनुयायी ईरान की दीवारों पर स्थान-स्थान पर लिखने लगे कि "इस्लाम एक राजनीतिक धर्म है" इसके बाद

भी वह अन्तर्देशीय व अन्तर्राष्ट्रीय राजनीति में शून्य थे। रोज़ कोई न कोई कठिनाई अपनी दक्षता की कमी से उन्हें झेलनी पड़ती थी और वे चीख़ पड़ते थे कि "यह सब इंक़िलाब के शत्रु करा रहे हैं।" इसमें कुछ तथ्य भी था मगर अपनी अनभिज्ञता व बेजा ज़िद से यह ईरान को वीरान करते रहे। इंक़िलाबी बुद्धिजीवियों की तथ्यपूर्ण आलोचना से घबराकर उन्हें ही मारने को उतारू हो गए। क़ुर्दिस्तान में 50 वर्ष से अपनी भाषावस्त की स्वतन्त्रता की लड़ाई ने भीषण रूप धर लिया, ईरान-इराक़ युद्ध ऊपर से गृहयुद्ध। हर तरफ़ समस्याएँ थीं।

इन सारी परेशानियों से घबराकर सेंसरशिप दोबारा आरम्भ हो गई। क़त्ल अधिक होने लगे, घुटन का एक भयंकर अज़दाह धीरे-धीरे ईरान को फिर निगलने लगा। अब वास्तव में संग्राम का समय था। ईरान का वातावरण फिर चुनौती बन बुद्धिजीवियों के सामने आकर खड़ा हो गया था, सो बुद्धिजीवी वर्ग दो भागों में बँट गया। एक वह जो पूर्ण रूप से सरकार की आलोचना करता था दूसरा वह जो सरकार से मिल-जुलकर रहना चाहता था और इस्लामी सरकार के संविधान को मानने लगा। जब युद्ध का समय हो रणक्षेत्र में खड़े हों तो मसलहत कैसी? यही मतभेद बुद्धिजीवी के बीच में आन पड़ा। लेखक संघ से उन सारे बड़े-बड़े लेखकों व कवियों की छँटनी हो गई जो जानबूझकर मक्खी निगलना चाह रहे थे। केवल इस स्वार्थ के लिए उनकी स्थिति मज़बूत रहे दूसरी तरफ़ न केवल बड़े-बड़े लेखक कवि थे बल्कि एक से एक बढ़कर इंक़िलाबी थे जो इन्हें लेखक संघ का सदस्य नहीं रहने देना चाहते थे, संक्षेप में उन सबकी छँटनी हो गई। यह एक बहुत भावुक लम्हा था, जिसमें कुछ लोग रोने लगे कुछ क्रोधित हो गए। अन्त में तोदे पार्टी वालों ने अपनी अलग 'शौराए नविस्नदेगान व हुनरमनदान' के नाम से एक संघ बना लिया। जिसमें वे सारे नए उगे लेखक और कवि भी आकर शामिल हो गए जो इंक़िलाब के बाद बुद्धिजीवी बने थे।

इधर लेखक संघ वाले लेखक पूर्ण रूप से अपने विचारों व लेखन के प्रति समर्पित थे कि जैसा सोचेंगे वही कहेंगे सब क्रान्ति के पुराने योद्धा थे, कोई तीस वर्ष कोई बीस वर्ष कोई दस वर्ष शाह की जेल में रह आए थे। यातनाओं से आशना थे संग्राम का उतार-चढ़ाव जानते थे। शाह के जमाने में हसन हस्साम जिनकी यातनाओं के दरमियान एड़ी में कील ठोंकने से ज़हर फैल गया था, जिसके फलस्वरूप उतना गोश्त निकालना पड़ा था। खाली गोश्त की एड़ियों के साथ वह 'तीरबारान' (गोली खाने वाले) जैसी इंक़िलाबी कहानियाँ लिखते संघर्षरत रहे, चुनाव में खड़े हुए, अन्त में कई किताबों के लेखक वर्ष भर पहले दोबारा जेल ले जाए गए और इंक़िलाब के आरम्भ में लेखक नसीम ख़ाकसार छः वर्ष बाद शाही जेल से निकले और कुछ मास बाद इस्लामी गणतन्त्र में फिर जेल के अन्दर बन्द कर दिए गए। जब बाहर आए तो ज़ख़्मी पैर की जगह आँतों का ज़ख़्म लेकर निकले।

लेखक संघ की सत्ता के लिए भीषण आलोचनाएँ होती थीं, सो पाँच-छः अंक के बाद संघ की विशेष पत्रिका बन्द कर दी गई। सेंसर बोर्ड ने उन सबके नाम नोट कर लिए। उनकी पुस्तकें छपनी बन्द हो गईं। इसी बीच बुज़ुर्ग अलवी प्रसिद्ध लोकप्रिय लेखक जर्मनी से वापस आए कुछ दिन रहकर यह कहकर निराश जर्मनी लौट गए "मैं तो इंक़िलाब की परिभाषा ही भूल गया हूँ मेरा ताबूत मेरा किताबों से भरा कमरा होगा अब।" उन्हीं की किताबें थीं जो शाह के समय में बाज़ार में नहीं दिखती थीं। वर्षों शाह के जेल में रहे क़लम से जबरदस्त संघर्ष किया मगर वही हाल हुआ न सावन हरे न ज़्यादो। कुछ ने तो इस संघर्ष के चलते न विवाह किया था न पैसे जोड़े थे न कोई ठिकाना चुना था। यह उस देश के इंक़लाबियों का हाल था, जहाँ पेट्रो डालर का समुद्र ठाठें मारता था। आज यही लोग जब साम्यवादी होने के जुर्म में निकाले गए तो उनके पास जीवन गुज़ारने के लिए कोई पूँजी न थी। लेखन से उन्हें कब कुछ मिला था जो आज मिलता सो कोई टैक्सी ड्राइवर हो गया कोई घर की चीज़ बेचकर गुज़ारा करने लगा। मगर संघर्ष नहीं रुका।

उधर तोदे पार्टी के वे सारे लेखक स्वतन्त्र रूप से लिख-पढ़ रहे थे। उनका समाचार-पत्र 'मरदुम' खुले आम बिक रहा था। उनके पुत्र-पुत्रियाँ विदेशों में पढ़ रहे थे और वह दोनों हाथों से रुपया समेट रहे थे। मगर अन्य समुदायों के समाचार-पत्रों पर कड़ी नज़र थी यहाँ तक कि गुरिल्ला समुदाय के समाचार-पत्र 'कार' को बेचने वाला यदि पकड़ा जाता तो फ़ौरन जेल में बन्द कर दिया जाता था। सोलह से बीस वर्ष तक के नौजवान लड़के-लड़कियों से जेल भर गया था। यह दौर उस साम्यवादी बुद्धिजीवियों व जवानों के लिए बुरा था जो संविधान को स्वीकार नहीं करते थे। सरकार उन्हें पूर्ण रूप से कुचल देना चाहती थी वह मौक़े की तलाश में थी। इन्हीं में वह नौ वर्ष की लड़की भी थी जो गोली से उड़ाई गई थी।

नौजवान लड़कों के साथ बलात्कार होता व लड़कियों पर हर प्रकार का जुल्म ढहाया जाता। इस बात का सबूत बनीसद्र के भाषण से मिल गया जो उन्होंने चार लाख के मजमे में दिया था, जिसको मैंने भी पारसाल सुना था कि यह कौनसा इस्लामी गणतन्त्र है जिसमें छः प्रकार के जेल हैं? लड़के-लड़कियों के सिगरेटों से जले माथे किस बात के द्योतक हैं। एक तहलका मच गया, खलखाली जो दोनों हाथों से तलवार चलवा रहे थे बीच भाषण में रंगमंच से उठकर चले गए और हर आदमी एक-दूसरे से पूछ रहा था कि "इमाम ने तो कहा था कि ईरान में जेल नाम की कोई चीज़ ही नहीं रहेगी।"

इसके बाद बनीसद्र का भागना, उनकी उन सारी किताबों का जो ईरान में तहलका मचाए हुए थीं, एकाएक बाज़ारों से ग़ायब हो गईं। खलखाली केवल संसद

सदस्य रह गए। मुजाहिदीनों के एक अहम सदस्य रेज़ा साआदती का क़ैद होना और बुद्धिजीवियों का क्रोध में आना। हर रोज़ जो स्वतन्त्र वार्तालाप होता था वह बन्द हो गया, जगह-जगह पर सेंसरशिप थी।

पहली मई को लेखक संघ पर आक्रमण और उसके सारे लेखकों को एक कमरे में बन्द करके पासदारों ने सारी किताबें, काग़ज़, शीशे के लैम्प तोड़े-फोड़े और चले गए। इसी बीच अली कूचयानी व अन्य लेखक संघ के सदस्यों का वहीं दरवाज़े से अपहरण हो गया। इंक़िलाब के आरम्भ में सारे चेहरे पहचाने जा चुके थे। कहाँ छुपे क्या करे? प्रसिद्ध लेखक व कवि सईद सोल्तानपोर का विवाह था। विवाह के मंडप से ही उन्हें पासदार तस्करी के जुर्म में उठा ले गए। माँ ने आयतउल्लाह अर्दबीली इस्लामी कोर्ट के जज को पत्र डाला कि "हम शाह के साम्राज्य में कब चैन से बैठे थे लड़ते रहे थे, अब सोचा था ज़िन्दगी जिएँगे तो यह विपदा पड़ी। मेरा बेटा सईद आपके लिए अनजाना तो नहीं है, अभी तो उसके जिस्म पर सावक पुलिस की यातनाओं के ज़ख़्म ताज़ा हैं, पूरी ज़िन्दगी तो उसने जेल में गुज़ारी है हमें फ़ुर्सत से साँस लेने का मौक़ा ही कब मिला, अब भी हमारी उम्मीदें पानी के बुलबुले की तरह फूट गई हैं।" पेरिस, अमेरिका, योरोप से हज़ारों लेखकों, कवियों, नाटककारों के पत्र तार आए कि सईद को स्वतन्त्र करें। यह इंक़िलाब के नाम पर धब्बा है। मगर ईरान की सरकार को संसार की अपील की परवाह न थी सो तरह-तरह के इल्ज़ाम लगाकर उन्हें एक दिन सुबह शूट कर दिया गया। उनकी सारी पुस्तकें दुकानों से ग़ायब होने लगीं। लेखक संघ उजड़ गया था। मगर अण्डरग्राउण्ड संघर्ष दुगुने वेग से होने लगा था। मुजाहिदीन कई बार युद्ध का ऐलान कर चुके थे इस बार वाक़ई वह युद्ध में जुट गए। जगह-जगह बम गोली थी सरकार को इन्हें क़ाबू में करना था जो बड़े-बड़े लोगों को मार रही थी ताकि उनके अनुयायी आप ही आप पीछे हट जाएँ। शकरूल्लापाक नैज़ाद शोधकर्त्ता वर्षों शाह के जेल में रहे थे। अभी दो मास पहले उनके बूढ़े जर्जर शरीर के साथ बलात्कार किया गया फिर गोली से उड़ा दिया गया। डॉ. बिराहनी को जो तेहरान विश्वविद्यालय में अंग्रेज़ी के अध्यापक, कवि, लेखक थे उन्हें वहीं विश्वविद्यालय के गेट से अपहरण किया गया और अब वह जेल में हैं। रोज़ उनकी पत्नी का पत्र छपता है कि मुझे बताओ तो वह किस जेल में हैं उनका जुर्म क्या है अमेरिका में रह वह शाह के ख़िलाफ़ प्रचार करते रहे। इमाम के स्वागत में लेख लिखा था क्या हमें हमारे संघर्ष का यही इनाम मिलना था?

इंक़िलाब के आरम्भ में प्रसिद्ध कवि व पत्रकार गोलसोर्ख़ी को ख़ूब उछाला गया क्योंकि उसने शाह के कोर्ट में क्षमा-याचना से इन्कार कर दिया था और कहा था मेरा ख़ून इस फ़ासिस्ट सरकार के विरुद्ध अपने लोगों की वकालत करेगा और यह ख़ून मैं अपने लोगों को भेंट करता हूँ। आरम्भ में बार-बार उनके मुक़दमे की

फ़िल्म दिखाई जाती, पार्क व सड़क का नाम उनके नाम पर रखा गया, बड़ी-बड़ी तस्वीरें लगीं मगर चूँकि वह साम्यवादी थे सो आज के सन्दर्भ में बाग़ी साबित हो गए हैं। अब उनकी शहादत कोई मायने नहीं रखती थी। उनकी लेखिका पत्नी लेखक संघ की सदस्या व बारह वर्ष का बेटा दामून कहाँ छुपे हैं मालूम नहीं है। यह बेटा एक वर्ष का था जब दोनों पति-पत्नी जेल में थे। जेल में ही गोलसोर्ख़ी से वह अन्तिम बार मिली थीं। गोलसोर्ख़ी के क़ब्र का पत्थर हटाकर उसकी क़ब्र मिटा दी गई है। अन्य मुजाहिदीनों के क़ब्रों के पत्थर तोड़े गए उनकी लाशों को क़ब्रिस्तान में गाड़ने की सख़्त मनाही है सो बहुत से लोगों ने अपने बेटे को अपने कमरे व बाग़ों में गाड़ा है। सत्ताधारियों का कहना है कि वह इन मुनाफ़ीक़ीनों (मुजाहिदीनों) व साम्यवादियों की जड़ें यहाँ से उखाड़ फेंकेंगे।

ईरान में साम्यवादियों के साथ ही साथ अब मुजाहिदीनों की भी शामत आ गई है। मूसाख़ियाबानी मसूद रज़वी की पत्नी को मारा जाना या घर-घर से लड़के-लड़कियों का पकड़ा जाना आम बात हो गई। छः मास पहले ऐलान हुआ था कि हर घर की तलाशी ली जाएगी और फिर घर-घर की तलाशी ली जाने लगी। एक घबराहट की लहर दौड़ गई कि जहाँ एक सूचना पढ़ने व रखने के ज़ुर्म से गोली से उड़ा दिए जाते हैं वहाँ क़िताब मिलने पर कैसी भयानक सज़ा मिलेगी? घर-घर क़िताबें जलाई जाती थीं। एक महिला ने कहा मैं और मेरे पति रात-दिन पागलों की तरह कपड़े फाड़ते क़ालीन उठा-उठाकर देखते थे कि कहीं कोई काग़ज़ छुपा न रह गया हो क्योंकि इसमें हर दौर का हीरो कुछ दिन बाद शत्रु हो जाता है। जब हीरो रहता है तो बहुत-सी चीज़ें छपती और बँटती हैं। सो घर में दबी इधर-उधर पड़ी रह सकती हैं। इस भय से हमारी रातों की नींद उड़ गई थी। रात भर जेल की यातनाओं के रोने धोने के सपने देखते थे।

वही हुआ बहुत से घरों से बहुत कुछ मिला और फिर···टी. वी. पर गोली से उड़ाए जाने की लम्बी सूची पढ़ने को मिलती। एक दिन में आठ सौ से अठारह सौ लोग तक उड़ाए गए। क़िताबों की दुकानों, पुस्तकालयों की शामत आ गई, हर जगह क़िताब जल रही थी। लोगों के मन मस्तिष्क जल रहे थे और बस···बीस मिलियन क़िताब हफ़्ते भर में जलकर राख हो गई। किसी के पास न उसकी पाण्डुलिपि बची न पुस्तक, सब कुछ जलकर राख हो गया। किसी कवि ने दुःखी होकर कहा कि "हमारे देश पर दोबारा अरबों का आक्रमण हुआ है कहीं अपने अपनी संस्कृति का ऐसे नाश करते हैं?"

नई कविता के जन्मदाता नीमायोशीज़ के तीस वर्षों के बाद उस टक्कर का दूसरा कवि अहमद शामलू है जो शाह के समय लन्दन में रह 'ईरान शहर' नामक समाचार-पत्र निकालते थे। संघर्षरत रहे इंक़िलाब के बाद हज़ारों उम्मीदों के साथ वह देश लौटे और जमकर काम किया। एक डाइजेस्ट 'किताब जुमे' के नाम से

निकालने लगे, प्रगतिशील विचारों से परिपूर्ण थी। छत्तीस अंक के बाद बन्द कर दी गई और शामलू की मुसीबत हो गई। हाथ लग जाते तो शूट कर दिए जाते इसलिए छुपे रहे, छुपकर भी काम होता रहता था मगर इस वर्ष तो कमरे की छत के अलावा आसमान देख ही नहीं सकते हैं।

प्रसिद्ध ईरानी नाटककार गौहर मुराद जिनका कई बार अपहरण किया गया। जेल में बरसों काटे यातनाओं के चिह्न सर से पैर तक थे, पारसाल उनके पैरों की ऐसी धुनाई हुई थी कि वह लंगड़ा कर चलते थे। इस वर्ष कहाँ पर छुपे हैं या मार डाले गए हैं कुछ पता नहीं है। एक से एक इंक़िलाबी नाटक लिखकर उसकी सज़ा भुगत चुके हैं मगर अफ़सोस उसका फल दूसरे भोग रहे हैं। लेखिका शहज़ाद को लेखक संघ से पासदार पकड़कर ले गए थे कुछ मास जेल में रहीं जब निकलीं तो पूरा मुँह फूला हुआ यातनाओं की दास्तान कह रहा था। लेखिका हुमा नातिक़ और कवि नेमत मिर्ज़ाज़ादेह दो वर्ष पहले खूब कसकर पिटे थे, नेमत मिर्ज़ाज़ादेह अब अण्डरग्राउण्ड हैं। उनका बेटा मुजाहिदीन है और वे वामपन्थी, करेला वह भी नीम चढ़ा। हुमा नातिक़ के पीछे पासदार लगे हुए थे, हर रोज़ उनके मारे जाने की ख़बर उड़ती थी। कुछ लोगों ने सोच लिया वह वास्तव में मर गई हैं।

एक लेखक कवि से मैंने कहा कि आप मारे जाएँ, इससे बेहतर है विदेश चले जाएँ कम से कम जान तो सलामत रहेगी।

''जो आज़ादी चाहते हैं वह जान हथेली पर रखते हैं, संघर्ष के भी कई दौर होते हैं। शाह के दौर में ठीक था मगर अब जमकर इनसे लड़ना है। हमारी तरह लाखों नौजवान रोज़ क्यों मारे जा रहे हैं, जब भी देश में फ़ासिज़्म आता है, बुद्धिजीवी सबसे पहले मारा जाता है, वही हो रहा है। ईरान में, हमें क्षण भर की थकान नहीं है, लगातार लड़ना है क़लम के हथियार से, इस स्थिति से फ़रार, इसका इलाज नहीं है बल्कि 'रिहाई' के लिए जंग करना वास्तव में महत्त्वपूर्ण है।''

यह सारे नाम, यह सारी यातनाओं की दास्तान केवल प्रसिद्ध लेखक व कवियों की है मगर एक लम्बी तादाद उन बुद्धिजीवियों की है जो अन्तिम क्षण तक नाम नहीं बताते हैं। यातनाओं के दरमियान में ही मर जाते हैं या उन्हें शूट कर दिया जाता है। जेल से आया एक लड़का बताने लगा कि वहाँ पर मानसिक यातनाएँ बहुत दी जाती हैं। कुछ प्रश्न हैं वह सबसे दोहराए जाते हैं कौन हो किस समुदाय के हो? घर का पता नाम इत्यादि इस दौरान में वह छोटे या बड़े भाई को बुला लाते हैं। क़ैदी के सामने खड़ा करके कहते हैं साफ़ बताओ वरना इसे मारो, कुछ का तो हार्ट फ़ेल हो जाता है। इस प्रकार की सबसे दर्दनाक घटना वह थी कि ग्यारह वर्ष के क़ैदी के सामने उसका भाई मारा गया। दूसरा क़िस्सा तबरीज़ में सुरैया नामक मुजाहिदीन लड़की के साथ पेश आया जो गर्भवती थी। गोली से मारी गई थी नहलाते हुए नहलाने वाले गुस्साल ने देखा कि उसके पेट में कुछ घूम रहा है। पास खड़े पासदारों से कहा

कुछ लाओ तो बच्चे को निकालने का प्रबन्ध हो। इतना सुनना था पासदारों ने लात घूँसे से स्वागत किया और सुरैया को उसी हालत में गाड़ दिया। यह सब देखकर गुस्साल को मानसिक आघात पहुँचा और वह पागल हो गया। सरकार का कहना है वह बहुत सालों से पागल है और अस्पताल में आजकल उसका इलाज चल रहा है। अभी तक तीन मास में छः हज़ार से अधिक लोग मारे गए हैं सबके सब पढ़े-लिखे जवान थे क्या होने वाला है? इमाम आख़िर चाहते क्या हैं?

क़ुर्दिस्तान में बड़े पैमाने पर पासदार व इंक़िलाबी मारे गए हैं। इंजीनियर, डॉक्टर, कवि, लेखक, एक-एक दिन में आठ-आठ, दस-दस एक पंक्ति में खड़ा करके उड़ाए गए थे। एक डॉक्टर ने बताया उसकी बारह सहकर्मी एक दिन में उड़ाई गई थीं। वह कोमले समुदाय की थीं। क़ुर्दिस्तान व उत्तरीय। ईरान में साम्यवादी प्रभाव बहुत भीषण है मगर तोदे पार्टी की वह सारे समुदाय आलोचना करते हैं, जबकि तोदे पार्टी सोवियत लैण्ड की समर्थक है इतनी बड़ी सीमा रेखा 'सोवियत लैण्ड से मिलने के बाद भी तोदे पार्टी के लोग बड़ी-बड़ी पोस्ट पर हैं। सरकार जानती है कि भले ही उनका लिबास इस्लामी हो मगर वह किसी के नहीं हैं जो रूस कहेगा वही वह करेंगे।'

नई नस्ल ईरान सरकार के लिए मुसीबत बन गई है, विश्वविद्यालय दो वर्ष से बन्द हैं, विदेशों से लड़के-लड़कियाँ पढ़ाई छोड़कर इंक़िलाब की ख़ुशी में लौटे थे, यहीं रुक गए कोई तीन वर्ष कोई दो वर्ष का इंजीनियरिंग व डॉक्टरी किए बेकार बैठा है या फलों की, कैसेट की दुकान खोल ली है या फिर राजनीतिक व्यवस्था में अपनी जान दे रहा है। बेकारी, महँगाई ने कमर तोड़ रखी है। एक ईरानी मन्त्री के अनुसार "हम अण्डे विदेशों से नहीं मँगवा सकते हैं। अब कम खाएँ क्योंकि गोलियों, बारूदों व अन्य चीज़ों का ख़र्च कहाँ से आए?" तीन वर्षों में मेरी तीन यात्राएँ ईरान की हुईं जो खुलापन पारसाल था वह अब पूर्ण रूप से समाप्त नज़र आया। इस बार बस ख़ून ही फैला नज़र आया। शाह ज़ालिम था, उसने बहुत जुल्म किया है। क़ुम के पास वाली नमक की झील में हज़ारों विद्यार्थी व इंक़लाबियों की लाशों को हेलीकॉप्टर से फिंकवाया था मगर उसके कुछ अधूरे काम थे जो इस्लामी गणतन्त्र कर रही है, जिन इंक़िलाबी बुद्धिजीवियों को शाह ने मरवाने की युक्ति न की थी वह काम इमाम ने कर डाला। एक सौ दस लेखक संघ के बुद्धिजीवियों का नाम हस्ताक्षर के लिए इमाम के पास गया था। कल वे भी मक़तलगाह पर शहीद होंगे, आज़ादी का सूरज जाने कितनी आहुति अभी लेगा, जाने कब उसकी प्यास बुद्धिजीवियों के ख़ून से बुझेगी और कब वह अपनी पूर्ण स्वतन्त्रता के साथ ईरानी आकाश पर उभरेगा। तब क़लम और ज़बान की स्वाधीनता एक नई दास्तान कहेगी।

धर्मयुग, 1982

प्रतिशोध की अग्नि में सुलगता ईरान

ईरान की वर्तमान स्थिति की तुलना हम ईरान के किसी भी प्राचीन ऐतिहासिक आक्रमण से नहीं कर सकते हैं न मुग़ल न अरब न तातार न तुर्क। उन्होंने ईरान में जो ग़दर मचाई थी उसका एक कारण यह था कि वह विदेशी थे बिना आतंक फैलाए वह राज नहीं कर सकते थे। मारकाट, ख़ूनख़राबा, बरबादी और फिर अपनी सत्ता। परन्तु आज ईरान की वर्तमान सरकार ने जो आतंक भरी घुटन का वातावरण ईरान में फैलाया है वह अपने में बेजोड़ है। यह सरकार विदेशी आक्रमणकारी नहीं है बल्कि ईरानी है और ईरानी होने के बावजूद ईरानियों को मूली गाजर की तरह कटवा रहे हैं। सत्ता का जुनून सरकार के कुछ महत्त्वपूर्ण लोगों को दीवाना बनाए हुए है उन्हें इस बात का भय है कि बरसों बाद मिली यह सत्ता हाथ से निकल न जाए सो हर आलोचना पर हर आवाज़ पर वह कत्ल का हुक्म दे देते हैं संविधान में 'मृत्युदण्ड' लिखने वाले भी आयतउल्लाह बेहिश्ती थे। इस्लामी क़ानून पर आधारित 'मृत्युदण्ड' के उसूल ऐसे हैं कि पिछले वर्ष ही प्रगतिशील वर्ग समझ गया था यह क़ानून उन्हें ही जाल में फँसाने के लिए लिखा गया है। वह शक सच होकर भी रहा, बुद्धिजीवी वर्ग धीरे-धीरे करके दोबारा घुटन का शिकार होने लगा। जिस घुटन के कारण संघर्ष किया था, पहले सेंसरशिप बोर्ड बना फिर उनकी पुस्तकें छपना बन्द हुईं फिर लेखक संघ को समाप्त किया फिर उनके समाचार-पत्र जो पहले भी खुलेआम नहीं बिकते थे अब उनके पाए जाने पर सीधे मृत्युदण्ड मिलता है। सो छपना बन्द हो गए फिर लेखकों व कवियों के घरों पर छापा मारा गया किताबें ज़ब्त हुईं और उन्हें या जेल में ठूँसा गया या फिर शूट कर दिया गया।

इधर मुजाहिदीन व फ़िदाईन ख़ल्क़ (मार्क्सवादी गुरिल्ला) जो शाह के समय में संघर्षरत रहे थे और जनता में बड़े लोकप्रिय थे उनका और इस्लामी गणतन्त्र का मतभेद आरम्भ हुआ, इस्लामी उसूलों व सरकार को लेकर वामपन्थियों ने कुछ समय बाद ही धीरे-धीरे करके सरकार की आलोचना करना आरम्भ कर दी थी उस समय कोई भी नहीं समझता था कि इस्लामी गणतन्त्र जो निर्धारित समय के लिए था वह जम जाएगा, बज़रगान की सरकार समाप्त हो चुकी थी, कुछ समय के लिए

उसके कुछ मौलवी सरकार के अंग बने और फिर खुला चुनाव हुआ। चुनाव के बाद ही आयतउल्लाह तालग़ानी की अचानक मौत और फिर चुनाव का जीतना और इस्लामी गणतन्त्र का बनना।

साम्यवादी छः मास बाद ही कहने लगे कि ईरान में नाम भर का ही नारा है अमेरिका के विरुद्ध वरना पूर्ण रूप से ईरान में अभी भी अमेरिका का साम्राज्य है मगर उन पर आरोप लगाया गया कि वे रूस के हमदर्द हैं जबकि स्वयं रूस की हमदर्द पार्टी तोदे पार्टी पूर्ण रूप से इस्लामी गणतन्त्र का समर्थन कर रही थी। इस तरह से स्वयं साम्यवादी गिरोहों के बीच वर्तमान सरकार को लेकर वाद-विवाद उठ खड़े हुए कोई सरकार को पूर्ण बूर्जुवा कहता कोई उसे अमेरिकी शत्रु बहरहाल यह वाद-विवाद बढ़ते-बढ़ते मतभेद का एक ऐसा भीषण रूप धर बैठा कि सारे वामपंथी, एक-दूसरे पर कीचड़ उछालने लगे। तोदे पार्टी वाले धीरे-धीरे करके सरकारी दफ़्तरों, मन्त्रालयों में जमने लगे। उनका समाचार-पत्र, उनकी पुस्तकें, उनके लेख, उनके भाषण सब कुछ सरकार के समर्थक थे। उनके लिए काफ़ी था कि यह सरकार जो भी गलतियाँ कर रही है जो भी अनुचित हरकतें कर रही है बुरा नहीं है। क्योंकि इसकी सबसे बड़ी ख़ूबी यही है कि यह पूर्ण रूप से अमेरिका की शत्रु है मगर अन्य गुरिल्लास पैकारी (माऊईस्ट) राहेकारगर इत्यादि समुदायों का कहना था कि उसकी एक ख़ूबी के बदले हम दूसरी आलोचनाओं से आँखें बन्द नहीं कर सकते हैं क्योंकि रूस भी पूर्ण रूप से साम्यवाद न ला पाया है न उसमें पूर्ण कामयाब हुआ है। हमारी भौगोलिक स्थिति भी ऐसी नहीं है कि हम आँख बन्द करके उसके बताए पथ पर चलें। हमें अपनी कठिनाइयों के अनुसार समस्याएँ हल करनी हैं मगर इन बातों को समझने व देखने का धैर्यपूर्वक किसके पास समय था जिसने ज़बान खोली उसे इंक़िलाब का शत्रु क़रार दे दिया गया।

आज ईरान की वर्तमान स्थिति ऐसी है कि साम्यवादियों के दो गिरोह हो गए हैं (लगभग 40 गुट हैं) हर गिरोह दो शाखाओं में बँट गया एक ऐसे साम्यवादी जो पूर्ण रूप से इस सरकार के कार्यों व सियासी क़दम को नकारते हैं और आलोचना करते हैं, दूसरे वह साम्यवादी जो सरकार को मानते हैं और चाहते हैं कि उससे बनाकर यदि रहें तो उससे लाभ होगा एक तो जान माल का दूसरे विचारात्मक स्वतन्त्रता भी मिलेगी समाचार-पत्र व पुस्तकें छपेंगी और विचारधारा का काम धीरे-धीरे आगे बढ़ता जाएगा। इस षड्यन्त्री स्वभाव ने हर दोनों तरफ़ हानि पहुँचाई है। इस्लामी गणतन्त्र को और स्वयं साम्यवादियों को। अब तो यह हाल है कि सरकार स्वयं उन साम्यवादियों को नहीं क्षमा कर पा रही है जो ऊपरी रूप से संविधान को मान चुके हैं। अगर अन्दर से वह उसकी जड़ खोखली कर रहे हैं तो उन्हें उनकी इस चतुरता का अहसास हो गया है और तोदे पार्टी की स्थिति शोचनीय हो गई है। मगर इतनी नहीं जितनी अन्य गुटों की है। तोदे पार्टी की दी गई सनदों

व नामों के कारण मुजाहिदीन पैकारी, राहेकारगर, अक़्लीयत गुरिल्लाओं को बड़ी भारी जानी क्षति का सामना करना पड़ा है। घर-घर से मुजाहिदीन व गुरिल्ला समुदायों को निकालकर भूना गया। आज ईरान में लगभग तीस हज़ार सियासी क़ैदी हैं जिनमें शत-प्रतिशत बच्चे व नौजवान हैं, घमासान लड़ाई चल रही है। इस लड़ाई का धरातल ख़ालिस विचारात्मक है सो कोई किसी को मानवता के नाम पर बख्श नहीं रहा है क्योंकि हर समुदाय अपने को मानवता के लिए लड़ने वाला योद्धा और दूसरे को उसका शत्रु समझ रहा है। सारा ईरान अमेरिका के विरुद्ध है मगर स्वयं अमेरिका बड़े आराम से आपसी फूट डलवाकर ईरान-इराक़ युद्ध आरम्भ करवाकर ईरान को वीरान कर रहा है।

स्वर्गीय आयतउल्लाह बेहिश्ती इस्लामी गणतन्त्र पार्टी के अध्यक्ष व इस्लामी कोर्ट के चीफ़ जस्टिस पर खुला आरोप था कि उन्होंने अमेरिकन दूतावास के बन्धकों को केवल इसलिए पकड़ रखा है कि बाज़रगान सरकार समाप्त हो गई, आशा थी कि लोगों के मन में अमेरिका के प्रति थोड़ा हमदर्दी भाव बढ़ेगा और फिर अमेरिकन ईरान में लौट आए। अमेरिका किसी प्रकार से ईरान को अपने हाथ से जाने नहीं देना चाहता था क्योंकि उसका सबसे बड़ा बाज़ार ईरान था, आज अमेरिका की आर्थिक दशा को टूटना ही इस बात का प्रमाण है कि पेट्रो-डालर के नाम पर चौगुनी क़ीमत पर वह ईरान को गेहूँ से जूते, शृंगार सामग्री से लेकर फल तक भेजता था और तो और काग़ज़ के रूमाल भी अमेरिका से आते थे पूर्ण रूप से ईरान अमेरिकन बाज़ार पर आधारित था।

आज स्वयं इस्लामी गणतन्त्र पार्टी में ज़मीन वितरण को लेकर दो विचार बन गए हैं इमाम ख़ुमैनी के अनुयायी मन्त्री व अन्य लोग ज़मीन को किसानों में बराबर बाँटने के पक्ष में हैं मगर अंजुमने जिदे बहाई जो कि इस पक्ष में नहीं हैं उसमें आयतउल्लाह गुलपायगानी महत्त्वपूर्ण हैं यह लोग 'हुज्जती' के नाम से प्रसिद्ध हैं इमाम के अनुयायी अमेरिका के विरुद्ध हैं मगर हुज्जती इमाम को नहीं मानते हैं वह अमेरिका को चाहते हैं और रूस के शत्रु हैं। कहा यही जा रहा है कि वर्तमान क़त्ल व ख़ून-ख़राबे में इन्हीं लोगों का हाथ है वे चाहते हैं कि चुन-चुनकर वामपन्थी मारे जाएँ फिर अमेरिका का रास्ता साफ़ हो। यह सही है कि हर ईरानी बुद्धिजीवी लगभग साम्यवादी विचारधारा का है सो यह युद्ध कहीं पर जाकर रूस व अमेरिका का हो जाता है।

हुज्जती आयतउल्लाहों जिनकी संस्था शाह के समय में दो हिस्सों में बँट गई थी उसका कारण था एक पक्ष का कहना था कि अमेरिका की सहायता के बिना शाह को हटाना नामुमकिन है मगर दूसरे पक्ष वालों का कहना था कि नहीं अमेरिका वास्तव में हमारा दुश्मन है उसको हटाना है इसी को लेकर उस पार्टी में फूट पड़ गई। आज भी वही लोग कहते हैं कि बिना अमेरिका की सहायता

लिए कुछ नहीं हो सकता है सो इमाम को हम नहीं मानते हैं फिर तबरीज़ी व इस्लामी मुल्लाओं का आपसी सत्ता लोभ भी बढ़ रहा है। सियासत-दर-सियासत का खेल जारी है। इमाम ख़ुमैनी पर हर प्रकार का भार हर प्रकार का आरोप लगाकर कुछ लोग अपना उल्लू सीधा कर रहे हैं जिसका जो मन करता है वही कर रहा है 'मृत्युदण्ड' के बारे में आयतउल्लाह ख़ुमैनी ने कहा था कि क्यों न मृत्युदण्ड दिया जाए? आज उन्हीं की इस बात को लेकर कहते हैं कि स्वयं इमाम मृत्युदण्ड के पक्षपाती हैं। पर क्या इमाम को सारी बातों का पता है? क्या इमाम धार्मिक नेता न होकर एक दक्ष राजनीतिक खिलाड़ी है? बाक़ी लोग क्या कर रहे हैं?

इमाम ख़ुमैनी का नारा है 'न पश्चिम न पूर्व' वे दोनों के ख़िलाफ़ हैं पूर्व से उनका तात्पर्य रूस है और पश्चिम से अमेरिका, यह नारा अपनी जगह है मगर आज जितने भी व्यापारिक सम्बन्ध बने हैं वे सब पश्चिमी यूरोप व सोवियत लैण्ड से हैं। इन्हीं देशों में भारत का नाम भी आता है। अनचाहे रूप से ईरान का झुकाव सोवियत लैण्ड की तरफ़ हो रहा है, फ़िल्में चाहें वह टी. वी. पर हो या सिनेमाघरों में वह तो पोलैण्ड की होती हैं या फिर सोवियत लैण्ड की, सारी की सारी इंक़िलाबी व संघर्षमय।

पिछले वर्ष ईरान में मार्क्सवादी किताबें भरी हुई थीं, सड़कें, दुकानों पर जैसे किताबों की बाढ़ आ गई थी मगर अब दूर-दूर तक किसी भी नई-पुरानी पुस्तक का नाम व निशान न था। पूछने पर किसी ने कहा, "यह मुजाहिदीनों से पूछिए उन्हीं के कारण ऐसा हुआ है वरना तो पिछले साल लिनेन ख़ुद ईरान की सड़कों पर टहलते नज़र आते थे, उनके आतंककारी व्यवहार ने सारी स्वतन्त्रता छीन ली।"

"आपका कहना उचित है मगर तोदे पार्टी का अख़बार 'मरदुम' क्यों बन्द हो गया वह पार्टी तो सरकार की निन्दा करती है न ही आलोचना।"

गेहूँ के साथ घुन भी पिसता है मगर फ़र्क़ क्या है? कियानूरी, अहसान तबरी जितने लोग हैं उन्होंने कम बलिदान किया है? जेल गए, किताबें लिखीं इत्यादि।

"मगर कहने वाले कहते हैं यदि कियानूरी को देश का दर्द था तो लड़ने की बजाय देश से भागकर रूस में क्यों रहे? उसी देश में रहकर संघर्ष करना कठिन है आपको स्वयं अन्दाज़ा होगा।"

"वह तो ठीक है मगर उस समय मजबूरी थी अन्य रास्ता न था।"

तोदे पार्टी का दोस्ताना व्यवहार भी काम न आया और बड़ी तादाद में मार्क्सवादी साहित्य व साहित्यकारों की उपलब्धियाँ जलाई गईं। संक्षेप में इतनी किताबें ईरान में तब जलीं और बरबाद हुई थीं जब अरबों का हमला हुआ था कहते हैं एक ईरानी बुद्धिजीवी ने इंक़िलाब से पहले ईरान इतिहास के बारे में बात करते हुए कहा था कि "जिन्होंने हमारा प्राचीन साहित्य जलाया था वह अरब नहीं थे बल्कि हम स्वयं थे आज उनकी बात में सच्चाई नज़र आ रही है कि आज

ईरान के साहित्य को जलाने वाले अमेरिकन नहीं बल्कि स्वयं ईरानी हैं। वर्षों की मेहनत एक क़ौम के विचार एक नस्ल के अहसासात एक देश का धन दो हफ़्ते में जलकर राख़ हो जाए और दूसरी किताबों की लुगदी बना दी जाए। बहुत निर्मम बहुत निष्ठुर सरकार है जो लाखों इन्सानों की मेहनत पर केवल अपने ढंग को लादने की क्रिया में सब कुछ भस्म कर दे। क्या ईरान के नाम पर जो सरकार है वह वास्तव में ईरानी है?

विश्वविद्यालयों को बन्द हुए दो वर्ष से अधिक हो रहे हैं। 'सांस्कृतिक इंक़िलाब' की प्रतीक्षा में नहीं खुल रहे हैं कब होगा उसका कार्यक्रम, क्या होगा कुछ पता नहीं। कल तक बनीसद्र प्रगतिशील विचारवालों के ख़िलाफ़ थे उन्हीं के कारण हंगामा हुआ। उनका कहना था कि वह मेरा क़ामयाब दिन होगा जब मैं फुल बूट के साथ विश्वविद्यालय में दाख़िल हूँगा हुआ भी वही। वह प्रगतिशीलों का गढ़ उजड़ गया अब दरवाज़े बन्द हैं वहाँ पर सीमेण्ट-बालू की बोरियों के पीछे बन्दूक़ लिए पासदार बैठा है शाह के समय में पहरेदार गेट पर खड़ा रहता था। मैं फ़ारसी के अध्यापक से मिलने विश्वविद्यालय गई मालूम हुआ यह गेट बन्द है पीछे से जाइए। पीछे जाने पर वे पूर्ण रूप से पूछताछ करने लगे मेरा बैग, मेरा पर्स उन्होंने देखना चाहा। जाने क्यों मन किया लौट जाऊँ सरकारी दफ़्तर में जब यह होता है तो बुरा नहीं लगता मगर यहाँ विश्वविद्यालय में? यह कहकर लौट आई कि जब तक यहाँ यूँ पहरा रहेगा मैं दाख़िल नहीं हूँगी। पूरा कैम्पस सुनसान पड़ा था आधे से अधिक प्रोफ़ेसर शाही व दरबारी थे सो निकाल दिए गए थे। अब तीन-चार टीचर थे जो अपने कमरे में जाकर बैठते थे विद्यार्थी तो थे नहीं जो पढ़ाने का काम होता, शाह के समय में 'कंकूर' परीक्षा इतनी कठिन होती थी पास करना मुश्किल काम था जिससे कि बहुत कम विद्यार्थी विश्वविद्यालय में दाख़िला ले पाते थे शिक्षा का स्तर इण्टरमीडिएट तक ही था ईरान में मगर अब भी वही है। बहुत से विद्यार्थी अपना समय कैसे गुज़ारें समझ नहीं पाते हैं इसीलिए सियासी रुचि ईरान में तेज़ी से बढ़ रही है। बेकारी है समय बहुत है कहाँ ख़र्च करे अपने बल को नई नस्ल? सो एक तेज़ इंक़िलाबी लहर है जो जवानों को अपने लपेट में ले रखा है, सारे इस्लामी पहरेदार, पासदार जवान व नौजवान देहाती हैं सीधे-सादे और ईमानदार अपने वचन के पक्के, सियासत व दाँव-पेंच से कोसों दूर। लड़ाई में मारे जाने वाले सारे ग़रीब वर्ग के लड़के उत्तरीय जंगलों व कुर्दिस्तान में लड़ने वाले गुरिल्ला और पूरे ईरान में आतंक फैलाने वाला समुदाय मुजाहिदीन जिसके नेताओं में से एक नेता मसूदरज़वी जिनकी उम्र केवल बत्तीस वर्ष है। यह नई नस्ल तीन वर्ष से लगातार जूझती अपनी जान की बाज़ी लगा रही है।

सुन रखा था कि ईरान में बच्चों और लड़के-लड़कियों को गोली से भूना गया है यक़ीन नहीं आया। लगा विदेशी समाचार-पत्र हैं जो ऐसा लिख रहे हैं मगर

ईरान में जाकर महसूस हुआ कि गोली से उड़ा देना, मार देना, मामूली बात हो गई है न अब मारने की प्रतीक्षा होती है न ही मुक़दमे व जेल ले जाने की जहाँ भी शक जागा कि यह सरकार का दुश्मन है उधर गोला लपका और वह शहीद। शिक्षा मन्त्री से मैंने पूछा कि ऐसा क्यों हुआ, जवानों को तो विचार की स्वतन्त्रता देनी चाहिए। बोले, ''विचार तक ठीक है मगर जब वे हथियार उठाकर जनता पर आक्रमण करें तो हमारा कर्तव्य क्या बनता है यदि आपको विश्वास नहीं आप स्वयं स्कूलों में जाकर देखें और हमें बताएँ कि घुटन और ज़ुल्म कहाँ हैं?''

स्कूलों में गई मालूम हुआ पूर्ण हिज़बउल्लाही माहौल था। दीवारों पर लिखा था ''कम सोओ क़ुरान अधिक पढ़ो।'' पूरे स्कूल में संसद के सदस्यों की तस्वीर लगी हुई थीं एक अजीब उदासी भरा माहौल था। एक लड़कियों के कॉलेज में गई वहाँ का माहौल बड़ा रोचक था। हिज़बउल्लाही व प्रगतिशील विचारों की लड़कियों में पर्दे को लेकर बहस छिड़ी, हिज़बउल्लाही लड़की का कहना था कि मैं बिना पर्दे निकलना बुरा समझती हूँ मेरे खुले बाल व खुले हाथ-पैर देखकर लड़के उत्तेजित हों। मुझे मंजूर नहीं, प्रगतिशील विचार वाली बोली, ''पर्दा, शर्म निगाह की होती है फिर लड़कियों को ज़िम्मेदार ठहराया जाता है इस बारे में लड़कों को भी तो शिक्षित किया जा सकता है। सारे ज़ुल्म, सारे भ्रष्टाचार की ज़िम्मेदारी स्त्री पर क्यों है?''

ललित कला का लड़कों का कॉलेज था, लड़कों ने मुझे घेर लिया। ख़ुदारा मत पूछिए हम जेल में हैं। कला के नाम पर यहाँ कुछ नहीं होता है। कुछ पूछो तो बूढ़े अध्यापक कहते हैं अपने माँ-बाप से पूछो, अन्दर जाकर पता चला सारे अध्यापक जवान हैं परन्तु हिज़बउल्लाही, करीब छः हजार लड़के थे ऊपर नमाज़ केवल पचास लड़के पढ़ रहे थे बाकी ग्राउण्ड में खाने-पीने गप्प मारने में मगन थे। जब मैं प्रिंसिपल के कमरे से मिलकर आ रही थी तभी सीढ़ियों पर मुझे एक लड़के ने रोका। ''मैडम! आप सबसे प्रश्न पूछ रही हैं मुझसे पूछें यह प्रिंसिपल बहुत बुरा आदमी है मैं इसके सामने कह रहा हूँ। पिछले साल मुझे कॉलेज से निकाल दिया गया।''

''तुम मुजाहिदीन हो?''

''नहीं। मगर सच बात कहता हूँ इस स्कूल में से क्या हर स्कूल से छँटनी हुई है कोई भी लड़का न अब यहाँ वामपन्थी है न मुजाहिदीन सबको इन्होंने निकाल बाहर कर दिया है बस अपने लोग हैं और आप इसे लिखिएगा।''

सामने प्रिंसिपल को घेरे लड़के खड़े थे नीचे मैं उस लड़के के साथ मौजूद थी। लगता था कि ऊपर वाले इस बिफरे शे'र से घबराए हुए हैं।

कॉलेज के दरवाज़े पर ताला लगा था पूछा यह क्यों? जवाब मिला शान्ति के लिए, दरवाज़ा खुला रखूँ तो यह लड़के इधर-उधर जाएँगे जवाब हमें देना पड़ेगा

फिर कब कौन बम कहाँ रख दे मालूम नहीं है।

आजकल तलाशी तो सबकी होती है स्कूलों में बिना तलाशी के कोई भी विद्यार्थी नहीं घुस पाता है एक आम शिकायत जासूसी की है सो सब दम साधे रहते हैं, मित्रों से भी सँभलकर बात करते हैं। जितने भी प्रिंसिपलों से मैं मिली मुश्किल से उनकी उम्र बाईस से पच्चीस वर्ष थी, सबसे दिलचस्प एक मिडिल लड़कियों का स्कूल था जहाँ पर सारी टीचरें बड़े ज़ोरदार तरीक़े से अमेरिका व कम्युनिज़्म को कन्डम कर रही थीं तभी मैंने पूछा, ''सुनो यदि कल आपके इमाम कहें कि अमेरिका बुरा नहीं है तो आप भी कहने लगेंगी?''

''कभी नहीं, हमने इंक़िलाब इस्लाम के लिए किया है यदि इमाम ग़लत बातें कहेंगे तो हम उसको नहीं मानेंगे, हमारा उद्देश्य इस्लाम है।''

''बहुत ख़ुशी हुई कि आप उद्देश्य मानकर चल रही हैं, व्यक्तित्व के अधीन नहीं हैं।'' मैं कहकर लौट आई मगर लगा कि एक पार्टी का यह ज़ोर कब तक चलेगा? शाह की सारी कोशिशों अमेरिका की सारी चतुरता के बाद भी उसे जाना पड़ा और लोकप्रिय प्रधानमन्त्री को जेल में गोली खाकर दम तोड़ना पड़ा। यह दशा केवल स्कूलों में नहीं है बल्कि सारे दफ़्तरों व मन्त्रालय में भी है। चूँकि जासूसी धर्म की दृष्टि से बुरी चीज़ नहीं है सो जमकर जासूसी हो रही है हर आदमी शिकारी की निगाह से आपको देखता है आपका अब आचरण, आपका व्यवहार, आपकी बातों में शब्दों का प्रयोग तक आपकी राजनीतिक समझ और विचारधारा का बखान करता है, सो हर आदमी भाषा का पारखी बन बैठा है और जमकर उसी के आधार पर रिपोर्ट होती हैं, लोग जेल जाते हैं, गोली से उड़ाए जाते हैं, उन्हें फाँसी होती है, नौकरी से निकाला जाता है संक्षेप में आज इस्लामी गणतन्त्र सरकार नहीं बल्कि जनता की सरकार है जनता जहाँ जो फ़ैसला ले ले कोई ज़रूरी नहीं है कि यह फ़ैसला सर्वप्रिय हो हर शहर में मोहल्ले में एक गिरोह कुछ भी क़ानून बना सकता है चाहे उसका ज्ञान इस्लामी मृत्युदण्ड के बारे में शून्य ही क्यों न हो मगर वह इमाम, इस्लाम, क़ुरान पर विश्वास रखता है। उसके प्रति आदर रखता है यही काफ़ी है चाहे यह आदर विश्वास दिखावा ही क्यों न हो मगर क्या कहा जाए भावी इमाम आयतउल्लाह मुन्तज़री ने अन्तिम राष्ट्रपति के चुनाव से पहले कहा था जब उनसे पूछा गया कि ''आप नए राष्ट्रपति के चुनाव के बारे में क्या कहेंगे, कौन होगा?''

''मैं कुछ कह नहीं सकता हूँ आज इस्लाम नारों में बदल गया है। इन नारों के बारे में क्या कहूँ मैं।''

इंक़िलाब के बाद जो लोग सरकार के रूप में सामने आए थे वह बारह साल, पन्द्रह साल से जर्मनी, अमेरिका व पेरिस में रह रहे थे। उन्हें ईरान की वर्तमान दशा का कितना ज्ञान था कहा नहीं जा सकता था। सारी ज़िन्दगी पश्चिमी देशों में काटकर ईरान को रूढ़िगत परम्पराओं में बाँधना चाहते थे और बाँधा भी, क़लम

व विचार की स्वतन्त्रता तो कहीं लुप्त हो गई। वर्गों की असमानता का मसला धरा ही रह गया और एक नए इस्लामी धर्म का दर्शन व क़ानून बनने व लागू होने लगा। धीरे-धीरे करके लोगों की अप्रसन्नता बढ़ती गई। शाह के समय के सारे इंक़िलाबियों को जासूस या इंक़िलाब का शत्रु क़रार दिया जाने लगा, बाज़रगान की सरकार के टूटते ही जमकर मुस्दिक़ के नेशनल फ्रण्ट की आलोचना की गई और कहा इस्लाम धर्म अन्तर्राष्ट्रीय है वह सीमा को नहीं पहचानता है। इसका शत्रु इम्पीरियलिज़्म व सहौनिज़्म है। नेशनल फ्रण्ट वाले केवल अपने देश के बारे में सोचते हैं। यह लिबरल विचारधारा के लोग हैं जो केवल देश का नफ़ा-नुक़सान देखते हैं इनकी कोई विशेष विचारधारा नहीं है बल्कि यह तो समय आने पर अमेरिका से भी सम्बन्ध बना सकते हैं। इस प्रचार से बाज़रगान केवल संसद सदस्य बन गए, सनज़ाबी ख़ामोश रह गए केवल बख़्तियार पेरिस में बैठे अद्‌भुत वक्तव्य देते रहे जो एक के बाद एक अर्थहीन व महत्त्वहीन होकर रह गए, इसी नेशनल फ्रण्ट के वामपन्थियों ने भी जमकर आलोचना की और राष्ट्रपति बनीसद्र को उसी फ्रण्ट का बताया, बनीसद्र का व प्रधानमन्त्री रज़ाई का मतभेद रूढ़िवादी व लिबरल इस्लाम का था। जो बढ़ते-बढ़ते इमाम व बनीसद्र में हो गया और बनीसद्र को देश से भागना पड़ा क्योंकि उन्होंने कुछ महत्त्वपूर्ण व्यक्तित्व पर आरोप लगाया था जिसकी बुनियाद सत्य हो या झूठ पर बनीसद्र के विरुद्ध हिज़बउल्लाही हो गए। मुजाहिदीन आरम्भ से ही इस्लामी गणतन्त्र की आलोचना कर रहे थे, चूँकि सत्ता में थे नहीं इसलिए वह किसी धार्मिक व्यक्तित्व को नेता बनाना चाहते थे। उनकी दृष्टि तालग़ानी पर पड़ी जो प्रगतिशील विचार रखने वाले आयतउल्लाह थे मगर उनका भी सफ़ाया कर दिया गया। उनका अपना पुत्र पैकारी (माऊईस्ट) गुट का था, इस बात को ख़ूब उछाला गया और आयतउल्लाह तालग़ानी धीरे-धीरे करके नई होती घटनाओं में खो गए। मुजाहिदीन फिर अकेले रह गए अब उनके पास एक ही चारा था वह था बनीसद्र का सहारा, मगर उनमें भी वह कामयाब न हुए अन्त में बनीसद्र व मसूद रज़वी को देश से भागना पड़ा। वैसे तो बनीसद्र ईरान में भी छुपे रह सकते थे। संसद ने उन्हें मृत्युदण्ड दिया था। ऐसे समय में बाहर निकलना अपने में एक चुनौती थी वह भी शाह के विशेष पायलेट के संग। उनके साथ अन्य लोग भी थे जो लौट आए और कहा कि हमने तौबा कर ली है। सो उनका स्वागत फूलों के हारों व गुलदस्ते से किया गया। सारी कहानी सुनकर लगता है जैसे यह दक्ष राजनीतिक नहीं बल्कि एक बच्चों की कॉमिक का एक पात्र है जो जोख़िम उठाकर साहसिक कार्य करता है।

मसूद रज़वी की कटु आलोचना इस्लामी गणतन्त्र जमकर कर रहा है, मसूद रज़वी के इस क़दम को लेकर मुजाहिदीनों के दो समुदाय हो गए हैं मगर रणक्षेत्र में डटे हुए हैं रोज़ गोलियों की बौछारों, प्रचारों से उनके समुदाय का बदन छलनी

हो रहा है तो भी वह अपना युद्ध जारी रखे हुए हैं। यह अपने में बड़ी अद्भुत बात है। आम लोग दाँतों तले उँगली दबाकर कहते हैं, "कैसे कोई अपने पेट पर बम बाँधकर शत्रु के संग मर सकता है? हिज़बउल्लाही पार्टी का तो कोई भी ऐसा बलिदान न कर पाया?"

वास्तव में ईरान प्रतिशोध की आग में तो जल ही रहा है मगर उसका वास्तविक कारण है सत्ता का जुनून। हर समुदाय हर पार्टी अपनी सत्ता चाहती है यही युद्ध अब स्वयं आयतउल्लाहों में नज़र आ रहा है। भूमि को लेकर यह मतभेद खुलकर सामने आ रहा है, इमाम खुमैनी वामपन्थियों के नारे 'धरती उसकी जो उसे जोते' के अनुसरण में क़दम उठाना चाहते हैं। इमाम के अनुयायी रफ़्तसनजानी (अध्यक्ष संसद), राष्ट्रपति ख़ामनई, प्रधानमन्त्री मौसवी व अन्य लोगों का झुकाव रूस की ओर बढ़ रहा है। मगर इसके विपरीत आयतउल्लाह गुलपायग़ानी व अन्य मुल्ला इसके विरुद्ध हैं उनका झुकाव अमेरिका की ओर है वह इमाम की सत्ता को सीधे ढंग से तो नहीं परन्तु घुमा-फिराकर नकारते हैं। यह सच है कि वर्ष भर पहले रूढ़िवादिता का अज़दहा ईरान को निगल नहीं रहा था जो आज हालत है जिनका ईमान, इमाम व इस्लाम था मगर वे रूढ़िवादी न थे आज वह स्थानों से हटाए जा रहे हैं। यह कहकर कि वे लिबरल व मुजाहिदीन हैं? क्या यह ख़ामोश कोशिश हुज्जतियों (गुलपायग़ानी) की नहीं है जो आहिस्ता-आहिस्ता करके हर स्थान पर छा जाना चाहते हैं और फिर इमाम व हिज़बउल्लाही पार्टी का पत्ता साफ़ करना चाहते हैं। संसद में हुज्जतियों की संख्या बढ़ रही है।

ईरान के प्रसिद्ध क़बीले (शीराज़) के सरदार नासिर ख़ाँ के पास केवल तीस हज़ार जंगी घुड़सवार हैं इसके अलावा टैंक, मशीनगन, बन्दूक़ें कितनी हैं? वे वास्तव में अमेरिका को चाहते हैं, शाह का पूरा परिवार अमेरिका की सहायता से ईरान पर आक्रमण करना चाहता है स्वयं ईरान में सवाकियों का परिवार, व अन्य व्यापारी व मध्यवर्गीय लोग जिनका व्यक्तिगत नुक़सान हुआ है वह शाह के पुत्र या अमेरिका को चाहते हैं। रूस व साम्यवाद से उन्हें भय है कि कहीं उनसे उनका वह सब कुछ छीन न लें और वह मज़दूरों जैसी ज़िन्दगी व्यतीत करें।

इधर साम्यवादी समुदायों में भी मतभेद हैं तोदे पार्टी तो रूस की ओर है परन्तु अन्य समुदाय जो चीन की ओर झुके हैं या दोनों को रद करते हैं वह एक-दूसरे के साथ इमाम व उनकी सरकार की आलोचना करते हैं भले ही उनकी आलोचना शत-प्रतिशत ठीक है मगर उनकी इस आलोचना से लाभ इंक़िलाब के शत्रुओं को हो रहा है। एक साम्यवादी जो पहले मुजाहिदीन था बोला, "मैं अब स्वतन्त्र हूँ सबके रूप रंग देखे हैं अब मेरा विचार यह है कि सरकार की इसलिए आलोचना मत करो कि वह अमेरिका की शत्रु है कोई तथ्य नहीं है इसमें बल्कि मैं इस नतीजे पर पहुँचा हूँ कि हर गलत काम की आलोचना करनी चाहिए चाहे वह जिसके

द्वारा किया गया हो। हम अमेरिका, चीन, रूस कुछ नहीं चाहते हैं अपनी धरती पर साम्यवाद लाना चाहते हैं।''

पूरी स्थिति यह है कि ईरान हज़ारों गुटों में बँटा आपस में संघर्ष कर रहा है इसका कारण शाह की वह घुटन है जो उसने यह कहकर ईरानियों को दी थी कि ''अभी हमारे देशवासी इस क़ाबिल नहीं हैं कि उन्हें राजनीतिक शिक्षा दी जाए और बोलने की स्वतंत्रता'' मगर जब तख़्ता हिलने लगे तो उस समय प्रधानमन्त्री ने थोड़ा बहुत सेंसर कम किया था मगर देर हो चुकी थी लोगों में जागृति आ गई थी वह रुक नहीं सकते थे आज वही स्थिति है कि तीस वर्ष की घुटन के बाद वह एक दूसरे को पहचान रहे हैं और इस अवस्था में यदि मतभेद, मनमुटाव, शत्रुता, कट्टरपन, प्रतिशोध बढ़ रहा है तो आश्चर्य की बात नहीं है क्योंकि ख़ून के स्नान के बग़ैर कोई भी इंक़िलाब वजूद में नहीं आया है।

आम जनता इस संघर्ष में पूर्ण रूप से चकराई हुई है कि कौन सच्चा है कौन झूठा। अधिकतर लोग टी. वी. देखते हुए कहते हैं कि ''हमें तो अब कोई भी नेता अच्छा नहीं लगता है जिस पर विश्वास किया जाए, जिसका आदर किया वही झूठा निकला। तीन वर्षों में केवल षड्यन्त्र व धोखा देखा है मन खट्टा हो गया है बस अपनी तो भगवान से यही प्रार्थना है कि शीघ्र ईरान को आबाद करे।''

यदि जनता का, चाहे वह आबादी का चालीस प्रतिशत ही क्यों न हो सरकार से विश्वास उठ जाए इससे दर्दनाक स्थिति और कोई नहीं हो सकती है। इसका छोटा-सा उदाहरण है कि बहुत कम लोग बैंक में पैसा रखते हैं बैंक ख़ाली पड़े हैं, रोज़ इमाम ख़ुमैनी कहते हैं कि अपना धन बैंक में रखो चाहे वह दो रुपया ही क्यों न हो मगर सबको अपने रुपये छीने जाने का डर है सो घर में छुपाए रखते हैं, बेकारी, महँगाई इतनी बढ़ गई है कि आदमी अपने भविष्य से डरा हुआ है और पैसा-पैसा सँभालकर रखना चाह रहा है। रोज़ कारख़ाने बन्द हो रहे हैं चूँकि हड़ताल करना व जुलूस निकालना क़ानून की ओर से मना है सो ऐसी स्थिति में बग़ावत करने वालों पर गोली भी चलती है और वह जेल भी जाते हैं।

एक टैक्सी ड्राइवर ने बड़े दुःख से कहा कि ''मैंने अस्सी कोड़े खाए हैं न पूछिए कि कैसी पीड़ा सही है क्योंकि वह शब्दों में वर्णन नहीं हो सकती है। ग़लती क्या थी? केवल टैक्सी में मसूद रज़वी का चित्र लगाए हुए था, चूँकि जेल भरे हुए हैं जगह नहीं है सो कोड़े मारकर मेरी छुट्टी कर दी गई मगर हर हफ़्ते हाज़िरी भरने कमेटी जाना पड़ता है। घृणा तो मन में ऐसी है कि मन करता है मशीनगन से सारे मुल्लाओं को भूनकर रख दूँ मगर फिर सोचता हूँ कि इसका हल इनकी मृत्यु नहीं हैं क्योंकि डॉ. बेहिश्ती से लोग जितनी नफ़रत करते थे, उनके मरने

के बाद उनसे मोहब्बत। हम ईरानी मुर्दापस्त भी तो हैं।''

एक मोची से वार्तालाप के बीच मालूम हुआ कि वह पूर्ण रूप से इस सरकार से असन्तुष्ट है पहले वह पासदार था बड़े विश्वास व बलिदान के भाव लेकर वह रात-दिन समाज सेवा में लगा हुआ था मगर एक दिन उसने देखा कि कुछ सरकारी लोग घरों से ज़ब्त किए माल को अपने थैले में रख रहे हैं तब से मन हट गया है और वह अपने पुराने धन्धे की तरफ़ लौट आया। यहाँ भी चैन नहीं है, महँगाई कमर तोड़ रही है रोज़गार है नहीं। वास्तव में शाह के दौर में रोटी तो चैन से मिल जाती थी अब वह बड़ी कठिनता से नसीब होती है, हमने किस उम्मीद से इंक़िलाब किया था मगर हमें नाउम्मीदी हुई है।

इसी प्रकार की नाउम्मीदी व अप्रसन्नता हर वर्ग का आदमी झेल रहा है। इसमें कोई शक नहीं है कि प्रत्येक मनुष्य की अप्रसन्नता उसके व्यक्तिगत लाभ व हानि से जुड़ी हुई है। हो सकता है जहाँ पर व्यापारीगण व विद्यार्थी व कारख़ानों के मज़दूर नाख़ुश हों वहाँ पर कफ़न बेचने वालों को सबसे बड़ा फ़ायदा है। चालीस मीटर कपड़ा कम नहीं होता है जबकि वहाँ पर हर रोज़ पाँच सौ, हज़ार मर रहे हैं। इसी कारण आम बाज़ार में छालटीन मिलना बन्द हो गया है फूलों की सबसे अधिक माँग है। क़ब्रों पर सजाने के लिए साथ ही हर जुम्मे को जब माँ-बाप, बेटे-बेटी, पति-पत्नी एक-दूसरे की क़ब्रों पर जाते हैं तो फूल की शाखें लेकर जाते हैं। बहिश्ते-ज़हरा में गुस्सालों (मुर्दा नहलाने वाले) से जब प्रश्न किया तो बहुत से तथ्य सामने आए जो उनकी व्यक्तिगत आर्थिक स्थिति से जुड़े हैं उसका ज़िक्र यहाँ करना आवश्यक है कि रात-दिन लाशों को धोने के बाद भी वही पाँच गुस्साल हैं न उनकी तनख़्वाह बढ़ी न ही नए गुस्सालों की नियुक्ति, उनका मन तनख़्वाह के न बढ़ने से दुःखी न था बल्कि उनका कहना यह था कि टी. वी. पर एक पैसे वाला आदमी जब सौ रुपया युद्ध के लिए देता है तो उसका नाम आता है मगर हमें पैसा न मिले कोई बात नहीं है मगर धन्यवाद का एक शब्द कभी हमसे नहीं कहा गया जबकि प्रत्येक दफ़्तर प्रत्येक संस्था के लोग टी. वी. पर बुलाए जाते हैं। उनकी इस बात से और उठते जनाज़ों के शोर में शामलू की कविता, 'डर' याद आ गई :

मैं सचमुच मौत से
डरा हुआ नहीं हूँ
चाहे उसके बढ़ते हाथ
अधिक से अधिक
तंग हो जाएँ
मेरा डर, हाँ मेरा डर इस,

धरती पर मरने वालों से है
क्योंकि दफ़्नाने वाले की मज़दूरी
आदमी की स्वतन्त्रता से अधिक है।
ढूँढ़ना, पाना
पसन्द का अधिकार
आत्मदर्शन से
सीमा को ढूँढ़ना,
यदि मौत इन सबसे महान् है
तो मैं हरगिज़
मौत से नहीं डरता।

कफ़न महँगा हो गया, खाना महँगा हो गया, ज़िन्दगी सबसे ज़्यादा सस्ती हो गई वह भी सियासी लोगों की। पूरा क़ब्रिस्तान नई क़ब्रों से जगमगा रहा था, युद्ध के सारे शहीदों के नामों के मोटे-मोटे रजिस्टर थे पूछने पर अभी तक कितने शहीद हुए उत्तर मिला न हम गिनते हैं न नम्बर डालते हैं। उत्तर सुनकर आश्चर्य हुआ तीन इंच मोटा चौबीस इंच लम्बा चौड़ा रजिस्टर देखकर लगा कि अभी तक कई भर चुके होंगे आख़िर कितने…?

ईरानियों को शाह ने बड़े लाड़-प्यार से रखा था कष्ट देखा था न भूख। सामान भरा था, रुपया उबल रहा था बहुत से दिलों में कसक नहीं थी कि कोई कम खा रहा है कोई ज़्यादा अब इंक़िलाब जो हुआ तो खाना ईरान में ज़्यादा है, मगर दूसरी चीज़ों की कमी ईरानियों को अखर रही है सो एक वर्ग उसे इंक़िलाब की हर चीज़ बुरी लगती है बर्तन धोने का साबुन यदि बाज़ार में नहीं है तो बस क़यामत है, ऐसा हंगामा मचता है जैसे कपड़े धोने के पाउडर से बर्तन धुल ही नहीं सकता है। यह छोटी-छोटी बातों की बर्दाश्त बहुत कम लोगों में है जैसे आजकल वहाँ पर राशन में सब कुछ मिलता है लाइन में दो घंटे खड़ा होना उन्हें बुरा लगता है जबकि उन्हीं के लाभ के कारण ऐसा हुआ है जो चीज़ सौ रुपये की बाज़ार में मिलती है वह यहाँ बीस रुपये की मिलती है। मगर नासमझ लोग रोना-पीटना करते हैं शाह के समय को याद करते हैं।

एक बात आश्चर्यजनक है कि ईरान में इंक़िलाब हुआ है सब कुछ छिन्न-भिन्न हो गया है। युद्ध है, गृहयुद्ध है मगर आम लोग आराम से रह रहे हैं, न डकैती, न चोरी, न मारपीट, न कोई झगड़ा, भाईचारे से आपस में लोग रह रहे हैं एक-दूसरे के दुःख को बाँटते हुए। सड़क पर रात को निकल जाइए कोई कुछ नहीं कहेगा, न आपको किसी प्रकार का ख़तरा है। क़ानून और व्यवस्था ठीक है मगर यही शान्ति यही क़ानून और व्यवस्था आपको उपद्रव के रूप में दिखेगी

जब कोई राजनीतिक मसला होगा, जहाँ पर धैर्य, सहिष्णुता, काव्यपटुता, चतुरता की आवश्यकता होती है वहाँ पर यह भावुक हो उठते हैं और यह भावुकता कई प्रकार की कठिनाइयों को जन्म देती है। इसमें कोई शक नहीं है कि इस्लामी मुल्ला और साम्यवादी दोनों ही बहुत पढ़े-लिखे हैं। अपनी विचारधारा में अटल व दक्ष परन्तु प्रयोगात्मक रूप से शून्य हैं न कभी उन्हें अवसर मिला न उन्होंने प्रयोग किया सो ख़ालिस विचार व उसूल लेकर बढ़ते हैं। चूँकि अपने विचार के प्रति ईमानदार हैं सो भावुक होना आवश्यक हो जाता है और यहीं से आपसी मतभेद का अनचाहा युद्ध आरम्भ होता है।

इस युद्ध का पता सबको चल भी नहीं पाता है। जैसे पाँच वर्ष रहकर एक डॉक्टर दम्पति भारत लौटा, ढेरों सामान और लम्बा बैंक बैलेंस, बड़े आराम से बोले, "हाँ अख़बार व टी. वी. से कभी-कभी पता चल जाता था कुछ हंगामा है वरना तो ज़िन्दगी शान्ति से ही गुज़र रही थी, खाने-पीने का आराम। बाज़ार जाओ जो चाहे ख़रीद लो, जहाँ चाहो जाओ, हमें तो कुछ पता ही न चला।"

इसी प्रकार के बहुत से ईरानी कुटुम्ब हैं जिन्हें कुछ भी पता नहीं चलता है कि क्या घट रहा है ईरान में वह तो केवल चीज़ें ख़रीदकर घर में भरने, मकान बदलने, ज़मीन ख़रीदने व बेचने का हिसाब लगाते रहते हैं। उनके नज़दीक यह सब बेकार का हंगामा है इंक़िलाब वग़ैरह कुछ होता-हवाता नहीं है बस कुछ दिलचस्पी की बात हो जाती है।

ख़ियाबाने इंक़िलाब में एक घर मुजाहिदीनों का पाया गया है। पासदारों को फ़ोन पर बताया गया। चार-पाँच पासदार हथियारों से लैस पहुँच गए मगर अन्दर पहुँचते ही बम फटा और चारों शहीद। इसी तरह से एक औरत रोती हुए कमेटी पहुँची कि मुझ गर्भवती के साथ बलात्कार किया गया है। बात संगीन थी सारे पासदार क्रोधित होकर मेज़ के चारों तरफ़ जमा हो गए जब सारे लोग घटना सुनने में तल्लीन थे एकाएक उस औरत ने चादर फेंकी और हाथ में पकड़ी मशीनगन से सबको भून दिया और बिजली की तरह सड़क पार करती गलियों में गुम हो गई।

पासदारों से एक अजीब नफ़रत लोगों के मन में भर गई सारे पासदार ऐसे न भी हों तो क्या एक मछली पूरे तालाब को गन्दा करती है। यही ईरान में हुआ लोगों के घर में विशेषकर अमीरों के घरों में जाकर उनका माल लूटना आम बात हो गई थी जब जिसका मन करता तब लोगों का दरवाज़ा खटखटाकर वह यह कहकर घुस जाते कि इमाम ख़ुमैनी का कहना है माल बराबर से बाँटा जाए। लोगों की लगातार शिकायतों से इमाम ख़ुमैनी को हुक्म जारी करना पड़ा कि किसी भी पासदार को हक़ नहीं पहुँचता है कि वह व्यापारी महोदय के घरों में घुसे, जब तक

उनके पास सनद न हो।

क़ानून और व्यवस्था जब जनता अपने हाथों में ले ले तो बड़ा कठिन हो जाता है नियन्त्रण करना। ईरान में पुलिस का कोई काम नहीं रह गया, हर फ़ैसला कमेटी व इस्लामी कोर्ट करता है पकड़ना, छोड़ना क़ानून के हिसाब से चालान, यह सब काम पासदारों का है और पासदार की ओर विशेष रूप से सरकार ध्यान दे रही है। पहले वह युद्ध में भेजे जाते थे मगर अब उनका काम केवल शहरों व देहातों तक रह गया है। राष्ट्रपति का कहना है कि पासदारों की ओर सरकार को और अधिक ध्यान देना चाहिए।

आजकल जो भी घटना ईरान में घटती है उसका इल्ज़ाम सीधे मुजाहिदीनों की तरफ़ जाता है। शीराज़ में बस जलाई गई सवारियाँ उतर गईं मगर उस बन्द बस में चार वर्ष का जला बच्चा पाया गया, टी. वी., रेडियो, अखबार हर जगह इसकी चर्चा। बाद में किसी अन्य स्रोत से पता चला कि यह बच्चा चन्द दिन पहले मरा था उसकी लाश बस में रखकर आग लगा दी गई। क्या झूठ है, क्या सच है समझ में नहीं आता है। एक बम की घटना घटती है दूसरे दिन क़ैदी भून दिए जाते हैं उधर क़ैदियों के नाम बताए जाते हैं इधर फिर बम रखा जाता है, यह सिलसिला कहाँ जाकर बन्द होगा पता नहीं है?

मुजाहिदीनों को शिकायत है कि हम आरम्भ से कितनी बार हथियार बन्द युद्ध का ऐलान कर चुके थे मगर सदा अपने को रोका, कई बार इमाम ख़ुमैनी को पत्र डाला कि हम मिलना चाहते हैं मगर उत्तर न मिला न समय, अन्त में जब हम पूर्ण रूप से हार गए और हर तरफ़ से हम पर दबाव था तब मजबूर होकर हमने दिखाया कि यह है हमारा बल। इमाम की कुर्सी के नीचे भी बम रख दिया था, हाँ उसका कनेक्शन अलबत्ता ख़त्म कर दिया था। हम आज भी थके नहीं हैं आज मुजाहिदीन समुदाय के महत्त्वपूर्ण सदस्य ज़िन्दा हैं यह तो सब मरने वाले उनके अनुयायी हैं जो मारे जा रहे हैं हमारी गिनती असंख्य है हम दबेंगे नहीं।

यह तो रही विरोधी समुदायों की बातें स्वयं सरकार किस रूप में यह सारे जंजाल का अवलोकन करती है। उसका कहना है कि अमेरिकाई ताक़तें हैं जो इस प्रकार के इंक़िलाब को बदनाम करके तबाह करना चाहती हैं। इसीलिए वह समाचार-पत्रों में इंक़िलाब के काले रुख का बखान करती है। जो भी हो गृहयुद्ध का आभास पिछले साल ही मुझे मिल गया था। ख़ाली पेट हरिभजन भी नहीं होता है, आर्थिक व्यवस्था न सँभली तो कोई धर्म का पुजारी नहीं बचेगा। यह एक ऐसी सच्चाई है जो जनता के बीच में रहती है सो सारे दरिद्रों का प्रतिनिधित्व करने वाली इस सरकार को जनता की आवश्यकताओं की ओर ध्यान देना पड़ेगा।

ईरान-इराक़ युद्ध का अजीब हाल है कभी घमासान लड़ाई होती है कभी एक दो बम यूँ ही गिरा देते हैं। डेढ़ वर्ष के इस युद्ध ने ईरान की आर्थिक व्यवस्था

की जड़ें हिला दी हैं। केवल इराक़ से युद्ध का सामना इन्हें नहीं करना पड़ेगा बल्कि टर्की, पाकिस्तान व सऊदी अरब, जार्डन से भी ख़तरा बना हुआ है। इंक़िलाब के आरम्भ में सभी देशों को ईरान ने खरी-खोटी सुनाई थी, उसका प्रभाव अच्छा-बुरा सब पर पड़ा था आज ईरान के इस इंक़िलाब के शत्रु अधिक, मित्र कम हैं जो मित्र भी हैं वह भी बहुत सँभलकर क़दम रखते हैं।

इस्लामी गणतन्त्र यदि जाता है तो कौन आएगा बनीसद्र? मालूम नहीं मगर जो भी आएगा युद्ध जारी रहेगा। तब तक एक अच्छी सरकार वहाँ पर नहीं आती है विचारात्मक धरातल पर मतभेद होंगे ख़ून बहेगा, प्रतिशोध की आग भी सुलगती जाएगी मगर एक समय आएगा जब ईरान का सही चेहरा दुनिया के सामने आएगा। कब तक? इसका इन्तज़ार रहेगा।

धर्मयुग, 1982

गिरह खोलने के लिए दाँतों का प्रयोग

तेहरान में भारी बर्फ़ हुई थी। मुलायम बर्फ़ पर चलते हुए पैर अन्दर धँस-धँस जाते थे। दिसम्बर का यह महीना अजीब तरह से मेरा इम्तहान ले रहा था। राष्ट्रपति ख़ामनई से इण्टरव्यू की कोशिश लगातार चल रही थी। इस समय भी लम्बी सड़क का बर्फ़ भरा रास्ता सुरक्षा के कारण मुझे पैदल ही तय करना पड़ रहा था। रिसेप्शन के केबिन में पहुँचकर राहत का अहसास हुआ। इशारे से लड़की ने बैठने को कहा मैंने अपनी बात दोहराई जिसको सुनकर उसने प्रताड़ना भरी शालीनता से कहा, "आप किस अधिकार से राष्ट्रपति का इण्टरव्यू लेना चाहती हैं जब कि आपको यह भी पता नहीं है कि औरत का लिबास क्या होना चाहिए। हाथ में दस्ताने नहीं हैं और पैर में मोज़े नहीं, कम से कम बदन ढँकने का सलीक़ा तो एक औरत होने के नाते आपको आना चाहिए!"

उम्र में वह मुझसे छोटी थी। उसकी बात सुनकर मैंने लम्हा भर उसके चेहरे को ताका और हल्के से मुस्कुराकर संयत स्वर में कहा, "मैं यहाँ मुसाफ़िर हूँ। बहुत सामान लेकर नहीं चली थी हिन्दुस्तान से, आपका प्रेस कहता है कि हम आज़ाद हैं; नेता कहते हैं कि हमसे बात करने पर किसी तरह का कोई प्रतिबन्ध नहीं फिर आप ख़ुद देखें, पिछले दो माह से मैं फ़ोन द्वारा कितनी बार सम्पर्क स्थापित कर चुकी हूँ मगर आप मुझे राष्ट्रपति के पी. ए. तक से बात नहीं करने देती हैं। आज मैं स्वयं निवेदन करने हाज़िर हुई हूँ।"

मेरी बात सुनकर उसके चेहरे के भाव बदले ग़र्म चाय का फ़िनजना समावर से भर कर उसने मेरी तरफ़ बढ़ाया और ठंडी साँस भर कर बोली, "आप हमारी मुश्किलात समझ नहीं पा रही हैं। हम यह सब कहने के लिए मजबूर कर दिए गए। सुरक्षा और आतंक अब यह दो मुद्दे ही हमारी दिनचर्या को तय कर रहे हैं न चाहने पर भी हम पत्रकार अतिथिगण से वह व्यवहार नहीं कर पाते जो ईरानी संस्कृति का हिस्सा है। विदेशी पत्रकारों ने ईरान के बारे में सदा नकारात्मक लिखा है। हमको अपनी हर रपट में जंगली, वहशी, जड़बाती साबित करने की कोशिश की है। जबकि हमारी सभ्यता की तारीख़ उनकी वैज्ञानिक उन्नति से कहीं पुरानी है। इंक़िलाब आया है सब कुछ उलटना लाज़मी है। उस हालत में स्थिति की

विवेचना करने की जगह आलोचना का पक्ष भारी पड़ रहा है जो उचित नहीं है।'' उसकी बातों ने हमारे बीच खिंचे तनाव को तोड़ा। वहाँ पर बैठे दूसरे लोग भी हमारी बातों में शामिल हो गए। चलते हुए उसने वायदा किया कि वह मेरा निवेदन राष्ट्रपति कार्यालय में शाम तक पहुँचा देगी। घड़ी की सूई ग्यारह बजा रही थी। मैं बर्फ़ पर पैर रखती मील भर लम्बा रास्ता तय करती सड़क के मोड़ तक आई मन तरह-तरह के सवालों से घिर रहा था। मेरा वीज़ा समाप्त होने वाला था! जेब ख़ाली थी। क़र्ज़ बढ़ रहा था। इस सारी परेशानियों के बावजूद एक हठ बार-बार मुझे सोचने पर मजबूर कर रही थी कि इस कशमकश पर क़ाबू पाया जा सकता है बशर्ते कि थोड़ी-सी हिम्मत मैं और जमा कर लूँ। पास के पब्लिकबूथ से फ़ोन करती हूँ मगर भारत फ़ोन मिलना नामुमकिन है बस चन्द ख़त भारतीय दूतावास के द्वारा घर से मिले थे। सड़क के मोड़ पर टैक्सी के इन्तज़ार में खड़ी मैं बुरी तरह थकी और बेहाल सी थी। सच तो यह था कि मैं इस मनःस्थिति को लेकर भारत लौटना क़तई नहीं चाहती थी। मुझे अहसास था कि मैं जब ख़ाली हाथ घर की दहलीज़ पर पहुँचूँगी तो मेरे परिवार वाले मेरी नाकामी को सुनकर उदास हो जाएँगे आख़िर वे सब मुझसे दो माह से इस आशा में दूर हैं कि मैं एक दिन लेखों, साक्षात्कारों से लदी-फँदी पहुँचूँगी और घुमक्कड़ी के रोचक, सनसनीख़ेज़, पीड़ा से भरे क़िस्से उन्हें सुनाऊँगी। मेरी उपलब्धियाँ सुनकर उनकी चिंता अतीत के खाते में जाकर उनका विश्वास बहाल कर देगी।

संसद भवन के गेट पर जब मैं पहुँची तो मुझे भूतपूर्व प्रधानमन्त्री बाज़रगान से मिलने की आशा नहीं थी। अभी मैं रास्ता पार कर रही थी कि अचानक संसद सदस्य बाज़रगान को मैंने बिल्डिंग से निकलते देखा। तेज़ी से चलती हुई उन तक पहुँची। सलाम के बाद मैंने अपने भेजे प्रश्नों के बारे में पूछा जिसको मैंने उनको दस्ती तौर पर संसद भवन में काम करने वाले क्लर्क द्वारा भिजवाए थे। जो दरअसल उस परिवार के सदस्यों में से एक थे जिनके घर मैं पेइंगगेस्ट के रूप में रह रही थी! बाज़रगान मेरे सवाल का जवाब दे पाते इससे पहले ही एक भीड़ जवान लड़कों की जाने कहाँ से उमड़ कर नारा लगाती आ गई जिससे हम दोनों घिर गये।

''बाज़रगान इंक़िलाब का दुश्मन, बाज़रगान वापस जाओ, बाज़रगान हाय हाय।''

उस शोर में किसी तरह मैंने फिर से ऊँची आवाज़ में तक़रीबन चीख़कर पूछा कि वह इण्टरव्यू के लिए कब समय दे रहे हैं। उन्होंने बड़ी परेशानी से मुझे देखा और कार की तरफ़ बढ़ते हुए कहा, ''ख़ानम! आप देख रही हैं इनका बर्ताव?'' वह अपमानित थे मैं आहत थी। काम बनते-बनते बिगड़ गया था। कार जब तक गेट से बाहर न निकल गई तब तक नारे लगते रहे। खिन्न

मन से मैं संसद भवन में दाख़िल हुई और पहली मंज़िल पर जाकर गोलाकार सीटों की पंक्ति में बैठ गई जहाँ से संसद की कार्रवाई देखी जा सकती थी। मेरी उम्मीदों पर पाला पड़ चुका था। निराशा के साथ मैं कभी अध्यक्ष हाश्मी रफ़्तसनजानी को देख रही थी कभी दूसरे संसद सदस्यों की बातें सुन रही थी। तभी संसद अध्यक्ष ने बड़े ज़ोरदार तरीक़े से प्रेस की आज़ादी की बात उठाई। उनके वाक्यों ने मेरे बुझे दिल में आग भर दी। क़लम, काग़ज़ निकालकर मैंने एक ख़त रफ़्तसनजानी के नाम लिखा जिसमें सवाल किया था कि यदि इस समय का बोला शब्द सच है तो फिर मुझे राष्ट्रपति ख़ामनई और इमाम ख़ुमैनी समय क्यों नहीं दे रहे हैं? क्या वह प्रश्नों के उत्तर देने से घबराते हैं या फिर आपकी व्यवस्था पत्रकारों से उन्हें मिलने देने में बाधा बन रही है? काग़ज़ मोड़ कर उस पर फ़ौरी लिख कर मैंने सुरक्षा गार्ड से पर्चा अध्यक्ष को भेजा। तब तक ऊपर से खड़ी मैं उन्हें देखती रही जब तक उन्होंने ख़त पढ़कर नज़रें उठा सर नहीं हिलाया। इसके बाद वहाँ रुकना बेकार था। मेरा काम करने का तेवर मुझे वापस मिल गया था। निराशा, थकन, आक्रोश जाने कहाँ ग़ायब हो गया था मैं पूरी तरह ऊर्जा से भरी थी। इस क़ैद से मुक्त हो गई थी कि कोई साक्षात्कार मिले या न मिले क्या फ़र्क़ पड़ता है? यह क्या कम है कि समय को मैं अपनी खुली आँखों से देख रही हूँ जो इतिहास रच रहा है?

कई दिन भटकते-भटकते गुज़र गए। वीज़ा बढ़वाना था। कार्ड पर तारीख़ ठीक करानी थी! सूचना मन्त्रालय जा कर पता चला कि भूतपूर्व प्रधानमंत्री रज़ाई के पी.ए. फ़िलहाल राष्ट्रपति कार्यालय में काम कर रहे हैं। सुनते ही लगा कि शायद अब काम बन जाए। फ़ोन पर बातचीत हुई उन्होंने पहचान लिया जिसका नतीजा यह निकला कि दूसरे दिन सवालों के साथ आने को कहा गया और यह भी वायदा किया गया कि वह राष्ट्रपति से इण्टरव्यू लेने से पहले एक अन्य औपचारिक मुलाक़ात भी संयोजित कराई जा सकती है। उनकी बात सुनकर मुझे लगा कि अन्धे को क्या चाहिए दो आँखें, सो उनको धन्यवाद देकर मैं घर की तरफ़ लौटने के इरादे से उठी ताकि सवाल एक बार फिर देख लिए जाएँ।

पिछली यात्रा में जब रेडियो, टेलीविज़न के मन्त्री से मुलाक़ात हुई थी, उस समय उन्होंने मेरे सवाल पढ़कर पूछा था कि यह सवाल आपने तैयार किए हैं? मैंने कहा, 'जी' उस पर उन्होंने दूसरा सवाल पूछा था कि यह सवाल तो आम इन्सानों से जुड़े हैं उनके बारे में आप कैसे जानती हैं क्या आप उनसे सम्पर्क में हैं? मैंने कहा, "जी हाँ!" उन्होंने ग़ौर से मुझे देखा फिर कहा, "कैसे?" मेरा जवाब था, "टैक्सी में बैठे बाक़ी मुसाफ़िर बातें करते हैं। दुकानदार दर्देदिल ग्राहकों से करते हैं तो स्थिति सामने आ जाती है कि जनता महँगाई, बेकारी से परेशान है। उसका विश्वास सत्ता पर से हिल रहा है।"

मेरा इतना कहना था कि उनका तेवर बदल गया बोले सच-सच बताइएगा कि आपका उठना-बैठना किन लोगों में है। वरना पासदार बुलाऊँ? मेरा कलेजा मुँह को आ गया। अपमान कम ख़तरे का आभास शदीद हुआ। यह साक्षात्कार राजदूत ख़लीली साहब द्वारा संयोजित हुआ था। मन्त्री महोदय की बात सुनकर मैं दंग रह गई। चुपचाप उठी। टेपरिकार्डर थैले में रखकर मैंने उनको सलाम किया और नीचे उतरी। बार-बार मन में सवाल उठ रहा था कि कहीं ख़लीली साहब ने मुझे डराने के लिए यह शरारत तो नहीं करवाई। उनके द्वारा बताई एक घटना मुझे याद आ गई जिसमें बनावटी अन्दाज़ दिखाकर कस्टम पर उनकी एक परिचित महिला को परेशान किया गया था। उसे बच्चे के दूध के डिब्बे में चम्मच डालकर बार-बार पूछा गया था कि ख़ानम! इसमें कुछ छुपा तो नहीं है? बाद में औरत के बयान पर ख़लीली साहब ख़ूबख़ूब हँसे थे। कुछ वैसा ही मज़ा लेना चाहते हों सो मैंने तय कर लिया कि मैं कुछ नहीं बताऊँगी, बस इतना कहूँगी कि अच्छी बातचीत हुई मगर इण्टरव्यू न हो सका। वही मैंने किया भी। ख़लीली साहब ज़हीन आदमी थे। उनको मन्त्री ने ज़रूर बताया होगा कि वह महिला पासदार के बुलाने से पहले ही डर कर चली गई। क्योंकि उनकी आँखों में जिज्ञासा भरी मुस्कान मुझे इस बात का संकेत दे गई थी। वह मेरा जवाब सुनकर समझ गए कि मैं भी थोड़ा-बहुत कुछ पकड़ पाई हूँ। बात आई गई हो गई मगर मुझे यह अहसास दे गई कि जिजीविषा इन्सान को ख़राब से ख़राब हालात में हँसना सिखाती है जैसे सूली पर चढ़े इन्सान को भी नींद आ ही जाती है।

जुमा का दिन था। शाम को मैंने अपनी दोस्त के घर जाना तय किया ताकि वर्तमान स्थिति पर ताज़ा सवाल तैयार कर सकूँ। वह घर पुरानी ईरानी तहज़ीब का था। साहित्य जहाँ केन्द्र में था मगर जो ख़ास बात थी वह यह कि उसका भाई इस्लामी कोर्ट का जज था नशा करने के जुर्म में वह लोगों को फाँसी की सज़ा देता था मगर स्वयं रात को छुप कर बाथरूम में तिरयाक खींचता था। उसके द्वारा मुझे कई महत्त्वपूर्ण बातों की जानकारी मिल सकती थी। ईरान में चूंकि सारी सड़कें लम्बवत हैं और उनको आपस में जोड़ने वाली समानान्तर गलियाँ हैं सो रास्ता जानने वालों के लिए दूरी बहुत कम हो जाती है और लोग अधिकतर वह टैक्सी दो-चार रुपए में लेते हैं जो कई मुसाफ़िरों को चढ़ाती, उतारती आगे सीध में चलती रहती हैं। दरबस्त टैक्सी महँगी पड़ती है जो सीधे एक मुसाफ़िर को लेकर चलती है। आज जुमे का दिन था। बादल छाये थे। सड़क पर भीड़ कम थी। शहर के उत्तरी इलाक़े की तरफ जाने वाली टैक्सियाँ मिल नहीं रही थीं। हवा में ठण्डक बढ़ गई थी। गर्म कपड़े बदन पर सिर्फ़ इतने थे जिससे बराय नाम जाड़ा सहन किया जा रहा था।

मुसाफ़िरों से भरी एक टैक्सी पर बड़ी मुश्किल से आगे जगह मिली। वह

भी टैक्सी वाले की बड़बड़ाहट के साथ कि घर में मेहमान आए हैं। छुट्टी का दिन है। दिल में रहम आ गया आप औरतों को सड़क के किनारे खड़ा देखकर वरना मैं घर जा रहा था। पाँच-छह महिलाएँ धन्यवाद देकर उतर गईं। मैं अकेली रह गई। एकाएक चलती टैक्सी तेज़ ब्रेक के साथ रुक गई क्योंकि कमेटी की दो कारें तिरछी हो सिर जोड़ खड़ी थीं। उसमें से सुरक्षा गार्ड निकला और संकेत से उसने अपने पीछे आने को कहा। ड्राइवर के हाथ-पैर फूल गए। कमेटी जाने का अर्थ उसको पता था। मैं मुतमईन थी कि मुझे यह दूसरी टैक्सी करा देंगे मगर जब उन्होंने मुझे भी साथ चलने को कहा तो मैं चौंकी। पूछा कि आख़िर मैं मुसाफ़िर हूँ मुझे टैक्सी वाले से क्या लेना-देना। मेरा किराया लीजिए और मुझे जाने दीजिए। उनके तेवर बिगड़ चुके थे।

''जुमे का दिन, छुट्टी की रात, ड्राइवर के साथ आप बैठी हैं। सर से रूमाल कन्धे पर गिरा है। यह लक्षण कुछ और बात कह रहे हैं। चलिए!''

उनकी बातों से मैं सन्नाटे में आ गई। अन्दर दूर ऊँचाई पर कमेटी थी। मेरे पर्स की तलाशी ली गई। टेलीफ़ोन डायरी के नम्बर नोट किए गए। अन्दर किसी कमरे में ड्राइवर को ले जाया गया था। उसके साथ क्या गुज़रा था मुझे नहीं मालूम मगर मेरी हालत ख़स्ता थी। लाख बहादुरी से मैं पूरे माहौल का मुक़ाबला कर रही थी मगर अन्दर से परेशान थी कि यह जाहिल, अड़ियल दिमाग़ वाले जाने कौन सी कहानी बनाएँ। जब मैं तंग आ गई तो मुझे बताना पड़ा कि मैं फ़लाँ जज के घर जा रही हूँ आप चाहें तो फ़ोन करके पूछ लें। इस बात से उनका अन्दाज़ बदला। फ़ोन पर जब उन्हें जवाब मिल गया तो उन्होंने बड़ी हिक़ारत से मुझे घूरा और उँगली के इशारे से बाहर जाने को कहा! मेरे प्रतिवाद पर कि मेरे पास सवारी नहीं मुझे या तो भेजने का इन्तज़ाम करें या ड्राइवर को घर तक पहुँचाने को कहें। इस बात पर सभी दाढ़ी वाले हँस पड़े! बड़े उदार स्वर में बोले, ''ड्राइवर की चिन्ता न करें आप अपने मुक़ाम पर पहुँचें ख़ानम!''

बर्फ़ीली शाम घिर गई थी। तबरीज़ के लम्बे क़द के पेड़ डरावने लग रहे थे। सड़क सन्नाटी थी। भय से ज़्यादा मुझे अकेलेपन का शदीद अहसास हो रहा था। अपमान, आक्रोश ने मेरी आँखों में तरलता ला दी। लम्बा रास्ता पैदल चलकर मैं चौराहे पर पहुँची और वहाँ से टैक्सी करके दोस्त के घर जहाँ उसके पिता चिन्तित से बैठे थे कि आख़िर मेरे बारे में पूछताछ कौन कर रहा था और मैं समय से पहुँची क्यों नहीं? मुझे देखकर वह जिस तपाक से आगे बढ़े और मुझे गले लगाया। उसने मुझे बच्चों की तरह सिसकने पर मजबूर किया। सारा घर जमा हो गया था। सारी बात सुन कर वह क्रोधित हुए और फौरन बेटे को फ़ोन करके उन्होंने कमेटी को गोशमाली का हुक्म दिया। पता नहीं ड्राइवर छूटा या नहीं। मगर मैं अन्दर तक हिल गई थी। यह तजुर्बा मुझे हो गया था कि बेगुनाह किस तरह से पकड़े और

सूली पर चढ़ाए जा रहे हैं। इस एनारकी के विरोध में ही तो आज का बुद्धिजीवी खड़ा है।

राष्ट्रपति कार्यालय में मेरा स्वागत बड़े आदर से किया गया। मेरे सवाल लिए गए। चाय पेश हुई। कुछ देर बाद मुझे एक कमरे में ले जाया गया जहाँ राष्ट्रपति मुझसे मिलने के लिए तशरीफ़ फ़रमा रहे थे। कई लोग उनके साथ थे। पहला सवाल सलाम दुआ के बाद यह पूछा गया कि यह इण्टरव्यू छपेगा कहाँ? उस पत्रिका का महत्त्व क्या है? इन पन्द्रह सवालों में से यह पाँच सवाल काट दें, बाक़ी के जवाब दिए जाएँगे। मगर क्या गारण्टी कि जवाब बदले नहीं जाएँगे? इस तरह की बातें मुझे चौंकाने के लिए काफ़ी थीं कि ईरान के राष्ट्रपति जो स्वयं बुजुर्ग मौलवी हैं उनके चिन्ता के विषय क्या हैं? दिल चाहा पूछूँ फिर लगा कि इन बेकार के कटाक्ष की जगह बेहतर है कि मैं इण्टरव्यू की बात पक्की करूँ, सो दस सवाल रख लिये गये और उनकी फ़ोटो कापी मुझे दे दी गई। चलते समय कहा गया कि हम आपको मुलाक़ात का दिन और समय कल ही फ़ोन पर बताएँगे। मैंने रज़ाई साहब के पी.ए. को विशेष रूप से धन्यवाद दिया और आफ़िस से बाहर निकली।

ईरान में व्यक्तिगत साक्षात्कार बेहद चुने हुए पत्रकारों को अभी तक दिए गए थे जिनके नाम अँगुली पर गिने जा सकते थे वरना प्रेस कान्फ्रेंस में देश-विदेश के सभी पत्रकार बड़े हाल में जमा होकर अपनी बात कहते हैं। इस समय यह मेरे लिए सम्मान का नहीं चिन्ता का विषय था कि जो आदमी दिल्ली में ग्रीन पार्क स्थित 'ईरानी सूचना विभाग' में आकर ठहरता था। सुबह सवेरे टहलता हुआ मदर डेरी से दूध लेता था। जिसकी सादगी का ज़िक्र आफ़िस के भारत स्थित ईरानी एवं भारतीय कर्मचारी करते थे। आज सत्ता में आने के बाद वह कितना बदल गया है। रूढ़िवादी सोच के कारण उसकी न भूतपूर्व राष्ट्रपति बनीसद्र से बनी न ही संसद अध्यक्ष रफ़्तसनजानी से और आज मैंने स्वयं महसूस किया कि इस तरह मेरे सवालों की काट-छाँट किसी नेता ने ही की थी। बल्कि मेरी बहस करने पर उन्होंने मेरी गहरी सियासी समझ की तारीफ़ की थी। भूतपूर्व प्रधानमन्त्री रज़ाई से मेरा इण्टरव्यू बेहद तेज़ सवालों से भरा था और बाद में उन्होंने बेहद महत्त्वपूर्ण सियासी नेता से कहा था कि ख़ानम हिन्दी बहुत डिगनीफ़ाइड लेडी हैं मगर उनकी सोच का तरीक़ा हम से बिलकुल अलग है।

दो दिन बाद घर पर फ़ोन मिला कि राष्ट्रपति के पी. ए. मुझसे बात करना चाहते हैं। जब मैं पहुँची तो उन्होंने कहा कि आपकी शिकायत विदेश मन्त्रालय से सूचना मन्त्रालय पहुँची है कि ख़ानम गिरह खोलने के लिए अंगुलियों का नहीं

दाँत का इस्तेमाल करती हैं! यह मुहावरा फ़ारसी का था। उसको सुनकर मैं समझ गई कि ज़रूर कोई और बात है वरना तो मुझ पर 'बहस आज़ाद' में शिरकत करने पर कई तरह के आरोप लग चुके थे। मैंने सवालिया नज़रों से उन्हें देखा।

"आप पर हमारा विश्वास है। आप शिया हैं सैयद हैं। हमारे लिए आप हर तरह से आदरणीय हैं। आपका लेखन हमारे इंक़िलाब को दिशा दे सकता है क्योंकि आप फ़ारसी जानती हैं। समस्या को समझती हैं। भारत-ईरान एक ही देश के दो भाग जैसे हैं वग़ैरह वग़ैरह!"

"मैं कोशिश तो कर रही हूँ आप देख ही रहे हैं कि बिना साक्षात्कार के मैं संवेदनशील मुद्दों पर अफ़वाह के सहारे नहीं लिखती हूँ समस्या को खोलती हूँ और..."

"इसीलिए आपसे निवेदन है कि आपका आने-जाने का ख़र्चा, रहने का बन्दोबस्त सब राष्ट्रपति कार्यालय अंजाम देने को तैयार है। आप जब भी आएँ हमारे सर आँखों पर इसके अलावा और बहुत कुछ..."

"जी" मैं चौंक गई। यहाँ बैठकर इनकार करती हूँ तो अंजाम? इक़रार करती हूँ तो लेखन का अर्थ? पैसा लेकर लिखने वालों की क़तार लगी है फिर इनको मेरी ज़रूरत क्यों आन पड़ी? ऊपर से ख़ुशमिजाज़ी दिखाते हुए मैंने कहा कि इस बाबत आपसे बातें विस्तार से की जा सकती हैं अभी मैं हफ़्ता भर ईरान में हूँ।

जहाँ मैं ठहरी थी वह परिवार यह पेशकश सुनकर भयभीत हो उठा। उसने समझाते हुए कहा कि मैं इनकार न करूँ और बिना इण्टरव्यू लिए ही वापस लौट जाऊँ वरना उनकी बात मान लूँ आख़िर हमारी सुरक्षा का भी प्रश्न है कि आप हमारे यहाँ ठहरी हैं और हमारा फ़ोन नम्बर उनके पास है। उनकी परेशानी देखकर मैं वापस जाने की बात सोचने लगी आख़िर कब तक यूँ टिकी रहूँगी। रात को राष्ट्रपति कार्यालय से फ़ोन मिला कि सुबह 11 बजे आपका इण्टरव्यू राष्ट्रपति से तय है। मैंने राहत की साँस ली और मन ही मन तय कर लिया कि उनके पूछने पर कह दूँगी कि आपकी बात बेहद मुनासिब है मैं इस पर ग़ौर करूँगी!

सुबह राष्ट्रपति कार्यालय में बैठी थी। दो घण्टे गुज़र गए। इस देर का कारण भी विचित्र बताया गया कि जो मेरी सुरक्षा जाँच करने वाली थी वह ख़ानम अभी पहुँची नहीं हैं। ठंडे राहदारी में ख़ाली कुर्सियों के बीच तन्हा बैठे-बैठे मैं थक गई थी। दोपहर बाद वह ख़ानम आईं और मेरी सुरक्षा जाँच आरम्भ हुई। कमर के पास उन्हें कुछ अटपटा सा महसूस हुआ तो उन्होंने पूछा कि यह बेल्ट कैसी है मैंने धीरे से कहा, "मन रेग शुदम" (मुझे पीरियड हुए हैं)।

"मेरे साथ बाथरूम चलिए।" उसने इशारा किया और मैं किसी मुजरिम

की तरह उसके पीछे चलने लगी बाथरूम में जाकर उसने बेहद शालीन स्वर में कहा, "मुझे पैड दिखाइये?"

"जी?" मैं हैरत से बोली। मैं उसके इस आग्रह से गहरे आहत हुई थी।

"सुरक्षा के लिए यह बहुत ज़रूरी है।" उसने पूर्ण गम्भीरता से कहा, मगर मेरी झिझक मेरे आड़े थी। यह बहुत बड़ा अतिक्रमण था। मेरे अन्दर आक्रोश फूटा!

"निकालिये प्लीज़ ख़ानम!" उसका आग्रह बेहद कोमल परन्तु दृढ़ था।

"प्लीज़!" मैंने याचना भरी नज़रों से उसकी तरफ़ देखा।

"मैं औरत हूँ आपकी तरह, सो स्थिति समझ रही हूँ लेकिन सुरक्षा को दृष्टि में रखते हुए मेरे लिए यह बहुत ज़रूरी है। उम्मीद है आप इनकार नहीं करेंगी और हमारे काम में सहयोग देंगी।" उसके चेहरे पर उभरा भाव देख मैं मजबूर हो गई। ज़ोर ज़बर्दस्ती की बातें मैं बहुत सुन चुकी थी। यदि मैं इण्टरव्यू से इनकार करके बिना सुरक्षा जाँच के जाना भी चाहती तो अब जा नहीं सकती थी। उसने उस रजस्वला से भरे पैड को अपनी अँगुलियों से दबा-दबा कर देखा कि कहीं उसमें किसी तरह का विस्फोटक तत्त्व तो नहीं भरा है फिर उसने 'माफ़ी' माँगते हुए मुझे पैड लौटाया और कहा, "तैयार हो कर बाहर आइए!" उसके इस तरह के व्यवहार ने मुझे जड़ बना दिया था। निष्ठा का यह रूप, आतंक का यह भय, विद्रोह का यह बुख़ार क्या केवल देशभक्ति का जुनून है या फिर...? मेरा सारा बदन इस विचित्र अनुभव से काँप रहा था। दिमाग़ कई-कई स्तर पर सोच रहा था। दिल किसी डमरू की तरह बज रहा था कि कौन सही और कौन ग़लत है?

साक्षात्कार नपे-तुले शब्दों के साथ समाप्त हुआ क्योंकि मुझे सवाल-दर-सवाल करने की बिलकुल इजाज़त नहीं दी गई थी जो अभी तक मैं दूसरे नेताओं के साथ कर चुकी थी। इस तरह बुत बनकर बैठना मुझे बहुत अटपटा लग रहा था मगर साथ ही साथ यह चेतना भी मुखर हो रही थी कि विचारों के रणक्षेत्र अपनी जगह मगर अंकुश का यह सत्तापक्ष कितना ख़तरनाक है जो ज़बान पर ताला डाल कर केवल अपनी बात कहने का दम भर रहा हो? यह भी मेरे लिए एक महत्त्वपूर्ण अनुभव था।

साक्षात्कार के बाद छपी कापी भेजने का विशेष अनुरोध राष्ट्रपति ख़ामनई ने किया और उनके विशेष सेक्रेटरी ने भविष्य में एक बहुत बड़े 'एमाउण्ट' की पेशकश भी सामने रखी। मैंने हल्के से गर्दन हिला दी जैसे मैंने उनकी बात सुन ली हो। राष्ट्रपति कार्यालय से निकलकर मैंने एक गहरी साँस ली। इस साँस की मुझे सख़्त ज़रूरत थी। पूरा आधा दिन मैंने जिस दमघोंट वातावरण में गुज़ारा था, उसका अन्दाज़ा अब हो रहा था जब मैं बर्फ़ की सख़्ती पर फिसलने के डर से बड़ा सँभल-सँभल कर क़दम रख रही थी।

दो दिन बाद मुझे जाना था। सामान समेट रही थी। किताबें सँभाल रही

थी, भार के कारण कुछ वहाँ छोड़नी पड़ीं कुछ साथ बाँधीं तभी फ़ोन मिला कि दो जनवरी 1982 को इमाम ने मुझे मुलाक़ात का समय दिया है बिना किसी शर्त, किसी बन्धन, किसी पेशकश के जो मुझे आश्चर्य में उतना नहीं खल रहा था जितना कि उन सारे मन्त्रियों एवं सियासी गिरोहों के नेताओं को जिनसे मैंने समय-समय पर इमाम से मिलने की बात की थी। हर तरफ़ शोर था मुझसे सब पूछ रहे थे कि इतनी बड़ी घटना कैसे घट गई। कैसे इमाम ने इण्टरव्यू का समय दे दिया? उनसे मैं क्या कहती कि मेरा वह पर्चा किसी तीर की तरह निशाने पर बैठा था जो मैंने रफ़्तसनजानी को लिखा था। आख़िर मैं भी क्या करती जब गिरह हाथ से न खुले तो क़ैंची से काटने की जगह बेहतर है कि दाँत का प्रयोग किया जाए।

5-6 मार्च, पत्रकारों का राष्ट्रीय सम्मेलन,
साक्षी भारत रिप्रोड्यूस, 2002

खण्ड : पाँच

पाँचवीं यात्रा

• ईरान : बुतख़ाने में ख़ूनी पतझड़

ईरान : बुतख़ाने में ख़ूनी पतझड़

ईरान की हर यात्रा मुझे एक नए ईराने से मिलवाती रही है मगर इस बार मैं कौन से ईरान से मिलूँगी, हवाई जहाज़ पर बैठे-बैठे सोच रही थी, आग से झुलसा हुआ या बम के धुएँ से घुटा, या गोलियों की आवाज़ों और लाशों से भरा गृहयुद्ध की लानत को सीने पर उठाए जलता हुआ? पिछले एक वर्ष में जाने कैसी-कैसी दर्दनाक, लोमहर्षक, बर्बरतापूर्ण ख़बरें पढ़ने को मिली थीं। लेखक संघ के उजड़ने के दिन से आज तक किसी की ख़बर न मिली थी बस उन्हीं में से किसी का पत्र मिला था कि प्रगतिशील वर्ग संकट में हैं। जोख़े घर-घर ढूँढ़ कर उन्हें मार रहे हैं, इसी बीच जब तक हमारा पत्र न मिले किसी प्रकार का सम्बन्ध हमसे मत रखना वरना धागे का मामूली सिरा संघर्ष की पूरी रील खोलकर रख देगा, छोटी-सी ग़लती हमारे बरसों के जद्दोजहद को पलभर में मिट्टी में मिला देगी। मैंने वही किया था, छः मास से न मुझे किसी ने पत्र लिखा न मैंने कुछ पूछा। हाँ, समाचार-पत्रों में शहीद हुए, जवानों, नौजवानों की नामों की सूची पढ़कर ख़्याल होता कि कहीं वे मेरे मित्रों के छोटे भाई-बहन या पुत्र-पुत्री न हों? मरना ईरान में इतना महत्त्वपूर्ण नहीं रह गया था बल्कि मंज़िल महत्त्वपूर्ण थी जहाँ पर पहुँचना था। सो बहस क्या थी कि अपना मरा या पराया।

नौ बजे हवाई जहाज़ मेहराबाद हवाई अड्डे पर पहुँच गया। कमरों से गुज़रते, सामान उठाते, पासपोर्ट दिखाते, कस्टम से निबटते बस यही ख़्याल था कि कोई लेने आया नहीं होगा कहाँ जाऊँगी इतनी रात को मैं? इत्तला देती भी किसे? सोचती हूँ फ़ोन कर दूँ—मगर किसे? मन कई तरह की आशंकाओं से घिर जाता है। हर प्रकार की ख़बर सुनने के लिए मन तैयार है मगर मस्तिष्क किसी प्रकार के झटके सहने के लिए आमादा नहीं है। हमेशा की तरह जहाज़ देर में पहुँचा, ऊपर से जानलेवा कस्टम, बारह बज जाएँगे, बाहर टैक्सी भी नहीं मिलेगी। पासपोर्ट पर लिखा पत्रकारिता वीज़ा देखकर मुझे रोक लिया गया कि पहले इजाज़त ले ली जाए फिर आप बाहर जाइए। मैंने कहा—'यह तो यूँ ही वीज़ा है वास्तव में मैं लेखिका हूँ।' शायद रात और मुसाफ़िरों की भीड़ देखकर मुझे पाँच मिनट बाद आगे बढ़ने की इजाज़त मिल गई। बैंक बन्द था, रुपये कहाँ बदलती? मेरी तरह किसी न

किसी परेशानी में सब पड़े थे, ईरानी दबी ज़बान से इस्लामी गणतन्त्र राज को गालियाँ दे रहे थे मगर ऊपर से इस्लामी पोशाक पहने हुए थे तभी पता चला कि एक भारतीय लड़की का सामान कस्टम वालों ने यह कहकर देखने से इन्कार कर दिया कि वह न सर ढके थी न उसकी पोशाक इस्लामी थी। उसने इस तरह फूट-फूट कर रोना शुरू कर दिया कि सबके हाथ-पैर फूल गए। फिर भी किसी तरह उसने सर पर स्कार्फ़ बाँधा और एक स्वेटर निकालकर उसने अपने कमर के चारों तरफ़ बाँध लिया। यह सारा वातावरण मन को अधिक आतंकित कर रहा था। अब मेरे पास फ़ोन करने के अलावा कोई चारा न था मगर फ़ोन किसे करूँ? फ़ैसला कर लेती हूँ, उधर फ़ोन उठाने वाली ज़िन्दा है राहत की साँस लेती हूँ कि अन्य फ़ोन करने से बच गई। हवाई अड्डा खाली हो रहा था। रोज़ तो हवाई जहाज़ आते नहीं हफ़्ते में एक, सो हाल में ताला पड़ गया।

मेरी हमसफ़र ने अपनी कार में मुझे बिठा लिया। रास्ते भर उसके माता-पिता बहनें सरकार द्वारा ढाए गए ज़ुल्म के बारे में बातें करते रहे—"इमाम की आँखों में तो ख़ून उतरा हुआ है, उसे कुछ नहीं दिख रहा है, कितने जवान मरे हैं, दुःख है बनीसद्र, बाज़रगान की कौन सुने, कितने पढ़े-लिखे कितनी पुस्तकें हैं उनकी, मगर इन मुल्लाओं को कौन समझाए ख़ुदाया आपको इस जहन्नुम में आने को किसने कहा था? जितनी जल्दी हो आप यहाँ से भागें, हम तो मजबूर हैं वर्ना कब के भाग जाते, यह कोई मुल्क है रहने के लिए?" मुझे समझते देर नहीं लगी कि यह 'लिबरल' विचारधारा के लोग हैं जो व्यक्तिगत स्वतन्त्रता चाहते हैं अभी कैबरे, पिकनिक, यात्राएँ आरम्भ हो जाएँ तो फिर न इन्हें इस्लामी गणतन्त्र से शिकायत होगी न बनीसद्र के भागने से, तब मुल्क की उन्नति और जवानों का भविष्य जाए चूल्हे भाड़ में।

घर पहुँचते ही मुझे उसके लहजे की ठण्डक का अहसास हुआ जिसका तनिक भी आभास मुझे फ़ोन पर नहीं मिला था।

"कौन थे यह लोग?"

"मैं क्या जानूँ, जो थे मेहरबान थे इतनी रात को बेचारे छोड़ गए, मैं करती भी क्या?"

"कौन-कौन था कार में?"

"क्यों? माँ-बाप बेटियाँ?"

"तुम ठीक घर के सामने क्यों उतरीं। उसने घर का नम्बर तो नहीं पढ़ा।" मैं आश्चर्यचकित सी उसका मुँह ताकती रही, दिल चाहा पूछूँ—'तुम स्वयं लेने क्यों नहीं आईं?'

"तुम आ गईं, स्वागतम्।" वह हल्के से मुस्कुराई फिर बोली, "मगर तुम्हें अँधेरे मुँह यहाँ से जाना पड़ेगा, यह पूरी सड़क ख़तरनाक है इस घर की चौकसी हो रही है।"

मैं अनाथ, अपमानित, आहत सी खड़ी रह गई। उसने पासपोर्ट देखा फिर बोली— "तुम्हें इस्लामी गणतन्त्र ने पत्रकारिता का वीज़ा दिया है, कितना ख़तरनाक है।"

"मैं तो लेखिका हूँ मगर प्रश्न यह है कि मेरे काम के लिए यही वीज़ा चाहिए था?" मैं तनिक झुँझला गई।

"तुम्हारा यहाँ रहना हम सबके लिए ख़तरनाक है, जानती हो मैं एक मास से घर में क़ैद हूँ बाक़ी लोग इधर-उधर शहरों में हैं। फ़िलहाल मैं अकेली हूँ।" मैं अनजाने ही आक्रोश से भर उठती हूँ। उसके बहुत इसरार करने पर भी कुछ नहीं खा पाती हूँ। शिकवा द्वेष तिरस्कार कई प्रकार के भाव से गला रुँधने लगता है, ग्लानि से सोचती हूँ क्यों आई यहाँ, कम्बख़्त मर ही जाती तो क्या फ़र्क़ पड़ना था, रोज़ तो मर रहे हैं यहाँ पर हज़ारों, यह भी सही, मुझे इसकी इतनी ललक क्यों जागी थी?

एक बजे के बाद से अजीबोग़रीब आवाज़ें सड़क पर से आने लगीं। एक सीटी की आवाज़ गूँजी थोड़ी देर बाद दूसरी सीटी से जवाब दिया गया। वह बिजली की तेज़ी से बिस्तर से उठी। अँधेरे में टटोल-टटोल कर तैयार हुई। नीचे एक कार रुकी, दरवाज़ा खुला—क़दमों की आवाज़। वह मेरे पास लौटी मैंने डरते हुए पूछा—"क्या हुआ?" "कुछ नहीं, तुम आराम से लेटो। हमें तो आदत हो गई तैयार होकर सोने की। कमेटी घिराव कर ले कब धावा बोल दे, सो भागने में आसानी होती है। हाँ, यदि मैं भागी तो तुम परेशान मत होना। मैं जानती हूँ भागना, छत-छत भागती दोस्त के घर पहुँच जाऊँगी वहाँ से...ख़ैर तुम सोओ।"

बदन का सारा ख़ून चेहरे पर जम गया, रीढ़ की हड्डी में तेज़ दर्द सा उठा। "यह है हमारी ज़िन्दगी, चैन नहीं, कई मास तो यह घर ख़ाली पड़ा रहा मगर कहीं किसी के घर रहना ठीक भी तो नहीं है, शाह के समय भी घुटते रहे अब भी पिस रहे हैं।"

मुझे साँप सूँघ गया। मेरा सारा शिकवा एकबारगी वेदना में ढल गया। मुझे अपनी परेशानी कितनी बड़ी लग रही थी कि मेरा क्रोध चरम सीमा पर पहुँच गया था। अब ममता का असीम सागर मन में हिलोर ले रहा था। आख़िर यह क़ौम क्या करना चाह रही है? ईरान का क्या बनेगा? डर, मौत, ख़ून, आराम, चैन सब कुछ यहाँ अर्थहीन हो गया है अब तो बस घमासान लड़ाई का बुख़ार सवार है सब पर। दो वर्ष पहले यही औरतें क्या थीं सजी सजाई गुड़िया जो नाख़ून रँगना, भौं को पलक करना जानती थीं मगर आज...एकदम से मर्ज़िए उस्कोई याद आ गई जो लेखिका थी कवयित्री थी मगर कैसी भीषण योद्धा। उसकी लाश को पुलिस ने मशीनगन से भून दिया था मगर पास जाने की हिम्मत चन्द घंटे तक अपने

में जमा नहीं कर पाई थी कि कहीं फिर वह उठकर उन पर आक्रमण न कर दे।

वह तीनों मुजाहिदीन लड़कियाँ याद आ गईं जो अपने मुक़दमे में किए गए तीन प्रश्नों का उत्तर दे पाई थीं बाक़ी पर चुप रहीं जैसे बाक़ी प्रश्न बेकार हों।

"तुम्हारा नाम?"

"मुजाहिद।"

"किसकी बेटी हो?"

"जनता की।"

"क्या काम करती हो?"

"इंक़िलाब की योद्धा।"

"घर कहाँ है?"

"जनता रणक्षेत्र विद्रोह में।"

तीनों के तीन गोलियाँ काफ़ी थीं। बस, यही उनकी सफाई थी, ऐसे अपूर्ण मुक़दमों का अंजाम जो होता है वही उनका हुआ। सज़ाए-मौत!! मगर गोली की आवाज़ के बाद नारा गूँजा "आज़ादी को हमारा सलाम।"

वह लड़की जो बड़े आराम से पेट पर बम बाँधकर ख़ुद को अपने शत्रु के साथ उड़ा बैठी। क्या था उसके मन में? अपने लोगों का असीम प्रेम।

कहा जाता है यदि औरतें सड़क पर नहीं निकलतीं तो यह इंक़िलाब वजूद में न आता, जाने कितने क़िस्से याद आने लगे सारी रात यूँ ही आँखों आँखों में कट गई, सुबह वह बोली—"मैं तुम्हारे साथ बाहर नहीं आ सकती हूँ मुझे माफ़ करना। हमारी स्थिति समझने की कोशिश करना, जब तक मैं तुम्हें कान्टेक्ट न करूँ तुम मुझे फ़ोन मत करना रात को बताया नहीं फ़लाँ का भाई, फ़लाँ की बहन, फ़लाँ की पत्नी, फ़लाँ का पति और फ़लाँ का पूरा ख़ानदान जेल में है मगर फ़लाँ ने जेल में यातना के बीच ज़हर निगल लिया है।"

मैं क्या कहती मेरा तो फ़लाँ फ़लाँ कोई न था, दोस्त थे, आशना थे जो शहीद हो गए थे और हो रहे थे।

दूसरे दिन मैं बहुत अकेली और तन्हा थी, सारे दोस्त भूमिगत थे और जान पहचान वाले या अल्लाह के प्यारे हो गए थे या घर बदल चुके थे, मेरे लिए नया ईरान था और चन्द सीधे-सादे परिवार वाले जिनका केन्द्र बिन्दु उनके बच्चे, पति और महँगाई थी, सड़क वही थी, दुकानें वही थीं, सामान वही थे, लोग वही थे मगर एक मुर्दा ख़ामोशी का घुटनमय जाल चारों तरफ़ तना हुआ था, हर महत्त्वपूर्ण इमारत के सामने सीमेण्ट की बोरियों के पीछे बन्दूक़धारी पासदार (पहरेदार) बैठा था, मासूम चेहरा, चमकती दहशत भरी आँखें, शिकार खोजतीं निगाहें, बिखरे बाल, उलझी दाढ़ी,

धूल भरा लिबास, मिट्टी से सना जूता, ऐसे पासदारों की फ़ौज की फ़ौज पूरे तेहरान में फैली हुई थी। इमारतों पर झुके काले झण्डों की क़तारें दीवारों और दुकान के शीशों पर संसद के सदस्यों के चित्र और उनके नीचे धुँधले पड़ते हुए 'बनीसदर सद-दर-सद' जैसे नारों पर मोटे-मोटे अक्षरों से लिखा—'इंक़िलाब के शत्रु मुजाहिदीन' 'मसूद रज़वी को मौत आए।'

काम करना था, बाहर निकलना था सो निकली, अजीब इत्तेफ़ाक़ है मेरा ईरान का यह चौथा सफ़र है और हर सफ़र का मौसम पतझड़ रहा है, उदास वीरान उजाड़ रास्ते, बदरंग फीका आसमान, फलों पत्तियों से ख़ाली डालियाँ। पारसाल सोचा था कि अब बहार में आऊँगी, पिछले साल तब शरद ऋतु की हवाओं ने (ज्वालामुखी का निहत्था उद्‌गार) आज़ादी की ख़ुशबू के आने की ख़बर दी थी। चरमर चरमर करते सूखे पत्तों पर दौड़ते क़दमों ने बहार आने का सन्देशा भेजा था तब पौ फट रही थी, चारों दिशाओं में सिन्दूरी नूर बिखर रहा था, मगर जाने क्या हुआ कि इन पिछले तीन वर्षों में आज़ादी के झिलमिलाते सूरज को नदियों, पहाड़ों, मैदानों, मकानों, दिलों और दिमाग़ों पर टाँगने की आरज़ू ईरानियों के दिल में घुट कर रह गई। पतझड़ का मौसम सड़कों पर सूखी पत्तियाँ गिराता हुआ लम्बा और लम्बा होता चला गया, हवाओं की बर्फ़ीली ठण्डक हड्डियों में तीर की तरह चुभने लगी, मगर बर्फ़ न पिघली। हर चीज़ सफ़ेद कफ़न की तरह ठण्डी सख़्त होकर रह गई थी और बहार जाने कहाँ मुँह छिपाए सिसक रही थी। उसकी ख़ामोशी चीत्कार हाँफती सी गली-कूचों में अपना निशान ढूँढ़ती फिर रही थी। इंक़िलाब से पहले की वह तमन्ना, वह आरज़ू, वह सपना अनजानी दिशाओं में बिखरता चला गया।

आज ईरान में फैली ख़ामोशी, भयभीत घुटन देखकर लगता है कि शाह का दौर दोबारा लौट आया है। सब एक-दूसरे से बचते हुए केवल ऊपरी तौर से हाल पूछकर अपने में व्यस्त थे। दुकानें सजी चमचमाती हुई जिनमें इमाम ख़ुमैनी की बड़ी-बड़ी तस्वीरें लगी हुई थीं, सड़कें कारों की रेलपेल से भरी हुई थीं, फ़र्क़ केवल इतना था कि पहले यही दृश्य खुशी से भरा रहा था अब दुःख और थकावट से घसिट रहा था। इस उदास घुटन भरी ख़ामोशी को तोड़ती हुई गोली की आवाज़ गूँजी फिर लगातार गोलियों की बारिश की गूँज। बस स्टैण्ड पर खड़े हुए लोग थोड़ी देर के लिए चौंके फिर नार्मल हो गए। चलते हुए लोग थमे फिर चलने लगे। दुकानदार बाहर निकले, इधर-उधर देखा फिर अन्दर चले गए। आधे घण्टे तक घमासान युद्ध फ़र्स्ट फ़्लोर और सड़क के बीच होता रहा। फिर चन्द लाशों को एम्बुलेंस उठाकर ले गई। घर का प्लास्टर जगह-जगह से उखड़ गया था, दीवारें छलनी हो गई थीं, घर में पाँच जवान लड़के, दो जवान लड़कियों की लाशें थीं, बाहर सड़क पर दो पासदारों की खून में लुथड़ी लाशें और तीन घायल तड़पते बदन। महसूस होता है सूखी पत्तियों का विलाप इस बुतख़ाने में अपनी पराकाष्ठा

पर पहुँच गया है। सड़क पर मुझसे हर टकराने वाला इन्सान जिसका चेहरा हर प्रकार के भाव से रहित है और होंठ सिले हैं मगर फिर भी मुझे हर पथरीले चेहरे के पीछे आँसुओं का बारिश की आवाज़ और सीने से उठती भयंकर चीख़ साफ़ सुनाई पड़ती है क्योंकि इनको बुत बनने के पहले से मैं पहचानती हूँ यही तो थे जिन्होंने शाही फ़ौजों के आगे अपना ख़ाली नंगा सीना पेश किया था मगर आज दोबारा भारी बूटों और आग उगलती बन्दूक़ों के बीच फटते बमों से परखचा होते शरीर इस बात की इजाज़त नहीं देते हैं कि वह बोल सके, कुछ कह सके क्योंकि इस्लामी पासदारों की फ़ौजों ने उनकी साँसों का हिसाब कर रखा है। मगर कब तक के लिए?

रात का सन्नाटा, तारे टूटने जैसी आवाज़ें आती हैं लगता है कहीं किसी के सीने में गोली लगी ख़ून का फव्वारा फूटा फिर लगातार तग़-तग़ मशीनगन के चलने की आवाज़, बदन के सारे रोंगटे खड़े हो जाते हैं किसी के द्वारा बयान किया गया दृश्य आँखों के सामने कौंध जाता है, ऐविन जेल का तहख़ाना...राहदारी और भागते सियासी क़दम जिनको एक पंक्ति में खड़ा करके कहा जाता है "दौड़ो।" फिर दौड़ते क़दमों पर मशीनगन से छूटती आग की चिनगारियाँ फिर लड़खड़ाते क़दमों के साथ सिसकी और एक-दूसरे पर ढेर होते तड़पते बदन!! इतना ज़ुल्म! इतना ज़ुल्म तो शाह ने भी नहीं किया था। लड़कियों की लाशें! सीने जो नए जीवन को जीवन पान कराते इस्तरी से जले हुए थे, पेट के नीचे के हिस्से का भी यही हाल था और पूरा शरीर सिगरेटों के विभिन्न धब्बों से झुलसा हुआ, यही शरीर, नर्म नाज़ुक संवेदनशील, ग़ज़ब की शक्ति या वीरता की कविता होते मगर अब केवल इस्लामी गणतन्त्र के ज़ुल्म के सनद थे।

कमसिन लड़कों के साथ बलात्कार, कोड़े की मार आने वाली नस्ल को जानवरों की तरह सधाया जा रहा है।

आख़िरी दम तक अपने विचारों पर अड़ी हुई गर्भवती औरतों को फाँसी दी गई कोई पाँच माह की, कोई सात माह की गर्भवती थी, किसी ने कहा यह इस्लाम में मना है। बच्चा... साँप की औलाद संपोला होगी, छोड़ो। आलोचना और फिर क़ब्र खोदकर मुआयना, झूठ सच दोनों अपनी जगह पर अड़े रहे, मगर इस्लाम को मानने वाले दुहाई देते रहे। यह इस्लाम नहीं यह सत्ता का जुनून है ख़ुदारा बस करो यह ज़ुल्म।

कुँवारी लड़कियों को इस्लाम में मौत की सज़ा नहीं दी जाती फिर यह रोज़ होती फाँसियाँ? जो लड़कियाँ अन्त तक अपने सियासी विचारों के प्रति समर्पित हैं और इस्लामी क़ानून के अनुसार ग़द्दार, संविधान के अनुसार उन्होंने वर्तमान सरकार के विरुद्ध हथियार उठाए जिसकी सज़ा केवल सज़ाए मौत थी। चूँकि कुँवारी है सो पासदारों से निकाह होता है और सुबह नई ब्याहता भोर के सूरज उगने से पहले

अपनी देशभक्ति और उसूलों के प्रति अनुराग की वेदी पर शहीद हो जाती हैं। क़ानून अन्धा होता है। उसको भावनाएँ कमज़ोर नहीं बना सकती हैं। पापी को पाप की सज़ा मिलनी चाहिए सो ईरान में अन्धा क़ानून अपना जौहर दिखा रहा है।

उस ज़माने में तो लड़कियाँ सियासी जुर्म नहीं करती थीं फिर आज की सियासी सज़ाएँ किस क़ानून के हिसाब से उन्हें दी जाती हैं? उत्तर : नौ वर्ष की लड़की चालीस वर्ष के मर्द के बराबर है सो उनको मर्दाना सज़ाएँ दी जाती हैं। सड़क पर लम्बा जुलूस। स्कूल, कॉलेज की लड़कियाँ; उनके नारे इस्लामी गणतन्त्र के ज़ुल्म के ख़िलाफ़ थे। सो उनके सीने भूनकर रख दिए गए, उम्रों का कोई हिसाब न था न लाशों की कोई गिनती थी।

पिछले वर्ष गोरिल्ला फ़िदाईन अकसरियत इस सरकार के दुश्मन थे आज मुजाहिदीन खुलकर मैदान में उतर आए हैं। अब राहे कारगर, मुजाहिदीन, फ़िदाईन गोरिल्ला की अक़लियत शाखा यह सारे समुदाय एक-दूसरे के समीप आ गए हैं। दूसरी ओर तोदे पार्टी, फ़िदाईन (अकसरियत) एक साथ मिल गए व अन्य वाम पन्थी गिरोह दो हिस्सों में बँट गए हैं। एक सरकार के समर्थन में एक उसके विरुद्ध। साम्यवादियों का एक अजीब रणक्षेत्र सा बन गया है ईरान! रणक्षेत्र भी कैसा, विचारात्मक धरातल का जहाँ क़लम और तलवार दोनों का प्रयोग साथ किया जा रहा है।

बन्दूक़ों की आवाज़, गोलियाँ की बौछार फिर एक तेज़ धमाका फटते चिथड़ा होते बदन के टुकड़े आँखों के सामने घूमने लगते हैं ठण्ड नहीं है फिर भी पैर बर्फ़ हो रहे हैं। करवट बदलते-बदलते बदन में दर्द होने लगता है, लाइट जला नहीं सकती हूँ कि कुछ पूछूँ। वरना गश्त लगाती कमेटी के पासदारों को शक हो सकता है इतनी रात गए घर में रोशनी क्यों हुई? क़रीब ही मस्जिद है रात-दिन मस्जिद खुली रहती है। हर कार्ड हर पत्र मस्जिद से मिलता है। वास्तव में सरकारी दफ़्तर यही है। आपकी दी गई सफ़ाई, आपकी दी गई व्याख्या यहाँ कोई महत्त्व नहीं रखती क्योंकि पहले ही इमाम ख़ुमैनी कह चुके हैं जो भी इस्लाम का शत्रु हो उसे उसी पल भून दो, चीफ़ जस्टिस मौलवी तबरीज़ी ने ऐलान कर दिया कि जो भी सड़क पर जुलूस के रूप में निकले उन्हें समाप्त कर दो, वही हुआ भी, घर-घर जोखे लोगों को ढूँढ़ते व सूँघते रहे सड़क पर तो कब का निकलना बन्द हो गया था, ऐसी हालत में लिखने का बहुत मन है तो क्या, इच्छा दबा लेती हूँ और पूरी रात सोचते हुए गुज़र जाती है।

दीवारों पर लिखा है 'इस्लाम को बचाने के लिए जासूसी अनिवार्य है।' पूरा ईरान जासूस हो गया है। यह सरकार वास्तव में जनता सरकार है। हर एक को अच्छी तरह से अपनी ज़िम्मेदारी का अहसास है और यही अहसास सबको भयभीत किए हुए है। भाई भाई से नहीं मिलता है, माँ-बाप से, पति-पत्नी से बहुत सारी अद्‌भुत घटनाएँ रोज़ जन्म लेती हैं जैसे माँ की अपार श्रद्धा इमाम ख़ुमैनी के प्रति

थी, बेटा मुजाहिदीन फ़ौरन बेटे की शिकायत कर दी कि यह इंक़िलाब का शत्रु है बेटा शहीद माँ गर्व से अभिभूत मगर उस बेटे के जानने वालों को कैसे चैन आए? एक दिन कुछ लड़के एक फ्रिज़ लेकर पहुँच गए कि आपके कारनामों पर ख़ुश होकर सरकार ने आपको इनाम भेजा है माँ ने उसे रखवाया मगर जैसे ही खोला बम फटा और माँ वहीं टुकड़ों में तब्दील हो गई। जेल में एक माँ बेटे से मिलने गई, "मुझे दुःख है मैंने ऐसा बेटा जना, मत समझो मैं ममता की मारी तुझे देखने आई हूँ मुझे तो शर्म आ रही है, मैं तो उस जेलर के कहने पर आई हूँ जिसका ईमान, इस्लाम और इमाम पर है समझे।"

पति-पत्नी का यह गृहयुद्ध, पत्नी ने शिकायत कर दी कि पति मुजाहिदीन है फ़ौरन उनको जेल में बन्द कर दिया गया।

दीवारों पर, पुलों पर हर जगह लिखा है कि 'पार्टी केवल पार्टी हिज़बउल्लाही' सो हिज़बउल्लाही इमाम के अनुयायी चारों दिशाओं में फैले हैं। कम्युनिस्टों, मुजाहिदीनों, लिबरल, शाही दोस्तों, सवाकियों के सख़्त दुश्मन हैं। शक होते ही उनका काम तमाम हो जाता है। इसी कारण लोगों ने मिलना-जुलना बन्द कर दिया है। सब अपने को घर में क़ैद कर अपने काम से काम रखते हैं।

सुप्रीम कोर्ट के सामने से गुज़रने का मौक़ा मिला। बड़े से दरवाज़े के सामने लोहे की मोटी ज़ंजीर तनी थी उसके पीछे पासदारों की फ़ौज़ें टहल रही थीं। पूरी इमारत और उसका लान दो किलोमीटर था। पूरा का पूरा पन्द्रह से बीस वर्ष के पासदारों से भरा था। तभी एक आदमी आया और उसने पूछा, "आप शिकायत करने आई हैं।" मेरे उत्तर देने से पहले बोला—"इन मौलवियों की क़ब्रों में कीड़े पड़ें, यह शिकायत सुनेंगे, इनको तो खुदा जड़ से उखाड़े" मैं घबरा गई इतनी खुली गालियों पर गोलियों की बौछार मुझे भी छलनी कर देगी शीघ्रता से बोली, "धैर्य रखें, इधर आएँ फिर बताएँ अपनी बात।" दो छोटे बच्चे उसके साथ थे, बोला—"मैं ईरानी एयरलाइंस हुमा में टेक्निशियन हूँ, अब यह दो बच्चे और मेरी बीवी बेघर बार हो गए...हमसे कहा गया है कि हमें पता बताओ जो सरकार के ख़िलाफ़ षड्यन्त्र करते हैं सो मैंने इत्तिला दे दी कि मेरे पड़ोस में एक मकान है जहाँ हथियार भरे हैं, पकड़े गए वह—पाँचों, मगर हफ़्ते भर बाद ही उन्हीं में से किसी ने जेल से पैग़ाम भिजवाया है मेरे पास कि मैं आज़ाद होते ही तुम्हारी ख़बर पहले लूँगा, भला बताइए, उसने रिश्वत दे दी अब वह आज़ाद हो रहा है और..." मेरा मन नफ़रत से भर उठा क्या कहती कि वह प्रतिशोध का सैलाब अपने पराए का दामन जलाकर राख कर रहा है। मगर यह राख है तो ईरानियों की ही न? मगर आज इस ज्वाला से धधकते ईरान में किसी को फ़ुरसत है कि इस तथ्य को समझे वहाँ तो जंग है, जंग और इश्क़ में सब माफ़ है सो जमकर अपने-अपने विचारात्मक रणक्षेत्र से एक-दूसरे पर गोला-बारूद फेंके जा रहे हैं।

यदि यह बात केवल अनपढ़ों में होती जो धर्म की अफ़ीम खाए हुए थे तो उनका हम कई तरह से विश्लेषण करते मगर दुःख तो यह है कि यहाँ पर पढ़े-लिखे विभिन्न सियासी गुटों ने यह काम किया जिसको सुन मन विषाद से भर गया। तोदे पार्टी तो इंक़िलाब के आरम्भ से अब तक मौलवियों का गुणगान करती हुई बड़ी-बड़ी पोस्टों पर नियुक्त हो रही थी उसकी बढ़ती ख़ुशहाली को देखकर फ़िदाईन अकसरियत ने भी पैंतरा बदला और इस्लामी संविधान को मानने लगी, ख़ुशनूदी में उसने अपने समाचार-पत्र में लिखा कि जो भी इंक़िलाब का शत्रु दिखे उसे फ़ौरन पासदार के हवाले कर दिया जाए फिर क्या था मित्र एक दूसरे को पहचानते थे, रिश्तेदार एक-दूसरे के सियासी विचारों को जानते थे। ख़ून का रिश्ता, प्रेम का रिश्ता, मुरव्वत का रिश्ता ख़त्म हो गया। अब केवल गुट और पार्टी के प्रति वफ़ादारी की बात थी। मानवता मर चुकी थी। तोदे पार्टी और अकसरियत वालों ने जमकर उन कम्युनिस्ट गुटों का नाम दिया जो सरकार पर आलोचना करते थे जिनका नारा था 'न रूस न अमेरिका, ईरानी सोशलिज़्म, कपड़ा रोटी मकान।' सरमायदारी पर लानत। उनका सफ़ाया हो गया। वरना सरकार को क्या पता कहाँ कौन रहता है किस भेष में किस रूप में। ऐसे स्वतन्त्र साम्यवादी विचार वालों को रूस की सहायता भी न थी। अमेरिका शत्रु है ही साथ ही अन्य गुट भी शत्रुता निभाते आम धार्मिक आदमी भी उनका जानी दुश्मन था सो एक मास के अन्दर छः हज़ार लोग भून दिए गए। यह तो सूची वाले हैं। बिना पहचान के जाने कितने? पैकारी गुट का सफ़ाया हो गया। मुजाहिदीनों को चुन-चुन कर भूना जा रहा है क्योंकि उनकी तादाद बहुत है और उनका प्रभाव भी काफ़ी है। राहकारगार के हसन हस्साम लेखक कवि को पकड़ा गया ताकि उस समुदाय की नींव हिल जाए। फ़िदाईन अक़लियत वाले जिन्हें सरकार 'ख़ुदा से लड़ने वाला योद्धा' कहते हैं रोज़ मारे जा रहे हैं। बड़े-बड़े विद्वान, बड़े-बड़े लेखक, बड़े-बड़े कवि आराम से उड़ाए जा रहे हैं। जैसे वह किसी समाज का इतिहास गौरव, धन, नहीं बल्कि एक कैन्सर हैं जिसका जड़ से उखाड़ना ही उसकी चिकित्सा है। मगर दुःख तब हुआ जब इस्लामी गणतन्त्र ने तोदे पार्टी और अकसरियत ग्रुप वालों को भी नहीं बख़्शा जो उनकी आँखें बन्द करके क़बूल कर चुके थे और सत्ता की लालच में अपनी विचारधारा को भी भूल बैठे थे, इनके लोग भी तबरीज़ व दूसरे शहरों में फाँसी चढ़े। अब देखना है कि इनका दूसरा क़दम क्या होता है। सरकार के प्रति वही सद्भाव या अन्य वामपन्थी गुटों के साथ एकता।

इस्लामी पार्टी 'हिज़बउल्लाही' का कहना है कि हमने हमेशा अपने से धोखा खाया है। जैसे मुजाहिदीन इस्लामी लिबास में हमें छलने आए अब 'हुज्जती' हैं जो कहने को मौलवी हैं मगर अमेरिकन सत्ता के पुजारी तीसरे यह तोदे पार्टी वाले हैं जो आस्तीन के साँप निकले। जो ईरान में चारों तरफ़ घुसकर रूस की चमचागिरी कर रहे हैं किराए के टट्टू। हमें वास्तविक कम्युनिस्टों ने कभी क्षति नहीं पहुँचाई

वे हमारे शत्रु अवश्य हैं मगर हमसे खुलकर लड़ते हैं। इस तरह से नहीं कि भेड़िये के लिबास में शेर बन बैठे हों। षड्यन्त्र को कोई पसन्द नहीं करता है। शाह के समय के प्रसिद्ध गुरिल्ला जो वास्तव में इस्लामी फ़िदाईन मुजाहिदीन थे नवाब सफ़व्वी उनकी पुत्री आजकल स्वयं कहान समाचार-पत्र में पत्रकार व पासदार दोनों हैं, मेरी विभिन्न आलोचनाओं से तंग आकर बोली, "मैं कैसे कहूँ कि इनको मारना ठीक है वरना यह कम्युनिस्ट यह मुजाहिदीन हमें जीने नहीं देते आफ़िस में एक ज़रा-सी ग़लती को लेकर वह हंगामा करते थे कि काम करना मुश्किल हो जाता था, दूसरे हमारी जनसंख्या छत्तीस मिलियन है हम पचास हज़ार लोगों की इच्छा पर बाक़ी साढ़े पैंतीस मिलियन जनता को क़ुर्बान नहीं कर सकते हैं, हमारे लोग इस्लाम धर्म चाहते हैं यह बेकार कम्युनिज़्म की बातें करते हैं वह पिटी हुई मोहरे हैं उसमें जान कहाँ है?"

किसी अन्य ने कहा, "इन मुजाहिदीनों के साथ बड़ा भला बर्ताव किया था हमने मगर वह हमारा मुल्क अमेरिका के हाथों बेचना चाहते हैं, देखा न बनीसद्र के साथ मसूद रज़वी पेरिस भाग गया। अपने पीछे बच्चों को मरने कटने के लिए छोड़ गया।"

"मगर रेज़ा सआदती को जो मुजाहिद था शाह के समय दस वर्ष जेल में रह उन्हें फिर जेल में डाला गया और इसलिए मारा गया कि वह रूसी जासूस था।"

"यही तो है कभी यह अमेरिका के पीछे भागते हैं तो कभी सोवियत के पीछे भागते थे वास्तव में यह सत्ता चाहते हैं, इनका कोई ईमान नहीं है जब तक तालग़ानी ज़िन्दा रहे उन्हें अपना रहबर मानकर इमाम ख़ुमैनी को नीचे गिराते थे। अब बनीसद्र के पीछे भागकर इमाम को ज़लील करना चाहते हैं। यदि दम होता तो यहीं रहते?"

"वह तो ठीक है बाक़ी तो यही हैं मूसाख़ियाबानी व समुदाय के अनुयायी रोज़ बीस-पच्चीस की संख्या में मारे जाते हैं युद्ध व संघर्ष रुका कहाँ है। यह भी देखना है कि जब से मसूद रज़वी भागे हैं संसार में अधिक इस्लामी गणतन्त्र की बदनामी हुई है। फ़िल्में जो जेल में किए गए ज़ुल्म पर आधारित थीं उन्होंने तो दुनिया में तहलका मचा दिया, कहते हैं इटली में एक स्त्री पर ईरानी लड़कियों पर तोड़े गए ज़ुल्म का इतना बुरा असर पड़ा कि उसने अपने को ज़िन्दा जला लिया। उसके पति और बच्चों ने आपकी सरकार की कटु आलोचना की है।"

"उनकी बातें न करें योरोप वालों का तो काम है हमें बदनाम करना मगर इस इंक़िलाब की यही ख़ूबी है कि यह एक शफ़्फ़ाफ़ नदी है जो कूड़े-करकट को उछालकर किनारे फेंक रही हो और निरन्तर बह रही है, कौन-कौन आया मगर ठहरा नहीं, चला गया, बाज़रगान, क़ुतुबज़ादे, यज़दी, बनीसद्र।"

"मगर उन सबको लाने वाला कौन था?"

"इमाम का सरल स्वभाव था जो यह लोग ईरान आए, फिर इमाम किसी के दिल का हाल क्या जाने? विदेश में तो यह शाह के विरुद्ध थे तभी इमाम का विश्वास इन पर बना।"

"जहाज़ भरकर इमाम के साथ जो जो आए थे अमेरिकन एजेण्ट निकले, पहले दिन से लगातार फ़िदाईन अक़लियत व अन्य कम्युनिस्ट ग्रुप चिल्लाते रहे कि यह कौन हैं मगर आप लोग जवाब देते रहे कि यह इस्लाम के अनुयायी हैं। इमाम इन्हें वर्षों से पहचानते हैं, इंक़िलाबी हैं मगर आज आप वही बातें उनके लिए कहते हैं जो कल कम्युनिस्ट कहते थे।"

"मगर यह तो एक तरह से ठीक है कि लोग इन्हें पहचान रहे हैं लोगों की समझ बढ़ रही है।"

"दुःख यही है समझदार होकर मारे जाते हैं। यह सिलसिला कब तक चलेगा। आज आपके रेडियो, टी. वी. से प्रसारित ख़बरों पर कोई विश्वास नहीं करता है, लगभग सारे शिक्षित लोग विदेशी रेडियो सुनते हैं, टी. वी. कोई खोलता नहीं है, यह केवल प्रगतिशील वर्ग का हाल नहीं है, बल्कि आपके कुछ मौलवी जो वास्तव में दानिशमन्द हैं वे भी इन सारी बातों से ख़ुश नहीं हैं। यह क़तलग़ारतग़री का बाज़ार कब तक गर्म रहेगा। आपको देश के उत्थान के लिए बहुत कुछ सोचना पड़ेगा। यूँ, डेढ़ ईंट की मस्जिद अलग बनाकर आप जी नहीं सकते हैं बल्कि चलो तो सारे ज़माने को साथ लेकर चलो।"

"परन्तु ग़लत लोगों के साथ मिलकर नहीं। इमाम ने स्वयं कहा है कि यदि एक मिलियन सच्चे मुसलमान बच जाएँ काफ़ी हैं।"

"ठीक है, क्योंकि आर्थिक व्यवस्था यूँ भी समाप्त हो गई, तेल के कुएँ बन्द पड़े हैं, महँगाई, बेकारी बढ़ गई है बैंक पैसे से ख़ाली हैं, देश का सोना मनों वजन का ख़ामोशी से विदेश में बेचा जा रहा है, लोग एक-दूसरे को खाना आरम्भ कर देंगे तब मिलियन भर ही लोग बचेंगे, पेट ज़ालिम है।"

"आपके विचार योरोपियन हैं हमने इंक़िलाब 'रोटी' के लिए नहीं किया है। धर्म के लिए किया है। यह मत भूलिए।"

"हर इंक़िलाब की जड़ भूख होती है चाहे वह पेट की हो या दिमाग़ की और हर इंक़िलाब समाज के अन्दर से उठता है उस पर लादा नहीं जाता है आपके इस इंक़िलाब के दो कारण थे, क़लम और ज़बान क़ैद थी, यानी दिमाग़ी भूख। शाह के समय वर्गों में असमानता थी, एक तरफ़ लोग हवाई जहाज़ से सफ़र कर रहे हैं दूसरी तरफ़ गधे पर बैठकर। गाँव-गाँव जाकर देखिए जिस मुल्क में इतना पैसा हो वहाँ के लोग जानवरों की तरह रहें। यहाँ पर वह पेट की भूख थी आज भी उन्हीं दोनों चीजों की भूख है जो एक नए इंक़िलाब का फ़िज़ा बना रही है।"

"हर फ़िज़ा को हम ख़त्म कर देंगे।" बड़े विश्वास व दृढ़ता से मुझे उत्तर मिला।

आसमान धुएँ से काला पड़ गया था। ऐलान हुआ कि घर-घर तलाशी ली जाएगी। सारे लोग इश्तेहार किताबें छुपाने में जुट गए कुछ जलाने लगे। बाथरूम में सियासी काग़ज़ जलाते फलश करते रातों की नींद ख़राब हो गई थी, मगर फिर भी जेल लड़के-लड़कियों से भर गए। केवल एक किताब मिलने, कोर्स की किताबों के बीच सिर्फ़ मामूली पैंफ़लेट मिलने से लड़के-लड़कियाँ गोली से उड़ा दिए गए।

मेरी बहुत सारी किताबें जो पारसाल नहीं ला पाई थी, जला दी गईं। मुझे किताबों का दुःख न था जितना उन पंक्तियों का था जो उस पर मेरे शहीद मित्रों ने लिखी थीं। यह वह किताबें थीं जो अब न बाज़ार में मौजूद थीं, न घरों में, उनका लेखक भी गुमनाम वादियों में खो गया था।

शाह के समय में कहा जाता था कि ईरान एक बड़ा क़ैदख़ाना है, मगर आज एक बड़ी मस्जिद में बदल गया है, हर जगह हर दफ़्तर में बारह से एक बजे तक नमाज़ पढ़ी जाती है न पढ़ने पर नौकरी से अलग कर दिया जाता है। औरतें मर्दों से हँस बोल नहीं सकतीं ज़रा सा सर खुलने और बाल दिख जाने पर आलोचना आरम्भ हो जाती है, क्योंकि कहा जाता है कि औरतों के बालों की चमक मर्द की वासना जगाती है वह गुनाह है।

हर जगह लिखा है 'स्त्री धन पर्दा है' 'शर्म ही औरत का ज़ेवर है' इत्यादि किसी भी दफ़्तर, दुकान, टैक्सी में आप बिना सर लपेटे घुस नहीं सकती हैं। यहाँ तक कि होटलों और सिनेमा हाल में भी। सरकार का सारा बल पर्दा, नशा निषेध, सेक्स को कम करने में खर्च हो रहा है, जबकि इस इंक़िलाबी समाज को अन्य ठोस कठिनाइयों से जूझना व हल करना है। इंक़िलाब के आरम्भ में 'रेड लाइट एरिया' की सारी औरतें गोली से उड़ा दी गई थीं उनके साथ ही बहुत सारे संगीतकार व गायक व नर्तकियाँ भी। इमाम ख़ुमैनी के पुत्र कहते रहे गुनहगार को नहीं बल्कि गुनाह को जड़ से उखाड़िए मगर जिस चीज़ को जड़ से उखाड़ा जा रहा था उसकी जड़ें धरती में अधिक फैल गई हैं। खूज़िस्तान से भागे हुए क़रीब दो मिलियन लोग, जो लोग पैसे वाले थे, पेट्रोल रिफ़ाइनरी में बड़े ओहदे पर थे और आबादन, बूशहर, ख़ुर्रमशहर से भागकर तेहरान आए थे। इंक़िलाब के आरम्भ में भागे हुए लोगों के बड़े-बड़े घर खरीद कर रहने लगे, कुछ ने होटलों में पनाह ली, कुछ की बुनियादे-शहीद ने मदद की, मगर कुछ ऐसे भी थे जिनका भाई, बहन, शौहर, बाप मर गए थे मगर रोज़मर्रा की आवश्यकताओं ने मुँह मोड़ा नहीं था उनके पास एक ही रास्ता था फलतः अब ईरान में चौगुनी वेश्याएँ हैं।

इराक़ ने युद्ध के बाद क़रीब दो मिलियन ख़ानदानों के जिनके पूर्वज ईरानी थे, उनको इराक़ से निकाल दिया गया वह भी पैदल चलते हुए ईरान में आ गए। कहाँ भेजता उन्हें ईरान?

अफ़ग़ानिस्तान से लगभग एक मिलियन पचहत्तर हज़ार लोग भागे हुए ईरान

में हैं। उनकी रोटी नौकरी घर सब ईरान के ज़िम्मे हैं। इसके बाद भी डकैती चोरी, हत्या करने में वह सबसे आगे रहते हैं। यह एक सामाजिक, आर्थिक, राजनीतिक प्रकोप है जो पड़ोसी देश की देन है। ईरान की सामाजिक कठिनाइयाँ कम थीं जो भागे हुए लोगों को पनाह दे रहा है।

जंग का ख़र्च दिन दूना रात चौगुना बढ़ रहा है। कारख़ाने कच्चा माल न मिलने के कारण बन्द हो रहे हैं, सबसे बड़ा कारख़ाना 'नेशनल' में हड़ताल मज़दूरों की माँग। मालूम हुआ सात मज़दूरों को गोली से उड़ा दिया गया और उसके दरवाज़े सील हो गए। मज़दूर बेकार और पेट ख़ाली। यहाँ से ज्ञान का आरम्भ की रोटी आवश्यक है या धर्म, इसी दर्शन को लेकर मज़दूरों में बग़ावत की बढ़ती ज्वाला।

अब तो यह हालत है कि अक्सर लोग कह उठते हैं "इससे तो अच्छा शाह का ज़माना था। कुछ हिसाब-किताब तो था, आज तो किसी को कुछ पता नहीं चलता जिसका जो मन करता है वही इमाम के नाम पर करता है, मौत तो जैसे एक ज़रूरी अंग बन गई है ईरान में, जब कोई ज़िन्दगी नहीं दे सकता है तो उसे मारने का भी हक़ नहीं है" कहने वाले कहते हैं मगर सुने कौन?

मुझे ईरान आए पन्द्रह दिन गुज़र गए थे न काम आरम्भ किया था न इरशाद 'सूचना मन्त्रालय' से किसी प्रकार का सहयोग मिला था। बिना पत्रकारिता के कार्ड के मैं कुछ काम नहीं कर सकती थी। चाहे वह शोध कार्य हो या लेखन, सो इन्तज़ार में थी। मेरी तरह विभिन्न पत्रकारों को भी परेशानी थी, न मालूम पड़ रहा था कि यह हमारी मदद करेगा या नहीं, काम होगा या नहीं। सरकारी समाचार-पत्र 'किहान' में प्रतिदिन छप रहा था कि हम विदेशी पत्रकारों का विशेष आदर करते हैं, सहयोग दे रहे हैं वे स्वतन्त्र हैं, अपने को व्यक्त करने व काम करने में। मेरा वीज़ा भी ख़त्म हो गया था मगर किसी प्रकार की सुनवाई नहीं हो रही थी अपने को अजीब संकट में फँसा पाती हूँ। भारतीय दूतावास जाती हूँ, राजदूत सब कुछ सुनकर कहते हैं, "बिना काम समाप्त किए मत लौटना, ईरान में यह समय जटिल है, फिर भी संघर्ष करो कारण पूछो, काम बन जाएगा।"

मैं नाउम्मीद सी लौटती हूँ, लगता है बिना इमाम ख़ुमैनी से मिले मुझे लौटना पड़ेगा। मैं क्या करूँ इतने बड़े ईरान में कोई भी नहीं है जो मेरा दुःख सुने या कोई राय दे। रास्ते में अपने जान पहचान वाले के घर रुक गई कि अब तो वापस जाना ही है, मिलती ही चलूँ। जाती हूँ अभी बैठी ही हूँ कि मेन डोर की घंटी बजती है। पूछने पर मालूम होता है कि 'कमेटी' आ गई है, सबको लगता है मेरे पीछे आई है।

तुम्हारे देश में पूर्ण स्वतन्त्रता है, तुम हमारे समाज को हमारी स्थिति को नहीं समझ सकती हो। मुझे कभी बाथरूम में कभी छत पर कभी मेज़ के नीचे

छुपाया जा रहा था। मैं कोई सूई नहीं थी जो काग़ज़ों की दीवारों में खोंस दी जाती या क़ालीन के ताने बानों में पेवस्त कर दी जाती। मैं एक लेखिका, एक स्कालर थी, एक संवेदनशील जागते दिल व दिमाग़ की औरत थी, जिसके पास पत्रकारिता का वीज़ा था। मुझे छुपाना उनके लिए नामुमकिन था। तंग आकर मुझे सोफ़े पर बिठा दिया गया। मैं भी थक गई थी, धरती मेरे लिए भारी हो चुकी थी।

नीचे की मंज़िल की घंटी बजी वहाँ भी वही हड़बोंग मची। उसके नीचे वाली मंज़िल फिर अन्त में फ़र्स्ट फ़्लोर की घंटी बजी और नीचे की महिला हाँफती आई बोली, "वे फ़रीदा को ले गए।"

सबके चेहरे हवन्नक़ थे। मेरे सर से मनों बोझ उतर गया। फ़रीदा मुजाहिदीन थी उसका भाई दो माह से जेल में था। माँ की दहाड़ें पूरी इमारत को हिला रही थीं। कुर्दिस्तान, शीराज़, इस्फ़हान व अन्य शहरों में कई पत्रकारों के साथ घूमने वालों की लाशें उन पत्रकारों के जाने के बाद सड़क पर मिलीं ताकि लोगों को पता चले, ख़बरें देने का इनाम क्या है और मैं इनके घर में बैठी पाई जाती। लगा ईरान की बालिश्त भर की ज़मीन भी अपने लिए नहीं रह गई है साए से भी डर लगने लगता है। कैसा घुटन भरा वातावरण है। यही वातावरण यही सरकार है जो लोगों को षड्यन्त्र करने, झूठ बोलने, बग़ावत करने पर उकसाती है क्योंकि घुटन और जुल्म हमेशा 'टेरारिज़्म' को जन्म देता है और आज ईरान में वही हो रहा है मेरे मन में यह बात आई, लौटते हुए सड़क पर भीड़ है, रुकती हूँ एक लड़की चौथी मंज़िल से कूद गई है ऊपर पासदार पकड़ने गए थे। नीचे कूदकर भी भागने की कोशिश कर रही है। हाथ पैर टूट गए हैं भागती क्या सो मजबूर होकर ज़हर निकालकर निगलती है। उसके ऊपर कई फ़ायर होते हैं ज़ख़्मी होकर भी मरती नहीं है। उसी हालत में घिसट रही है उसी बेबस हालत में पकड़ी जाती है। अस्पताल ले जाई गई। देखने वाले चकित हैं। मगर एक इन्सान अपने आन्तरिक सौन्दर्य में सम्पूर्ण निखार के साथ खिल रहा है।

सारे दिन अँधेरी सुरंग में जवानों नौजवानों की ख़ून की चीख़ती आवाज़ें मेरा पीछा कर रही हैं जो बता रही हैं कुछ करके मरो या कुछ देकर जाओ। डलिया के डलिया रंग-बिरंगे फूल मेरी आँखों के सामने बिखरते रहे, टूटते रहे। मैं इस धरती पर फूलों से मिलने आती रही हूँ। यहाँ तो सब फ़ौलादी हैं। हर चीज़, हर इन्सान फ़ौलाद में ढल गया है। इनसे टकराने, इनके साथ चलने के लिए मुझे भी फ़ौलाद का बनना पड़ेगा।

कुछ वर्ष पहले खुमैनी ने अपने भाषण में कहा था कि शाह ने क़ब्रिस्तान आबाद कर दिए हैं। मगर आज क़ब्रिस्तानों में जो बहार और आबादी है उसका कोई मुक़ाबला नहीं है। पहले बेहिश्ते-ज़हरा में केवल दस हिस्से थे अब वहाँ पर एक सौ दस हिस्से हो गए हैं। लगता है ईरान की धरती के नीचे भी एक ईरान आबाद हो गया है। सफ़ेद पोशों का। ऊपर और नीचे के ईरान में केवल इतना अन्तर है कि कुछ चीख़कर बग़ावत के इल्ज़ाम में धरती में पहुँचते हैं। नीचे वाले बहुत चाहकर भी ऊपर नहीं आ सकते। जो गया सो गया, सिगरेट जल रही है धुआँ भी है, गर्मी भी, कश भी है, ज़िन्दगी भी। फिर एकदम से सब कुछ समाप्त, बस शब्द और बातें रह जाती हैं, मौत का अर्थ बहुत खुलकर ईरान में सामने उभरता है। क़ब्रिस्तान में एक हिस्से के पत्थर उखड़े हुए थे, क़ब्रें कुछ अजीब हालत में थीं। मालूम हुआ जो मुजाहिदीन यहाँ गाड़े गए थे, उनकी क़ब्रों की यह गत हिज़बउल्लाहियों ने बनाई थी। उन्हीं लोगों में से कुछ ने सईद सोल्तानपोर की क़ब्र खोदी और उसकी लाश 'लान्तावाद' नामक क़ब्रिस्तान में गाड़ दी। इस काफ़िर को इस कम्युनिस्ट को बेहिश्ते-ज़हरा में देखना पसन्द नहीं कर सकते हैं मगर उससे बड़े-बड़े ज़ालिम उस क़ब्रिस्तान में दफ़न हुए थे। जो निम्न वर्ग को तुच्छ दृष्टि से देखते थे मगर वे उसी शान से गड़े हुए हैं। सईद की क़ब्र कहाँ है, मालूम नहीं फिर तो यह रस्म चल पड़ी, लोग हर मुजाहिद हर कम्युनिस्ट को अपने क़ब्रिस्तान में गाड़ने नहीं देते थे। गोलसोर्ख़ी व अन्य प्रसिद्ध इंक़िलाबियों की क़ब्रें मिटाई जा रही हैं मेरे एक दोस्त के घर में गोलसोर्ख़ी की क़ब्र का पत्थर रखा देखा, पूछने पर मालूम हुआ कि जब लेखकों व कवियों की यह गत बन रही है तो उसे बचाना तो है ही, स्थान पता है सो बाद में यह पत्थर वहीं रख दूँगा। 'क़ानून-ए-पिज़श्की' से ही मुर्दे छँटकर आने लगे हैं किसे कफ़न देना है किसे नहीं देना है।

एक बूढ़े बाप का जवान बेटा उसके लिए कहीं भी जगह न थी, उसने जंगल में क़ब्र खोदी और जनाज़ा कन्धे पर रखकर ले गया, क़ब्र में लिटाने से पहले उसने आसमान की ओर मुँह उठाकर कहा, "ख़ुदा तू शाहिद रहना, मेरे बेटे के लिए इस धरती पर कोई जगह न थी, यह है तेरी सरज़मीं का इन्साफ़!"

ईरान के उत्तरीय भाग में भी कई लोगों ने अपने बेटों को अपने घर के बाग़ या कमरे में गाड़ा है। कैसा लगता होगा माँ-बाप को किसी दिन यही बेटा यही बेटी इस कमरे इस आँगन में घुटने चला होगा। दौड़ा होगा। खट्टी-मीठी शरारतें की होंगी अब उसी के नीचे दबा सो रहा है। ग़लती क्या थी? जैसा सोचने को कहा जा रहा था वैसा वह सोच नहीं रहा था उसकी सोच का दायरा धर्म नहीं इन्सान था।

इरशाद (सूचना मन्त्रालय) में सुबह नौ बजे से मैं बैठी हूँ केवल इस बात को लेकर

कि आपने पहले वीज़ा क्यों दिया था आप जानते हैं कि मैं बीस दिन से आपसे कार्ड की बात कर रही हूँ। मैं केवल पन्द्रह दिन के लिए आई थी और अभी तक मेरा कोई भी काम नहीं हुआ, पहले दिन मुझसे इंटरव्यू लेने वालों की लिस्ट ले ली गई थी यहाँ तक कि इमाम के नाम मेरा पत्र भी, फिर एकदम से क्या हो गया कि आप मुझे काम करने में सहयोग नहीं दे रहे हैं, आख़िर क्यों? क्या कारण है? "समय बड़ा विकट है, हम क्या करें आप कल आकर अध्यक्ष से मिल लें" कई घंटों की माथापच्ची से यह बात तय हुई।

दूसरे दिन अध्यक्ष महोदय से मिलने पहुँची तो देखा वह बीस वर्ष के साहबज़ादे थे, जिन्हें दीन दुनिया का कितना अनुभव था उनके संकोची स्वभाव से पता चल रहा था वहाँ पहुँचकर कई आश्चर्यजनक बातें अपने बारे में पता चलीं।

"प्रधानमन्त्री कार्यालय से हमारे पास रिपोर्ट आई है कि यह महिला पिछले वर्ष कम्युनिस्टों की मीटिंग करती थीं। विभिन्न ग्रुपों से इनका मिलना-जुलना है। पिछला इनका काम भी···यह रही इनकी पुस्तक।" उनके पी. ए. ने मेरा परिचय कराया।

अध्यक्ष ने पुस्तक देखी, "आपको पता है हमने सईद सोल्तानपोर को गोली से उड़ाया और आप उसके शे'र अनुवाद करके छाप रही हैं।"

दूसरे साहब बोले, "यह वह जल्लाद था, उसके हुक्म पर कुर्दिस्तान में अट्ठारह हज़ार पासदार मारे गए हैं।"

"आपने किताब का सन् देखा है? यह बदक़िस्मत किताब सईद के जल्लाद बनने से पहले छपी थी जब वह इंक़िलाबी था आप में एकता थी और वह आपका चहेता कवि था जिसे मैंने केवल उसकी कविताओं से जाना था।"

"यह मर्ज़िए उस्कोई को आप कब से जानती हैं? उनसे आपका सम्बन्ध?"

"मैं उन्हें कवयित्री के रूप में जानती हूँ मेरे फ़ारसी जानने से पहले ही वह शहीद हो चुकी थीं सो सम्बन्ध न बन सका, जिसका दुःख मुझे ज़िन्दगी भर रहेगा।"

वे कुछ शर्मिन्दा हुए अपनी अज्ञानता पर फिर बोले—"आप हमारे दुश्मनों के बारे में लिख रही हैं और···।"

"मुझे बोलने दीजिए।" मेरा ख़ून मेरी मांसपेशियों में चक्रवात की तरह घूमने लगा था।

"फ़रमाइए।"

"मुझे ईरान में किसी विशेष आदमी से विशेष पार्टी से कोई लगाव नहीं है। मेरी लेखनी किसी के व्यक्तिगत गाथा की अधीन नहीं है। मेरा क़लम, जनता की पैरवी करना है यह जनता किसी भी देश की सीमा रेखा में हो सकती है। आपने मुझे बीस दिन से परेशान कर रखा है यही बात आप पहले दिन पूछ सकते थे। मैं जवाब देती मेरा काम सफ़र तो न करता। शाह के समय में, सारी जवानी जेल

में गुज़ारने वाले तिल-तिलकर पिघलने वाले इंक़िलाबी कहलाएँगे या वे जो आपके इमाम के साथ जहाज़ में भरकर इस्लाम धर्म की सेवा करने पेरिस से आए थे और निकले अमेरिकन एजेण्ट औरों की छोड़िए बनीसद्र इमाम की आँख के तारा थे आज सबसे बड़े शत्रु हो गए हैं इमाम के और ईरान के। आज भी ईरान की दीवारें शाहिद हैं हर तरफ़ लिखा है 'बनीसद्र शत प्रतिशत' क्या कहेंगे आप इसे। मेरा क़लम मेरी लेखनी आपकी राय की मोहताज नहीं है। हर रोज़ कलाबाज़ी खाती आपकी सियासत के साथ गुरमुण्डी नहीं खा सकती है। आप हर रोज़ होती घटनाओं से तजुर्बा हासिल कर रहे हैं। सीढ़ी-सीढ़ी चढ़ना सीख रहे हैं। मेरी नज़रें मोती ढूँढ़ रही हैं, क़लम हक़ीक़त तलाश कर रहा है। मुझे न आपके अनुभव में रुचि है न आपकी पार्टी से कोई लगाव है। न इस नए इस्लाम से मेरा कोई सम्बन्ध। मेरा विषय ईरान है। मेरा काम मेरा ईमान है। मैं आज तक किसी भी व्यक्तित्व की अधीन नहीं रही हूँ। अगर आप इजाज़त दें तो आपके इमाम से भी मिलकर ईरान में होते ज़ुल्म का कारण पूछूँ। उन्हें ख़बर भी है कुछ? आप चन्द कवियों को लेकर एक लेखिका पर अपनी कुंठा ख़ाली कर रहे हैं। दम है तो जवाब लिखें दुनिया में आपके ख़िलाफ़ जो लिखा जा रहा है। मेरी खाल उधेड़कर आप सच को झूठ, झूठ को सच नहीं बना सकते हैं, मेरे में तो इतना दम है कि आज जहाँ मुजाहिदीनों का नाम लेना गुनाह है। मैं उनसे भी मिलना चाहूँगी। उनसे स्वतन्त्र वार्तालाप करना चाहूँगी। साथ ही यह भी आपको बताना चाहूँगी कि मैं किसी पार्टी से नहीं हूँ मगर फिर भी आपका इसरार है कि मैं कम्युनिस्ट हूँ तो डरना क्या? आप अपने व्यवहार अपने उसूलों में ठीक हैं। तो इजाज़त दीजिए कि एक कम्युनिस्ट आपकी समस्या को देखे, रूस तो आँख बन्द करके आपके इस्लामी इंक़िलाब की तरफ़दारी कर रहा है फिर परेशानी क्या है? वैसे भी कम्युनिस्ट लोग आपकी नज़र में बेकार आदमी होता है। आपकी इत्तेला के लिए आख़िरी ख़बर है कि मैं किसी समाचार-पत्र से बँधी हूँ न कहीं से पैसा लेकर किसी के लिए काम कर रही हूँ मेरा विषय मेरा अपना है। मेरी नज़र मेरी अपनी है उसमें कोई बदलाव कोई नहीं ला सकता है। मुझे किताब पूरी करनी है सो काम करूँगी चाहें तो मदद करें, चाहें तो मदद न करें, बिना मिले बिना इण्टरव्यू लिए भी किताब पूरी हो सकती है। आज ईरान पर केवल समाचारों के आधार पर बहुत कुछ लिखा जा रहा है। सच्चाई की तलाश बहुत कम को है—धन्यवाद!"

मैं कमरे से निकल जाती हूँ लगता है पत्थर की दीवारों से सर फोड़ने से अपना ही सर ज़ख़्मी होगा। भारत में स्थित ईरानी दूतावास ने मेरे बहुत दौड़ने पर मुझे वीज़ा नहीं दिया था जब ईरान से भारत के राजदूत ख़लीली साहब की सहायता करने पर वीज़ा आया तो मुझसे दिल्ली ईरान दूतावास के प्रेस अटैची ने कहा कि एक शर्त पर हम आपको वीज़ा देंगे कि आप कम्युनिस्टों के बारे में नहीं

लिखिएगा, जाने से कुछ दिनों पहले मुजाहिदीनों ने सारा ईरान हिला दिया था। दिल चाहा जाकर पूछूँ कि मुजाहिदीनों के बारे में भी क्या न लिखूँ? बात यहीं समाप्त नहीं हुई थी बल्कि उन्होंने घुमा-फिराकर पूछा था, ''आपकी नज़र में कोई है जो पैसा लेकर...।''

''जी नहीं मेरे सब जानने वाले पैसा लेकर भी ग़लत बात नहीं लिखेंगे।'' आज ईरान में मुझे महसूस हुआ कि उन्हीं साहब ने अपना प्रेम यहाँ भी दिखाया जो यूँ मुझे निबटना पड़ रहा है लगता है कभी इन जैसे लोगों ने लेखनी का महत्त्व समझा ही नहीं सो वह क्या जाने क़लम का विश्वास शब्दों के अर्थ का महत्त्व क्या होता है। मन-मस्तिष्क भिन्ना जाता है। लगता है सारी ग़लती मेरे विषय की है किसने कहा था ईरान के इंक़िलाब पर लिखने को? साहित्य भाषा का भण्डार समाप्त हो गया था क्या? मगर साहित्यकार वह भी सामाजिक चेतना की दृष्टि रखने वाला समाज को राजनीति से कैसे अलग कर सकता है? कमरे से निकल कर मन ही मन पेचताव खाती हुई अभी लिफ़्ट तक पहुँची ही थी कि पीछे से आवाज़ आई। अपना कार्ड और वीज़ा के लिए पत्र लेती जाइएगा। मैं ठगी सी रह जाती हूँ। अजीब मज़ाक़ है कभी ख़ातिर कभी अपमान कभी प्यार कभी ज़ुल्म। आदमी अपना सन्तुलन क़ायम कैसे रखे? आरम्भ में चार दिन आराम से गुज़रे। यह दो हफ़्ते अजीब संकट भरे। सब कुछ अद्भुत? इन सारी बातों से मुझे महसूस हुआ कि छँटनी के बावजूद अब भी सारे दफ़्तर मन्त्रालय में शत-प्रतिशत हिज़बउल्लाही नहीं जम पाए हैं और इस मन्त्रालय में कुछ लोग हैं जो चाहते हैं मैं यहाँ रुकूँ, अब मुझे विश्वास हो गया था कि काम बनेगा भी बिगड़ेगा भी कोई मदद करेगा कोई काम बिगाड़ेगा। सो जुट जाओ। इस संघर्ष के समुद्र में मोती ढूँढ़ने में।

ईरान आए मास भर हो गया था आँखों में अजीब सी जलन रहने लगी थी न कुछ पढ़ा जाता था न लिखा शायद हवा में कुछ था जो यू आँखें फूल जाती थीं। हवा में बारूद की गर्मी व ख़ून की नमी समा गई है। शायद वही दुःख पहुँचा रही है। अब तो लगने लगा है कि कहीं तेल के कुएँ की जगह उसमें से ख़ून न निकलने लगे या मिट्टी को मुट्ठी में दबाते ही ख़ून की बूँद न टपक पड़े। वातावरण में ख़ून की मौजें तड़पती हैं। ऐसा आभास होता था, जैसे कि ताज़े ख़ून की महक नथनों में भरी रहती हो।

कुर्दिस्तान में काम करने वाले कुछ डॉक्टरों व नर्सों से इन्हीं दिनों मुलाक़ात हुई पूरे कुर्दिस्तान में डेमोक्रेटिक, पीशमर्ग, कोमले समुदाय के लोग फैले हुए हैं जो चुन-चुनकर पासदारों को मारते हैं उनका जानी-दुश्मन इस्लामी गणतन्त्र राज है और वे पासदारों के सर घाटी में लटका देते हैं, फिर कहते हैं कि खुमैनी का

चमत्कार होगा उनकी शक्ति से यह ऊपर स्वर्ग में जाएँगे।

पासदार भी चुन-चुनकर डॉक्टरों, इंजीनियरों, लेखकों, विद्यार्थियों जो भी इन गुटों के हैं, गोलियों से भूनते हैं। एक डॉक्टर ने बताया मेरे बारह सहकर्मियों को मार डाला गया। वे सब कोमले गुट की थीं एक की बॉडी डेथ सर्टिफ़िकेट के लिए मेरे पास आई थी। सीने जले और बदन पर सिगरेटों के दाग़ थे। मैंने सर्टिफ़िकेट दे दिया फिर कुछ दिनों बाद उसी अस्पताल के कम्पाउण्ड में एम्बुलेंस की लाइट जलाकर दस लोगों को शूट कर दिया गया। हमारे सब्र का पैमाना भर चुका था। हमने बड़े कठोर शब्दों में उन्हें सचेत किया कि यहाँ लोग जीवन लेने आते हैं देने नहीं। आपको यह काम करना है तो सामने पहाड़ियाँ हैं, मैदान हैं वहाँ ले जाइए। कुछ दिनों बाद उन्हीं में से एक आया बोला, ''डॉक्टर, आज रात आना एक इंक़िलाबी फ़िल्म दिखाई जाएगी।'' मैं जब वहाँ गया एक बारह वर्ष का लड़का बँधा खड़ा था। मेरे पहुँचते ही उसे गोली मार दी गई उसका शरीर पथरीली ज़मीन पर गिर गया मुझे लगा ईरान से इस्लाम की जड़ें हमेशा के लिए ख़त्म हो जाएँगी।

एक अन्य महिला जो स्वयं मुसलमान थी बड़ी दुःखी होकर बोली, ''कभी-कभी इन्हें डेथ सर्टिफ़िकेट की इतनी जल्दी होती है कि कहना पड़ता है कि अभी बॉडी गर्म है...हो सकता है मुझे इसकी सेवा करनी पड़े...वास्तव में यह इस्लाम के विरुद्ध है।''

''कितनी बार ऐसा होता है कि बीमारों को ले आते हैं हम उनका इलाज करते हैं फिर उन्हें इस्लामी क़ानून सज़ा देता है और हम उनके मृतक शरीर का डेथ सर्टिफ़िकेट भी लिखते हैं।''

एक अन्य डॉक्टर ने कहा, ''मैं तंग आ गया हूँ इस मौत के नृत्य से मगर जाने भी नहीं देते हैं। कहते हैं अपनी जगह किसी को करके जाओ मैं किसे भारत से बुलाऊँ? मुझे दो मास तक परेशान करते रहे कि तुम यहाँ पाँच वर्ष से हो सबको पहचानते हो बताओ, कोमले, पीशमर्ग, डेमोक्रेटिक पार्टी के कौन-कौन लोग हैं। मैं इन्कार करता हूँ। वह जानते हैं कि मैं सब कुछ जानता हूँ और मैं यह जानता था कि मुझे मार भी डालें तो मैं, नहीं बताऊँगा, क्योंकि वे सारे लोग पढ़े-लिखे उच्च पद पर थे। एक देश के धन थे, उसे मैं कैसे ख़र्च करता वह धरोहर समान मेरे दिल में थे। ख़्यानत नहीं कर सकता था, वह मुझे परेशान करने के लिए कभी-कभी रात को मेरे घर की तलाशी लेने पहुँच जाते थे। मैं चुपचाप घर को उनके हवाले करके कुर्सी पर बैठ जाता था। लगता है यह सरकार हत्या के मामले में हिटलर से भी आगे है।''

पूरा कुर्दिस्तान ख़ून में डूबा है। अरसे से लड़ाई हो रही है। वे हार नहीं मानेंगे, उन्हें राज्य की, लिबास और भाषा की स्वतन्त्रता चाहिए। नीचे से भागे सारे मुजाहिदीन फ़िदाईन (अक़लियत) उत्तरीय वनों में फैल गए हैं। जमकर लड़ाई हो रही है। शाह ने इन्ही फ़िदाईन को पकड़ने के लिए तेरह वर्ष पहले सियाहकल

के कुछ जंगल जलवाए थे। जिसमें नौ इंक़िलाबी मारे गए थे। आज वर्तमान सरकार कौन-कौन से जंगल जलवाएगी।

यह युद्ध समाप्त नहीं होगा सरकार की बेकार की ज़िद्द है और अमेरिका की बेकार की कोशिश, ईरानी वह भी जागता ईरानी सारे बन्धनों से मुक्त केवल देश के लिए संसार की सारी गुलाम क़ौमों के लिए लड़ रहा है। अन्त से बेपरवाह केवल निरन्तर संघर्ष...का एक आदर्श सपना आँखों में सँजोए उसको व्यावहारिक रूप देने का संकल्प ठान बैठा है।

एक मास में बहुत लोगों से इण्टरव्यू लिए संसद के स्पीकर रफ़्तसनजानी से जब पूछा कि आख़िर इतनी मौतें नई नस्ल की एक बड़ी क्षति के रूप में नहीं हैं? बड़े आराम से बोले ऐसी बात नहीं है हमारे पास इन्सानी ताक़त बहुत है, कुल दस मिलियन स्कूली बच्चे हैं। आपका डर बेबुनियाद है।

सूचना मन्त्री से पूछा जब आपके पास पैसे की इतनी कमी है, लोगों के पास घर नहीं नौकरी नहीं है। विश्वविद्यालय बन्द, आर्थिक स्थिति ऐसी है कि लोग कहते हैं कि कुछ माह बाद क़हत पड़ सकता है। ऐसे समय में आप सारा पैसा इस्लाम के प्रचार पर ख़र्च कर रहे हैं यह सरकार तो दरिद्रों की सरकार है फिर उन ग़रीबों का हक़ उन्हें क्यों नहीं मिल रहा है। दूसरे मुल्कों में पैसा जा रहा है। प्रचार की किताबें छप रही हैं। इस्लाम धर्म को प्रचार की नहीं प्रयोग की आवश्यकता है।

''प्रचार पर कुछ भी ख़र्च नहीं हो पा रहा है सब काम भाईचारे से चल रहा है। प्रचार बुरी चीज़ नहीं है शाह स्वयं बुरा था प्रचार बुरा न था।''

चीफ़ जस्टिस से पूछा, ''मुजाहिदीनों को यूँ जो मारा जा रहा है क्या ईरानी नहीं हैं?''

''वह जनता के दुश्मन हैं ऐसा न किया जाता तो वह लोगों को भूनकर रख देते।''

शिक्षा मन्त्री से पूछा कि आपके रहते स्कूल के बच्चे मार दिए जाएँ और आप सरकार से कुछ न कहें।

''वह बच्चे स्वयं हथियार लिए थे, निहत्थे कब थे, सो उनकी रोकथाम तो करना ही थी।''

राष्ट्रपति से पूछा कि आपकी विदेशी सियासत बहुत कमज़ोर है कब कौन दोस्त बन जाए कब कौन दुश्मन पता नहीं चलता कल तक फ्रांस दोस्त था आज दुश्मन है?

''किसी हद तक यह ठीक है! पर हमें समय कब मिला कि हम विदेशी सियासत पर काम करते, समय है काम होगा।''

इन सारे लोगों से मिलकर यह महसूस हुआ कि स्वयं इनमें असन्तोष की भावना है। स्वयं इस्लामी गणतन्त्र अर्थात् मुल्लाओं के अन्दर दो ग्रुप बन गए हैं।

तबरीज़ी और इस्फ़ाहानी। इसके साथ ही दो तरह के विचार हो गए हैं एक अमेरिका के विरोधी पक्ष जैसे इमाम ख़ुमैनी दूसरा अमेरिका का समर्थक पक्ष जैसे आयतउल्लाह गुलपायग़ानी। अमेरिका समर्थक मुल्लाओं की स्थिति इस दृष्टि से ठीक है कि उनके पीछे एक बलवान राष्ट्र है, मगर विरोधी पक्ष के पास केवल अपना राष्ट्र है। इन दोनों पक्षों के बीच काफ़ी तनाव है। यहाँ तक कि कुछ हफ़्ते पहले तनाव इतना बढ़ गया था कि इमाम ख़ुमैनी को कहना पड़ा कि यदि हममें यह दरार भीषण रूप धरेगी तो हममें से कोई नहीं टिकेगा, सबको जाना पड़ेगा। मगर देखने से महसूस हो रहा है कि 'हुज्जती' मुल्लाओं का प्रभाव बढ़ रहा है आश्चर्यजनक बात यह है कि जिन स्थानों पर कोई नहीं जा सकता है, वहाँ पर आकर अमेरिकन पत्रकारों ने चित्र लिए, जेलों के वह सारे तहख़ाने देखे और लौटकर वह फ़िल्म अमेरिका में दिखाई गई, अन्य ईरानी व विदेशी पत्रकार शोर मचाते रहे पूछते रहे कि उनमें क्या खास बात थी मगर चीफ़ जस्टिस ने इतना कहा वह ग़ैरक़ानूनी था। यहाँ पर बात साफ़ है कि वह आयतउल्लाह जो हुज्जती मुल्लाओं के नाम से जाने जाते हैं जो इमाम को नहीं अमेरिका को चाहते हैं उन्होंने इनकी मदद ली है उनका प्रभाव संसद में भी बढ़ रहा है। इस कारण मजबूर होकर इमाम और उसके अनुयायी संसद अध्यक्ष रफ़्तसनजानी, राष्ट्रपति ख़ामनई, प्रधानमन्त्री मोसवी का झुकाव रूस की ओर बढ़ रहा है। मगर जनता रूसी प्रभाव से डरती है। स्वयं सरकार वामपन्थी और सोवियत लैण्ड के विरुद्ध तीन वर्षों से भीषण प्रचार कर रही है। स्वयं साम्यवादियों। एक बड़े पक्ष का झुकाव भी इस ओर नहीं है।

महान शक्तियों की आपसी रस्साकशी का युद्ध ईरान में था। अब ईरान का गृह युद्ध किस ओर मुड़ता है अभी रौशन नहीं है। हो सकता है अमेरिका दुबारा लौट आए, हो सकता है ईरान का प्रगतिशील वर्ग! दिलचस्प बात यह है कि वर्तमान नोक-झोंक स्वयं आयतउल्लाहों के बीच है न वह काफ़िर है न मुनाफ़ाक़ीन। दूसरी मज़े की बात यह है कि हर मुल्ला का बेटा लगभग मुजाहिदीन है। रफ़्तसनजानी के दोनों दामाद यानी आयतउल्लाह लाहूती के दोनों पुत्र, इस्लामी जेलों के जेलर आयतउल्लाह ग़िलानी का पुत्र और तो और स्वयं इमाम के पोते का यही हाल है वह अपने घर में नज़रबन्द है। इमाम और पोते के बीच की स्थिति इमाम के बेटे की है वह क्या करें क्या न करें। कई बार कह चुके हमारे सँभलने में कहीं देर न हो जाए, मगर उनकी सुनता कौन है सब सत्ता की धुन में अन्धे हो रहे हैं। नस्लों व विचारों की ख़न्दक पाटने के लिए लाशों का पुल बनेगा और तब तक ख़ून ख़राबा ईरान में बन्द नहीं होगा।

रोज़ रेडियो से प्रसारित ख़बरों में बताया जाता है कि प्रसिद्ध लेखिका हुमा नातिक़ और प्रसिद्ध लेखक बाक़र परहाम पकड़े गए, भाग गए फिर दूसरे दिन उसका खण्डन होता। जिस दिन मैं गुलशीरी और बाक़र परहाम से मिलकर लेखक

संघ के बिखरने और विभिन्न समुदाय के बीच मनमुटाव का ज़िक्र और आपसी मतभेद से प्रगतिशील वर्ग की हानि की चर्चा कर रही थी, उसी रात रेडियो से बाक़र परहाम को गोली से उड़ा देने की ख़बर प्रसारित हुई फिर फ़ौरन ही उसका खण्डन टी. वी. ने किया। सुनकर किसी ने कहा यह तोदे पार्टी वालों की शरारत है। वह जानबूझकर ख़बर उड़ाते हैं ताकि सरकार का ध्यान इनकी ओर भी जाए कि यह महत्त्वपूर्ण लोग हैं और इन्हें मारना ज़रूरी है।

लेखक संघ के एक सौ दस लोगों के नाम इमाम के पास भेजे गए थे ताकि वह उस पर हस्ताक्षर कर दे और वे फाँसी पर चढ़ा दिए जाएँ उन्होंने हस्ताक्षर ही नहीं किए आख़िर क्यों? यह बात भी गोपनीय है।

शामलू के पास ख़बर भेजी गई कि ''पारसाल वाली मुसाफ़िर आई है मिलना चाहेंगे,'' बोले, ''हाँ जरूर मिलना चाहूँगा।''

चार कारों पाँच घरों को बदलते, दस मील का बेकार में चक्कर काटते हुए मैं वहाँ पहुँचाई गई जहाँ पर शामलू अपने घर को छोड़कर पहुँचे हुए थे। क़ैदी की ज़िन्दगी कितनी दुःखदायी होती है यह उन पति-पत्नी से मिलकर लगा। सारे प्रगतिशील चेहरे इंक़िलाब के आरम्भ में पहचान लिए गए थे। उन्हें सड़क पर देखकर मार देना मामूली बात थी सो छुपे थे कब तक मालूम नहीं। कौन कहाँ हैं कुछ पता नहीं है। मगर जैसे-जैसे लोगों को पता चलता गया किसी न किसी प्रकार वे मिलने लगे ऐसी घुटन भरी फ़िज़ा में जहाँ पल भर की भी ग़फ़लत मौत बन सकती थी। संघर्ष जारी था।

इमाम से मिलना चाहती थी मालूम था इमाम जब से सत्ता में आए हैं किसी को समय नहीं देते हैं मगर कोशिश जारी थी, जो सुनता कहता, उम्मीद छोड़ दो वह एक तुनकमिज़ाज बुजुर्ग हैं ताव में आ गया तो बस! कोई कहता वह प्रकाश का पिण्ड है देखते ही जल जाओगी। इमाम बेहद हसीन है इमाम को जाने कितनी ज़ुबानें आती हैं। वह बोलना पसन्द नहीं करते हैं देखोगी तो देखती रह जाओगी, आँखें फट जाएँगी। इमाम की सारी बातों का पता है यदि पुराने तेहरान में गोली चले तो वह पचहत्तर किलोमीटर से सुन लेते हैं उनसे कुछ भी नहीं छुपा है।

कुछ अन्य लोग कहते इमाम ज़ालिम है, धोखेबाज़ है, झूठा है, हमें धोखा दिया ईरान आने से पहले कहा था कि ईरान में जेल नाम की चीज़ का वजूद नहीं रहेगा। मगर देखा जेल क़ैदियों से उबल रहे हैं। एक-एक कोठरियों में चार-चार क़ैदी ठुँसे हैं। फिर ईरान आकर बोले पेट्रोल पानी मुफ़्त है, तुम्हारी धरती का अमृत है, मगर वास्तविकता क्या है? चन्द माह बाद दुगुना पानी का बिल आया। पेट्रोल कहाँ एक रुपया था, अब सात रुपया हो गया है।

अन्य पढ़े-लिखे कहते, मानो न मानो यह अमेरिकन एजेण्ट हैं। किसिन्जर ने कहा था कि हर ईरानी बुद्धिजीवी को मारना है क्योंकि यही हमारे शत्रु हैं। देखो

चुन-चुनकर पढ़े-लिखों को मरवा रहा है, विशेषकर वामपन्थियों को।

कोई कहता, इमाम फूल की तरह है, कितने प्यारे, कितने दुलारे आदमी, बस इन्सान उन्हें सूँघता ही रह जाए।

कम्युनिस्ट कहते इतना तो हमने शाह के समय में नहीं सहा जो आज सह रहे हैं। शाह ने चार ग़लतियाँ कीं तो इस सरकार ने चार सौ ग़लतियाँ कीं। पहले दो हज़ार क़ैदी थे, अब सत्ताइस हज़ार सियासी क़ैदी। आम जनता कहीं, हमसे सब कुछ छीन लिया गाना-बजाना, दिल की ख़ुशी, नौकरी, रोटी कुछ भी न रहा। अब ईरान कभी भी वैसा नहीं बनेगा।

औरतें कहतीं इमाम ने कम-से-कम नशा और सेक्स पर रोक लगा दी वरना हम तो पागल हो रहे थे कि हमारे मियाँ कहाँ जाते हैं। औरतों का तो आँखों का पानी मर गया था। बेहया हो गई थीं। काम करने वाली विशेषकर स्कूलों की प्रिंसिपल व टीचर कहती हैं नौकरी करना मक़तल पर जाना है, क्या कहूँ क्या बोलूँ यह सरकार जेहालत की धुरी पर घूम रही है। सुबह बच्चों को कसरत कराई जाती है हाथ ऊपर। 'अल्लाहो अकबर' हाथ उठाकर पैर छूने पर 'ख़ुमैनी रहबर' हाथ आमने-सामने फैलाने पर 'मर्ग बर सद्दाम हुसैन यज़ीद' हाथ नीचे 'मर्ग बर रूस मर्ग बर अमेरिका।' पूरे समय स्कूल में जासूसी चलती है ज़रा-सा शुबहा होने पर बच्चों का नाम काट दिया जाता है। जो कुछ है इमाम है जैसे कभी शाह था हमारी क़िस्मत में तो एक ही व्यक्तित्व के अधीन रहना लिखा है।

इमाम की तस्वीर हर जगह, इमाम की चर्चा हर स्थान पर! ख़ुदा ख़ुदा करके वह दिन आया जब इमाम ने समय दिया। प्रश्न भेज दिए थे, हफ़्ते भर बाद इण्टरव्यू का समय दिया गया।

दो जनवरी की सुबह इमाम से मिलने गई। गली दर गली में उनका मकान था मेरे साथ एक और भी स्त्री चल रही थी लगातार कहे जा रही थी कि खुदा तुम्हें इमाम के दर्शन का सौभाग्य दे, मुझे उसका यूँ फुसफुसाना बुरा लग रहा था ख़ैर जब हम दफ़्तर के मुख्य द्वार पर पहुँचे तो उसे जाने से रोक लिया गया। उसने ख़ुशामदें कीं वह केवल इमाम की एक झलक देखना चाहती है। उसने सपने में देखा है कि इमाम बुला रहे हैं। यदि इमाम नहीं तो उनके बेटे ही सही, जब उसको इजाज़त न मिली तो वह वहीं ज़मीन पर गिर पड़ी और पासदार का जूता चूमने लगी। मैं दंग थी कि बाहर इतनी नफ़रत है मगर यहाँ इतना इश्क़! मैं अन्दर गई उन्हें देखा। एक सीधे-सादे बुज़ुर्ग आदमी जिनमें पिता का प्रेम था। प्रकाश पिण्ड से न मैं जली, न प्रभावित हुई, न काँपी, न बेहोश हुई, बस महसूस हुआ पूरी दुनिया से कटा यह हिस्सा है। वहाँ के वातावरण को देखकर, इमाम से बातें करके ऐसा लगा कि उनको पूरी बात की इत्तेला नहीं है जो उन्हें बताया जाता

है उसकी शक्ल वही रहती है जो टी. वी. पर बैठकर बोलते हैं या उन्हें विशेष रिपोर्ट दी जाती है, साथ ही यह भी एक हक़ीक़त है कि आज ईरान में जनता का राज है, जनता कितनी समझदार पढ़ी-लिखी है वह ज्ञात है उसमें कितनी सामाजिक व राजनीतिक चेतना है वह भी मालूम है इसीलिए अराजकता है। गाँव के उन इलाक़ों से पासदार आए हैं जो केवल बन्दूक़ पकड़ना व फ़ायर शब्द समझते हैं। वह नहीं जानते हैं कि ईरान क्या है, पेट्रोल क्या है। वे अब तक कहाँ थे? शाह ने उनको कभी घास नहीं डाली थी मगर आज वही ग़रीब जनता बड़ी ज़िम्मेदार पोस्टों पर है। पासदार की शक्ल में पूरे ईरान में फैली हुई है, जिनके माता-पिता उनके बाप दादा धार्मिक थे पर न उन्हें न इन्हें धर्म का सही ज्ञान है। यह जितने ईमानदार हैं उतने ही अनभिज्ञ। आज ईरान की सत्ता उन लोगों के हाथ में है जो इस्लाम धर्म के विद्वान हैं और इस्लाम को फैलाने में पूरे ईमानदार। इस्लाम के हमदर्द हैं मगर वह राजनीति का ज्ञान नहीं रखते हैं। भले ही वह कहें ''इस्लाम एक सियासी धर्म है।'' मगर सियासत और धर्म का साथ कठिन है। सियासत दाँवपेंच, झूठ मक्कारी है। मगर धर्म इनसे दूर है। आज हर दफ़्तर में वही लोग हैं जो इस्लामी हैं। काम जाने या न जाने मगर इमाम पर उनकी श्रद्धा है, श्रद्धा, प्रेम, विश्वास केवल किसी क़ौम को सुधारने का हथियार नहीं बन सकता है, बल्कि दिशा दक्षता, शिक्षा, सूक्ष्म दृष्टि और चाटुकारिता, चतुरता, समय की समझ और माँग का भी दखल होता है। यही कमी ईरान में आज है क़लम तोड़ दिए गए हैं एक ही तरह का काम हो रहा है। संसार से रिश्ता टूट रहा है। कुएँ के मेढक बनकर तो वह नहीं जी पाएँगे। सच्चाई से आँखें बन्द करना चाहते हैं। आर्थिक संकट सर पर खड़ा है। मगर वह कहते हैं गेहूँ की फ़सल अच्छी हुई है। आर्थिक स्थिति बहुत बढ़िया है जहाँ पर सूझ का स्तर यह हो वहाँ पर इनसे उम्मीद करना बेकार है। आयतउल्लाह तालग़ानी ने सच कहा था, ''मुल्लाओं का सही स्थान मस्जिद है।'' मगर मुल्लाओं की बेजा ज़िद ने उनके आध्यात्मिक आदर को ठेस पहुँचाई। आज लोगों की नफ़रत का हाल है कि उन्हें एक मौलाना अकेले मिल जाए तो वह उसकी बोटी-बोटी उड़ा दें। वास्तव में मौलवियों की भी कोई ज़िन्दगी ईरान में नहीं रह गई। विभिन्न इमारतों में ऊपर से नीचे तक रहते हैं ताकि पहरेदारी हो सके। एम्बुलेंस में चलते हैं। बिना पहरेदार के वह एक क़दम नहीं उठा सकते हैं। यह कोई ज़िन्दगी तो नहीं हुई। जब यह सरकार दरिद्र जनता का प्रतिनिधित्व करती है तो फिर जनता से डरती क्यों है?

अभी तक मेरा सीधा सम्बन्ध आम जनता से नहीं बन पाया था, वे बोलते डरते थे, मैं अपने को आमादा कर चुकी थी कि ख़ामोश घूमते बुतों को अपने प्रश्नों की छैनी हथौड़ी से तोड़ना है चाहे ख़ून में सराबोर ही क्यों न होना पड़े। यह मुराद

भी पूरी हो गई। टैक्सी में उतरते-चढ़ते मुसाफ़िर आराम से स्वतन्त्र वार्तालाप करते उनसे बहुत-सी बातें मालूम होतीं, लगता ईरान में सब दुःखी हैं। मगर मौत इतनी नज़दीक है कि बोलते डरते हैं यह जानते हैं कि बोलने से फायदा भी क्या है? और बिना फ़ायदे मरना बेकार है।

कुछ दिनों से सरकार ने इरशाद (ज्ञान) की रस्म जेलों में आरम्भ की है। सारे क़ैदी क्लास में बैठते हैं। धर्म के ज्ञान के साथ कढ़ाई, कटाई, सिलाई, पढ़ाई सब कुछ होता है। उन लड़कियों और लड़कों का प्रोग्राम भी टी. वी. पर दिखाया जाता है कि कैसे वह जेल में आने से पहले इस्लामी गणतन्त्र राज को ग़लत समझते थे और मुजाहिदीनों व कम्युनिस्टों को अच्छा मगर अब उनकी समझ में आ गया है कि वह सब धोखा था सच्चाई यही है कि जेल में हम ख़ुश हैं। किसी ने मुझसे कहा आप जेल देखे बिना जा रही हैं। बहुत अच्छा इन्तज़ाम है, आज़ादी है, जितना चाहो घूमो फिरो, खेलो कूदो, जुमे की नमाज़ के लिए तेहरान विश्वविद्यालय आते हैं फिर रात को घर वालों के पास मिलने जाते हैं।

''जब इतना अच्छा है जेल तो लड़कियाँ जेल में क्यों रखी जाती हैं? स्वतन्त्र छोड़ दी जावें?''

''वहाँ पर स्कूलों से अच्छा वातावरण है फिर शिक्षा के लिए वहाँ रहना तो पड़ेगा कुछ समय।''

''अच्छा तो यह है कि स्कूल ख़त्म करवा दिए जाएँ और हम सब जेल चलते हैं, यूँ रहना अर्थहीन है अब।'' किसी ने कहा।

मेरी आँख के सामने ऐविन जेल का यह दृश्य कौंध गया जब परिवारों के मिलने का दिन होता है हर एक पूछ रहा होता कि मेरा बेटा कहाँ है? बेटी कहाँ है?

कुछ को कपड़े देकर क़ब्रों का नम्बर दे दिया जाता, अब लाश नहीं दी जाती है, क्योंकि उस पर यातनाओं की सनदें रहती हैं। एक माँ का बारह वर्ष का बेटा ग़ायब था वह पूछ-पूछकर थक चुकी थी कि कहाँ है? उसके पुत्र की ग़लती केवल यह थी कि सड़क पर पड़ा एक विज्ञापन उठाकर पढ़ रहा था। आहत माँ अब गाली देने पर उतारू हो गई थी, धीरे-धीरे करके भीड़ में कोसने और गाली की आवाजें बढ़ गई थीं, मगर बेचारे पासदार उनके दाँतों पसीना आ रहा था। भीड़ को जवाब दे रहे थे। लोगों को अन्दर बाहर कर रहे थे। उनके ख़ुद समझ में नहीं आ रहा था कि वह क्या करें? वह भी तो हुकुम के ग़ुलाम थे।

दिल में एक सवाल उभरा कि पूछूँ कि सारा प्रोग्राम टी. वी. पर उन लोगों का जो माफ़ी माँगते हैं और प्रोग्राम दिखाने के पहले वास्तव में वह मार दिए जाते हैं अपनी-अपनी कहानी सुनाते हैं। मगर वह लोग कभी टी. वी. पर नहीं आए जो अन्तिम समय तक हारे नहीं सरकार की आलोचना करते रहे और शहीद हो गए। अक्सर लोग भी यही कहते थे कि आख़िर वे इंक़िलाबी क्या कहते हैं यूँ

हँसते-हँसते मरना खेल नहीं है। जरूर कोई अहम बात होगी।

मगर जनता में उन्हें बदनाम करने के लिए कहा जाता है कि वे जासूस थे, काफ़िर थे इत्यादि।

मेरे सामने एक अजीब चुनौती के साथ ईरान का आतंकित वातावरण सामने खड़ा था और जिस पर मुझे पूर्ण रूप से हावी होना था। कभी-कभी मेरे पीठ में कँपकँपी से भरी ऐसी पीड़ा उठती जिसमें आशंका होती कि कुछ हो न जाए उसका कारण भी था सुबह मेरा समय सरकारी कार्यालयों व मन्त्रियों व अन्य हिज़बउल्लाहियों के साथ गुज़रता था। दोपहर से शाम तक बाज़ार के गली-कूचों में आम जनता से सम्पर्क स्थापित करने में और अँधेरे के बाद प्रगतिशील लोगों के साथ जो नए नाम, नए स्थान, नए चेहरे लगा जी रहे थे। उनमें ऐसे कितने लेखक व कवि व कवयित्रियाँ थीं जिनका नाम जानना ही पासदारों के लिए काफ़ी होता मुक़दमा, हथकड़ी, जेल, यातनाएँ, कोड़े तो बहुत दूर की बात थी एक गोली काफ़ी होती, सो जहाँ जाती पत्ते की तरह मन काँपता रहता था कि जब तक मैं रहूँ इनका बाल भी बाँका न हो। मेरा तो एक ही अंजाम होता ऐसी जगह पर पकड़े जाने पर मुझे फ़ौरन वापिस भेज दिया जाता गरज़ कि मैं वहाँ सब कुछ भूलकर एक योद्धा थी जिसे अपनी पैनी सूक्ष्म दृष्टि से चीज़ों का अवलोकन करते हुए अपने मतलब को चुनना था और अपने वर्ग (लेखक) की दिशा को समझना था। ऐसा भी समय आया जब मैं हर तरफ़ से दबाव में होती और मुझे किसी हितैषी किसी हमदर्द की आवश्यकता होती जो मुझसे दो शब्द सान्त्वना के कह सकता। मगर उसकी जगह मुझे अपनी कटु आलोचना भी सुनना पड़ती थी, ऐसे ही एक थके परेशान दिन में जब दिल व दिमाग़ चूर-चूर थे मेरे एक मित्र कवि ने मेरी मुलाक़ात राष्ट्रपति और इमाम ख़ुमैनी के साथ सुनकर कटाक्ष किया।

"आप कितनी स्वार्थी हैं?"

"वह कैसे।"

"केवल उन लोगों से मिलती हैं जो सत्ता में हैं। ताकि भारत लौटकर कह सकें कि मैं पहली पत्रकार लेखिका हूँ जिसे इमाम ने सत्ता में आने के बाद समय दिया है, इसीलिए कहता हूँ तुम कलकत्ता लौट जाओ।"

"कलकत्ता।"

"हाँ! जहाँ ग़रीब दुःखी हैं वहाँ लौटो उनके बारे में लिखो।"

"क्यों क्या यहाँ ग़रीबी दुःख नहीं हैं, मुझे सीमा में बँधा देखना चाहते हैं।"

"कलकत्ता से मेरी मुराद केवल भारत का एक शहर नहीं है बल्कि वह वर्ग है जो ग़रीब है, बेसहारा है, बेचारा है मगर अब तेहरान के उस वर्ग की बजाय

सत्ताधारियों के साथ समय बरबाद कर रही हैं। आप कैसी लेखिका हैं?"

"मुझे तो सबसे मिलना है सबके विचार जानने हैं। यह बात दूसरी है कि मैं जनता के साथ हूँ हर उस वर्ग का समर्थन करूँगी जो संघर्षरत है मगर उनके संघर्ष को बिना किसी तथ्य के कैसे लिखूँगी? हक़ीक़त को केवल एक रुख़ से नहीं ढूँढ़ा जाता है दोनों रुख़ के बाद फ़ैसला करना पड़ता है वरना एकतरफ़ा लेखन भावनात्मक स्तर का होता है केवल अपने बचाव के लिए मानवता से दूर हो जाता है।"

"आपने अभी तक क्या लिखा है जो–"

"मैं आपका अर्थ समझ गई हूँ, उसमें आपकी पार्टी पर विशेष ध्यान नहीं दिया यही न? मैं किसी विशेष गुट के साथ काम नहीं कर सकती हूँ मेरी लेखनी मुक्त रहकर खुली आलोचना करना चाहती है। बँधने का मतलब एक विशेष गुट के विचार का समर्थन! वह शायद मैं नहीं कर पाऊँगी क्योंकि जिस प्रकार साम्यवादी अपने गुट बदलते व थ्यौरी बदलते हैं, वह काम एक शोधकर्त्ता वह भी विदेशी देश पर नहीं कर सकता है। रहा स्वार्थी होने की बात तो मुझे दुःख से बताना पड़ रहा है कि मैं स्वार्थी तब होती जब मुझे दो समाज का दुःख एक साथ झेलना न पड़ता, भारत व ईरान। एक मेरा देश एक मेरा विषय, चाहती तो इतना ख़तरा न लेती और आराम से आपकी सरकार द्वारा जो मुझे पेशकश की गई थी, वह क़ुबूल कर लेती, पैसा-शोहरत सब कुछ हासिल कर लेती, लोग कर ही रहे हैं। मगर अफ़सोस कि इस जगह जहाँ मैं हूँ यदि पकड़ी जाऊँ तो शायद बिना प्रश्न किए, बिना पूछे कि मैं कौन हूँ मार दी जाऊँ। मेरे ऊपर षड्यन्त्री, जासूस किसी भी प्रकार का आरोप लगाया जा सकता है तो भी मैं नहीं भूली हूँ कि मेरा वर्ग लेखक वर्ग है उसमें ग़द्दारी मैं नहीं कर सकती हूँ सो जान को ख़तरे में डालकर भी आप लोगों से मिलती हूँ और वास्तव में आपके दुःख में मैं अपना निजी लेखन भूल बैठी हूँ तो फिर मैं कहाँ से स्वार्थी हूँ? अपनी कहानी न लिखकर आप सबका अनुवाद कर आपके संघर्ष को बल दे रही हूँ आगे बढ़ा रही हूँ मेरे सारे प्रश्न सत्ताधारियों से आपकी मुक्ति आपकी उन्नति के लिए होते हैं तो फिर मैं कहाँ से स्वार्थी हूँ?"

उनका मुख लटक गया था, शर्मिन्दगी आँखों से टपक रही थी, मेरा थका मन-मस्तिष्क इस इल्ज़ाम से ख़ून ख़ून हो गया था।

"अपना सब कुछ छोड़कर इस घुटन में रह रही हूँ क्या मिलेगा मुझे? इतने दिनों से मैं यहाँ हूँ आपने मुझे कितनी सहायता पहुँचाई है? जब भी मिली आपने सबकी और मेरी आलोचना ही की है आख़िर क्यों? यदि ईरान के प्रगतिशील वर्ग की दृष्टि इतनी ही संकुचित रही तो भविष्य में उससे आशा क्या की जा सकती है? आज आपके साम्यवादी गुट चालीस हैं। आप मुझे इकतालिसवाँ समझ लें। मैं स्वतन्त्र हूँ और किसी भी गुट के साथ मिलकर काम नहीं कर सकती हूँ। यदि आपका उद्देश्य है तो मेरे लेखन का भी तो कोई उद्देश्य है इसलिए कहूँगी, स्वार्थ

को छोड़कर मनमुटाव आपसी मतभेद में जो तीन वर्ष गँवाए हैं अच्छा है अपना बल अपने विचार जनता तक पहुँचाने में लगाएँ, जनता से आपका सम्बन्ध (भले ही सरकार इसकी इज़ाजत नहीं देती) बहुत कम है और इसीलिए आपके बलिदान, आपके ज्ञान की गाथा आम ईरानी नहीं जानता है।'' मैं जाने क्या-क्या बोलती गई थी जब लौटी तो मन रीता था, बार-बार प्रश्न उठ रहा था मैं ईरान क्यों आई? मैं यहाँ क्यों हूँ? और इस कवि की हिम्मत कैसे पड़ी ऐसा कहने की? शाम को किसी के घर मेहमान थी मैं सब कुछ भूल जाना चाहती थी सो यह सोचकर गई थी कि राजनीति एकदम डिस्कस नहीं करूँगी।

मेरी मित्र विधवा थीं साठ वर्ष के लगभग उनकी उम्र। मेरे उपलक्ष्य में उन्होंने अपनी मित्रों को बुला रखा था। एक से एक फ़ैशनेबुल महिलाएँ प्रौढ़ा विधवा पोता-पोती वालियाँ मगर ज़िन्दगी के प्रेम से उबलती हुई वहाँ उनके बीच में सबसे सादा लिबास और फीके चेहरे की मैं लग रही थी। रात वहीं रुकना था। सो वीडियो पर फ़िल्म देखी, सूखे मेवे बिना दूध की चाय के साथ खाये, पूर्ण रूप से गप्पें मार रही थी। मैं अपनी सारी थकान उतारना चाह रही थी। बहुत हुआ पराया ग़म का बोझ उठाना।

सुबह जब चलने लगी तो एक मामूली-सी घटना ने फिर झिंझोड़ कर रख दिया। बिल्डिंग का चौकीदार ऊपर आया और बोला, ''मैं जानता हूँ आपका बेटा वामपन्थी है यदि आपने बीस हज़ार रुपया नक़द न दिया तो जाता हूँ शिकायत करने'' मैं अवाक् रह गई मेरी मित्र का रंग सफ़ेद पड़ गया था तो भी बड़ी हिम्मत से बोली, ''यहाँ कोई नहीं रहता है, मैं अकेली हूँ तुम जाओ मुझे बाहर जाना है।''

''मुझे पता है हफ़्ते भर पहले उसने इमाम की तस्वीर फाड़ी थी। मुझसे बोला था, मौलवियों का गला खच से अलग करूँगा, मुझसे रोज़ बातें करता था वह समझ रहा था मैं उसकी बातों में आकर वामपन्थी हो जाऊँगा। मुझे तो इमाम का कहना मानना है।''

दिन भर वह दरवाज़ा बन्द करके बेटे का सामान बाँधती रही फिर किसी प्रकार उसे निकालने में सफल हुई और बेटे को जो मेरा हम उम्र था उसे उत्तरी ईरान की ओर भेजने में कामयाब हुई। मुझे लगा कि ईरान का हर घर अपने में एक कहानी लिए हुए है और हर इन्सान ऊपरी ख़ुशी के लबादे के पीछे दुःख पाले हुए है। मैं तो अपनी इस महिला मित्र को एक सुखी जीवन की तलाश में ख़ुश रहने वाली इन्सान समझती रही थी जो शाह का समय याद करती रहती थी मगर उनके घर में ऐसा इंक़िलाबी जो नम्बर वन इंजीनियर हो दस वर्ष इंग्लैण्ड में रहकर शाह के विरुद्ध संघर्ष करता रहा हो और अब सरकार के विरोध में लेख लिखकर अपने लिए फाँसी का फन्दा पसन्द कर बैठा हो। फिर पता चला कि वह सारी वृद्धाएँ, जो बढ़िया कपड़े मेकअप ख़ुशबू से ओतप्रोत थीं सबके घर का

यह हाल था तो फिर मैं किस-किस से बचती किस-किस के घर न जाती एक कहानी थी जो हर घर में दोहराई जा रही थी और हर घर सच्ची कहानी को छुपाने के लिए झूठी कहानी का मुल्लमा चढ़ाए रहता था।

घर से ख़त मिला अब ज़्यादा न रुकना वरना नौकरी गई। टेलीफ़ोन पर बात हुई। सामने समस्या थी कि किसे चुनूँ जाती नौकरी को या एक क़ौम की लुटती तबाह हालत को। फिर वही परेशानी थी किससे राय लूँ अपने हिन्दुस्तानी मित्र ने कह दिया, ''नौकरी करिए वही सच है बाक़ी धन्धा चलता रहता है।'' मन में यह बात कुछ जमी नहीं दूसरे ने कहा 'काम करिए, यह नौकरी न सही' दूसरी सही उर्दू का एक शे'र बार-बार ज़बान पर आने लगा–

इमां मुझे रोके हैं तो खींचे हैं मुझे कुफ्र,
काबा मेरे आगे हैं कलीसा मेरे पीछे।

मन कर रहा था कि कुर्दिस्तान भी जाकर देखू वहाँ क्या हो रहा है। जाना ख़तरे से खाली न था, तो भी मित्रों ने यात्रा का प्रबन्ध कर दिया, उन्हीं में से एक मित्र से यह बात हुई, वे बड़ी कटुता से बोले ''मैं तीन वर्ष से बेकार हूँ। कौन-सा आसमान सर पर गिर गया है। जी ही रहा हूँ।''

पल भर में ही मैं चिन्ताओं से मुक्त थी। उसका परिवार मेरे सामने था। एक पाँच वर्ष का बेटा जिसे उनकी स्वयं की और शामलू की क्रान्ति कविताएँ याद थीं। पत्नी घर बाहर का काम सँभालती हुई घुलकर एक अजीब व्यक्तित्व में बदल गई थी। मुझे देखकर बोली थी, 'देखो नासिरा मैं कैसा तबाह हो गई हूँ कुछ भी नहीं बचा' और सचमुच चौबीस-पच्चीस बरस की लड़की की जगह शिकनों व झुर्रियों से भरी एक सिकुड़ी सिमटी चालीस-पचास वर्ष की प्रौढ़ा मेरे सामने खड़ी थी। मैं फिर बढ़ते संघर्ष से जुड़ गई। दिन भर में कितनी घटनाएँ घटती थीं जो मुझ पर दुःख, क्रोध, घृणा, द्वेष, वेदना का प्रहार करती थीं। इस प्रहार को मैं चुनौती समझकर झेल रही थी क्योंकि मैंने सब तरह की चुनौती स्वीकार कर ली थी और मुझे अपने लक्ष्य पर पहुँचना था। बुतों के दिलों में घुमड़ते दुःख को सुनना था, हक़ीक़त के टाँके खोलना था।

इंक़िलाबी समाज के सारे उतार-चढ़ाव को देखकर मुझे एक इन्सानी प्रकृति से भरपूर अनुभवों को समेटना था। मुझे मालूम था यह अनुभव यूँ ही मेरे जीवन में नहीं आया है जो मैं कुछ आरोपों, कुछ दुःखों, कुछ आलोचना, कुछ कटाक्षों को सुनकर इसे छोड़ दूँ। मैं एक विचित्र अनुभव के समुद्र में गोते लगा रही थी जिसे हर हालत में मुझे पार करना था, यह चुनौती मैंने अपने को दे रखी थीं। सो अपना बल, धैर्य, सहिष्णुता, ईमान को आज़माती काम में जुटी रही।

तोदे पार्टी के लेखक संघ जाने का मौक़ा मिला जिसका नाम 'शोरा-ए-नविसन्देगान' था, सुन रखा था आजकल हर ऐरे-गैरे नत्थु-ख़ैरों का वहाँ डेरा है जिसको प्रगतिशील भी बनना है और सरकार का चमचा भी, वह तोदे पार्टी में आ जाता है या फिर शोरा-ए-नविसन्देगान आता है। बहुत लोग थे। एक बोले समद की बदतरीन कहानी 'काली छोटी मछली' है भावनात्मक रूप से कमज़ोर मरना जरूरी नहीं है हथियार उठाना यानी क्या? क्या बिना मरे बिना हथियार उठाए संघर्ष नहीं हो सकता है?

"यही कि उसकी मौत में एक पैग़ाम है जो लाल मछली को सुबह तक सोने नहीं देता है।" मेरे मुख से निकला मगर उनका उत्तर था–

"बेकार है यह कहानी उससे ज़बरदस्ती लिखवाई गई थी।"

मुझे लगा कि कितने गिजगिजे हैं यहाँ पर सारे बुद्धिजीवी, जब क़लम से कट मरने का समय है। क़ौम की तक़दीर लिखी जा रही है तो यह ढाल ढूँढ़ रहे हैं। तलवार दीवार पर टाँग दी है। दूसरे लोगों ने भी लेखक संघ का मज़ाक़ उड़ाया है। बहुत बनते थे हम सब को वहाँ से निकाला था न, अब लेखक संघ रहा न लेखक। सारा वातावरण एक अजीब थकावट का अहसास दे रहा था। वह उबाल व चुस्ती व ज़िन्दगी की चमक व संघर्ष के तेवर जो लेखक संघ में पिछले वर्ष देखने को मिले थे यहाँ पर वे सब कुछ ग़ायब थे बहुत बुलाने पर भी मैं दोबारा वहाँ न जा सकी। केवल दो बहुत बड़े लेखक, कवि जो बीमार थे उनसे मिलने उनके घर जरूर रुक गई। जो कभी बहुत प्रसिद्ध थे मगर आँख बन्द करके जो इन तीन वर्षों में उन्होंने मक्खियाँ निगली हैं। उससे बुद्धिजीवी समाज ने उनको अवसरवादी की उपाधि दे दी है।

कवि सियाबुश कसराई से मिली, उनकी दो पुस्तकें छपी थीं उन्हें भेंट करते हुए बोले, "मैं कवि हूँ कवि हमेशा इश्क़ का, हुस्न का दीवाना होता है मगर मेरे मुल्क ने मुझे जवानी नहीं करने दी, मुझे इश्क़ की जगह सियासत का पाठ पढ़ाया। अब मैं शायर नहीं सियासत हूँ या यूँ कहूँ सियासी शायर हूँ।"

मेरे पूछने पर कि आप जैसा सूझ-बूझ का आदमी आँख बन्द करके सरकार के हर अच्छे-बुरे काम की सराहना करता है क्या यह बुद्धिजीवी को शोभा देता है? प्रधानमन्त्री रज़ाई ने चालीस हज़ार कम्युनिस्टों को मन्त्रालय से व अन्य दफ़्तरों से निकाला था। उनमें लगभग आधे कवि व लेखक थे या शोधकर्ता; इसी अतिवादिता के कारण वह पूर्ण रूप से प्रगतिशील वर्ग के आलोचना के केन्द्र बने हुए थे। उनके देहान्त पर आपकी वह कविता आँसुओं में डूबी क्या वास्तव में वह आपके सच्चे जज़्बात थे। आपके इस आचरण ने प्रगतिशील कवियों, लेखकों को अन्दर तक हिला दिया था, आपने ऐसा क्यों किया था?

"वह ठीक है अभी समय नहीं है कि हम खुलकर मैदान में आएँ हमें यह नहीं भूलना चाहिए कि हमारा देश धर्म प्रधान देश है।"

''यह ठीक है परन्तु यह ज़ोर ज़बरदस्ती का मामला भी नहीं है कि आप साम्यवादी बनें या इंक़िलाबी या सियासी कवि? और आज दृष्टिकोण में विभिन्नता के कारण कम्युनिस्ट वर्ग चालीस गिरोह में बँट गया है। आप नहीं सोचते हैं कि यह मतभेद आपकी विचारात्मक उन्नति व प्रगति के लिए एक लानत है?''

''यह तो आपको उन लोगों से पूछना चाहिए था जो उग्रवादी हैं, बच्चे हैं जिनकी शिक्षा हमने की है, किसने हमें षड्यन्त्रों का आरोप लगाकर लेखक संघ से निकाला था। यही सईद सोल्तानपोर थे और उनके अन्य साथी जिनका नाम लेना मैं अभी उचित नहीं समझता हूँ। वे हर चीज़ ख़ालिस और उत्तम चाहते थे क्योंकि गुरिल्ला संघर्ष उनका उद्देश्य था मगर आज न लेखक संघ बचा न सईद सोल्तानपोर! हमारे लोग वास्तव में धार्मिक लोग हैं यह इंक़िलाब भी इस्लामी इंक़िलाब या बिना इन लोगों को लेकर हम आगे नहीं बढ़ सकते हैं। कभी यह हो सकता है कि मोनारकी के फ़ौरन बाद साम्यवाद आ जाए? क्या ऐसा सम्भव था? आज हमारी कोशिशों का फल है जो शाह को देश निकाला मिला और मोनारकी चिराग गुल हुआ।''

मैं क्या कहती उनसे? सच्चाई तो यही है कि डॉ. मुस्दिक़ का 'ईरानी पेट्रोल राष्ट्रीयकरण' के संघर्ष में इन्हीं लोगों ने यह कहकर सहायता देने से इन्कार कर दिया था कि डॉ. मुस्दिक़ अपने उद्देश्य में साफ़ नहीं हैं वह इंग्लैण्ड के विरुद्ध हैं, मगर अमेरिका को मानते हैं सो हम संघर्ष में उनके साथी नहीं हैं। भागे हुए शाह अमेरिका की सहायता से दोबारा ईरान में अमेरिका प्रभाव के साथ आए; डॉ. मुस्दिक़ जेल में डाले गए। इतनी बड़ी ग़लती जो तोदे पार्टी ने की थी उसका कारण उनका रूसी समर्थक होना था और आज भी वही हाल है।

वास्तव में आज ईरान में वही लोग मज़े में जी रहे हैं जिनकी माली व जानी स्थिति सुरक्षित है जो सरकार के साथ क़दम मिलाकर चल रहे हैं। अवसरवादी समझदारी भी यही है और जो आरम्भ से अन्त तक सरकार के कट्टरपन व अन्य देशों की आलोचना करते रहे उनका संघर्ष का दायरा ईरान रहा। उन्होंने न अपने को तोड़ा न मोड़ा वह वास्तव में आज ईरान में फ़ाक़ा कर रहे हैं बेकारी, बेघरबारी, बेबसी के शिकार हैं; जानी व माली तौर से टूटे हुए हैं मगर जद्दोजहद में लगे हैं यह तो मैं पिछले साल ही देख चुकी थी कि लेखक संघ के सारे लेखक कवि बेकार थे, न पेट में रोटी थी न जेब में पैसा फिर भी क़लम चला रहे थे; समय यह भी आया कि कुछ लोग घर की चीज़ें एक-एक करके बेचने लगे। कुछ टैक्सी ड्राइवर बन बैठे, मगर चेहरे पर शिकन न थी। सरकार जिस पर वे आलोचना करते थे चन्द रोटी के टुकड़ों के लिए उनके सामने पलभर के लिए भी घुटने टेकने के लिए किसी भी क़ीमत पर राज़ी न थे सो अपने स्वाभिमान और उद्देश्य की क़ीमत चुका रहे थे उसका उन्हें दुःख भी न था, वे लेखक संघ के टूटने से बिखरे नहीं

थे बल्कि वह इसे गौरव का विषय मानकर चल रहे थे। दूसरे महत्त्वपूर्ण लेखक बेहआज़ीन जो अपना विशेष स्थान साहित्य में रखते हैं, साहित्यकार के रूप में उनकी ख्याति चरम सीमा पर पहुँची हुई है मगर उनकी राजनीतिक समझ भी तोदे पार्टी के समीप ही थी। उन्होंने भी यही कहा वातावरण कहाँ है लड़ने का? जनता जाहिल है एकदम से साम्यवाद को क़बूल नहीं कर सकती है। हम भावुक होकर काम नहीं करते हैं। सत्य यही है कि हमारे नेता इमाम हैं। और इमाम शिया धर्म का नेता है। उन्हें जनता मानती है और हमें भी तब तक उन्हें मानना है। बुद्धिजीवी गण भी दो भागों में बँट गया जो अपने को मोड़ना जानते थे वह रोज़मर्रा का जीवन जी रहे थे उनकी हालत पारसाल से भी ख़राब थी। आधे से ज़्यादा जेल में सड़ रहे थे। कुछ मारे जा चुके थे जो बचे हुए थे वह इस घर से उस घर में अपनी काया को छुपाते क़लम घिस रहे थे। उनका लिखा जैसे-तैसे लोगों तक पहुँचाया जाता था। क्योंकि उनके लेखन का एक भी शब्द प्रेस में छपने से रहा मगर इसके विपरीत तोदे पार्टी के 'शोरा-ए-नविसन्देगान' के सारे लेखक मज़े से किताबें छाप रहे थे। नाटक लिख रहे थे, उच्च पदों को हासिल करने के लिए संघर्षरत थे। महसूस हुआ दूसरी कोटि के बुद्धिजीवी और इंक़िलाबी ऐसे ही होते हैं। वह आने वाली नस्ल को कुछ देकर जाएँ या न जाएँ मगर अपने जीवन में वह बहुत कुछ पा जाते हैं, प्रसिद्धि, धन, सुरक्षा इत्यादि। यह सारी बातें मैं उन बड़े-बड़े लेखकों से नहीं कर सकती थी कि जो साम्यवाद का मुखौटा लगाए इस्लामी चोला पहने टहल रहे थे और एक अजीब प्रश्नों भरा दृश्य उत्पन्न कर रहे थे कि आख़िर साम्यवादी बनने का इतना अरमान क्यों जब साहस नहीं है?

जब उजड़े लेखक संघ के कई लेखकों से मिली जिन्होंने बड़ी तलख़ी से कहा कि हमारा लेखक संघ उजड़ा कहाँ? ठीक है आक्रमण में हमसे वह स्थान छीन लिया गया जिसका किराया हम दे नहीं पाते थे। वह स्वतन्त्रता लिखने-पढ़ने छपने की हमसे छिन गई मगर हम आज भी संघर्षरत हैं। हम ख़ून की आख़िरी बूँद तक लड़ेंगे जो बात ग़लत समझते हैं उस पर अन्तिम साँस तक अटल रहेंगे, छोटे-छोटे समझौते हम नहीं करते हैं। हमारा लक्ष्य महान है। उसका समझौता हम जान और क़लम की बाज़ी लगाकर कर सकते हैं। उन्हीं में से एक गुरिल्ला कवि जो पिछले वर्ष नौकरी से निकाल देने के बाद तय कर चुके थे कि यदि उन्हें खाने की जगह पेड़ की पत्तियाँ भी चबानी पड़ें या मकान का किराया न दे सकने के कारण सड़क के किनारे सोना पड़ेगा तो भी वह साम्यवाद लाने में जी-जान की बाज़ी लगा देंगे। इस वर्ष उनका जुनून पराकाष्ठा पर पहुँचा हुआ था, साल भर केवल उबले चावल नमक के साथ निगलने के बाद शरीर बाँस की खपच्चियों में बदल चुका था और दाहिनी आँख में मोतियाबिन्द उतर आया था। तो भी यह एक आँख से काम चलाते रात दिन क़लम तूफ़ानी वेग से चला रहे थे। उनका

एक ही कहना था कि एक दिन की ग़फ़लत हमें तीस वर्ष की कड़ी घुटन की ज़िन्दगी देगी, यह ईरान के इतिहास का सबसे काला ख़ूनी काल खंड है, जिसका उदाहरण हमें दूसरा नहीं मिलेगा। हमें इसे रोशनी में बदलना है। राबर्ट फ़ार्स्ट ने कहा नहीं है "सोने से पहले मुझे मीलों दूर जाना है।"

मगर 'शोरा-ए-नविसन्देगान' के लेखकों को कोई जल्दी नहीं है उन्होंने हिसाब लगा रखा था। तीस वर्ष शाह से लड़े अब तीस वर्ष मुल्लाओं से लड़ेंगे। जल्दी क्या है।

बड़ी-सी इमारत व अन्य शानदार मकानों के सामने, सड़क के दूसरी ओर मैदान में लोग अपना घर बार लिए बैठे हैं यह वही लोग हैं ग़रीब व बेबस जिन्होंने खुमैनी इमाम के आने के बाद धनी लोगों के बड़े-बड़े घरों पर क़ब्ज़ा कर लिया था। आराम से रह रहे थे क्योंकि यह सरकार, दरिद्रों की प्रतिनिधित्व है मगर आज साल भर बाद पता चला कि इस तरह से घरों पर क़ब्ज़ा करना गैर-क़ानूनी था सो यह झोंपड़ी व तंग घर भी हाथ से गए और यह वैभवपूर्ण बंगले जिनमें हौज, बाग़, क़ालीन, रंगीन बाथरूम थे हाथ से निकल गए अब ऊपर खुला आसमान है और नीचे चटियल मैदान। ऊपर से चन्द गठरी, सामान, बच्चे, पत्नी और अन्धकारमय भविष्य।

लोगों की उम्मीदें धीरे-धीरे करके इस सरकार से टूट रही हैं। ग़रीब दिन-प्रतिदिन अधिक ग़रीब हो रहा है। रोज़ ईरान में नए कानून बन रहे हैं, बदल रहे हैं। आम आदमी परेशान है, वह थक गया है। इसके बावजूद आम आदमी आम ज़िन्दगी गुज़ार रहा है। सड़क पर पासदार बन्दूक़ लेकर घूम रहे हैं। ख़बर मिली है कि हमीद नामक एक लड़के को मारना है वह ग़द्दार है। भूल से उसके भाई मजीद को मार आते हैं। बाद में ग़लती का अहसास होता, फिर लौटते हैं। और ढूँढ़कर हमीद को मार डालते हैं कि कहीं यह भी इनमें शामिल न हो। माँ सीना पीटती रही जो सुनता सर पीटता मगर यह अनभिज्ञ पासदार भी क्या जानें? इन सारी भूलों व हड़बड़ाहट में भी ईरान की आम रोज़मर्रा की ज़िन्दगी रवाँ दवाँ है। पासदारों की इस भीड़ से फलों के झोले उठाए चन्द गर्भवती स्त्रियाँ गुज़रती हैं सामने चमचमाती केक पेस्ट्री सूखे मेवों से भरी मिठाई की दुकानों से बड़े-बड़े फूलदार काग़ज़ से बँधे डिब्बे उठाए ग्राहक निकल रहे हैं। दूसरी तरफ़ फूलों के गुलदस्ते बँधवाती औरतों की भीड़ है। शृंगार सामग्री को देखती मोल भाव करती लड़कियाँ, कपड़ें खरीदतीं औरतें और इन सबके बीच हॉर्न बजाती फूलों से लदी दूल्हा-दुल्हन की कार गुज़र जाती है। कुछ बच्चे गली में फुटबाल खेल रहे हैं, उन्हीं के पास से होकर मातम करता शहीद का जनाज़ा गुज़र जाता है। आम ज़िन्दगी आम तरीक़े से बह रही है। कोई किसी को दुःख नहीं देता है, सब मेहरबान हैं, सब सहायक हैं। सबमें भाईचारा है। एक-दूसरे का दुःख दर्द बाँटने वाले, गुनाह

देखकर भी अनदेखा कर देने वाले मगर जब यही आम ईरानी आदमी सियासी बन जाता है तो इससे तंग नज़र कट्टर ईरानी कोई दूसरा नहीं होता है और यहीं से घुटन की शुरुआत होती है। यही हाल शाह के समय में था। आम आदमी आराम से जीता था मगर एक बुद्धिजीवी एक सियासी दिमाग़ पनप नहीं सकता था। आज भी वही एक पार्टी सिस्टम है ईरान में वही घुटन वही तंगनज़री वही मतभेद।

यह इंक़िलाब आर्थिक स्थिति व क़लम की आज़ादी को लेकर उठा था मगर आज जाने किस भूलभुलैया में भटकता व्यक्तिगत दलदल में फँस गया है।

पूरे तेहरान की सड़कें जगह-जगह से उभरी हुई हैं स्पीड ब्रेकर ने सड़कों का हुस्न छीन लिया है। जहाँ कहीं भी महत्त्वपूर्ण स्थान व महत्त्वपूर्ण इमारतें हैं, वहीं पर स्पीड ब्रेकर बने हैं कारें ऊपर नीचे होकर धीमे चलती हैं यह दूर-अन्देशी केवल इसलिए की गई है कि आतंककारी आक्रमण के बाद भाग न सकें मगर मारने वाले भागते हैं उन्हें दुनिया की कोई भी चीज़ रोक नहीं सकती है। कल ही तो अमीराबाद शुमाली की भरी सड़क पर चहल-पहल के बीच में दो मोटर साइकिल सवार आए और मेवे वाले हिज़्बउल्लाही को मारकर भाग गए। दुकान बन्द हो गईं, ख़ून वहीं जम गया। जंगलेदार शटर पर फूल का गुलदस्ता लगा दिया गया और मोटे अक्षरों में काग़ज़ पर लिखकर टाँग दिया गया 'मेरा क़ातिल अमेरिका है' मुजाहिदीनों को मौत आए 'मुजाहिदीन मुनाफ़क़ीन अमेरिकाई' लोग देखते और आगे बढ़ते रहते हैं। रोज़ का क़िस्सा है, संघर्ष न रुकता है न ठहरता है। उमड़ी नदी है जो बहे जा रही है।

वह सारे चेहरे, वह सारे नाम जो सरकार के विरुद्ध पहचाने जा चुके हैं उन्हें भागना भी नसीब नहीं है, वीज़ा मिल नहीं सकता है मगर यह पाबन्दी लगभग सबके लिए है सियासी या ग़ैर-सियासी मगर जो चेहरे गुमनाम हैं वह विदेश जा रहे हैं, केवल चालीस हज़ार तुमान रिश्वत देकर। यही हाल सीमा के समीप है आप कितने महत्त्वपूर्ण हैं उतने ही रुपया देकर सीमा पार कराये जा सकते हैं। हज़ारों महाजिर इस तरह से पिछले तीन वर्षों में निकलकर पूरे संसार में फैल रहे हैं। चीन, जापान हो या योरोप, यह लोग जो उस घुटन में जी नहीं सकते थे, संघर्ष नहीं कर सकते थे विदेशों में बस गए, विवाह, नौकरी, पढ़ाई सब कुछ निभा रहे हैं उनके जीने का यह संघर्ष ईरानी संस्कृति को दूर तक फैलाएगा यह एक ऐतिहासिक घटना है जिसका फल आज से पचास वर्ष बाद पता चलेगा जैसा कि अरब आक्रमण के समय एक ईरानी गिरोह भारत में गुजरात से होता हुआ पूरे भारत में पारसियों के रूप में फैल गया।

मेहराबाद हवाई अड्डा। चन्द लड़कों के पासपोर्ट ज़ब्त कर लिए जाते हैं। पता चलता है कि यह गुरिल्ला हैं। वहीं से सीधे जेल में और कई को गोली से उड़ा दिया गया।

विदेश में बैठे इंक़िलाबी विद्यार्थी क्रोध से काँप जाते हैं। देश हो या विदेश विचारात्मक धरातल पर युद्ध जारी है। दिल्ली, अलीगढ़ में विद्यार्थियों के बीच जमकर लड़ाई हुई, इसी युद्ध के दरम्यान व पहले कुछ लड़कों ने अपने विचार बदल लिए जो गुरिल्ला अनुयायी थे; तोदे पार्टी में आ गए वे अपनी छात्रवृत्ति अपना वीज़ा समाप्त करना नहीं चाहते थे; कुछ तोदे पार्टी को छोड़ हिज़बउल्लाही हो गए। उन्हें नौकरी व अन्य जीवन सुविधा चाहिए थी। ऐसे उछाड़-पछाड़ चलती रही मगर आश्चर्य उन लड़कों पर है जो मक़तलग़ाह पर खड़े हैं और अडिग। ईरानी दूतावास ने उन सारे साम्यवादी व मुजाहिदीनों के वीज़ा केन्सिल करके पासपोर्ट ज़ब्त कर लिया। छात्रवृत्ति बन्द कर दी यह भी उन्हें मालूम है कि ईरान जाते ही उनका स्वागत मशीनगन की बौछार करेगी। कहाँ जाएँ? भारत किसे काम देता है; बेकारी उसकी स्वयं की समस्या है; भारत में पैसा बरस नहीं रहा है मगर यह ईरानी वचन के धनी इंक़िलाबी क्या करेंगे! क्या यहाँ से बाहर अन्य देश में जाकर बर्तन धोकर गुज़ारा करेंगे? अगर वहाँ भी कुछ न बना तो फिर? अपने देश से दूर क्या खाएँगे क्या पहनेंगे, कौन पनाह देगा इन्हें? यह हमारी परेशानी है। मगर वास्तव में उनके सामने ऐसी कोई परेशानी नहीं है वह तो परेशान है कि उनके वतन का क्या होगा? जहाँ पल-पल का संघर्ष अर्थ रखता है वही इतिहास को गढ़ता है, ऐसे ही विद्यार्थियों की हर देश में 'शोरा-ए-मुकावेमत' बन गई है विभिन्न समुदाय के व साम्यवादी इस संस्था के अंग बन गए हैं और मिल-जुलकर इंक़िलाब की गर्मी बनाए हुए हैं, यही दशा शाह के समय भी थी विदेशों में संघर्ष ईरान से अधिक हुआ था आज उस पराकाष्ठा पर तो नहीं है मगर फिर भी विद्यार्थीगण क़शमक़श में लगे हुए हैं।

संसार में उनको कौन बढ़ावा दे रहा है? अमेरिका अख़बार जमकर इस इंक़िलाब का ख़राब चेहरा आरम्भ से अब तक संसार को दिखाता आ रहा है। फ्रांस ने विभिन्न सियासी भगोड़ों को स्थान देकर एक मिसाल क़ायम की है। इंग्लैण्ड के दाँत आज भी पैने हैं क्योंकि चालीस वर्ष पहले ईरान में उसी का प्रभाव था। शाह के पिता रेज़ाशाह को लाने वाले वही थे, मुस्दिक़ के पेट्रोल के राष्ट्रीयकरण के बाद शाह का भागना और अमेरिका की मदद से दोबारा ईरान वापस आना और फिर अमेरिका प्रभाव का आरम्भ और ईरान का शोषण; इंक़िलाबी देश क्यूबा सोवियत लैण्ड इत्यादि इसी के समर्थक हैं। संक्षेप में कोई भी खुलकर सही रूप से ईरान की आलोचना नहीं करता है जो कर सकते हैं। प्रगतिशील वर्ग को बचा सकते हैं। क़ौम को ख़ून ख़राबे से निकाल सकते हैं वह उचित समय का इन्तज़ार कर रहे हैं और जो सहायता कर रहे हैं वे वास्तव में इंक़िलाब को समाप्त कर देना चाहते हैं। सो एक ही तस्वीर दिखाते हैं बुरी और उनका केन्द्र बिन्दु होता है शाह के पुत्र को वापस लाना। वह भूल जाते हैं कि ख़राब का बदल ख़राब नहीं होता है जो ख़राब है वह निकलता जाएगा।

रात का समय है पासदार जाती गाड़ियों को रोक रहे हैं, तलाशी ले रहे हैं, पूछताछ कर रहे हैं फिर आगे बढ़ने दे रहे हैं। कुछ को रोक लिया है, शाह के समय में नशा तिरयाक से कम जमकर नहीं होता था इस सरकार ने दोनों पर नियन्त्रण लगा रखा है सो पहरा भी कड़ा है काफ़ी हद तक कण्ट्रोल हुआ है रोज़ ट्रक की ट्रक तिरयाक की पकड़ी जाती हैं। फाँसी लगती है। जवान क्या बूढ़े-बूढ़े लोग जो पचास वर्ष से तिरयाक पीते आए हैं। जिनका शरीर नशे का आदी हो चुका है अब जेल में एड़ी रगड़ रहे हैं, औरतों को संगसार (पत्थरों से मारना तब तक जब तक मर न जाए) किया जा रहा है। मर्दों की पीठ पर अस्सी कोड़े। ग़लती क्या थी?…प्रेम! इन्सान का पहला हक़ मगर इस्लामी समाज की नज़रों में अवैध।

सन्नाटी सड़क से कार गुज़रती है। पासदारों को शक होता है पूछते हैं यह तुम्हारी पत्नी है या मित्र? बहुत कहने सफ़ाई देने पर भी पत्नी कमेटी के दफ़्तर में रोक ली जाती है और पति से कहा जाता है कि यदि यह सच है कि यह स्त्री तुम्हारी पत्नी है तो जाकर विवाह का प्रमाण-पत्र ले आओ। पति दुःख क्रोध से काँपता लौटता है रास्ते में कार दुर्घटना का शिकार और फिर कई दिन तक अस्पताल में बेहोश! होश आने पर उसे मालूम हुआ कि उसकी पत्नी को व्यभिचार के जुर्म में गोली से उड़ा दिया गया। यूँ भ्रष्टाचार को समाप्त किया जा रहा है। इतनी जल्दी है समाज को सुधारने की कि इस जल्दबाज़ी में बेगुनाह भी शहीद हो रहे हैं और ज़ुल्म की दोहाई दे रहे हैं। गाँवों व छोटे शहरों में और भी बुरी हालत है। वहाँ पर घुटन का एक ऐसा जाल बिछा है कि कोई फड़फड़ा भी नहीं सकता। धार्मिक पथ-प्रदर्शन वहाँ अधिक कट्टर व कम पढ़ा-लिखा है। सो नए-नए क़ानून बनते रहते हैं जिसमें उनका फ़ायदा है वरना इस्लाम धर्म को सही समझना व उस पर चलना बड़ा कठिन काम है। धर्म कभी भी कोड़े, फाँसी, ख़ून का नाम नहीं है।

ईरान-इराक़ युद्ध को साल भर से अधिक हो गया है मगर ईरानी जनता में किसी प्रकार की थकन का अहसास नहीं जागा है, घर से लड़के जिनके माँ-बाप इजाज़त नहीं देते हैं कि वह छोटे हैं। भाग जाते हैं कि हम देश के लिए लड़ेंगे। यही सद्भाव 'जेहादे-साजन्दगी' में (कृषि) में नज़र आता है जमकर कृषि में काम हो रहा है, पैदावार अच्छी और युद्ध में भारी सहायता, इस आर्थिक व्यवस्था में जहाँ पर बैंक पैसे से खाली हों वहाँ पर युद्ध का ख़र्च यही जनता चला रही है बूढ़ी औरत भी दो अण्डे लेकर पैदल ही देने चल पड़ेगी। अस्पताल जाने का अवसर मिला ढेरों ज़ख़्मी फ़ौजी जो वास्तव में फ़ौजी न थे परन्तु बन्दूक़ चलाना सीखकर लड़ने गए थे। सद्दाम हुसैन के इस ज़ुल्म का जवाब देना है। मीलों लम्बी लाइन फ़ौजियों की (आम आदमी) नारे लगाती, शहीद गान गाती आपको हर शहर में

मिल जाएगी। शहादत शियों का एक ऐसा हक़ है या दर्शन जो दूसरा कोई समझ नहीं सकता है हर शहीद के लिए वह ताम-झाम होता है कि शहादत ईरान में आज एक रोमांटिसिज़्म का रूप धर बैठी है, पोस्टर, कैलेण्डर, तस्वीरें ऐसी छपती और बनती हैं कि लोग प्रभावित हुए बिना नहीं रहते हैं। सब युद्ध में शहीद होना चाहते हैं। इस धरातल पर ईरान एक अद्भुत एकता में जकड़ा हुआ है। पुराने तेहरान में तंग मोहल्लों की गलियाँ शहीदों के नाम पर हो गई हैं। लोग अपने जवान दे रहे हैं सो हर गली उसी जवान शहीद के नाम से प्रसिद्ध हो जाती है।

बेहिश्ते-ज़हरा गई वहाँ गुस्सालों से बात करने का अवसर मिला। पूछा कि आप इस समय क्या सोचते हैं जब इतनी लाशें आपको धोनी पड़ती हैं? बोले—"सोचना क्या है हम अपना काम करते हैं लाशों के नाम पर कभी ख़ाली हाथ आता है तो कभी पैर, कभी-कभी आधा धड़।"

"सुना है मुजाहिदीन यहाँ गाड़े नहीं जाते उन्हें यूँ ही बिना नहलाए..."

"हमें क्या मालूम कौन क्या है जब 'क़ानून-ए-पिजश्की' से लाशें यहाँ आती हैं तो हम धोते हैं जब नहीं आतीं तो उसका हमें पता नहीं।"

मोहर्रम का मास, ग़म का त्योहार, मगर उस घर में बजाय नौहा पढ़ने, मातम करने के गिटार पर धुन निकालते हुए साहब मगन थे, मेहमान खुश! ऊपर से धड़धड़ाते हवाई जहाज़ आ जा रहे थे। यह सारे जहाज़ शहीदों का जनाज़ा ला रहे थे। दूसरे दिन पता चला एक दिन तीन हज़ार शहीद आए थे। धीरे-धीरे करके लोग धर्म से लापरवाह हो रहे हैं, जो नमाज़ पढ़ते थे, उन्होंने नमाज़ पढ़ना बन्द कर दिया है कहते हैं मन हट गया है इतना ज़ुल्म, इतनी गड़बड़ यदि धर्म के नाम पर है तो ऐसा धर्म हमें नहीं चाहिए। जिन्हें चाहिए वह दिखावा करते हैं उन्हें केवल नौकरी चाहिए, पेट भी तो चलाना है।

इरशाद (सूचना, संचार मन्त्रालय) के चन्द लोग मेरे पीछे उसी प्रेम से पड़े रहे जैसा उनका बर्ताव पहले दिन से था। जब तब परेशान करना उनका धर्म था। उनके हाथ में कोई सनद न थी वरना वह मुझे फाँसी पर चढ़वा देते और शिकार पकड़े जाने के बदले में अपने को बड़ा ईमानदार दिखाकर सरकार से कोई बड़ी नौकरी हासिल करते, उनमें एक अजीब बलिदान का भाव उफनता रहता था जो उनकी अज्ञानता से बेबस था; इन लोगों की तर्कहीन बातों को सुनकर लगता था कि विदेशी पत्रकार ईरान की जो एक अजीब व ग़रीब तस्वीर पेश करते हैं उनका कारण 'लल्लू पंजू' नामक इंक़िलाबी हैं जो इंक़िलाब के बाद ईरान में उगे हैं जिनका योगदान मतभेद को हवा देना, सन्देह की आड़ में अच्छे अच्छों की हुलिया बिगाड़ना था; किसी के कथनानुसार नया मुसलमान अधिक नमाज़ पढ़ता है क्योंकि जितने भी आयतउल्लाह

व मन्त्रियों से मिली वह विनम्र थे अपने विचारों में अडिग; दूसरे को बोलने की स्वतन्त्रता देते थे मगर जैसे-जैसे नीचे आते जाइए उग्रता, कर्त्तव्यपरायणता बढ़ती जाती है बहुत कम स्थानों पर सामान्य वातावरण था वरना शक, हथकड़ी, गोली तीन भाव का मिश्रण आपको स्वयं सोचने पर मजबूर कर देगा वास्तव में आप मुजरिम हैं; आप बहुत बड़े षड्यन्त्री हैं; आप बहुत बड़े धोखेबाज़ हैं।

मुझे इत्तेला मिली है मैं अपने द्वारा किए इण्टरव्यू के कैसेट नहीं ले जा सकती हूँ। जब तक मैं उन्हें इरशाद में न दिखाऊँ वहाँ वह सुने जाएँगे और सील किए जाएँगे फिर मुझे हवाई अड्डे पर मिलेंगे।

इस ख़बर को सुनते ही मुझे क्रोध के दौरा पड़ने लगे क्योंकि मेरे पास दो दिन थे और यह नई मुसीबत को हल करने के लिए मेरे पास समय नहीं था मगर क्या करती, गई। मेरे पास दो घण्टे हैं यह बत्तीस कैसेट हैं आप चेक कर लें।

''आप इन्हें छोड़ जाएँ हम सुनकर वापस कर देंगे, अभी हमारे पास समय नहीं है।''

''मैं छोड़ नहीं सकती हूँ न अधिक रुक सकती हूँ, मुझे निर्धारित समय पर जाना है।''

''फिर हम आपको कैसेट ले जाने की इजाज़त नहीं देंगे, हर हालत में आपको इस्लामी कोर्ट से आज्ञा-पत्र लेना पड़ेगा।''

''मैं कैसे आपके पास अपनी मेहनत की जमा पूँजी छोड़ सकती हूँ? मुझे विश्वास नहीं है, हवाई अड्डे पर स्वयं निपट लूँगी।'' मेरे मुँह से निकल गया।

''आपकी मर्ज़ी'' उन्होंने अपना जाल समेट लिया।

मैं चली आई, मैं कैसे सारे कैसेट उनके पास छोड़ देती भले ही यह इस्लामी गणतन्त्र के मन्त्री व मौलवियों के इण्टरव्यू थे मगर किसका क्या भरोसा जब इमाम ख़ुमैनी के भाषण व इण्टरव्यू आज बदल बदलकर छापे जा रहे हों, लेखन में ऐसा खुला सेंसर हो वहाँ मेरे टेप में उनके अनुसार अनुचित पंक्तियाँ मिटा न दी जातीं? फिर कैसेट वापस करें या न करें? मैं भी तो लोगों पर शक करना सीख गई थी। पूरा वातावरण सन्देह की महक से गमक रहा था और मैं आशंका से रोमांचित।

रास्ते में सोचने लगी यदि मेरे मुल्क के किसी छोटे शहर में इंक़िलाब आ जाए और उस शहर के सारे ताँगेवाले, इक्केवाले, दलाल, बनिया, पान वाले, मन्त्री पद सँभाल बैठें, सारे रिक्शे वाले स्कूलों के प्रिंसिपल बन बैठें, दफ़्तरों में सब्ज़ी वाले अफ़सर बन बैठें और पढ़े-लिखे फल बेचें। मज़दूरी करें तो क्या हाल होगा? यह चुनाव तो जनता चुनाव होगा क्योंकि इन्हें जनता जानती तो है, मगर ये मन्त्रीगण किसी समस्या का हल नहीं जानते, बुद्धिजीवी की आलोचनाओं से उकताकर विद्यार्थियों के नारों से घबराकर उन्हें जेल में ठूँसने और मारने की आज्ञा दे देते, तब कैसा हाहाकार मचता? ऐसा ही वातावरण आज ईरान में है जो कुछ भी नहीं है, सब कुछ बना बैठा है जो सब कुछ था, वह मारा गया या बदनाम हुआ या नज़रबन्द है।

मुझे महसूस हो रहा था कि इमाम ख़ुमैनी का वह प्रभाव अब ईरान में वैसा नहीं है जैसा दो वर्ष पहले था। अब केवल धार्मिक श्रद्धा रखने वालों के अतिरिक्त उनका आदर कोई नहीं करता है उस वर्ग में से भी धीरे-धीरे करके लोग कम हो रहे हैं। जब यह कहा जाए कि ईरान की वर्तमान जनता वर्तमान सरकार से नाख़ुश है तो सरकार की स्थिति का अवलोकन करना अनिवार्य हो जाता है। आज से तीन वर्ष पहले ईरान की कोई भी सामाजिक व राजनीतिक समस्याओं का ज्ञान ईरानियों को नहीं था, शाह को निकालना ही उनका उद्देश्य था उसे निकालकर ही वह इंक़िलाब का अन्त समझ बैठे जबकि ऐसा नहीं था। वह इंक़िलाब का आरम्भ था। लोगों ने अपने समाज को पहचानना आरम्भ किया था वरना तो शाह ने धन दौलत, सेक्स, शराब में सबको डुबो रखा था। सामाजिक व राजनीतिक चेतना आम जनता में शून्य थी सो भावुक जनता की भावनाओं से सबने लाभ उठाया जब चाहते अमेरिका की शत्रुता के नाम पर वास्तव में अमेरिका के लाभ की बातें करते, डॉ. बेहिश्ती पर आरोप था कि उन्होंने अमेरिकी बन्धकों को पकड़कर ईरानियों के मन में नफ़रत के बाद दया भाव लाना चाहा था। साथ ही बन्धकों के पकड़ने के बाद ही बाज़रगान सरकार का तख़्ता पलट गया था। जनता बिना समझे नारे लगाती रही। एक-एक करके सारे नेताओं के चेहरे खुलते गए। सच है कि हर इंक़िलाब के बाद अच्छी-बुरी घटनाएँ घटती हैं मगर ईरान में जो भी हुआ, वह इमाम के आने के बाद से स्वयं ईरानियों के हाथों हुआ, कुर्दिस्तान युद्ध दूसरी ओर ईरान-इराक़ फिर विभिन्न समुदाय से गृहयुद्ध। यह सब कुछ अमेरिका करवा रहा है। ऐसा ईरानियों का व सरकार का विश्वास है मगर सरकार बजाय सद्भाव लाने, धैर्यपूर्वक सियासी समुदायों के समीप आने, उनकी समस्या उनका हक़ उन्हें देने के बदले उन्हें बस गोली से उड़ा रही है। आज जो भी ईरान में विदेशी हाथों से हो रहा है उससे ईरान नष्ट हो रहा है, अमेरिका व रूस नहीं। मगर सरकार अपने इस्लामी विचारधारा में एक विशेष कट्टरपन को लाती चली जा रही है और लोग विभिन्न झुण्डों में बँटते हुए अमेरिका व रूस की दुहाई दे रहे हैं जबकि यह एक हक़ीक़त है कि हर देश अपने नफ़े नुक़सान को देखकर सियासत करता है। यदि ऐसा न होता तो आज सीरिया व लीबिया को छोड़कर अन्य सारे इस्लामी राज्य ईरान के इस इंक़िलाब को रद्द न करते। आरम्भ में ईरान में सड़कें, इमारतें हर एक का नाम फ़िलीस्तीन पर पड़ गया था; लाखों तुमान सहायता के रूप में यासिर अराफ़ात को भेंट किया गया था। आज यासिर अराफ़ात ने इमाम की आलोचना की और वह प्रेम सम्बन्ध पल भर में टूट गया; रूस की सरकार भले खुलकर कुछ न बोले मगर शाह के समय में जो मुफ़्त गैस व अन्य चीज़ें ईरान से उसे मिलती थीं इस सरकार ने ख़त्म कर दी हैं, वह भी दुःखी है। संक्षेप में हर विचारधारा, हर धर्म, चाहे वह अन्तर्राष्ट्रीय हो मगर अपनी सीमा रेखा के

अन्दर अपनी आवश्यकताओं व हानि-लाभ को देखकर पनपता है। रूसी व चीनी साम्यवाद और पाकिस्तानी, अरब इस्लाम को ईरान में लागू करना एक बहुत बड़ी ग़लती है इसे ईरानियों को समझना पड़ेगा कि दूर के ढोल बड़े सुहावने लगते हैं।

मोहम्मद साहब का कहना था कि जो मज़ा क्षमा में है वह सज़ा देने में नहीं है। मगर आज ईरान में क्षमा का कोई प्रश्न ही नहीं है। कहा जाता है कि जेल में जो क़ैदी क्षमा याचना कर लेते हैं उनसे कहा जाता है कि अब तुमने हमारी विचारधारा क़बूल कर ली है वह सामने खड़ा मित्र अब तुम्हारा दुश्मन है उठाओ बन्दूक़ और भून दो शत्रु का कलेजा, यदि उसका हाथ काँपता है और उससे यह काम नहीं होता है तो समझ लिया जाता है कि उसने दिल से तौबा नहीं किया है उसे भी उसी पंक्ति में खड़ा करके उसे भून दिया जाता है। अस्पतालों में ख़ून की आवश्यकता होती है यह आवश्यकता जेल में स्थित मृत्युदण्ड वाले क़ैदियों से पूरी की जाती है उन्हें तो मरना है सो जितनी शीशी ख़ून चाहो निकाल लो। कभी-कभी कोठरियों में भरे क़ैदियों में से दो को पुकारा जाता है फिर अन्दर वाले क़ैदी 'फ़ायर' की आवाज़ सुनते हैं कितनों को दिल का दौरा पड़ गया, कुछ को हार्ट फ़ेल। इस उलझन व भय में कि अब किसका नाम पुकारा जाएगा? उनकी उम्र भी क्या है? यही पन्द्रह से बीस वर्ष।

ईरान में आम आदमी भूखा कभी नहीं रहा है; हाँ वर्गों की असमानता बहुत अधिक थी जिससे असन्तोष भी था। आज भी सबसे बुरी हालत उसी वर्ग की है जो नमक रोटी भी निगल ले तो काफ़ी है। मगर वह वर्ग जो वास्तव में देश के लिए लड़ रहा है भूखा है वही मारा भी जा रहा है। ईरान-इराक़ युद्ध में फ़ौज के नाम पर कटने वाली बेचारी ग़रीब जनता है और सियासत के नाम पर शहीद होने वाले विद्यार्थी व बुद्धिजीवी वर्ग।

लगता है ईरान में कल क्या बचेगा? केवल कूड़ा-करकट? इंक़िलाब की वह शफ़्फ़ाफ़ नदी जो तलछट किनारे लगा रही है क्या सूख जाएगी? सड़क पर चलते हुए महसूस होता है कि यहाँ पर हर आदमी मानसिक रोगों का शिकार है चलते हुए अपने से बातें करता है। गर्दन हिलाता है, नहीं की शक्ल में सर झटकता है, सड़क पर थूकता है। लगता है यह टूटे-फूटे इन्सान जो बच जाएँगे ईरान में वह कल कौन-सा समाज बनाएँगे?

ईरान का तीन प्रकार का भविष्य सामने आता है कि अब अमेरिका खुमैनी इमाम को हटाकर लिबरल विंग के किसी आदमी को लाएगा, मुजाहिदीन इतनी गर्मी में डटे रहे तो बनीसद्र का लौटना आश्चर्यजनक बात नहीं होगी। लिबरल जब आएँगे तो इस्लामी संविधान मानने वाले साम्यवादी समुदायों (तोदे पार्टी का अकसरियत गुट) का सफ़ाया करेंगे और तब लिबरल सरकार के शत्रु गुरिल्ला फ़िदाईन व अन्य समुदाय होंगे। इस ख़ून ख़राबे का सिलसिला जारी रहेगा जब

तक एक स्वतन्त्र गणतन्त्र की स्थापना नहीं होती है।

दूसरा अन्त है अमेरिका का पूर्ण हस्तक्षेप हुज्जती मुल्लाओं द्वारा वही शोषण और अमेरिकन बाज़ार! तीसरा अन्त जिसकी सम्भावना कम है वह है इस्लामी गणतन्त्र का जनता के प्रति धैर्य व समान भावना, बुद्धिजीवी को पूर्ण स्वतन्त्रता, यदि वह हो गया तो यही सरकार थोड़े दिन और ठहरेगी और शायद ख़ून ख़राबा रोकने व हर वर्ग का सन्तोष इसी में है। मगर यह अन्त नामुमकिन सा लगता है।

रूसी प्रभाव ईरान में कम है अधिकतर लोग ऐतिहासिक कारणों व शाह के समय के प्रचार से रूस से बहुत डरते हैं स्वयं गुरिल्ला व अन्य वामपन्थी समुदाय भी रूस को पूर्ण रूप से स्वीकार नहीं करते हैं; रूसी पार्टी 'तोदे' ईरान में उसका कोई अच्छा स्थान नहीं है, अफ़ग़ानिस्तान में किए गए अपने हस्तक्षेप से रूस यूँ भी शर्मिन्दा है वरना उसका प्रोग्राम यही था कि ईरान में इंक़िलाब हो रहा है। अफ़ग़ानिस्तान में पहुँचकर ईरान पहुँचना आसान है मगर ख़ुमैनी ने सब चीज़ों पर पानी फेर दिया। उधर अमेरिका दुःखी है इधर ईरान। अफ़ग़ानिस्तान को पाँच राजनीतिक इस्लामी समुदाय (मुजाहिदीन) सहायता दे रहा है। संक्षेप में रूसी आक्रमण या प्रभाव वहाँ पर अमेरिका से कम है और उसकी आशंका भी।

प्रगतिशील वर्ग और ईरानी बुद्धिजीवी ही तो थे जो इमाम के आने से प्रसन्न हुए थे। मीलों उनकी कार कन्धों पर उठाकर लोग चले थे मगर आज? लिनेन के बाद दूसरे अन्तर्राष्ट्रीय नेता इमाम ख़ुमैनी थे जिनकी ख्याति संसार भर में है और जिसे मानने वाले देश-देश में फैले हुए थे। चाहते तो अपने एक शब्द से बहुत कुछ कर सकते थे। मगर सारी उम्मीदों पर पानी फिर गया। केवल ईरान का नहीं बल्कि संसार का प्रगतिशील बुद्धिजीवी वर्ग ईरान की वर्तमान स्थिति से असन्तुष्ट है।

ईरान छोड़ने से पहले सूचना विभाग के अध्यक्ष मुझसे मिलना चाहते थे। मेरे मन से हर प्रकार का डर निकल चुका था। हफ्ते भर पहले जब विदेश मन्त्रालय में मुझे बहुत कुछ कहने के बाद भेंट स्वरूप वर्तमान सरकार पर ढेरों पुस्तकें दी गई थीं तो मैं चलते समय वहीं दरवाज़े के बाहर कारिडोर में छोड़ आई थी। मन खिन्न था। शायद वही घटना अध्यक्ष मुझे बताना चाह रहे हों कि मेरा यह व्यवहार उचित नहीं था। बहरहाल जब मैं कमरे में दाखिल हुई तो इधर उधर की बात करके वह बोले, ''सुना, आपके पति हिंदू हैं? आप उन्हें मुसलमान करने की कोशिश क्यों नहीं करतीं?''

''घर पहुँचू खैरियत से तो कोशिश करूँ'' क्रोध से पगलाई मैं सिर्फ इतना कह पाई वह मेरे जवाब को कितना समझ पाए मैं नहीं कह सकती मगर मैं उनकी मूर्खता पर रो भी न सकी।

हवाई अड्डे पर दाख़िल होते ही हर तरफ़ से मेरा स्वागतम होता है, नासिरा

शर्मा-नासिरा शर्मा की पुकार होती है। मेरा सारा सामान खोला जाता है; झाड़-झाड़ कर देखा जाता है फिर इरशाद के कुछ लोग मेरे सारे कैसेट मुझसे सुनने ले जाते हैं; दो लेडी पासदार मेरे साथ हैं वह भी उनके साथ चली जाती हैं; मैं सामान बन्द करती हुई उनका इन्तज़ार करती हूँ; दो घण्टे बाद वे मेरे कैसेट लेकर लौटते हैं। मुझे माफ़ करिएगा आशा है आपने हमारे इस आचरण का बुरा नहीं माना होगा, हम मजबूर हैं।

"आपने सारे टेप सुन लिए कोई आपत्तिजनक बात तो उसमें नहीं थी न? मगर उस कैसेट का क्या करेंगे जो मेरे दिमाग़ में टेप हो गया है।"

"वह सनद नहीं है, यह सनद है सो चेक करने पड़े। आशा है कि आप ईरान के बारे में अच्छा लिखेंगी। हमारा इंक़िलाब शत्रुओं से घिरा है हम आपसे उम्मीद कर सकते हैं।"

"जो सनद मेरे ज़हन में महफ़ूज़ है वह मुझे सच्चाई लिखने के लिए उकसाती रहेगी क्योंकि वह एक ऐतिहासिक सनद है अगर मैंने ऐसा न किया तो वह इन्सानियत की हत्या होगी। रही शत्रु व आलोचना की बात वह यह है कि आप स्वयं शत्रु बनाते हैं। आपका व्यवहार आपका मौजूदा व्यवस्था का आईना है, रही आलोचना, वह मैं करूँगी जहाँ आवश्यकता होगी, मेरा विषय ईरान है विशेष व्यक्ति नहीं। आशा है आप मुझे क्षमा करेंगे और खुली नज़रों से ईरान को और ईरानियों को देखने का स्वयं कष्ट करेंगे। मैं अपने लेख जब तब भेजती रहूँगी।"

दो मास की यातना क्रोध झुँझलाहट सब कुछ धीरे-धीरे करके झरने लगा। सब चीजों से निबटकर लगा कि मैं ईरान में वाक़ई दो मास कहाँ थी? वह पुराना ईरान पारसाल वाला मेरे मस्तिष्क से ग़ायब था। एक बिलकुल नया ईरान तीसरी दुनिया का एक बदक़िस्मत देश जो प्रतिशोध की आग में सुलग रहा है, दो बड़ी शक्तियों के हाथों तबाह हो रहा है। इस्लाम के नाम पर अमेरिका रूस को नीचा दिखा रहा है, साम्यवाद को मिटाना चाह रहा है और उधर अमेरिका को उत्तर देने में साम्यवाद विचारधारा के परखचे उड़ा रहा है।

जहाज़ उड़ा खिड़की से नज़र नीचे नए ईरान पर डालती हूँ; इमारतें ख़ामोश हैं, पेड़ों की डालियाँ ख़ाली, लगता है बुतख़ाने में पतझड़ का विलाप बढ़ रहा है। उड़ती पत्तियाँ नई बनती क़ब्रों और घरों के बन्द दरवाज़ों से लिपटकर रो रही हैं और बहार जाने कहाँ मुँह छुपाए सिसक रही है।

पुनश्च, 1983, **ईरानी क्रान्ति विशेषांक**

खण्ड छः

छठी यात्रा

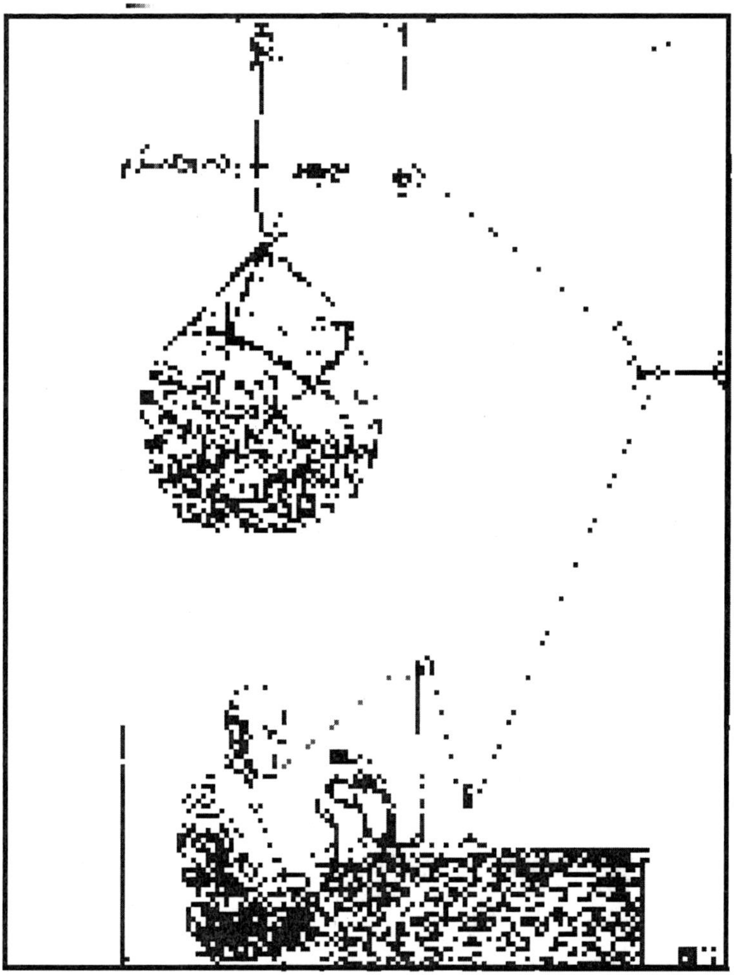

- ईरान क़ैदख़ाना, मस्जिद या क़ब्रिस्तान
- ईरान-इराक़ युद्ध : आँखों देखा हाल
- क्या ईरान-इराक़ युद्ध ज़ारी रहेगा?

ईरान क़ैदख़ाना, मस्जिद या क़ब्रिस्तान

इमाम ख़ुमैनी इराक़ में बैठे अपने भाषणों में कहते थे, ईरान में क़ैदख़ाना और क़ैदी नाम की चीज़ का वजूद नहीं रहेगा, मगर पूरा ईरान आज एक बड़ा क़ैदख़ाना है जिसकी विभिन्न कोठरियों में पीड़ित जनता हाहाकार मचाए हुए है। यातनाओं का न समाप्त होने वाला सिलसिला है। इस समय कुल पैंतालिस हज़ार क़ैदी हैं जिसमें से तीस हज़ार सियासी हैं एक-एक कोठरी में अट्ठारह उन्नीस लोग ठूँसे जाते हैं। इससे अधिक आप से मैं क्या कहूँ—विश्वास नहीं होता है तो नारे लिखी ये दीवारें देख लें।

उसकी बातों में सच्चाई थी, ज़िन्दा इन्सान ख़ामोश हो रहे थे और मुर्दा दीवारें बोल रही थीं। घुटन का अज़दहा जो सारे ईरान को निगलने के लिए आतुर नज़र आ रहा था। वह शाह के दौर की याद दिला रहा था। एक विद्यार्थी ने कहा, ''विश्वविद्यालय बन्द हैं, काम है नहीं, कुल चालीस लाख ईरान में बेकार हैं। महँगाई है, कोई भविष्य में आर्थिक कार्यक्रम नहीं है। ज़बान खोलो तो गर्दन कटती है।''

दीवारों पर लिखे अक्षरों को पढ़ना शुरू किया, किसी लेखक ने कहा था कि किताबें, समाचारपत्र, पांडुलिपियाँ, सब जल कर ख़त्म हो गई हैं। क्या हो रहा है ईरान में। इसे समझने के लिए हमें दीवारों पर लिखे गए नारों की तलाश रहती है। सामने लिखा था 'मस्जिदें आपकी मोर्चा हैं, उन्हें सुरक्षित रखें', 'इस्लाम की रक्षा के लिए जासूसी अनिवार्य है', या 'न पूर्व न पश्चिम, हर दो पर लानत' पार्टी केवल हिज़बुल्लाह इत्यादि।

ऐविन जेल के सामने औरतों-मर्दों की भीड़ थी। किसी को कुछ पता न था क्या होने वाला है। एक औरत जिसका बारह वर्ष का बेटा अन्दर था, बोली, ''पहले तो मार कर ये क़ब्रों का नम्बर दे देते थे, नाम टी. वी. से बोल देते थे, मगर अब—कुछ पता नहीं है कैसे-कैसे जवानों को मारा है। मेरे बेटे का क्या दोष था? यहीं सड़क पर पड़ा एक पर्चा उठा कर पढ़ने लगा था।'' जेल से आई एक लड़की ने बताया कि ''जेल में वही यातनाएँ हैं जो शाह के समय में थीं। तारों से पैरों पर मार, बलात्कार, शौच आदि के लिए न जाने देना, बिजली के झटके, नाख़ून घसीटना, सोने न देना, खाना न देना, उल्टा लटकाकर मारना, सीने को इस्त्री से

जलाना, सारे बदन पर जलती सिगरेट चुभोना, एक-दूसरे के सामने गोली मारना या फाँसी पर लटकाना, आँखें निकालना, कान काटना, बदन का कोई भी अंग उड़ा देना, बहुत देर तक आँखें बन्द रखवाना, फिर धूप में खड़ा रखना, ज़बान बाहर खींचना, चेहरे बदन पर घूँसे मारना—एकदम से दुःखी हो कर बोली—मेरे साथ बहुत कुछ हुआ। पैरों पर कोड़ों के निशान थे, लम्बे बाल इतने उन्होंने खींचे कि मैंने उन्हें काट दिया—आँखों से अब बहुत कम दिखता है।''

एक दुकानदार ने मेरे प्रश्न के उत्तर में कहा, ''आपका कहना ठीक है कि हमने ही इंक़िलाब को आगे बढ़ाया था इस उम्मीद पर कि पहली व्यवस्था के जाल से हम मुक्त होंगे। मगर क्या? कुछ न बदला, आर्थिक व्यवस्था समाप्त है, बैंक ख़ाली हैं, इस्लामी संस्थाओं में पैसा भरा हुआ है। हम व्यापारियों का दिया हुआ धन पहले था अब भी है। इमाम का 'हिस्सा' करके जो धन उनके नाम से निकाला जाता है उस कोष में तीस अरब डॉलर हैं। यह छोड़ें, आज हम एक बदलाव की उम्मीद करते हैं। कच्चा माल है नहीं कि कारख़ाने चलें, ग्राहक हैं नहीं कि सामान बिके। एक साबुन की टिकिया जो एक-डेढ़ रुपया की थी अब बारह रुपये की है। गोश्त एक किलो एक सौ अस्सी रुपये का है। चावल एक किलो पचास रुपये का—अभी देश का पचास टन सोना स्विट्ज़रलैण्ड में बिका है। आठ करोड़ डॉलर के नोट छपे हैं। इन सारी बातों पर आलोचना करो तो वही हाल होता है जो मुजाहिदीनों तथा साम्यवादियों का है। पल भर में गोली से उड़ा दिए जाते हैं।''

सूचना संचार मन्त्रालय में किसी से मिलना था, गई। कोई सीट पर न था। मालूम हुआ सब नमाज़ पढ़ने गए हैं। मेरी मित्र का इण्टरव्यू था। उससे पूछा कैसा हुआ, नौकरी मिलने की आशा है? बोली मालूम नहीं। प्रश्न ऐसे पूछते हैं कि क्या बताऊँ। उदाहरणतः 'कफ़न के कितने टुकड़े होते हैं। मुर्दा नहलाते समय धर्म के कौन से उसूलों पर ध्यान देते हैं? या आप केवल नौकरी के लिए अपने को धार्मिक बता रही हैं या हैं भी?'

हमारी बातें सुनकर एक पत्रकार हँस पड़ा। कहने लगा, ''ईरान एक बहुत बड़ी मस्जिद में बदल गया है और मस्जिदें थाने में—हर दफ़्तर में नमाज़ का कमरा है, प्रश्न, लेखन, हिसाब सबमें धर्म का हस्तक्षेप है। अब मस्जिदों से राशन कार्ड, तेल व अन्य सामानों के कूपन लाइसेंस मिलते हैं। पासदार रात-दिन हर मोहल्ले पर कड़ी नज़र रखते हैं। कहाँ किस घर में क्या हो रहा है। लोगों को तेल, चावल, गोश्त, नौकरी की आवश्यकता है, सो हर ज़ुल्म को सह रहे हैं मगर कब तक?''

स्वयं इस्लामी गणतन्त्र पार्टी में फूट है और आयतुल्लाहों में भी। ईरान में लगभग पचास हज़ार मौलवी हैं। प्रसिद्ध लोकप्रिय मुल्लाओं के बीच 'विलायत फ़क़ीह' (धार्मिक नेता) को लेकर मतभेद इमाम ख़ुमैनी के ईरान में आते ही आरम्भ हो गए थे। इस्लामी क़ानून के हिसाब से 'विलायत फ़क़ीह' की सत्ता केवल धर्म

के मामले में होती है मगर कुछ चाहते थे कि ईरान की पूरी सत्ता की बागडोर इमाम को दे दी जाए, हुआ भी वही। आयतुल्लाह शरयतमद्दारी आलोचना करने के बाद कुम शहर में नज़रबन्द कर दिए गए। आयतुल्लाह तालग़ानी की हत्या कर दी गई। अन्य मौलवी जो वास्तव में उदार इस्लामी विचारों के थे शान्त हो गए। तीसरा मतभेद अमेरिका समर्थक तथा विरोधी दलों का है, इमाम ख़ुमैनी अमेरिका विरोधी हैं जबकि आयतुल्लाह गुलपायग़ानी अमेरिका समर्थक। ऐसी हालत में यदि देश की हर प्रकार की व्यवस्था बरबाद हो गई है तो कोई आश्चर्य की बात नहीं है।

''इमाम ने ईरान को वीरान कर दिया। फ़सल और नस्ल दोनों को तबाह कर रहा है। आज इमाम ख़ुमैनी का ईरान एक विस्तृत क़ब्रिस्तान है जो हर दिन चौगुनी रफ़्तार से ईरान में फैल रहा है। छः मास में आठ हज़ार लोग खड़े-खड़े भूने गए हैं जिनमें इकयासी प्रसिद्ध इंक़िलाबी थे। इस इंक़िलाब के लिए सत्तर हज़ार लोगों ने अपने को बलिदान किया था। शाह के शत्रुओं के नाम पर, जो भागे नहीं थे, उनमें पाँच हज़ार लोगों को खलखाली ने मरवाया था और अब—इस क़ब्रिस्तान को देखें हर रोज़ नौजवान शहीद हो रहे हैं। घुटन है, कोई ज़बान नहीं खोल सकता। इस क़लम व ज़बान की स्वतन्त्रता के लिए लोग पचास वर्ष तक संघर्षरत रहे थे।'' एक समाजशास्त्री ने कहा। पास बैठे उनके मित्र ने कहा, ''इमाम का कहना है यदि दस लाख भी मुसलमान जो सच्चे हैं, पवित्र हैं, बच जाएँ तो काफ़ी है यानी बाक़ी 3.6 करोड़ ईरानियों का मरना महत्त्वपूर्ण नहीं है।''

दो मास रहकर लगता है कि इंक़िलाब से लोगों की कितनी आशाएँ थीं मगर वह आशा निराशा में बदल गई और ईरान केवल क़ैदख़ाना, मस्जिद, क़ब्रिस्तान की चहारदीवारों में घिर गया है।

दिनमान : 11-17 अप्रैल, 1983

ईरान-इराक़ युद्ध : आँखों देखा हाल

ईरान-इराक़ युद्ध को आरम्भ हुए लगभग बत्तीस महीने हो गए हैं। इन तीन वर्षों में तीन बार ईरान गई थी। ईरान की दशा बहुत शोचनीय लगी थी—उत्पादन, निर्माण के कार्य सब अधूरे थे, केवल जोश था—युद्ध और धर्म का।

ईरान-इराक़ युद्ध को इराक़ क्यों समाप्त करना चाहता है, यह बात जल्द समझ में आ गई। क्योंकि यह युद्ध उसके निर्माण-कार्यों में बाधक सिद्ध हो रहा है। तो फिर प्रश्न उठा कि युद्ध आरम्भ ही क्यों किया गया था? ईरान के तेल के कुओं की पाइप-लाइनें फटने से तेल बह-बह कर समुद्र में जा रहा है। इराक़ी सरकार ने सुझाव दिया कि हम युद्ध रोक लेते हैं, आप इनकी मरम्मत करवा लें, मगर ख़ुमैनी साहब ने साफ़ इनकार कर दिया। उन्हें तेल बहने का कोई दुःख नहीं है। वह युद्ध नहीं रोकेंगे। तेल बह कर पानी गन्दा कर रहा है। कल कुवैत, बेहरीन आदि देशों के पास पीने का पानी नहीं होगा, इसकी चिन्ता अब अरब देश को खाए जा रही है।

'शैतानों की घुसपैठ'

चौदह अप्रैल से अट्ठारह अप्रैल तक 'इस्लामिक पापुलर सेमिनार' बग़दाद में हुआ, जिसमें तीन सौ के लगभग मौलवी आए थे। अमेरिका, इंग्लैण्ड, पाकिस्तान, भारत, लेबनान, सऊदी अरब, कुवैत, मिस्र, लीबिया आदि देशों से दो सौ के लगभग लोग जो इस्लामी संस्था से जुड़े हुए थे, वे भी आए थे। पचास-साठ के लगभग पत्रकार और टी. वी. फ़िल्म वाले थे, इनके बीच थी मैं अकेली महिला। सेमिनार में पर्चे पढ़े गए। इस्लामी दृष्टि से इस युद्ध का विश्लेषण हुआ। ख़ुमैनी साहब के नाम पत्र डाला गया, और उन्हें इराक़ आकर सम्मेलन में सम्मिलित होने और झगड़ा निबटाने का निवेदन किया गया।

तीन दिन तक बेचैनी से इन्तज़ार हुआ, मगर जवाब नहीं आया। सेमिनार समाप्त हो गया। इधर सेमिनार हो रहा था, उधर ईरान की ओर से एक के बाद एक भीषण आक्रमण हो रहे थे, जो इस बात का संकेत थे कि वे युद्ध-विराम के लिए उत्सुक नहीं। सोलह अप्रैल को सेमिनार में स्वयं राष्ट्रपति सद्दाम हुसैन

उपस्थित हुए। युद्ध-विराम की उन्होंने इच्छा प्रकट करते हुए इमाम ख़ुमैनी को पुनः अतिथि बनाने का उत्साह दिखाया।

सत्तरह अप्रैल को एक 'फ़ालोअप' कमेटी बनी कि इस दिशा में फिर प्रयत्न किए जाएँ। फिर पत्र भेजा गया। उत्तर की व्यग्रता से प्रतीक्षा हुई। मगर पत्र के स्थान पर बास पार्टी (ईराक़ की सत्तारूढ़ पार्टी) की विरोधी पार्टी दावा पार्टी ने टेलीविज़न की इमारत के एक हिस्से को बम से उड़ा दिया। और रेडियो ईरान ने कहा कि हमें बुलाने की आवश्यकता नहीं हम स्वयं नजफ़ और कर्बला पहुँचने वाले हैं।

पच्चीस अप्रैल को 'प्रेस कान्फ्रेंस' में सेमिनार के अध्यक्ष ने बताया कि इराक़ स्थित ईरानी काउंसलर ने पत्र का उत्तर दिया है जो इस प्रकार है कि खुमैनी साहब ने इस सेमिनार को 'शैतानी की घुसपैठ' कहकर रद्द कर दिया। 'प्रेस कान्फ्रेंस' में भी अधिक लोग सम्मिलित नहीं हुए, क्योंकि अधिकांश लोग जा चुके थे।

यह सेमिनार संख्या और महत्त्व की दृष्टि से सबसे बड़ा सेमिनार था, जिसमें पूरे संसार के मौलवियों ने शिरकत की थी। मगर सफल न हुआ। सीरिया के मौलवी अल फ़ातेह हाशमी से जब मैंने प्रश्न किया कि वास्तव में आप ख़ुमैनी पर युद्ध-विराम कैसे थोपेंगे? उनका कहना था कि यदि ख़ुमैनी तीन सौ मौलवी की बात अस्वीकार करते हैं, तो वास्तव में वे इस्लाम की नीतियों एवं क़ानूनों का उल्लंघन करते हैं। फिर उन्हें इस्लामी संसार ग़ैर-इस्लामी मानेगा, क्योंकि स्वयं इस्लाम में आया है, कि जिसने इस्लाम की बातों को न माना, वह काफ़िर है। सद्दाम हुसैन वास्तव में सही मुसलमान हैं, क्योंकि वे इस्लामी जीवन की चिन्ता कर रहे हैं, जबकि ख़ुमैनी न केवल युद्ध में बच्चों और बूढ़ों को झोंक रहे हैं, बल्कि खुलेआम बिना मुक़दमों के इन्सानों को कत्ल करवा रहे हैं।

पाकिस्तान के मौलाना रिज़वी (शिया) से मैंने पूछा कि आपके विचार ख़ुमैनी, युद्ध और इस्लामी गणतन्त्र के बारे में क्या हैं? तो उन्होंने दुःख से कहा कि हम ही थे, जिन्होंने इंक़िलाब को बढ़ावा दिया था, मगर आज ईरान की शोचनीय स्थिति देखकर केवल दुःख होता है। इसमें स्वयं ख़ुमैनी साहब का योगदान है, कहना कठिन है, मगर आस-पास वाले उनके नाम का ग़लत उपयोग कर रहे हैं।

मूसा मूसवी जो स्वयं ईरानी हैं, वर्षों पहले नजफ़ आकर बस गए थे, अब अमेरिका में इस्लामी संस्था के अध्यक्ष हैं, कहने लगे, "ख़ुमैनी काफ़िर है, उन्होंने इस्लाम के नाम पर जो पाप किए हैं, उसने सौ वर्षों तक लोगों के दिलों से धर्म के प्रति आदरभाव को धो दिया है। इस्लाम को जो धक्का ख़ुमैनी ने लगाया है। उसका इतिहास में कोई जवाब नहीं।"

लखनऊ के मौलवी ने जब उन्हें अपना रिश्तेदार घोषित किया तब उनका मुँह बन्द कर दिया गया।

सेनेगाल के मौलवी अल-सईद मुस्तफ़ा सीसी ने कहा, "पैग़म्बर मोहम्मद ने स्वयं कहा है कि क्षमा करना संसार की सबसे बड़ी सज़ा है," मगर ख़ुमैनी उसे भूल गए हैं। जो धर्म मानव प्रेम न जगा सके, वह धर्म कहां हुआ? ख़ुमैनी इस्लाम को दूसरे देशों में निर्यात करना चाहते हैं, प्रश्न है जो देश पहले से मुसलमान हैं, वे इस धर्म को लेकर क्या करेंगे?

कारण : अकारण नहीं

ईरान-इराक़ में सदा आपसी मन-मुटाव रहा है। पहला कारण अरब और ईरानियों का परस्पर घृणा और द्वेष, दूसरा कारण शाह का सम्पूर्ण मध्यपूर्व में छाया रहना, शाह की सेना का शक्तिशाली होना था—सद्दाम हुसैन को हर बार अपने व्यक्तित्व को दबता देखना, ईरान में अमेरिकी प्रभाव, इराक़ में रूसी (बीस वर्ष पहले) समाजवादी व्यवस्था—सबसे बढ़कर वर्तमान स्थिति में इराक़ के प्रगतिशील विचार और ईरान के रूढ़िवादी विचारों का होना। सेमिनार में आए सारे पाकिस्तानी पत्रकार ख़ुमैनी की सराहना कर रहे थे, और इराक़ की बुराई, "तौबा! तौबा! शराब कैसी चल रही है? लड़कियाँ बेपर्दा घूम रही हैं! होटलों में नाच रही हैं! इमाम ख़ुमैनी ने ईरान को सुधारा है, हमारे ज़िया साहब जब से आए हैं, यह खुराफ़ात समाप्त हो गई है।"

उन्नीस सौ नब्बे से पहले अर्थात ठीक इस्लामी गणतन्त्र सरकार का ईरान में स्थापित होना और इराक़ी सीमा-रेखा से छेड़छाड़ का आरम्भ होना—यह भी एक कारण रहा। इराक़ में स्थित विदेशी बुद्धिजीवियों का कहना था कि एक समय ऐसा आया था कि इराक़ी सरकार ने उत्तरी भाग में स्थित 'पिकनिक स्पाट्स' बन्द करा दिए थे। वे केवल जुमे को खुलते थे, जब फ़ौजी दस्ता फैला रहता था। वरना आम पर्यटक पहले की तरह उत्तरी भागों में घूम-फिर नहीं सकते थे। सद्दाम हुसैन रोज़-रोज़ की इन हरकतों से तंग आ गए थे। उन्हें पता था कि ईरान सदा की तरह उन्हें परेशान करेगा। उन्नीस सौ नब्बे में बनीसद्र ने खुले शब्दों में सद्दाम की आलोचना करते हुए कहा था कि उनको पद से हटाना हमारा धर्म है। हम इराक़ी जनता को उनके चंगुल से मुक्त कराना चाहते हैं।

सद्दाम हुसैन ने हथियार जमा किए, आर्थिक सहायता क़ुवैत और सऊदी अरब से ली, और रोज़ की झड़पों से तंग आ कर उन्होंने युद्ध की घोषणा कर दी। इस घोषणा ने इराक़ को आक्रमणकारी माना सद्दाम हुसैन की मानसिक दशा उस समय कुछ इस प्रकार की थी कि संसार की पाँचवीं शक्तिशाली फ़ौज ख़ुमैनी द्वारा कुचल दी गई है। सो यह अवसर उचित है कि वह उन्हें यह बता दें कि अब वह किसी प्रकार का हस्तक्षेप इराक़ में नहीं चाहते हैं। तभी छः दिन बाद ही ज़ियाउल हक़ के कहने से उन्होंने युद्ध-विराम लगा दिया था। उस समय इराक़

विजयी था। ईरानी सरकार के लिए यह युद्ध वरदान सिद्ध हुआ—जो एकता बिखर रही थी, बेकारी, महँगाई और क़त्ल से जनता दुखी थी, इराक़ी युद्ध-घोषणा से फिर एकता के सूत्र में बँधने लगी। सत्य को जाने बिना सब इराक़ के विरुद्ध हो गए। हर ईरानी कहता था, ''यह सरकार इस्लाम के नाम पर ईरान को समाप्त कर रही है। जरा युद्ध से निबट लें, तब इनकी ख़बर लेंगे।'' पढ़ा-लिखा वर्ग भी सद्दाम हुसैन की आलोचना करता था। युद्ध के आरम्भ में मैं ईरान में थी, और यही बात कि ईरान ने छेड़छाड़ आरम्भ की है। आबादान से आए बहुत-से लोगों ने बताई थी। तब इस बात का इतना महत्त्व नहीं रह गया था। छः महीने से भी अधिक नहीं गुज़रे थे कि 'ईरानी प्रगतिशील लेखक संघ' ने इस युद्ध के षड्यन्त्र का पर्दाफ़ाश किया। फिर तो पढ़ा-लिखा वर्ग इस युद्ध को पूर्णरूप से रद्द करने लगा रहा। और कहने लगा कि यह युद्ध केवल अपनी सत्ता बनाए रखने और वर्तमान ईरानी कठिनाइयों से भागने का एक हल है। तभी एक वर्ष बाद युद्ध में जाने वाले सिपाही केवल देहात और क़स्बों से थे, और आज भी बूढ़े-बच्चे ग़रीब वर्ग से भेजे जा रहे हैं। यह वर्ग राजनीतिक दाँव-पेंच से दूर हैं। अनपढ़ और नासमझ हैं।

अब विकल्प कोई नहीं है

युद्ध-विराम की जब भी बातें हुईं, ईरान ने सदा नई शर्तें लगाई हैं। अन्त में इराक़ ने सारी शर्तें मंज़ूर कर लीं, मगर युद्ध बन्द न हुआ। इस बार बग़दाद में आठवीं बार कोशिश थी, वह भी ख़ुमैनी साहब ने नहीं मानी। अब प्रश्न उठता है कि ख़ुमैनी साहब चाहते क्या हैं?

मसूद रज़वी (मुजाहिद नेता पेरिस में स्थित) से कुछ माह पहले इराक़ के विदेशमन्त्री तारिक़ अज़ीज़ मिले थे। मसूद रज़वी के कहने से यह तय हुआ था कि इराक़ युद्ध बन्द कर दे। उनके आक्रमण पर केवल अपने बचाव के लिए कोशिश करे।

तीन महीने से वही हो रहा है। गुटनिरपेक्ष सम्मेलन में भी ईरान किसी तरह समझौता करने पर राज़ी न था।

फ्रांसीसी पत्रकार क्रिश्चना ने 16 अप्रैल को रणक्षेत्र का दौरा किया था। उस समय बग़दाद में सेमिनार चल रहा था। उन्होंने लिखा था—लाशें, सिर्फ़ लाशें ईरानी सैनिकों की बिखरी पड़ी थीं। इन तीन दिनों के ईरानी-आक्रमण में स्वयं ईरानियों के चौदह हज़ार सैनिक मरे थे। यह संख्या बहुत अधिक थी, विश्वास करना कठिन हो रहा था। मगर इराक़-रेडियो, टी. वी. के समाचार को ईरान ने ग़लत घोषित नहीं किया, बल्कि ख़ामोश रही। इसमें कोई शक नहीं है कि विजय इराक़ की ही हो रही थी। युद्ध-विराम के कहीं आसार नहीं थे।

ईरान की वर्तमान स्थिति में युद्ध-विराम का अर्थ है, सरकार का तख़्ता पलट

जाना। इराक़ और स्वयं ईरान का कहना है कि इस युद्ध में लगभग सत्तर हज़ार ईरानी सिपाही काम आए हैं। ईरानी निम्नवर्ग इस युद्ध का ईंधन बना हुआ है। उनकी आशा का स्रोत है कि वे अवश्य विजयी होंगे। वहाँ पर शिया-इस्लामी गणतन्त्र का झण्डा लहराएगा।

यह युद्ध वास्तव में ख़ुमैनी पार्टी हिज़बउल्लाही अपने को जीवित रखने के लिए जारी रखे हुए हैं। स्वयं उन्हें अपनी हक़ीक़त का पता है। आम जनता को भी इस झूठे सत्य का पता चल गया है, मगर करें क्या? यदि 'इस्लामी गणतंत्र पार्टी' लड़ना छोड़ दे तो जनता उन पर टूटकर एक-एक को क़त्ल कर देगी।

कल कौन बचेगा?

ईरान में औरतों की जो दुर्दशा है, वह अपने में एक लम्बा दुखद वृत्तान्त है। लेखक, बुद्धिजीवी समाप्त हो गए हैं। नई नस्ल मुजाहिद, फ़िदाईन और योद्धा के रूप में कट रही है। पिछले वर्ष रफ़्तसनजानी, संसद के अध्यक्ष से जब मैंने यही प्रश्न पूछा तो उनका उत्तर था कि हमारे पास इन्सानी ताक़त बहुत है, एक करोड़ तो केवल विद्यार्थी ही हैं। विश्वविद्यालय बन्द हैं। कारख़ाने कब से उत्पादन कार्य समाप्त कर चुके हैं। हर छः महीने बाद स्वयं इमाम के मित्रगणों का एकाएक शत्रुगण में बदल जाना, इस बात का संकेत है कि न केवल ख़ुमैनी की सत्ता हिल रही है, बल्कि राजनीति सूझ-बूझ भी शून्य ही रही है। हर वर्ग यदि अपने देश की सरकार का शत्रु बन कर क़त्ल होता जाएगा तो कल कौन बचेगा?

इसका उत्तर भी ख़ुमैनी के पास है, "यदि तीन करोड़ साठ लाख ईरानियों में से दस लाख सच्चे मुसलमान बच जाएँ, वही काफ़ी है। कूड़ा-करकट काहे के लिए रखना है?"

संघर्ष : कब तक?

इराक़ में निर्माण-कार्य अर्थव्यवस्था ख़राब होने के कारण भी चल रहे हैं, उसका कारण व्यापारियों और ठेकेदारों का सद्‌भाव और जनता की एकता है। सद्‌दाम हुसैन ने अपने देश का एक भी पैसा निर्माण और जनता के हित के कार्यों के अतिरिक्त अन्य स्थानों पर ख़र्च नहीं किया। लड़ाई में उसकी क्षति केवल जान की है, वरना युद्ध का सारा ख़र्च 'अरब एकता' विचार के कारण सऊदी अरब तथा कुवैत आदि दे रहे हैं। यदि सीरिया तेल की पाइप बन्द न करता तो शायद यह तंगी भी इराक़ को न उठानी पड़ती।

पन्द्रह दिनों से इमाम ख़ुमैनी सख़्त बीमार हैं। जब भी उनके पास कहने को कुछ नहीं बचता है, वे बीमारी की चर्चा और अपनी मरणावस्था का ज़िक्र छेड़ कर लोगों की हमदर्दी लूटना चाहते हैं। इस समय ईरान-इराक़ युद्ध केवल अतीत

से चली आ रही कटुता, धर्म, सत्ता, आदि ही नहीं, बल्कि मूल कारण है, इराक़ का प्रगतिशील और ईरान का (पिछले चार वर्षों में) रूढ़िवादी विचारों का आपसी टकराव। लोग कहते हैं, ख़ुमैनी राजनीतिक दृष्टि से चुक गए हैं। उनके पास ईरानियों को बहलाने के लिए अब कोई तथ्यपूर्ण झूठ नहीं रह गया है। उनकी अपनी पार्टी में बिख़राव और कटुता है। ख़ुमैनी के ये अन्तिम सियासी दिन हैं—दिया बुझने से पहले अन्तिम बार भड़क रहा है!

पर सत्य क्या है, यह तो समय ही बतलाएगा।

साप्ताहिक हिन्दुस्तान, 1983

क्या ईरान-इराक़ युद्ध ज़ारी रहेगा?

इमाम खुमैनी की यह इच्छा पिछले दस वर्षों से ईरान-इराक़ युद्ध में ईरानी जनता के प्रोत्साहन का कारण बनी हुई है कि एक दिन वह सद्दाम हुसैन को सत्ता से हटाने में कामयाब हो जाएँगे और वहाँ की जनता को ज़ुल्म से आज़ाद करा के कर्बला व नज़्फ जैसे धार्मिक स्थलों पर अपना अधिकार जमाएँगे और फिर इसराइलियों के चंगुल से 'क़ुदस' यानी दूसरे पवित्र स्थल को छुड़ाएँगे और सऊदी अरब की शहनशाहियत के चिराग़ को हमेशा के लिए गुल करते हुए इस इलाक़े को अमेरिकी सत्ता से मुक्त कराएँगे तब कहीं जाकर हम अपने उद्देश्य को पहुँचेंगे और अमन शान्ति स्थापित होने के साथ ही इस धर्म युद्ध का अन्त होगा।

इस्लाम निर्यात के इस जुनून ने सभी मध्यपूर्वी देशों में खुमैनी समर्थक संगठन को न केवल मजबूत किया है बल्कि वहाँ भी सत्ता विरोधी मोर्चों को हवा दी है। इसमें लेबनान, इराक़, सीरिया, अफ़ग़ानिस्तान, पाकिस्तान, फ़िलीस्तीन, सऊदी अरब, क़ुवैत इत्यादि मोटे रूप से सामने नज़र आते हैं और इसके अलावा मध्यपूर्व में इस्लाम धर्म की व्याख्या के तिकोन भी। लीबिया के राष्ट्रपति मोहम्मद उमर गद्दाफ़ी अपने इस्लामी सोशलिस्ट व्यवस्था और 'ग्रीन बुक' को सही इस्लामी निज़ाम समझकर बाकी को नकारते हैं और सऊदी अरब बुनियादी इस्लाम के जन्म स्थल के नाते और ख़ुमैनी तेरहवें इमाम होने के अहंकार में वास्तविक इस्लामी निज़ाम को चौदह सौ साल बाद फिर से दोहराना चाहते हैं, चाहे मुसलमान खाड़ी देश चिल्लाते रहें कि वह मुसलमान हैं। फिर उन्हें मुसलमान बनाने की ज़िद कैसी और वह भी ख़ुमैनी जैसे ज़ालिम, इस्लाम विरोधी द्वारा जिसके देश में इस्लाम धर्म हमारी ज़मीन से गया था?

डॉ. मुस्दिक़ द्वारा पेट्रोल के राष्ट्रीयकरण के संघर्ष में ईरानी साम्यवादी पार्टी 'तोदे' ने इसलिए अपना सहयोग नहीं दिया था कि डॉ. मुस्दिक़ का आन्दोलन केवल ब्रिटिश ऑयल कम्पनी के विरुद्ध है न कि पूरे साम्राज्यवादी विचार और अमेरिका के। उस समय पेट्रोल राष्ट्रीयकरण हो गया मगर शाह अमेरिका की सहायता से दोबारा ईरान लौट आए। डॉ. मुस्दिक़ को जेल हुई 'तोदे' पार्टी को न केवल दमन का सामना करना पड़ा बल्कि कम्पराडोर व्यवस्था ज़बान और बयान

पर अंकुश और सी. आई. ए. का ऐसा घना जाल ईरान में फैला कि स्वयं तोदे पार्टी अपनी ग़लती पर नादिम हुई मगर तब तक बहुत देर हो चुकी थी।

दोबारा अन्य साम्यवादी समुदायों की कड़ी आलोचना और चेतावनी के बावजूद तोदे पार्टी ने ख़ुमैनी सत्ता से न केवल हाथ मिलाया वरन् प्रगतिशील आन्दोलन में व्यस्त दूसरे गिरोहों को प्रताड़ित भी कराया, मगर अन्त में स्वयं सत्ता में जाने की जगह अपनी मदद से उल्टे उन्होंने मौलवी सरकार को मजबूती दी। अमेरिका विरोधी नारे लगाने के बावजूद ईरानी सरकार का हर क़दम साम्राज्यवाद के लाभ में जाता रहा और एक दिन ऐसा आया जब फिर तोदे पार्टी को अपनी ग़लती का अहसास हुआ और यह फिर षड्यन्त्र करने और सोवियत लैण्ड के लिए जासूसी करने के आरोप में भूमिगत जेलों में चले गए। तोदे पार्टी के ग़लत क़दम ने न केवल ईरानी जनता का विश्वास डगमगाया बल्कि सम्पूर्ण प्रगतिशील आन्दोलन को ऐसी गहरी चोट पहुँचाई कि जो नई नस्ल विचारों की दृष्टि से अंकुश हटने के बाद आगे बढ़ रही थी वह यकायक घबराकर ऐसी पीछे हटी कि उसके पास केवल इस्लामी गणतन्त्र की पताका व मौलवियों की शरण में जाने के अतिरिक्त कोई दूसरा रास्ता नहीं बचा।

अन्य साम्यवादी गिरोह व स्वयं तोदे पार्टी एक बार फिर जनता से दूर चले गए और प्रचार माध्यम ने उनको इस तरह से देशद्रोही साबित कर दिया कि उनके सारे संघर्ष पर पानी फिर गया और वह यह भी नहीं कह सके कि इस क्रान्ति की बुनियाद उन्होंने डाली थी और दो पंक्तियाँ लिखने के जुर्म में उन्होंने वर्षों जेल और जिलावतनी में काटे थे। विचारों की लड़ाई केवल विचार तक सीमित रह गई वह आम जनता को हथियार बन्द न करा सकी और अन्य साम्यवादी समुदायों की आलोचना 'तोदे' पार्टी की तर्कहीन नीतियों के प्रति उनकी व साम्यवादी संघर्ष की क्षति की पूर्ति न कर सकी।

इसमें कोई शक नहीं है कि लेनिन के बाद यदि संसार में कोई दूसरा व्यक्तित्व इतना प्रसिद्ध व महत्त्वपूर्ण बना है वह है ख़ुमैनी। जिसने एक तरफ़ रीग़न को ईरान गेट कांड से बेनक़ाब किया तो दूसरी तरफ़ तोदे पार्टी द्वारा सोवियत लैण्ड की सत्ता को मानने से साफ़ इनकार किया क्योंकि उनका नारा आरम्भ से था न पूर्व न पश्चिम। बहरहाल राजनीतिक स्तर पर वह किस देश से कैसा सम्बन्ध रखना चाहते हैं यह उनकी विदेश नीति पर निर्भर है मगर मूल प्रश्न यह है कि इन सारे हंगामों के बाद वह अपने देश को क्या दे रहे हैं प्रगति, उन्नति, अमन, सुरक्षा, ख़ुशहाली, व्यवस्था, विचार, भविष्य, विस्तार, स्वतन्त्रता? इन सारे प्रश्नों का उत्तर नकारात्मक है फिर प्रश्न उठता है कि क्या वास्तव में एक पुराने धर्म को फिर से दोहराने की ज़रूरत है? यदि है तो उसका पैमाना ज़ुल्म है या अमन? यहाँ भी प्रश्न का उत्तर ईरान के सन्दर्भ में नकारात्मक सवाल के रूप में उभरकर

सामने आता है कि क्या जो कुछ इस्लाम के नाम पर ईरान में हो रहा है वह धर्म व इन्सानियत की दृष्टि से उचित है? यदि आज ख़ुमैनी को वह लोकप्रियता हासिल है तो इस पर गम्भीरता से विचार करना है कि मानव प्रगति किस दिशा की तरफ़ बढ़ रही है?

आज महसूस होता है कि यदि धर्म को नए अन्दाज़ से दोहराने की रस्म चल पड़ी तो संसार के बहुत पुराने धर्म जो लगभग भुलाए जा चुके हैं। वह इस दौड़ में शामिल हो जाएँगे और उस समय मध्यपूर्वी देशों में जो भेदभाव ईसाइयों और मुसलमानों के बीच युद्ध का कारण बना और अब शिया सुन्नी फ़साद के रूप में ईरान-इराक़ युद्ध में हमारे सामने मौजूद है। तब जाने किस धर्म के अनुयायियों के बीच बवाल उठेगा और उसकी दुनिया का अजीब नक़्शा सामने होगा।

ईरान-इराक़ युद्ध में ख़ून हमारा न भी बह रहा हो तो भी इन्सानी ख़ून वह भी अर्थहीन उद्देश्य के लिए परनाले की तरह खाड़ी देशों को भिगो रहा है जो विश्व शान्ति के दृष्टिकोण से किसी भी तरह से मान्य नहीं है। ईरान की क्रान्ति के साथ जिस सियासी बदलाव ने संसार में प्रवेश किया है वह भी विश्वस्तर पर किसी से छुपा नहीं है। अब यह प्रश्न केवल एक देश की रूढ़िवादिता या प्रगतिशीलता से जुड़ा न रहकर सम्पूर्ण विश्व शान्ति का प्रश्न बन चुका है और इस समस्या का हल केवल बैठकों व सम्मेलनों में या दो महान शक्तियों की आपसी दोस्ती या दुश्मनी से हल नहीं होगा बल्कि हथियारों की उस होड़ पर प्रतिबन्ध के लगने से होगा जिसमें संसार के सभी देश धीरे-धीरे करके डूब रहे हैं। यदि शान्ति की कामना दोनों महान शक्तियाँ करती हैं तो वह इन दोनों देशों को अपने ख़तरनाक हथियार बेचना बन्द कर दे वरना शक्ति प्रदर्शन का यह समारोह तीसरे महायुद्ध के भय को बराबर हवा देता रहेगा और शान्ति समितियाँ भाषणों व अनुबन्धनों के शब्द पहले से अधिक अर्थहीन होकर हमारे सामने चुनौती के रूप में खड़े नज़र आएँगे।

इसमें कोई शक नहीं है कि शाह के जाने के बाद राष्ट्रपति सद्दाम हुसैन का महत्त्वाकांक्षी मन दूसरों के भड़कावे व ख़ुमैनी के उत्तेजक भाषणों और अलजायर अनुबन्धन की दबी प्रतिशोध भावना के चलते उसने ईरान पर आक्रमण कर दिया। आर्थिक सहायता सऊदी अरब ने व अन्य देशों ने जिनके लिए ख़ुमैनी ख़तरा बन गए थे राष्ट्रपति सद्दाम को दी, जिससे युद्ध का ख़र्चा तो निकला साथ ही जी भर कर सद्दाम ने अपने देश में प्रगति की योजना को कार्यान्वित कराया। पिछले दस वर्षों में बग़दाद नई बनी इमारतों से भर गया, कहा जाता है कि यदि यह युद्ध कुछ समय बाद बन्द हो जाता तो सद्दाम बग़दाद को मध्यपूर्वी देशों का पेरिस बना डालते।

राष्ट्रपति सद्दाम हुसैन युद्ध के दो वर्ष बाद ही समझ गए कि उनसे भारी भूल हुई है और वह एक ऐसी मुसीबत में फँस चुके हैं जिससे जितनी जल्दी निकलना हो सके बेहतर है। सीरिया ने पाइप लाइन बन्द करके पेट्रोल उत्पादन को गहरी क्षति पहुँचाई। ग़द्दाफ़ी ने सद्दाम की सियासत को समझकर अरब भाईचारे की नीति को भूलकर ख़ुमैनी के प्रति अपना झुकाव दिखाया। इस तरह सद्दाम अपने ही इलाक़े में विरोधी मोर्चों के बीच घिर गए।

ईरान पर यदि इराक़ हमला न करता तो वर्तमान ईरानी सरकार कभी भी टिक न पाती। बेकारी, महँगाई, अंकुश, दमन हर जनता की चीख़ पर सरकार का जवाब था कि इस्लाम ख़तरे में है और जंग जारी है, ऐसी हालत में क्या देश की प्रगति की योजनाएँ सफल होंगी? यह युद्ध इस्लामी गणतन्त्र पार्टी के लिए वरदान साबित हुआ और ख़ुमैनी ने अपनी इच्छाओं को बार-बार व्यक्त करके बिखरती विमुख होती जनता को फिर से देश प्रेम के सूत्र में बाँधा और बार-बार ऐलान किया कि शिया जनता पर सुन्नी हाकिम क्यों? सद्दाम हुसैन को सत्ता से जाना होगा।

उधर ईरान की इस सियासी चोट ने इराक़ी जनता को देश प्रेम के धरातल पर एकत्रित करने के साथ सद्दाम की लोकप्रियता को बढ़ावा देना शुरू किया कि वह सद्दाम के लिए ख़ून देने को तैयार है। विरोधी सियासी समुदाय भी इराक़ को प्रोत्साहित करते रहे यहाँ तक कि इराक़ ने कुछ समुदायों को अपना प्रचार माध्यम भी प्रयोग करने की इजाज़त दे दी ताकि उसके द्वारा ईरानी सत्ता विरोधी अधिक से अधिक संख्या में इराक़ का समर्थन करके ख़ुमैनी की हार की कामना करें। इस तरह से दोनों मुल्क ने एक-दूसरे को जमने में सहायता दी मगर आज इतने वर्ष गुज़र जाने के बाद दोनों देश अपने जोश को थकन में बदलता देख रहे हैं। सद्दाम ने पिछले पाँच वर्षों में लगभग पन्द्रह-बीस बार युद्ध विराम की कोशिश और अनुरोध दोनों जारी रखा मगर हर बार ईरान नई दलीलों और शर्तों के साथ युद्ध विराम की सारी सम्भावनाओं पर पानी फेरता रहा है। बीच बचाव करने वाले देश और शान्ति स्थापित करने वाली समितियाँ भी अपनी कोशिशों के बावजूद प्रभावहीन नज़र आती हैं।

ईरान के ख़ूजिस्तान तेल भण्डार क्षेत्र को इराक़ी हमलों ने युद्ध के आरम्भ में ही वीरान कर दिया था। तेल के कुएँ सील कर दिए गए और सारी आबादी तेहरान व अन्य शहरों में फैल गई। उसका नाम आज ख़ूनी शहर पड़ गया है। ईरान द्वारा बसरा बार-बार उजड़कर बसता और बनता रहा है। यहाँ दोनों देशों की सियासत में बुनियादी फ़र्क़ यह है कि इराक़ अपने देशवासियों का नैतिक बल इस बात में देखता है कि युद्ध की क्षति को फ़ौरन निर्माण से पूरा कर दिया जाए और शहीदों का जनाज़ा ख़ामोशी से उठे। ग़म केवल घरों तक सीमित रहे

मगर ख़ुमैनी क्षतिग्रस्त स्थानों को उसी हालत में रखकर बार-बार ईरानियों के मन में प्रतिशोध की अग्नि भड़काते हैं कि इस देश को वीरान बनाने वाले को तबाह करना है तभी वहाँ शहीदों के जनाज़े का न केवल जुलूस निकलता है बल्कि 'मौत' को एक राष्ट्रीय समारोह की तरह मनाया जाता है, जहाँ दुःख को व्यक्त करना आवश्यक सा है।

युद्ध की वर्तमान स्थिति यह है कि दोनों देशों ने एक-दूसरे के शहरों को तबाह करने का इरादा कर लिया है जो युद्ध की नैतिकता के विरुद्ध है। साल भर पहले तक ईरानी रात को तेहरान छोड़कर आसपास के इलाक़े में रात गुजारने भागते थे ताकि जान बच सके मगर रात-दिन बराबर मिसाइल से होते हुए यह हमले उन्हें भागने से पहले ही ख़त्म कर देते हैं। दूसरे महायुद्ध के समय में जो बीमारियाँ फैली थीं कुछ उसी तरह के रोग दोनों देशों में मगर विशेषकर ईरान में फैल रहे हैं।

मुजाहिदीन नेता मसूद रज़वी को जब पेरिस से दो वर्ष पहले निकाला गया तो वह सीधे इराक़ पहुँचे। सद्दाम हुसैन ने यह क़दम उठाकर सोचा कि उन्होंने ख़ुमैनी विरोधी मोर्चे में दो बार शक्ति फूँकी है मगर हुआ उसका उल्टा जो थोड़ी इज्ज़त मसूद रज़वी की विरोधी दलों में थी वह भी दुश्मन देश में प्रवासी का जीवन अपनाने के बाद चली गई और अफ़सोस यह हथियार भी ख़ुमैनी समर्थकों को और मज़बूत बना गया कि वह मुजाहिदीनों को देशद्रोही साबित कर सकें।

मसूद रज़वी के लिए ईरान की आज़ादी महत्त्वपूर्ण है चाहे वह जिस साधन के द्वारा हाथ लगे। उनका कहना है कि ख़ुमैनी का शत्रु मेरा शत्रु और सद्दाम का सोचना है ख़ुमैनी विरोधी यानी मेरा मित्र। इसी मित्रता के चलते मसूद रज़वी ने इराक़ में एक फ़ौज को संगठित किया है। जिसमें औरत-मर्द की अलग-अलग टुकड़ियाँ हैं जो ईरान-इराक़ सीमा पर तैनात हैं। मसूद रज़वी का ईरानी युद्धबन्दियों से सम्पर्क ईरानी सरकार की आलोचना सब कुछ तर्कसंगत उनकी दृष्टि से हो सकता है मगर प्रश्न यहाँ सबसे बड़ा यह है कि इस सबके बावजूद क्या ईरान-इराक़ युद्ध विराम हो सका या ख़ुमैनी का तख़्ता उल्टा? क्रान्ति के बाद भूतपूर्व प्रथम प्रधानमन्त्री शाहपोर बख़्तियार ने साक्षात्कार देते हुए एक बात कही थी कि आज समस्या को हल करने की ज़रूरत महसूस करते हुए कोई ठोस क़दम नहीं उठाया जा रहा है, बल्कि इस हाथ से धन उस हाथ गोलाई से घूम रहा है और समस्या को बढ़ावा मिल रहा है। यह सही है कि प्रचार व संचार माध्यम ने ख़बरें तो बहुत दीं। घटनाएँ भी घटीं मगर किसी ने सुधार के सन्दर्भ में कोई ठोस भूमिका नहीं निभाई।

आरम्भ में युद्ध में शामिल होने के लिए दोनों देशों के जवान स्वयं फ़ौज में जाते थे फिर जोश कम हुआ तो इराक़ में मोटर की लालच में और ईरान में

धन की लालच में जवान लड़ने जाने लगे। अब यह हाल है कि दोनों देशों में फ़ौजी ट्रेनिंग अनिवार्य होने के कारण सरकार हर घर से ज़वान लड़कों की खोज में रहती है और ज़बरदस्ती उन्हें युद्ध में भेजती है। ऐसी हालत में धनवानों ने अपने बेटे रिश्वत देकर छुपा लिए हैं और मध्यवर्गीय देश से भागने में यदि सफल हो गए तो ठीक वरना रणक्षेत्र में उन्हें जाना पड़ता है और ग़रीब वर्ग तो बहरहाल मौजूद रहता है ईंधन बनने के लिए।

रफ़्तसनजानी ईरानी संसद के अध्यक्ष ने युद्ध के आरम्भ के दिनों में कहा था कि युद्ध कल के बदले हम आज ख़त्म करने को तैयार हैं मगर जब सद्दाम माने जब न? दो वर्ष बाद उन्होंने बड़ी लापरवाही से कहा था कि ठीक है इराक़ की हवाई ताक़त हमसे ज़्यादा है मगर हमारे पास इन्सानी ताक़त का ख़ज़ाना है। हम उद्देश्य को लेकर लड़ रहे हैं, मैंने विचार के चलते दो दामादों की जवान मौत देखी है और मेरी तरह ईरान का हर आदमी इस तरह के बलिदान के लिए तैयार है और कुछ साल गुज़र जाने के बाद वह इस्लामी गणतन्त्र पार्टी के अध्यक्ष भी बन गए और युद्ध को लेकर विचार पहले से अधिक उग्र और शक्तिशाली हो गए। सद्दाम हुसैन की हर अपील के बदले में बमबारी पहले से अधिक तेज़ होती और दुनिया भर के धार्मिक संस्थाओं के अनुरोध पर उन्हें अमेरिकी इस्लाम का अनुयायी बनने का इल्ज़ाम दिया जाता और जब मौलवियों ने इस युद्ध को लेकर फ़तवा जारी किया और अपने इस्लामी न्यायालय द्वारा ख़ुमैनी को मुजरिम साबित किया तो इससे घबराने के स्थान पर ख़ुमैनी ने उन सारे धार्मिक पंडितों को 'शैतानों की बैठक' नाम देकर फटकारा और ललकारा, जबकि पच्चीस साल पहले मौलवी के फ़तवे ने ही ख़ुमैनी की जान बख़्शकर उन्हें इराक़ में प्रवासी जीवन व्यतीत करने पर मज़बूर किया था, वरना शाह ने बग़ावत के जुर्म में ईरानी क़ानून के मुताबिक़ उनको मौत की सज़ा सुनाई थी। कहने का मतलब सिर्फ़ इतना है कि इन सारी कोशिशों के बाद आज भी युद्ध जारी है।

इस युद्ध से लाभ यदि किसी को पहुँच रहा है तो उन देशों को जो अपने हथियार बेच रहे हैं या फिर उन देशों को जिनसे युद्ध के चलते दोनों देशों ने कच्चे माल, उत्पादन व अन्य व्यापारिक रिश्ते बनाकर इन देशों की आर्थिक स्थिति बेहतर बनाई है। यह देश कभी नहीं चाहेंगे कि ईरान-इराक़ युद्ध बन्द हो और न वह शक्तियाँ चाहेंगी जो एशिया के इन दोनों देशों के विकास से ख़तरा महसूस कर रही थीं इसलिए इन दोनों देशों की रीढ़ की हड्डी को तोड़ना उनके लिए बेहद जरूरी था और वह अपने षड्यन्त्र में सफल हुई।

कल तक भले ही दोनों देशों की सरकारें एक-दूसरे के जमने का कारण बनीं मगर समय के इस अन्तराल में युद्ध के भयावह खिंचाव ने स्थिति को पहला जैसा नहीं रहने दिया है। दोनों देश आर्थिक, सामाजिक, राजनीतिक दृष्टि से बन्द गली

में पहुँच गए हैं उनके पास कुछ भी नया कहने को नहीं रह गया। प्रोत्साहन देने का जब झूठा साहस भी जनता में गर्मी नहीं दे पाता बल्कि दोनों तरफ़ युद्ध से अब और थकन के अहसास को सरकारें महसूस कर रही हैं तो भी युद्ध जारी हैं क्योंकि इन वर्षों में यह सच्चाई कई मरहलों से गुज़रती हुई उस जगह पर जाकर ठहर गई है जहाँ पर इस युद्ध को लेकर दोनों देश मुश्किल में हैं। यदि यह युद्ध बन्द न हुआ तो किसी भी क्षण सद्दाम हुसैन की लोकप्रियता को गहरा आघात पहुँचा सकता है और यदि युद्ध बन्द हो गया तो उसी क्षण खुमैनी सत्ता का तख़्ता पलट जाएगा। एक दूसरे को साधने की वह अनजानी सहायता अन्त में दोनों को बहुत महँगी पड़ रही है तो भी इस युद्ध का फ़ैसला अब इन सरकारों के हाथ में नहीं रह गया है बल्कि यहाँ की जनता पर निर्भर है कि कैसे वह लादे हुए नरक से निकलने के लिए विद्रोह करे।

संचेतना, 1983

खण्ड : सात

सातवीं यात्रा

- बारूद की छाँव में पनपती कला और मरज़ीना का देश
- सन्दल से माँग, बच्चों से गोदी भरी रहे

बारूद की छाँव में पनपती कला और मरज़ीना का देश

इराक़ जैसे-जैसे क़रीब आ रहा था मेरे दिल में अजीब-सी बेचैनी करवटें बदलने लगी थी···कैसा होगा इराक़ देश? मुझे तो वहाँ की भाषा भी नहीं आती है, क्या करूँगी?···पिछले चार सालों में ईरान में सुनी बातें दिमाग़ में गूँजने लगीं—'सद्दाम हुसैन ख़र-अस्त (गधा) है, सद्दाम हुसैन काफ़िर अस्त है' वग़ैरह-वग़ैरह। मेरे अन्य पत्रकार साथी जो पहले इराक़ जा चुके थे बड़े विस्तार से अपने अनुभव और इराक़ के रहन-सहन के बारे में बता रहे थे, मगर मेरी जिज्ञासा थी कि भयमिश्रित रोमांच से हमकिनार हो रही थी। आठ-दस लोगों का यह भारतीय क़ाफ़िला जिसमें पाँच पत्रकार, चार मौलवी और एक संसद सदस्य थे, इराक़ी हवाई जहाज़ में बैठे बड़ी बेतकल्लुफ़ी से घुल-मिलकर बातें कर रहे थे, मगर मेरा मन बार-बार तीन बार देखे हुए ईरानी युद्ध क्षेत्रों की तरफ़ मुड़-मुड़ जाता था जहाँ पर इराक़ी बम गिरे थे। इराक़ी पायलटों की लाशें और जले हवाई जहाज़ देखे थे। टी. वी. पर इराक़ी युद्धबंदियों के इंटरव्यू सुने थे। उनकी बातचीत, वहाँ का माहौल सब कुछ दिल व दिमाग़ में चक्कर लगा रहे थे। ईरान की दीवारों पर लिखे अक्षर उभरने लगे—'मर्ग या पीरूजी!' (मौत या जीत)

हवाई जहाज़ से उतरकर जब हम वी. आई. पी. लॉज में पहुँचे तो बीस, पच्चीस इराक़ी मौलवी व अफ़सर हमारे अभिनन्दन के लिए खड़े थे। तीन दिन बाद, चौदह अप्रैल से 'इंटरनेशनल पॉपुलर इस्लामिक सेमिनार' आरम्भ होने वाली थी, उसी में सम्मिलित होने के लिए हम इराक़ आए थे।

होटल तक जाने का रास्ता रोशनी से भरा हुआ था। मुझे ताज्जुब हुआ कि यह कैसी राजधानी है जहाँ पर युद्ध के ज़माने में दीवाली मनाई जा रही है। रोशनी से नहाई मस्जिदें और फ़व्वारे देखकर ईरान की काली रातें याद आईं जहाँ पर सात बजने के बाद चिराग़ जलाना मना था। कार में इराक़ी गाने का कैसेट चल रहा था और ड्राइवर बहुत मग्न होकर उस संगीत पर स्वयं को अभिव्यक्त कर रहा था। ईरान में इस्लामी सरकार आने के बाद नाच-गाना पाप समझा जाने लगा था। जिसकी कार में रेडियो कैसेट होता उस पर जुर्माना होता और कभी-कभी रात भर कोतवाली

में रखकर उसकी मरम्मत भी होती थी।

रोज़ नए-नए मौलवी संसार के कोने-कोने से आ रहे थे। तीन सौ मौलवियों, दो सौ इस्लामी संस्थाओं के अध्यक्ष और पचास पत्रकारों के बीच मैं तन्हा महिला थी। चारों तरफ़ काली, सुरमई, सफ़ेद अबा-क़बा फहराते ऊँची टोपी के नीचे लम्बी-घनी काली-सफ़ेद दाढ़ी को सहलाते हुए हर क़द, हर उम्र के मौलवी अलरशीद जैसे होटल में चहलक़दमी कर रहे थे। इनके बीच मैं सहमी मगर हर प्रकार की घटना और दुर्घटना को झेलने के लिए आमादा खड़ी थी। ईरान के दुखदायी अनुभवों की याद अभी ताज़ा थी और मैं इन्तज़ार में थी कि देखें यहाँ का समाज व वातावरण औरत का क्या हुलिया बनाते हैं?

बग़दाद में स्थित पवित्र स्थान 'काज़मैन' और अबूहनीफ़ा का मज़ार देखने हम सब साथ गए। दोनों इमारतों पर बनी जाली, नीली काशीकारी और सोने के गुम्बदों का जवाब न था। इन यात्राओं में मौलवियों से परिचय हुआ। मैं ईरान जा चुकी हूँ और ख़ुमैनी से लेकर आम इन्सान से मिल चुकी हूँ, इस इत्तला ने सबकी रुचि बढ़ा दी। मेरा भय जाता रहा और सेमिनार आरम्भ होने से पहले इन तीन दिनों में ख़ूब लम्बा वार्तालाप चला। हर जगह मैं बाल खोले साड़ी पहने हुए गई। इस बात का अहसास हो गया कि इराक़ इस्लामी देश होने पर भी प्रगतिशील और स्वतन्त्र विचारों का है। मगर यह स्वतन्त्रता अलरशीद होटल को रास न आई। तीसरे दिन मद्धिम धुनों की संगीत लहरी की जगह होटल में क़ुरानख़ानी की आवाज़ गूँज़ने लगी। डिस्को, केसिनो और फ़्लोर-शो बन्द हो गए। बॉर में ताला पड़ गया। ओबराय जो दिल व जान से इस होटल को गुटनिरपेक्ष देशों के सम्मेलन के लिए तैयार कर रहे थे और उसके स्थगित होने के बाद भी उसकी सजावट व इन्तज़ाम में तन्मय थे, ख़ामोश रह गए। मौलवियों के आगे क्या कहते? शाम के समय हमें समाचार मिला कि सारे पत्रकारों को अन्य होटल में जाना है। बात कुछ समझ में नहीं आई। तभी किसी ने बताया कि कल रात मौलवियों ने एक गोपनीय बैठक बड़े हाल में की थी, जिसमें इराक़ी समाज की स्वतन्त्रता पर आलोचना और नैतिकता पर ज़ोर दिया जा रहा था। अन्त तक यह बात साफ़ न हो सकी कि वह मौलवी किस देश के हैं, जो कट्टरवादिता और अन्धविश्वास को रद्द करने के लिए इस सेमिनार में लेख पढ़ने आए हैं, और उसी को प्रोत्साहन देने का उत्साह दिखाने लगे हैं!

दूसरा दिन, सेमिनार का पहला दिन। हम सब शानदार हाल में बैठे थे। तभी हैदराबाद के मौलाना मेरे पास से गुज़रे और बोले, "आपा, आपको एक भरपूर क़ुर्ते की ज़रूरत है··· हिन्दुस्तान लौटकर पूरी आस्तीन के कपड़े पहने।" उनके बदले स्वभाव से मैं विचलित हुई, तभी उर्दू नई दुनिया के सम्पादक शाहिद सिद्दीक़ी बोल उठे, "हम तो इनके कपड़ों पर एतराज़ नहीं करते हैं···काला साफ़ा, पीले-सफ़ेद दुपट्टे,

सारे बदन पर लपेटे झण्डा बने घूम रहे हैं, यह सेमिनार है फ़ैन्सी शो नहीं।'' चेहरों से गम्भीरता धुली, तभी एक घाना के मौलवी जालीदार तिकोनी चादर कन्धे पर डाले गुज़रे। वही साहब चहके, ''यह मेज़पोश ही पहनकर आ पहुँचे हैं।''

''ये सब ख़ुमैनी को दुआ दें जिसने इनका सिक्का फिर चलवा दिया है। यदि इस्लाम की बात न होती तो इस ईरान-इराक़ युद्ध-विराम में इन मौलवियों का क्या महत्त्व होता।'' मैंने धीरे-से कहा, ''वह तो है। इस्लामी की तवारीख में मौलवियों ने इतनी विदेशी यात्राएँ कभी नहीं की होंगी जितनी इस युद्ध ने करा दी हैं। कभी ईरान जाते हैं कभी इराक़, कभी मुरक़्क़ो, तो कभी कुवैत, तो कभी सऊदी अरब, तो और कभी सोवियत लैण्ड हो आते हैं।''

''पिकनिक है, मौलवियों की पिकनिक...युद्ध और युद्ध-विराम के बारे में सिर्फ ख़ुमैनी को सोचने का हक़ है बाकी सारा धन्धा चलता है।''

सेमिनार की गतिविधि आरम्भ हुई, बहुत कुछ खुलकर सामने आया, जैसे पढ़े गए परचों में यह बात साबित की गई थी कि आक्रमणकारी ईरान है। उसमें तथ्य यह पेश किया गया था कि इस्लाम निर्यात का जो आन्दोलन ख़ुमैनी सरकार ने आरम्भ किया था उसने हर देश में अशान्ति ही फैलाई थी, विशेषकर इन देशों में जिनकी आबादी 'शिया' थी। इराक़ के पैंसठ प्रतिशत शिया हैं। इसी बात को लेकर ख़ुमैनी का कहना है कि शियों पर एक काफ़िर हुक़ूमत करे, यह कहाँ का अन्याय है? ख़ुमैनी ने 25 सौ वर्ष पुरानी ईरानी मोनारकी का चिराग़ गुल किया था। इस ऐतिहासिक घटना ने उन्हें आत्मबल की चरमसीमा पर पहुँचा दिया और उन्होंने खुले शब्दों में कहा था कि दुनिया के बादशाह ख़बरदार हो जाएँ।

इस ऐलान से सबसे अधिक विचलित सऊदी अरब के बादशाह हुए थे। मध्यपूर्वी अरब देशों में 'अरब एकता' का नारा भी फ़िलिस्तीनी समस्या के सन्दर्भ में बेकार लगता है और ईरान-इराक़ युद्ध में भी सीरिया, लेबनान का व्यवहार ख़ुमैनी का खुला समर्थन करना कहीं भी 'पान अरब' की पुष्टि नहीं करता है। सीरिया का इराक़ी पेट्रोल-पाइप लाइन का रोकना, दजला के पानी को अवरुद्ध करके कुछ इराक़ी इलाक़ों को सूखे की कठिनाई से दो-चार कराना अपने-आप में 'पान अरब' के प्रति विद्रोह है, जो इस बात को साबित करता है कि हर अरब देश में अपनी डफली अपना राग़ है। अब इराक़ का वार्षिक युद्ध व्यय बारह मिलियन डालर है, यदि इस समय सऊदी अरब व क़ुवैत साथ न देते तो इराक़ की अर्थ-व्यवस्था का ठचरा बैठ जाता। यह दूसरी बात है कि ईरानी इस्लामी निर्यात और सद्दाम हुसैन को लगातार चुनौती देने के पीछे ख़ुमैनी की सरकार का हाथ रहा है, मगर यह भी सही है कि सद्दाम हुसैन को युद्ध के लिए आमादा करने में सऊदी अरब और अन्य शक्तियों का सीधा न सही, मगर थोड़ा-बहुत हाथ रहा है।

अब्बासी काल—जो ख़लीफ़ाओं का काल था, उसके बाद आज 'बास

सोशलिस्ट पार्टी' के समय में इतना बड़ा इस्लामी बुद्धिजीवियों का मजमा लगा था। संसार भर के मौलवी आए थे, जो इराक़ की पुरानी संस्कृति व सभ्यता की याद ताज़ा कर रहे थे।

इराक़ की राजधानी बग़दाद वास्तव में इमाम बाड़ों और मस्जिदों का शहर है। अब्बासी काल (जब इस्लाम का आगमन हुआ) के दूसरे ख़लीफ़ा मंसूर (ईसा पूर्व 750-775) ने बहार की एक शाम को दजला के पश्चिमी किनारे पर बसे सासानी गाँव को देखा (762 ईसा पूर्व) और एक शहर की बुनियाद डालने का निर्णय ले लिया। उस शहर को बनने में चार साल लगे। एक लाख कारीगर, मिस्तरी कलाकार सभी मुस्लिम देशों से बुलाए गए थे। इस शहर का नाम फ़ारसी के दो अक्षरों से मिलकर बनाया गया। 'बग़दाद' अर्थात खुदा द्वारा दिया गया बाग़ या स्वर्ग। इसे अरब लोग 'शान्ति का नगर' नाम से भी पुकारने लगे। यह शहर कहानियों में बादशाह हारुन रशीद के नाम से जाना जाता है।

वास्तव में बग़दाद शहर ख़लीफ़ाओं (मोहम्मद साहब को माननेवाले) का शहर है और यहाँ रची इन्हीं ख़लीफ़ाओं की जगतप्रसिद्ध कहानी 'अलिफ़ लैला' जो कि न केवल संसार भर की भाषाओं में अनूदित हो चुकी है बल्कि उसने बहुत सारे रस्मों-रिवाज की बुनियाद भी डाली है, जैसे लगभग सारे योरोप में रस्म है कि शराब पहले मर्द चखेगा फिर बैरा इज़ाज़त लेकर दोनों गिलास भरेगा।

सुमेर की मेसोपोटामिया, बेबीलॉन, असीरिया और अब्बासी काल के बाद टर्की की चार सौ साल तक की हुक़ूमत और इसके बीच में कई बार ईरान का प्रभाव भी। 1971 में टर्की हुक़ूमत का हटना और पहली बार रिपब्लिक का बनना, जिसने इराक़ के बिखरे समाज को समेटने का प्रयत्न किया।

बग़दाद, एक आधुनिक शहर है। गगनचुम्बी अट्टालिकाओं के बीच मस्जिदों का वजूद इस बात का द्योतक है कि लोग अपनी संस्कृति व सभ्यता को सँजोकर रखना जानते हैं। बग़दाद में अदिमिया और काज़मैन पवित्र स्थल हैं, जो बारह इमामों में से दो की आरामगाहें हैं। नीली काशीकारी, सोने का गुम्बद, अन्दर शीशेकारी और जाली का काम अद्‌भुत है। बग़दाद शहर को सँवारने में इमाम अब्बू हनीफ़ा ने बहुत साथ दिया था। उनकी क़ब्र पर बनी इमारत भी आर्किटेक का बेजोड़ नमूना है।

पूरे बग़दाद में बड़े-बड़े पुराने दरवाज़े हैं, जिनके नाम चाँद दरवाज़ा, काला दरवाज़ा, खुरासान दरवाज़ा, बेदेमजनूं दरवाज़ा, बसरा दरवाज़ा वग़ैरह-वग़ैरह हैं। इनमें से केवल एक दरवाज़ा बचा है। बग़दाद की दो प्रसिद्ध सड़कें हैं। रशीद और इन सादून सड़क पर अब्बासी पैलेस हैं, जिसका दरवाज़ा दजला की तरफ़ है। सुमेर होटल, अलीबाबा रेस्तरां और सिंदबाद होटल भी हैं।

हारून रशीद बादशाह के समय में इराक़ ने अपना सुनहरा समय बिताया है। बग़दाद दुनिया का धनी शहर गिना जाने लगा था। शस्तुलअरब का सीना पानी के जहाज़ों से भरा रहता था। चीन से चीनी मिट्टी के बर्तन, मलाया और हिन्दुस्तान से मसाले और रंग, टर्की से गुलाम और लाजवर्द, पूर्वी अफ़्रीका से हाथी दाँत और स्वर्ण चूर्ण, सऊदी अरब से मोती और हथियार। उस समय अपने चेक अरब बग़दाद बैंक में जमा करते और भुनाते थे।

ज़ुहरे आतिया वास्तव में किसान परिवार से हैं और 'हेरिटेज' के डायरेक्टर हैं। वह शाम जो उनके घर पर गुज़री, उसने इराक़ की तारीख़ ही नहीं बल्कि कला और साहित्य को भी ज़िन्दा किया।

ज़ुहरे एक बहुत अच्छे चित्रकार भी हैं। फोटोग्राफ़र भी और पुरातन चीज़ों को परखनेवाले दक्ष और इन सबके बाद सूफ़ी संगीत पर नाचने वाले एक कलाकार भी हैं।

ज़ुहरे अतिया का घर स्वयं अजायबख़ाना था। दीवार पर बसरा का पुराना दरवाज़ा लटका हुआ था। अलम, तलवार, कपड़े, मूर्ति, गुलदान विभिन्न रोशनी के प्रभाव! कहीं से भी वह घर वर्तमान वातावरण का नहीं लग रहा था। यह बात मेरे लिए हमेशा सुखद आश्चर्य का कारण बनी रही है कि मध्यपूर्वी व ईरान के बुद्धिजीवी भारतवर्ष को एक स्वप्नलोक के रूप में आत्मा और विचार के धरातल पर जीते हैं।

उनका प्रेरणा-स्रोत भारत रहा है।

इस्लामी पॉपुलर सेमिनार का आज तीसरा दिन था। कार्यक्रम आरम्भ ही हुआ था कि हाल का दरवाज़ा एकाएक खुला और सद्दाम हुसैन आठ-दस फ़ौजी अफ़सरों के साथ दाख़िल हुए। इराक़ के राष्ट्रपति सद्दाम हुसैन के बारे में काफ़ी सुन रखा था कि वह बेधड़क बिना इत्तेला के गाँवों, वहाँ के देहातियों के घरों, कारख़ानों और स्कूलों में चले जाते हैं और बड़े आराम से आम आदमी से बात करते हुए उनका दुःख-सुख सुनते हैं। इस समय स्टेज पर जाकर बैठ गए और बड़े विनम्र स्वर में बोलना आरम्भ किया—"इराक़ हमेशा युद्ध-विराम के लिए तत्पर रहा है। ईरान के मुक़ाबले इराक़ी क्षेत्रफल, जनसंख्या और प्राकृतिक स्रोत एक चौथाई हैं। सोचने की बात है 54 मिलियन जनसंख्यावाले देश के सामने 14 मिलियन जनसंख्या की बिसात ही क्या है! 15 वर्ष तक ख़ुमैनी साहब इराक़ के मेहमान रहे हैं और आज फिर इराक़ का सौभाग्य होगा कि वह हमारे अतिथि बनें। आप सभी धर्म

के रक्षकों के सामने ईरान-इराक़ की समस्या को आकर सुलझा लें या फिर हमें इजाज़त दें कि उनके पास हाज़िर होकर इस युद्ध के बारे में उनसे सुझाव और विचार लें। आप सबकी इच्छा से आज ही उनके पास दावतनामा भेजा जा रहा है। आशा है, वह हमें निराश नहीं करेंगे।''

उसी दिन शाम को औक़ाफ़ मन्त्री का पत्रकारों के साथ प्रेस सम्मेलन था। वास्तव में हम सब औक़ाफ़ (धार्मिक) मन्त्रालय के अतिथि थे। मन्त्री ने आते ही बताया, ''विशेष कारणवश हम प्रेस सम्मेलन स्थगित करते हैं। मगर सारे पत्रकारों के लिए जो इच्छा रखते हों। बसें तैयार हैं। मिसान सेक्टर की ओर ईरानी हमले में बहुत लोग शहीद हुए हैं। युद्धक्षेत्र देखने का बेहतरीन अवसर है, कपड़े व सामान लेने की आवश्यकता नहीं है। केवल कैमरा और टेप ले लें, फ़िल्म रील की आवश्यकता पड़ी तो उसका इन्तज़ाम होगा।''

टर्की, फ्रेंच, यूगोस्लाविया, बंगलादेश, भारतीय, चीनी, इंडोनेशियाई, सूडानी सारे पत्रकार यह सुनकर ऐसी चुस्ती से उठे जैसे फ़ौजी सिपाही! बस से हम हवाई अड्डे तक गए, वहाँ से हम फिर हेलीकॉप्टर से मिसान सेक्टर की ओर उड़े। समय कम था, रास्ता दूर था, हेलीकॉप्टर तूफ़ानी वेग से उड़ रहा था, पायलट के समीप बैठी मैं पूरे बग़दाद के हुस्न को देख रही थी। पायलट बहुत प्रसन्न थे और यादों में खो गए···जब वह भारतीय सरदारजी से उड़ान का प्रशिक्षण ले रहे थे!

हेलीकॉप्टर अब बग़दाद शहर से बाहर की ओर उड़ान भर रहा था, कानों में सनसनाहट और हलक़ के ऊपर नसों का शदीद खिंचाव महसूस हो रहा था। पर्स से टॉफ़ी निकालकर मुँह में डाली ताकि मांसपेशियों का तनाव कुछ कम हो। तभी पीछे से इराक़ी रेडियो के संवाददाता अख़बारी साहब ने पूछा, ''आप डर तो नहीं रही हैं, नीचे मीलों दलदल है?'' उनकी इस बात से नज़रें एक-दूसरे अन्दाज़ से पैरों के नीचे फैले दलदल पर डालती हुई बोली, ''कहीं आप तो खौफ़ज़दा नहीं हैं?'' उनका फौरन जवाब मिला, ''बेगुनाह मरने से डर लगता है कि मुफ़्त जान से हाथ धो बैठें!''

मिसान सेक्टर बग़दाद से काफ़ी दूर था, मगर हम 45 मिनट में पहुँच गए थे। वहाँ पर कमाण्डर के साथ प्रेस कान्फ्रेंस तय थी। इराक़ी टेलीविजनवाले हमारे साथ थे। एकाएक कुछ मीलों की दूरी पर गोले बरसने लगे। कमाण्डर प्रेस सम्मेलन के बाद हेलीकॉप्टर से ड्यूटी पर निकल गए। हम सामने उड़ती चिनगारियाँ और लाल होते आसमान को देख रहे थे। सुबह सेमिनार का अन्तिम दिन था। जो केवल सेमिनार की रिपोर्टिंग करने आए थे वे पत्रकार व्याकुल थे। हमारे हेलीकॉप्टर हमें छोड़कर वापस बग़दाद जा चुके थे। रात के आठ बज रहे थे। गोलों का शोर बढ़ रहा था। अजीब-सी बात थी कि इस एक हमले में 14 सौ ईरानी तूफ़ानी वेग से इराक़ की ओर बढ़ते हैं उसे रोकने के लिए इराक़ के पास वायुसेना है।

मगर हर बात की सीमा होती है!

रात के दस बजे आधे पत्रकार बसों में बैठे और बग़दाद की तरफ़ चल पड़े। कुछ पत्रकार वहीं युद्धक्षेत्र में रुक गए कि नए आक्रमण की फ़िल्म लेकर सुबह लौटेंगे। उनके लिए बैरक में बैठे सिपाही कद्दू काटने लगे थे। सारी रात चलकर हम सुबह सात बजे बग़दाद पहुँचे। शाम को सेमिनार की विशेष बैठक केवल मौलवियों के लिए थी। दूसरे दिन हमें नजफ़ और क़र्बला की तरफ़ जाना था। उसी नजफ़ की ओर जिसका सपना ख़ुमैनी साहब देख रहे हैं।

शाम ख़ाली थी, इसलिए शहर को देखने की इच्छा न रोक पाई। शाम ढल रही है, नीली काशीकारी की मस्जिदों की हसीन मीनारें चिराग़ सिर पर उठाए धुँधले पड़ते आसमान के बीच चमक रही हैं। अज़ान की गूँजती प्रतिध्वनियों में शहर का कोलाहल डूबता नज़र आ रहा है। काम से लौटते, चीनी जापानी, भारतीय मज़दूरों के झुण्ड सड़क पार करने की बेक़रारी में खड़े हैं।

सड़क पर पानी छिड़कती मशीन जा रही है। भिश्ती मशक कमर पर लादे प्यासे राहगीरों को शरबत पिला रहा है। सड़क के किनारे बने पुराने चायख़ानों की ख़ाली बेंचें, चारख़ाने का रूमाल सिर पर बाँधे और बेचैन उँगलियों से तस्बीह फिराते अधेड़ बूढ़े इराक़ियों से भर रही हैं। कुछ ने गप्पें मारना और चाय पीना आरम्भ कर दिया है। कुछ चौपड़ बिछाकर कोड़ी खेलने में व्यस्त हो गए हैं।

शाम का धुँधलका और रोशनी का फैलाव बग़दाद को नया रंग दे रहा है। दजला नदी इस नाज़ो अदा से बग़दाद के सीने पर लहराती है जैसे शहर से रोमांस लड़ा रही हो या फिर सन्दल के दरख़्त के तने से लिपटा साँप लैम्प-पोस्टों और इमारतों की जगमगाहट का अक्स दजला के पानी पर दीयों की क़तारों की शक्ल में उभर रहा है। भाषा न जानने से अजनबीपन का अहसास बढ़ रहा है। कुदरत चाहे जितनी ही हसीन क्यों न हो, यदि वहाँ के लोगों के अहसास और ख़यालात का लम्स न कर पाऊँ तो लगता है बस एक बेजान मगर हसीन कैलेण्डर देख रही हूँ...और सचमुच इन हसीन कैलेण्डरों के बीच मैं ख़ामोश तमाशाई बनी हुई हूँ।

"इतनी उदास, ख़ामोश और तन्हा क्यों हो?"

"नहीं तो?..."

"झूठ! चलो उदास, ख़ामोश और तन्हा न सही मगर सोच में डूबी हुई हो न?"

"आप...?"

"इतनी देर से मुझे घूर रही हो। पहचाना नहीं? मैं मरज़ीना, अलीबाबा की

कनीज़?"

"ओह, मरज़ीना!"

"हाँ, मेरी बात का जवाब तो दो!"

"क्या कहूँ, भाषा न जाननेवाला गूँगा होता है। अहसास की भाषा को न अक्षरों की ज़रूरत पड़ती है न ध्वनि की। इसलिए इन नज़ारों के उसी धरातल पर जी रही हूँ।"

"समझी! समय की गति को पकड़ने का प्रयास कर रही हो?"

"शायद हाँ! किसी अजनबी देश की शाम किसी मुसाफ़िर के लिए कितनी विचारोत्तेजक और भाव मिश्रित होती है, विशेषकर ऐतिहासिक ज़मीन की जो बहुत ख़ामोशी से भूत की प्रतिध्वनियों और वर्तमान के पद चिह्नों का समन्वय पैनोरमा की तरह पेश करती है।"

"तुमने बग़दाद देखा? घूमना...चाहोगी?"

"क्यों नहीं, मैं मरज़ीना से लेकर अब तक के इराक़ को जीना चाहती हूँ।"

"कल क्या प्रोग्राम है?"

"नजफ़, क़र्बला, जानती तो हो न मैं ईरान-इराक़ युद्ध-विराम पर आयोजित सेमिनार में आई हूँ।"

"उफ़! बसरा शहर, कितनी बार उजड़ा कितनी बार बसा है! गोले बरसते रहे, लोग झुलसते रहे। शस्तुलअरब के सीने पर जहाज़ साकित खड़े हैं। वाह रे जंग! हाँ सुनो, तुम सिन्दबाद से मिली हो? आजकल बसरा से बग़दाद आए हुए हैं।"

"सिन्दबाद...?"

"हाँ सिन्दबाद, बग़दाद का प्रसिद्ध बड़ा ताज़िर। शायद अभी सादून रोड पर किसी फ़ैशन-शॉप पर खड़ा होगा या फिर सिन्दबाद होटल में बैठा टर्की काफ़ी पी रहा होगा।"

"उधर ही जाती हूँ। मुलाक़ात हो गई तो ख़ुशी होगी।"

बग़दाद शहर पूरे मध्यपूर्व में अपनी हसीन रातों के लिए प्रसिद्ध है। एक तरफ़ मस्जिदों में अज़ान हो रही है तो दूसरी तरफ़ बड़े-बड़े होटलों में फ़्लोर-शो हो रहा है। कहीं पर चित्र प्रदर्शनी लगी है तो कहीं पर फ़ैशन-शो हो रहा है। हर व्यक्ति पसन्द की ज़िन्दगी चुन सकता है। मगर यह स्वतन्त्रता बेलगाम नहीं है, उसकी भी सीमा है। जो इराक़ी समाज को उसकी सभ्यता, संस्कृति व आधुनिक युग की ठोस धरती पर खड़ा रखे हुए है।

हमारा लम्बा-चौड़ा क़ाफ़िला बस और कारों के ज़रिए कर्बला पहुँचा! छोटा-सा शहर मगर शियों का पवित्र-स्थल। इस शहर में इमाम हुसैन व उनके अलमबरदार और

72 शहीदों की क़ब्रें हैं जो बेगुनाह शहीद हुए थे। (ईसा पूर्व 680) क़र्बला की ख़ूनी घटना का महत्त्व ईरान-इराक़ युद्ध को समझने के लिए महत्त्वपूर्ण है, दूसरे यदि हज़रत इमाम हुसैन हक़ के लिए शहीद न होते तो इस्लाम आज तक (1400 वर्ष) ज़िन्दा न रहता।

संक्षेप में, ख़लीफ़ा उस्मान, चौथे ख़लीफ़ा (ईसा पूर्व 656) की हत्या को लेकर मनमुटाव और गृहयुद्ध की स्थिति आ गई है। छः वर्षों में स्थिति यहाँ तक पहुँच गई कि ख़लीफ़ा उमाया मोआविये जिनकी राजधानी उमसकस थी, उन्होंने क़ूफ़े में हज़रत अली को शहीद करा दिया ताकि वह हज़रत अली की राजधानी 'क़ूफ़ा' पर क़ब्ज़ा करके इस्लाम की सत्ता पूरे रूप से अपने हाथ में ले ले। मोआविया की मृत्यु (ईसा पूर्व 680 में) हुई। उनके लड़के यज़ीद उमसकस के ख़लीफ़ा बने। मदीना के लोगों ने इमाम हुसैन को ख़लीफ़ा बनाना चाहा जो अपने नाना मोहम्मद और पिता अली की तरह पवित्र थे।

मदीना से हुसैन 'क़ूफ़ा' आए ताकि पिता की 'ख़िलाफ़त' को ले सकें। हुसैन अपने परिवार और 72 लोगों के साथ निकले। यजीद ने उबैदउल्लाह नाम के गवर्नर को क़ूफ़ा की तरफ़ रवाना किया ताकि वह हुसैन को घेर सके। हुसैन ने देखा कि वह पूर्णरूप से कूफ़ा के निवासियों से अलग रह गए हैं, साथ ही पानी की धारा को भी काट दिया गया है और इस हालत में उबैदउल्लाह बलपूर्वक उनसे आत्मसमर्पण करवाना चाह रहा है। हुसैन के साथियों ने ख़ंदक खोदकर उसमें आग रौशन की ताकि दुश्मन उन तक पहुँच न पाए, मगर उबैदउल्लाह के फेंके तीरों ने एक के बाद एक सबकी जान ले ली। आख़िर में मरने वाले हज़रत इमाम हुसैन थे। लाशें वहीं क़ूफ़ा के रेगिस्तान में बालू के नीचे दब गईं। इस्लाम या शियायों में शहादत का दर्शन इसी घटना से आरम्भ होता है।

नजफ़ में हज़रत अली की आरामगाह है और क़र्बला में इमाम हुसैन की। इमाम हुसैन की क़ब्र से कुछ दूर पर हज़रत अब्बास की क़ब्र है जो हुसैन के चचाज़ाद भाई थे और यज़ीद द्वारा बन्द किए गए पानी के बावजूद वह पानी लेने पहुँचे थे तो एक के बाद एक उनका हाथ काट डाला गया तो पानी से भरी मशक दाँतों से निकलकर प्यासी धरती पर गिर गई...और वह वहीं शहीद हो गए! हुसैन का छः मास का बच्चा हज़रत असग़र प्यासा ही दम तोड़ गया!

हज़रत मोहम्मद के जीवन, व्यवहार, आचरण को 'सुन्नत' कहते हैं। उस सुन्नत को माननेवाले 'सुन्नी' कहलाते हैं। इस्लाम आने के बाद सारे मुसलमान सुन्नी थे। 300 वर्ष तक अरबों ने ईरान पर हुकूमत की है। ईरान की धार्मिक, सरकारी, दरबारी भाषा अरबी हो गई थी। मगर ऐसे लोग भी थे जो अरब सत्ता व इस्लाम को नकारते थे। वे ईरान से भागकर भारतवर्ष आए और गुज़रात में बसे और 'पारसी' कहलाए। यह 'जरदुश्ती' थे जो ईरान में आग की पूजा करते थे।

अरब व अरबी भाषा से घबराए फ़िरदौसी थे जिन्होंने बड़े दुख के क्षणों में ईरान की तवारीख़ को 'शाहनामे' की शक़ल (60,000 शे'र) में कहना शुरू किया ताकि ख़ालिस फ़ारसी की एक सनद आनेवाली नस्लों के लिए बच सके।

ईरानी में सफ़व्वी काल में शिया सेक्ट (शाख) का आरम्भ हुआ। यह भी सियासी ज़रूरत थी, अरबों के बीच ईरानी व्यक्तित्व को ज़िन्दा रखने के लिए। शिया, अली और हुसैन के शदीद अनुयायी हैं। अब ख़ुमैनी यह दावा करते हैं कि नजफ़ और क़र्बला शियों का पवित्र स्थल शियायों को मिलना चाहिए। बग़दाद पर 1587, 1604 और 1605 में ईरानियों का आक्रमण हुआ था। 1638 में सुलतान मुराद 'मुहादाम दरवाज़े' से बग़दाद में दाख़िल हुआ और बग़दाद की सारी मस्जिदों और इमामबाड़ों को उसने फिर से सजाया और मरम्मत करवाई। इस बात की ओर इशारा करते हुए ख़ुमैनी का दावा है कि इराक़ का प्रत्येक धार्मिक-स्थल इरानियों ने बनवाया है, यहाँ तक कि रेज़ाशाह पहलवी द्वारा दिए गए सोने के दरवाज़े बीसवीं सदी में भेंट किए गए हैं। इस दावे के साथ ख़ुमैनी युद्धबन्दी के पक्ष में नहीं हैं।

जब हम नजफ़ पहुँचे तो हमारे स्वागत में स्कूली बच्चे फ़ौजी लिबास में हाथों में सद्दाम हुसैन की तस्वीर लिये अरबी में नारे लगा रहे थे। वे सब हमें बताना चाह रहे थे कि 'हमारे प्रिय नेता सद्दाम हैं। ख़ुमैनी लाख कहे मगर हम सद्दाम हुसैन को चाहते हैं।'

हिन्दुस्तान के शिया आज भी नजफ़ क़र्बला के कफ़न को महत्त्व देते हैं। नजफ़ जाकर मेरे मन में भी विचार आया कि आई हूँ तो एक-दो कफ़न तोहफे के तौर पर बुजुर्गों के लिए ले लूँ। अभी मैं सोच ही रही थी कि कड़ी धूप में लाश को उठाए चार अरब हज़रत अली की दरग़ाह में दाख़िल हुए और उनकी क़ब्र के कई चक्कर लगाकर क़ब्रिस्तान की तरफ़ चले गए। लाश पर इराक़ी झण्डा पड़ा देखकर पता चल गया कि फ़ौजी अफ़सर होगा। आधे घण्टे में इस तरह से दस लाशें आईं और गईं, मगर दरगाह का अनुशासन भंग नहीं हुआ। संसार भर से आए हुए लोग नमाज और इबादत में व्यस्त रहे।

ईरान में एक शहीद का जनाज़ा पूरे शहर में घुमाकर ही क़ब्रिस्तान ले जाया जाता है। रोना, चीख़ना, पूरे सामाजिक स्तर पर होता है फिर शहीद की तस्वीरों का पोस्टर पूरे शहर में चिपकाया जाता है। दोनों समाजों को देखकर लगता है कि ईरान का मुख्य उद्देश्य युद्ध करना है वरना उसका तख़्ता पलट जाएगा। इसलिए इस्लामी रंग में रंगी शहादत, आँसू और क़ब्रिस्तान उनकी धुरी हैं, वहाँ पर कारखाने, मिलें उत्पादन के स्थान बन्द पड़े हैं। स्कूल-कालेजों में फ़ौजी ट्रेनिंग दी जाती है। विश्वविद्यालय बन्द हैं। प्रगति का कोई चिन्ह किसी भी क्षेत्र में नहीं है। यहाँ तक कि ख़ूजिस्तान की रिफ़ाइनरी बन्द पड़ी है। नौरग्ज नामक पेट्रोल का कुआँ बह रहा है। क़ुवैत के पास पीने का पानी नहीं है। तेल पूरी फारस की खाड़ी में फैल

रहा है, मगर ख़ुमैनी को चिन्ता नहीं है। इराक़ में सब कुछ चल रहा है। समाज का प्रत्येक व्यक्ति अपना कर्तव्य निभा रहा है। फ़ौज युद्ध क्षेत्र में अपना कर्तव्य निभा रही है। नई इमारतों से बग़दाद भर गया है। चीनी, जापानी, भारतीय तख़्ती क्रेनों पर झूलती हुई दूर से नज़र आती है। नए फ्लाईओवर और पुल, होटल, इमारतें वास्तव में देखने वाले को आश्चर्य में डाल देते हैं कि युद्ध के साथ यह प्रगति? हाँ, युद्ध के कारण इराक़ में चार गुनी महँगाई जरूर बढ़ी है। दूसरे लोग इस युद्ध से थक रहे हैं। आबादी कम होने के कारण जवान कम नज़र आते हैं। दुकानों पर अधिकतर बूढ़े और दफ़्तरों, मन्त्रालयों व अन्य स्थानों पर सिर्फ़ औरतें नजर आती हैं। शहीद के परिवार को सरकार एक मर्सीडीज़ कार देती है। लड़कियों की अधिकता के कारण उनका झुकाव विदेशियों की ओर हो सकता है, इस आशंका से एक नया क़ानून बना है कि विवाह के बाद विदेशी पति चन्द माह युद्ध क्षेत्र में जाएगा। इससे पहले यह क़ानून था कि यदि किसी ने किसी विदेशी से विवाह किया तो उसे इराक़ी नागरिकता लेनी पड़ेगी।

ईरान में सद्दाम हुसैन का दावतनामा पहुँच गया। ईरानी रेडियो ने ऐलान किया—'इस दावतनामे का जवाब बहुत जल्द मिल जाएगा?' मौलवियों के एक विशेष वर्ग को बहुत प्रसन्नता हुई उसी दिन मेरी मुलाक़ात सूचना मन्त्री से हुई। अभी मैंने प्रश्न पूछना शुरू ही नहीं किया था कि फ़ोन की घण्टी बजी और उनकी घबराई आवाज़ उभरी "कब"? कब"आया?" कुछ समझ में नहीं आया कि हुआ क्या! बस, सूचना मन्त्री क्षमा याचना करते हुए भागे और मैं होटल लौटने के लिए। पुराने सारे रास्ते बन्द हो गए थे। कार काफ़ी पेचदार गलियों और पुलों से गुज़रती होटल पहुँची। वहाँ पर फ्रांसीसी पत्रकार घबराए खड़े थे। पूछने पर पता चला कि होटल के पास टी. वी. सेंटर में बम फटा है जिससे सारे होटल के शीशे चूर हो गए हैं। समझते देर न लगी कि यही जवाब ख़ुमैनी को 'दावा पार्टी' (यह पार्टी मूसासद्र ने इराक़ में आरम्भ की थी। यह ख़ुमैनी के प्रशंसक हैं। मूसासद्र ख़ुमैनी के बहनोई थे जिन्हें ग़द्दाफ़ी ने मरवाया था) से दिलवाना था।

कमरे में पहुँची और सिर पकड़कर बैठ गई। बिस्तर, सोफ़े, कपड़ों, किताबों, फर्श पर सिर्फ़ शीशे थे और मेरे बिस्तर पर बालकनी का आदमकद दरवाज़ा उखड़ा पड़ा था। कमरे को साफ करनेवाली लड़की 'लैला' आ गई और लगभग रुआँसी होकर बोली, "पिछले छः माह से हमारा यही काम रह गया है, शीशों की किरचों को समेटना क्या आसान काम है?"

शाम तक हम सब पत्रकार अन्य होटल में शिफ़्ट कर दिए गए।

पन्द्रह दिन बाद ख़ुमैनी की तरफ़ से सद्दाम हुसैन व मौलवियों द्वारा भेजे गए

दावतनामे का जवाब आ गया। नजफ़ के इराक़ी मौलाना काशफ़ी और पाकिस्तान के सैयद राज़ी ने बड़े दुःख के साथ पत्रकारों को बताया कि यह उत्तर उन्हें इराक़ में स्थित ईरानी काउंसलर ने दिया है, जिसमें लिखा है—"यह 'अन्तर्राष्ट्रीय पॉपुलर इस्लामिक सेमिनार' वास्तव में 'शैतानों की बैठक' थी। उनके विचार और सुझाव सब के सब शरारत से भरे हुए हैं। ऐसे दावतनामे की ईरान को परवाह नहीं है।"

हाल में काफ़ी देर तक सन्नाटा छाया रहा। मुझे अमेरिका स्थित शियों के ईरानी मौलवी मूसा मूसवी से लिए गए इण्टरव्यू की याद आ गई, जिसमें उन्होंने कहा था—"इस्लामी क्रान्ति के नाम पर जो सेवा ख़ुमैनी ने इस्लाम की पिछले चार वर्षों में की है उसने सिर्फ़ एक नुक़सान पहुँचाया है, वह यह है कि सौ साल तक ईरानियों के दिलों में इस्लाम धर्म ने नफ़रत का बीज बो दिया है।"

सीरिया के मौलाना अलफातेह हाशमी से मैंने पूछा, "यदि ख़ुमैनी साहब ने आप जैसे तीन सौ मौलवियों के निवेदन को रद्द करते हुए युद्ध जारी रखा तो फिर आपका अगला कार्यक्रम क्या होगा?" उन फ़रिश्ता चेहरा मौलवी का उत्तर था, "यदि वह हमारी अपील को नहीं मानते हैं तो हमारी नज़रों में वह इस्लाम की नीतियों एवं क़ानूनों का उल्लंघन कर रहे हैं। इस सूरत में इस्लामी सरकार उन्हें ग़ैर-इस्लामी क़रार दे देगी, क्योंकि इस्लाम में नियम है कि जिसने इस्लाम के क़ानूनों को न माना वह काफ़िर हुआ।"

पाकिस्तानी मौलवी सैयद राजी ने कहा, "हम ही थे जिन्होंने इस इस्लामी क्रान्ति को बढ़ावा दिया था मगर आज...ख़ुमैनी साहब स्वयं इन सारी घटनाओं के ज़िम्मेदार हैं या उनके पीछे कोई और हाथ है।"

पत्रकार सम्मेलन के बाद मालूम हुआ कि इराक़ ने ग्यारह बार युद्ध-विराम के लिए कोशिश की मगर...? रमज़ान में हुए शहीद हमलों के बारे में ख़ुमैनी ने कहा था, "हम युद्ध बन्द कर दें, किसलिए? क्या क़र्बला की शहादत भूलनेवाली है? यही इराक़ी थे जिन्होंने धोखे से इमाम हुसैन को क़ूफ़ा में शहीद किया था। आज यदि हम अपने फ़ौजी सीमा से हटा लें तो यह धड़धड़ाते हुए ईरान में घुस आएँगे।"

इसी बीच पता चला कि बसरा पर हर दिन गोले बरस रहे हैं। मंडली सेक्टर का भी बुरा हाल था। कल हम दस पत्रकार जिनमें लेबनानी व फ्रेंच टी. वी. वाले भी थे, मंडली सेक्टर में थे। रास्ते में कच्ची सड़कों पर भागते टैंकों से उठती धूल ने हमें ऐसा अन्धा बना दिया था कि हम एक-दूसरे को देख नहीं पा रहे थे। धूल के कण गले तक पहुँच गए थे। आज फिर बसरा जाने का मतलब था थकन और लाशों का अम्बार देखना। शाम को हमारा क़ाफ़िला कारों में बसरा की तरफ़ चला। पूरा बग़दाद रोशनी से भरा हुआ था और बड़े ज़ोर-शोर से सद्दाम हुसैन का जन्म दिन मनाया जा रहा था।

“तुम जो इल्म की प्यास लिए घूम रही हो, इसका कहीं अन्त है?”

“इल्म की प्यास जिस दिन बुझ गयी, समझो मेरा चिराग़ भी ख़ामोश हो जाएगा, इस प्यास के सहारे ही जी रही हूँ मगर मरज़ीना, आज तुम यह सवाल कैसे कर बैठीं?”

“कारण है, जानती हो उन चालीस चोरों को जिन्हें मैंने गर्म तेल से मारा था, आज पूरे संसार में बिखर गए हैं...उन्हें ढूँढ़ने के चक्कर में कहाँ-कहाँ की ठोकर खाओगी तुम?”

“सारे संसार की मरज़ीना, पहाड़, मैदान, हर कोने, हर गोशे की, वह तुम्हारे चालीस चोर अब इन्सानों का घर नहीं, उनकी 'ज़िन्दगी' लूटने लगे हैं। उन्हें ढूँढ़ना और पकड़ना बहुत ज़रूरी है।”

“तुम भी कमाल की हो, अकेली निकल पड़ीं जोख़िम भरे सफ़र पर बिना किसी हथियार के...”

“मेरी हमबदन बहन मरज़ीना! तुम फ़िक्र न करो मेरी जान! हथियार से हथियारबन्द मेरा हाथ है, तुम्हारे चाकू की तरह पैना, तेज नुकीली धारवाला जो कलेजों को चीरकर रख देनेवाला है...यह देखो!”

“पकड़ चुकी मेरी हिन्दुस्तानी हमज़ाद उन चोरों को इस नन्ही-सी कलम से...”

“हँस लो, मैं भी तुम्हारी हँसी में शामिल हो जाती हूँ, मगर सूई का काम तलवार नहीं करती। यदि मैंने इस नन्हे से हथियार से चोर पकड़ लिया तो पहले मैं हँसूँगी।”

“मंज़ूर है...”

धरती गुलाब के फूलों से ढँकी हुई थी और खजूर के दरख़्तों पर कच्ची कलियाँ घुँघरुओं की तरह लगी हुई थीं।

ऐसी ही एक ख़ूबसूरत सुबह को हम पन्द्रह पत्रकार 'रमादी कैम्प' की तरफ़ जा रहे थे। हसीन दिलक़श नज़ारों के बावजूद आँखों के सामने बार-बार मुरझाई ईरानी कलियों के चेहरे घूम रहे थे, जिनके चित्र समाचारपत्रों में देखने को मिल जाते थे।

दो वर्ष पहले जब आठ वर्ष से सोलह वर्ष के लड़के बसरा के समीप पकड़े गए थे तो सद्दाम ने रेडक्रॉस से कहकर इन्हें ईरान भेजने की व्यवस्था कर दी थी मगर ख़ुमैनी ने स्पष्ट शब्दों में कह दिया था, “यह जब ईरानी लड़के नहीं हैं तो ईरान इन्हें वापस क्यों ले?” इस स्पष्टता से मुझे शक था कि आख़िर ख़ुमैनी नन्हे ईरानी सिपाहियों को क्यों वापस नहीं लेंगे?

रमादी कैम्प पहुँचकर मेरे दिमाग़ में एक तूफ़ान बरपा हो चुका था कि मैं इस हक़ीक़त या झूठ से पर्दा हटाऊँगी कि वास्तव में यह लड़के किस धरती के फूल हैं, किस क़ौम की दौलत हैं, किन माँओं की कोख़ की ज़ीनत हैं?...रमादी कैम्प के उस बड़े हाल में जब दाख़िल हुई तो मेरे शक के पैर डगमगाने लगे। दौ सौ कमसिन ईरानी लड़के सिर झुकाए, हरे कम्बलों पर घुटनों पर सिर रखे बैठे थे। मेरे फ़ारसी में हालचाल पूछने पर चौंके कुछ ने जवाब दिया, कुछ ने सिर्फ़ ताज्जुब से मुझे देखा। मुझे विश्वास हो गया कि यह ईरानी नस्ल हैं, जो कल के ईरान का भविष्य हैं। उठे सिर जाने किस बोझ से झुक गए।

एकाएक क़ुरानख़ानी आरम्भ हो गयी। मेरे सारे प्रश्न दब गए। ईरान में यह इशारा 'एकता' का था। मुझे मालूम था कि इस क़ुरानख़ानी के बाद कोई लड़का बात नहीं करेगा। एकदम से ईरानी बच्चों के लेखक समद बेहरंगी का ख़्याल आया कि पुकारूँ, 'समद तुम कहाँ हो? आकर ज़रा क्रान्ति का हाल तो देखो, जिसने तुम्हारे गाँवों के ग़रीब बच्चों को रोटी नहीं बल्कि बन्दूक़ थमाई है! तुम इन्हीं लड़कों के भविष्य के लिए शहीद हुए मगर कुछ न बदला...' एक विचित्र अहसास से मैं तड़प उठी कि मैं तो थोड़ी देर बाद चली जाऊँगी मगर यह लड़के तीन-चार साल से इस दो कि. मी. के घेरे से बाहर नहीं निकले हैं। आख़िर इनका कसूर क्या है? मैं इतिहास से दीवानावार सवाल कर बैठी कि इन फूलों के कातिल को कौन-सी सज़ा मिलेगी?

ईरान में तीन माह का सैनिक प्रशिक्षण लेते लड़के याद आए। फिर ख़्याल आया कि इन अभिशप्त लड़कों में कितनों के हाथ और पैर नहीं थे। कल जब यह बुख़ार उतरेगा तो हक़ीक़त का कड़वापन उन्हें कितना तड़पाएगा? क्या ख़ुमैनी तब तक ज़िन्दा होंगे?

इराक़ के सब से शानदार और हसीन होटल में आयोजित अरब कवि सम्मेलन तीन दिन तक चलता रहा। अधिकतर कवि फ़िलीस्तीनी और इजिप्ट से थे। लेबनानी कवयित्री की छोटी-सी कविता ने पूरे हाल को ख़ामोश और दरोदीवार को हिला दिया था...

> मैं आग के देश से आई हूँ
> मेरा देश...
> जहाँ गोली सनसनाती है
> जहाँ धरती आग उगलती है
> मैं आग के देश...

इस कवि सम्मेलन को आयोजित करने का श्रेय इराक़ के प्रसिद्ध कवि व फ्रांसीसी भाषा साहित्य के पंडित ख़लील ख़ुरी को जाता है। उन्होंने अपने बारे में बताया—''मैं फ्रेंच नहीं बल्कि अरबी भाषा बहुत अच्छी जानता हूँ। वास्तव में मातृभाषा कहकर लोग अपनी भाषा को न माँजते हैं न व्याकरण पर ध्यान देते हैं। अच्छे-अच्छे लेखक फ़ाश ग़लतियाँ करते हैं। भाषा ही जज़्बात की तर्जुमान है, वही हकलाने लगे तो फिर कहानी या कविता का रस कहाँ बचा…?''

लुतफ़िया अल दलामी इराक़ की प्रथम महिला उपन्यासकार हैं। उन्होंने बताया, ''युद्ध इराक़ी समाज का एक नया अनुभव है। सो मेरे दोनों उपन्यास रियासत से जुदा नहीं हैं। दोनों उपन्यासों पर फ़िल्म बन रही है।''

रमज़िया बच्चों की पत्रिका की सम्पादक हैं। उन्होंने 'चिल्ड्रेन कल्चर हाउस' में आने की दावत दी। छोटा-सा पुस्तकालय, प्यारी-सी पत्रिका, पत्रिका दिखाते हुए बोलीं, ''युद्ध ने कहीं पर भी इराक़ी जनजीवन की गति को अवरुद्ध नहीं किया है। हमारे अधिकतर लेखक व चित्रकार इस समय रणक्षेत्र में हैं। वहीं से चीज़ें भेजते हैं। उनका यह सहयोग अमूल्य है, जिसे बच्चे पढ़कर बहुत प्रभावित होते हैं और बेशुमार पत्र आते हैं। इसी ईरान-इराक़ युद्ध में प्रसिद्ध कवि शाहिब अल शाहिर की शहादत पारसाल हुई थी। नई प्रतिभा मगर महत्त्वपूर्ण चित्रकार, सलमान दाऊद, भी आजकल रणक्षेत्र में हैं।''

बच्चों का साहित्य, पुस्तकों का गेटअप और चित्रकारों व कार्यकर्त्ताओं से मिलवाने मुझे ले गईं। हर कमरे में जवान लड़कियाँ थीं, क्लर्क, टाइपिस्ट, डिज़ाइनर आदि। पूरे कमरों में घुसकर जब मैं चित्रकारों के कमरे में पहुँची तो सिर्फ़ वहाँ पर एक साहब बैठे नज़र आए। उन्हें देखकर मैं अपने को ज़ब्त न कर पाई और पूछ बैठी, ''आपकी मानसिक स्थिति कैसी है। स्पर्द्धा, द्वेष, तुच्छता व बेचैनी का अहसास तो आपको नहीं सता रहा है…आप अकेले और…?'' वह खुलकर हँसे और बोले, ''जी, नहीं, मेरी मानसिक स्थिति नार्मल है। मुझे तो बहुत अच्छा लगता है क्योंकि इनके ब्रश से उभरे चित्रों में औरतों की नज़ाकत और नज़र की गहराई झलकती है जो काम की दृष्टि से महत्त्वपूर्ण है।''

नई लेखमाला जो पत्रिका में आरम्भ होनेवाली थी, वह भारतीय लोक-साहित्य पर थी। उसके कुछ चित्र मुझे दिखाए गए। जब चलने लगी तो कोने में ख़ामोशी से खड़ी एक लड़की आगे बढ़ी और उसने दो रेखाचित्र मुझे अपने हस्ताक्षर 'अलजलाक मोहम्मद अली' के नाम से करके दिए। वह वास्तव में मेरे ही रेखाचित्र थे, जो वह इतनी देर से खींचने में तल्लीन थी।

बसरा जाते हुए क़ुरना शहर में सबा से मुलाक़ात हुई तो उनके फ़ौजी लिबास, अफ़सरी और बैरेक में बन्दूक़ और बोरियों के बीच इत्मीनान से खड़ा देखकर पूछा, ''क्या इराक़ी औरत युद्धक्षेत्र में लड़ने भी जाती है?'' हँसकर बोली, ''हमारे मर्द

अभी ख़त्म नहीं हुए हैं। उनके रहते हम रणक्षेत्र में जाएँ भी तो उनके आत्मसम्मान को चोट पहुँचेगी। बाकी तमाम फ़ौजी ओहदों पर हम सब तन-मन-धन से कर्तव्य निभा रही हैं। जिस दिन हमारी ज़रूरत पड़ेगी हम पीछे नहीं हटेंगी।"

पूरे इराक़ में दीवारों पर चिपके विज्ञापनों पर कहीं भी औरत का चित्र नहीं। पूरे मध्यपूर्वी देशों में इराक़ी औरत वास्तव में अपना सुनहरा समय जी रही हैं और इस संघर्ष में उसे समाज का सहयोग मिला हुआ है। औरतों का सही दिशा में फलना-फूलना वह भी इस्लामी देश में, मन को बहुत भाया।

इराक़ी दूरदर्शन पर पिछले छः मास से फ़ारसी कार्यक्रम शुरू हुआ है। यह कार्यक्रम विशेषरूप से ईरान के लिए होता है। समाचारों व सियासी अवलोकन के बीच-बीच उन सारे ईरानी गाने व नाचने वालों के कार्यक्रम दिखाए जाते हैं जो जनता में लोकप्रिय हैं, मगर खुमैनी ने आते ही उन्हें देश निकाला दे दिया था। इसके बाद शेख़ अली तेहरानी जो ईरान के राष्ट्रपति के सगे बहनोई हैं और ईरान से भागकर इराक़ में पनाह ले चुके हैं, रोज़ आधा घण्टा ईरानी इंक़िलाब, खुमैनी के अत्याचार और घटनाओं का इस्लामी विश्लेषण करते हैं। लगता है जैसे अलिफ़-लैला की दास्तान हो जो रोज़ रात को आरम्भ होती है और सुबह अधूरी ही ख़त्म होती है। शेख़ तेहरानी ईरान के इंक़िलाब के आरम्भ से सारी बातों की चर्चा करते हैं। महत्त्वपूर्ण सियासी घटनाओं का इस्लामी विश्लेषण करते हैं। बड़ा विचित्र लगता है एक ईरानी का अपने शत्रु देश में आकर यूँ स्वयं को व्यक्त करना। मगर फिर लगता है शायद ईरान व इराक़ का दुश्मन आज एक ही है और वह है—खुमैनी!

आसपास के गाँव देखकर लौटी थी। सफ़र ज़्यादा लम्बा नहीं था, जो थकान होती, फिर भी मन चाहा कि बग़दाद की शाम को एक ऐतिहासिक अहसास के साथ जिया जाए। सिन्दबाद होटल की तरफ़ जाने का इरादा बनाकर निकली थी मगर सिन्दबाद मुझे ख़ान मीर जान रेस्तरां में कॉफ़ी पीते नज़र आ गए। हुलिया इस क़दर फ़ैशनपरस्त कि पहचानना मुश्किल!

ख़ानमीर जान (1359) का माहौल और सिन्दबाद से मुलाक़ात मेरे लिए महत्त्वपूर्ण शाम की खुशी बन गए।

"आप जब ताज़िर नहीं हैं तो फिर बग़दाद कैसे आईं?"

"बग़दाद में तिजारत के अलावा भी बहुत कुछ है, कुछ बसरा का हाल सुनाएँ?"

"बसरा का? वहाँ क्या रखा है? गोली, बारूद, तोप और बालू की बोरियाँ,

अन्तर्राष्ट्रीय व्यापार के बारे में प्रश्न करें, मैं तो सारा संसार घूमता रहता हूँ। बसरा और बग़दाद ही मेरा ठिकाना थोड़े हैं?"

"अन्तर्राष्ट्रीय व्यापार की समझ मुझमें कहाँ, मैं ठहरी अक्षरों को जड़ने वाली। हाँ, कुछ ईरान के बारे में बताएँ...इंक़िलाब के आरम्भ में सारा बाज़ार ख़ुमैनी का साथी था सारे पैटी बुर्जुवा ताज़िर उनको आँख बन्द करके क़बूल कर रहे थे मगर आज उनके विरोधी बन गए!...क्या ताज़िरों के विचारों में बाज़ार के मोल-भाव का असर पड़ा है?"

"एकदम! ताज़िर हमेशा अपने फ़ायदे की सोचता है। नहीं सोचेगा तो फिर करेगा क्या? शाह को पसन्द करने वाले बड़े ताज़िर थे जो छोटे को पनपने नहीं देते थे। इंक़िलाब के बाद वे सब भाग खड़े हुए और मध्यवर्गीय ताज़िरों की बन आई। मगर कच्चे माल की कमी, बाज़ार का ख़त्म होना, यह दोनों चीज़ें ताज़िरों को रुष्ट करने के लिए काफ़ी थीं। मगर आप कौन हैं जो ईरान के बारे में प्रश्न कर रही हैं?"

"मैं लिखती हूँ...चूँकि सारे संसार के लेखकों को एक वर्ग का मानती हूँ इसलिए दुनिया का सफ़र बड़ा मधुर बन जाता है।"

"ठीक है। हम ताज़िरों का भी एक वर्ग है जो देश की सीमारेखा में बँटा नहीं है बल्कि अन्तर्राष्ट्रीय स्तर पर है। सो ईरानी व्यापारी व ताजिर का दुख और परेशानी मैं समझ रहा हूँ। मगर मेरे समझने से क्या होगा, स्वयं ईरानियों को कुछ करना पड़ेगा जैसे शाह को उखाड़ा, ख़ुमैनी को भी उखाड़ फेंकें..."

सिन्दबाद के चले जाने के बाद बड़ी देर तक मैं सोचती रही कि तिजारत कौन नहीं कर रहा है! सिर्फ़ व्यापारियों पर यह आरोप क्यों?

सारे अरब देशों के बच्चों की बनाई चित्रों की प्रदर्शनी, मैलोडी आफ़ फ़िलीस्तीन नाम से थी। कहवे का दौर चल रहा था। माडर्न आर्ट अकादमी की डायरेक्टर प्रख्यात चित्रकार लैला अत्तार अतिथियों का स्वागत कर रही थीं। चित्रों में परियाँ, फूल, पहाड़ जो बाल मानसिकता दर्शाते हैं उनके स्थान पर अधिकतर युद्ध के दृश्य और फ़िलीस्तीन बरबादी के दृश्य थे। आठ-दस वर्ष के बच्चों का काम देखकर लगा कि कल बड़े होकर अपने मानसपटल पर पड़े इन ख़ूनी धब्बों की अभिव्यक्ति को अपने व्यवहार और आचरण द्वारा वे कैसे और किन शर्तों पर इस समाज को देंगे? आज तो वह अपनी कलाकृति पर इनाम ले रहे हैं! मन प्रसन्नता की जगह कहीं प्रश्नों के जंगल में भटकने लगा।

दो दिन बाद लौटना है, इस ख़्याल से कमरे में बिखरी किताबों और चीज़ों को समेटती हूँ। कमरा साफ़ करनेवाली साँवली इराक़ी लड़की लैला जिसके गालों

और ठुड्डी पर काले गुदने के निशान हैं, हँसते हुए दराज़ में रखी चूड़ियों को बड़े प्यार से देखती है।

"तुम्हारे लिए हैं।" मैंने हँसकर कहा तो ख़ुशी के मारे वह कुछ बोल न सकी, बस हँसती रही। फिर चलते हुए बोली, "मुझे सब हिन्दुस्तानी कहते हैं, मेरा रंग साँवला है, बालों का रंग काला है!" उसे गौर से देखकर सोचती हूँ, 'मकाम' और 'राग' की समानता शक्लों में भी कैसे उभर रही है!

"मेरा भाई पारसाल युद्ध में मारा गया। वह शक्ल में मेरी तरह था…!" हँसी थोड़ी देर के लिए थमती है।

मैं सोचती हूँ सारे इन्सान एक से हैं, फिर यह सीमारेखा का आडम्बर क्यों?

इराक़ के खजूर मशहूर हैं। शाम को सोचती हूँ, बसरा के मोती न सही, इराक़ के खजूर ही साथ ले चलूँ। खजूर के पेड़ों का हुस्न और उसका स्वाद पहली बार इराक़ में महसूस किया। इतना लज़ीज़ फल और इतना हसीन पेड़ दूसरा कोई इराक़ में नहीं है। अभी बाज़ार तक पहुँची ही नहीं थी कि मरज़ीना से मिलने को मन तड़पा…

"मरज़ीना, कल मैं जा रही हूँ।"

"इतनी जल्दी?"

"जल्दी कहाँ, मास भर हो गया है।"

"आगे जाओगी या…?"

"नहीं, अब सीधे हिन्द जाऊँगी।"

"पूरा इराक़ देख लिया?"

"पूरा तो नहीं, मगर कुछ तो घूमा।"

"तुम्हें चाह थी न मरज़ीना के इराक़ से लेकर आज तक का इराक़ देखने की, वह अहसास क्या हुआ?"

"वह अहसास मौजूद है। मैंने वास्तव में मरज़ीना से लेकर आज तक के इराक़ को जिया और महसूस किया कि समय कहीं रुका नहीं है। मरज़ीना नाम की नारी-नारी का व्यक्तित्व इराक़ में निरन्तर बहाव में है। आज की इराक़ को सँभाले कौन है? औरतें…दफ़्तरों, मन्त्रालयों, घरों, होटलों में हर जगह औरतें हैं। मर्द तो युद्धक्षेत्र में 'देश बचाने' में लगे हैं। यह 'औरत' है कौन? 'मरज़ीना' सरीखी हज़ारों 'मरज़ीना' जो गर्म तेल की सुराही हाथों में उठाए संघर्षरत हैं!"

"तुम्हें ऐसा लगा?"

"लगा नहीं, दिखा। अच्छा मरज़ीना! चलती हूँ…ख़ुदा हाफ़िज़!"

सारिका : 16 अगस्त, 1984

सन्दल से माँग, बच्चों से गोदी भरी रहे[1]

इराक़ जहाँ इस्लाम धर्म का जन्मस्थल है वहाँ रेगिस्तानी सौन्दर्य का अनुपम नमूना भी। रेत, नदी, दलदल, पहाड़, मैदान भाँति-भाँति से प्रकृति ने अपने सौन्दर्य को अभिव्यक्त किया है। खिली धूप के नीचे सुर्ख़ ग़ुलाबों का सैलाब और उनके ऊपर हरे खजूरों का जंगल है और इन सबके ऊपर खुले आसमान को चूमती नीली काशीकारी की शानदार मस्जिदों की ऊँची-ऊँची मीनारें।

इराक़ में यह मौसम खजूर के दरख़्तों पर कलियाँ आने का था, हरे बड़े-बड़े पत्तों के बीच से झाँकती कलियाँ घुँघरुओं के समान लदी हुई नज़र आ रही थीं, जिनसे उठती महक वातावरण को सराबोर किए हुए थी। तारीख़ी नदी दजला अपना दामन फैलाए बह रही थी, उसके दोनों किनारों पर टूटते पुराने बग़दाद और बनते नए बग़दाद को साफ़ देखा जा सकता था।

ऐसी ही एक हसीन सुबह थी जब पौ फट रही थी, सूरज की लाली से बग़दाद शहर दुल्हन बना हुआ था। हम सारे पत्रकार रमादी कैम्प की तरफ़ जा रहे थे। रास्ता ख़ामोश था। अभी दिन की चहल-पहल की शुरुआत हुई नहीं थी। हसीन दृश्यों के बावजूद नज़रों के सामने बार-बार मुरझाई ईरानी कलियाँ, जिनके मासूम उदास चेहरे जाने कितनी बार विभिन्न समाचार-पत्रों में देख चुकी थी, घूम जाती थीं। शहादत और लाल[2] के फूल का दर्शन मेरे मस्तिष्क में साफ़ था मगर कच्ची कलियों की शहादत का दर्शन मुझे दीवाना बनाए हुए था। बार-बार दिमाग़ में दो वर्ष से पनपता शक सर उठा रहा था कि वास्तव में वह ईरानी लड़के हैं या इराक़ी? क्या पता (इराक़ी राष्ट्रपति) सद्दाम हुसैन ने इमाम ख़ुमैनी के विरुद्ध यह सियासी हथियार आज़माया हो? इश्क और जंग में तो सब कुछ चलता है। वरना

---

1. मीर अनीस उर्दू भाषा के प्रसिद्ध मरसियागो थे। उनके मरसिए का यह बन्द है। पूरा शे'र–

   या'रब रसूले पाक की खेती हरी रहे
   सन्दल से माँग, बच्चों से गोदी भरी रहे

2. लाल : शहादत का सुर्ख़ फूल है। विश्वास है कि जब शहीद गाड़ा जाता है तो वह धरती से दोबारा सुर्ख़ फूल की शक्ल में उगता है।

दो वर्ष पहले रेडक्रास ने इमाम ख़ुमैनी से ईरानी युद्धबन्दी लड़कों को वापस लेने का अनुरोध इराक़ की अनुमति से किया था तो उन्होंने साफ़ शब्दों में इनकार कर दिया था कि "यह लड़के ईरानी नहीं हैं और जब यह ईरानी नहीं हैं तो फिर ईरान इन्हें वापस क्यों ले?"

इस इनकार के बाद ईरानी अभिशप्त बच्चों और लड़कों का भविष्य आशा-निराशा, विश्वास-अविश्वास के झूले में झूलने लगा। पत्रकारों ने जो भी लिखा उसकी ख़ुमैनी को तनिक भी परवाह न थी। उनके शब्दों में, यह सारे पत्रकार पैसाख़ोर और अमेरिका के नौकर हैं जो ईरान की इस्लामी क्रान्ति की कामयाबी पर जलकर इस्लामी पार्टी 'जम्हूरिए इस्लामी' को कमज़ोर बनाना चाहते हैं ताकि ईरान का भविष्य फिर अमेरिका या रूस की गोद में पड़ा नज़र आए।

यह भी समय की बहुत बड़ी हक़ीक़त थी कि जब पेरिस से ख़ुमैनी ईरान आए थे तो जहाज़ भरकर पत्रकार आए थे। रोज़ किसी न किसी पत्रकार का साक्षात्कार उनके साथ छपता था। मगर कुछ दिन बाद यही पत्रकारगण ईरान में सबसे हेय और घृणा की दृष्टि से देखे जाने लगे। उसका निजी अनुभव मुझे 1980-82 की यात्रा के दौरान हुआ था। सबसे बड़ा बेईमान, झूठा, मक्कार यदि कोई हो सकता था तो वह थे पत्रकार। इस घृणा के बाद फ़ारसी ज़बान न जानने की विडम्बना। इससे पूर्ण रूप से विदेशी पत्रकार आहत होते थे, मगर कुछ लिखना तो पड़ता था, इसलिए इधर-उधर से जो ख़बरें हाथ लगतीं वही लिख देते थे। युद्धक्षेत्रों का दौरा बहुत प्रेम से कराया जाता था और यह साबित किया जाता था कि इराक़ आक्रमणकारी है। अब कोई पत्रकार स्वयं ईरान में होने वाले ज़ुल्म और अंकुश पर प्रश्न करते तो उन्हें बताया जाता कि यह केवल षड्यन्त्र है सद्दाम हुसैन और अमेरिका का।

यह भी एक हक़ीक़त है कि ईरान-इराक़ युद्ध ने ईरान में एकता जगाई थी जो ख़ुमैनी के सत्ता में आने के कुछ दिनों बाद बिखरने लगी थी। यह 'एकता' शाह के विरोध में जनवादी, धर्मवादी दोनों को एक रणक्षेत्र में ले आई थी जिसका उद्देश्य था अमेरिका सत्ता को ईरान से शाह के रूप में उखाड़ फेंकना। मगर ज़ुल्म, सितम, जिसके विरोध में ईरानी उठ खड़े हुए थे उसी अंकुश, उसी घुटन को ख़ुमैनी राज्य में देखकर बौखला गए। जो इंक़िलाबी थे। वह पीछे रह गए और वर्तमान सत्ता विरोध में वह सब बाग़ी और ख़्यानतकार कहलाने लगे और समय की पैदावार से दूरदर्शी, चतुर और मतलबी लोग इंक़िलाबी बनकर इस्लामी गणतन्त्र के प्रमुख कार्यकर्त्ता बनते चले गए। संक्षेप में, इंक़िलाबियों के हाथों से कुछ लोगों ने इंक़िलाब को लूट लिया और हाकिम बन बैठे।

इस युद्ध ने जागी हुई ईरानी राष्ट्रीयता को और हवा दी जिसका अंजाम यह हुआ कि ईरान के बच्चे-बच्चे पर जंग में शहीद होने का भूत सवार हो गया। युद्ध

के आरम्भ में युद्धक्षेत्र की तरफ़ जाने वाली बसों को रास्ते में रुकवाकर सवार होने वाले जवानों के लिए माँ के पास सन्देशा भिजवाने या उसकी आज्ञा लेने से अहम अपनी मातृभूमि की रक्षा और पुकार थी। उस समय आठ-दस साल के बच्चे यह देखकर युद्ध के योद्धा के रूप में अपने को जीने लगे थे। घर-घर चार-पाँच साल के बच्चों की ज़िद बन्दूक़ ख़रीद की थी और यही उनका खेल था। तकिया एक दूसरे पर रखकर उसके पीछे से बन्दूक़ दाग़ना। कितने लड़के माँ-बाप से चोरी-छुपे घर से भाग लिए थे। युद्ध और शहादत 1980 के ईरान की धमनियों में बहते ख़ून के समान गर्दिश कर रही थी; मगर इसके बाद फिर यह सवाल सर उठा रहा था कि इस हक़ीक़त से ख़ुमैनी को इनकार क्यों? वह तो अपनी लोकप्रियता व सत्ता में जमे रहने की धुरी ही इस 'युद्ध' को मानते हैं। उनका और उनके राष्ट्रपति ख़ामनई, संसद अध्यक्ष रफ़्तसनजानी का खुला अनुरोध नमाज़े जुमा के ख़ुत्बे (नमाज़ से पहले का सम्बोधन) में माँ-बाप से रहा है कि वह अपने बच्चों में धर्म के प्रति प्रेम व श्रद्धा बढ़ाएँ और उन्हें युद्ध क्षेत्र में इस्लाम को बचाने के लिए लड़े जाने वाले इस युद्ध में जाने के लिए प्रेरित करें। उनकी बातों का असर हुआ था और कुछ घरों में तो ऐसे दृश्य देखने को मिले थे कि जवान बेटा युद्ध में जाना नहीं चाहता है और माँ उसे धमका रही है कि मैं दूध नहीं बख़्शूँगी। (इस्लाम के अनुसार माँ के पैरों के नीचे स्वर्ग है इसके दूध पिलाने का ऋण बच्चे की गर्दन पर है, जिसे माँ माफ करती है। बच्चा या जवान लड़का-लड़की मरता है तो यह रस्म है कि माँ उसके सिरहाने खड़ी होकर कहे कि मैंने अपना दूध बख़्श दिया। ऋणी व्यक्ति दुःख उठाता है मरने के बाद, ऐसा विश्वास है।)

सोच में डूबी मैं बस में अन्य विदेशी पत्रकारों के साथ बैठी थी। पाकिस्तानी समाचार-पत्र जंग, अमन, आज़ाद कश्मीर, मशरिक़ के पत्रकारों व जर्मन टी. वी. वालों का इसरार था कि मैं फ़ारसी भाषा जानती हूँ इसलिए उनके लिए सीधे सवाल-जवाब बन्दियों से पूछूँ। मैंने वायदा कर लिया मगर एक शर्त पर कि कोई भी इस राज़ को नहीं बताएगा कि मैं फ़ारसी जानती हूँ। सब राज़ी हो गए। मेरे दिल व दिमाग़ में बवण्डर-सा उठने लगा था कि मैं इस हक़ीक़त या झूठ से पर्दा हटाऊँगी कि वास्तव में यह किस धरती के फूल हैं, किन माँओं की कोख का शृंगार हैं, किस देश का धन हैं…?

रमादी कैम्प में हमारी बस दाख़िल हो गई थी। सामने एक इमारत थी जो हिन्दुस्तान के किसी ज़िले के सहकारी दफ्तर या स्कूल की बिल्डिंग का भ्रम दे रही थी। उसके सामने बड़ा-सा मैदान था और मैदान और सड़क के बीच काँटेदार गोलाई में उलझे तार बाढ़ की शक्ल में फैले थे जैसे पेचीदा सवालों का गोला बुरी तरह उलझ गया हो।

चाय, शरबत की ख़ातिरदारी के बाद हम सबको बन्दीगृह की तरफ़ ले जाया

गया। मेरे दिल की अजीब हालत थी कि आज का दिन तारीख़ी भी हो सकता है। तीन साल बाद ईरानियों से मुलाक़ात, वह भी इराक़ की धरती पर? वह ईरानी न हुए तो?

सामने वाली इमारत से हरे कपड़ों में कुछ चेहरे उभरे। कुछ ने कम्बल और कपड़े बालकनी में फैलाते हुए हमें देखा और बेनियाज़ी से अन्दर कमरे में चले गए। रसोईघर में खाने, वह भी ईरानी पकवानों को पकते दिखाकर हमारा क़ाफ़िला लड़कों के हाल की तरफ़ बढ़ा।

रमादी के उस हाल में जब मैं दाख़िल हुई तो मेरे शक के पैर डगमगाने लगे। दो सौ कमसिन लड़के जिनकी उम्र बारह से सोलह साल होगी। पंक्तिबद्ध हरे कम्बलों पर दीवार से पीठ लगाए बैठे थे। मुझे समझते देर नहीं लगी कि वास्तव में यह लड़के ईरान के भविष्य थे जो इराक़ी बन्दीगृह में सर झुकाए बैठे थे। मेरे फ़ारसी में किए गए सलाम और हालचाल पूछने से एकाएक सबके सर ताज्जुब से ऊपर उठ गए थे। कुछ ने जवाब दिया, कुछ ने आश्चर्य से मुझे ताका, कुछ ने गर्दन झुकाकर पैर के अँगूठे या कम्बल से निकले तागों से खेलना आरम्भ कर दिया।

मेरा सारा वजूद ऐसे सुलगते सवाल में ढल गया जो बार-बार मुझसे जवाब माँग रहा था कि ख़ुमैनी जो ईरान क़ौम के रहबर हैं, उन्होंने इन लड़कों को वापस लेने से क्यों इनकार किया था? उनके समाचार-पत्र भी बात का खण्डन करते रहे हैं। क्या इन्हें अपनी बदनामी का ख़ौफ़ था? या फिर ईरानी जनता के रुष्ट हो जाने का भय था?

मैं एक लड़के के पास निढाल-सी बैठ गयी। मेरे पास सब पत्रकारों ने अपने कैसेट ऑन करके रख दिए और कैमरे सँभाल लिए। उस लड़के के हाथ में 'फ़ारसी व्याकरण' की किताब थी और उसका सर झुकते-झुकते एकदम सीने से जा लगा था ताकि मैं उसके गिरते आँसुओं को न देख सकूँ। मेरे लाख पूछने पर भी उसने क्या—किसी लड़के ने कोई जवाब नहीं दिया। ऐसा लग रहा था कि जैसे हम पत्रकार उनकी ग़ैरत और इज़्ज़त को अपने रहम और तरस से ललकार रहे हों।

मेरे अन्दर खुद आँसुओं का आबशार गिर रहा था। पिछले चार साल का देखा हुआ ईरान मस्तिष्क के पर्दे पर उभर रहा था। ग़रीबी, महँगाई, ज़ुल्म, सितम, क़त्ल, तबाही, जंग, ज़लज़ला और नौरूज़ के कुएँ से बहता ईरानी पेट्रोल। वह सारे क्रान्तिकारी लेखक याद आ गए और जो दौलत से भरे ईरान में सब कुछ छोड़कर अपनी क़लम जनता के उत्थान में समर्पित कर चुके थे और जान से हाथ धो बैठे थे या जान हथेली पर रखकर घूम रहे थे। इसी बीच दूसरी पंक्ति में बैठे एक लड़के ने ऊँची आवाज़ से क़ुरान पढ़ना आरम्भ कर दिया। मेरे सारे प्रश्न धुँधला गए। यह एक ख़ामोश ज़ोरदार संकेत था कि हमारी 'एकता' में बल है। ईरान में रहकर

ऐसी सांकेतिक भाषा की आदी हो चुकी थी इसलिए समझ गई थी कि मुझे मेरे किसी प्रश्न का उत्तर नहीं मिलेगा।

दिल चाहा कि बच्चों के ईरानी लेखक समद बहुरंगी को पुकारूँ कि ''समद तुम कहाँ हो? आकर देखो अपने उन लड़कों को, जिन्हें शिक्षित करने के लिए तुमने बड़े शहरों की चमक-दमक छोड़कर गाँव में रहना स्वीकारा था। क्या इसीलिए तुमने शहादत को गले लगाया था और क्रान्ति लाने के लिए क़लम घिसा था? क्रान्ति आई मगर...खुशहाली या बदहाली...? इन्हीं लड़कों को भरपेट खाने और स्कूल के लिए तुमने जमकर संघर्ष किया था, मगर देखो, आज वह पढ़-लिखकर समाजी चेतना से भरपूर एक विवेकशील नागरिक नहीं बने हैं बल्कि एक सिपाही बनकर एक बेहूदा लड़ाई को लड़कर अपने मुसलमान भाइयों के ख़ून से अपने हाथ रंग रहे हैं।''

मैं लगभग आधा घण्टा वहाँ रही और एक अजीबोग़रीब अहसास से दो-चार हुई थी कि जैसे मैं एकदम अनजान जगह पर हूँ और एकदम तन्हा। यह अहसास जिसे 'ग़रीबुलवतनी' (देश से दूर) कहते हैं, इन लड़कों को जो सालों से इस बाड़ के बाहर नहीं गए हैं, कैसा कचोटता होगा? मैं तो पन्द्रह मिनट बाद रमादी कैम्प से बाहर चली जाऊँगी और दो दिन बाद अपने देश, मगर इनका कार्यक्रम क्या है; कब लौटेंगे यह अपने वतन? तारीख़ से दीवानावार मैं सवाल कर बैठी कि इन कलियों के क़ातिल को कौन-सी सज़ा मिलेगी?

लौटते वक़्त फूलों की महक थी न खजूरों की कलियों की चटक। बस सारा वातावरण एक ही बू से गमकता लग रहा था, वह था मासूम नौनिहालों के ख़ून का। सारे सफ़र सारे पत्रकार ख़ामोश रहे। जर्मन टी. वी. वाले उदास और झुँझलाए हुए थे। जब भी वह कैमरा ठीक करके बन्दियों का चित्र लेना चाहते थे, सारे बन्दी अपनी पीठ कैमरे की तरफ़ कर लेते थे। अन्य पत्रकारों के लिए तो यही बातें काफ़ी थीं लिखने के लिए, मगर टी. वी. वाले क्या दिखाते? सिर्फ़ पीठ—पीठ तो किसी भी लड़के की हो सकती थी!

ईरान में लेखक संघ ने सबसे पहले ख़तरे की बू सूँघ ली थी इसलिए उन्होंने इस युद्ध को बेकार का युद्ध; सत्ता में रहने की चाल और वर्तमान ईरानी समस्याओं और आशाओं को पूरा करने व सुलझाने की विफलता पर एक पर्दा कहा था ताकि जनता धर्म व राष्ट्रीयता के नाम पर व्यस्त रहे। इसका अंजाम यह हुआ कि पहली मई, 1981 को लेखक संघ पर आक्रमण, किताबों का फाड़ना व जलाना और कई लेखकों का अपहरण! धीरे-धीरे करके युद्ध में जाने वाले लोगों का व्यक्तित्व सामने आने लगा। युद्ध में शहीद इस्लामी योद्धाओं को फ़ौजी सलामी दी जाती और उनके नाम और चित्र-पोस्टर छपते थे मगर अन्य समुदायों के शहीदों के नाम ग़ायब और उन पर ग़द्दारी का इल्ज़ाम अलग! इन सारे लांछनों से यह नतीजा निकला कि

शहरों का पढ़ा-लिखा समुदाय सत्ता की सियासी चाल को समझ गया। मौलवियों ने देहातों का रुख किया और लड़कों, जवानों और बूढ़ों की लम्बी फ़ौज, जो बसीज (कुछ मास के परीक्षण के बाद सिपाही बन जाना) कहलाती थी, खुदा के इन योद्धाओं के रूप में रणक्षेत्र की ओर जाने लगी। पासदार जो धार्मिक पुलिस थी, क्योंकि ईरानी पुलिस अमेरिकन ट्रेण्ड थी, इसलिए ख़ुमैनी को उन पर विश्वास नहीं था। यही पासदार बड़ी संख्या में युद्ध-क्षेत्र की ओर लड़ने जाने लगे मगर जब बसीज की शक्ल में देहाती फ़ौजी ट्रेनिंग के लिए आने लगे तो पासदारों को ख़ुमैनी ने सिर्फ़ शहरों व देहातों की सुरक्षा-शान्ति व क़ानून सम्बन्धी दायरे तक रहने दिया।

मैं इतनी जल्दी हार मानने वाली नहीं थी। यक़ीन आ गया था कि यह नन्हे योद्धा ईरानी हैं। इनसे बात किए बिना वापस जाना किस काम का? एक हफ़्ते की कोशिश के बाद दोबारा रमादी कैम्प जाने की इजाज़त मिली। इस बार मेरे साथ फ्रेंच और लेबनानी टी. वी. पत्रकार थे। फ्रेंच पत्रकारों की भी यही इच्छा थी कि मैं उनके लिए चन्द सवाल पूछूँ, क्योंकि अभी तक इराक़ी अफ़सर फ़ारसी का अनुवाद करते थे। इराक़ की धरती पर ईरानी बन्दियों से यदि इराक़ी सवाल करेगा तो जवाब में जाने कैसे अनुवाद करेगा? इस प्रकार की शंका से सबका मन था कि वास्तविकता का पता चले कि यह धार्मिक योद्धा क्या चाहते और क्या सोचते हैं?

मैंने फ्रेंच पत्रकारों से पिछली घटना को बताते हुए कहा कि यदि सचमुच काम करना है तो बेहया और बहरा दोनों बन जाना है क्योंकि जहाँ ईरानी लड़के किसी गूँगे की तरह चुप्पी साध लेते हैं, उसी के साथ इराक़ी अफसर—समय कम है, चाय का लंच तैयार है, बच्चों के खाने का समय हो गया है वग़ैरह—कहकर तब तक कान फाड़ते रहते हैं जब तक आप हथियार डाल न दें।

चारों फ्रेंच पत्रकार और कैमरामैन अपनी कमर कसकर तैयार थे। लेबनानी टी. वी. वालों का जाने क्यों हमसे कोई सम्बन्ध न बन पाया। उसका कारण शायद उनका अत्यधिक उग्र होना और बात-बात पर यह जतलाना था कि हम अरब हैं। हमें पता है, हमारे लोग कैसा व्यवहार करते हैं। यदि आप उनसे नम्रतापूर्वक पेश नहीं आए तो वह कभी आपके साथ सहयोग नहीं करेंगे। उनकी बातें और कटाक्ष हम एक कान से सुनकर दूसरे कान से उड़ा रहे थे, क्योंकि हमारे पास व्यक्तिगत फसादों का समय न था बल्कि हक़ीक़त को मुँह से उगलवाना था जिसको लेकर पिछले दो वर्षों से संसार भर की पत्रकारिता की दुनिया में उलझाव आया हुआ था।

रमादी कैम्प में इस बार भी पहले की तरह लड़के और जवान हाथों में तस्बीह लेकर घूम रहे थे। हमें देखकर उन्होंने पहले हमें घूरा, फिर बातों में लग गए। यहाँ आने से पहले हमारी मुलाक़ात एक बड़े फ़ौजी अफ़सर से कराई गई थी जिससे

मैंने पूछा था कि "आप किस प्रकार की विजय इस युद्ध में चाहते हैं? इस्लामी या फ़ौजी?" वह बगलें झाँकने लगे थे और पीछे मुड़कर अपने मातहत से पूछा था, "यह कौन है? इनका प्रश्न समझ में नहीं आया है।" अन्त तक वह मेरा प्रश्न समझने से इनकार करते रहे। इस प्रश्न के बाद मेरी तरफ़ सारे इराकी अफ़सरों का ध्यान चला गया। चाय के समय उस इराक़ी अफ़सर ने बदला लेने के लिए मुझसे आसाम की वर्तमान दशा पर प्रश्न किया और बार-बार पूछा कि आखिर वहाँ के मुसलमानों पर इतना ज़ुल्म क्यों हो रहा है? मैं समझ चुकी थी कि वह मुझे आहत करना चाह रहे हैं, इसलिए मैं बड़ी सहिष्णुता से जवाब देती रही। इसी प्रश्न को 'इस्लामिक पापुलर सम्मेलन' (14 अप्रेल, 1983) में पाकिस्तानी मौलवियों ने ख़ूब उछाला था। बहरहाल…रामदी कैम्प में भी मेरी ओर विशेष ध्यान था और मैं किसी ज़िद्दी बच्चे की तरह अपने हठ पर क़ायम थी कि बिना ईरानी लड़कों से मिले मुझे वापस नहीं जाना है।

चाय के बाद हम उसी हाल में गए जहाँ पर दो सौ ईरानी लड़के बैठे हुए थे। कोने में बैठे एक आठ-दस साल के लड़के के पास पहुँची और उससे पूछा, "तुम्हारा नाम क्या है?"

ख़ामोशी!

"तुम्हारा नाम क्या है?" मेरे कई बार दोहराने पर भी मुझे कोई उत्तर नहीं मिला।

"क्यों? जवाब क्यों नहीं दे रहे हो ख़ानम को?" पीछे से रसोई के इंचार्ज अली रहीमी ने कहा जो ईरान की फ़ौज में सार्जेण्ट रह चुके थे और दो वर्ष से बन्दीगृह में थे।

ख़ामोशी!

"जवाब दो, क्या पूछा जा रहा है?" पीछे से इराक़ी अफ़सर ने उखड़ी फ़ारसी में कहा। जवाब देने पर इतना ज़ोर दिया जाने लगा कि अन्त में उस लड़के ने बड़ी मुश्किल से अपना सर ऊपर उठाया और मिनमिनाते हुए कुछ कहा जो मेरी समझ में नहीं आया।

"वह कह रहा है मैं औरत से बात नहीं कर सकता हूँ।" अली रहीमी ने दबे लहजे से उसकी बात दोहराई।

"मैं औरत कहाँ…? तुम्हारी माँ, तुम्हारी बहन भी तो हूँ!"

"यदि आप मेरी बहन या माँ होतीं तो इस तरह से बेपर्दा न होतीं।"

उसके इस जवाब से मैं ख़ामोश हो गई।

"मैं मुसलमान हूँ, मुझसे बात करनी है तो पहले सर ढँकिए!"

"लो" इतना कहकर मैंने सर पर अपनी साड़ी का आँचल डाल लिया। मुझे उसकी बातों, तेवर और लहजे की उग्रता से तेहरान में मौलवियों से लिए गए अपने

इण्टरव्यू याद आ गए। चीफ जस्टिस डॉ. बेहिश्ती जो इस्लामी पार्टी के अध्यक्ष थे, उनके पास जाने से पहले पासदार ने मुझसे सर ढँकने को कहा था। मुझे ताज्जुब हुआ था कि मेरे सर पर स्कार्फ तो बँधा हुआ है, फिर? मालूम हुआ बाल दिखने नहीं चाहिए वरना···डॉ. बेहिश्ती का कहना है कि औरत के बालों से निकलने वाली चमक मर्द को उत्तेजित करती है। स्कार्फ माथे तक लाने के बाद भी जब उसने फिर टोका तो मुझे पर्स से आईना निकालकर उस नन्हे बाल को माथे से पकड़कर स्कार्फ की क़ैद में डालना पड़ा जो पसीने से चिपककर मेरे माथे से होता हुआ मेरी भौंहों से नीचे गाल पर चिपका हुआ था। बहरहाल···मैं उस बच्चे के आगे सर ढँककर बैठ गई।

फ्रेंच पत्रकार पहले ठिठके, फिर जैसे होश में आ गए और कैमरा सँभालने लगे।

"तुम्हारा नाम क्या है?"

"बिस्मिल्लाहहिर···मेरा नाम मेंहदी तनहाईयान है।"

"उम्र?"

"सोलह वर्ष!" मुझे उसके उत्तर से आश्चर्य हुआ क्योंकि वह मुश्किल से आठ-दस साल का लग रहा था।

"किस शहर से हो?"

"इस्फ़ाहान!" उसके इस उत्तर से मुझे आश्चर्य के साथ दुःख भी हुआ क्योंकि मैं फ़ारसी भाषा के साथ ही फ़ारसी के विभिन्न उच्चारणों का भी थोड़ा बहुत ज्ञान रखती हूँ। वह लड़का कहीं से भी इस्फ़ाहान शहर का नहीं था।

"तुम फ़ौज में थे या बसीज में?"

"बसीज में"

"कितने वर्ष रहे बसीज में?"

"तीन वर्ष?"

"ट्रेनिंग ली थी या यूँ ही लड़ने चले आए थे?"

"तीन माह की ट्रेनिंग ली थी।"

"किस जगह बन्दी बने थे?"

"बसरा के समीप।"

"तुमको उस समस कैसा महसूस हुआ जब ख़ुमैनी ने रेडक्रास से यह कहकर तुम लोगों को वापस लेने से इनकार कर दिया कि तुम ईरानी नहीं हो?"

"यह एक सियासी सवाल है। इमाम ख़ुमैनी हमारे रहबर हैं। उन्होंने अगर कहा होगा तो ठीक ही होगा।"

"तुम क्या समझते हो? यह हक़ीक़त है या अफ़वाह?"

"मैं क्या जानूँ! मैं तो सिर्फ़ एक क़ैदी हूँ।"

"युद्ध विराम चाहते हो?"

"नहीं! हक़ की विजय चाहते हैं।"

"ईरान लौटना चाहोगे?"

"जरूर! मगर फ्रांस के नहीं, टर्की के रास्ते से।"

"घर ख़त लिखते हो—जवाब आता है?"

"ख़त लिखा, मगर जवाब नहीं आया!"

"तुम्हारे माता-पिता को पता है कि तुम बन्दी बना लिए गए हो?"

"हाँ।"

"आख़िर तुमने इस जंग में सिपाही बनकर लड़ने की क्यों ठानी?"

"क्योंकि इस्लाम को ख़तरा था। इस्लाम को बचाने के लिए यह ज़रूरी था।"

"तुम्हें कौन-सी शक्ति इस बन्दीगृह में शक्ति दे रही है?"

"ख़ुदा की।"

"ईरान जाने को दिल मचलता है?"

"ख़ुदा ने चाहा तो लौटूँगा, नहीं चाहा तो नहीं लौटूँगा। मुझे अपनी ज़िन्दगी की फ़िक्र नहीं है।"

"तुम्हारे माता-पिता क्या करते हैं?"

"मज़दूरी का काम करते हैं...घर पोतते हैं!"

"तुम पढ़ते थे?"

"हाँ, तीसरी कक्षा में।"

"कामयाब होओ!" कहकर मैंने उसके सर पर प्यार से हाथ फेरा। एकदम से कई आवाज़ें उभरीं...."हराम है...हराम है ग़ैर-औरत का ग़ैर-मर्द को छूना।" मुझे इस जुमले ने उदास बना दिया। यह कमसिन लड़के औरत को परिभाषित कर रहे हैं और उसको उसका कर्तव्य बता रहे हैं जो स्वयं संसार क्या, अपना देश क्या, अपने शहर को पूरी तरह से नहीं पहचानते हैं। टी. वी. कैमरे चल रहे थे। मैंने अपना कैमरा देते हुए अनुरोध किया कि एक चित्र मेंहदी के साथ मेरा खींच दिया जाए इतना सुनते ही मेंहदी ने बड़े तेज़ लहजे से कहा, "मैं औरत के साथ तस्वीर नहीं खिंचवा सकता हूँ क्योंकि इस्लाम में यह पाप है।"

मुझे पहली बार उसकी इस बात से झुँझलाहट पैदा हुई। औरत, औरत के वात्सल्य की भावनाओं को नकारने वाला आखिर यह लड़का मेरे बेटे का ही हम उम्र है न? वास्तव में यह नाटक ईरानी नस्ल को किस संसार की ओर ले जा रहा है? अभी मैं आगे बढ़ी थी कि कुछ लड़कों ने कहा—

"अपने को मुसलमान और शिया कहती हैं, अमेरिकन मुसलमान और हक़ीक़ी मुसलमान का अन्तर जानती हैं?"

"यदि ईरान होता तो इस तरह से एक औरत फ़ौजी कैम्प में घुसती?"

"यहाँ, ग़ैर की धरती है, फिर हम ठहरे क़ैदी, मजबूर हैं। ईरान के हवाई अड्डे पर उतरने तक की इजाज़त नहीं मिलेगी।"

"औरत का अर्थ है वह जानदार जिसके मुँह की हवा भी बात करने वाले को न लगे।"

ज़िन्दगी में मुझे औरत होना इतना भारी महसूस होगा, ऐसा सोचा नहीं था और आज मेरी धरती मेरे लिए तंग हो गई थी! बिना जवाब दिए आगे बढ़ी और एक छोटे-से लड़के से सवाल किया।

"तुम्हारा नाम क्या है?" उसने मुझे उत्तर देने के स्थान पर फ़ारसी का एक शे'र पढ़ा–

"एई ज़न बे तो अज़ फ़ात्मा ज़हरा इन गूने ख़िताब अस्त।
अज ज़िबन्देह तरीन ज़ीनते ज़न, हिफ़ज़े हिजाब अस्त।।"

(फ़ात्मा ज़हरा मोहम्मद साहब की बेटी औरत से कहती हैं कि औरत तेरा सबसे बड़ा शृंगार व सौन्दर्य पर्दा है)

"पहले आप पूरी तरह से मुसलमान बनें, तब हमसे इण्टरव्यू लें।"

"तुम्हारी उम्र?" घोर अपमान, तीव्र छटपटाहट, मगर अपने को संयत करके मैंने पूछा।

"पन्द्रह साल।" वह मुश्किल से बारह वर्ष का लग रहा था।

"किस शहर से हो?"

"खूज़िस्तान, शूशतर।"

"किस क्लास में थे?"

"तीसरी।"

"युद्ध के बारे में तुम्हारे विचार? युद्ध कब तक बन्द होगा?"

"खुदा की मर्ज़ी जब होगी, तब बन्द होगा।"

इन सारे कटाक्षों ने मुझे दीवाना बना दिया था जो फुसफुसाहट की शक्ल में मुझे सुनने को मिल रही थीं। यह सारी बातें लाख तथ्यहीन सही, मगर समय की हक़ीक़त थी जो बार-बार मुझे उस पीड़ा से व्याकुल कर रही थी कि इन बच्चों का भविष्य क्या होगा? एक तरफ़ तो लोग चाँद पर जा रहे हैं और दूसरी तरफ़ उसी दुनिया के एक देश के बच्चे दिमाग़ी दरिद्रता से गुज़र रहे हैं। इस्लाम तो चौदह वर्ष पहले अरब देशों के लिए स्वतन्त्रता का पैग़ाम लाया था और आज इस्लाम के नाम पर औरत को ज़िन्दा गाड़ने की रस्म फिर क्यों चल पड़ी है? यह बच्चे...शे'र पढ़ने वाले लड़के का एक पैर घुटने के पास से कटा हुआ था। कल यह अपाहिज, जाहिल, ग़रीब लड़के अपने वतन को क्या देंगे? क्या यह जंग हमेशा जारी रहेगी? क़ायम रहेगी जब बादल छँटेंगे तो यह...तब क्या होगा?

दरवाज़े के समीप बैठे एक लड़के के पास मैं रुकी।

"किस शहर से हो?"

"अजनाम।"

"उम्र?"

"17 का।"

"बसीज में थे या…"

"बसीज में।"

"कहाँ पर क़ैद हुए?"

"मिसान के समीप।"

"कब पकड़े गए थे?"

"तीन माह पहले।"

"ट्रेनिंग कैसी थी?"

"पूरी फ़ौज की ट्रेनिंग ली थी।"

"बसीज में शामिल होने से लेकर आज तक…रणक्षेत्र से बन्दीगृह तक तुम्हारे विचार में बदलाव नहीं आया कि यह एक बेहूदा युद्ध है!"

"कुछ कह नहीं सकता हूँ।"

"कोई पैग़ाम एक फ़ौजी के रूप में ईरान भेजना पसन्द करोगे?"

"नहीं!"

उसी लड़के के समीप बैठे हुए लड़के से मैंने पूछा।

"युद्ध से पहले तुमसे कहा गया था कि बसरा से दो मील की दूरी पर नजफ़ है। तो क्या तुमने नजफ़ की ज़्यारत की?"

"नहीं।"

"चन्द दिन पहले सद्दाम हुसैन की वर्षगाँठ धूमधाम से मनाई गई थी। विशेषकर बच्चों ने इस समारोह में बड़े ज़ोर शोर से हिस्सा लिया था। तुम लोगों ने क्या किया?"

"कुछ भी नहीं!"

मेरे सवाल पूरे हो चुके थे। मैं बहुत थक गई थी। पसीने से मैं तरबतर थी। मुझसे बुरी हालत फ्रेंच पत्रकारों की थी जो अपने सामने औरत का अनादर देख रहे थे। इसी बीच सिल्क की साड़ी का आँचल मेरे सर से लुढ़क गया। मैंने ध्यान नहीं दिया।

"आप फिर बेपर्दा हो गईं?" एक लड़के की तीखी आवाज़ उभरी।

"आप भी अजीब हैं। कोई कहे सर ढँक लो तो सर ढँक लेती हैं, कोई कहे सर खोल दो तो आँचल गिरा देती हैं। क्या आपका अपना कोई व्यक्तित्व नहीं है?"

"आप तो मुसलमान हैं न?"

इन बातों में अब सिर्फ़ नफ़रत न थी बल्कि एक प्यार भरी उलाहना और झिड़की थी जो अपने बराबर वालों या छोटों को दी जाती है। मैं जब चलने लगी तो उस शे'र पढ़ने वाले लड़के ने बहुत धीरे से कहा।

"आपको मेरी क़सम ख़ानम—क़लम देती जाइएगा।"

"मुझे भी क़लम चाहिए।"

सबके क़लम जमा करके मैंने सर पर हाथ फेरने के बहाने साड़ी की आड़ लेकर, इराक़ी सिपाही व अफ़सर की आँख बचाकर वह सारे क़लम उनके हवाले कर दिए। इस बार 'हराम है' की आवाज़ की जगह बेचैन प्यासे हाथों ने उन क़लमों को पकड़ा।

"आप तो जा रही हैं मगर आज की रात हमारी जमकर मरम्मत होगी।"

"खाने को पूछती हैं...पूछें खाना दिन में कितनी बार मिलता है।"

यह एकदम नए वाक्य थे जो नए अहसास से दो-चार करा रहे थे। मैं वास्तव में अहसास के ताने-बानों में बुरी तरह घुट रही थी। चलते समय मैंने खुदाहाफ़िज़ कहा और मेरे जवाब में सबने एक साथ 'सलबात' भेजी। उनकी आवाज़ों से कमरा गूँज उठा।

अल्लाहुमा सल अल्लाह...।

हम सब बाहर निकल आए। सब बुरी तरह टूटे हुए थे। लड़कों के खाने का समय हो गया था। टूटे-कटे हाथ-पैर लिए लड़के खाने के कमरे की तरफ़ जा रहे थे। डॉक्टर काकी ने हमें अस्पताल की तरफ़ चलने की दावत दी।

अस्पताल में कुल तीन बन्दी थे। एक पचासी वर्ष का बूढ़ा, दूसरा चौरासी साल का था। दोनों इस उम्र में लड़ने आए थे! दूसरी ओर पैंतालिस वर्ष का एक अधेड़ लेटा था। मेरा सलाम और हालचाल पूछने पर उसने बड़े दर्द से पूछा।

"ख़ानम! क्या दुनिया ने हमारे बारे में सोचना ही छोड़ दिया है? ख़ानम गाँधी भी कुछ नहीं कर पा रही हैं?"

"ऐसी बात नहीं है, दुनिया और ख़ानम गाँधी क्या कर सकती हैं जब आपके इमाम खुमैनी किसी शर्त पर राज़ी नहीं होते हैं?"

इस जवाब से ख़ामेशी छा गई।

हमारे साथ कुछ जवान क़ैदी जिनकी उम्र बीस से तीस वर्ष तक थी, खेल के मैदान से साथ हो लिए थे। इस समय अस्पताल में झुण्ड की शक्ल में खड़े थे। उन्हीं में से एक जवान ने कहा—

"यह जंग सच पूछें तो दो बड़ी ताक़तों की जंग है, वरना हम दोनों मुल्क मुसलमान हैं, इस्लाम को मानने वाले हैं। यह आग तो उन्हीं की लगाई हुई है ताकि आराम से हाथ सेंक सकें और हमारी तबाही का ख़ामोशी से तमाशा देखें।"

कुछ क़ैदी क़रीब आ गए और ईरान भेजे हुए पत्रों के आए जवाब दिखाने लगे। यह जवाब तीन वर्ष पहले जब वह नए-नए बन्दी बने थे तब आए थे। उसके बाद किसी पत्र का उत्तर उन्हें नहीं मिला। सबकी आँखों में एक विशेष चमक आ गई जब उन्हें पता चला कि मैं चार बार ईरान जा चुकी हूँ और लगभग सभी सत्ताधारियों से मिल चुकी हूँ, यहाँ तक कि खुमैनी से भी। कुछ देर हमारे बीच ऐसी ख़ामोशी छाई रही जैसी वह सब अहसास के धरातल पर मेरे वजूद का स्पर्श कर रहे हैं कि एक ज़िन्दा इन्सान उनके वतन की मिट्टी और हवा का स्पर्श करके आया है। वह चन्द लम्हे वास्तव में एक विचित्र भावना से ओत-प्रोत थे।

एक पच्चीस वर्ष के जवान ने आगे बढ़कर मुझे एक तस्बीह भेंट की। मुझे महसूस हुआ कि ईरानी इस बन्दीगृह में भी मेहमान की आवभगत करना नहीं भूले हैं। कुछ न मिला तो यादगार के तौर पर उपहार ही दे डाला!

पास खड़ा इराक़ी अफ़सर गद्‌गद हो उठा, उसे गले लगाकर टूटी-फूटी फ़ारसी में बोला⋯"खुदा की क़सम इन सबका मैं बहुत ख़्याल करता हूँ, एकदम अपने भाई की तरह। यक़ीन न आए तो पूछ लें इनसे।" कहकर उसने क़ैदी को गले लगाया। मैं चुप थी, कहती क्या? रेडक्रॉस कई बार इन बन्दीगृहों का निरीक्षण बग़दाद आकर कर चुकी थी। ईरान ने रेडक्रॉस को तेहरान में घुसने ही नहीं दिया था। बहुत-सी बातें, बहुत-सी घटनाएँ, बहुत से तथ्य दिमाग़ में घूम रहे थे, जिनको मैं एक-दूसरे के साथ पिरो रही थी। मेरे हाथों में तस्बीह थी और उसी को मैं बहुत गौर से देख रही थी।

"खजूरें जो इन्हें खाने को दी जाती हैं, उनके बीजों को यह दाँतों के बीच दबाकर मुलायम करके पत्थर पर घिसकर उनमें छेद कर लेते हैं, फिर उसे धागे में पिरो लेते हैं।" एक इराक़ी सिपाही ने कहा।

"और करें भी क्या?" एक ने बहुत उदासी से कहा।

एक तस्बीह हाथ में लेकर देखती रही जिसमें नारंगी फुदना भी लटक रहा था। तस्बीह का एक भी दाना न बड़ा था न छोटा। दिल में एक ख़्वाहिश सर उठाती है—काश, ईरान में ऐसा ही बराबरी का समाज वजूद में आ सकता जहाँ न कोई दुश्मन समझा जाता, न ज़ालिम और न पड़ोसी देश उसकी आँखों में काँटे की तरह खटकता।

यह सब सोचती हुई मैं वार्ड से बाहर निकली। डॉक्टर काकी से मैंने उन कमसिन शहज़ादों के बारे में पूछा जो एक ख़्याली दुनिया के हुक्मराँ अपने को समझ बैठे थे।

"पिछले तीन वर्षों में, जब से यह कमसिन लड़के यहाँ आए हैं, कोई मौत, कोई दुर्घटना घटी है?"

"नहीं। जितने बच्चे या लड़के पकड़े गए थे सब ज़िन्दा हैं। वैसे सारे क़ैदियों

में जो मौजूद हैं, उनमें से सिर्फ़ एक बूढ़े की मौत हुई है। जो पचासी वर्ष का था। उसकी बीमारी ही उसकी उम्र थी।''

''बच्चों को किसी तरह की बीमारी या परेशानी?''

''आपने तो स्वयं देखा है। लड़के बदन के ऐतबार से तन्दुरुस्त हैं मगर मानसिक रूप से रोगी हैं।''

''मैं समझी नहीं?''

''आप लगभग दो घण्टे बच्चों के साथ रही हैं। फ़ारसी में आपने बातचीत की है। कुछ तो अन्दाज़ा हुआ ही होगा?''

''खुलकर बताएँ?''

''मैं डॉक्टर के नाते से आपसे बात कर रहा हूँ। मेरे मरीज़ यह लड़के मानसिक तनाव और पीड़ा के भयंकर रूप से शिकार हुए हैं। मेरा कर्तव्य भी है कि आपके पूछे सवाल का जवाब दूँ। इनकी उम्र इस समय दस से सोलह साल तक है। तीन वर्ष पहले कितनी रही होगी? यह उम्र का बड़ा नाज़ुक दौर होता है। इस उम्र में विश्वास और विचार चाहे जितने भी तथ्यहीन क्यों न हों यदि एक बार दिमाग़ में बैठ जाते हैं तो फिर उनका निकलना बहुत मुश्किल होता है। यह सारे लड़के अपने को उम्र में बहुत बड़ा समझते हैं। व्यवहार और विचार में यह अपने बड़ों की ऐसी नकल करते हैं कि हमें इनको सँभालने में बहुत कठिनाई होती है, विशेषकर उस हालत में जब मानसिक रूप से रोगी हों और उस पर से अजनबी माहौल में साँस ले रहे हों।

जिस दिन रेडक्रॉस ने यह ख़बर दी कि ख़ुमैनी ने बन्दियों को वापस लेने से इनकार कर दिया है, आप नहीं जानतीं वह रात हम पर से कैसी क़यामत की रात गुज़री है। सारी रात लड़कों के दर्द उठ रहा था। किसी के सर में, किसी के पैर में, किसी की पीठ और हाथ में दर्द से तड़पते रहे। किसी भी दवा, मालिश, इंजेक्शन से रुकने का नाम नहीं ले रहा था। उस रात इनकी सिसकियों और चीखों से सारा कैम्प लरज़ रहा था। एक्स-रे के बाद भी कुछ न निकला। अब भी कभी-कभी यह दर्द का दौरा इन पर पड़ता है। यह दर्द मानसिक रोग की अभिव्यक्ति है। ज़्यादातर यह लड़के घर की बड़ी औलाद हैं। मज़दूर, कामगार, निम्न वर्गीय हैं। जिस दिन इन्हें वापस ईरान जाना था उससे एक दिन पहले सद्दाम हुसैन के साथ उनकी प्रेस कान्फ्रेंस आयोजित हुई थी। उस कान्फ्रेंस में सद्दाम हुसैन की बेटी ने अपने भाइयों को अमन का 'सफ़ेद फूल' भेंट किया था। उस रात इन लड़कों ने यह फूल उँगलियों से मसल डाला। हमारे लिए इन्हें सँभालना, विशेषकर तब जब इनका पूरा वजूद हमारे प्रति घृणा से भरा हुआ हो, बहुत कठिन काम था। आज भी इनके साथ व्यवहार करने में बहुत सहिष्णुता, बहुत गूढ़ता की आवश्यकता पड़ती है।''

मैं यह सब कुछ सुनकर सकते में आ गई। ईरानी मिज़ाज को खूब अच्छी तरह से समझती हूँ। ईरानी क़ौम बहुत मग़रूर क़ौम है, बहुत ज़्यादा'''दुश्मन की धरती पर लड़के अपने ग़म और ग़ुस्से का इज़हार अपने रहबर के प्रति न करके उस दर्द के पर्दे में छुपाने की कोशिश कर रहे थे। आज दुनिया के कितने दिल इस सूक्ष्म अहसास को समझ सकते हैं?

हम सारे पत्रकार मानसिक व शारीरिक रूप से टूटे हुए कमरे से बाहर निकले। मैदान में धूप फैली हुई थी। पसीना था कि रुकने का नाम नहीं ले रहा था। उस पसीने में घबराहट, परेशानी, अपमान, दुःख, संघर्ष और झुँझलाहट का तूफ़ान था। फ्रेंच पत्रकार फ़िल्म बन जाने से बहुत खुश थे, मगर साथ ही उदास भी। लेबनानी पत्रकार से हमारी दोस्ती खाने के समय भी नहीं हो पाई। उनमें अरब ख़ून का इतना गौरव और हमारे लिए इतना तिरस्कार था कि हमने उनके वजूद को एकदम नकार दिया।

चलते समय सारे बन्दी एक बेचैन जज़्बे से मैदान में निकल आए। उनकी आँखों में जो कुछ था उसने मेरे कन्धों पर पड़ा बोझ दुगुना कर दिया।

लौटते समय एक छोटे-से रेस्तराँ में हम चाय पीने के लिए रुके। सामने सद्दाम हुसैन का बड़ा-सा पोस्टर दीवार पर चिपका हुआ था। चाय पीते हुए सबकी नज़र उसी पर बार-बार टिक जाती थी। एकाएक फ्रेंच कैमरामेन पातरिस दू तरतरे (Patrice-du-Tertre) ने बड़ी व्याकुलता से पूछा, ''सद्दाम हुसैन क्या वास्तव में अच्छा आदमी है?'' उनका प्रश्न भी जैसे उत्तर था। सब ख़ामोश रहे। कुछ ने हाथ को सिर्फ़ हवा में घुमाकर, 'पता नहीं' का इज़हार किया। दिमाग़ सोच रहे थे मगर ज़बान ख़ामोश थी। तारीख़ी शब्द नज़रों के सामने खुले पड़े थे।

पहली मई, 1983 की यह फिल्म 29 मई, 1983 को पेरिस के टी. वी. चैनेल 'टू' के 'मैगज़ीन' नामक महत्त्वपूर्ण सियासी कार्यक्रम में दिखाई गई थी। उस समय मैं पेरिस में मौजूद थी। औरत का तिरस्कार, वह भी सुना हुआ नहीं बल्कि सनद के रूप में चलचित्र द्वारा संवादों के साथ सुनकर और देखकर हंगामा बरपा हो गया था। जिस विषय को लेकर सच व झूठ आपस में गड्डमड्ड हो गए थे उसने एकाएक खुमैनी साहब को बेपर्दा कर दिया था। यह भी एक हक़ीक़त थी कि दिलेर लड़के तीन वर्ष या दो वर्ष इराक़ के बन्दीगृह में रहने के बाद भी निडर होकर ख़ुमैनी के प्रति श्रद्धा और विचारों के प्रति ठोस क़दम अपनाए हुए थे। तरुण मानसिकता का यह रूप देखकर खुमैनी साहब के प्रति आम फ्रेंच जनता में इतना आक्रोश फैला था कि टैक्सी ड्राइवरों ने दो-तीन हफ़्तों तक किसी भी ईरानी को नहीं बिठाया था, न ही रेस्तराँ में उनका आदर हुआ था। एक ऐसा भाव

और अभिव्यक्ति फ्रेंच लोगों के व्यवहार में आ गई थी कि किसी लोमहर्षक घटना को देखकर विवेक पर चोट और तथ्यहीन बातों के प्रति घृणा उपजने से होती है।

इस फिल्म ने इतना शोर मचाया कि ईरान ने मजबूरन उस फिल्म को ईरान व अन्य देशों में यह कहकर दिखाया कि यह फिल्म अमेरिका ने बनवाई है। मेंहदी तन्हाईयान का चित्र छापकर सारे पोस्टर शहरों और उनके स्कूलों में लगा दिए जिस पर लिखा था, ''बच्चे-ए-नमूने'' अर्थात ख़ुमैनी साहब को ऐसे ही समर्पित इस्लामी योद्धा चाहिए जो दुनिया के सामने नमूना बनकर रह जाएँ! नमाज़े जुमे के ख़ुत्ब (भूमिका, उपदेश) में जी भरकर मुझे बुरा-भला कहा गया और इल्ज़ाम लगाया गया कि मैं सी. आई. ए. हूँ। भारत दूतावास से कुछ समय पहले महत्त्वपूर्ण भारतीय भारतवर्ष आए। उनसे जब मिली तो उन्होंने यह सब बताते हुए (मुझे यह सब ईरान से आए पत्रों से पहले ही पता चल गया था) कहा कि मसूद रज़वी से आप क्यों मिलीं? ईरानी आपके प्रति अब''' मैं सब कुछ सुनती रही फिर बोली, ''यदि मैंने एक 'नमूना लड़का' ईरान में नहीं बल्कि इराक़ में जाकर ढूँढ़ा तो इस बात पर ईरान मुझे शाबाशी दे और आभार प्रकट करे। मैं तो एक पत्रकार के रूप में मसूद से मिली। मसूद से पहले ख़ुमैनी साहब से मिली थी मैं किसी पार्टी द्वारा ख़रीदी पत्रकार तो हूँ नहीं। मैं किसी की न होते हुए सबकी हूँ। रही भारत में मसूद रज़वी के इण्टरव्यू छपने की बात, तो हमारे यहाँ न सेंसरशिप है न ही हम ईरानी हैं।'' मेरा यह जवाब सुन कर राजदूत खलीली साहब सर हिला कर रह गये।

मेरा विषय, मेरा लेखन मुझे प्रत्येक रूप से आज़मा रहा था। अफ़वाह एक तरफ़; तो दूसरी तरफ़ एक पूरी क़ौम का दर्द, वह दर्द जो पूरे संसार को अपनी चपेट में ले रहा था। उसकी उठती आवाज़ों से मैं कान नहीं बन्द कर सकती थी।

समद बहरंगी की कहानियों के सारे पात्रों से मैं मिल ली थी। उसमें साहब अली भी था, चुक़न्दरवाला तारवर्दी भी और लतीफ भी था और इन सबसे हटकर ख़ुमैनी भी थे, जिनका नारा था, ''हमने इंक़िलाब रोटी के लिए नहीं बल्कि इस्लाम के लिए किया है।'' और ईरान का नारा था, ''रोटी, कपड़ा और मकान'' जो बाद में साम्यवादी लोगों के नारे के नाम से जाना जाने लगा। रोटी, कपड़ा और मकान वहीं रहा मगर इस्लामी इंक़िलाब के नाम पर इन्सान कटने लगे। ख़ुमैनी साहब ने साफ़ शब्दों में कहा कि यदि 40 मिलियन ईरानियों में से केवल एक मिलियन ईरानी सच्चे मुसलमान बच जाएँ तो हमारे लिए काफ़ी हैं। कूड़ा-करकट रखकर करना भी क्या है?

इंक़िलाब के आरम्भ में मैं ईरान में मौजूद थी। औरतें घर छोड़कर सड़कों पर निकल आई थीं। जवान चलते टैंकों के सामने 'मर्ग बर शाह' कह कर कूद रहे थे। पचास वर्ष का भय एकाएक काफ़ूर हो गया था। वह सारी किताबों की

पाण्डुलिपियाँ, जो तहख़ानों में छुपी हुई थीं, प्रकाशकों के यहाँ पहुँच गईं और फुटपाथ क्रान्तिकारी साम्यवादी साहित्य से भर गए। भूखे दिमाग़ों को किताबों पर टूटते मैंने स्वयं अपनी आँखों से देखा था। हर किताबों के ढेर पर समद बहरंगी की किताब अवश्य रहती थीं। समद का पोस्टर, समद की मूर्ति—लगता था समद इंक़िलाब की आत्मा है मगर 1980 के आरम्भ तक पहुँचते-पहुँचते सब-कुछ चुकने लगा। छपने और लिखने पर अंकुश फिर से घिरने लगा। किताबें जलाई और गाढ़ी जाने लगीं।

समद बहरंगी की एक-एक किताब चुन-चुन कर जलाई गई। समद के साथ बहुत सारे लेखक जलकर ख़ाक हो गए। मेरी काफ़ी किताबें वज़न अधिक होने के कारण मेरे साथ भारतवर्ष नहीं आ पाई थीं। तय हुआ था कि डाक से बाद में भेज दी जाएँगी। इस विश्वास पर मैं आधी किताबें ईरान के उस घर में छोड़ने पर राजी हो गई थी। कुछ समय तक विदेशी डाक सेवा ईरान में बन्द रही। उसी के बाद घरों में छापे पड़ने प्रारम्भ हुए। मामूली-सा काग़ज़ मिलने पर भी चाहे वह समाचार-पत्र कभी सरकार की अनुमति से छपा हो मगर हर पल बदलते सियासी सन्दर्भ में उसका इस समय पाया जाना मौत की सजा थी। घबराहट में मेरी सारी पुस्तकें जो उस घर में मालिक ने जहाँ वह धरोहर के समान रखी हुई थीं, जलाकर राख कर दीं। यह समाचार मेरे लिए किसी सदमे से कम न था। मैं एक वर्ष बाद 1981 में जब ईरान गई तो न किताबें थीं, न लेखक। प्रगतिशील लेखक संघ उजड़ गया था और सब दोबारा तहख़ानों की ज़ीनत बन गए थे। समद की कहानियाँ मुझे चाहिए थीं। कुछ कहानियों का अनुवाद मैं कर चुकी थी, कुछ का बाक़ी था। किताबों के जल जाने की ख़बर ने मुझे बहुत दुःखी किया। उसी परिवार में एक महिला थी, उसकी छोटी बहन मुजाहिद होने के जुर्म में ऐविन जेल में थी। हर जुम्मे की सुबह को वह ढेरों नाश्ता पकाकर उससे मिलने जाती थीं। उस समय वह गर्भवती भी थीं। एक दिन वह बाज़ार से लौटीं तो मुझे समद की दो किताबें देकर बोलीं—''जाने कैसे मुझे मिल गई हैं। यह न पूछिए कहाँ से मिलीं! पेट पर कपड़ा बाँधकर उसमें छुपाकर लाई हूँ।'' शुक्रिया के लिए मेरे पास लफ़्ज नहीं थे। उनके गर्भ में साँस लेते उस बच्चे ने भी समद की किताबों का अहसास किया। यही किताबें थीं जिन्हें समद कन्धे पर रखकर गाँव जाते थे ताकि नई नस्ल, अपने शहर, अपने गाँव, अपने देश को पहचाने। लगता है, आने वाली नस्लें फिर समद को छापेंगी और इस मशाल को दोबारा रोशन करेंगी।

रमादी कैम्प में क़ैद ईरानी कमसिन लड़कों ने मुझे बहुत कुछ ईरान में गुज़रा हुआ याद दिलाया। उन पर बनी फिल्म का करिश्मा यह हुआ कि ख़ुमैनी ने बानवे लड़कों को वापस लिया। अनुमान है 80 हज़ार ईरानी बन्दी इराक़ में हैं। उनका भविष्य अभी अन्धकारमय है।

एक वर्ष बाद फिर मई मास में (1984) इराक़ जाने का मौक़ा मिला। इस एक वर्ष में ईरान की सियासत और युद्ध अपनी चरम सीमा पर पहुँच चुके थे। युद्ध की पहल किसने की—इस वाद-विवाद से निकलकर मसला इस बात पर आकर रुका कि युद्ध-विराम कौन चाहता है। सद्दाम हुसैन बारह बार प्रयास कर चुके हैं। हर प्रकार की शर्तें मानने पर राजी हैं मगर खुमैनी युद्ध विराम पर विश्वास नहीं रखते हैं। ख़ुमैनी के प्रिय शिष्य शेख अली तेहरानी जो ईरान से भागकर इराक़ (इसी तरह शाह के समय में खुमैनी को ईरान से भाग कर इराक़ में पनाह लेनी पड़ी थी) आए हैं, उनसे प्रेस कान्फ्रेंस में मुलाक़ात हुई। इण्टरव्यू में उन्होंने प्रश्न का उत्तर दिया था कि "एक बार संसद-सदस्य रफ़्तसनजानी ने मुझसे कहा था कि यदि हम इराक़ पर विजय प्राप्त कर लें तो संसार में पेट्रोल निर्यात करने वाले देशों में ईरान का प्रथम स्थान होगा। संसार की अर्थव्यवस्था में हमारा महत्त्वपूर्ण योगदान होगा। तब हम कुल मिलाकर साठ मिलियन जनसंख्या वाला देश बनकर संसार में एक मज़बूत ताकत बन जाएँगे। सऊदी अरब अमेरिकन प्रभाव के बावजूद हमसे भयभीत होगा और बाकी मध्यपूर्वी देश पके अंगूर के दानों की तरह हमारे दामन पर टपकेंगे।"

बग़दाद में रोज़ अलिफ़-लैला की दास्तान की तरह इंक़िलाब और ख़ुमैनी के अत्याचार की कथा सुनाने शेख अली तेहरानी आधे घण्टे के लिए इराक़ टी. वी. द्वारा आयोजित फ़ारसी कार्यक्रम में आते थे। उसे सुनकर मन में जिज्ञासा हुई कि इसका प्रभाव 80 हज़ार ईरानी बन्दियों पर क्या पड़ रहा होगा? क्या यह कार्यक्रम देखते होंगे?

इस बार रमादी कैम्प जाने से पहले मैंने मन-ही-मन प्रतिज्ञा कर ली थी कि रूढ़िवादी, कट्टरपन्थी इस्लामी विचारों के ईरानी कमसिन बन्दियों ने यदि इस बार फिर वह नाटक खेला तो मैं बहुत सख़्त जवाब दूँगी। उन्हें क्या पता कि ईरान पिछले तीन वर्षों में कैसा तबाह हुआ है और कितने ईरानी घर से बेघर हुए हैं, विदेशों में फ़क़ीराना ज़िन्दगी गुज़ार रहे हैं!

हमारी कार जैसे ही रमादी कैम्प के दरवाज़े पर पहुँची, हमारे गाइड ने कहा "अब आप सर पर स्कार्फ़ बाँध लें।" मैंने बहुत शान्त आवाज़ में कहा—"मैं स्कार्फ नहीं लाई हूँ।" उसने व्याकुलता से कहा···"फिर?" मैंने उग्रता से उत्तर दिया—"फिर क्या? मैं हिन्दुस्तानी हूँ, जैसे हिन्दुस्तान में रहती हूँ वैसे ही वहाँ रहूँगी। उन्हें इस बार किसी आलोचना की छूट मैं नहीं दूँगी। पहले की बात और थी, तब मैं शंकित थी कि यह लड़के ईरानी हैं या इराक़ी? अब ऐसी कोई समस्या नहीं है मेरे सामने। उनकी तथ्यहीन बातों का उत्तर तर्कपूर्ण दूँगी और···"

सामने मैदान में जवान ईरानी क़ैदी फुटबाल खेल रहे थे और तेज़ आवाज़ से संगम का गाना लाउडस्पीकर पर बज रहा था, "मेरे मन की गंगा और तेरे···"

इस अकस्मात् झटके से मेरे पैर उखड़ गए। क़ुरानखानी के स्थान पर हिन्दी फ़िल्म का गाना…? यही हिन्दी फ़िल्में ईरान में दो-दो वर्ष तक एक-एक सिनेमा-घर में चलती थीं और ख़ुमैनी ने इन्हें हराम घोषित कर दिया था क्योंकि इसमें औरत की कमर खुली रहती है और गाना-नाच होता है, जो इस्लाम में हराम है। ईरान में ललित कला को दफना दिया गया था फिर यहाँ पर…यह गाना? मैं चकराई हुई अन्दर कमरे में बैठ गई। चाय आई। पुराने अफ़सर और सिपाही बदल चुके थे। सिर्फ़ डॉक्टर काकी थे जो वहाँ पर पुराने पहचान वाले बाक़ी बच गए थे। मैं वर्तमान बदलाव के प्रति वास्तव में चकित थी। अपने अन्दर की भावना का तालमेल इस नए रमादी कैम्प से मिलाने की चेष्टा में एकदम ख़ामोश बैठी चाय पी रही थी।

चाय के बाद हम बन्दियों से मिलने गए। जाने क्यों इस बार के माहौल में पिछली घुटन के चिह्न कहीं नज़र नहीं आए। लड़के, जवान, अधेड़ बन्दी बड़े सहज रूप से आते-जाते नज़र आ रहे थे। कोई हलचल, कोई दबा आक्रोश उनके हाव-भाव से झाँकता नज़र नहीं आया। महसूस हुआ उन्हें इस बन्दीगृह की आदत पड़ गई है। ख़ून का उबाल मद्धिम पड़ गया है या फिर….

"सलाम!" किसी मर्दाना आवाज़ से मैं चौंकी।

"सलाम! हाले शुमा?" मैंने आश्चर्य से भरकर जवाब दिया और पलटकर देखा। एक अट्ठारह वर्ष का लड़का खड़ा था! चेहरे पर बहुत विनम्र भाव थे। आँखों में आदर और होठों पर शब्द…"आप पेरिस गई थीं? जाते हुए हमें बताया क्यों नहीं?"

"तब मुझे पता नहीं था कि मुझे पेरिस जाना है।" मैंने चकराकर जवाब दिया।

"आप पहली मई 1983 को हमारे कैम्प में आई थीं याद है…मगर मुझे आप याद हैं…यह देखिए…" कहकर उसने प्लास्टिक में मढ़ी मेरी तस्वीर, जो अंग्रेज़ी अख़बार 'परोब' (मित्रा प्रकाशन, इलाहाबाद) में छपी थी, उसको शायद किसी अरबी या फ़ारसी अख़बार ने फिर से छापा था। उसी के द्वारा इस लड़के तक पहुँची होगी। मुझे तस्वीर देखकर कुछ समझ में नहीं आया कि यह तस्वीर इस तरह से इसकी जेब में क्यों है?

"एक साल से यह तस्वीर मेरे साथ है। आपकी तस्वीर यहाँ पर बहुत-से बन्दी रखे हुए हैं। हम तब जाहिल थे, आपको समझ नहीं पाए थे। काश…" उसके चेहरे पर एक विचित्र भाव था। मेरे मन पर उसके आदर और प्रेम के इतने कोड़े बरसे और इतनी पीड़ा हुई जितनी पिछली बार इनकी नफ़रत ने मुझे दर्द की इस पराकाष्ठा पर नहीं पहुँचाया था। यह ईरानी कभी तो मुझे चैन से जीने दें! हर चीज़ को चरम सीमा तक पहुँचाने की इनकी अनूठी ललक कैसी जानलेवा है!

"यह तस्वीर देखी? मेरी है!" मैंने भावनाओं पर काबू पाते हुए कुछ दूर पर खड़े अपने साथी पत्रकार से कहा।

जहाँ इतनी तन्हाई और अनजानापन हो वहाँ पर मैं इनके लिए अपनी हूँ। ऐसा भाव हमेशा लेखकों ने दिया था। पेरिस हो या ईरान, हर क्रान्तिकारी लेखक, कवि ने मुझे देखते ही जुल्म का ऐसा रोना रोया था जैसे मैं उनकी दवा जानती हूँ। यहाँ इस क़ैद में...मैं अगर पागल हो जाऊँ तो क्या कोई समझ पाएगा मेरी दीवानगी की वजह? एक क़ौम आपको अपना मसीहा समझने लगे तो...? दिल और दिमाग़ अहसास और जज़्बात के तूफ़ानों से फटने लगे।

इधर-उधर से आकर लड़के, जवान, अधेड़ बन्दियों ने मुझे घेर लिया और हर बन्दी यह साबित करना चाह रहा था कि उसने मुझे पहचान लिया है, पारसाल मैं यहाँ आई थी...वग़ैरह-वग़ैरह।

सामने ढेरों ईरानी बन्दी पंक्तिबद्ध खड़े थे। मालूम हुआ डॉक्टर उनके दाँतों का निरीक्षण कर रहा है। एक से मैंने पूछा।

"कैसे हो?"

"ठीक हूँ। क़ैद में रहकर आदमी कैसा होता है?" इस जवाब में सवाल को सुनकर मैं चुप रह गई। एकदम से मेरी नज़र उनके सफेद स्पोर्ट्स-जूतों पर पड़ी उन पर नीली रोशनाई से कुछ लिखा हुआ था। गौर से पढ़ा 'मर्ग पर ख़ुमैनी', 'ख़ुमैनी दज्जाल'...हैरत से मैंने सबके चेहरे देखे। ख़ुमैनी जो तेरहवें इमाम होने का दावा करते हैं, जिनके हाथों को सारी दुनिया के मुसलमान आदर व श्रद्धा से आँखों और होठों से लगाते हैं, जिनके नाम के आगे इमाम जैसा पवित्र शब्द जोड़ा जाता है, जिनकी एक आवाज़ पर हज़ारों लोग क़ुर्बान हो जाते थे, आज उनका नाम उन्हीं की इस्लामी फ़ौज के सिपाहियों के जूते पर? ईरान की तारीख़ कैसा सफ़र तय कर रही है? जूतों पर जमी मेरी नजरें उनके चेहरों की तरफ़ उठती हैं। वहाँ पर सिर्फ़ एक ख़ामोश नफ़रत की मौज थी जो बन-बिगड़ रही थी, जिनमें मेरा वजूद अपने लिए ज़मीन ढूँढ़ रहा था। यही लोग थे जो बड़ी उम्मीद से ख़ुमैनी की कार को कान्धे पर उठाए हवाई अड्डे मेहराबाद से बेहिश्ते-ज़हरा क़ब्रिस्तान तक लाए थे ताकि पेरिस से आए, इंक़िलाब के रहबर शहीदों की क़ब्र पर फ़ातेहा पढ़ सकें। ऐसे भावनात्मक माहौल में एक पत्रकार ने पूछा, "ख़ुमैनी साहब! आपको सालों बाद ईरान लौटना, वह भी इंक़िलाब के समय में, कैसा लग रहा है?"

"कुछ ख़ास नहीं।" एक ठण्डा जवाब था। वही ठण्डक आज मौत की सफ़ेदी में बदलकर ईरानी क़ौम को निगलने के लिए आतुर है। जाने कितने जवानों को इंक़िलाब निगल गया है। रफ़्तसनजानी संसद व इस्लामी पार्टी के अध्यक्ष से 1980 में लिए गए साक्षात्कार में मैंने पूछा था कि "सड़कों पर जवान बहुत कम दिखते हैं। नई नस्ल कट रही है, मुजाहिद व फ़िदाईन गुट के रूप में वह देशद्रोही व

सत्ता-विरोधी हैं और दूसरी तरफ़ युद्ध में हर दिन हज़ारों मर रहे हैं और गृहयुद्ध में इस्लामी पासदारों की शक्ल में हज़ारों बम की भेंट चढ़ रहे हैं। आख़िर यह सिलसिला कब बन्द होगा?''

''आप परेशान न हों, लड़कों के कम दिखने का कारण मरना नहीं है बल्कि देहातों में जाकर खेती करना है। शाह ने जिस जमीन को अन्न-उपजाऊ घोषित कर दिया था, उसे उपजाऊ बना रहे हैं।''

ईरान में युद्ध चाहे ईरान-इराक़ का हो या गृहयुद्ध हो, इस समय अपने अस्तित्व को बचाने का युद्ध है। उन्हें पता है जिस दिन युद्ध विराम हुआ उस दिन तख़्ता पलटा। वह उस जनता को क्या जवाब देंगे जिससे तीन वर्ष से वचन दे रहे हैं कि इराक़ से जीतना है, सद्दाम काफ़िर है, बग़दाद शियायों का धार्मिक स्थल है।

उन लड़कों व जवानों के पास से हटकर मैं आगे बढ़ी। अलीरज़ा रहीमी हमारे साथ थे। धीरे से बोले, ''ख़ानम! मैं आपसे अकेले में कुछ बात करना चाहता हूँ। मसूद रज़वी के लिए पैग़ाम भेजना चाहता हूँ।''

''अच्छा! मगर कहाँ?'' मैंने ताज्जुब से पूछा। यह वही अलीरज़ा थे जो पारसाल मेरे हर प्रश्न पर मुझे टोक रहे थे कि आख़िर आप हम क़ैदियों से ऐसे सियासी सवाल क्यों कर रही हैं? उनके टोकने पर एक जवान ने तड़पकर मुझसे कहा था, ''आप कैसी पत्रकार हैं? पत्रकार का अर्थ है किसी की बात को सुनकर वैसा ही लिखना, मगर आप तो अपने विचारों को बलपूर्वक हमारे दिमाग़ों में ठूँसना चाह रही हैं? एक क़ैदी जो मजबूर है, वह क्या जवाब दे सकता है क़ैदख़ाने में?'' आज वही अलीरज़ा रहीमी मुझ पर विश्वास कर रहे हैं?

''जब आप लोग ख़ुमैनी से इतना रुष्ट हैं तो हाथ में बन्दूक़ लेकर लड़ते क्यों नहीं हैं? शामिल हो जाइए इराक़ी फ़ौज के साथ?''

''आपने ठीक कहा है। मगर ध्यान में रखिएगा इस तर्क को कि हम ईरानी हैं। लाख ख़ुमैनी से रुष्ट सही, मगर क्या इराक़ी हम पर विश्वास करेंगे? हम इच्छा करें तो भी वह ऐसा क़दम नहीं उठाएँगे...हाँ यदि आप हमारी ज़ामिन (ज़मानत लेने वाला) बनें तो हम ख़ुदा की क़सम ख़ुमैनी के विरुद्ध लड़ने को तैयार हैं!'' मेरे कटाक्ष का उत्तर ऐसा मिलेगा मुझे गुमान भी न था। सुनकर चुप रह गई। दुनिया की सारी ताक़तें युद्ध-विराम के लिए कोशिशें करके हार गईं, ख़ुमैनी ने किसी की नहीं मानी। अब लगता है जिस दिन सारे ईरानी, ईरान में अलीरज़ा रहीमी में ढल जाएँगे, युद्ध-विराम उसी दिन हो जाएगा।

अन्दर कमरे में पाँच-छः लड़के, अलीरज़ा रहीमी जो अब रमादी कैम्प के प्रबन्धक

बन गए हैं, इराक़ी अफ़सर और इराक़ी सिपाही मौजूद थे। अजीब दोस्ती-भरा माहौल था। यही लड़के थे जो पारसाल इराक़ी सिपाहियों के हाथ झटक रहे थे, उनका कहना मानने से इनकार कर रहे थे और ख़ुमैनी प्रेम से ओत-प्रोत थे। आज लग रहा है जैसे उनका और इराक़ी अफ़सर का बाप और बेटे का सम्बन्ध हो। आख़िर यह सब है क्या? कहीं यह नाटक तो नहीं है मुझे दिखाने के लिए? कुछ लड़के तैयार करके मेरे सामने लाकर खड़े कर दिए हों ताकि बात करें। शंका से मेरा मन मस्तिष्क भिन्नाने लगा। दूसरी कुर्सियों पर बैठे लड़कों को मैंने ग़ौर से देखा। अब वह चाय समाप्त करके बड़े आराम से सिगरेट पीने लगे थे। एक के बाद एक सिगरेट···कमरा धुएँ से भरता जा रहा था। मन जाने कैसा कसैले धुएँ में घिरने लगा! मन में अपनी कड़वाहट बार-बार मुँह से निकलने को बेचैन होने लगी मगर फिर अपने को रोक लेती थी।

नमाज़े जुमे ख़ुत्बे में भावी इमाम, आयतउल्लाह मोन्तज़री ने क़ुम में बताया—"कल रात मैंने सपना देखा था कि नन्हे सिपाही मेरा दरवाज़ा खटखटा रहे हैं और मुझे पुकारकर कह रहे हैं कि शहादत के बाद भी जन्नत के दरवाज़े हम पर बन्द हैं ख़ुदारा! हमारे माँ-बाप से कहें कि यह हमारी जान की क़ीमत न लें, हमारी शहादत को हराम न करें।"

वह आवाज़ मुझे तड़पाने लगी। आँखों के सामने वह तस्वीर भी घूमने लगी जो 'सुलेमान फ़ारसी स्कूल' के क्लासरूम की 'इत्तेलात समाचार-पत्र' में छपी थी जिसमें तीन विद्यार्थी पूरी क्लास में बैठे थे और बाक़ी कुर्सियाँ ख़ाली थीं और डेस्कों पर लाल फूल की एक-एक शाख़ रखी हुई थीं। क्लास रूम के बाहर बड़ी-सी सीट पर लिखा हुआ था कि 'इस क्लास में छत्तीस विद्यार्थी थे जिनमें से तैंतीस शहीद हुए। उन माँओं को मुबारकवाद जिन्होंने ऐसे लड़के जन्मे हैं।'

मेरी सोच का दायरा सिमटने लगा। मैं फ़ौजी अफ़सर के कमरे में थी। ईंट-पत्थर की दीवारें, इराक़ की धरती और उस चारदीवारी में क़ैद ईरानी युद्ध बन्दियों से मेरा तीसरा साक्षात्कार था। मैं हालात को देखते हुए सँभलकर बैठ गई। दूर कुर्सियों पर बैठे ईरानी बन्दी सिगरेट-पर-सिगरेट पी रहे थे। चाय आ गई थी। सब ख़ामोशी से चाय पीने लग गए। कमरा सफ़ेद धुएँ से भरने लगा। मेरी आँखों में पानी उतरने लगा। इराक़ी सिपाही ने उठकर दरवाज़ा खोला। ताज़ा हवा अन्दर आई और अपने साथ धुएँ के बादलों को ले जाने लगी। संगम फ़िल्म का गाना उसी तरह बज रहा था! एकदम से रज़ा रहीमी ने कहा, "ख़ानम, आप जानती हैं ईरानी हिन्दी फ़िल्म और गाने का दीवाना है, मगर यहाँ पर सिर्फ़ एक कैसेट है। सारे दिन उसी को घिसते रहते हैं। आप हिन्दी फ़िल्में और गानों के कैसेट हमें भेज दें!"

"ज़रूर, ज़रूर···हो सका तो यहीं कुछ इन्तज़ाम करती हूँ वरना हिन्दुस्तान

से जाकर भेजती हूँ।'' इतना कहकर मैंने रज़ा रहीमी के चेहरे को ग़ौर से देखा, यही आदमी था जो मेरे इस पूछने पर कि क्या हम बच्चों को कुछ रुपए या उपहार दे सकते हैं? विशेषकर यह अनुरोध मुझसे फ्रेंच टी. वी. वालों ने किया था जिस पर रज़ा रहीमी बिगड़ गये थे, ''नहीं, नहीं, हमें कुछ नहीं चाहिए।'' मुझे महसूस हो रहा था कि यूँ समय की चाल की कोई आवाज़ सुनाई नहीं पड़ती है मगर इन्सान का दिल व दिमाग़ कैसे-कैसे लम्बे विचारों व भावनाओं के पुलों को पार करके समय को बाँधता नज़र आता है। लड़के मेरे समीप सोफ़े पर आकर बैठ गए थे। मेरे समीप बैठकर उनके चेहरे पर जो भाव था वह उस अभाव की ओर संकेत कर रहा था जैसे कि बिना माँ के बच्चों को बहुत दिनों बाद वात्सल्य मिला हो। बहरहाल बातचीत का सिलसिला आरम्भ हुआ।

''मेरा नाम आदिल ग़रीबपोर है। युद्ध में हम बसीज की ट्रेनिंग के बाद लड़ने गए थे। मगर···वर्ष बन्दीगृह में रहकर सारा भ्रम टूट गया, जिसको लेकर हम लड़ने चले थे! मेरे पिता ख़ुमैनी-विरोधी थे, आज मैं भी हूँ। ईरान को और ईरानी को किसी मौलवी ने नहीं जन्मा है बल्कि उसको इन्सानों ने बनाया है। इस्लाम को ख़ुमैनी ने नहीं पैग़म्बर मोहम्मद ने शुरू किया था। एक लाख बीस हज़ार पैग़म्बर हैं, उन पर हम सलवात भेजते रहे हैं, आज ईरान में सुबह-शाम ख़ुमैनी पर सलवात भेजनी पड़ती है, आख़िर क्यों? वह तो पैग़म्बर क्या ईरानी भी नहीं है।''

''हमारे टीचर कहते थे यदि नमाज़ पढ़ने न गए तो फ़ेल कर दूँगा। पचासी वर्ष का बूढ़ा जो न अपने आप नहा सकता है न नमाज़ पढ़ सकता है, वह क़ुरान का अर्थ क्या बताएगा और लिखेगा? यहाँ पर खिड़की के पास तन्हा बैठा रोशनी में अपने वतन को देखता हूँ जहाँ भाई है, माँ-बाप हैं, मैं उनके लिए रोता हूँ। अब आँसू भी नहीं निकलते हैं!''

''एक शराबी-जुआरी इस्लाम का नाम लेता है; रफ़्तसनजानी के भाई कौन थे? आज सबसे बड़े पवित्र मसीहा बन गए हैं! हमारे माँ-बाप चुनाव में क्यों शामिल नहीं हुए? समय सबको जगा रहा है! ख़ुमैनी अहमक़ है। इस्लामी व मार्क्सवादी देश उसकी निन्दा कर रहे हैं मगर वह कट्टरवादिता से काम ले रहा है, वह इतना बुज़दिल है कि आत्महत्या भी कर नहीं सकता है। इससे अच्छा तो शाह था। यहाँ पर सब ख़ुमैनी से नफ़रत करने लगे हैं।''

''अलीशेख़ तेहरानी भी मौलवी हैं, क्यों खुमैनी के विरुद्ध हैं? जानते हैं कि यदि आज ख़ुमैनी के इस्लाम का साथ दिया तो कोई भी उनका आदर नहीं करेगा। वह सब कुछ छोड़कर ईरान से बाहर आ गए हैं।''

''मैं मंसूर दहक़ानी हूँ—इन आँखों ने बहुत कुछ देखा है। इस्लाम का जब युद्ध हुआ था तो हज़रत अली सबसे आगे थे मगर इस्लाम के नाम पर होने वाले इस युद्ध में हमें सबसे आगे भेजा, आख़िर क्यों? ताकि ईरानी नस्ल जड़ से उखड़

जाए। क्या हम इन्सान न थे? हमारा पेट्रोल मुफ़्त इराक़ी विरोधी और साम्राज्यवादी देशों को बाँटा जा रहा है आख़िर क्यों? फ्रांस में मस्ती से रहे और आज हमारे इमाम बनते हैं? हमसे कहा गया था—आगे बढ़ो, मारे गये तो जन्नत मिलेगी, बच गए तो दोबारा शहादत की तैयारी करनी है। अपने बच्चों को क्यों नहीं भेजते हैं? सारे समझदार लड़कों को इस युद्ध में मरवा दिया है हमसे कहते थे सद्दाम काफ़िर है, वह सब झूठ था। कल तक जो मौलवी सिर्फ़ क़ुरान व नमाज़ पढ़ता था आज सियासत कर रहा है। यदि इराक़ तबाह हुआ तो उसे बचाने अरब देश आगे बढ़ेंगे, ख़ुमैनी का साथ कोई नहीं देगा। मेरा मन ईरान लौटने को बहुत चाहता है मगर इस ईरान में नहीं, नए ईरान में, जो हम बनाएँगे।''

हमीद रज़ाई, पन्द्रह वर्ष का लड़का, जो अन्य लड़कों की तरह तेज़ी-से सिगरेट पी रहा था। सारे लड़के फ़ारसी में बात करने के कारण बेहद भावुक हो उठे थे। हमीद बोला, ''हम ख़ुमैनी को ख़ुदा समझते थे..तेरह साल की उम्र में बसीज में स्कूल से निकालकर डाला। आज मैं पन्द्रह वर्ष का हूँ, डॉक्टर बनना चाहता हूँ, मगर इस एक साल का हिसाब किससे माँगूँ—क्या मेरी क़िस्मत यही थी?''

''किस इस्लाम और धर्म में बच्चे और लड़के युद्ध में भेजे जाते हैं। हम युद्ध नहीं चाहते, ईरान में सिर्फ़ औरतें और लड़कियाँ बची हैं। यदि ख़ुमैनी इमाम हैं तो क्यों ईरान में पैदा हुए? सारे पैग़म्बर व इमाम अरब धरती पर जन्मे हैं। हमें शरम आती है अपने को मुसलमान कहते हुए क्योंकि ख़ुमैनी अपने को मुसलमान कहता है। शाह ज़ालिम था—उसके विरुद्ध विद्रोह किया था, मगर आज लगता है वह अच्छा था। ज़ालिम था, चार मारता या साल में सौ मारता था मगर यह तो हर दिन पाँच सौ लोगों को मारता है। तीन सौ मौलवियों ने इस्लामी क़ानून के द्वारा युद्ध-विराम के लिए कहा उसे ख़ुमैनी ने 'शैतानों की बैठक' कहा। क्या यह इस्लाम व मौलवियों की तौहीन नहीं है? क्या सिर्फ़ ख़ुमैनी ही सच्चे मुसलमान हैं?''

''आपका कहना सही है। यदि हम ईरान लौटते हैं तो फिर वह हमें बन्दूक़ थमाकर कहेगा लड़ने जाओ, हम युद्ध नहीं चाहते हैं। एक शरबत का गिलास पिलाकर कहते हैं तुमने 'शहादत का जाम' पिया है—एक कुंजी देकर कहते हैं जन्नत की कुंजी है। सब बेकार की बात थी। रेडक्रॉस से इनकार कर दिया और हमें वापस नहीं लिया। क्या मैं इसराइली था जो मुझे इराक़ से वापस न लिया? मैं ईरानी था, ईरानी स्कूल से पासदारों ने मुझे उठाया था, यदि आज हिटलर ईरान में होता तो ख़ुमैनी से बेहतर होता। कम-से-कम वह अपनों को तो न मारता। घर से ख़त आता है तो सिर्फ़ एक ख़बर—फलां मारा गया, फ़लां शहीद हुआ। ख़ुमैनी ने क़ब्रिस्तान आबाद किया है। वह शाह को ज़ालिम कहता था पर स्वयं ज़ालिम है। जवान लड़कियों के साथ जेल में क्या होता है? मरने से पहले पासदार

उनसे सीग़ा (समय अनुबन्ध विवाह) करता है, जब वह सुबह मार डाली जाती है तो वह उनके घर जाकर उनकी माँ को तुमान देकर कहता है—लो यह 'मेहर' कल मैंने तुम्हारी लड़की से सीग़ा किया था। यह कौन-सा इस्लाम और उसका क़ानून है?''

''यदि इमाम और इस्लाम यही है तो हम न इस्लाम चाहते हैं न इमाम। हम दो हज़ार क़ैदी युद्ध के विरोधी हैं।''

हमीद का गला भर गया था। बड़ी मुश्किल से उसने आँसू पीकर मुझे बदन पर पड़े चाक़ू के निशान दिखाए जो उसके ईरानी साथी क़ैदियों ने उस पर वार किए थे। ''ऐसे जाहिल अभी हमारे बीच हैं जो सिर्फ़ ख़ुमैनी की कट्टरवादिता पर विश्वास रखते हैं, उन्हें भी हमें झेलना है।''

पास बैठा लड़का बड़ी देर से व्याकुल था। उन सबको मेरे पास बारी-बारी से बैठना शायद इसलिए भी अच्छा लग रहा था कि बहुत दिनों बाद उन्हें माँ या बहन और घर की ख़ुशबू का अहसास हुआ था।

अली असगर चौदह वर्ष के लड़के ने झुँझलाकर कहा, ''आख़िर यह जंग क्या समस्या बन गई है! हरदम सुनो जंग...जंग...विजय..हम जंग चाहते नहीं हैं। जो जंग चाहते हैं वे भी अब समझ गए हैं कि अधिक समय तक उनका प्रभाव नहीं रहेगा। सब कुछ समाप्त होगा...मैं ख़ुमैनी को कहाँ पहचानता था, न देखा था। एक दिन स्कूल में पासदार आए, हमसे कहा जंग पर जाना है। सुनकर मैंने कहा...बन्दूक़ चलाना कहाँ आता है? इनका उत्तर था...सिखा देंगे। जब हमारे हाथों बन्दूक़ आई तो ख़ुशी का ठिकाना न था। आप जानती हैं लड़कों की मानसिकता युद्ध को लेकर क्या होती है।....आज जबकि सब कुछ साफ़ है दिमाग़ में, तो मैं जेल में बन्दी हूँ।''

वातावरण काफ़ी बोझिल हो उठा था। अलीरज़ा रहीमी ने अपनी कापी से कई शे'र सुनाए जो ख़ुमैनी के ज़ुल्म के विरुद्ध थे। उन्होंने मुझसे कहा कि मैं उनकी आवाज़ ईरानियों व संसार के लोगों तक पहुँचाऊँ जो हम सह रहे हैं उसे वह जानें तो!

''ईरानी! अपने बच्चों को युद्ध में न भेजो, वह कल के ईरान की ज़रूरत हैं, वह कल की व्यवस्था के चरखे हैं। जो जन्नत ख़ुमैनी ने बनाई है यदि वह सच है तो उसमें वह अपने बच्चे भेजें और कर्बला का सफ़र करें। क्या सारे मौलवियों के बच्चे नहीं हैं?''

''मैं स्कूल-टीचरों से विनती करता हूँ कि तुम्हारा काम इल्म देना है, तुम बच्चों को ख़ूँख़्वारी का सबक़ सिखाते हो। कल तवारीख़ क्या लिखेगी कि ईरानी टीचरों ने मासूम पाक जज़्बातों से फ़ायदा उठाकर उन्हें आतंकवादी बनाया था? पेट्रोल पर हम पैंतालिस मिलियन ईरानियों का हक़ है, वह हक़ सिर्फ़ बन्दूक़ और

टैंक की ख़रीदारी नहीं बल्कि ईरानी की आबादी व उन्नति पर ख़र्च होना चाहिए। हमें मार्क्सवाद से नफ़रत दिलाते हैं स्वयं कोरिया से हथियार ख़रीदते हैं!

हम युद्ध नहीं चाहते क्योंकि हमारा क़िबला एक है
हमारा क़ुरान एक है
हमारा पैग़म्बर एक है

इस क्यों का ख़ुमैनी हमें जवाब दें कि वह क्यों मुसलमान देश पर हथियार उठवाते हैं नाज़ी सरकार के विरुद्ध ईरानियों को खड़ा होना चाहिए क्योंकि इस्लाम के पर्दे से ख़ुमैनी स्वयं काफ़िर, धोख़ेबाज़ वतन को बेचने वाला और फ़ासिस्ट है।''

रमादी कैम्प से निकलकर महसूस हुआ कि पिछले पाँच वर्षों से ख़ुमैनी ने किसी भी विश्व शान्ति संस्था का कहना नहीं माना है, एक बेजा हठ का बीज बोया है। हर देश में उसने इस्लाम के बिसात के नाम पर फ़साद का बीज बोया है। स्वयं मौलवियों में आपसी मनमुटाव है। हुज्जती नाम का मौलवी-गुट ख़ुमैनी की आरम्भ से आलोचना कर रहा है कि ख़ुमैनी शिया क़ानून के विरुद्ध 'विलायत फ़क़ीह' बने हैं। (शियायों में विलायत फ़क़ीह अर्थात् किसी भी देश या क़ौम का सबसे बड़ा आदमी जिसके हाथों में धर्म की बागडोर होती है।) उसके लिए कुछ धार्मिक बुद्धिजीवियों का चुनाव जनता करती है और ये लोग फिर 'विलायत फ़क़ीह' का चुनाव करते हैं। मगर ख़ुमैनी बिना चुनाव के तो आए ही, धर्म की सत्ता के साथ ही ईरान की सत्ता को भी अपने हाथों ले लिया जो वास्तव में उचित नहीं है। धर्म की दृष्टि से यह पूर्णरूपेण क़ानून का उल्लंघन है। मगर इन बातों—इन तर्कों को सुनने का समय ख़ुमैनी के पास नहीं है। समय है तो इस बात के लिए कि वह अपनी सत्ता का झण्डा धर्म की शक्ल में सारी दुनिया के ऊपर गाड़ सकें।

ईरानी बन्दियों का मुझे अमेरिकन मुसलमान कहना, फिर मेरी तस्वीरों को प्लास्टिक में मढ़कर जेब में रखना। उन बदलते सियासी सन्दर्भों की सूचना है जो उनके दिमाग़ में करवट बदल रहे हैं।

लौटते समय उन लड़कों ने इस तरह से मुझसे फ़रमाइश की थी कि मैं उसे किसी क़ीमत पर टाल नहीं सकती थी। एक ने ज़ंजीर माँगी थी गले में पहनने के लिए, दूसरे ने फुटबाल और तीसरे ने···उनकी फ़रमाइशों को सुनकर अलीरज़ा चिढ़ गए और ज़ोर से डाँट लगाई। उसकी परवाह किए बिना उनमें से एक ने कहा ''भूलिएगा नहीं···ख़त लिखेंगे..'' एकदम से एक हाथ आगे बढ़ा और उसने मुझे एक उपहार पेश किया, ''यह मैंने स्वयं बनाया है—छोटी-सी-मछली···'' उसकी सफ़ेद हथेली पर एक काली छोटी मछली रखी हुई थी। मैं एकदम चौंक पड़ी।

''कहाँ से मिली?'' मुझे समद की कथा काली छोटी मछली ने घेर लिया।

''मैंने स्वयं पत्थर से बनाई है, लीजिए न?''

ख़ुमैनी की इच्छा है मरने के बाद वह नजफ़ में दफन हों मगर उनको ज़िन्दगी में नजफ़ ईरान का हिस्सा हो तभी! उन्होंने कहा था कि ''मैं अब ज़्यादा दिन नहीं जी सकता हूँ।'' इस पर युद्ध में शिद्दत आई थी। दोनों देशों के बीच फँसे कमसिन लड़के जैसे समय का दर्द बनकर रह गए हैं।

क़ुरान शरीफ (223) में आया है कि ''औरतें तुम्हारी खेतियाँ हैं।'' मगर आज उस खेती के दाने बिखर रहे हैं। फ़सल बर्बाद हो रही है। नई नस्ल के नाम पर ईरान के पास क्या बचा है? किसी भी देश की ख़ुशहाली वहाँ की आबादी है वीरानी नहीं। ईरान को देखकर लगता है कि मीर अनीस का यह शे'र यूँ पढ़ा जाए जो ईरानी परिवार की सच्ची तस्वीर को दिखाता है :

'सन्दल से माँग, बच्चों से गोदी ख़ाली रहे।'

काली छोटी मछली पुस्तक : 1985

खण्ड : आठ

आठवीं यात्रा

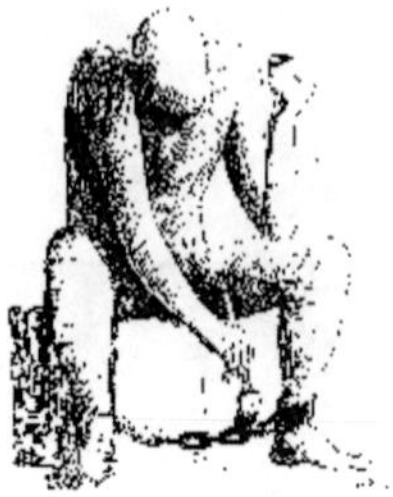

- पेरिस : ईरानी इंक़िलाब का दूसरा पड़ाव
- पेरिस : एक शहर जहाँ बुद्धिजीवी हैं, क्रान्ति के सपने हैं, और वेश्याएँ हैं

पेरिस : ईरानी इंक़िलाब का दूसरा पड़ाव

पेरिस हवाई अड्डे पर पहुँचकर एक गहरा झटका लगा। ईरान में सर से पैर तक ढकी औरतों को नज़रें देखने की इतनी आदी हो चुकी थीं कि यहाँ पर स्कर्ट में घूमती औरतें एक अजीब भय का संचार मेरे अन्दर कर रही थीं। ईरान के हवाई अड्डे पर हुए अनुभवों से सचेत बार-बार मैं सिहर उठती थी कि मैं साड़ी पहने बाल खोले पूरी आज़ादी से बिना स्कार्फ़ और मान्तों के खड़ी हूँ फिर ख़ुद मन ही मन ही हँसती कि फ़िलहाल पेरिस में हूँ और क्यों पुराने अनुभव दोहरा रही हूँ।

हवाई अड्डे से बाहर निकली तो प्राकृतिक छटा ने उमर ख़य्याम की रुबाइयों पर बनी पेंटिंग की याद दिलाई। हरे घने पेड़ों की शाखें, मख़मली घास के मैदानों को चूम रही थीं। नीले आसमान पर गर्दन उठाए पत्थर की अनेक मूर्तियाँ पूरे दृश्य को कलात्मक रंग दे रही थीं। मुझे याद आया कि जब इराक़ गई थी और प्रसिद्ध संगीतकार मुनीर बशीर अपने संगीत स्कूल ले गए थे जहाँ सफ़ेद रंग और लाल गाल वाले बच्चे हँसते खिलखिलाते भाग रहे थे, उस समय भी मुझे महसूस हुआ था कि क्या मैं हँस सकती हूँ। उस दिन कई वर्षों बाद दुःख की छाई अमूर्त बदली जाने कहाँ छटक गई थी। इस समय भी जली किताबों, ज़ब्त की पाण्डुलिपियों और खोये हुए दोस्तों एवं शहीद जवानों के दुःख को मैं अपने अन्दर से गुम होता देख रही थी। एक उमंग पूरे वजूद में फैल रही थी कि यहाँ पर ललित कला एवं साहित्य पर, ज़बान और बयान पर कोई अंकुश नहीं है।

बूँदाबाँदी स्काटलैण्ड की याद दिला रही थी। होटल बेलफ़ास्ट का कमरा ठीक था। अंग्रेज़ी की जगह फ्रेंच को इशारे से समझना था। इंग्लैण्ड में तीन वर्ष रहने का फ़ायदा यह हुआ कि कोई ख़ास परेशानी महसूस नहीं हुई। शाम को मुजाहिदीन नेता मसूद रज़वी से मुलाक़ात का समय लिया जो आसानी से मिल गया, जिससे मानसिक तनाव कम हुआ और वहीं होटल की लाबी में बैठ मैंने कल दोपहर की मुलाक़ात की तैयारी में अपने साथ लाए प्रश्नों को फिर से देखना शुरू कर दिया।

दूसरे दिन टैक्सी से स्टेशन पहुँची और वहाँ से ट्रेन लेकर मसूद रज़वी के घर की तरफ़ चली। सब कुछ सपने जैसा लग रहा था। ट्रेन, पेड़, लोग सुन्दर और शांत कहीं कोई विलाप कोई चीत्कार कोई मुठभेड़ नहीं थी। पते पर मेरी नज़र

थी। ट्रेन से उतरकर मैंने टैक्सी की और मसूद रज़वी के घर पहुँची, फ्रेंच सुरक्षा बल का कड़ा पहरा था। कदम-कदम पर चेकिंग हुई और फिर बड़े मैत्रीपूर्ण सम्मान के साथ मुझे मसूद रज़वी के कमरे में पहुँचाया गया। लम्बी बातचीत के बाद मेरी वापसी जहाँ मुझे असीम सुख दे रही थी वहीं मुझे चिन्ता सता रही थी कि मुझ से नाराज़ कठमुल्ला वर्ग इस मुलाक़ात के बाद और रुष्ट हो जाएगा। साथ ही लिब्रल विंग वाले एवं साम्यवादी कुछ समुदाय मेरे इस साक्षात्कार और मुलाक़ात को मन से सराह नहीं पाएँगे। मन को तसल्ली देती हूँ कि काम करना है तो सम्बन्ध का मोह छोड़ना पड़ेगा। वे मेरे अपने सगे नहीं। मैं उनकी पार्टी में नहीं। उनके लिए काम नहीं कर रही हूँ। उनके विरुद्ध षड्यन्त्र नहीं रच रही हूँ फिर कैसा अस्वाद? मैं पत्रकार हूँ। मुझे सबसे मिलकर सच को सामने लाना है यदि मुझे ईमानदार रहना है।

रात को खाने के बाद शांजालिज़ा की तरफ़ टहलती हुई निकलती हूँ। सड़क पर खुली फ़िज़ां में बने रेस्ट्रां एक आज़ाद अभिव्यक्ति की तरह आकर्षित करते हैं। वहाँ बैठकर कहवा पीते हुए दूसरे दिन का कार्यक्रम बनाती हूँ। पूर्व राष्ट्रपति बनीसद्र से भी इण्टरव्यू का टाइम माँगा है। पूर्व प्रधानमन्त्री शाहपोर बख़्तियार को फ़ोन करना है। कई लेखक, गौहर मुराद, मीर फ़ितरूस, कवि नादिर पोर, सियासी गुटों से भी मुलाक़ात बहुत ज़रूरी है। सारा कार्यक्रम बनाकर मैं होटल में लौट फ्रेंच पत्रकार फिलिप शांतले को फ़ोन करती हूँ। पेरिस में हमने मिलकर 'रमादी कैम्प' पर फ़िल्म बनाई थी जिसमें ईरानी युद्ध बच्चों, लड़कों के इण्टरव्यू थे।

कई ईरानी क्रान्तिकारी जवानों ने ज़िलावतनी में फ्रेंच लड़कियों से प्रेम विवाह कर लिया था। फ्रांस और ईरान का सम्बन्ध बहुत पुराना है। पढ़े-लिखे ईरानी की दूसरी भाषा फ्रेंच मानी जाती है। शामलू के अतिरिक्त जाने कितने कवियों एवं लेखकों का गहरा सम्बन्ध फ्रेंच साहित्य से रहा है। इन क्रान्तिकारियों के द्वारा फ्रांस की आम ज़िन्दगी एवं इन्सानों की मानसिकता एवं मनोविज्ञान का जो विश्लेषण मुझे मिलता था उसने बहुत कम समय में पेरिस के वातावरण एवं वहाँ के लोगों से मेरा गहरा आत्मीय सम्बन्ध बना दिया जो किसी तरह सम्भव नहीं हो सकता था। बहरहाल मैं पूरी तरह इण्टरव्यू, विवेचना एवं मुलाक़ातों में उलझ गई थी। मौलवियों का खुलापन भी देखा जो शाह समर्थक एवं विरोधी होने के बावजूद खुमैनी शत्रु थे। उन्हें इस्लामी गणतन्त्र सरकार की गतिविधि पर सख़्त एतराज़ था।

ईरान के प्रसिद्ध नाटककार गौहर मुराद जिनसे मैं ईरान में मिल चुकी थी। यहाँ पर उन्हें मैंने बहुत टूटा पाया। उनकी एक ही शिकायत थी कि उन्हें वहीं ईरान में रहना चाहिए था जहाँ अहमद शामलू गुमनामी की ज़िन्दगी जी रहे हैं। यहाँ पर आकर न रहने का ठिकाना है न लिखने का एक अपमानजनक स्थिति

में रोज़ मरना पड़ता है। गौहर मुराद लेखक के साथ मनोवैज्ञानिक भी थे। एक डॉक्टर कैसे मर रहा था। उसकी आत्मा की थकान देख मन विद्रोह पर उतर आया था कि यह कैसी सरकार है जो अपने बेहतरीन दिमाग़ों को केवल वक़्ती सियासत पर क़ुर्बान कर रही है?

फ्रांस में मेरी तरह के लेखक, पत्रकार, डायरेक्टर, डॉक्टर थे जो किसी न किसी रूप से ईरान से वाबिस्ता थे। कुछ फ़िल्में देखने का मौक़ा मिला। कुछ किताबें थीं, पत्रकारों के लेख थे। सब-के-सब फ्रेंच भाषा में होने के बावजूद एक अहसास दे रहे थे कि फ्रांस जिसने छः नोबेल पुरस्कार जीते उसके बुद्धिजीवी अवश्य ही अपने समय के प्रति बहुत जागरूक हैं वरना उन्हें किसी अन्य देश पर अपनी कला-साहित्य के जौहर दिखाने का क्या अर्थ? कितने डॉक्टर कुर्दिस्तान इराक़ के रास्ते जाकर वहाँ के घायलों की सेवा निःशुल्क करके चले आते हैं। उनके लिए यह काम करना एक ऐसी ज़रूरत थी जो ज़िन्दगी की बुनियादी आवश्यकताओं में से एक थी।

जिस दिन फ़िलिप की वह फ़िल्म पेरिस में दिखाई गई। क्या हंगामा था। एक तरफ़ उसे धमकी मिल रही थी दूसरी तरफ़ शाबाशी। उसके दफ़्तर में बैठी मैं उसको बदहवासी से फ़ोन रखते उठाते देख रही थी। मेरे दिल में हसरत ने सर उठाया कि मेरे इस कारनामे की ख़बर न मेरे देश में किसी को होगी, अगर हुई भी तो उसके महत्त्व को समझने वाला कौन होगा? कुछ लोगों ने मुझे बायकॉट करने की गैर-बौद्धिक हरक़त भी यह कह कहकर की थी मुझे क्रान्ति पर लिखने और ईरान के बारे में इतनी सूचनाएँ जमा करने की क्या ज़रूरत है?

फ्रांस का इतिहास और वर्तमान दोनों ही बहुत प्रोवोकेटिव हैं। सड़कों के किनारे नुक्कड़ नाटक का ही मंचन नहीं होता है बल्कि गायक, संगीतकार, कवि, चित्रकार भीड़ जमाकर अपने आन्तरिक संसार को दूसरों के सामने अभिव्यक्त कर एक असीम सुख को प्राप्त करता है। जिसको देखकर ईरानी बुद्धिजीवी कहीं गहरे आहत होते थे। लूर म्यूज़ियम जाकर उन्हें अपना बहुत कुछ याद आने लगता था विशेषकर यह सन्दर्भ कि हिजबउल्लाहियों के डर से लूर ने अपना ईरानी चित्रकला का प्रभाग बन्द कर रखा है।

ईरान क्रान्ति ने कई पर्तों में लोगों को दर-ब-दर किया था। उसमें साम्यवादी, लिब्रल, मुजाहिदीन एवं शाह समर्थक बुद्धिजीवी और पूँजीपति थे जिनका कारोबार लगभग चौपट हो चुका था। शाह का स्वयं का परिवार बिखर चुका था। पूरा संसार एक विचित्र रूप से ईरानी क्रान्ति से प्रभावित हुआ था। फ्रांस टी. वी. के कई चैनल विस्तार से विदेश को सियासी, सामाजिक एवं साहित्यिक मुद्दों पर सूचनाएँ देते थे जिनको देखकर लगता था कि इंग्लैण्ड अपने शोध के लिए प्रसिद्ध है, मगर फ्रांस का विस्तार गज़ब का है। ख़ुद मैंने भारत पर बहुत महत्त्वपूर्ण डाकूमेण्टरी

देखी। यह सारा तामझाम देख ईरानी बुद्धिजीवी वर्ग की आँखों में एक विशेष चमक कौंधती थी जिसमें आशा और निराशा एक साथ लपकती थी। उनके पास पेट्रो डालर था। धरती ख़निज पदार्थों से भरी थी। दिमाग़ विद्या से मगर ग़लत व्यवस्था की जकड़न ने उन्हें विकसित देश की पंक्ति में लाकर खड़ा करने की जगह उन्हें लगभग सौ वर्ष पीछे धकेला है।

पेरिस और ईरानी मिजाज़ काफ़ी मिलते हुए हैं। शायद इसी कारण ईरान से बुद्धिजीवी वर्ग यहाँ पनाह गुज़ीर हुआ। मुझसे गौहर मुराद ने कहा था कि मन भारत आने का बहुत है मगर वहाँ सुरक्षा का बन्दोबस्त पेरिस जैसा नहीं होगा और हम एक दिन भी सुरक्षित नहीं रह पाएँगे वरना उस धरती पर सिज़दा ज़रूर करता। पेरिस में बुद्धिजीवी वर्ग जिस परेशानियों में रहता है वह वाकई शोचनीय है मगर इंक़िलाब का यह दूसरा रुख़ कहीं से थका नहीं लगता बुद्धिजीवियों को ईरान लौटने की आशा है।

नई दुनिया (उर्दू), 1985

पेरिस : एक शहर जहाँ बुद्धिजीवी हैं, क्रान्ति के सपने हैं, और वेश्याएँ हैं

पेरिस आए पंद्रह दिन गुज़र गए थे, पेरिस में रहकर केवल ईरानियों से मुलाकात होती रही, इंक़िलाब दर इंक़िलाब की बातें, फ्रांस की शराब, शबाब, इसका अहसास नहीं जागा था, कि मैं दुनिया की सबसे सुन्दर सरज़मीन पर हूँ, जहाँ के हुस्न से प्रभावित होकर हिटलर के बम भी ठिठक गए थे।

इस सजीले और सलीक़े के शहर से मेरा पहला परिचय उस दिन हुआ, जिस दिन ईरानी जेल से भाग कर आए प्रसिद्ध ईरानी कवि, लेखक और साम्यवादी समुदाय 'राहेकारगर' के अध्यक्ष श्री हसन हस्साम से मेरी मुलाक़ात हुई, अन्य ईरानी बुद्धिजीवी इनके घर पर मेरा इन्तज़ार कर रहे थे, इसलिए फ्रांस की भूमिगत ट्रेन का सफ़र करते हुए जब हम ऊपर सड़क पर आए, तो हसन हस्साम ने एकदम से माफ़ी माँगते हुए कहा, "यही जगह मिली है रहने को, सस्ती है, दो कमरे हैं, हम सबका गुज़र हो जाता है, वैसे लेखक होने के नाते आपको यह जगह देखनी t : j pkfg, '''ख़ैर, यह काम हमारा रहा," मैं कुछ भी समझ न सकी कि वह किस बात का संकोच और आग्रह एक साथ कर रहे हैं।

सड़क पुरानी और पत्थर की थी, इसलिए आँखें पैर और पत्थर को देखती बढ़ रही थीं, गली में मुड़ने से पहले नज़र उठाई तो ठीक सामने क़देआदम औरतों की नंगी तस्वीरें थीं, ठिठकी और झिझककर आगे बढ़ी, गली में पीली रोशनी फैली थी और रास्ता बेहद ऊबड़-खाबड़ था, बहुत सँभलकर जब चलती हुई एक दरवाज़े के सामने रुकी, तो हसन ने फिर माफ़ी माँगी, जीना स्याही में डूबा हुआ था, लिफ़्ट काम नहीं कर रही थी, हसन हस्साम की जेब में न माचिस थी, न लाइटर, टटोलते हुए हम चौथी मंज़िल पर पहुँचे और घंटी बजाई, दरवाज़ा खुलते ही ईरानी प्रगतिशील लेखक संघ के कई प्रसिद्ध लोगों को सामने खड़े पाया।

मैं हसन हस्साम की बातों का अर्थ समझ गई थी। इस पेरिस के आसपास के ख़ूबसूरत नन्हे-मुन्ने देहातों में बड़े-बड़े घरों और फ्रेंच पुलिस सुरक्षा में सियासी नेताओं से मिल चुकी थी। जहाँ पर मेरी जामा तलाशी ली गई थी, मेरे टेप और

कैमरे का मुआयना हुआ था। मैं उन सबकी हालत को देखकर कहती भी क्या? एशिया के सभी देशों में सबसे हेय दृष्टि से देखा जाने वाला वर्ग लेखक वर्ग है, फिर दूसरों से आशा और शिकवा क्या?

लौटते समय उस मोहल्ले की छटा ही निराली थी। सड़कें रोशनी के जलप्रपात गिरा रही थीं और रेस्तरां ग्राहकों से उबल रहे थे। तंग फुटपाथ भीड़ को जैसे उगल रहे थे। मेरे मन में कई सवाल थे, जहाँ पर सैक्स को इतनी स्वतंत्रता हो, वहाँ पर पिगाल जैसी जगहें किस लिए और किस तरह के भविष्य के इन्तजार में हैं? राह चलते हुए अपने लिबास को नीचा करके अंग प्रदर्शन से मक़सद क्या है? फ्रांस तो आज़ादी का मुल्क है, यह इलाक़ा ललित कला व साहित्य का केन्द्र भी तो है, फिर…?

मेरी टैक्सी ड्राइवर महिला है। हर उँगली में अँगूठी है, बालों में क्लिपें रंग-बिरंगी और कानों में बुंदे, गले में बेशुमार हार। मुँह बड़ी तेजी से चुईंगम चबाने में व्यस्त है। पास की सीट पर एक काले रंग का छोटा-सा कुत्ता सो रहा है।

"यह कुत्ता मेरे पास दस साल से है। मेरे काम और तन्हाई का साथी। इस के बिना मैं पल भर भी नहीं रह सकती हूँ। अभी घर जाऊँगी तो रात के ग्यारह-बारह बज जाएँगे। पति का मूड उखड़ा होगा। इतनी रात गए…ऊँह…!"

"फिर इतना काम क्यों करती हैं? क्या घर में शान्ति आवश्यक नहीं है?" मेरा प्रश्न परिचहर ने टूटी-टूटी फ्रेंच में दोहराया।

"घर की शान्ति से अधिक रुपया महत्त्वपूर्ण है। तीन हज़ार फ्रांक जो उस की तनख़्वाह है, उसमें पेरिस जैसे शहर में कैसे रह लूँगी? घर का किराया, लड़के का ख़र्च और खाना मज़ाक़ नहीं है।"

"फ्रांस में बढ़ती औरतों की स्वतंत्रता के बारे में आपका क्या ख़्याल है, विशेषकर पिछले हफ़्ते जींस के विज्ञापन पर जो दो प्रकार के प्रदर्शन हुए थे?"

"यह सिर्फ़ चंद औरतों की तेज़ तर्रार अभिव्यक्ति है, वरना मेहनतकश औरतों को न इन बातों में कोई रुचि है, न समय है।"

मेरी दोस्त पैलेट एक ब्रिटिश आफ़िस में ऊँचे पद पर हैं। उनके घर की ख़ुशहाली देखकर एक दिन कह देती हूँ कि, "यह घर है जहाँ गृहस्थी का सुख दिखा, ख़ुदा इसे क़ायम रखें।"

"मगर कब तक? फ्रांस में आठवाँ और नवाँ साल शादी के लिए बहुत बड़ा ख़तरा है, क्योंकि वे साल होते हैं जब विवाह टूटते हैं, और मेरा यह नवाँ

साल है।''

पैलेट की आँखों में एक घुटन भरे ख़तरे को पढ़कर मैं नज़रें झुका लेती हूँ। जाने क्यों, उसकी बात से उदास हो जाती हूं। फ्रांस में घर टूट रहे हैं। इमारतें बन रही हैं, दिमाग़ पनप रहे हैं, भावनाएँ बिख़र रही हैं।

आज छुट्टी का दिन है, मगर पेरिस की चहल-पहल में कोई कमी नहीं आई है, खिली धूप में यूरोप क्या, सारा संसार पेरिस में उमड़ा पड़ा है। तरह-तरह के लोग, तरह-तरह की वेशभूषा। सड़क के किनारे के रेस्तरां भरे हुए हैं। रंग बिरंगे शरबत और शराबों के जाम छोटी-छोटी मेज़ों पर सजे हैं, लोग सिप ले रहे हैं और सामने तमाशा दिखाते जवान लड़के-लड़कियों की फैली झोली में सिक्का डाल रहे हैं। खुशी है, मस्ती है, मगर ये सारे अहसास पल भर के लिए जम जाते हैं। कोई मायूस बूढ़ा या कमर से दोहरी बुढ़िया सामान का झोला उठाए गुज़र जाती है, पर शौंजालिजा पर बिखरे नौजवानों के पास फ़ुर्सत नहीं कि चुंबनों की लज़्ज़त से निकल कर उसे सड़क पार करा दें या मोटर साइकिल की रफ़्तार कम कर दें। ख़ामोश सड़क पर अपने से बातें करतीं अधेड़ औरतें और तन्हा घूमते बूढ़ों को देख कर तब लगता है कि ज़िन्दगी वास्तव में क्या है?

''परिचहर, जब से मैं हूँ, जाने कितनी लड़कियों को सड़क पर बड़े आराम से रोते गुज़रते देखती हूँ, उसे सँभाले कभी अन्य लड़कियाँ तेज़ी से रास्ता पार करती हैं या फिर वह तन्हा…?''

''फ्रांस तो ट्रेन है। तुम गाड़ी में बैठी हो, यह लड़कियाँ प्रेमियों से ठुकराई गई होती हैं, जो रोने के बाद हल्की हो कर किसी और की दोस्त बन जाती हैं, हमें आश्चर्य होता है, मगर इनका ख़ून सर्द है और हमारा गर्म।''

'नौट्रेडेम' गिरजाघर है, जहाँ की एक-एक पत्ती फूल कला का नमूना है। एक अँधेरी ख़ुशबू झिलमिलाती मोमबत्तियों के बीच फैली है। एक-एक चित्र जैसे शोध का विषय हो, बाहर निकलते हुए पैलेट बताती है, ''देखो, यहाँ गुनाह का इक़रार होता है।''

''यहाँ फ…फ्रांस में…गुनाह?''

''इसमें आश्चर्य की क्या बात है?''

''इस स्वतंत्र देश में गुनाह क्या है?''

''हर इंसान कुछ न कुछ गुनाह तो करता है न?''

मैं बहुत अधिक बौखला सी गई। जो हमारे यहाँ गुनाह है, वह तो इनकी जीवन शैली है, फिर और कौन सा गुनाह होगा धर्म की दृष्टि में?

'पामपीडो' जाती हूँ। फ़ौलाद और शीशे की बनी यह इमारत देखने की चीज़

है। अंदर पुस्तकालय, शोधकर्ता, किताबों में डूबे दिमाग़, मन को संतोष सा होता है। पूरा घूम कर जब बाहर निकली तो विभिन्न प्रकार के खेल-तमाशे दिखाने वालों के बीच हाथ दिखाती औरतों को बैठा पाया। कुछ पंडितनुमा दुकानदार 'फाल' देख कर भविष्यकाल बता रहे थे। देख कर पल भर को लगा कि मैं फ्रांस में हूँ या किसी पिछड़े देश के किसी अनपढ़ मोहल्ले में? आगे बढ़ती हूँ। सामने भीड़ के बीच धर्म पर बोलते हुए पादरी खड़े हैं। भीड़ से उत्तेजित सवाल उभरते हैं, शोर मचता है, फिर निर्मल वाणी में उनका जवाब सुनाई पड़ता है...!

लूव्र म्यूज़ियम में मध्यपूर्वी देशों का महत्त्वपूर्ण योगदान, विशेषकर भारत व ईरान की बेहतरीन कलाकृतियाँ देखकर लगता है कि इस कौम में इतिहास को छीन कर सँजो कर रखने की कैसी अद्भुत प्रतिभा है। अपना कुछ न होने पर भी दूसरों की कला को सँभालना सबके बस का काम नहीं है। लूव्र से निकलते हुए ठहर जाती हूँ। सामने समलैंगिक (होमो सेक्सुअल) लोगों का एक बड़ा जुलूस निकल रहा है। लड़के, लड़कियाँ, पैंफ्लेट बाँटते, नारा लगाते गुज़र रहे हैं, आधे घंटे तक यह जुलूस निकला, उनकी माँग थी कि जब वे पति पत्नी की तरह रहते हैं तो सरकार उसे नैतिक रूप से मान कर उन्हें वे सारी सुविधाएँ प्रदान करे, जो विवाहित जोड़ों को प्रदान करती है। अपने हम की माँग का जोश उनमें गज़ब का था, कि पुलिस को उन्हें सँभालना कठिन हो रहा था।

पेरिस घूमते हुए लगता है कि एशिया का ख़ून कितना सुर्ख है, जो शोषण के बाद इस पत्थर की नगरी में रंगीनी भर रहा है। सड़क पर झाड़ू लगाते, रेस्तरां में कूड़ा उठाते हब्शी अरब, वही अरब जो यूरेशिया और अल्जीरिया में दास और सऊदी अरब और कुवैत में इन्हीं के राजा बने हैं। इन्हीं के बीच थे भारतीय लोग, जो फ्रांस को ही अपना पहला देश समझकर, मुझे भी रुकने और फ्रांस में रह कर काम करने का अनुरोध कर रहे थे।

स्क्रेगर की सफ़ेद इमारत, एक बेहद पुराना चर्च है। अंदर इतना अँधेरा कि कुछ दिखना मुश्किल है। बड़ी देर बैठने के बाद आँखें छत पर बनाई तस्वीरों को देख पाती हैं। कोनों में पादरी से अपनी समस्याएँ बताती हुई औरतें और मर्द! बाहर निकलकर लगता है, सारा फ्रांस इस चर्च के क़दमों पर फैला हुआ है। बाएँ हाथ को छोटा सा बाज़ार है। रेस्तरां का जाल और उसके बीच बैठे हुए चित्रकारों की भीड़ है। सारे पेरिस में यही स्थान लगता है, संवेदनशील है। ब्रश पकड़े विभिन्न देशों से आए चित्रकार घूमने आए लोगों का चित्र बनाकर पैसे जेब में डाल रहे हैं, एक फ्रेंच महिला चित्रकार से पूछती हूँ, "सुबह से शाम तक आपको एक भी ग्राहक नहीं मिला। बुरा नहीं लगता कि आपकी कमाई यह विदेशी चित्रकार आकर

बाँट लेते हैं?''

''नहीं! हर चित्रकार अपनी कमाई खाता है। जाड़े भर घर में बैठकर पुस्तकों के लिए चित्र बनाती हूँ। बस बहार के मौसम में बाहर निकलती हूँ। कला में पैसा ही सब कुछ नहीं है। तृप्ति भी होनी चाहिए। उसका अपना एक मज़ा है।'' उसने हँसकर जवाब दिया। महसूस हुआ, न स्पर्धा, न घुटन, मगर संपूर्ण कला के प्रति लगन है।

उसी हिस्से में मिला एक म्यूज़ियम है जो पेरिस के विभिन्न कालों की झाँकी दिखाता है। सारे बुद्धिजीवी इसी पिगाल में रहते और मिलते थे। इन्हीं कहवेख़ानों से पिकासो जैसे चित्रकार की प्रसिद्धि का सफ़र शुरू होता है। सब कुछ देख कर लगा, इतिहास अपने को दोहरा रहा है। आज ईरानी बुद्धिजीवी उसी पिगाल की शोभा बढ़ा रहे हैं। मगर फिर प्रश्न उठा, कि आज के संदर्भ में पिगाल की आवश्यकता? क्या फ्रांस अपने रस्म व रिवाज को इस हद तक सँजो कर रखना चाहता है?

चर्च से होकर चित्रकारों से साक्षात्कार और फिर नीचे पिगाल की चौड़ी सड़क और पतली तंग गलियों का जाल बिछा हुआ है। जहाँ पर मुझे जाना था, रात की रौनक़ की जगह, वहाँ पर एक वीरानी टपक रही थी। एक तरफ़ सेक्स शाप और लाइव प्रोग्राम व ब्लू फिल्म के स्टूडियो थे और उन्हीं के बीच अल्जीरियनों की हौज़री व अन्य दुकानें थीं। कुछ के मालिक फ्रेंच थे। दूसरी तरफ रेस्तरां थे और उनके बीच हर प्रकार की मशीन के कलपुर्जों, रेडियो कैसेटों की दुकानें थीं। इस बाज़ार में जहाँ हर देश की वेश्या की उपस्थिति थी, उसी तरह हर देश के विशेष ख़ान-पान के रेस्तरां व होटल, ऊपर घर गृहस्थ वाले परिवार रह रहे थे। सामान उठाए औरतें, आफ़िस से लौटते मर्द, और स्कूल से आते बच्चे। पूरे माहौल का अवलोकन करते तेज़ी से अपनी मंज़िल की तरफ़ बढ़ते हुए। बड़ी-बड़ी बसों से उतरते पर्यटकों की भीड़ और शो देखने की जिज्ञासा को दबाए विदेशी!

शाम ढल रही थी। चिराग जलना आरंभ हो गए थे। मैं और परिचहर एक सेक्स शॉप का पर्दा हटा कर अंदर पहुँचे। आदम और हव्वा के समय से चले आ रहे नर-नारी संबंधों की पुस्तकों का अंबार था। शॉप के मालिक कंपूचियन थे। उन्हें देखकर मैं अपने को रोक नहीं पाई।

''कंपूचिया के बारे में आपको समाचार मिलते हैं?''

''हाँ, भूख, ख़ून और बेकारी।''

''फिर यह सेक्स शॉप चला कर क्या सिद्ध करना चाहते हैं?''

''कुछ भी नहीं, कमा कर पेट भरना चाहते हैं।''

''यह सब बेच कर कैसा लगता है?''

''कुछ भी नहीं, व्यापार तो व्यापार है।''

दूसरे सेक्स शॉप में गए, जहाँ पर यह विशेषता थी कि नर-नारी अंग बैटरी ऑपरेटेड सजे हुए थे और ब्लू फिल्म देखने की व्यवस्था केबिनों में थी। इस शॉप के मालिक चीनी थे।

"किस उम्र के लोग यहाँ आते हैं?"

"उम्र की कैद नहीं।"

"ये चीज़ें कौन ख़रीदता है?"

"बहुत लोग।"

"किस उम्र के?"

"तीस के बाद वाले?"

"यह बनते कहाँ पर हैं?"

"चीन, जापान, कोरिया इत्यादि देशों से आते हैं।"

"आप चीन से कब आए?"

"जब क्रान्ति आई।"

"लौटेंगे?"

"किस लिए? घुटने के लिए? यहाँ क्या बुरा है?"

सचमुच सारा संघर्ष तो दुनिया में रोटी का है। जब रोटी मिल रही है, तो फिर कैसी बग़ावत? सारी सेक्स शॉप उन विदेशियों की थीं, जो अपने मुल्कों की ग़रीबी या दबावों से भाग कर आए थे।

दुकान से बाहर निकले तो सड़कें जगमगा रही थीं। कोने में खड़ी एक लड़की से कोई बात तय कर रहा था।

बात बनी नहीं और वह आदमी आगे बढ़ गया। हम दोनों उसके समीप पहुँचे। मेरे लिए किसी ऐसी लड़की से बात करना आसान नहीं था। घबराहट, शर्म और बौख़लाहट को दबाने से आवाज़ ही गायब हो गई थी। परिचहर ने पूछा, "आप यह काम क्यों करती हैं?"

उसके जवाब ने परिचहर के सारे सवाल ग़ायब कर दिए। सामने चौड़े फुटपाथ पर दुकानों के कोनों के पास बहुत सारे लड़के काले कपड़ों में खड़े थे। उनके बीच से चंद औरतें आ जा रही थीं।

"यह मर्द वेश्या हैं!" परिचहर ने बताया। सुन कर सवाल उभरा, फिर पिगाल में सिर्फ, औरतों की नंगी तस्वीरें क्यों लगी हैं?

नौ बज रहे थे और हमारी मुलाक़ाती एक फ्रेंच महिला पत्रकार को हमसे मिलना था, सो हम तयशुदा जगह की तरफ़ बढ़े। रास्ते में बेशुमार औरतें, देशी और विदेशी, सजी-धजी खड़ी थीं। कुछ दीवारों से टेक लगाए खड़ी थीं, कुछ वहीं पार्क की हुई कारों पर बैठ गई थीं।

"इनकी कीमतें सिर्फ डेढ़ सौ फ्रांक है।"

"पेरिस में इतने फ्रांकों से गुजर कैसे होता है?"

"पता नहीं! सामने देखो।" परिचहर के कहने से मैंने नई गली के रेस्तरां की तरफ़ देखा, जहाँ पर सिर्फ औरतें थीं। सजी-धजी, सिगरेट पीतीं, शराब के जाम को पकड़े बातों में मग्न थीं। ये वे औरतें थीं, जिनकी ज़िन्दगी से मर्द शब्द कब का अलग हो गया था। अपना गम खुशी यह अपनी ही ज़ात (औरत) के साथ बाँटना उचित समझती हैं।

सेक्स शॉप के सामने खड़ा दुकानदार एक अधेड़ आदमी को पकड़कर अंदर ले जाने की कोशिश कर रहा है। वह आदमी एक अद्भुत आश्चर्य से अपना हाथ छुड़ा रहा है, जैसे उसके लिए वहाँ जाना एक भद्दा मज़ाक़ हो। जब मैं पेरिस आई थी, तब से आज तक स्त्री स्वातंत्र्य की प्रसिद्ध किताब 'सेकेंड सेक्स' की लेखिका सिमों द बुवा से मिलना चाहती थी। मगर जो भी मेरी इच्छा सुनता, वह हँस कर रह जाता। एक बुद्धिजीवी ने तो यहाँ तक कह दिया था, कि क्या हमारे यहाँ अच्छे लिखने वाले नहीं रह गए हैं, जो इतनी सतही लेखिका का नाम ले रही हैं? उनकी एक ही कृति सच से करीब है, जो उन्होंने अपनी माँ की बीमारी व मौत पर लिखी थी, बाकी सब ख़ुराफ़ात!

मैं और परिचहर ख़ामोश बैठे अपने-अपने देश की स्थिति को सोच रहे थे। कहने को जैसे हमारे पास कुछ नहीं रह गया था। एकाएक परिचहर ने कहा, " 'लाइव प्रोग्राम' देखते हैं, यदि आप कहें तो किसी बड़े को बुला लें ताकि कोई..."

"बड़े कौन?" कहकर मैं उठ गई। पर्स में फ्रांक गिन कर और शो के दाम पूछ हम अंदर गए। शो से पहले एक बूढ़ी महिला ने जिस प्रकार विवरण दिया, उससे कुछ विचित्र सा लगा। फिर पर्दा हटा और औरतें...विभिन्न रंगों और देशों की औरतें...उनके नंगे बदन पर बजती तालियाँ! बहुत लोग उठकर जाने लगे।

आस-पास थकी लड़कियाँ जो किसी ग्राहक के इंतजार में थीं। वहाँ से निकल कर मैंने पहली बौछार परिचहर पर की, "आख़िर तुम्हें ताली बजाने की ज़रूरत क्या थी?"

"शाह के दौरे में यही सब होता था। तब से ताली बजाना एक आदत सी बन गई है।" शर्मिन्दा सी परिचहर बड़ी मासूमियत से कह रही थी शाम को जब अपने पत्रकार मित्र के घर गई, और बातों में उनसे फ्रांस जैसे मुल्क में पिगाल की उपस्थिति का कारण पूछा, तो उसका उत्तर उनकी पत्नी ने दिया, कि आज स्वयं फ्रांस का समाज किस ओर जा रहा है। हम स्वयं अपने इस बदलाव से परेशान हैं। पिगाल तो फिर भी एक मोहल्ला है, जहाँ पर मालूम है, क्या हो रहा है।

"फ्रांस एक स्वतन्त्र देश है। स्वतन्त्रता की क़द्र करने वाला। प्रत्येक नागरिक को स्वतन्त्रता है कि फ्रांस में बिखरी दिलचस्पियों में से अपनी रुचि के अनुसार उसे चुने। मगर होता यह है कि जब तक उस अनुभव की बस्ती

में से इंसान अक्ल लेकर निकलता है, तब तक बहुत देर हो चुकी होती है।" उनका उत्तर था।

और मैं आधे दर्जन नोबल पुरस्कार जीतने वाले, हर क्रांति को बढ़ावा देने वाले, नाक पर मक्खी न बैठने देने वाले फ्रांस से पूछना चाहती थी कि जहाँ स्वतन्त्रता का इतना मान है, वहाँ पर आज की व्यवस्था में स्त्री उपभोग की चीज़ क्यों बनी हुई है?

वामा, 1986

खण्ड : नौ

नौवीं यात्रा

● लन्दन : ईरानी क्रान्ति का बैकबेंचर

लन्दन : ईरानी क्रान्ति का बैकबेंचर

मेरा जर्मनी जाना बहुत ज़रूरी था। कई महत्त्वपूर्ण शाह विरोधी नेता एवं समर्थक वहाँ पनाहगुज़ीर थे। हैमबर्ग के स्वतन्त्र पत्रकार अलरिच टिगनर से इराक़ वर्ल्ड कान्फ्रेंस में मुलाक़ात हो चुकी थी। हफ़्ते भर पहले फ्रेंच डॉक्टरों की टोली के जो गाहे बगाहे युद्धरत इलाक़ों में निःशुल्क सेवा घायलों की करने जाती रहती हैं उन्हीं के संग कुर्दिस्तान जाने के लिए वह जर्मनी से फ्रांस आया था। इस दूसरी मुलाक़ात में हमने ईरान को याद किया और नये बदलते परिदृश्य पर टिप्पणियाँ दीं। शाहपोर बख़्तियार के नुमाइन्दे 'ख़ूई' से मुझे एडमिरल अहमद मदनी का पता हासिल हो गया था। मदनी से मेरी मुलाक़ात करने का कोई वचन उसने नहीं दिया मगर पुरज़ोर तरीक़े से हैमबर्ग आने की दावत दे गया।

फ्रांस मेरे लिए ईरान जैसा ही साबित हुआ। वैचारिक धरातल पर बहुत कुछ देखने, समझने और नोट करने जैसा जिसने ईरान को समझने की गहरी दृष्टि में इज़ाफ़ा किया। हर दिन मुझे कोई नया अध्याय खुलता नज़र आता जिसको पढ़ने में मेरा सारा दिन गुज़र जाता। तीन सप्ताह बाद मैंने एडमिरल अहमद मदनी को जर्मनी फ़ोन मिलाया और अपना परिचय देते हुए मिलने की इच्छा प्रकट की जो उन्होंने सहर्ष स्वीकार कर ली। उनको यक़ीनन मेरे नाम और काम दोनों का इल्म था वरना निजी टेलीफ़ोन पर किसी अजनबी आवाज़ को सहजता से स्वीकार करना फ़िलहाल ईरानी शाह विरोधियों एवं अमेरिका समर्थकों के लिए कठिन काम था विशेषकर तब जब उग्रता एवं तर्कहीनता का अन्धा आतंक हिजबउल्लाहियों ने विश्व स्तर पर फैला दिया था। ऐसी शख़्सियतों को दिन दहाड़े शूट करना मामूली बात थी इस सच्चाई के बावजूद कि फ्रांस, जर्मन सरकारों ने इनकी सुरक्षा का सियासी हैसियत के अनुसार पूरा इन्तज़ाम कर रखा था। वीज़ा मिलने में कोई अड़चन आएगी इसका मुझे अन्देशा नहीं था क्योंकि दिल्ली स्थित जर्मन दूतावास ने साफ़ शब्दों में यह कह दिया था कि आप चूँकि फ्रांस से जर्मनी जाएँगी, इसलिए आपको पेरिस स्थित दूतावास वीज़ा ईश्यू करेगा। मेरा काम लगभग सिमट रहा था। मिस्टर ख़ूई से शाह के पुत्र वलिअहद से इण्टरव्यू लेने की बात भी चल रही थी। उन्होंने मेरे पहले से तैयार किए प्रश्नों को किसी ख़ास रास्ते से भेजने का

इन्तज़ाम कर दिया था। उसका भी मुझे शिद्दत से इन्तज़ार था।

काम करने का नशा जुनून को पहुँच रहा था। बड़ा सा टेपरिकार्डर, कैमरा और नोटबुक से सजा मेरा तीन किलो वाला थैला सदा मेरे दाहिने कन्धे पर टँगा रहता था जिसको कभी-कभी शिष्टाचार के चलते कोई साथी उठाता तो थोड़ी देर बाद कह देता उफ़! ख़ासा भारी है। मैं जर्मनी के सपने बुनने लगी थी। इण्टरव्यू के लिए सवाल क्रान्तिकारियों के संग बैठ तैयार करती या कोई उलझी गुत्थी खोलती ताकि सीधे सपाट सवाल की जगह मैं सवाल दर सवाल कर सकूँ। मेरा यह सारा ज़ोश ख़रोश उस दिन पानी के बुलबुले की तरह बैठ गया, जिस दिन मुझे पता चला कि मुझे जर्मनी का वीज़ा नहीं मिलेगा। दिल शंकाओं से भर गया। दिमाग़ ने फ़ौरन दस्तक दी कि हो न हो कोई सियासी मसला है आखिर 29 जून 1983 को ईरानी युद्धबन्दियों की सात मिनट वाली फ़िल्म 'पत्रिका' वाले कार्यक्रम में फ्रेंच सेकेंड चैनेल पर ज़रूर देखी होगी और हो सकता है बग़दाद टेलीविज़न पर ईरानी ज़िलावतन मुल्लाओं से मेरी भेंटवार्ता भी⋯फिर तो मेरी शक्ल इनको याद होगी।

दूतावास पहुँची जो कह सकती थी कहा मगर मेरी बहस, झुँझलाहट, काम के अधूरे रह जाने के आक्रोश भरे अनुरोध का उन पर कोई प्रभाव नहीं पड़ा बस एक नपा-तुला जवाब था कि आपको यह वीज़ा दिल्ली से लेना था। मेरे कुछ जानने वालों ने मदद के तौर पर दूतावास के चक्कर लगाए और यह पता लगाकर आए कि मेरी अर्ज़ी देने के एक दिन पहले कुछ फैसले लिए गए थे। जिसमें यह भी क़ानून पारित हुआ कि जर्मनी अब उसी देश के नागरिक को उसी के स्थानीय दूतावास द्वारा वीज़ा देगी सो मुझे दिल्ली ही अब वीज़ा दे सकती है। मन पछतावे से भर उठा। निराशा ने पूरा बदन झिंझोड़ दिया।

जर्मनी न जा सकने का दुःख मुझसे ज़्यादा मेरे साम्यवादी साथियों एवं एडमिरल अहमद मदनी को हुआ। साम्यवादी मेरे द्वारा किए गए प्रश्नों में अपना जवाब और बहस का तर्क ढूँढ़ना चाह रहे थे और मदनी को यह अफ़सोस था कि उनकी तरह के अनेक महत्त्वपूर्ण व्यक्तित्व पिछले कई वर्षों से नेपथ्य में जा चुके हैं। नई व्यवस्था सत्तारूढ़ पार्टी ने उन्हें सिरे से नकार दिया था मगर विश्व-प्रेस ने भी उनकी नोटिस लेना छोड़ दी थी वरना ईरान की सावाक पुलिस का दबदबा और फ़ौज का अपना तेवर था। ईरानी फ़ौज ज़मीनी, हवाई, दरियाई दक्षता के स्तर पर विश्व में अव्वल तो नहीं परन्तु दूसरे नम्बर पर थी। अहमद मदनी ने अपने लिखे पत्र में अपने उद्‌गार बड़े सहज भावों से लिखते हुए दर्द का गहरा अहसास दिया था कि वह उस पत्रकार से मिलने से वंचित रह गए जो ईरान की ऐतिहासिक घटनाओं की साक्षी है और जीवन के हर कार्यक्षेत्र के ईरानियों से मिल रही है। उससे मिलना और वार्तालाप करना अद्‌भुत अनुभूतियों से साक्षात्कार करना था।

मेरे सामने सब्र करने के अलावा कोई चारा नहीं रह गया था। मेरी दूसरी

यात्रा अब लन्दन की होने वाली थी। मैं उसकी तैयारी में लग गई। एक बार फिर वही अभ्यास दोहराया गया। साम्यवादियों मुजाहिदीनों के सम्पर्क सूत्र एवं टेलीफ़ोन नम्बर, प्रश्न और नया कुछ सुनने जानने की उत्सुकता। पेरिस हवाई अड्डे पर पहुँच कर मन कई तरह के ख़्यालों में उलझा रहा। जर्मनी की तरह का अनुभव मैं दोबारा दोहराना नहीं चाहती थी इसलिए पहले से किसी को टेलीफ़ोन नहीं किया और मन ही मन तय किया कि अपने काम करने की पुरानी शैली को अपनाऊँगी। अजनबी धरती पर आम इन्सान बन कर उतरूँगी और फिर काम की सम्भावना को उसी परिवेश में तलाश करूँगी जो स्थिति मुझे मिलेगी। एक बात ज़हन के पीछे अवश्य पड़ी थी कि ईरान में लोग बी. बी. सी. सुनते थे। वही उनको विश्वास करने योग्य ख़बरें लगती थीं जिसमें सन्तुलन था वरना विश्व का हर अख़बार व समाचार बुलैटिन पक्षपात करता था मगर एक वर्ग अवश्य यह कहता था कि बी. बी. सी. केवल घट चुकी घटनाओं की इत्तला नहीं देता है बल्कि आने वाली घटनाओं का निर्देशन भी देता है जिसको सुनने वाला एक वर्ग ईरान में मौजूद है जो लन्दन के लिए काम करता है बहरहाल…

लन्दन एयरपोर्ट पर मुझे लेने मेरे पारिवारिक मित्र मौजूद थे। अरसे बाद मैं अपनी भाषा में बोल रही थी। उनका घर भी लन्दन शहर से दूर ऐसे इलाक़े में था, जहाँ कि टोपोग्राफ़ी किसी पेंटिंग की तरह कैनवास के चौखटे में ठहरी हुई थी। सुनसान पड़ी मोहल्ले की गलियाँ, चुपचाप खड़े घर, ख़ामोश फैले दरख़्तों के बीच से काँपती, ठिठुरती हवा एकाएक मुझे अकेलेपन का अहसास दिला गई। फ्रांस का चहचहाता माहौल, जानने वालों का जमावड़ा, सियासी मुद्दों पर गर्मागरम बहस, साहित्य पर तकरार, प्रश्न, उत्तर, कैमरे का क्लिक-क्लिक होना, मेट्रो में रफ़्तार से भागना, टैक्सी से झटके से उतरना सब कुछ किसी जलप्रपात के कोलाहल की तरह मुझे तड़पाने लगा। इस ख़ामोश वादी में मुझे ठहरना था। घर का दरवाज़ा खुला मैं दाख़िल हुई। ख़ैरियत, चाय, अगला प्रोग्राम इन सबसे गुज़रते हुए मुझे महसूस हो रहा था कि जितनी जल्दी हो सके मैं ज़रूरी टेलीफ़ोन करके दूसरे दिन का कार्यक्रम बना डालूँ वरना समय ग़ैरज़रूरी बातों में गुज़र जाएगा।

दूसरी सुबह लन्दन स्थित 'अरेबिया' एवं 'मिडिल ईस्ट' पत्रिका के दफ़्तर से सम्पर्क स्थापित करने में गुज़रा। दोनों अंग्रेजी की मैग़जीनों ने मुझे छापा था। मिल कर काफ़ी बातें हुईं मगर बाक़ी बचा सारा दिन मेरे सामने बिना किसी दिनचर्या के खाली पड़ा था। रात की तरह दोपहर में भी टेलीफ़ोन की घण्टी बजती रही मगर उठाया किसी ने नहीं। विण्डो शापिंग करती मैं बेमक़सद सड़क नाप रही थी। मुझे ईरान पर काम करने वाले पत्रकार फ्रेड हालिडे से भी मिलना था। उनकी एक पुस्तिका जेबी साइज की ईरान क्रान्ति के प्रारम्भिक दिनों में छपी थी। उसको मैं पढ़ चुकी थी। कई मुद्दों पर मैं उनसे सहमत नहीं थी। उनके लेख जब तब टाइम्स

में भी छपते रहते थे जिज्ञासा के केन्द्र होते आख़िर इस तरह लगातार ईरान पर लिखने वाले पत्रकार विश्व स्तर पर गिनती के थे भले ही रिपोर्टर असंख्य हों। इसलिए मेरा उनसे मिलना ज़रूरी था। पेरिस में ईरान पर स्तम्भ लिखने वाले ला मोण्ट के पत्रकार जान गूइरास Jean Gueyras से मिल चुकी थी।

रास्ता चलते हुए आँखें इण्डिया टी सेण्टर से टकराईं और मैं चाय की शदीद तलब के साथ रेस्ट्रां में दाख़िल हुई जहाँ खिड़की के पास वाली मेज़ चुनी ताकि शीशे के बड़े-बड़े दरवाज़ों से सड़क पर खटखट सैंडिलें बजाती औरतों को मैं आराम से बैठे-बैठे देख सकूँ। चाय के पहले घूँट के साथ मुझे महसूस हुआ कि फ्रांस मेरे लिए फलों से भरी टोकरी साबित हुआ था। शाह के दौर के प्रधानमन्त्री शाहपोर बख़्तियार ख़ुमैनी के समय के राष्ट्रपति बनीसद्र, ज़िलावतन मुजाहिदीन लीडर मसूद रज़वी, छोटे-बड़े सियासी गुटों के नेता, मीर फ़ितरूस, गौहर मुराद, हसन हस्साम जैसे साम्यवादी विचारक एवं गद्यकार, नादिर नादिरपोर जैसे रूमानी कवि इत्यादि। भाँति-भाँति के लोगों से मुलाक़ात और विचार-विमर्श हुए थे। दिमाग़ ने अपना माहौल बना लिया था। वह थकना वह सोना भूल गया था। हरदम होशियार की मुद्रा में किसी नए विचार-तर्क संवेदना की तलाश में चौकन्ना रहता। रेस्ट्रां से निकलकर मैंने एक बार फिर फ़ोन खटखटाए मगर बेल के अलावा कोई दूसरी सदा सुनने को नहीं मिली। निराश सी मैं अपने निर्जन वन वाले ठिकाने की तरफ लौटने के लिए ट्रेन पकड़ने की तरफ़ चल पड़ी।

घर समय से पहुँच गई। बेग परिवार को खाने पर बाहर जाना था। उनकी बेग़म ने मेरा खाना हॉट-केस में रख दिया था। अकेले घर में बेमक़सद सी कुछ देर सोफ़े पर बैठी रही फिर फ्रेड हालिडे का नम्बर मिलाया पता चला कि वह अभी तक बाहर से लौटे नहीं हैं कल शाम तक शायद लौट आएँ। फ़ोन रखकर डायरी के पन्ने पर लिखे दूसरे नम्बर को देखती हूँ मगर फ़ोन नहीं करती हूँ। एकाएक ज़हन में दिल्ली का अपना घर उभरता है। जहाँ भूगोल के जाने माने लन्दन से आए प्रोफ़ेसर बाक़ी विदेशी शोधकर्त्ताओं के साथ बैठे खाना खा रहे हैं। मैं कॉफी देते हुए बड़े चाव से उनसे फ्रेड हालिडे के बारे में पूछती हूँ मग़र वह नाक-भौं सिकोड़कर हाथ झटककर कहते है···हीज़ जस्ट अ ज़र्नालिस्ट···उसके काम में कोई गइराई नहीं है···हीज़ नाट अ ईरान एक्सपर्ट। मैं अपमानित सा महसूस करती हूँ आख़िर हूँ तो उसी वर्ग से आख़िर यह प्रोफ़ेसर्स क्यों पत्रकारों को तिरस्कार से देखते हैं? इसका अन्दाज़ा मुझे इण्डिया में भी जब तब भारतीय उस्तादों के बीच होता रहा था। मैंने सर झटका मन ही मन दोहराया कि जब घटना किसी तेज धारा की तरह घट रही हो तो उसकी रिपोर्टिंग महत्त्वपूर्ण है या गहराई नापना? उस गहराई की तलाश तो इसी रिपोर्टिंग के बाद जन्म लेगी। उसको समय का अन्तराल चाहिए विशेषकर तब जब घटनाएँ उड़ी धूल की तरह ज़मीन पर बैठ जाएँ।

रात के दस बज रहे थे। अन्दर से उठते वेग को ज़्यादा दबा नहीं पाई और एक बार फ़ोन फिर घुमाने पहुँची। उधर से फ़ोन उठा और मैंने हैलो कहा मगर उधर की मर्दाना आवाज़ में कहा जुम्ला सुनकर मेरे होश उड़ गए। इससे पहले मैं कुछ कहती उधर से कहा गया कि मैडम फ़ोन रखें, कहीं कोई एमरजेंसी काल वेट न कर रही हो। मैंने घबराकर फ़ोन रख दिया। ताज्जुब से फ़ोन को देखा जैसे पूछ रही हूँ कि आख़िर मेरा डायल नम्बर स्काटिश पुलिस से जाकर कैसे मिल गया? खिन्न मन से उठकर टी. वी. रूम में आ गई। तस्वीरें, डायलाग देखते सुनते मूड बदला। किचन में जाकर कोफ़ते और रोटी प्लेट में निकालकर लौटी। खाना खाते हुए मैंने तय कर लिया कि कल शाम मैं एडिनबरा चली जाऊँगी और इन दिनों को 'होलीडे इन लन्दन' के खाते में डाल दूँगी।

एडिनबरा की ट्रेन में बैठकर मेरा मूड बिलकुल बदल गया। यादों ने मुझे 1967 में पहुँचा दिया जब मैं विवाह के बाद पहली बार इस शहर में दाख़िल हुई थी। उस मुल्क में जिसकी गुलामी से छुटकारा इसी शताब्दी के मध्य में मिला था। पर्स से पिक्चर पोस्टकार्ड निकालकर बेटी को ख़त लिखती हूँ कि ठीक आज से 16 वर्ष पूर्व जब तुम पैदा नहीं हुई थीं। मैं गृहस्थी का आरम्भ करने इस धरती पर आई थी। मेरे हावभाव को बड़ी देर से चेयरकार में मेरे पास बैठा स्काटिश देख रहा था। जब चाय आई तो उसने बात शुरू की और फिर यह सिलसिला जब तक गाड़ी एडिनबरा न पहुँच गई रुका नहीं। उसमें भारत-ईरान-इंगलिस्तान की सियासत, व्यक्तित्व, अतीत, वर्तमान, भविष्य पर गुफ़्तगू होती रही। उसी में उसने वायदा किया कि वह फ्रेड हालिडे का घर का फ़ोन नम्बर मालूम करके मुझे लन्दन में बता देगा। क्योंकि वह हालिडे का पड़ोसी है। मैंने अपना नम्बर दे दिया। उम्मीद मेरे दिल व दिमाग़ में फिर सर उठाने लगी।

एडिनबरा वैसा ही ख़ूबसूरत जैसा दो दहाई पहले था। कैसिल की ऊँचाई और प्रिंस्सज़ स्ट्रीट की सामानों से भरी दुकानें और बीच में फैला लम्बा-चौड़ा बाग़। उसी के बीच सड़क से लगा खुला स्टेज जिसमें कोई ड्रामा खेला जा रहा था। मेरे पुराने दोस्त मिल रहे थे। उन्हें मेरी बदली भाषा और व्यक्तित्व देखकर थोड़ा-सा ताज्जुब हो रहा था। वह वहीं थे जहाँ मैं उन्हें छोड़कर गई थी बस फ़र्क़ इतना था कि माली रूप से वह ज़्यादा समृद्ध दिख रहे थे। एडिनबरा यूनिवर्सिटी के फ़ारसी प्रोफ़ेसर डॉ. साबरी तबरीज़ी से मुलाकात हो गई। सियासी-साहित्यिक बातें इतनी हुईं जो मेरे बहते आँसुओं को पोंछने के लिए काफ़ी थीं कि मुझे कोई मिला नहीं। मुझे पेरिस छोड़े तीन दिन हो गए थे। पहली जुलाई को चली थी आज चार जुलाई थी मैंने अपना टिकट महेन्द्र जी को दे दिया था कि भारत लौटने की तारीख़ बढ़

जाए। सभी का इसरार था। यूनिवर्सिटी से लौटते हुए मन में रुकने की इच्छा प्रबल हो गई। शायद इस कारण भी कि मुझे अपने पुराने सपनों की याद आ गई। उसमें सबसे बड़ी तमन्ना थी 'मेरी लैम्पटन' की तरह भाषा व्याकरण पर कोई ऐसी किताब ईरान पर लिखना जो एक मील का पत्थर बन जाए। एक ज़माना था जब हिन्दी-फ़ारसी व फ़ारसी-हिन्दी पाकेट साइज़ डिक्शनरी बनाने का भूत सवार था। आज भी उसकी अधूरी पांडुलिपि पुरानी फ़ाइलों में मौजूद है।

दोपहर में एकाएक महेन्द्र का फ़ोन आया कि बहुत कोशिश के बावजूद एक सप्ताह तक कोई सीट किसी उड़ान में मौजूद नहीं है। इसका मतलब था कि मैं आज ही पाँच बजे की ट्रेन लेकर वापस लन्दन जाऊँ क्योंकि कल भारत जाने वाली उड़ान को मुझे पकड़ना है। सारा बदन एक बार फिर झनझना उठा। कोई चारा तो था नहीं सिवाय अटैची उठाने के मगर स्टेशन जाने से पहले मैंने अपने उस घर को जो चौदह मैलविल टैरेस की पाँचवीं मंज़िल पर था सड़क से उसकी शीशे की खिड़की को दूर से देखा फिर उस मेडोज़ को जो मीलों घर के सामने फैला था जिसके फुटपाथ पर मैं अक्सर अख़बार में लिपटी फ़िश एण्ड चिप्स को खाती पैदल पगडण्डी से गुजरती यूनिवर्सिटी की तरफ़ जाती थी, नज़र भर देखा। अन्दर बहुत कुछ टूटा, छलछलाया जैसे समय की बर्फ़ पिघलकर यादों की नदी में बदल रही हो। रास्ते में सिमसन मैमोरियल हॉस्पिटल पड़ा जहाँ मैंने दोनों बच्चों को जन्म दिया था बिना किसी सियासत के बिना किसी क्रान्ति के बिना किसी जिलावतनी के।

लन्दन पहुँचकर मुझे फ्रेड हालिडे के घर का पता और फ़ोन नम्बर नोट किया हुआ मिला। हसरत से मैंने उसको देखा अब मेरे पास समय कहाँ था? हवाई अड्डे से अलबत्ता मैंने पेरिस अक़लियत ग्रुप के गोरिल्ला हमीद को फ़ोन पर बताया कि मैं जा रही हूँ और अफ़सोस कि मैं किसी से नहीं मिल सकी। सुन कर हमीद ज़ोर से ठहाका मार कर हँस पड़ा और बड़े अन्दाज़ से बोला, "सारे इंक़िलाबी तो पेरिस आए हुए थे जश्नवारे में मिलते कहाँ से? आपको बताना ही भूल गए थे वरना आप चार दिन बाद इंग्लैण्ड जातीं इन सबके साथ।"

महीने भर बाद वतन जाने वाले जहाज़ पर बैठ गई थी। जहाज़ उड़ा तो नीचे लन्दन शहर छोटा होते-होते गायब हो गया फिर बादलों का घेरा। बाहर देखने को कुछ नहीं बचा था। आँख बन्द कर ली। दिमाग़ जाग उठा जैसे कह रहा हो कि भले इस धरती पर किसी युग पुरुष से साक्षात्कार न हो सका तो क्या हुआ? कुछ अनुभूतियाँ तो हाथ लगीं। उसी के साथ एक यथार्थ कि पिछले दो आन्दोलनों में अहम भूमिका निभाने वाला इंग्लैण्ड आज की ईरान क्रान्ति में 'बैकबेंचर' बन गया है।

नई दुनिया, 1986

खण्ड : दस

दसवीं यात्रा

● ईरान क्रान्ति से पीड़ित अफ़ग़ानिस्तान

ईरान क्रान्ति से पीड़ित अफ़ग़ानिस्तान

दो अगस्त 1987 की सुबह मैं अफ़ग़ानिस्तान जाने वाले जहाज़ पर बैठ चुकी थी। जहाज़ में अफ़ग़ान कम सरदार ज़्यादा थे जो वास्तव में अफ़ग़ान हिन्दू थे और वहाँ तिजारत करते थे। जहाज़ में गर्मी ग़ज़ब की थी सभी किसी न किसी चीज़ से पंखा झल रहे थे। मेरे लिए यह अनुभव नया था। आरयाना अर्थात् अफ़ग़ान एयरलाइन्स का जहाज़ भी बड़ी छोटी सीटों का था, देखने से लग रहा था जैसे किसी स्कूल के लड़के-लड़कियों के लिए बनाया गया हो। जब जहाज़ उड़ा तो तसल्ली हुई कि हम सब अब अफ़ग़ानिस्तान पहुँच जाएँगे। काबुल आने से पहले हिन्दूकुश की पहाड़ियाँ शुरू हो गई थीं जो अपने हुस्न में बेजोड़ थीं। इससे पहले मैंने इतनी भव्य पहाड़ी शृंखला को आसमान से नीचे फैला नहीं देखा था। अद्भुत रंगों, पत्थरों में पड़ी दरारें जैसे दूर तक फैला नील-ऊदा लहरदार समन्दर हो।

इस समय अफ़ग़ानिस्तान जाना हज़ार ख़तरों को दावत देना था। कारण साफ़ था कि अमेरिका ने सरफ़ेस टू सरफ़ेस मिज़ाईल अफ़ग़ानिस्तान मुजाहिदीनों को दी थी जो कोई भी उड़ते जहाज़ को मार गिराने की शक्ति रखती थी। मैं भी क्या करती पिछले कई वर्षों की कोशिशों के बावजूद मैं अफ़ग़ानिस्तान जाने का वीज़ा हासिल न कर सकी और अब इस ख़तरनाक सियासी मौसम में नौ दिन के टूरिस्ट वीज़ा पर आई थी। अफ़ग़ानिस्तान पहुँचकर पता चला कि बक़रईद के उपलक्ष्य में यहाँ हफ़्ते भर छुट्टी रहेगी। यह ख़बर सुनकर मैं काफ़ी परेशान हुई। दिल्ली में जिन अफ़ग़ान ब्लोच के द्वारा वीज़ा मिला था वह साम्यवादी विचारधारा की तरफ़ झुकाव महसूस करते थे और दो दहाई से अफ़ग़ानिस्तान गए भी नहीं थे। मुझे उन पर ताज्जुब नहीं हुआ कि यह अहम बात उन्होंने नहीं बताई मगर इस बात पर हैरत ज़रूर हुई कि साम्यवादी सत्ता एवं लाल फ़ौजों की पहरेदारी में धर्म का ज़श्न इस ज़ोर शोर से मन रहा था? यह मज़हबी तेवर तो ईरान में नहीं था। ईरान और अफ़ग़ानिस्तान की मैं तुलना करने लगी। हमज़बान, हमकिताब, हमशक़्ल, तीनों चीज़ों के एक होने के बावजूद दोनों हमसाया देश अन्दर से कितने अलग हैं। धार्मिक दर्शन, वैचारिक चेतना, भाषा का रचाव को लेकर यदि कोई तुलनात्मक अध्ययन करे तो उसको कोई भी चीज़ एक सी नहीं लगेगी बल्कि दोनों देशों में

ज़मीन व आसमान का फ़र्क़ महसूस करेगा। यह फर्क़ ग़रीबी और अमीरी का भी है विकास और पिछड़ेपन का भी है।

ईरान की क्रान्ति से पहले लाल फ़ौजें अफ़ग़ानिस्तान में उतर आई थीं। ईरानी सरकार पिछली कई दहाइयों से सोवियत संघ की ओर से शंकित थी और इसी कारण देश में सौ वर्ष पुराने साम्यवादी आन्दोलन पर ज़बर्दस्त अंकुश लगाए हुए थी। इस समय ईरान, अफ़ग़ानिस्तान में लाल फ़ौजों के कारण पहले से ज़्यादा सचेत हो गया था। साम्यवादी बुरी तरह से ईरान से खदेड़े गए और पनाहगुज़ीर देशों में भी उनका जीवन मुश्किल हो गया क्योंकि सभी राष्ट्र ईरान की सत्तारूढ़ पार्टी से अपने सम्बन्ध प्रगाढ़ बनाना चाहते थे। इस समय इन्हीं कारणों के चलते बड़ी संख्या में तोदे पार्टी के अनुयायी अफ़ग़ानिस्तान में शरण लिए हुए हैं। ऐसे कई ईरानियों से मेरी मुलाक़ात काबुल होटल के रेस्तरां में हुई जो जान बचा कर इस आतंक भरे माहौल में जीने चले आए थे। उनके चेहरे और आवाज़ से उन पर छाया तनाव अपनी कहानी कह रहा था जिसको शब्दों की ज़रूरत नहीं रह गई थी।

जब दफ़्तर खुले, लोग होश में आए तो मेरे लौटने का समय हो गया। बड़ी दौड़-धूप के बाद मुझे कुछ दिन और अफ़ग़ानिस्तान में रहने का मौक़ा मिल गया चूँकि कवि और फ़ारसी शोधकर्ता हबीब नवाबी से हिन्दुस्तान में मिल चुकी थी सो उनके द्वारा बाक़ी कवियों, लेखकों से मिलने के साथ ही नोवोस्ती प्रेस एजेन्सी (ए. पी. एन.) के चीफ़ ब्यूरो डॉ. बाल्डमीर इवानीको से भी मेरी मुलाक़ात हुई जो फ़ारसी ख़ूब अच्छी बोल लेते थे और लम्बे अरसे तक ईरान में रह चुके थे। ईरान की सियासत पर हम घण्टों चर्चा करते चूँकि इवानीको इतिहास में पी-एच. डी. थे सो उनका अन्दाज़ हर घटना को लेकर अतीत से वर्तमान तक आने और फिर उसकी विवेचना करने का था। इसमें कोई शक नहीं था कि जो भी ईरान में कुछ दिन रह आया है उसका नज़रिया ईरान को लेकर विशेषकर वहाँ के लोगों के बारे में उन प्रेस रिपोर्टरों से अलग रहता है जो घटनाएँ सुनकर समाचार बनाते एवं लेख लिखते हैं।

ईरान मैं आख़िरी बार 1980-81 में गई थी। उसके बाद जो कुछ लिखा मैं समझती हूँ कि उसके बाद मुझे वीज़ा ईरान सरकार कभी न देती और देती भी तो मुझे स्वयं अपनी सुरक्षा का विश्वास न होता। अब अफ़ग़ानिस्तान आकर जब ईरान दो क़दम पर था तो उसका याद आना लाज़मी था। यहाँ की वर्तमान सरकार भी ईरानी सत्ता से ख़ुश नहीं थी। उनका विचार था कि शाह ने सदा अफ़ग़ानिस्तान को एक ग़रीब देश समझा और अब ख़ुमैनी सरकार उनको लामज़हब समझकर घृणा भरी दृष्टि से देखती है यदि ईरान चाहता तो हमारी सहायता सामाजिक, आर्थिक, राजनीतिक स्तर पर समय-समय से करता तो आज हमारी हालत यह

न होती कि हमको लाल फ़ौज की सहायता लेनी पड़ती फिर ईरान हमको दुआ दे कि हमने अमेरिका को अफ़ग़ानिस्तान में घुसाकर उसके सर पर नहीं बिठाया वरना पाकिस्तान जिस तरह भारत के लिए एक सरदर्द बना हुआ है कुछ वैसा ही हाल ईरान का होता। रही बात सोवियत संघ की तो वह ठहरा हमारा पड़ोसी देश चाहे ईरान से दो गज़ या दो सौ गज़ दूर रहेगा तो भी रहेगा हमारे पास ही और कहलाएगा पड़ोसी राष्ट्र ही।

भारतीय दूतावास में कुछ पुराने परिचित मुझे नाराज़ से दिखे। जो ईरान दूतावास से ट्रांसफ़र होकर अफ़ग़ानिस्तान आए थे। उसका कारण साफ़ था कि मैंने वर्तमान ईरानी सत्ता को शाह की सत्ता की तरह नकारा था। उनको मेरी आलोचना मानवीय स्तर पर तर्कपूर्ण और इस्लामी क़ानून के सही रूप से पारित न करने की शिकायतें बुरी लग रही थीं। मेरी नज़र में यह उनकी नादानी थी जो सही परिप्रेक्ष्य में वह धर्म को नहीं देख रहे थे। मुसलमान होने का मतलब अन्धा समर्थन और अकारण धर्म का गुणगान नहीं होता है सो वे इस ग़लतफ़हमी में थे कि मैं मुजाहिदीनों की कड़ी आलोचना करूँगी मगर उन्हें नहीं पता था कि अफ़ग़ान साम्यवादी पार्टी जिसका संघर्ष काल दहाई भर लम्बा नहीं है उसको मैं क्यों समर्थन दूँगी जबकि जद्दोजहद की पूरी योजना मेरी नज़र में आपत्तिजनक है···बहरहाल उनके इस तेवर के कारण मुझे जो हमदर्दी और सहायता अपने लोगों से मिलनी थी वह नहीं मिली तो भी प्रेस अटैची वर्मा मेरी जो मदद कर सकते थे कर रहे थे।

अफ़ग़ानिस्तान में घूम कर मैं ईरान को तलाश कर रही थी। एक वर्ष के अल्प अन्तराल के बीच दोनों क्रान्तियाँ वजूद में आईं जिनका बुनियादी मुद्दा रोटी, कपड़ा, मकान था जिसको ईरानी साम्यवादी खुली आवाज़ से कहते लिखते सोचते आए थे जिसको अफ़ग़ानिस्तान जनता जब तब अपने विरोध में बताती आई थी। अंकुश दोनों जगह रहा। एक देश में वही दबाव नए उपकरणों द्वारा संचालित होता दूसरे देश में फूहड़पने भरे ज़ुल्म के साथ जिसके बयान में दोनों देशों के ऐतिहासिक पन्ने गवाह हैं। इन्सान की क़ीमत गाजर मूली की तरह सस्ती थी जिसका सर धड़ से अलग करना सबसे आसान काम था। एक विशेष वर्ग जिसको सत्ताधारी कहा जाता है वह प्रत्येक देश में हर सुविधा का अधिकारी बन बैठता है और दूसरों के शोषण द्वारा ही अपना साम्राज्य क़ायम रखता है। बहरहाल इतना कह सकती हूँ कि अफ़ग़ानिस्तान में ईरान मुझे कहीं नहीं मिला अलबत्ता एक बात अपने अनुभव से कह सकती हूँ कि ईरान के आतंक भरे माहौल में अंकुश के कड़े पहरे में भी अपनी बात कहने की स्वतन्त्रता है चाहे गोली ही छाती पर खानी पड़े मगर वह संस्कृति वह परम्परा मुझे अफ़ग़ानिस्तान में नज़र नहीं आई यहाँ एक तरह की चुप्पी है और वह चुप्पी ही अंकुश और आतंक का दायरा कसती है जिसका अन्दाज़ा

उसी को हो सकता है जो कुछ दिन काबुल में गुज़ारे।

काबुल की दमघोंटू फ़िज़ा क़दम-क़दम पर अहसास दिलाती थी कि क्या यहाँ से वापसी सम्भव हो सकेगी। बड़े बाज़ार से गुज़रते हुए मैं सोच रही थी तभी एक बड़ा घूरा एक किलोमीटर तक फैला सूखी रोटियों के टुकड़ों से भरा हर गन्दी चीज़ को अपने सीने पर सजाए रास्ते के बीच में आया जिसके दूसरी तरफ़ दुकानें थीं। खोंचे में सेब की आकार की बड़ी-बड़ी अंजीरें सजी थीं जिनसे रस टपक रहा था। जिन्हें देखकर मेरे मुँह में पानी भर पाया तभी पीछे रोटी की दुकान पर बैठी औरत ने मेरी तरफ़ इशारा करके पुचकारते हुए चु-चु-चु करते रोटी का टुकड़ा उछाला। अपमान का घूँट मैंने कैसे पिया वह मैं ही जानती हूँ। साथ चल रहे सूखे मेवे के ताजिर गाँधी जी ने कहा कि यह आपको रूसी समझ रही है मगर मैं जानती थी कि रूसी औरत साड़ी नहीं पहनती है वास्तव में यह वह नफ़रत थी जो अक्सर अफ़ग़ान यह कहकर व्यक्त करते थे कि हिन्दुस्तान ने सोवियत संघ की मित्रता के आगे अफ़ग़ानिस्तान से अपना ऐतिहासिक नाता तोड़ लिया है। यही शिकवा ज़रा सभ्य भाषा में इराक़ में सुना कि हमने हिन्द-पाक युद्ध में साथ हिन्दुस्तान का दिया मगर हिन्द साथ दे रहा है ईरान का और ईरान में सुना कि भारत सरकार अपनी प्राचीन सभ्यता एवं संस्कृति को नज़रअन्दाज़ कर केवल फ़ासिस्ट सत्ता का साथ दे रही है। जिसके हाथ ख़ून से रंगे हैं उन लोगों के क़त्ल से जिन्होंने असंख्य पुस्तकें लिखीं और आम आदमी के लिए अपना जीवन होम कर दिया।

यह बात होगी लगभग 1980 की जब ईरान जाते हुए मैंने हिन्दुस्तान टाइम्स के सम्पादक खुशवन्त सिंह से लेखों की बात की थी। इससे पहले कारलेकर जी मुझे 1979 में छाप चुके थे। वह लेख पहला लेख था जो ईरान शाही सत्ता के विरोध में अंग्रेज़ी हिन्दुस्तान की संडे मैगज़ीन के पूरे पेज पर आया था जिसमें केशव मलिक की फ़ारसी कविताओं का अनुवाद भी मेरे लेख के संग छपा था जो मैंने फ़ारसी से हिन्दी में किया था। जब ईरान से लौटी तो मैंने खुशवन्त जी को लेख दिए और एडवान्स में किए गए वायदे को याद दिलाया। मगर वह लेख छप न पाए। वायदा वफ़ा न हो सका और वे इस बीच भारत एवं ईरान के बीच घनिष्ठ व्यापारिक सम्बन्ध बन चुके थे। खुशवन्त सिंह जी मजबूर थे। मुझे भी गहरा धक्का लगा था। मैं ईरान लेखन से मिले पैसों को जोड़ कर यात्रा करती थी और इस समय माली स्थिति गम्भीर थी। अरसे बाद खुशवन्त सिंह जी मुझे हिन्दुस्तान बिल्डिंग की सीढ़ियाँ चढ़ते नज़र आए। उनकी नज़र मुझ पर पड़ी। दिल में कुछ ख़्याल आया होगा फ़ौरन बोले वह एडवान्स...तुम्हारे लेख...मुझसे मिलो। पता नहीं किस जज़्बे के तहत मेरे मुँह से निकल गया कि किसलिए मिलूँ? आपका वायदा किया हुआ एडवान्स फ़िरदौसी की तरह मुझे मौत के बाद मिलेगा जैसे एक तरफ़ से उसकी लाश निकल रही थी और दूसरी तरफ़ से ऊँटों में हीरे जवाहरात भेंट

स्वरूप जा रहे थे। खुशवन्त सिंह मेरे इस जवाब से हतप्रभ रह गए थे। मैं आदाब कर नीचे उतर आई थी। मैं इस सच्चाई को देख रही थी कि यदि आप अपने नज़रिए पर अडिग रहते हैं तो सियासत पर लिखने में यह उतार-चढ़ाव आपको ज़बर्दस्त तरीक़े से झेलने पड़ते हैं और यदि सियासत के बदलते परिदृश्य के साथ आपका क़लम भी कलाबाज़ियाँ खाता है तो फिर धन की रेलपेल हो जाती है। आपका जीवन दर-दर भटकने से बच जाता है। और क़लम की आज़ादी को क़ायम रखने की मासूम सी कोशिश में बहाया पसीना बेकार नहीं जाता।

यह अलग बात है कि क़लम की कौन वाली आज़ादी की बात आप कर रहे हैं? वह सच जो समय का यथार्थ है या वह हक़ीक़त जो आपको किसी कूटनीति के तहत समय के विरोध में सच्चा झूठ बना कर पेश करनी है? यह हमारे समय का सबसे बड़ा बुनियादी सवाल है जो ईरान में जान की आहुतियाँ देकर सौ साल से बराबर ज़बान और क़लम की स्वतन्त्रता के लिए बुद्धिजीवी लड़ रहे हैं और दूसरी जगह बुनियादी माँगों को नकार एक विचारधारा के लिबास में मनमानी की जा रही है। इस नंगे सच को अफ़ग़ान लेखक रहनवर्द ज़रयाब ने बड़े दर्दनाक ढंग से बयान करते हुए कहा है कि मैंने पिछले दस वर्षों से कुछ सृजन नहीं किया सिवाय अनुवाद करने के। इंक़िलाब से पहले दम्भ था कि हम अफ़ग़ानिस्तान को अपने देश को जानते हैं मगर जब क्रान्ति आई तो लगा सामने कोई और देश है जिसको हमने कभी न देखा था न समझा था। हमारी सृजनात्मक स्थिति की विडम्बना को आप समझ सकती हैं।

अफ़ग़ानिस्तान से लौटते हुए मुझे महसूस हुआ कि मेरे ज़हन के सारे खिड़की-दरवाज़े खुल चुके हैं और अब मैं ईरान की क्रान्ति के उलझाव को ज़्यादा अच्छी तरह से समझ सकूँगी और यह बात ज़्यादा बेहतर तरीक़े से उजागर कर सकूँगी कि हर स्थान का एक अपना सच होता है।

बगदाद आबर्जवर, 1987

खण्ड : ग्यारह

ग्यारहवीं यात्रा

- ऐथेनिक मुठभेड़ों का देश : पाकिस्तान
- फूलों का शहर पेशावर
- देखें अब ऊँट किस करवट बैठता है

ऐथेनिक मुठभेड़ों का देश : पाकिस्तान

अफ़ग़ानिस्तान से लौट कर बराबर लगता रहा कि मुझे पाकिस्तान जाना चाहिए ख़ास कर सूब-ए-सरहद जहाँ अफ़ग़ान मुजाहिदीनों का बसेरा है। मई 1988 की एक सुबह मैंने पाकिस्तान जाने के इरादे से घर छोड़ा और पाकिस्तान एयरवेज़ की उड़ान पकड़ने पहुँची। क़िस्मत का सितारा बुलन्द था फ़रीदा ख़ानम जैसी आवाज़ की मालिका उसी उड़ान से वापस पाकिस्तान जा रही थीं। बातों का सिलसिला शुरू हुआ और उनका जुम्ला मुझे एकाएक झिंझोड़ गया, वह एक महान गायिका की जगह एक ऐसी ग़मआशना शख़्सियत लगीं जो गहरी चोटें खाए हुए हो। पंजाब के हंगामे की तरफ़ संकेत करती हुई वह बोलीं कि अभी पिछले बँटवारे के दर्द से हम निकल नहीं पाए थे कि दूसरे बँटवारे का इन्तज़ाम शुरू हो गया। सच है जिस पर गुज़रती है वही जानता है कि उजड़ने के बाद कैसे एक-एक चीज़ दोबारा जमा करनी पड़ती है जिसमें एक उम्र गुज़र जाती है।

पैंतालिस मिनट की परवाज़ थी हम दिल्ली से लाहौर पहुँच गए थे। जहाज़ से उतरते-उतरते सब बिखर गए। काकाखेल साहब ने सुब-ए-सरहद में मिलने का वायदा किया था। उन्हीं के घर मुझे ठहरना था। जब मैं कस्टम में पहुँची तो बिना देखे मेरी अटैची बन्द ही बन्द आगे बढ़ा दी गई। इस बर्ताव की मैं आदी थी। अफ़ग़ानिस्तान में पत्रकार और उस्ताद होने के नाते सामान उलटा पलटा नहीं गया था। ईरान में शोधकर्ता के नाम पर कपड़ों-किताबों से भरी अटैची खोल कर बन्द होती रही थी मगर पाकिस्तान में किसी भारतीय के साथ ऐसा हो देखकर मुझे सन्तोष हुआ मगर जैसे ही मैं अटैची उठाकर बाहर निकली एक कर्मचारी ने आकर कहा कि साहब सलाम कह रहे हैं मैंने कहा कि उनसे मेरा आदाब कहना। जब मैं टैक्सी पर अटैची रखवाने लगी तो उस आदमी ने कहा कि साहब सलाम कह रहे हैं। इस बार मैं उसका संकेत ताड़ गई थी मगर रिश्वत के नाम पर देने के लिए मेरे पास कोई उपहार था न मेरा सामान इतना ज़्यादा और क़ाबिले एतराज़ था कि मुझे कुछ देना पड़ता सो इस बार मैंने 'शुक्रिया' कहा और टैक्सी पर बैठ गई।

पाकिस्तानी कवयित्री किश्वर नाहीद ने मिलने के कुछ देर बाद पूछा कि

मैं कौन-कौन से पाकिस्तान लेखकों से मिलना चाहती हूँ। उनके सवाल का कोई मुनासिब जवाब जब समझ में नहीं आया तो जो सच था मैंने कह दिया कि मैं किसी साहित्यिक कार्यक्रम को दिमाग़ में लेकर नहीं आई हूँ बल्कि पेशावर में स्थित अफ़ग़ान पठानों से मिलने के ख़्याल से आई हूँ कल मेरी परवाज़ है। किश्वर चुप रह गईं। यह जवाब शायद वह भारत से आई लेखिका से उम्मीद नहीं कर रही थीं बहरहाल लौटते हुए दोबारा लाहौर आने का वायदा मैंने किया और पेशावर, कराची, रावलपिंडी, इस्लामाबाद की तरफ़ चल पड़ी।

पाकिस्तान ऐथेनिक दंगों का गहवारा है। आपसी मुठभेड़ें दिन-प्रतिदिन बढ़ती ही जा रही हैं उनमें सबसे ज़्यादा भयानक सुन्नी शिया फ़साद है जो अक्सर मोहर्रम के ज़माने में अपना शोला भड़काती है और फैलती आग कई सौ लोगों को ख़ाक व ख़ून में लथाड़ देती है। यह मौतें किसी भी समुदाय की हों मगर अफसोस हर वर्ष कर्बला का भयानक दृश्य उपस्थित करती हैं, बजाय उस सहिष्णुता के जो कर्बला के युद्ध द्वारा सम्प्रेषित होता है कि धैर्य, बलिदान, सद्भावना, अधिकार संघर्ष का सही मार्ग और मानवता का पालन कैसे करना चाहिए। वह सीख कोई नहीं लेता। यही उग्रता भारत में कभी-कभी लखनऊ शहर में उभर कर आती है। ऐसे माहौल में शियाबहुल देश ईरान के बारे में की गई चर्चा किधर मुड़ती है अन्दाज़ा मैं नहीं कर सकती थी मगर सुनना ज़रूर चाहती थी।

पेशावर में जाकर अन्दाज़ा लगा कि शियाअफ़ग़ान गुट बहुत अच्छी सियासी स्थिति में नहीं हैं मगर उन्हें बराबर ईरान का समर्थन प्राप्त होता रहता है। ईरान का हस्तक्षेप कई कारणों से नकारा नहीं जा सकता है विशेषकर तब जब बड़े पैमाने पर अफ़ग़ान शरणार्थी ईरान अफ़ग़ान के सीमावर्ती इलाक़ों में रह रहे हों। कुछ लोगों का तो यह भी ख़्याल था कि यदि भुट्टो और नुसरत शिया समुदाय से ताल्लुक़ न रखते तो सियासत उनको इतनी कड़ी सज़ा भी नहीं दे पाती। पाकिस्तान 'निज़ामे मुस्तफ़ा' की धार्मिक व्यवस्था से पूरी तरह मुतमईन न होने के बावजूद अपने यहाँ की उग्रता की ज़िम्मेदारी ईरान पर डालते हैं मगर इस प्रश्न का उत्तर ठीक से नहीं दे पाते हैं कि ईरान न पूर्व न पश्चिम की नीति अपनाए है और खुल कर अमेरिका को गाली देता है मगर पाकिस्तान की अर्थव्यवस्था पूरी तरह से मध्यपूर्वी देशों पर टिकी है और अमेरिका के हाथों की कठपुतली बना हुआ है।

इस्लामाबाद में सूचना मन्त्री नसीम साहब के घर जाने का इत्तेफ़ाक़ हुआ। मैं राष्ट्रपति ज़ियाउलहक़ से इण्टरव्यू लेना चाह रही थी। उनके पास मेरी अर्ज़ी पहुँच गई थी। उनका घर शानदार था। ड्राइंग रूम में दाख़िल हुई। नसीम साहब वहाँ मौजूद थे बड़े तपाक से मिले और पूछने लगे कि इस घर की सजावट कैसी

लगी? इस तरह का घर भारत के स्टैण्डर्ड के हिसाब से क्या एक भारतीय मन्त्री का होगा? मैंने कहा नहीं, वहाँ सादगी है। इतना कहकर मैं सोफ़े पर बैठने लगी तभी उनकी बेगम दाख़िल हुईं और सलाम करके उन्होंने एकदम से पूछा "ख़ुदारा, मुसलमानों की हालत कैसी है?" मैं बैठते-बैठते रुक गई महसूस हुआ ज़रूर कोई बड़ा फ़साद हुआ है उत्तर प्रदेश या बिहार में तभी यह पूछ रही हैं। मैंने सवालिया निगाहें उन पर टिका दीं जैसे पूछना चाह रही हूँ कि आप बताएँ मुझे कुछ पता नहीं है। उन्होंने बैठने का इशारा करते हुए कहा कि "ख़ुदा की क़स्म मेरा दिल मुसलमानों की हालत पर बहुत दुखता है बेचारे! इंडिया से कोई भी आता है तो मैं उससे वहाँ का हाल ज़रूर पूछती हूँ।" उनका यह अन्दाज़ मुझे बेहद अखरा मगर ऊपर से मैं शान्त बनी रही। बातों का सिलसिला पाकिस्तान की तारीफ़ की तरफ़ मुड़ गया।

खाने पर अब नसीम साहब के बोलने की बारी थी। पाक-हिन्द युद्ध के दौरान वह क़ैद कर लिए गए थे। उन दिनों की याद उन्हें कचोटने लगी ख़ास कर तब जब उन्हें अपना कुतरा कान याद आया और लड़की की मौत की इत्तला रेडियो पाकिस्तान से मिली जिसमें अनुरोध था कि नसीम साहब को आज़ाद कर दिया जाए मगर भारत सरकार का दिल नहीं पसीजा और युद्ध बन्द होने के महीनों बाद तक उन्हें रोके रखा। मैं उनके दुःख को समझ रही थी मगर वह शायद आर्मी मैन होकर भी यह भूल गए थे कि इश्क़ और लड़ाई में सब कुछ जायज़ है। कोई भी राष्ट्र शत्रु देश के क़ैदी की आवभगत तो करने से रहा। उनका लहजा इतना तल्ख़ था कि वह यह भी भूल चुके थे कि मैं उनके घर मेहमान हूँ और दूसरे देश की नागरिक हूँ। अपने वतन की बुराई खुले शब्दों में कौन सुनना चाहेगा? अपमान का जो अहसास मन्त्री जी और उनकी पत्नी ने मुझे खाने पर बुला कर दिया था उसका अन्दाज़ा उन्हें मेरे चेहरे के बदलते रंग से लग रहा था। मैं जानती थी कि वह मुझे प्रोवोक कर रहे हैं कुछ उल्टा-सीधा सुनने के लिए मगर मैं शालीनता छोड़ कर उन्हें और ग़ैरज़रूरी बातें बोलने का मौक़ा नहीं देना चाहती थी। कुछ ऐसी ही हालत पाकिस्तानी पत्रकारों द्वारा बग़दाद में हुई थी मगर मैं तब भी उनकी बातों का जवाब बड़ी सहजता से देती रही थी जिसको सुनकर जंग के सम्पादक ने कहा था कि आपकी शख़्सियत भारतीय संसद के लिए आइडियल है। यह दूसरा गहरा वार था मगर लहजा नर्म और बेहद शालीन था।

दूसरा पाकिस्तान का सफ़र 1988 में बना जब भूतपूर्व राष्ट्रपति ज़ियाउलहक़ की हवाई जहाज़ दुर्घटना की मौत पर उनकी शवयात्रा की रिपोर्ट उर्दू के समाचारपत्र 'नई दुनिया' के लिए करने में रावलपिंडी पहुँची थी। इस्लामाबाद के अलावा हमको

किसी भी अन्य शहर का वीज़ा नहीं दिया गया था। हम दस-बारह लोग थे। बहुतों का यह पहला सफ़र था। मैं दोनों यात्राओं का फ़र्क़ देख रही थी 1979 वाला ईरान का माहौल जब शाह का जाना तय हो गया था और बन्द माहौल किसी फूल की तरह अपनी पंखड़ियाँ खोल रहा था। कुछ वैसा ही जागता सोचता सा, फैलती धूप का दृश्य रावलपिंडी की सड़कों पर अख़बार फ़रोशों से अख़बार ख़रीदते हुए मुझे दिखा। जो मुँह बन्द थे वह खुल कर बोल रहे थे। यह हँसते चेहरे ग़ैर-सियासी थे या पीपुल्स पार्टी के थे मेरे लिए छाँटना मुश्किल था।

पाकिस्तान का दूसरा सफ़र बहुत कम दिनों का था मगर मौत के पास से गुज़रने जैसा था। लौटने की उड़ान के समय ग़ज़ब की बारिश शुरू हो गई। अगस्त का महीना था। यह बारिश कल तक भी मूसलाधार बरस सकती थी और परसों तक भी, हम चिन्तित से आसमान ताक रहे थे। रावलपिंडी में रुकने का अब किसी का मूड न था। कुछ घण्टों बाद पानी रुका। जहाज़ उड़ा मगर गहरे बादलों में फँस-फँस कर जो रस्सी कूदा है उससे सभी मुसाफ़िरों के चेहरों पर हवाइयाँ उड़ने लगी थीं। कुछ इसी तरह का तजुर्बा जुलाई 1988 में जापान, बैंकाक, हांगकांग जाते हुए हुआ था तब डॉ. शर्मा साथ थे। नाश्ता उलट गया। मरने के लिए साथ-साथ हमने एक-दूसरे का हाथ पकड़ लिया था। चन्द मिनटों बाद मौत की बला टल गई और हमने राहत का साँस लिया फिर तय किया कि अब हम कभी साथ न उड़ेंगे वरना पीछे बच्चे बिना माँ-बाप के रह जाएँगे और यहाँ मैं अकेली थी। अपना ही एक हाथ दूसरे हाथ से पकड़े हुए। रीढ़ की हड्डी भय से चटख़ने लगी थी और मैं पूरी तरह जहाज़ के साथ पहाड़ी पर टूट कर गिरने और बिखरने को तैयार थी। यह दस मिनट भी जानलेवा थे जब कट गए तब मैंने फ़ैसला लिया कि अब कभी हवाई जहाज़ का सफ़र नहीं करूँगी।

पहले सफ़र में जब पेशावर से कराची होती लाहौर लौटी तो ख़बर अदबी हल्क़े में फैल चुकी थी कि मैं पाकिस्तान में मौजूद हूँ। कुछ लेखक विशेषकर प्रगतिशील विचारों वाले मुझसे मिलना चाहते थे जिन्होंने 'असरी अदब' पत्रिका में रिपोर्ताज़ और मेरा फ़ारसी कविताओं का अनुवाद पढ़ लिया था। एक शाम किश्वर नाहीद के घर आयोजित हुई। किश्वर ने मेरा पासपोर्ट माँगा मैं कुछ समझ नहीं पाई। फिर पूछने पर बताया कि यहाँ ग़ैरमुस्लिमों को शराब ख़रीदने की आज़ादी है मगर पासपोर्ट पर धर्म के कालम में 'इस्लाम' लिखा देख उन्होंने पासपोर्ट वापस कर दिया। उस शाम ठीक विदेशों की तरह जम कर मय चली। बेहतरीन बातें हुईं और मुझे मन ही मन हँसी आती रही कि रावलपिंडी में ठीक भूतपूर्व प्रधानमन्त्री निवास के पीछे बियर फ़ैक्टरी थी और अख़बार शराब पर पाबन्दी और कमर पर सौ कोड़े मारने जैसी सज़ा की रिपोर्टिंग कर रहे थे जबकि ईरान में शराब फ़रोशी की दुकानें दूसरे धर्म के अनुयायियों की सदा से रही हैं मगर शराब लगभग सभी

पीते थे। अभी इस्लामी सत्ता में भी लोग घर में आलबालू फल के जूस में ह्विस्की मिला कर रखते हैं यदि पासदारों की रेड हुई तो वह फल का जूस समझकर उसको हाथ नहीं लगाते हैं। किसी ने सच ही कहा है कि चोर चोरी से जाए मगर हेराफेरी से न जाए।

ईरानी बुद्धिजीवियों की दुर्दशा पर जो चिन्ता मुझे पाकिस्तानी लेखक वर्ग में दिखी वह भारत में उस शिद्दत से सृजनात्मक वर्ग में मुझे कभी महसूस नहीं हुई थी उल्टे कई अटपटे प्रश्न भी मुझसे किए जाते थे कि आख़िर मैं हज़ार ख़तरे उठाकर इस तरह का लेखन क्यों करती हूँ? यह सवाल तब और तीखे हो उठते जब उन्हें पता चलता कि मैं तीनों बार ईरान अपने ख़र्च पर गई तो उनकी शंकाएँ और बढ़ जातीं। इन शंकाओं का अन्त मैं अपने उत्तर से नहीं कर सकती थी क्योंकि यह जवाब भी उन्हें बेकार लगता यदि मैं कहती कि मैं अपनी क़लम ईरान की सियासत पर लिखते हुए आज़ाद रखना चाहती हूँ इसलिए अफ़ग़ानिस्तान, पाकिस्तान भी अपने ख़र्च पर गई और आई हूँ। वास्तव में यह समय बड़ा बेईमान समय है जब क़लम बड़ी आसानी से ख़रीदे जा सकते हैं और दूसरी बला जो नए ज़माने की धुरी तय कराने लगी है वह है प्रचार माध्यम जो झूठ को सच और सच को झूठ बनाने में दक्ष होती जा रही है। ऐसे समय मेरी इन बातों का कोई महत्त्व किसी के लिए नहीं था बल्कि वे मुझे सनकी और झक्की की श्रेणी में लाकर खड़ा करना चाहते थे।

किश्वर के घर आए वह सारे बुद्धिजीवी उनकी बातों के बीच मुझे कराची की लेखिका अख़्तर जमाल का ख़्याल आता रहा जो इन्हीं की तरह दुःखी थीं जिनका बेटा जिया के जेल में था। उनकी कहानियों का संग्रह 'ज़र्द पत्तों का बन' की कई सियासी कहानियाँ और उनके किरदार दिमाग़ में घूमने लगे। एशिया महाद्वीप के राष्ट्रों का यह दर्द कौन जान पाएगा कि वह अपनी ज़िन्दगी अपने ही देश में अपनी मर्ज़ी से नहीं जी पा रहे हैं। कहीं सियासत, कहीं अंकुश, कहीं अतिक्रमण, कहीं धर्म, कहीं तानाशाही ग़र्ज़ कि सुकून कहीं नहीं है। सब महाशक्तियों की कठपुतली बने अपनी ही जनता को तिगनी का नाच नचा रहे हैं।

ऐसे कई खानदान मिले जो मुहाजिर थे और मुठभेड़ों के बिना ही उनके अपने घरों से जवान गायब थे। उनके अपहरण के पीछे सिंधियों की उस नफ़रत का हाथ भी बताया जाता है, जो उन्हें मुहाजिरों से है। उनका ख़याल है कि बाहर से आकर ये लोग हमारी धरती पर काबिज़ हो गए हैं, हम पर हुकूमत करते हैं। इन्हीं के बीच अफ़गानी नशाफरोश भी अपनी उग्र भूमिका निभाने में बाज नहीं आते हैं। मोटे तौर से पाकिस्तान में रहनेवाली पाँच कौमें हमेशा एक-दूसरे से टकराती रहती हैं और मुहाजिर अपने अतीत से टकराते उसको किसी-न-किसी बहाने से पन्ने पर उतार दर्द का दस्तावेज लिखते रहते हैं। उस दर्द की भी कितनी शाखाएँ हैं,

जिससे इनसानी नजरिया जो सामने आता है वह पछतावा भरा है। घर-आँगन का बँटना किसी को नहीं भाया; मगर इसमें सियासी पार्टियाँ अपना लाभ भुनाने लगती हैं। पाकिस्तानी समाज से मध्य वर्ग, जो किसी भी समाज का मेरुदंड होता है, सिर से गायब है या निम्न वर्ग अथवा फिर उच्च-मध्य वर्ग या उच्च वर्ग, जो बेतहाशा दौलत के मालिक हैं, वहाँ राहत से रह रहे हैं। बिलोची व सिंधी कौमें गरीब व पिछड़ी हैं तो भी बड़े-बड़े जमींदारों के पास शानदार ज़िन्दगी मौजूद है।

पाकिस्तान में उस ज़िन्दगी की झलक नजर आती है जो स्वतन्त्रता संग्राम से पहले भारत में थी, जिसको हम सामन्ती व्यवस्था कह सकते हैं। भारत में चकबन्दी, ज़मींदारी उन्मूलन, ज़मीन का सही बँटवारा और कई तरह के प्रगतिशील क़दम ने भारत के समाज का पूरा ढाँचा बदल दिया है; मगर पाकिस्तान में वह आज भी एक अलग तरह की बानगी के साथ मौजूद है, जो पहली नजर में अच्छा भी लगता है, पर रहना पड़े तो घुटन का अहसास देगा।

हमारे इतिहास का एक बेहद महत्त्वपूर्ण टुकड़ा बँटवारे में पाकिस्तान में रह गया—'मोईनजोदाड़ो'। उसको देखने का जबरदस्त अरमान लिये मैं वापस आ गई; क्योंकि उस समय वह इलाका आपसी मुठभेड़ों के कारण काफी संवेदनशील एवं भयानक रूप से खतरनाक हो रहा था।

1987

फूलों का शहर पेशावर

पाकिस्तान की कोई भी तसवीर मेरे जेहन में पहले से मौजूद नहीं थी। शायद इसमें मेरे इस इरादे का दखल ज्यादा था कि मैं एक दिन खुद अपने उस पड़ोसी मुल्क को देखूँगी, जो कल तक हमारे ही वजूद का हिस्सा था। उसके बाद दिल व दिमाग पर उसकी वैसी ही तसवीर खींचूँगी जैसा उसे पाऊँगी। लेकिन पूर्वाग्रहरहित होने का अर्थ यह नहीं है कि मैं उस मुल्क से बेख़बर रही, बल्कि सियासी समाचारों व सामाजिक घटनाओं को तर्क व तथ्य की कसौटी पर कसती तथा बदलते हालात का मूल्यांकन करती रही। कई बार विदेश जाते हुए पाकिस्तान का वीज़ा भी लेना चाहा। एक बार मिला भी, मगर बुरा हो उस इराक़ी बम का, जिसने तेहरान हवाई अड्डे पर बरस कर न सिर्फ़ उसे बिसमार किया, बल्कि पाकिस्तान तो दूर, दो महीने तक मुझे हिन्दुस्तान भी नहीं लौटने दिया।

गरमी सख़्त, हालात ख़राब—इन बातों को नज़र में रखते हुए रोकनेवाले बेशुमार। पाकिस्तान क्या ईरान व अफ़ग़ानिस्तान से भी ज्यादा ख़तरनाक हो गया है जो हर एक के मुँह से वहाँ न जाने का इसरार सुन रही हूँ? अपने अन्दर की झिझक से पूछा और खुद ही कमर कसके अपने को जवाब दे बैठी कि इस बार सफर टला तो फिर टलता ही जाएगा। सो आखिरकार रावलपिंडी, कराची और पेशावर में फटनेवाले बमों की ख़बरों को नज़रअंदाज़ करके पाकिस्तान इंटरनेशनल की उड़ान पकड़ने चिलचिलाती धूप की चादर चीरती यह सोचते हुए हवाई अड्डे पर पहुँची कि अब तो कहीं भी बम फट जाता है। आतंक की यह लहर पूरे एशिया को धीरे-धीरे अपनी गिरफ्त में लेती जा रही है। कोई एक मुल्क़ हो तो उससे बचा भी जाए!

मंज़िल अनजान, साथी बेगाने। दूर-दूर तक कोई जाना-पहचाना चेहरा मुसाफ़िरों के बीच नज़र नहीं आया। तभी फ़रीदा ख़ानम का हसीन सरापा नज़र आया। दिल ने कहा, सफ़र की शुरुआत अच्छी हुई है। हमसफर नगमाख़ान है तो अब सफ़र के बाक़ी तार भी सध जाएँगे। बातों का सिलसिला शुरू हो गया। बातों-बातों में बँटवारे का ज़िक्र निकल आया। फ़रीदा ख़ानम कहने लगीं : आज की तरह हम उस वक़्त किसी शानदार ज़िन्दगी के मालिक नहीं थे, मगर वह

मामूली-सा घर हरगिज नहीं भूलता। तब आपसी मुहब्बत का हाल यह था कि लोग बच्चों के बच्चों का नाम ले-ले कर खैरियत पूछते थे। एक नस्ल ने किसी तरह कशमकश में ज़िन्दगी गुजार दी। अब ख़ुदा से यही दुआ है कि वह आनेवाली नस्लों को इस तल्ख तजुरबे से दूर रखे। उनकी आँखों की नमी ने मेरे सामने सआदत हसन मंटो की कहानी 'खोल दो' के साथ-साथ वह सारा साहित्य ला खड़ा कर दिया, जो मेरे जन्म से पहले बँटवारे की दास्तान से भरा हुआ था। मैं फ़रीदा ख़ानम से यह न कह सकी कि आप तो सिर्फ़ एक नस्ल की बात कर रही हैं, मगर क्या उन चार नस्लों से किसी ने पूछा है जिन्होंने अपने बुजुर्गों के फ़ैसले की क़ीमत यहाँ बँटवारे के बाद लगातार रह कर चुकाई है।

दिल्ली से उड़ा जहाज़ 45 मिनट बाद लाहौर पहुँच गया। वही जवान, वैसे ही चेहरे, जो मैं दिल्ली में छोड़ कर आयी थी। लाहौर, जिसे राम के बेटे लव ने बसाया था, बरसों से साहित्य व ललित कलाओं का केन्द्र रहा है। दूसरे दिन सुबह पेशावर जाना था, जिसके सन्दर्भ में गुलबादीन हिकमतयार, स्टिंगर मिसाइलों और शरणार्थियों के बेशुमार कैंपों के बारे में लगातार पढ़ती आई थी। जब मैं अफ़ग़ानिस्तान में थी, तब वहाँ जो भी जहाज़ गिरता, उसके लिए कहा जाता था कि यह पाकिस्तान से चलनेवाली स्टिंगर की करामात है। अन्य देशों में रहनेवाले अफ़ग़ान शरणार्थी भी पेशावर को ही सारी मुसीबत की जड़ समझते थे। पेशावर जाते समय यह सारी बातें मेरे दिमाग़ में गूँज रही थीं।

पेशावर हवाई अड्डे से निकलकर जब शहर की तरफ़ चली, तो जिस गहमागहमी और हंगामे की उम्मीद मैं कर रही थी, उसकी जगह लाल छतों के मकानों पर झुके सायेदार दरख़्त, पक्की चौड़ी सड़कें, आराम से दौड़ती कारें और उनके बीच घुँघरुओं की रुनझुन और घोड़े की टापों के साथ गुजरते ताँगे मुझे यह विश्वास नहीं दिला पा रहे थे कि पेशावर एक खूबसूरत, पुरआराम शहर का भी नाम हो सकता है।

पेशावर यानी संस्कृत में पुष्पापुर। इस पुष्प नगर के फूलों का ज़िक्र बाबर ने अपने लेखन में भी किया है। मगर आज वही फूलों से भरा सुन्दर शहर अफ़ग़ान शरणार्थियों का केन्द्र बन गया है। दो पाकिस्तानी पेशावरी पठान और एक अफ़ग़ान शरणार्थी : इस अनुपात का हिसाब आसानी से लगाया जा सकता है। पेशावरी पठान की भाषा पश्तो है और अफ़ग़ान पठान की भी, इसलिए भाषा की कोई दीवार उनके बीच नहीं है। धर्म और रीति-रिवाज में समानता के बाद हथियारों से एक जैसा प्रेम दर्रा आदमखेल नामक उस गाँव की याद दिलाता है, जो पेशावर से 42 किलोमीटर दक्षिण में स्थित है, जहाँ घर-घर बन्दूक़ें बनती हैं और पिछले नौ साल से जहाँ के हथियार पूरे कबायली इलाके के अतिरिक्त अन्य जगहों पर भी जाते

रहे हैं। यहाँ के लोग कपड़ों की तरह हथियार खरीदते और बदलते रहते हैं।

स्पष्टतः इन अफ़ग़ान शरणार्थियों को सियासी सुरक्षा भी मिली हुई है। स्वयं पाकिस्तान के राष्ट्रपति ज़िया-उल-हक ने कहा है कि मैं अपनी माँ का जालंधर से 90 मील पैदल चलकर आना कभी नहीं भूल सकता, इसलिए अफ़ग़ानिस्तान से भाग कर आये शरणार्थियों को पनाह देने से इनकार कैसे कर सकता हूँ?

30 लाख अफ़ग़ान शरणार्थी वैसे तो पूरे पाकिस्तान में फैले हुए हैं, मगर सरहदी सूबे में उनकी संख्या सबसे अधिक है, यहीं उनके विभिन्न कैंप भी हैं। अफ़ग़ानिस्तान से जिन जर्मन मिनी बसों में वह भाग कर आए थे (कहा जाता है कि उनकी किस्तें भी उन्होंने अफ़ग़ानिस्तान में नहीं भरी थीं), अब उन्हें वे बसों के रूप में बाकायदा लाइसेंस और कोटा के साथ चला रहे हैं।

यूनिवर्सिटी टाउन इलाके में खुशहाल खाँ खटक रोड, पार्क रोड, रहमान बाबा सरकुलर रोड, नहर वग़ैरह के आसपास घूमें तो आपको विभिन्न देशों की संस्थाओं के दफ्तर नज़र आएँगे जो वर्तमान अफ़ग़ान सरकार विरोधी दलों और जंगजदा इलाकों में आम आदमी की मदद के काम करते हैं। इनमें मुख्य हैं स्वीडन, प. जर्मनी, बेल्जियम तथा यूरोप के अनेक छोटे देशों के संगठनों तथा संयुक्त राष्ट्रसंघ एवं रेडक्रॉस के दफ्तर। इन दफ्तरों तथा उनके द्वारा संचालित अस्पतालों के सामने अफ़ग़ानों की भीड़, बीमार रोते बच्चे, बूढ़े और परेशान औरतें नज़र आती हैं। किसी भी सड़क पर दो-तीन अफ़ग़ान पेड़ के नीचे बैठे तरबूज खाते या छोटी-मोटी दुकान लगाये सामान बेचते या फिर किसी मकान के दरवाज़े के पास, जो शायद कोई राहत दफ्तर हो, झुंड के शक्ल में खड़े नज़र आएँगे। दो-तीन दिन के बाद मैं यह भूलने लगी कि मैं अफ़ग़ानिस्तान में हूँ या पाकिस्तान में!

जो बात मुझे सबसे ज्यादा चकित कर रही थी, वह था शहर का पुरसकून माहौल। इतने बड़े पैमाने पर किसी सूबे में जनसंख्या का बढ़ जाना, घर-घर हथियारों का जमा होना और सड़क-सड़क हथियारबन्द लोगों का घूमना, इस सबके बावजूद आपसी अमन-दोस्ती का निभाव विचित्र था। जब भी किसी पठान से पूछा, तो उसने बड़ी दरियादिली से अपनी मेहमाननवाज़ी का ज़िक्र करते हुए कहा कि यह हमारे मुसलमान भाई हैं। अगर यह इस्लाम के लिए लड़ रहे हैं, तो क्या हम उनका साथ छोड़ दें?

पेशावर के इस शान्तिपूर्ण माहौल के बारे में मैंने जब किसी पंजाबी पाकिस्तानी से पूछा, तो उन्होंने कहा कि यहाँ अफ़ग़ान किसी तरह का हंगामा या गलत हरकत करने से झिझकते हैं, इसकी वजह यह है कि वह पनाहगीर हैं, उलटी-सीधी बातें करके वह पेशावर के लोगों को नाराज़ करने की जोख़िम नहीं

ले सकते। फिर वह पूरी तरह एहसानों से दबे हैं, जो इनकी आनेवाली नस्लें तक याद करेंगी।

एक पेशावरी ज़मींदार पठान ने मुझे बताया। मौसम के बदलने के साथ हमेशा अफ़ग़ान बंजारे—जिन्हें कूची कहते हैं, मगर हम उन्हें पावंदा कहकर पुकारते हैं—बरसों से पेशावर आते रहे हैं और जाड़ा गुजर जाने के बाद चले जाते हैं। इनकी महारत मिट्टी की दीवार बनाने, खेतों में मेंड़ बनाने में है। अधिकतर यह मिट्टी खोदने का काम करते थे। इनकी औरतें घरों में जा कर सुर्खी-पाउडर बेचती थीं। यही पुराना रिश्ता आज बड़े पैमाने पर आपको फैला नज़र आता है। हम खुश हैं उनके आने से, क्योंकि मजदूरी सस्ती हो गई है और मकान महँगे हो गए हैं। खासकर विदेशी बहुत किराया देते हैं। क़ालीन ख़ूब बुनते हैं और सस्ती बेचते हैं। इनका रहना हमको तो बुरा नहीं लगता। कल तक जहाँ उन्होंने खेमे गाड़े थे, वह मेरी ज़मीन थी। कल तक मुफ्त रहते थे, मगर एक साल से किराया दे रहे हैं। फिर यह कौन यहाँ बसने आए हैं! कल चले जाएँगे।

कच्चा गढ़ी अफ़ग़ान शरणार्थियों का मुहल्ला है, जो पहले खेमों की शक्ल में था, मगर अब वहाँ कच्चे घरों की भरमार है। वहाँ जाकर लगता है कि आप किसी लिपे-पुते गाँव में पहुँच गए हैं। मुर्गी, गाय, भैंस, घोड़े, कुत्ते वहाँ किसी गाँव की ही तरह नज़र आते हैं, खेलते बच्चों और ज़रूरत की छोटी-मोटी दुकानों को देख कर लगा कि यहाँ ज़िन्दगी रच-बस गई है। घरों, दुकानों पर नंबर भी पड़े हुए हैं।

एक घर के अन्दर जाती हूँ। लगभग दो सौ गज में फैला कच्चा मकान, बड़ा-सा लिपा-पुता आँगन, कच्चे कमरे के सामने छोटे-से दालान में बिजली का पंखा चल रहा था। बातचीत शुरू होने तक भीड़-सी जमा हो गयी। पता चला कि नौ साल हुए इस मुहल्ले को आबाद हुए। पहले जो खेमा था, सड़-गल कर फट गया। तब इस ऊबड़-खाबड़ ज़मीन को खोद कर बराबर किया। एक मील दूर से पानी ढो कर लाते और मिट्टी गूंधते। तब कहीं जा कर यह मकान बना।

उन्हीं में से एक ने बताया : इस मुहल्ले में 12 हज़ार राशनकार्ड वाले रहते हैं, जिन्हें दो मन गेहूँ, सात किलो तेल और एक किलो शक्कर मिलती है। जिनके पास राशनकार्ड नहीं है, उन्हें यह राहत सहूलियतें नहीं मिलतीं। उनका सामान पाकिस्तानी कमाण्डो खा जाते हैं। पहले चाय भी मिलती थी, कम्बल और कपड़े भी। मगर पिछले दो साल से ज़िन्दगी बहुत मुश्किल में कट रही है। मर्द-औरत दोनों मजदूरी करके खर्च निकालते हैं। जो दौलत बाहर से आती है, वह हम तक नहीं, बल्कि बड़े मुजाहिदीन के हाथ में पहुँचती है। हमारी ज़िन्दगी मजबूरी और बेबसी की जिन्दगी है। पाँच दिन तक पहाड़ों को पार करते हुए ज़ख़्मी पैर लिये

हम यहाँ पहुँचे। वतन की यह हालत न होती तो यहाँ आते ही क्यों? 'आप सब वापस चले क्यों नहीं जाते?' पूछने पर उस औरत ने रोते हुए कहा : कहाँ चले जाएँ? न हमारे घर का पता है न ही खेत का। बम ने हमारा गाँव तबाह कर दिया था, तभी तो भाग कर आए थे।

सड़क से लगी दुकानों में एक कढ़ाई की दुकान थी, जिस पर 'सालिडरिटी अफ़ग़ानिस्तान अप्रेंटिसशिप स्कीम फॉर यंग अफ़ग़ान' का बोर्ड लगा था। बेल्जियम की सरकार ने अपनी तरफ़ से शरणार्थियों को यह सुविधा प्रदान की थी कि हुनरमन्द अफ़ग़ान मेहनत कर अपनी जीविका कमा सकें, कढ़ाई की मशीनें हिन्दुस्तानी थीं। पता चला कि चूँकि यह सस्ती पड़ती हैं, इसलिए बेल्जियम के बजाय यहीं से खरीद कर उन्हें दी जाती हैं। मजदूरों को चार सौ रुपया महीना मजदूरी मिलती है।

कच्चा गढ़ी वास्तव में मिनी अफ़ग़ानिस्तान नज़र आता है। घरों-नालियों के वही अंदाज़, वही रहन-सहन का तरीका, वही कच्चे घरों से झाँकते नये उगे दरख़्त। यहाँ के लोग बिजली का बिल नहीं देते। पानी का नल सऊदी अरब ने लगवाया है—उसका भी टैक्स नहीं देना पड़ता, स्कूल वग़ैरह भी मौजूद हैं।

अफ़ग़ान अब अपने मुल्क वापस नहीं जाएँगे—उनको जिस तरह का आराम पाकिस्तान में मिला हुआ है, उसको छोड़ कर वह किसी भी कीमत पर वापस नहीं जाएँगे : ऐसी शंका सबके मन में है, जो आए थे, उनका वतन तो अफ़ग़ानिस्तान है, मगर जो पाकिस्तान में पैदा हुए हैं, वह तो पाकिस्तानी ही हुए। यहीं शादी-ब्याह, मौत-ज़िन्दगी सब कुछ निभने लगी है। अब इनका यहाँ से उजड़ना मुश्किल है। अमीर अफ़ग़ानों ने तो कराची जैसे बड़े शहर में बड़ी-बड़ी कोठियाँ खरीद ली हैं।

विदेशी संगठनों ने पेशावर के परम्परागत समाज में अलग से एक हलचल मचा दी है। वे ताजिरों व ज़मींदारों को तो माली फायदा पहुँचा रहे हैं, पर अपने दफ्तरों में पाकिस्तानियों को नौकरी नहीं देते, बल्कि अफ़ग़ानों को रखते हैं, जो इन विदेशियों के साथ पिछले आठ साल से काम करने के कारण अच्छी अंगरेज़ी बोलने लगे हैं। इससे पेशावर के नौजवान बेकार वर्ग में अफ़ग़ानों के प्रति द्वेष भाव है। दूसरे, चीज़ें तो बहुत महँगी हो ही गई हैं, स्मैक और अन्य नशीली चीज़ों का सेवन भी पेशावर में बहुत बढ़ गया है। विदेशियों का उन्मुक्त रहन-सहन कई तरह के उपद्रवों को जन्म दे रहा है, जिससे निम्न मध्य वर्ग अधिक प्रभावित हो रहा है।

एक महाजिर अफ़सर कराची से पेशावर की तरफ़ आए थे और पेशावर की खूबसूरती और सुकून को देखकर इसी शहर के होकर रह गए। उनकी बातचीत के दरमियान महसूस हुआ कि वह पेशावर की मौजूदा स्थिति से बहुत चिन्तित हैं, खासकर जब अफ़ग़ान मुजाहिदीन के पास इतना हथियार जमा हो गया हो। अगर उन्होंने कभी कोई उलटा-सीधा क़दम उठाया, तो उनसे भिड़ने के लिए पेशावरी

पठान के पास भी बन्दूक़ें हैं, मगर वह लोग क्या करेंगे, जो निहत्थे हैं? जिन्हें हथियार चलाने का तजुर्बा नहीं है, वह कैसे अपना बचाव करेंगे?

पेशावर के करीब ही दूसरा अफ़ग़ान शरणार्थी कैम्प है, जहाँ खाने की चीज़ों, पानी, दवा और जीवनयापन की अन्य चीज़ों की बेहद कमी है। पर वहाँ के लोग भी सारे दुख झेलने के बावजूद अफ़ग़ानिस्तान लौटना नहीं चाहते। हरकत-ए-इनकलाब-ए-इस्लामी के प्रतिनिधि हाजी मुहम्मद रफीक़ का कहना है: जिनेवा अनुबन्धन ने हमारी समस्या हल नहीं की है। अनुबन्ध करनेवालों ने हमारी सहमति की परवाह नहीं की है, फिर हम क्यों करें इस अनुबन्ध की परवाह? पिछले आठ वर्षों में हमने बहुत कुछ भोगा है। इसलिए जब तक वर्तमान सत्ता वहाँ मौजूद रहती है, हम वहाँ वापस नहीं जाएँगे। जहाँ इतने साल पाकिस्तान सरकार ने हमको रखा है, तो क्या चन्द महीने और नहीं रख सकती है?

कुछ दिन पहले डेढ़ सौ लोगों का प्रतिनिधिमण्डल लेकर सरदार उलमा, फील्ड कमाण्डर तथा दक्षिणी अफ़ग़ानिस्तान के ग्यारह प्रान्तों के शरणार्थी कैम्पों के कुछ बुजुर्ग सदस्य पेशावर आए और उन्होंने अपना 'मेमोरेंडम' इंजीनियर गुलबादीन हिकमतयार को पेश किया। बारह लोगों का एक और गिरोह जाहिर शाह को वापस लाना चाह रहा है। मगर ये लोग ऊपरी तौर पर कहते हैं कि लोयाजिरगा जिसको चुन ले, वही हमारे लिए मान्य है—चाहे जाहिर शाह हों या इंजीनियर अहमदशाह।

अपना खर्च पूरा करने के लिए कुछ अफ़ग़ान राहत में मिले अमेरिकी तेल, कम्बल इत्यादि को बाज़ार में बेच कर उससे डालडा खरीदते हैं और रुई की रजाइयाँ बनवाते हैं, जो उन्हें सस्ता भी पड़ता है, साथ ही कुछ नकद भी हाथ में आ जाता है। पठान गैरतमन्द होते हैं, तो भी इनसानी कमजोरी कहाँ नहीं है! इसलिए चोरी, कत्ल भी करते हैं और भाग कर आज़ाद कबायली इलाके की तरफ़ पनाह लेते हैं, जहाँ उन तक कानून के हाथ नहीं पहुँच सकते।

पेशावर में तस्करी का सामान भरा पड़ा है—खासकर रूसी सामान। घर-घर डेढ़-दो हज़ार के ए सी एक नहीं, कई-कई लगे नज़र आएँगे, मगर यह सारी चीज़ें सूबा-ए-सरहद से बाहर नहीं जा सकतीं। वहाँ यह गैरकानूनी मानी जाएँगी, मगर पेशावर में हर तरह की स्वतन्त्रता है। यह देखकर अजीब लगता है कि जो अफ़ग़ान रूसी फ़ौज से इतनी नफ़रत करते हैं, वही रूसी सामान की तस्करी से जी भरकर कमा रहे हैं? इसे वह बुरा नहीं समझते। पेशावर में एक शानदार बाज़ार ऐसे ही सामान से भरा हुआ है।

पाकिस्तान में रहनेवाले अफ़ग़ान शरणार्थियों पर वहाँ की सियासत का असर पड़ रहा है और उनकी राजनीतिक पसन्द-नापसन्द भी है। जैसे भुट्टो की पी पी

पी (पाकिस्तान पीपुल्स पार्टी) उन्हें पसन्द है, मगर वे वलीखान की पार्टी के विरोधी हैं, क्योंकि वह कम्युनिस्ट विचार रखती है।

ज़िया-उल-हक कुछ को पसन्द हैं, कुछ इस बात के लिए उनकी घोर निन्दा करते हैं कि उनकी राहत रसद लेने की आदत ने लोगों को रिश्वतखोर बना दिया है और इस्लाम धर्म को कई फिरकों में बाँट दिया है।

पूरे वक़्त अफ़ग़ान समस्या को पेशावर पर छाया देख कर मुझे महसूस हुआ कि आखिर पेशावर शहर का अपना भी तो एक व्यक्तित्व है, मैं पाकिस्तान आई हूँ और पाकिस्तान के इस शहर को न तो ठीक से देख रही हूँ और न ही इसके बारे में कुछ मालूमात हासिल कर रही हूँ। आखिर पाकिस्तान आ कर पाकिस्तान न देखा, तो फिर क्या फायदा?

दर्रा, खैबर से सिकन्दर ईसा पूर्व 327 में इस इलाके में दाखिल हुआ। उसके बाद बाबर ने 1526 में इसी रास्ते से आ कर हिन्दुस्तान पर अपना साम्राज्य स्थापित किया। खैबर से आर्य, यूनानी, कुषाण, हूण, तुर्क, मंगोल, मुगल इत्यादि हिन्दुस्तान की तरफ़ आते रहे हैं। यह तिजारती काफ़िलों के गुजरने का भी केन्द्र रहा है, जहाँ से आज व्यापारिक सामान से भरी गाड़ियाँ गुजरती हैं। पेशावर के 16 दरवाजे थे, जिन्हें बाबर ने 1526-30 में बनवाया था। पूर्व से पश्चिम की ओर फैले इन दरवाज़ों के बीच में बाला हिसार क़िला है, जहाँ आज पुलिस का मुख्यालय है। सबसे पुराना दरवाज़ा 'काबुली दरवाज़ा' कहलाता था, जो खैबर से काबुल तक जाता था। अब केवल उसका नाम बचा है। वैसे उस दौर की पुरानी दीवार अब भी शहर में कहीं-कहीं नज़र आ जाती है। गान्धार कला के नमूने अब भी मौजूद हैं। उसका प्रभाव पेशावर की विभिन्न ललित कलाओं में भी देखने को मिलता है।

किसी ने मुझे सलाह दी कि सारा काम शाम से पहले ही खत्म कर लिया करें, क्योंकि शाम को कभी-कभी दुखद घटनाएँ घटती हैं। पेशावर से जुड़े आज़ाद कबायली इलाके के लोग अकसर लोगों पर हमला कर देते हैं। या उन्हें मार डालते हैं या फिर उनका अपहरण कर उनके रिश्तेदारों से बड़ी रकम ऐंठते हैं। अब इतना ज़रूर होने लगा है कि बड़े मुजरिमों का सामान यानी ट्रकें सरहद पर रोक ली जाती हैं और उनसे पूछताछ की जाती है। मगर इससे उनकी स्वतन्त्रता में कोई खास फ़र्क़ नहीं आया है।

सूबा-ए-सरहद का महत्त्वपूर्ण शहर पेशावर अपने नये और पुराने दोनों हिस्सों में अपनी पठानी शान प्रदर्शित करता है। सलवार, जम्पर पहने और चादर ओढ़े औरतें मुँह नहीं ढकतीं और बड़े आराम से कार चलाती भी नज़र आती हैं। कटोरे की शक्ल में बसे पुराने पेशावर की ऊँची पुख्ता अट्टालिकाएँ, बाहर निकले छज्जे

और उनके बीच बल खाती गलियाँ मन मोह लेती हैं। पुराने शहर में ही क़िस्साख़्वानी नामक बाज़ार है। किसी दौर में गुज़रते काफ़िलों का दिल बहलाने के लिए रात भर कहानी सुनानेवाले यहीं जमे रहते होंगे, यहीं पर मशहूर नमक मण्डी और मेवा मण्डी थीं। उसी दौर की यादगार में बड़े-बड़े समावरवाले चायखाने नज़र आते हैं, जहाँ कबाब, तम्बाकू की महक के साथ पेशावरी चप्पलों व सूटकेसों की बेशुमार दुकानें हैं।

क़िस्साख़्वानी बाज़ार से आगे नक़्क़ाशीदार बरतनों की दुकानें हैं। कुछ दूर पर 'चौक यादगार' है, जहाँ लियाकत अली साहब के भाषण हुआ करते थे। इसी के बाद घण्टाघर है और फिर एक खूबसूरत मसजिद, जो शाहजहाँ के समय में पेशावर के गवर्नर ने 1670 में बनवायी थी। आगे चल कर जो इमारत नज़र आती है, वह कभी बौद्ध स्तूप हुआ करती थी, जहाँ बाद में मन्दिर बना और फिर मुगलसराय और अन्त में रंजीत सिंह ने उसे एक इटालवी जनरल एविटेबिल को बख्शा। आज यह इमारत पुलिस मुख्यालय है, अभी भी इस इमारत के दरवाज़े लकड़ी के भारी काम और फूल-पत्तियों की नक़्क़ाशी से भरे पड़े हैं।

पेशावर से 50 मील दूर तख़्ते बहाई के खण्डहर हैं। यह बौद्ध मठ पहाड़ पर लगभग 152 मीटर की ऊँचाई पर बना हुआ है। पेशावर से 110 मील की दूरी पर स्वात घाटी है, जो बौद्ध मठ की खण्डहर के लिए प्रसिद्ध है। शहबाज गढ़ी पेशावर से 47 मील दूर एक पुराना रास्ता है, जो सम्राट अशोक के काल में बना था।

रेल लाइन के पार से नया पेशावर शुरू होता है। यहीं अँग्रेजों द्वारा बनाया हुआ कण्टोनमेण्ट इलाका है, जहाँ कभी फ़ौज़ घर, बाग़, दुकानें सभी कुछ थीं। खालिद बिन वालिद बाग़, मुगल बाग़, और वजीर बाग़ ने इस इलाके को हुस्न दिया है। 1947 के बाद पेशावर ने एक नये पेशावर को जन्म दिया है, जो पूर्व-पश्चिम की तरफ़ भी फैला है।

इस्लामिया कॉलेज की लाल ईंटों से बनी शानदार इमारत को पाकिस्तान के सौ रुपये के नोट पर छपा देखा जा सकता है। 1930 में बनी इस इमारत का हुस्न अब भी प्रभावित करता है। कॉलेज के चारों तरफ़ फैले बाग़ में टहलते हुए इस कॉलेज के उद्घाटन की घटना याद आ जाती है। इसके संस्थापक सरहदी सर सैयद अहमद खाँ अँग्रेजों के घोर विरोधी थे। उनके नाम पर वारण्ट था। फिर भी उद्घाटन का जलसा टला नहीं, बल्कि वह घोड़े पर बैठकर आए, रिबन कटा और फिर पल भर में गायब।

पेशावर विश्वविद्यालय का परिसर काफ़ी बड़ा है। यहाँ 25 छात्रावास हैं। कुछ विभागों (जैसे भाषा) की संगमरमर की इमारतें इस्लामी अन्दाज़ की हैं और

कम्प्यूटर जैसे विषयों के विभाग अमेरिकी शैली में बने हुए हैं। खुशहाल खाँ खटक (जिनके 60 बेटे और 20 बेटियाँ थीं) और रहमान बाबा जैसे प्राचीन क्लासिक कवियों का मकबरा पेशावर शहर से कुछ दूर पर है। पश्तो के समकालीन लेखकों में जैतून ख़ानम का नाम आजकल चर्चित हो रहा है। उनका रचना संसार नारी के प्रति करुणा से भरा हुआ है।

पेशावर की दीवारें हर एशियाई देश की दीवारों की तरह नारों से सजी हुई नजर आती हैं, जैसे जिनेवा अनुबन्ध अमेरिका-रूस की साजिश है, जिहाद अफ़ग़ानिस्तान-दिफाए पाकिस्तान (अफ़ग़ानिस्तान का संघर्ष, पाकिस्तान की सुरक्षा), मजेदार खाना पकानेवाले बावर्ची के लिए इस नम्बर पर फोन करें। 'मर्दानी कमजोरी के लिए लुकमान हेल्थ सेण्टर' पढ़ कर लगता है, यह पेशावरी पठानों पर इल्जाम है।

पेशावर की अधिकतर इमारतें बँटवारे से पहले की हैं। कुछ बाज़ार पूरे के पूरे हिन्दुओं के हैं, उन जगहों में, बताया गया कि, कोई बदलाव नहीं आया है। हाँ, वहाँ के लोगों को अफ़ग़ान शरणार्थियों से शिकायत ज़रूर है कि उनके आने के बाद हमारे शान्त शहर में बम फटने की घटनाएँ जब-तब होती रहती हैं।

बाज़ार से लौटते हुए स्कूटर रिक्शा किया। ख़ामोश बैठना शायद ड्राइवर के बस की बात नहीं थी, इसलिए सवाल पर सवाल किये जा रहे थे। जब उन्हें पता चला कि मैं हिन्दुस्तान की हूँ, तो फौरन मजहब पूछा और फिर भाई बन गए और इसरार करने लगे कि इसी पाकिस्तान में रहने लगूँ। अन्त में उन्होंने बड़े बुझे दिल से कहा कि खुद की कसम, हम भारत के लोगों को बहुत चाहते हैं, मगर भारत के लोग हमारा ख़याल नहीं करते। हमेशा लड़ाई की सोचते हैं। हम क्यों लड़ेंगे अपने पड़ोसी मुल्क से? जो पढ़े-लिखे लोग मिले, उनकी भी शिकायत यही थी कि भारत अपने को मिनी सुपर पावर समझता है।

पाकिस्तान में भारत विरोधी भावना निश्चय ही व्यापक है। इंजीनियर गुलबादीन हिकमतयार से साक्षात्कार की कोशिश कर रही थी, मगर हर बार भारत विरोधी वातावरण का सामना करना पड़ता और यह जवाब मिलता कि अब आपका देश महात्मा गाँधी वाला नहीं रह गया है, जो हमारा हमदर्द था। हमारे संघर्ष के विरोध में आपके प्रधानमंत्री बराबर कदम उठा रहे हैं, जबकि भारत हमेशा हमारा दोस्त रहा है। अब वह उस सरकार का साथ दे रहा है, जिसे सोवियत संघ ने भी अकेला छोड़ दिया है। अफ़ग़ानिस्तान में भी बार-बार इस तरह का शिकवा सुनने को मिला था, मगर जैसी घृणा और विरोध यहाँ व्यापक रूप से दिखाई दिया, वह न तो अफ़ग़ानिस्तान और न ही भारत में शरणार्थियों के बीच मैंने पाया। मैंने उनसे कहा कि हमारा प्रेस स्वतन्त्र है, आप जो कहना चाहें कहें। हमारा प्रेस छापेगा। भारत में

तो हमारे बड़े से बड़े नेताओं के कार्टून और उन पर व्यंग्य छपते हैं। मेरे इस वक्तव्य पर जैसे उन्हें विश्वास नहीं हुआ : क्या दुनिया में ऐसा भी मुमकिन है?

अफ़ग़ानिस्तान से रूसी फ़ौजों की वापसी की घोषणा के बाद से अफ़ग़ान शरणार्थियों के प्रति राजनीतिक नेताओं का नजरिया बदलने लगा है। उदाहरण के लिए पख्तून नेता खुदाई खितमतगार वली खान साहब ने सरकार की आलोचना करते हुए कहा कि मेरा सरोकार तो केवल पख्तूनिस्तान समस्या से था, मगर राष्ट्रपति ज़िया-उल-हक़ ने सरहदी सूबे को ही पख्तूनिस्तान बना दिया है। उनकी पत्नी नसीमा वली खान भी, जो स्वयं बड़ी सियासी नेता हैं, बार-बार इस बात पर जोर दे रही थीं कि जिनेवा अनुबन्ध का उल्लंघन हो रहा है। जब अफ़ग़ानिस्तान से रूसी फ़ौजें वापस जा रही हैं, तो फिर यह शरणार्थी अपने देश वापस क्यों नहीं जाते?

जिया विरोधी अन्य दलों का कहना था कि हमारे अख़बार रोज़ ख़बर देते हैं कि मुजाहिदीन ने जलालाबाद पर क़ब्ज़ा कर लिया है, तो फिर यह शरणार्थी उन जीते हुए इलाकों में जा कर क्यों नहीं बसते? हक़ीक़त यह है कि गुरिल्ला लड़ाई और छिटपुट झड़पों को यह क़ब्ज़ा समझ बैठते हैं। बड़े दुःख से कहना पड़ता है कि ज़िया-उल-हक़ ने बिना सोचे-समझे यह कदम उठाया। यदि शरणार्थियों का इतना ही दर्द था, तो क्या बिहारी शरणार्थी नहीं हैं, जिनके प्रति वह कठोर नीति अपनाये हुए हैं।

सूबा-ए-सरहद और अफ़ग़ानिस्तान की सीमारेखा को सामने रखते हुए सोचना पड़ता है कि क्या वास्तव में राष्ट्रपति ज़िया-उल-हक़ के लिए शरणार्थियों को रोकना सम्भव था? एक मुसलमान देश होने के बाद वह इस हक़ीक़त से आगाह थे कि वह तुर्खमान, लंडी कोटल और जमरूद के रास्ते बन्द कर देते, तो भी अफ़ग़ानी अन्य विभिन्न रास्तों से पाकिस्तान में दाखिल हो जाते। राष्ट्रपति जिया ने भारी मात्रा में धन और हथियार के रूप में अमेरिका व अन्य अमेरिकापरस्त देशों से सहायता तो ली, मगर यह नहीं सोचा कि वह न केवल सूबा-ए-सरहद के लिए, बल्कि पूरे पाकिस्तान के लिए एक समस्या खरीद रहे हैं। शायद तब वह समस्या का इतना जटिल रूप नहीं देख पाये थे। अब समय के गुजरने के साथ-साथ लोगों में यह भय फैल रहा है कि घर-घर में हथियार होने और 30 लाख अफ़ग़ानों द्वारा इस तरह पाकिस्तान को रौंद डालने से कहीं वास्तव में पख्तूनिस्तान का जन्म न हो जाए। विदेशी संस्थाओं का पेशावर में रहना और वहाँ से डॉक्टरी, टीचरी तथा फ़ोटोग्राफ़री की ट्रेनिंग दे कर अफ़ग़ान शरणार्थियों को अफ़ग़ानिस्तान के बीहड़ इलाकों में भेजकर उनसे समाजसेवा जैसा काम लेना क्या कुछ गुल खिला सकता है—इसका एहसास अब पाकिस्तानी जनता को होने लगा है। पाकिस्तान को अपनी नीतियों की भारी कीमत चुकानी पड़ सकती है।

रविवार : 1988

देखें अब ऊँट किस करवट बैठता है

पिंडी से इस्लामाबाद जाते हुए यह ख़्याल बार-बार जेहन में आ रहा था कि जिस पाकिस्तान को पिछले ग्यारह साल से सदर जिया के साथ देखने की आदत-सी पड़ गई थी उसके शहर से मैं आज तब गुज़र रही हूँ जब उनके वजूद के परखच्चे इस तरह उड़े हैं कि उसके टुकड़े भी नहीं मिले हैं। डेढ़ महीने पहले मेरा पाकिस्तान पहली बार आना हुआ। भारत लौटते हुए मुझे इस्लामाबाद से इत्तला मिली कि राष्ट्रपति ज़िया-उल-हक ने मुझे दो महीने बाद का वक़्त दिया है। मैं सोच ही रही थी कि उनसे साक्षात्कार का समय नज़दीक आ रहा है मगर उसकी जगह उनके अन्तिम संस्कार में सम्मिलित होने के लिए इस्लामाबाद आना पड़ा।

पाकिस्तान के राष्ट्रपति ज़िया-उल-हक की बहावलपुर के पास विमान दुर्घटना में हुई मृत्यु ने केवल पाकिस्तान और उसके पड़ोसी देशों को ही भौचक्का नहीं कर दिया बल्कि सारी दुनिया में हलचल पैदा कर दी। ज़िया-उल-हक ने 11 वर्ष तक एक निरंकुश शासक की तरह पाकिस्तान पर शासन ही नहीं किया, उन्होंने अपने देश में स्थिरता पैदा की, आर्थिक दृष्टि से उसे पहले से ज्यादा खुशहाल बनाया और सबसे बड़ी बात कि भारत के प्रति निरन्तर चलने वाले युद्धोन्माद को रोका और इस देश में शान्ति और सद्भाव पैदा करने में अनेक तरह की पहल की। जनरल ज़िया के बाद का पाकिस्तान कैसा होगा, यह आज एक ज्वलन्त प्रश्न है।

फैसल मस्जिद की मीनारें पेड़ों के झुरमुट से नज़र आने लगी थीं। भीड़ सवारियों में और पैदल फैसल चौक की तरफ़ बढ़ रही थी जहाँ पर एक बज कर पन्द्रह मिनट पर सदर ज़िया का जनाज़ा पहुँचने वाला था। नमाज-ए-जनाज़ा दो बज के पाँच मिनट पर होने वाली थी जिसके दस मिनट बाद ही जनाज़ा दफ़न होने वाला था।

फैसल मस्जिद के आँगन में लाखों आदमी जमा थे। पिंडी सड़क के आगे जीरो पॉइण्ट से फैसल चौक तक पैदल चलने वालों की क़तारें अब सड़क के दोनों तरफ़ हाथ बाँधे अदब से खड़ी थीं। 'ला इलाह इलल्लाह' की मद्धिम धुन फ़िज़ा में गूँज रही थी। उन्नीस अगस्त को बारिश खूब हुई थी मगर आज सूरज चमक

रहा था और गजब की उमस थी।

समाचार-पत्रों और लोगों में तरह-तरह की बातें और अफ़वाहें पढ़ने और सुनने को मिल रही थीं। मगर एक बात आम थी कि हर बात एक नतीजे पर पहुँच कर ख़त्म होती थी, वह थी सबूत का न होना। बहत्तर देशों से आए राजनेताओं और राजनीतिज्ञों की बड़ी संख्या ने अपना हार्दिक दुःख प्रकट किया। 21 तोपों की सलामी के साथ सदर ज़िया का जनाज़ा कब्र में उतारा गया।

पिछले आठ वर्षों में अफ़ग़ानिस्तान समस्या को लेकर सदर ज़िया अन्तर्राष्ट्रीय राजनीति में एक महत्त्वपूर्ण नाम बन गए थे। उनसे प्यार और नफ़रत करने वाले बहुत थे। उनके अपने ही देश में जहाँ लोगों ने सोग मनाया, वहीं मुबारकबाद और मिठाई भी बँटी। देश के लोग पिछले ग्यारह साल से उन्हें देखते-देखते थक गए थे और फ़ौजी हकूमत से पूरी तरह उकता चुके थे। यहाँ तक कि उनका अफ़ग़ान महाज़िरों का हद से ज्यादा समर्थन करना लोगों को पसन्द नहीं था। इस नफ़रत को मैं महसूस कर चुकी थी। इसीलिए इस अवसर पर मुजाहिदीनों की प्रतिक्रिया जानने के लिए मैंने अफ़गान नेता सदर आगा से बात की। मेरे सवाल के जवाब में वे बोले—जनरल ज़िया की मौत की घटना ने हमें गहराई से झंझोड़ा है। हमें विश्वास है कि जनता की इच्छा के अनुसार उन्होंने अपनी राष्ट्रीय नीति में अफ़ग़ानों की सहायता का जो जोखिम उठाया था, आने वाली हकूमत उसको आगे बढ़ाएगी। जाहिरशाह व अन्य लोगों की साजिश जो इस दुर्घटना का कारण बनी है, याद रखें कि कभी भी अपने नापाक इरादे में कामयाब नहीं हो सकते हैं। मैंने पूछा—ज़िया-उल-हक साहब की मृत्यु से आपके संघर्ष को काफी आघात पहुँचा होगा?

वे बोले—ठीक है कि ज़िया-उल-हक का वजूद अमन व सुलह का था और वे अफ़ग़ान संघर्ष के घोर समर्थक थे मगर वास्तव में अफ़ग़ान जिहाद उसकी जनता के ईमान और संघर्ष पर निर्भर है। उसको कोई घटना प्रभावित नहीं कर सकती। आज हम जीत की तरफ़ बढ़ रहे हैं। पाकिस्तान और सदर ज़िया के आदर-सत्कार को हम कभी नहीं भूल सकते।

मैंने भारत के राष्ट्रपति के साथ आए नेताओं के विचार भी जानने चाहे। खासकर ऐसी हालत में जब हमारे सम्बन्ध मधुर न हों और पड़ोसी देश ही नहीं बल्कि मुस्लिम देश का चर्चित राजनेता विमान दुर्घटना में अकेले नहीं बल्कि अनेक महत्त्वपूर्ण फ़ौजी जनरलों और अमेरिका के राजदूत आरनोल्ड राफेल के साथ मौत के मुँह में गया हो। सदर ज़िया अमरीकी राजदूत को भारत की फ़ौजों की गतिविधियाँ दिखाने ले गए थे ताकि राजदूत को उनकी बातों का विश्वास हो जाए कि भारत के तेवर कुछ ठीक नहीं हैं। मगर बहावलपुर से उड़ते ही जहाज़ दुर्घटनाग्रस्त हो गया और पाकिस्तान के विरोधी मंच ने एक मज़बूत दुश्मन खो दिया।

लोकसभा सदस्य तेलुगु देशम पार्टी के श्री रेड्डी से मैंने पूछा कि जो समस्या ज़िया साहब को निगल गई, अब उस समस्या का उनकी मृत्यु के बाद क्या हाल होगा? वे बोले—कुछ भी नहीं। वही नीतियाँ यहाँ चलेंगी। कुछ भी नहीं बदलेगा। जनरल ज़िया ने ग्यारह वर्ष हकूमत की है जो सम्बन्ध वे बना गए हैं, एक दिन में वह राजनीतिक समझ कोई भी नहीं ला सकता है। नई हकूमत आएगी तो सम्बन्ध बेहतर बनेंगे। वैसे आज जो इनके दिलों पर गुजर रही है, उसको मैं समझ सकता हूँ क्योंकि श्रीमती गाँधी की मृत्यु का अनुभव हमें है। हम हमेशा पाकिस्तान की तरफ़ दोस्ती का हाथ बढ़ाते रहे हैं ताकि वह उसको थामे। हम पाकिस्तान को एक कमजोर राष्ट्र नहीं बल्कि एक मज़बूत स्वावलम्बी देश देखना चाहते हैं। यदि यह कमजोर हुआ तो बाहर की शक्तियाँ इस पर काबिज हो जाएँगी। भारत-पाक मित्रता बढ़े, यही हमारी नीति है।

प्रतिनिधिमण्डल में शामिल दूसरे सांसद दरबारा सिंह का कहना था कि जनरल ज़िया-उल-हक की मौत बहुत दर्दनाक थी। उन्होंने देश की उन्नति के लिए बहुत किया, खासकर पिछले दस वर्षों में उन्होंने देश को कहाँ से कहाँ पहुँचा दिया। उनकी कमी जनता महसूस करेगी। जैसे स्थिति बदलेगी, परिस्थितियाँ मोड़ लेंगी, उसी के अनुसार पाकिस्तान का भविष्य तय होगा।

वास्तव में अभी कुछ कहना सार्थक नहीं लगता है क्योंकि इतने वर्षों तक सत्ता में रहने वाला चला जाए, विशेषकर उस हालत में जब कि सदर ज़िया अपने फैसलों या सोच में किसी को शामिल नहीं करते थे।

बेनजीर भुट्टो की एक उग्रतापूर्ण अभिव्यक्ति सदर ज़िया की मृत्यु पर छपी थी। मगर देखते-देखते उन्होंने अपना अन्दाज़ बदल दिया। भले ही बीमारी के कारण चौदह अगस्त की सभा में शामिल न हुई हों मगर वे न केवल राष्ट्रपति इसहाक का बल्कि फ़ौज का भी समर्थन कर रही हैं। अब वे पहले की तरह कटु नहीं रह गई हैं बल्कि सबसे मिलकर चलना चाहती हैं। क्या पता, सत्ता में आने के समझौते के चलते उनका भारत के प्रति मैत्रीपूर्ण व्यवहार एकाएक उनके पिता की तरह शत्रुता में बदल जाए।

मुस्लिम लीग में भी फिलहाल एकता नहीं रही। जमाअत-ए-इस्लामी जो राष्ट्रपति ज़िया के विरोध में थी, अब मरने के बाद उनके प्रति विनम्र हो गई है। यह सारी बात वक्ती है मगर अब सवाल है कि एम. आर. डी. मंच (मूवमेंट फार द रेस्टोरेशन ऑफ डेमोक्रेसी) कितना मज़बूत और समर्पित बनता है। और उधर श्री जुनेजो मुस्लिम लीग में एकता लाने की कोशिश में कितना सफल होते हैं।

सदर ज़िया गरीबों, विधवाओं और गरीब जनता के एक ऐसे नेता थे जिन्होंने न केवल उन लोगों की तरफ़ देखा बल्कि एक ऐसी इस्लामी व्यवस्था दी जो उनके पालन-पोषण का इन्तजाम रखेगी।

आज सदर ज़िया-उल-हक अपने पीछे जो तामझाम छोड़कर गए हैं, उसको सियासी रूप से भुनाने वाला बेनजीर भुट्टो की तरह उनके परिवार में कोई नहीं है। यदि उनके दोनों बेटों में से कोई भी सियासत में दाखिल होने पर रज़ामन्द न हुआ तो उस समय उनका पैतृक सियासी धन मुस्लिम लीग को हासिल हो जाएगा। श्री जुनेजो की पिछली सियासी नीतियाँ न केवल प्रजातन्त्र पर आधारित थीं बल्कि अपने पुराने सियासी समर्पण से भी ओतप्रोत थीं। बात अब कमान थामने की है। रुकें और देखें पाकिस्तान का सियासी ऊँट किस करवट बैठता है।

संचेतना : 1988

खण्ड : बारह

बारहवीं यात्रा

• शान्ति के देश में युद्धविराम का समाचार

शान्ति के देश में युद्धविराम का समाचार

पाकिस्तान से लौटते ही जापान जाना पड़ा। 'रविवार' का सम्पूर्ण अंक पाकिस्तान पर आना था और मैं ज़रूरत के अनुसार वह सारी सामग्री जुटा नहीं पाई। मुझे पता भी नहीं था कि उदयन जी ने आने वाले अंक की ऐसी रूपरेखा बना ली है वरना मैं सारे इण्टरव्यू पाकिस्तान में ही टेप से काग़ज़ पर उतार लेती। मन भारी था। जापान जाने की ज़रा भी इच्छा नहीं थी। उसका कारण था कि मैं पिछले दस वर्षों से ऐसे देशों की परिधि नाप रही थी जहाँ के मानवीय विलाप का स्वर हरदम मेरे कानों में बजता रहता था। यह गूँज मेरी चेतना पर छा गई थी जो मुझे हर विकसित देश, ख़ुशहाल माहौल से दूर भागने पर मजबूर करती थी जैसे कह रही है कि यह स्थान तुम्हारे लिए नहीं है जाओ तुम्हारी ज़रूरत उन देशों और जगहों को है जहाँ इन्सान पिस रहा है। उनकी बातें लिखो उनका दुःख बाँटो! अपना वक़्त यूँ न गँवाओ वरना समय का इतिहास तुम्हें कभी माफ़ नहीं करेगा।

जापान पहुँचकर महसूस हुआ कि जलती भट्ठी में प्रवेश किया है। जहाज़, कार, कमरे सभी ठंडे थे मगर रास्ता, उसको पार करने में गर्मी तो सहनी थी। लाहौर मई में तप रहा था। कराची तो समन्दर के कारण ऐसा हो रहा था जैसे भाप की देग़ में चल रही हूँ। पाकिस्तानियों का कहना था कि पिछले चालीस वर्षों में इतनी गर्मी पहली बार पड़ी है और जापानियों का कहना था कि अस्सी वर्षों बाद यह गर्म साल आया है जिसके आँकड़े बता रहे हैं कि जुलाई का महीना भी तपता तवा है इतनी गर्मी और धूप मैंने पहले कभी नहीं सही थी इलाहाबाद की उमस दिल्ली की चटख धूप से किसको इनकार रहा है मगर जब आसमान आग बरसा रहा हो और आप सड़क नाप दर-दर भटक रहे हों तो हाल, बेहाल तो होगा ही!

हिरोशिमा शहर में रहना भी किसी ऐतिहासिक अनुभव से कम न था जहाँ बम ने सब कुछ मिसमार कर दिया था। उस तबाही से निकलकर जापान कैसा फला-फूला है, यह देखकर ताज्जुब होता है। कुछ ऐसा ही जज़्बा इराक़ के राष्ट्रपति सद्दाम हुसैन में था इधर ईरानी बम ने बिल्डिंग तबाह की उधर उससे बेहतर इमारत खड़ी हो गई उनका कहना था कि इससे जनता की नैतिकता को बढ़ावा मिलता है जबकि ईरान ऐसी जगहों को प्रदर्शनी की तरह बार-बार देशी-विदेशी को दिखा

उससे ऊर्जा हासिल करता था। गोलियों से छलनी घर अफ़ग़ास्तिान में भी अपनी तबाही और ग़रीबी का बयान था जहाँ फलों के अक्सर बाग़ सुरक्षा को दृष्टि में रख कर या काट दिए गए थे या फिर जला दिए गए थे।

हिरोशिमा में मिस्टर सासामूरा से मिली जो बमबारमेंट के समय मौजूद थे और बच गए। वह एक स्कूल में प्रिंसिपल थे और 1945 में बम विस्फोट के समय उनकी उम्र 26 वर्ष की थी। हिरोशिमा पर पहला बम छः अगस्त को सवा आठ बजे गिरा था क्योंकि रेलवे स्टेशन की घड़ी की सूई इसी समय पर टिकी हुई थी। उन्होंने बताया वह अजीब समा था। काली बारिश में लोग दम तोड़ रहे थे। रेल की पटरी लाशों से भरी थी। समुन्दर की लहरें लाशें ला और ले जा रही थीं। कोई किसी को पहचान नहीं पा रहा था। जब दूसरा बम नागासाकी पर गिरा तो जापान के राजा को समर्पण करना पड़ा। उनकी बातें सुन कर मुझे ग़द्दाफ़ी याद आए और जिनके मुल्क लीबिया पर अमेरिका ने महज़ दबाव बनाने के लिए ताबड़तोड़ बम गिराए थे। जब मैं जापान में थी तो सुनील दत्त भी वहाँ मौजूद थे वह अपनी शान्ति पद यात्रा जो 525 किलो मीटर थी नागासाकी से शुरू कर हिरोशिमा पर समाप्त करने वाले थे। उनके मन की ज्वाला को जापानी कितना समझ रहे थे मगर हाँ पंजाब के लोगों के साथ ईरान-इराक़, फ़िलिस्तीन, और वे सारे राष्ट्र जो युद्ध एवं गृहयुद्ध झेल रहे हैं ज़रूर समझेंगे मगर एक बात इन राष्ट्रों को भी समझना है कि जो आग बमों द्वारा लगी थी उसको जापान ने झेला मगर अपने अन्दर बदले की आग को जला कर स्वयं ख़ाक नहीं किया बल्कि ज़बर्दस्ती कराए आत्मसमर्पण के बावजूद उन्होंने उस आत्म सम्मान को ज़िन्दा रखा जिसने उन्हें जापान को दोबारा आबाद करने की सहायता दी।

अभी जापान में उनकी उपलब्धियों को देख अचम्भित थी कि अहसास जागा कि आख़िर हम कहाँ पर पिछड़ गए। स्वतन्त्रता संग्राम के बाद हमने विकास की कई मंज़िलें तय कीं मगर वह चुनौती हम विश्व स्तर पर न दे सके जो जापान जैसे छोटे देश ने अमेरिका को बाज़ार से ख़ारिज कर के एक अपवाद क़ायम किया। उनका अनुशासन, उनकी तकनीकी दक्षता, उनका सौन्दर्यबोध, उनका बलिदान, उनके राष्ट्रप्रेम में कितनी सहजता एवं एकता है? जापानियों से हमारा सम्बन्ध डॉ. शर्मा के भूगोलशोध को लेकर बना मगर जो अपनाइयत उनमें मिली वह बिलकुल उस तामझाम से अलग थी जो उन्होंने अपने शहरों, बाज़ारों को दे रखी है। ईरानी, इराक़ी और जापानी जवान नस्ल तन्दुरुस्ती के देखते किसी भी पश्चिमी देश से बेहतर है मगर अफ़सोस ईरानी, इराक़ी दोनों के ही जवान मौत के घाट एक बेकार की लड़ाई के चलते उतारे जा रहे थे।

इस युद्ध को बन्द करने की कोशिशें चारों तरफ़ से चल रही थीं। दिल्ली में बच्चों के स्कूलों में घूम कर मैंने भी बच्चों के हस्ताक्षर जमा कर श्रीमती इन्दिरा

गाँधी को इस नोट के साथ निवेदन भेजा था कि वह इस सिलसिले से जल्द ही कुछ करें क्योंकि रमादी कैम्प इराक़ में ईरानी युद्ध किशोरों से मैं मिल चुकी थी। उन्हें देखकर मैं बेहाल थी। दस-बारह वर्ष के बच्चे घर से दूर कैम्प में जी रहे थे। जर्मनी में ईरानी प्रवासी एडमिरल मदनी ने जब मेरे प्रश्नों का जवाब 1984 में भेजा था उसी के साथ श्रीमती गाँधी को भी अनुरोध भरा पत्र भेजा था कि मैं उन तक पहुँचा दूँ।

जापान के शहरों में घूमते हुए भी मुझे बराबर ईरान का ध्यान रहता था। जब मैं टोकियो गई तो मुझे वहाँ ढेरों ईरानी दिखे। सड़क पार करते, शापिंग करते, बस और कार में आते जाते और एक दिन रेस्तराँ में बैठी में डा. शर्मा और प्रोफ़ेसर फियूजीवारा के साथ चाय पी रही थी कि सामने बैठे दो ईरानी नज़र आए। मैं अपने को रोक नहीं पाई और उनके पास पहुँची दुआ सलाम हुआ और पता चला कि आज की ख़बर के मुताबिक़ ईरान-इराक़ युद्ध-विराम हो गया है। वह दोनों बहन-भाई यही बातें कर रहे थे कि यह करिशमा हुआ कैसे? सुनकर विश्वास नहीं हो रहा था। अन्दर एक ख़ुशी दौड़ी कि चलो क़लम का कुछ तो असर हुआ। सारी कोशिशों में शब्दों ने भी लिखित रूप से अहम भूमिका निभाई। चलते हुए ईरानी महिला ने पेपर नैपकिन पर अपना पता दिया और बड़े प्यार से ईरान आने की दावत दी साथ ही बताया कि छोटे भाई से मिलने आई थी जो जान बचा कर यहाँ आया था ताकि युद्ध में न जा सके। यहाँ पढ़ रहा है। ईरान की हालत बुरी है। महँगाई, बेकारी, ज़ुल्म और धर्म के प्रचार में कोई कमी नहीं आई है तो भी पहला जैसा अंकुश नहीं रह गया है।

उस ईरानी महिला से जुदा होकर मुझे अजीब सा लगा। महसूस हुआ कि यह ख़ुशी किसके साथ बाँटूँ? कहाँ फ़ोन करूँ? अब मेरा जाना ईरान हो सकेगा या नहीं मगर इराक़ तो हो ही सकता है। यह ख़ुशी तो उन लोगों के साथ बाँटनी पड़ेगी। रमादी कैम्प के ईरानी युद्धबन्दियों का क़ाफ़िला ईरान पहुँचेगा तो उनके माँ-बाप कितना ख़ुश होंगे। माँ और पत्नी लौट आए शौहरों और बेटों के लिए महीनों उनकी पसन्द का खाना बनाएँगी और सक़्क़ेख़ाने पर अपनी मुरादें बढ़ाएँगी।

भारत लौट कर मैंने पेरिस-ईरान-इराक़ मुबारकबाद के तार भेजे। ईरानी क्रान्तिकारियों के साथ एक लानत के टल जाने पर शुक्र अदा किया और मन ही मन इराक़ जाने की तैयारी करने लगी। युद्ध विराम के जश्न की तैयारी दोनों देशों में चल रही थी मगर अफ़सोस उस जश्न में बुलाए जाने वाले लोगों में मेरा नाम कहीं नहीं था। वे सारे पत्रकार एवं सम्मानित व्यक्ति गए जिन्होंने ईरान-इराक़ युद्ध रुकवाने में कोई शब्द न कभी बोला था न लिखा था वे सब जश्न मनाने इराक़ गए। मैं हैरतज़दा थी। यह तस्वीर का एक और रुख़ था। यह बिलकुल नया अनुभव था। ठीक उस कहानी की तरह जिसमें शहज़ादे के सारे बदन की

सूई जिसने बड़ी मेहनत से निकाली थी अचानक आँख की सूई निकालने के समय कोई दूसरा पहुँच गया और सारा श्रेय शहज़ादे ने उसे दे डाला।

कुछ दिन यह अहसास मथता रहा फिर इस यथार्थ से टकराकर चूर-चूर हो गया कि पत्रकार का सम्बन्ध केवल समस्या की तरफ़ इशारा करना, लोगों को जागरूक बनाना, उसके हल के लिए ज़िम्मेदार लोगों को प्रेरित करना, यदि सम्भव हो तो उस समस्या को बुनियादी तौर से हल करा देना। बस यही कर्तव्य है उसका सो मेरी भूमिका तो उसी दिन इस समस्या को लेकर समाप्त हो गई थी जिस दिन ईरान-इराक़ युद्ध-विराम हुआ था।

उर्दू साप्ताहिक **नई दुनिया** : 1988

खण्ड : तेरह

तेरहवीं यात्रा

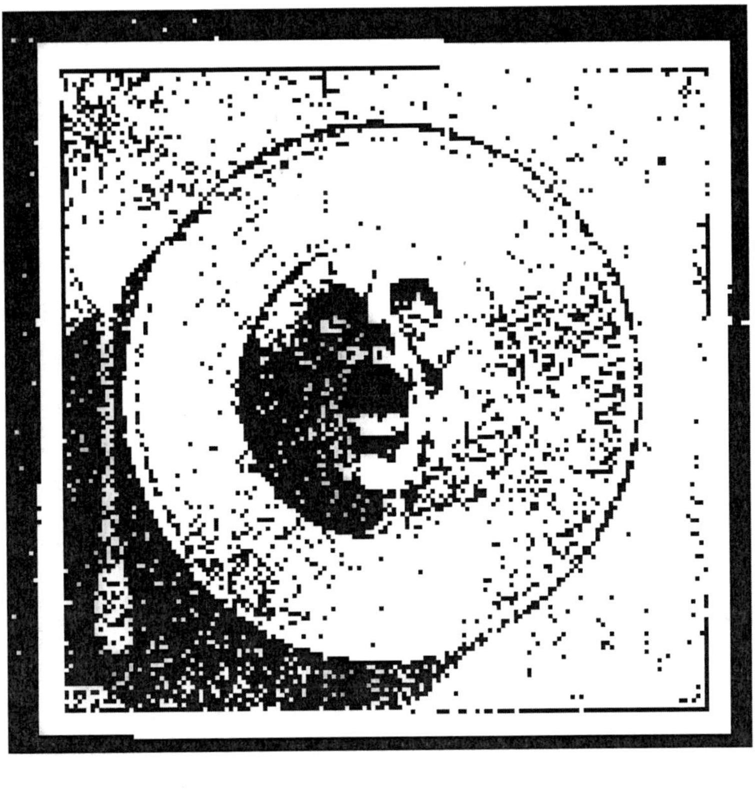

- ऐतिहासिक अध्याय का अन्त
- ईरान : ख़ुमैनी के बाद

ऐतिहासिक अध्याय का अन्त

ख़ुमैनी की मौत (3 जून, 1989) वास्तव में तारीख़ के ख़ामोश होने का ऐलान था। क्योंकि यह पल भर की वह महत्त्वपूर्ण ख़ामोशी थी जब तारीख़ ने करवट बदली और इतिहास ने अपना नया पन्ना खोला। पेरिस में भूतपूर्व राष्ट्रपति बनीसद्र ने ख़ुमैनी को 'मुल्ला दही' की उपाधि देते हुए कहा था कि ख़ुमैनी एक देहाती मौलवी की तरह सब कुछ हथियाना चाहता है। उसी पेरिस में मौलाना गंजई से साक्षात्कार के दरमियान उन्होंने मुझसे कहा था कि ख़ुमैनी अपने आगे किसी भी मौलवी को देख नहीं सकते हैं मिसाल के तौर पर तालग़ानी जैसे आलिम की मौत, शरय्यतमदारी का नज़रबन्द होना और दूसरे बहुत से नाम हैं जिसकी सूची बड़ी है जो शंका पैदा करते हैं।

आयतउल्लाह मोसा मोसवी अमेरिका में शियों के प्रतिनिधि मुल्ला हैं। उन्होंने अपने उद्गार 1983 में व्यक्त करते हुए कहा था कि यह ईरान-इराक़ बेकार का युद्ध है फिर उनकी हर शर्त इराक़ मान रहा है फिर हठ क्यों? स्वयं ख़ुमैनी ने इस्लाम को इतना बदनाम किया है कि आगे कई सौ वर्षों तक के लिए उन्होंने धर्म के लिए केवल नफ़रत बोई है।

ख़ुमैनी के बारे में कहने का हर व्यक्ति को अधिकार है मगर उनकी जो लोकप्रियता पूरे संसार में फैली हुई है वह भी एक सच है। भारत के न केवल शिया समुदाय बल्कि सुन्नी पन्थ के लोग उन्हें आदर देते हैं और अनेक धर्म के लोग जो सियासी समझ रखते हैं वे ख़ुमैनी की अमेरिका विरोधी नीति को बेहद पसन्द करते हैं। प्रथम प्रधानमन्त्री रज़ाई ने 1980 में तेहरान में साक्षात्कार के बीच में मुझसे कहा था कि युद्ध विराम से क्या तात्पर्य है गोलियों का रुक जाना? मगर इस्लाम आक्रमणकारी के प्रति कुछ क़ानून रखता है। हमारे लिए ख़ुदा, क़ुरान और ख़ुमैनी महत्त्वपूर्ण है। इराक़ी राष्ट्रपति सद्दाम हुसैन हमारी शर्त मान लें युद्धविराम खुद-ब-खुद हो जाएगा।

1976 में एक ईरानी कवि ने दबी ज़बान से यह बात कही थी कि रेज़ा शाह के

शासन का जहाज़ डाँवाडोल है। उस समय इस बात में हक़ीक़त तो दूर, परछाईं भी कहीं नज़र नहीं आई थी। मगर 1979 आते-आते ईरान की जनता के अन्दर सुलगता लावा शाही अंकुश और 'सावाक' (ईरान के शाह का कुख्यात संगठन) की पहरेदारी को तोड़ता हुआ ईरान की सड़कों पर इस तरह उमड़ा था कि उसे रोकने में शाही शासन विफल रहा। इसी लावे ने अमेरिका को ईरान से बाहर निकाल फेंका। यही अमेरिका था, जो डेढ़ दशक तक ईरान के चप्पे-चप्पे पर छाया हुआ था।

ईरानी क्रान्ति के आरम्भ में साम्यवादी व प्रगतिशील वर्ग जहाँ पिछले पचास वर्षों के अपने संघर्ष को खुला आसमान देना चाह रहे थे, वहीं एक नाम तैरता हुआ, क्रान्तिकारियों, विद्यार्थियों व आम जनता के बीच घूमने लगा था। वह नाम था ख़ुमैनी का, जिसका तब अता-पता भी किसी को नहीं मालूम था। प्रगतिशील वर्ग इस बात से खुश था कि धार्मिक पंडित और मौलवी उनके साथ साम्राज्यवाद व कंपराडोर व्यवस्था को जड़ से उखाड़ने में सहायक साबित हो रहे हैं। इसलिए प्रगतिशील वर्ग ने उनसे इस संघर्ष में जमकर मदद ली। कम्युनिस्ट पार्टी 'तोदे' ख़ुमैनी को एक प्रगतिशील मौलवी के नाम से सम्बोधित करने लगी। उस समय सोवियत संघ ने ख़ुमैनी का समर्थन करते हुए कहा था कि प्रगतिशील ताक़तों को मौलवी व धार्मिक विचारवालों का स्वागत करना चाहिए। तब कुछ गुरिल्ला साम्यवादी समुदाय ज़रूर इस बात से चिन्तित थे कि साम्यवादी व मौलवी एक नाव पर कैसे सवार हो सकते हैं। मगर सौ वर्ष पुरानी तोदे पार्टी ने यह इशारा कर उनके मन की शंका को धो डाला कि मौलवी क्या जाने राजकाज। यदि वह सत्ता में आ भी गए, तो उनकी अन्तरिम सरकार पहले ही चुनाव में हार जाएगी और वह वापस मस्जिद व इबादतगाहों में चले जाएँगे। मगर ख़ुमैनी का बुख़ार कुछ इस तरह चढ़ा कि ईरान के गली-कूचे इस तरह के नारों से गूँजने लगे : ख़ुमैनी आज़ीज़म बे गे कि खून बोरिज़म (प्रिय ख़ुमैनी, कहो तो ख़ून बहा दें)।

तब ख़ुमैनी चौदह वर्षों से इराक़ के धार्मिक शहर नज़्फ में रह रहे थे। जहाँ से उन्हें पेरिस लाया गया और ख़ुमैनी पेरिस से भी सिर्फ़ यही एक वाक्य दोहराते रहे कि शाह को जाना होगा। बढ़ते ख़ून-ख़राबे से घबराकर रेज़ा शाह ने वतन की मिट्टी साथ ली और खुले शब्दों में अनुरोध किया कि आप ख़ून न बहाएँ। मैं जिलावतन हुआ जाता हूँ। फ़रवरी 1979 में शाह गए और ख़ुमैनी पेरिस से तेहरान की तरफ़ उड़े। तेहरान आकर वे हेलीकॉप्टर से सबसे पहले 'बेहिश्ते-ज़हरा' क़ब्रिस्तान में शहीदों की कब्र पर नमाज़ पढ़ने गए जहाँ से उन्होंने ईरानी जनता को सम्बोधित करते हुए ऐसा क्रान्तिकारी भाषण दिया था, जिससे दुनिया चकित रह गई थी कि आख़िर यह मौलवी है या सोवियत एजेण्ट।

ख़ुमैनी के बड़े बेटे मुस्तफ़ा ख़ुमैनी की हत्या का आरोप शाह पर था। स्वयं

ख़ुमैनी ने क़ुम शहर में एक धुआँधार भाषण दिया था। इस 'ग़द्दारी' के जुर्म में ख़ुमैनी को मौत की सज़ा देना तय हुआ था। मगर आयतउल्लाह शरय्यतमदारी ने यह फ़तवा देकर कि किसी मौलवी को फाँसी पर नहीं चढ़ाया जा सकता, उनकी जान बचा ली। शाह ने उन्हें देश निकाला दे दिया था। कोई भी पड़ोसी देश ख़ुमैनी को अपनाने को तैयार नहीं था। खाड़ी के देश यूँ भी रेज़ा शाह पहलवी के दबदबे से ख़ौफ़ खाते थे, क्योंकि सबको पता था कि शत्तुल अरब में अमेरिकी हथियारों का अम्बार यूँ ही नहीं लगा है। अंततः इराक़ ने ख़ुमैनी को पनाह दी थी।

ख़ुमैनी जब ईरान में दाख़िल हुए थे। उस समय विभिन्न भूमिगत मोर्चे उभरकर सामने आए थे। उनमें बड़े-बड़े क्रान्तिकारी व बलिदानियों के नाम चमक रहे थे। ख़ुमैनी का भविष्य साफ़ नहीं था। ख़ुमैनी की राह की रुकावट तोदे पार्टी व प्रगतिशील वर्ग नहीं था, बल्कि स्वयं मौलवी वर्ग था। इस वर्ग में एक से एक बड़े धार्मिक पंडित व इस्लामी दर्शन शास्त्री मौजूद थे। जिनका प्रभाव भी ईरानी जनता पर था। भले ही साम्यवादी व प्रगतिशील वर्ग ने ज़बान की स्वतन्त्रता के लिए क़लमबन्द संघर्ष में जेल काटी हो, जिलावतनी सही हो और मौत को गले लगाया हो। मगर इस तथ्य से वह स्वयं वाक़िफ़ था कि 'सावाक' की दहशत व अंकुश के कड़े नियमों के कारण उनका कोई सम्बन्ध जनता से नहीं बन पाया है।

ख़ुमैनी ने सबसे पहले जनता की धड़कन को पहचाना और अमेरिका-विरोधी नारा दिया। दूसरे उन्होंने बार-बार यह बात दोहराई कि यह क्रान्ति वास्तव में मुस्तज़ाफ़ीनों (सर्वहारा) के लिए हुई है। यह भी कहा कि पेट्रोल से प्राप्त धन पर जनता का पूरा अधिकार है। इसलिए जो भी कहा और सोचा जाएगा, वह जनता की भाषा में और उनकी ज़रूरतों के अनुसार होगा। ख़ुमैनी की इन बातों पर जनता तड़प उठी। क्योंकि आज तक उसे किसी ने इतना महत्त्व नहीं दिया था।

जैसे-जैसे ख़ुमैनीवाद का बुख़ार जनता पर चढ़ रहा था और ख़ुमैनी का विश्वास जड़ें पकड़ रहा था। वैसे-वैसे मौलवी की कटुता बढ़ती गई जब विलायत-ए-फ़क़ीह बनने की बारी आई, तो इसके सबसे महत्त्वपूर्ण दावेदार मौलवी तालग़ानी की मृत्यु हो गई। लोग शंकित हुए, ज़हर देने की बात भी उठी, मगर रो-धोकर सब ख़ामोश बैठ गए। उधर, आयतउल्लाह शरय्यतमदारी काफ़ी प्रभावशाली थे ही। उनके अनुयायी भारी संख्या में ईरान के उत्तरी भाग में थे। एकाएक ख़ुमैनी ने उन्हें अभिशप्त कर दिया—यह कहकर कि यह तो शाही दरबारी मौलवी थे। शत-प्रतिशत सी. आई. ए. हैं! इनसे हमारी नहीं बन सकती है और देखते-देखते शरय्यतमदारी के घर में उन्हें नज़रबन्द कर दिया गया और कुछ महीनों बाद नज़रबन्दी के दौरान ही वह चल बसे।

शाह व अमेरिका के नाम से ईरान में इतनी नफ़रत फैली थी कि इसी को

आधार बना ख़ुमैनी जनता की धारा को बदलने का दम भरने लगे। इसी बीच इटली की एक पत्रकार ओरियाना फलाची सिर से पैर तक चादर से ढकी ख़ुमैनी से साक्षात्कार करने पहुँची। यह वह दौर था, जब ख़ुमैनी को पत्रकारों की ज़रूरत शिद्दत से थी। ओरियाना ने साक्षात्कार के दौरान ख़ुमैनी की ख़ुशमिज़ाजी देखकर पूछ लिया किं आख़िर परदा न करने वाली औरत शरीफ़ क्यों नहीं हो सकती है? और यह कहकर उसने अपनी चादर एक झटके से उतार फेंकी व ख़ुमैनी के सामने तनकर खड़ी हो गई। फिर पूछा कि क्या मैं बुरी औरत हूँ। ख़ुमैनी ने उसी तरह सर झुकाए हुए हाथ के इशारे से ओरियाना को बाहर निकल जाने को कहा और बोले, ''ख़राब औरत होने की इनकी उम्र गुज़र चुकी है।''

इसी तरह जब यह बात काफ़ी छपने लगी थी कि ख़ुमैनी हिन्दुस्तान से हैं। तब कोई उन्हें बाराबंकी का, कोई कश्मीर का और कोई पंजाब के किसी गाँव का बताने लगा था। इससे ख़ुमैनी काफ़ी क्रोधित हुए थे। लखनऊ के शिया मौलवी आग़ा रूही यह बात कई बार कह चुके थे। जब वे भारत के कुछ अन्य मौलवियों के साथ ख़ुमैनी से मिलने ईरान पहुँचे। ख़ुमैनी ने इन मौलवियों से सबसे पहले यही पूछा, 'इसमें से वह कौन है, जो मुझे अपना रिश्तेदार बताता है।' आग़ा रूही साहब को आगे किया गया। ख़ुमैनी साहब ने उन्हें फ़ौरन बाहर जाने का हुक्म दिया।

ख़ुमैनी बिना चुनाव, यानी शिया क़ानून के चुनाव के बिना, विलायत-ए-फ़क़ीह यानी देश के हाकिम बन गए। मौलवीगण पहले ही बँट चुके थे, सो इनकी आलोचना हुई कि जनता द्वारा चुने महत्त्वपूर्ण लोगों की एक विशेष कमेटी को यह अधिकार प्राप्त है। मगर इस्लामी गणतन्त्र पार्टी ने खुले शब्दों में यह कहकर सबको लाजवाब कर दिया कि चुनाव तब होता है, जब दो व्यक्तियों को लेकर मन में शंका होती हो। यहाँ तो हर व्यक्ति के मन-मस्तिष्क में ख़ुमैनी बसे हैं, फिर चुनाव का सवाल कहाँ उठता है।

ख़ुमैनी पर से, सबसे पहले विश्वास साम्यवादियों व प्रगतिशील वर्ग का टूटा, जब शाही वायुसेना के बेहतरीन अफसरों को बिना मुक़दमे के फाँसी पर चढ़ाए जाने का हुक्म दिया गया। इस बीच तोदे पार्टी अपनी ईमानदारी दिखाने के लिए मुजाहिदीनों व फ़िदाइन गुरिल्लाओं व अन्य पार्टियों की कड़ी आलोचना करने के साथ-साथ उन्हें दबाने में सरकार का साथ देने लगी। कुछ वर्षों बाद ईरान की संसद में भयंकर बम विस्फोट हुआ, जिसमें डॉ. बेहिश्ती, जिन्होंने मार्क्सवादी साहित्य की बिक्री की खुली छूट दे रखी थी, मारे गए। बस इसी के साथ तोदे पार्टी की शामत आ गई और हर उस आदमी को गोली से उड़ाया जाने लगा जिसके पास मार्क्सवादी साहित्य पाया जाता। एक दिन ऐसा आया जब ख़ुमैनी ने यह कहकर

तोदे पार्टी को ग़ैर-क़ानूनी साबित कर दिया कि यह पार्टी देश के प्रति निष्ठावान नहीं है। खुमैनी की पत्नी के सगे भानजे कियानूरी, जो तोदे पार्टी की सेंट्रल कमिटी के अध्यक्ष थे, को पकड़कर टी. वी. पर लाया गया और उनसे कहलवाया गया कि उनकी सम्पूर्ण निष्ठा सोवियत संघ के प्रति थी। इसे सुनकर ईरानी जनता साम्यवादियों के ख़ून की प्यासी हो उठी।

खुमैनी को इमाम की उपाधि देकर बताया गया कि यह तेरहवें इमाम हैं, जिन्होंने इस्लामी की नियति का झंडा उठाया और इस बार इस्लाम स्पेन तक नहीं, बल्कि पूरे संसार में फैलेगा। सऊदी अरब के बादशाह को खुमैनी से बड़ा ख़तरा था। ईरान में राजशाही का चिराग़ दो हज़ार वर्ष बाद गुल हुआ था और यह काम खुमैनी ने किया था। सऊदी बादशाह ने तीस बिलियन डॉलर इराक़ के राष्ट्रपति सद्दाम हुसैन को ईरान से लड़ने के लिए दिए। खुमैनी सद्दाम से भी रुष्ट थे और बराबर शिया जनता को सद्दाम के विरोध में खड़े होने का बढ़ावा दे रहे थे। इराक़ में खुमैनी समर्थक 'दावा' पार्टी 1979 से 1985 तक सद्दाम के लिए एक चुनौती बन गई थी। अमेरिका अलग खुमैनी के इस ख़ूँख़ार तेवर से परेशान था। सभी देशों के शियाओं में खुमैनी ने एक उत्तेजना भर दी थी। जो शिया ज़ुल्म सहने रहने के लिए मशहूर थे और ज़ुल्म सहने में धैर्यवान माने जाते थे एकाएक उग्रता दिखाने लगे। आतंकवाद का एक नया अध्याय खुमैनी समर्थक पार्टियाँ अपने-अपने देशों में दिखाने लगीं।

खुमैनी को ईरानी 'उमर' कहते थे। उनका विश्वास था कि खुमैनी हज़रत उमर की तरह अन्य ख़लीफ़ाओं, विशेषकर हज़रत मोहम्मद, की तुलना में अपने आचरण में उग्रवादी थे। जिस समय औरतों को शौहरों से बेवफ़ाई करने की सज़ा तय की जा रही थी, उस समय पत्थरों से मार-मार कर 'संगसार' करने की सलाह हज़रत उमर ने ही दी थी। इस ज़बानी सलाह को, जो शरीयत में, क़ुरान शरीफ़ में कहीं नहीं लिखी है, खुमैनी ने फिर लागू किया। खुमैनी ने जहाँ महाशक्तियों की धज्जियाँ उड़ाईं, वहीं इस्लाम के उनके अंधे जुनून ने ईरान को वीरान भी बनाया है। शाही अनुयायियों के चलते साम्यवादी विचार रखने पर, नशा, नाच-गाना, मेकअप, यहाँ तक कि मुजाहिदीनों का इस बात पर क़त्लेआम करवाया कि वह मुनाफ़िक़ीन (अवसरवादी) हैं, यानी वे एक ओर इस्लाम का नाम लेते हैं, वहीं दूसरी ओर कार्ल मार्क्स के भौतिकवाद पर विश्वास रखते हैं।

1982 में जब मैं इमाम खुमैनी से मिली, तब मुझे विश्वास नहीं हो रहा था कि उन्होंने मुझे समय कैसे दे दिया। स्वयं इस्लामी गणतन्त्र के मन्त्री इत्यादि आश्चर्य से कह रहे थे कि सत्ता में आने के बाद उन्होंने किसी भी महिला से मिलना पसन्द

नहीं किया। यह विशेष सम्मान सिर्फ़ आपको मिला है। ख़ुमैनी साहब से मिलने का समय जैसे ही तय हुआ, औरतों व मर्दों ने मुझे 'प्रसाद' की तरह पवित्र समझना शुरू कर दिया। उन्होंने भी, जो उठते-बैठते ख़ुमैनी की माला जपते थे, 'आप ख़ुमैनी से साक्षात्कार नहीं कर पाएँगी, वह तो प्रकाश पिण्ड हैं', एक महिला ने श्रद्धा से काँपती आवाज़ में कहा था।

ख़ुमैनी के घर की ओर जाती उस तंग गली में जितने लोग मिले, सब के सब ख़ुमैनी के इश्क़ में मुब्तिला थे। उनके ऑफ़िस के दरवाज़े पर मैं जैसे ही पहुँची तो एक औरत को पहरेदार के क़दमों पर गिरे, गिड़गिड़ाते पाया। वह कह रही थी कि उसने इमाम को कल रात सपने में देखा है और इसलिए उनका दर्शन करना चाहती है, क्योंकि वह कोई उपदेश देंगे, ज्ञान देंगे···पहरेदार बड़ी परेशानी से उसको समझा रहा था कि अम्मा, घर जाओ, इमाम जब सबको दर्शन देंगे, तो उस समय तुम भी आ जाना।

बहरहाल, मुझे अन्दर जाने का इशारा मिला। यहाँ पर पन्द्रह-सोलह वर्ष के लड़कों की भीड़ लोहे के सलाख़दार दरवाज़े के पास खड़ी थी। अन्धी निष्ठा की इस कच्ची उम्र को देखकर मैं भौचक थी। सिपाही के कहने पर दरवाज़ा खोलकर मुझे अन्दर ले जाया गया, जहाँ आधा दर्जन ईरानी नौजवान लड़कियाँ मेरी जामा तलाशी के लिए तैयारी खड़ी थीं। कैमरा, टेपरिकार्डर, पर्स इत्यादि से निबटकर उन्होंने मेरे जूड़े को खोलकर देखा। तब मैंने हँसकर कहा था कि बारूद नहीं छुपा बालों में मेरे। इस पर वे सब ख़ुश मिज़ाजी से हँस पड़ी थीं और कान के नन्हे टॉप्स तक उतरवा लिए। जामा तलाशी की बारीकी से गुज़रकर मैंने चादर में अपने को अच्छी तरह से लपेटा और आगे बढ़ी। इमाम ख़ुमैनी के छोटे बेटे अहमद ख़ुमैनी मुझे लेने आए और ऑफ़िस में बिठाया। चाय पिलाकर उन्होंने बताया कि इमाम दर्शन देने के लिए बैठे हैं।

मेरी हालत उस समय क्या थी, यह बयान से बाहर है। एक तरफ़ यह ख़्याल था कि मैं एक बेहद बड़े नेता से मिलने जा रही हूँ, जिसके लेनिन की तरह पूरे संसार में अनुयायी हैं तो दूसरी तरफ़ इस बात से आक्रोश उबला पड़ रहा था कि मैं एक ऐसे क़ातिल से मिलने जा रही हूँ, जिसने मेरी तरह के कितने क़लमकारों को क़त्ल करवा दिया है। दिल की धड़कन एक विचित्र उत्तेजना से बढ़ गई थी। मैं भावनाओं की रस्साकशी में इस हद तक दाख़िल हो चुकी थी कि एकाएक मेरे सामने यह प्रश्न था कि मैं ऐसे अजूबा आदमी से कैसे पेश आऊँ?

गैलरी पार कर पक्के आँगन में जैसे ही दाख़िल हुई, कमरे के सामने चबूतरे पर खड़े इमाम ख़ुमैनी को देखा। वे एक देहाती लड़के के सिर पर हाथ फेर रहे थे, जिसके दुःखी पिता उन्हें यह बता रहे थे कि यह सोते में बहुत डरता है, आप दुआ पढ़कर फूँक दें। इमाम ख़ुमैनी ने आँखें बन्द करके दुआ पढ़ी और फिर कमरे

के अन्दर सोफ़े पर जाकर बैठ गए। हम कमरे में दाख़िल हुए। दिल कड़ा करके मैंने उस 'प्रकाश पिण्ड' की ओर देखना चाहा, जिसने मेरे जाने कितने बुद्धिजीवी मित्रों के घरों को आँसुओं में भिगो दिया था।

अहमद ख़ुमैनी मेरा परिचय करा रहे थे और मैं उस फीक़े, कमज़ोर, उदास बीमार चेहरे को हैरत से ताक रही थी, जिसके लिए किसी ईरानी चित्रकार ने किसी बहस के बीच यह बात मुझसे कही थी कि 'हम ईरानी' सौन्दर्य के पुजारी हैं, इतना मैं कह सकता हूँ कि यदि ख़ुमैनी का ऐसा आकर्षक व्यक्तित्व न होता, तो कभी हमारे यहाँ लोग उनके दीवाने न बनते। पेरिस से जब ख़ुमैनी ईरान आ रहे थे, उस समय सुना था कि ख़ुमैनी की रूप-सज्जा और फ़ोटोजेनिक मुद्राओं पर विशेष ध्यान दिया गया था। आज तक किसी भी नेता की इतनी सुन्दर गरिमापूर्ण तेवर के साथ इतनी संख्या में तस्वीरें नहीं छपी हैं, जितनी ख़ुमैनी की।

सामने बैठा दुबला-पतला शख़्स किसी तरह हमारे घर के बुज़ुर्ग से ज़ुदा नहीं था, जिसके चेहरे पर वही मासूम भाव था, जो अक़सर बुढ़ापे में चेहरों पर उतर आता है। आँखों में एक चमक-भरी जिज्ञासा थी, जो नई नस्ल, नए ज़माने को देखना व समझना चाहती हो।

"इनको फ़ारसी आती है?" इमाम ख़ुमैनी का प्रश्न उभरा, "हाँ थोड़ी-बहुत बोल लेती हूँ।" मैंने फ़ारसी में जवाब दिया, जिसे सुनकर ख़ुमैनी का चेहरा बदला, "यह मुसलमान हैं?" उन्होंने अहमद ख़ुमैनी से पूछा, "सिर्फ़ मुसलमान ही नहीं, शिया और सैयद हूँ।" मैंने धीरे से कहा। मेरे जवाब ने ख़ुमैनी के चेहरे पर नई ताज़गी ला दी। वह मुस्कुराए, यही मुस्कुराहट मुझे ठहराव दे गई। पहली बार अपने मुसलमान होने पर मुझे सचमुच ख़ुशी का अहसास जगा। मेरे और इमाम ख़ुमैनी के बीच धर्म और भाषा की दीवार गिर गई थी। अन्तर्राष्ट्रीय शियावाद को बढ़ावा देने वाला नेता मेरे सामने बैठा हिन्दुस्तान में शिया-सुन्नी फ़साद पर दुःख व्यक्त कर रहा था। मेरी समझ में नहीं आ रहा था कि मैं ईरान में होने वाले किस-किस ज़ुल्म पर सवाल पूछूँ और किस-किस की मौत पर दुःख प्रकट करूँ?

ख़ुमैनी से आधे घंटे के इस साक्षात्कार में जो प्रश्न पूछे, उनके जवाबों से यह बात साफ़ हो गई कि ख़ुमैनी ईरान की कमान तो हैं, मगर तीर किसी और के हाथ में है, जो चलाता इमाम के नाम से है। इमाम जो फ़ारसी बोल रहे थे, वह मुझे साहित्यिक नहीं लगी, यह फ़ारसी उनके फ़रमानों की भाषा से बिलकुल भिन्न थी। पता चला कि उनके सारे ऐलान व हुक्म अहमद ख़ुमैनी लिखते हैं। इमाम ख़ुमैनी से मुलाक़ात का समय समाप्त हुआ। जब मैं चलने लगी, तो मुझे पता चला कि मुझे सम्मान के रूप में झुककर ख़ुमैनी के हाथ का बोसा लेकर अपना आदर दरशाना पड़ेगा। इमाम ख़ुमैनी ने नज़रें उठा मेरी ओर देखा। मेरे गले में कुछ अटका, मगर क़दम आगे नहीं बढ़ा, मेरी जड़ स्थिति को भाँपकर, मेरे साथ

आई महिला पासदार ने मुझे पीछे से धक्का दिया और...इमाम ख़ुमैनी ने अपने पैरों पर पड़े लाल अंगोछेनुमा रूमाल को अपने दाहिने हाथ पर डालकर मेरी तरफ़ बढ़ाया। मैंने शिया तहज़ीब के मुताबिक़ झुककर उनके हाथ का चुम्बन लेकर उसको आँखों से लगाया।

बाहर निकलकर जब मैंने दर्शन के लिए खड़ी औरतों की तरफ़ देखा, तो उन्होंने मुझ पर चुम्बनों की बौछार कर दी सिर्फ़ इसलिए कि मैं इमाम ख़ुमैनी से मिलकर आ रही थी। चाय के समय मैंने चन्द 'शुगर क्यूब' किसी महिला के अनुरोध पर बाँध लिए थे। जब मैंने वह पुड़िया उन औरतों को प्रसाद की तरह दी, तो बस पूछिए नहीं, वे गद्गद हो उठीं और अपनी सभी सहेलियों व परिवार के सदस्यों को उन्होंने उसका थोड़ा-थोड़ा चूरा चखाया। उन सबकी चहकार में एकाएक मैं ख़ुश हो गई और लगा कि मेरी मुलाक़ात दोनों तरह से सफल हुई। एक तो इस तरह कि मैंने इमाम ख़ुमैनी को देखा और समझा। दूसरे, उनकी लोकप्रियता को भी देखने का अवसर मिला। अपनी इस ख़ुशी में डूबी हुई शाम जब मैं एक साम्यवादी गुरिल्ला कवि के घर पहुँची तो उन्होंने क्रोध बरसाना आरम्भ किया। मुझे लगा जैसे यह मुझे मुजरिम साबित करना चाह रहे हैं। मैंने प्रतिवाद में कहा कि बाएँ बाज़ू वालों ने इतनी उग्रता दिखाकर केवल अपनी कठिनाइयाँ बढ़ाईं, वरना लेनिन तो स्वयं सभी वर्गों से मिलने के पक्षधर थे। यदि आप मिलेंगे नहीं, तो फिर आप दूसरों को जानेंगे क्या?

मेरे किसी तर्क का लिहाज़ वहाँ नहीं किया गया और अन्त में एक साम्यवादी ने यहाँ तक कह दिया कि आपने ख़ुमैनी के हाथों का चुम्बन लिया है, तवारीख़ आपको कभी माफ़ नहीं करेगी। दिल में क्रोध उमड़ा कि जवाब दूँ, तवारीख़ आपको कभी क्षमा नहीं करेगी, जिसने अपना संग्राम ठीक से नहीं लड़ा और आज अपना क़लम व ज़बान दोनों काटकर रख लिए हैं।

ख़ुमैनी से मुलाक़ात के बाद दोबारा ईरान जाना नहीं हुआ, क्योंकि जिस तरह मैंने ख़ुमैनी शासन में फैली अनुशासनहीनता और अत्याचार की आलोचना की थी, उसके बाद यह शिया नेता भला मुझसे फिर क्यों मिलता। अहमद ख़ुमैनी ने बार-बार यह बात दोहराई थी कि समय रहते सँभल जाना बेहतर है। कहीं हम तब रुकें, जब बहुत देर हो चुकी हो। ख़ुमैनी के बेहद चहेते व लाडले पुत्र पूर्व राष्ट्रपति बनीसद्र इस्लामी गणतन्त्र के उग्रवादी व गरम दल के नेताओं को शहीद-स्मारक पर खुले आम लताड़ने लगे थे, तब उनको ख़ुमैनी का समर्थन प्राप्त था। मगर जैसे ही बनीसद्र मुजीहिदीन नेता मसूद रज़वी के दोस्त बने व पेरिस भागे, ख़ुमैनी ने उन्हें 'आक़' (पुत्र मानने से इनकार) कर दिया। मोंतज़री ने जब आवाज़ बुलन्द की, तो वह भावी इमाम नहीं रहे। रफ़्तसनजानी के दोनों दामाद जब मुजाहिद होने के जुर्म में पकड़े गए और उनके पिता मौलाना लाहूती ने ख़ुदकुशी

कर ली, तो भी अपनी बेटियों के विधवा होने से रफ़्तसनजानी नहीं हिले, इसलिए वह ख़ुमैनी के प्रिय बने रहे, मगर रफ़्तसनजानी व राष्ट्रपति ख़ामनई में कभी नहीं बनी, तो भी दोनों अपनी-अपनी तरह से ख़ुमैनी के प्रिय बने रहे।

आज ख़ुमैनी के इन्तकाल के बाद उनकी जगह राष्ट्रपति ख़ामनई को मिली। शायद यहाँ शिया क़ानून न मान, संसदीय क़ानून मानना ही कूटनीतिक दृष्टि से महत्त्वपूर्ण समझा गया हो या फिर यह सन्तोष अपनी जगह श्री रफ़्तसनजानी को हो कि विलायत-ए-फ़क़ीह, यानी राष्ट्रपति कोई भी बने, सत्ता की बागडोर तो उन्हीं के हाथों में रहेगी।

रविवार, 1989

ईरान : ख़ुमैनी के बाद

पिछले दस वर्षों में जब कभी इमाम ख़ुमैनी सप्ताह भर टी. वी. पर नहीं आते तो उनकी मौत का विश्वास हो जाता मगर जल्द ही उनकी ख़ुशी दुःख में बदल जाती जब दूसरे ही दिन एकाएक इमाम ख़ुमैनी तेहरान टी. वी. पर आकर अमेरिका को ललकारते हुए किसी समस्या पर बोलते और 'फ़तवा' दे देते थे। इस बार जब यह समाचार फ़ोन द्वारा मुझे मिला तो पल भर के लिए लगा कि शायद सदा की भाँति पेरिस में रहने वाले विरोधी मंच में से किसी ने यह अफ़वाह उड़ाई है। मगर जल्द ही यह ख़बर सच साबित हो गई कि इमाम ख़ुमैनी ने इस संसार से विदा ले ली।

इसमें कोई शक नहीं कि इमाम ख़ुमैनी ने ईरान को 'नई पहचान' दी थी। यह एक विशेष निष्ठा से भरे इस्लामी निर्यात की थी, जिसने ईरान को कई चीज़ें दीं, जैसे बेमतलब इराक़-ईरान युद्ध, साम्यवादी पार्टियों का ख़ात्मा, प्रगतिशील विचारों का हनन, बुद्धिजीवी वर्ग का सफ़ाया। इमाम ख़ुमैनी साफ़ शब्दों में कहते थे कि चार करोड़ जनता में से यदि दस लाख सच्चे, आस्थावान मुसलमान बच जाते हैं तो वही हमारी उपलब्धि हैं। इस विचारधारा पर चलकर ईरान मस्जिदों और जेलख़ानों में बदलता चला गया। इमाम ख़ुमैनी की लोकप्रियता देश में नहीं वरन् विदेश में भी बढ़ने लगी और एक अनूठे आतंकवाद की शुरुआत हो गई।

एक सच्चे नेक इन्सान की मौत को लोग दिन, तारीख़, महीने के परिप्रेक्ष्य में रखकर देखते हैं और उनके अनुसार उसके गुणगान करते हैं। इमाम ख़ुमैनी तीन जून, दिन शुक्रवार को और रमज़ान के मुबारक महीने के गुज़र जाने के बाद परलोक सिधारे। उन्हें कोई भी महत्त्वपूर्ण दिन, तारीख़, महीना नसीब नहीं हुआ, ऊपर से उनके प्रति आदर रखने वालों ने इतनी उग्रता से सम्मान प्रकट किया और उनके कफ़न को छूना व उनको चूमना चाहा कि स्वयं ख़ुमैनी साहब का जनाज़ा ज़मीन पर गिर पड़ा जिसको फिर हेलीकाप्टर के ज़रिए बहिश्ते-ज़हरा क़ब्रिस्तान ले जाया गया था।

इमाम ख़ुमैनी ने ईरान के विलायत-ए-फ़क़ीह होने पर भी धन-दौलत जमा नहीं किया और न ही अपने परिवार वालों को सत्ता में स्थान दिलवाया। वे तो

केवल इस्लाम को नया अर्थ देने की कोशिश करते थे और हर उस व्यक्ति के वे विरोधी थे जो अमेरिका-मित्र, इस्लाम-शत्रु व इस्लामिक गणतन्त्र पार्टी का विरोधी व ख़ुमैनी-आलोचक हो।

तम्बाकू आन्दोलन भी ईरान के मौलवी वर्ग द्वारा किया गया आन्दोलन था। मौलवी तब ईरान में पचास वर्ष तक हाकिम रहे थे जबकि ख़ुमैनी केवल दस वर्ष। मगर इस्लामी गणतन्त्र पार्टी की सत्ता ख़ुमैनी के बाद भी ईरान में क़ायम रहेगी। एकाएक नई व्यवस्था आनी मुश्किल है क्योंकि प्रगतिशील वर्ग बुरी तरह बिखर चुका है। तोदे पार्टी व अन्य साम्यवादी पार्टियों पर अंकुश है। मुजाहिदीन के नेता मसूद रज़वी जब से इराक़ जा बसे हैं, तब से उन्होंने जनता में अपना समर्थन खो दिया है। संक्षेप में, कोई भी विरोधी दल आज से पाँच वर्ष पहले की तरह ताक़तवर नहीं रह गया है।

कई मौलवी ख़ुमैनी के समय में व्यवस्था की आलोचना करने के कारण बुरे बन चुके थे। जिसमें 'शरय्यतमदारी' मोंतज़री, गुलसुर्ख़ी इत्यादि अनेक नाम हैं। फ़िलहाल जो सत्ता में हैं, उनमें से कलाम अतातुर्क बनने वाला इस्लामी नेता कोई सामने नज़र नहीं आ रहा है मगर रफ़्तसनजानी जो संसद-अध्यक्ष थे और जब राष्ट्रपति व इस्लामी फ़ौज के अध्यक्ष थे और अब राष्ट्रपति व इस्लामी फ़ौज के कमाण्डर नियुक्त किए गए हैं, वे मौलवियों में सियासत व कूटनीति की दृष्टि से सबसे बेहतर हैं। वे इस्लाम पर निष्ठा के साथ खुली नीति पर भी विश्वास करते हैं। भूतपूर्व राष्ट्रपति ख़ुमैनी से उनकी कई मुद्दों पर तकरार होती रही है जिनमें एक मुद्दा ईरान-इराक़ युद्ध का था। पहले भी ख़ुमैनी की लोकप्रियता के पीछे राष्ट्रपति रफ़्तसनजानी की सत्ता का हाथ था और आज जब इमाम ख़ुमैनी नहीं हैं तो ईरान की सम्पूर्ण सत्ता रफ़्तसनजानी के हाथों में है जो ईरान पर छाई इस्लामी जुनूनी कैफ़ियत को कम करने की कोशिश ज़रूर करेंगे। भले ही वे तोदे पार्टी व अन्य साम्यवादी पार्टियों को ज़बान और बयान की आज़ादी न दें मगर बर्बाद हुए ईरान को अपनी सन्तुलित नीतियों से सँवारने की कोशिश भी ज़रूर करेंगे जबकि ईरान में बेकारी, महँगाई, वीरानी अपनी चरम सीमा पर पहुँची हुई है। विधवाओं, यतीमों व अपंगों को सुविधा देना, वह भी पूरे दस वर्ष लम्बे युद्ध के बाद—यह बहुत बड़ी समस्या है। वास्तव में मानसिक, भावनात्मक, सामाजिक, धार्मिक, राजनीतिक प्रत्येक क्षेत्र में केवल अब राहत का काम होना है क्योंकि शाह से ख़ुमैनी तक के यह ग्यारह वर्ष अनुभवों, घटनाओं और तबाही का एक ऐसा काल-चक्र था जिसमें ईरानी जनता पिस कर रह गई थी।

संचेतना, 1989

खण्ड : चौदह

चौदहवीं यात्रा

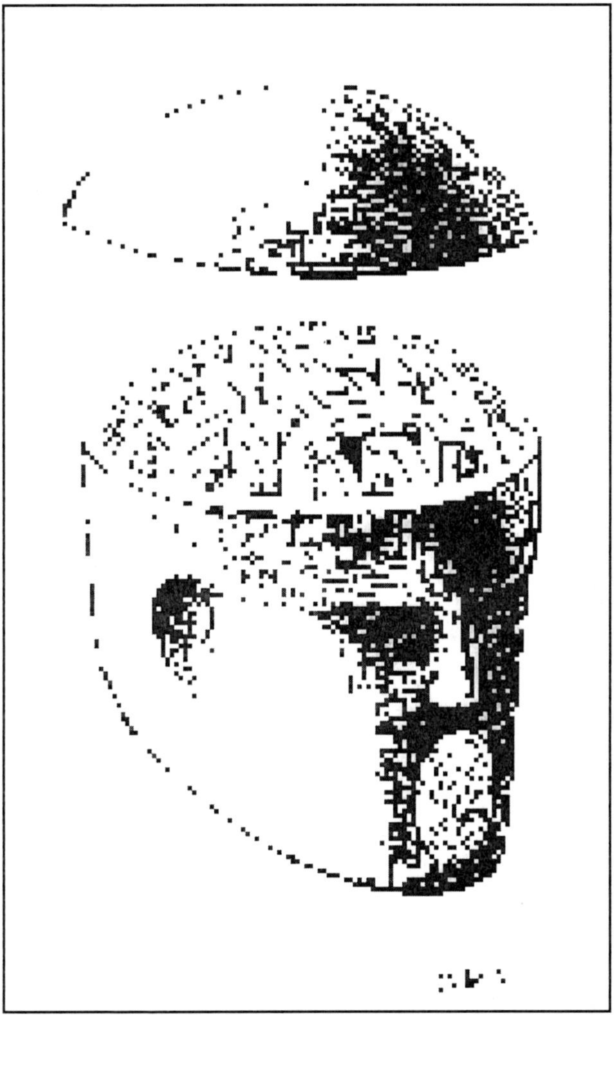

- फिलिस्तीन : नहीं सुलझेगी समस्या
- नयी यहूदी बस्ती—इस्राइल का तर्क
- अमेरिका के प्रवेश के बाद मध्यपूर्व में नये सैन्य समीकरण
- अस्तित्व के लिए जारी है फिलिस्तीनियों का संघर्ष
- फिलिस्तीन : समाधान की शर्त

फिलिस्तीन : नहीं सुलझेगी समस्या

काहिरा में पिछले दिनों इस्राइल के सुरक्षा मन्त्री और ईजिप्ट के विदेश मन्त्री के बीच हुई बातचीत से अमेरिका के विदेश मन्त्री बेकर खुश नहीं हैं, उनका कहना है कि फिलिस्तीन समस्या के समाधान का रास्ता लम्बा ज़रूर है, मगर उसको हल के क़ाबिल न समझकर छोड़ा नहीं जा सकता। जो बात इस मुलाकात में तय होनी थी, वह थी, प्रतिनिधिमण्डल की बैठक में फिलिस्तीन की शिरकत और दूसरा, काम की शुरुआत की इजाज़त मगर लेबर पार्टी के नेता पीरेस ने यह कहकर बात समाप्त कर दी कि इस मुद्दे पर हम पहले ही फ़ैसला कर चुके हैं।

इस्राइल के प्रधानमन्त्री शमीर ने विज्ञान मन्त्री इसार बीजमैन पर यह आरोप लगाया कि उनके पी. एल. ओ. (फिलिस्तीन मुक्ति संगठन) से भी गुप्त सम्बन्ध हैं। लेबर पार्टी के नेता पीरेस ने शमीर की आलोचना करते हुए कहा कि वे शीघ्र ही संसद में इसार को वापस लें। बाद में इसार को वापस ले लिया गया। साथ ही उन्होंने इस बात पर जोर दिया है कि प्रधानमन्त्री पी. एल. ओ. से किसी भी तरह के वार्तालाप पर प्रतिबन्ध लगाएँ, वरना सुरक्षामन्त्री रॉबिन की भविष्य में पी. एल. ओ. से होनेवाली बातचीत किस खाते में डाली जाएगी? इस्राइली नेताओं के आपसी झगड़े इस बात पर भी हैं कि पी. एल. ओ. के जो नेता या अनुयायी निर्वासित जीवन व्यतीत कर रहे हैं, वे इस बैठक में शामिल हो सकते हैं या नहीं? दूसरी ओर इस्राइली सेना गाजा पट्टी और वैस्ट बैंक इलाकों में फिलिस्तीनियों पर जुल्म ढा रही है।

पहली जनवरी को इस्राइली सेना ने 'अल फतह दिवस' पर गाजा पट्टी में अनिश्चित काल का कर्फ़्यू लगा दिया, ताकि यासिर अराफात इस्राइल विरोधी आन्दोलन की पच्चीसवीं सालगिरह न मना सकें। इस तरह छः लाख अरब फिलिस्तीनी अपने घरों में ही कैद होकर रह गए। इस आशंका से कि कहीं 'अल फतह' आन्दोलन का उत्सव न मना लिया जाए, रोकथाम के लिए फ़ौजें बुला कर गाजा और वैस्ट बैंक के गली-कूचों तक में तैनात कर दी गईं। इसके बावजूद कुछ उत्साहित क्रान्तिकारी बाहर निकल आए और लगभग 50 फिलिस्तीनी देखते-देखते भून डाले गए।

उसी दिन यासिर अराफात ने बग़दाद में एक प्रेस कान्फ्रेंस में 'अल फतह दिवस' को वर्ष का आरम्भ बताते हुए फिलिस्तीनियों से पहले से अधिक संगठित होने का सन्देश दिया और कहा कि हमारी विजय करीब है।

जनवरी के दूसरे सप्ताह के अन्त में फिलिस्तीन स्वतन्त्रता संघर्ष 'इंत्तेफादा' के सबसे बड़े समर्थक फैसल अल हुसैनी की गिरफ्तारी पर राष्ट्रपति बुश ने अपनी चिन्ता व्यक्त की है। पचास वर्षीय फैसल अल हुसैनी पर आरोप है कि उन्होंने आतंक फैलाने के साथ ही उन इस्राइलियों को उत्साहित किया है, जो वास्तव में फिलिस्तीन समाधान के समर्थक हैं। बिना जुर्म साबित हुए इस्राइली अदालत ने हुसैनी को दो वर्ष के कारावास की सजा दी है। राष्ट्रपति बुश का कहना है कि इस तरह से तो हुसैनी फिलिस्तीनी मुक्ति संघर्ष के प्रतीक बन जाएँगे।

जनवरी के मध्य में अमेरिका में रहनेवाले फिलिस्तीनियों ने राष्ट्रपति भवन व्हाइट हाउस के सामने इस्राइल और फिलिस्तीनी सीमा रेखा को दिखाते हुए प्रदर्शन किया और साथ ही अलग देश की अपनी माँग दोहरायी।

जनवरी के तीसरे सप्ताह में सोवियत संघ ने अपने देश में स्थित फिलिस्तीनी प्रतिनिधि दफ्तर को दूतावास और प्रतिनिधि को राजदूत मानने की घोषणा कर दी।

यरुशलम शहर में रहनेवाले 251 फिलिस्तीनियों ने वहाँ स्थित पश्चिमी कूटनीतिज्ञों से लिखित अनुरोध किया है कि बाकू से भागे हुए यहूदियों को अरब आबादीवाले इलाकों में न बसाया जाए। इस्राइली प्रधानमन्त्री शमीर ने बाकू से भाग कर आनेवाले यहूदियों का स्वागत करते हुए कहा है कि वे जहाँ चाहें अपनी मर्ज़ी से बस सकते हैं। अभी तक बाकू से भाग कर आनेवाले यहूदियों की संख्या 400 के लगभग बतायी जा रही है।

अमेरिका ने इस्राइल के इस क़दम की निन्दा करते हुए कहा है कि इस तरह से मध्यपूर्वी देशों में शान्ति स्थापित नहीं हो पाएगी।

फिलहाल इस्राइल-फिलिस्तीन वार्तालाप की सम्भावना दम तोड़ गई है, क्योंकि लेबर नेता पीरेस ने यहाँ तक कह दिया है कि किसी भी तरह की जबर्दस्ती से मिलीजुली सरकार टूट सकती है। यह आपसी खींचातानी फिलिस्तीन समस्या पर होने वाली वार्ता को टालने का बहाना भी हो सकती है।

संडे आब्ज़र्वर : 29 जनवरी, 1990

नयी यहूदी बस्ती–इस्राइल का तर्क

अन्तर्राष्ट्रीय स्तर पर हो रहे विरोध के बावजूद इस्राइल के पुनर्वास मन्त्री डेविड लेवी ने 14 मार्च को पूर्वी यरुशलम के अरब आबादी वाले इलाके में एक नयी यहूदी बस्ती बनाने की आधारशिला रख दी।

नयी यहूदी बस्ती बनाने के पीछे इस्राइल सरकार का बाकू से भागे यहूदी शरणार्थियों को पनाह देने का तर्क है। जबकि सोवियत संघ ने फ़रवरी में इस बात की निन्दा करते हुए कहा था कि सोवियत-फिलिस्तीन सम्बन्धों को खराब करने की दिशा में इस्राइल का यह एक खतरनाक प्रहार है।

इस नयी यहूदी बस्ती में तीन हज़ार घर 1991 तक बन जाने की सम्भावना है। दूसरी योजना में आठ हजार घर ठीक फिलिस्तीनी गाँवों के सामने वाली ज़मीन पर बनाए जाएँगे जहाँ पर सारे संसार से आकर बसने वाले यहूदियों को सारी सुविधाएँ उपलब्ध करायी जाएँगी।

ट्यूनिस में गुट निरपेक्ष देशों की सभा में फिलिस्तीन के राष्ट्रपति यासर अराफात ने गुटनिरपेक्ष देशों से अनुरोध किया है कि वे इस 'ग़ैरक़ानूनी' हरकत के विरोध में आवाज़ उठाएँ और संयुक्त राष्ट्र संघ से ठोस क़दम उठाने के लिए कहें।

पन्द्रह मार्च को अरब देशों की पहल पर संयुक्तराष्ट्र की बैठक नयी यहूदी बस्ती की समस्या पर रखी गई थी। वह अनिश्चित काल के लिए स्थगित कर दी गई है। संयुक्त राष्ट्र संघ में कुवैत के स्थायी प्रतिनिधि का कहना है कि संघ के पाँच स्थायी सदस्य इस गम्भीर समस्या पर गम्भीरता से विचार-विमर्श कर रहे हैं। इसी बीच अल्जीरिया के राष्ट्रपति ने अरब देशों का शिखर सम्मेलन बुलाने का सुझाव रखा है जहाँ सारे अरब राष्ट्र अन्तर्राष्ट्रीय स्तर पर बदलते राजनीतिक परिप्रेक्ष्य को समझने के साथ फिलिस्तीन के भविष्य का निर्णय ले सकते हैं।

कुछ समय पहले अमेरिका के विदेश सचिव जेम्स बेकर के कहने पर इस्राइली प्रधानमन्त्री शमीर ने उसूली तौर पर शान्तिवार्ता में फिलिस्तीनियों के शामिल करने की बात मान ली थी, मगर उनके ही उपप्रधानमन्त्री शीमोन पीरेस जो लेबर पार्टी के नेता भी हैं, द्वारा इस बात पर आलोचना की गई कि वे उन लोगों के पक्ष ले

रहे हैं जो फिलिस्तीन समस्या के समाधान के समर्थक हैं। यह मतभेद पिछले दिनों इतना बढ़ा कि पन्द्रह महीने पुरानी मिलीजुली इस्राइल सरकार उस समय गिर गई जब प्रधानमन्त्री ने उपप्रधानमन्त्री शीमोन पीरेस को हटा दिया और उसी के साथ लेबर पार्टी के अन्य मन्त्रियों ने भी अपने त्यागपत्र दे दिए। प्रधानमन्त्री शमीर की लिकुड पार्टी का कहना था कि पूर्वी यरुशलम से फिलिस्तीनियों को शान्तिवार्ता में शामिल करने का अर्थ होगा अपने अधिकार को कम करने के साथ ही इस्राइली राजधानी यरुशलम के महत्त्व को भी घटाना।

लेबर पार्टी के नेता शीमोन पीरेस का कहना है कि वे कम्युनिस्टों और धार्मिक कट्टरपंथियों का सहयोग लेने में नहीं झिझकेंगे जबकि प्रधानमन्त्री शमीर का कहना है कि वे किसी के भी दबाव में आने वाले नहीं हैं। बहरहाल प्रधानमन्त्री शमीर को त्यागपत्र देना पड़ेगा और ऐसा अनुमान लगाया जा रहा है कि जब 3,600 सदस्यों की लिकुड पार्टी अपना नया प्रधानमन्त्री चुनेगी तब चुनाव में खड़े होने वाले सदस्यों में विदेश मन्त्री एवं पुनर्वास मन्त्री डेविड लेवी का नाम अवश्य होगा।

मध्यपूर्वी देशों में इराक़ फिलिस्तीन का सबसे बड़ा समर्थक है जहाँ पर पिछले सप्ताह लन्दन के आबज़र्वर से सम्बन्धित एक पत्रकार को जासूसी के आरोप में मृत्यु दण्ड दिया गया, जिसने क़बूल किया था कि वह इस्राइल के लिए जासूसी कर रहा था। ब्रिटेन के साथ इराक़ के सम्बन्धों में इससे जो बिगाड़ आया है उसका असर फिलिस्तीनी समस्या के समाधान पर भी पड़ सकता है।

इस बीच पी. एल. ओ. ने राष्ट्रपति बुश से अनुरोध किया है कि वह फिलिस्तीन की शान्ति सुरक्षा के लिए कोई क़दम उठाये। मगर हक़ीक़त यह है कि पिछले चालीस वर्षों से इस्राइल ने अरब देशों एवं उनके समर्थकों द्वारा डाले गये दबाव की कभी कोई परवाह नहीं की है।

इधर कश्मीर में हो रहे अलगाववादी आन्दोलन में यासर अराफात ने भारत का पक्ष लेते हुए पाकिस्तान की आलोचना की है मगर पाकिस्तान में स्थित फिलिस्तीनी सियासी गिरोह ने इसे नकार दिया है। बहरहाल यह मुद्दा भी यासर अराफात के विरोध में जाएगा।

इस्राइल के प्रधानमन्त्री को स्वयं उनकी पार्टी के लोग 'सड़ा सेब' कहकर रद्द करने लगे। यह देखकर इस्राइली राष्ट्रपति ने लेबर पार्टी ने नेता शीमोन पीरेस से नयी सरकार बनाने को कहा और साथ ही यह बात भी कही कि 'स्थिति उलझ' गई है। 22 मार्च को इस घटना के बाद हंगरी की नेशनल एयर लाइन्स ने अपनी उड़ान जिसमें बाकू के यहूदी यात्रा करने वाले थे, स्थगित कर दी क्योंकि 'इस्लामिक जेहाद' नामक फिलिस्तीनी गुट ने हवाई जहाज़ को उड़ाने की धमकी दी थी।

इस्राइली सीनेट ने एक लिखित रिजोल्यूशन अमेरिकी सीनेट को भेजा जिसमें इस बात की माँग की गई थी कि अमेरिका, यरुशलम को इस्राइल की राजधानी

माने। साथ ही राष्ट्रपति बुश के वक्तव्य को, जो उन्होंने पूर्वी यरुशलम को अरब अधिकृत सीमा माना है, रद्द करते हुए उसे असमय व 'नासमझी की अभिव्यक्ति' बताया है।

वाशिंगटन में अरब लीग विभाग के अधिकारी डॉ. कलोविस ने 24 मार्च को इस्राइल द्वारा दिये इस रिजोल्यूशन को 'एक ख़तरनाक परिवर्तन' का नाम देते हुए कहा है कि यह हरकत न केवल दुनिया के लिए अरब और मुसलमान देशों के लिए, बल्कि अमेरिका की पश्चिमी एशिया की नीति के लिए एक चुनौती बन जाएगी।

इसी दोरंगी कैफियत को देखकर यासर अराफात ने रुष्ट होकर कहा कि अमेरिका अन्तर्राष्ट्रीय राजनीति में बर्लिन एवं प्राग की समस्या पर मानव अधिकारों की दुहाई देता है, मगर फिलिस्तीन के सम्बन्ध में वह खामोश तमाशाई बन जाता है और शमीर के बनाये प्लान पर चलने लगता है।

दक्षिण एशिया मामलों के भूतपूर्व अधिकारी रिचर्ड मरफी ट्यूनिस में यासर अराफात से कई बार मिले और इसके बाद मिस्र के अमेरिकी राजदूत, पी. एल. ओ. के पोलित ब्यूरो के फारुख कादूमी अलफातेह और सेंट्रल कमेटी के सालेह कहलीफ से और राष्ट्रपति यासर के संचार सलाहकार अबू शरीफ से मिले। इस मुलाक़ात का मुद्दा मध्यपूर्व में शान्ति की स्थापना था। अबू शरीफ ने यह बात साफ़ शब्दों में कही कि पी. एल. ओ. अब फिलिस्तीन की स्वतन्त्रता और सीमा के फ़ैसले के प्रति उठा हुआ है और वह चाहता है कि अब फिलिस्तीन एक स्वतन्त्र राष्ट्र मान लिया जाए।

अमेरिका के पूर्व राष्ट्रपति कार्टर ने सीरिया से ओमान लौट कर एक पत्रकार को बताया कि अपनी इस यात्रा में वे इस्राइल एवं फिलिस्तीन में वार्ता की कोशिश में लगे हैं। आशा की जा सकती है कि भविष्य में अन्तर्राष्ट्रीय स्तर पर सम्भावित यह गोष्ठी मध्यपूर्व में शान्ति लाने तक फिलिस्तीन समस्या का हल करने में मददगार हो सकेगी।

इस्राइली प्रधानमन्त्री शमीर के बाद कौन-सी सरकार सत्ता में आती है, इससे महत्त्वपूर्ण प्रश्न हमारे सामने यह है कि इस ऐतिहासिक शत्रुता का अन्त कब और कहाँ होगा, क्योंकि निकट भविष्य में इसका कोई आसार नज़र नहीं आ रहा है।

संडे आब्ज़र्वर : 4 अप्रैल, 1990

अमेरिका के प्रवेश के बाद मध्यपूर्व में नये सैन्य समीकरण

राष्ट्रपति बुश और राष्ट्रपति मिखाइल गोर्बाचौफ की मुलाक़ात रविवार (9 सितम्बर) के दिन हेलसिंकी में हुई। यह शिखरवार्ता दोनों महाशक्तियों के बीच सात घण्टे चली, जिसमें एक मुद्दा अरब समस्या भी था। वार्ता आरम्भ होने के पहले इराक़ी राष्ट्रपति सद्दाम हुसैन ने बुश और गोर्बाचौफ के नाम अपना पैग़ाम भेजा जो पूरे एक घण्टा बीस मिनट तक पढ़ा गया। उसका निचोड़ केवल इतना था कि कुवैत कभी इराक़ का हिस्सा था जिसको अंग्रेजों ने अपनी शोषण नीति के चलते इराक़ से अलग किया था। अब उचित समय आ गया है जब कुवैत अपने पुराने खानदान में शामिल हो सकता है।

पैग़ाम में एक बात पर विशेष जोर दिया गया है कि चूंकि युद्ध करना कोई नहीं चाहता है, इसलिए वर्तमान मतभेदों को सियासी बातचीत द्वारा हल किया जा सकता है और यह समाधान अरब दुनिया के बुनियादी चौखटे को नज़र में रख कर किया जाना चाहिए। मुझे विश्वास है कि दोनों महान शक्तियाँ फारस की खाड़ी में पुरानी स्थिति को फिर से लौटाने में रुचि नहीं रखती हैं।

सद्दाम ने अपने पैग़ाम में कहीं भी संयुक्तराष्ट्र की सुरक्षा-परिषद की उन धाराओं की ओर इशारा नहीं किया कि इराक़ी फ़ौजें कुवैत से वापस जाएँगी या कुवैत की पहलेवाली सरकार सत्ता में लौट आएगी; बल्कि उनका विशेष जोर इस बात पर था कि कुवैत अब किसी हाल में इराक़ की सीमा से अलग नहीं हो सकता है। पुरानी सत्ता कुवैत में नहीं लौटेगी। दोनों महाशक्तियों का नैतिक और मानवीय कर्तव्य बनता है कि वे किसी भी तरह से युद्ध को होने से रोकें, जब इराक़ ने अमेरिका और ब्रिटेन को किसी प्रकार का नुकसान नहीं पहुँचाया है, तब सऊदी अरब की दावत पर अमेरिकी ब्रिटेन और पाकिस्तानी फ़ौजें क्यों सऊदी अरब पहुँच गईं? इराक़ ने सऊदी अरब को किसी प्रकार की हानि भी नहीं पहुँचाई है।

इन फ़ौजों को सद्दाम ने 'तबाही' का नाम दिया है और आगे कहा है कि इस्लाम के पवित्रस्थल को इन फ़ौजों ने अपनी स्थिति से तबाह (नापाक) कर दिया

है। सद्दाम ने इराक़ की सभ्यता, संस्कृति का खुलासा देते हुए उसके महत्त्व को संसार की बड़ी सभ्यताओं के सामने रखते हुए, इस बात की ओर इशारा किया कि सुरक्षा परिषद ने अपनी अन्तर्राष्ट्रीय सुरक्षा धाराओं का सही प्रयोग इराक़ के मामले में नहीं किया और उसकी आर्थिक नाकाबन्दी को ग़ैरक़ानूनी नहीं कहा जिसके कारण आज इराक़ में छोटे-छोटे बच्चे बिना दूध के बेमौत मर रहे हैं।

इस पैग़ाम के बाद दोनों महाशक्तियों ने 'गम्भीर वार्ता' के बाद एक ज़बान होकर यह घोषणा की कि इराक़ी फ़ौजों को कुवैत की सीमा से हटना होगा।

राष्ट्रपति गोर्बाचौफ ने किसी भी प्रकार के फ़ौजी क़दम उठाने से साफ इनकार करते हुए कहा है कि फ़ौज द्वारा समस्या के समाधान का अर्थ है समस्या को और अधिक उलझा देना। उन्होंने इस बात पर ज़ोर दिया कि इराक़ को कुवैत से वापस जाना होगा, जिसके पश्चात दोनों महाशक्ति सीमा-सुरक्षा की शान्ति पर पुनर्विचार करेंगी, ताकि मध्यपूर्व में उत्तेजना का वातावरण समाप्त हो।

मगर इस वार्ता में फिलिस्तीन समस्या या बाकू से भागे यहूदियों से अरब अधिकृत आबादी में उपजी परेशानी का कहीं विशेष ज़िक्र नहीं आया और सद्दाम ने भी उस वक्तव्य को, कि इस्राइल फ़ौजें फिलिस्तीन सीमा पर अपना अधिकार छोड़ दें तो वह कुवैत से अपनी फ़ौजें फौरन हटा लेंगे, नहीं दोहराया।

बहरहाल, हेलसिंकी वार्ता का निचोड़ जो सामने आया है वह यह है कि संयुक्त राष्ट्र संघ की सुरक्षा परिषद के अनुसार इराक़ को कुवैत से फ़ौज अपनी सीमा में भेजनी पड़ेगी और पुरानी सरकार वहाँ बहाल होगी। यदि सुरक्षा परिषद राष्ट्रपति सद्दाम को यह बात समझाने में कामयाब न हो सकी तो दोनों महाशक्तियाँ इस इराक़ी आक्रमण के विरोध में सोच-विचार करेंगी। मगर यह बात तय है कि किसी भी बड़े राष्ट्र द्वारा अपने पड़ोसी छोटे राष्ट्र को निगलने की हरकत को आगे शान्तिपूर्वक सहन नहीं किया जाएगा।

इस दो टूक फ़ैसले में छुपी युद्ध की आशंका झाँक रही है ताकि संसार के सारे राष्ट्र सद्दाम पर जोर डालें कि वह अपनी फ़ौज कुवैत से फौरन हटा ले और विदेशी बंदियों को फौरन मुक्त करे। राष्ट्रपति गोर्बाचौफ ने भारत और चीन की कूटनीति की अरब समस्या के सिलसिले में प्रशंसा करते हुए इस बात पर जोर दिया कि वह आगे भी इन दोनों देशों की सहायता से शान्ति का काम कर सकते हैं।

इस वार्ता में किसी तरह का व्यावहारिक समाधान अरब समस्या को लेकर नहीं ढूँढ़ा जा सका है विशेषकर अमेरिका और ब्रिटिश फ़ौज की वापसी को लेकर कोई निश्चित समय तय नहीं हुआ है। ब्रिटिश प्रधानमन्त्री हर स्थिति में इराक़ के राष्ट्रपति को उनकी हरकतों का मजा चखाना चाहती हैं, जबकि ब्रिटिश संसद ने यह बात कही है कि फ़ौज भेजने का यह हरगिज अर्थ नहीं है कि ब्रिटेन युद्ध

चाहता है। ठीक इसी तरह की बात फ्रांस के राष्ट्रपति ने भी कही थी। चीन ने अपने यहाँ 22 सितम्बर को होनेवाले एशियाड खेलों में इराक़ को बायकाट करने के स्थान पर उल्टे सदस्य राष्ट्रों से ही उनकी राय पूछी जिसमें कई अरब राष्ट्रों ने यह उत्तर दिया कि यदि इराक़ को एशियाड में शामिल नहीं होने दिया गया तो वे एशियाई खेलों का बहिष्कार करेंगे।

सुरक्षा परिषद ने धारा 161 के अनुसार इराक़ में खाद्य-पदार्थ पहुँचाने पर से अपनी नाकाबन्दी हटा ली है, इस विशेष अनुरोध के साथ कि यह सहायता जरूरतमन्दों तक ही पहुँचाई जाए। नाकाबन्दी के समय ईरान, चीन, अलजीरिया, लीबिया ने साफ कह दिया था कि वे इस तरह की नाकाबन्दी में शरीक नहीं होंगे। इस बीच जो सबसे आश्चर्यजनक बदलाव आया है वह ईरान-इराक़ सम्बन्धों को लेकर है। आठ वर्ष पुराने युद्ध के बाद इराक़ श्तुलअरब के उस हिस्से को, जिसको लेकर विवाद उठा था, आधा ईरान के अधिकार में रहने देने के लिए राजी दिखता है। उसने उसके युद्धबंदियों को वापस करके मैत्री का हाथ भी बढ़ा दिया है। इराक़ी विदेश मन्त्री तारिक अजीज़ का ईरान सफर ऐसा ही क़दम है। इसके बावजूद ईरान ने इराक़ी फ़ौजों की कुवैत पर क़ब्जे की कार्रवाई और अमेरिकी फ़ौज के सऊदी अरब में ठहरने की आलोचना की है।

गोर्बाचौफ की अरब समस्या के हल में फ़ौजी कार्रवाई के विरोध की आलोचना करते हुए कई राष्ट्रों ने यह आरोप लगाया है कि गोर्बाचौफ मध्यपूर्व में शान्ति से ज्यादा अपने 193 विशेषज्ञों के लिए चिन्तित हैं जो इराक़ में विभिन्न तकनीकी योजनाओं में व्यस्त रहने के कारण आज बन्दी बने हुए हैं। हालाँकि विदेश मन्त्री तारिक अज़ीज़ ने यह बात पहले ही कह दी थी कि उन विशेषज्ञों को इराक़ से सम्मानपूर्वक जाने पर कोई प्रतिबन्ध नहीं लगाया जाएगा। विशेषकर उस हालत में जब सोवियत-इराक़ का सम्बन्ध गहरा और मधुर हो। व्यापारिक आदान-प्रदान भी खास कर, हरी सब्ज़ियों का हो। सद्दाम हुसैन ने पिछले दिनों राष्ट्रपति गोर्बाचौफ एवं राष्ट्रपति बुश की बढ़ती मित्रता को देखकर कहा था कि अब कई राजनेताओं के दिमाग में यह शक कुलबुलाने लगा है कि सोवियत संघ एक महाशक्ति है भी या नहीं। सोवियत संघ के सन्तुलित व्यवहार के न होने के कारण अमेरिका में दीदादिलेरी पैदा हो गई है। मास्को में इस स्थिति को लेकर जो लोग चिन्तित हैं उनका कर्तव्य बनता है कि वह अरब समस्या के सिलसिले में सोवियत और अमेरिका का समर्थन करना बन्द कर दें ताकि सोवियत संघ का सन्तुलित व्यक्तित्व फिर से वापस आ जाए।

सद्दाम हुसैन के इन वक्तव्यों ने बग़दाद स्थित विदेशी राजदूतों को आश्चर्य में डाल दिया कि इस बात से जहाँ इराक़-सोवियत संघ सम्बन्धों में दरार पड़ गई है, वहीं पर गोर्बाचौफ विरोधियों को खुला मंच भी दे दिया गया है कि वे अरब

समस्या पर अपनी अलग राय क़ायम कर सकें। इसमें कोई शक नहीं है कि शीत युद्ध के अन्त हो जाने के बाद यह पहली समस्या है जिस पर दोनों महाशक्तियाँ एक साथ खड़ी हुई हैं जिसकी प्रशंसा भी हो रही है।

इसमें कोई सन्देह नहीं है कि राष्ट्रपति सद्दाम ने कुवैत में अपनी फ़ौजें उतार कर अन्तर्राष्ट्रीय क़ानून का उल्लंघन किया है। मगर इससे पहले कि सद्दाम की इस हरकत पर उसे हमलावर घोषित करके उसको सजा दी जाती, अमेरिका ने अपनी एक लाख साठ हज़ार फ़ौजों को वहाँ भेज दिया, जिसने केवल अरब राष्ट्रों को नहीं बल्कि संसार के राष्ट्रों को अरब समस्या के मुद्दे पर दो भागों में बाँट दिया। आज अग्याश अरब राष्ट्रों की शोषित जनता सद्दाम के साथ है और उनकी सरकारें अमेरिका के साथ।

आज सोवियत संघ के सामने भी बड़ी समस्या खड़ी हुई है। जिसने सीमा सुरक्षा के चलते अपनी फ़ौजें अफ़ग़ानिस्तान भेजी थीं, आज फिर से अपनी सीमाओं को लेकर चिन्तित है, क्योंकि आज अमेरिका और ब्रिटेन की फ़ौजें उसकी सीमा रेखा से केवल 1300 कि.मी. की दूरी पर खड़ी हुई हैं।

अमेरिका को इस्राइली सीनेट ने एक लिखित रिजोल्यूशन दिया था जिसमें यह माँग की गई थी कि अमेरिका जेरुसलम को इस्राइल की राजधानी माने साथ ही राष्ट्रपति बुश का वह वक्तव्य, जिसमें उन्होंने जेरुसलम को 'अरब अधिकृत सीमा' माना था, रद्द करते हुए उसे 'असमय' एवं 'नासमझी की अभिव्यक्ति' बताया था। वाशिंगटन में अरब लीग विभाग के अधिकारी डॉ. कलोविस ने 24 मार्च को इस्राइल द्वारा दिए इस रिज़ोल्यूशन को 'एक खतरनाक परिवर्तन' का नाम देते हुए कहा था कि यह हरकत न केवल दुनिया के लिए बल्कि अरब और अन्य मुसलमान देशों के साथ अमेरिका की पश्चिमी एशिया की नीति के लिए भी एक चुनौती बन जाएगी।

जब अमेरिका और इराक़ आमने-सामने चुनौती बने खड़े हुए हैं, उस समय इस्राइल एकदम ख़ामोश है। उसके केवल इस तरह के वक्तव्य छप रहे हैं कि हमें इस समस्या को तब तक कोई महत्त्व नहीं देना है, जब तक इराक़ हमसे सीधा नहीं टकराता है। मगर मास्को रेडियो के अनुसार इस्राइली फ़ौजों और फिलिस्तीनी स्वतन्त्र सेनानियों में मुठभेड़ जारी है।

इसी बीच अमेरिका ने ईजिप्ट को उसकी इराक़ विरोधी नीति से खुश हो कर सात मिलियन डालर की सहायता देने का वचन दिया है। पिछले सप्ताह फ्रांस, ब्रिटेन और अमेरिका ने अपनी बैठकों में यह निर्णय लिया कि तुर्की, जार्डन और ईजिप्ट देशों को दो विलियन डालर की आर्थिक सहायता दी जाएगी, जो आगामी वर्ष से आरम्भ होगी। यह दान पान-अरब सम्बन्धों में फूट डलवाने की एक पुरानी नीति का हिस्सा भर है। और यह भी सच है कि अमेरिका की नीति तीसरी दुनिया

के प्रति क्या रही है, उसका पता सबको है इसलिए आँख बन्द करके गोर्बाचौफ की सोवियत-अमेरिका मित्रता के माध्यम से उस पर विश्वास करना एक टेढ़ी खीर है। यह सम्भावना ज़रूर बनती है कि मध्यपूर्व में शीघ्र युद्ध नहीं छिड़ेगा, मगर रस्साकशी में वह इलाका ज़रूर तबाह होगा जो पिछले कुछ दशकों से विकास की ओर बढ़ रहा था।

संडे आब्ज़र्वर : 29 अप्रैल, 1990

अस्तित्व के लिए जारी है फिलिस्तीनियों का संघर्ष

पिछले दिनों गाजा पट्टी एवं पश्चिमी तट इलाके में फिलिस्तीनी एवं इस्राइली फ़ौजों में मुठभेड़ें हुईं। इसकी शुरुआत 17 सितम्बर को हुई जब 'साबरा' एवं 'शातिला' में हुए कत्लेआम की बरसी फिलिस्तीनी मना रहे थे। उस समय वातावरण तनावपूर्ण हो उठा और फिलिस्तीनी जवानों ने तैश में आ कर चन्द इस्राइली फ़ौजियों पर हमला किया और भाग निकले क्रोधित फ़ौजी दस्ता उन्हें खोजने के लिए इन इलाकों में पहुँचा और कर्फ्यू के बावजूद 'नाबलिस' नामक इलाके में लगभग 50 घरों को सील कर दिया। बाहर निकले फिलिस्तीनी लोगों के एतराज से पहले ही उन्हें मशीनगन से भून दिया गया।

इस तरह की ख़ूनी वारदातें फिलिस्तीनियों के लिए रोज़ाना घटनेवाली घटनाएँ बन गई हैं और फिर भी उनका संघर्ष जारी है। फिलिस्तीनी समस्या का समाधान अन्तर्राष्ट्रीय स्तर के शान्ति एवं सुरक्षा संगठनों के पास भी नहीं है। यह बात राष्ट्रपति यासर अराफात भी समझ चुके हैं। पिछले दिनों वाशिंगटन में दोनों ओर से किए गए प्रयासों का कोई नतीजा नहीं निकला, केवल इस सच के अतिरिक्त कि फिलिस्तीनी लोग स्वयं संचालित प्रशासन एवं चुनावों द्वारा अरब फिलिस्तीनी अधिकार जो यरुशलम को लेकर हैं उससे इनकार कर दें। इस हक़ीक़त को समझने के बाद राष्ट्रपति यासर ने यह वचन दिया है कि वे यरुशलम को लेकर किसी भी तरह का समझौता जो अरब-फिलिस्तीनी अधिकारों के विरुद्ध जाता हो, स्वीकार नहीं करेंगे।

इसमें सन्देह नहीं कि फिलिस्तीनी संघर्ष की साख मध्य पूर्वी देशों के बीच राजनीतिक दृष्टि से कम हुई है। इराक़ का कहना था कि जब तक फिलिस्तीन स्वतन्त्र नहीं होता तब तक इराक़ की अपनी स्वाधीनता का भी कोई अर्थ नहीं रह जाता है। इराक़ ने जब कुवैत पर हमला किया तो 80 प्रतिशत फिलिस्तीनी अपनी रोजी-रोटी वहाँ कमा रहे थे। उन्होंने सद्दाम हुसैन का साथ दिया क्योंकि सद्दाम हुसैन तेल की उस भण्डार भूमि को फिलिस्तीनियों को देने का इरादा जाहिर

कर चुके थे। लेकिन हालात ने सद्दाम हुसैन का साथ नहीं दिया और कुवैत को उन्हें छोड़ना पड़ा। इस कारण अमीर कुवैत के दिल से फिलिस्तीनी शरणार्थियों के प्रति सद्भावना हमेशा के लिए समाप्त हो गई। फिलिस्तीनियों की स्थिति बड़ी शोचनीय हो गयी। उनके सामने सबसे बड़ा प्रश्न यह था कि वह रोजी रोटी कमाने और सिर छुपाने के लिए किधर जाएँ? सऊदी अरब और मिस्र सहित सारे देश जो कुवैत के साथ थे, उन्होंने अपने दरवाज़े कुवैत से भागे फिलिस्तीनियों के लिए बन्द कर लिये। इराक़ के दरवाज़े तो खुले थे मगर वहाँ बेकारी, महँगाई, बीमारी और जंग हर स्तर पर छिड़ी हुई थी, वहाँ जा कर राहत तो क्या मिलती, केवल तकलीफ़ों में इजाफ़ा ही होता।

बड़ी संख्या में लौटे फिलिस्तीनी पश्चिमी तट एवं गाजा पट्टी के लिए परेशानी का सबब बने जिससे इस्राइली फ़ौजें ज्यादा सचेत एवं सतर्क हो उठीं। जरा सी शंका होने पर इस्राइली सैनिक फिलिस्तीनियों पर मशीनगन तानने लगे जिससे ख़ूनी वारदातें बढ़ने लगीं। इस्राइल को एक तरफ़ इराक़ को जवाब देना था और दूसरी ओर यासर अराफात के बढ़ते क़दम रोकने थे।

अन्तर्राष्ट्रीय स्तर पर हो रहे विरोध के बावजूद इस्राइल के पुनर्वास मन्त्री डेविड लेवी ने गत 14 मार्च को पूर्वी यरुशलम के अरब आबादीवाले इलाके में एक नयी बस्ती बनाने की आधारशिला रखी थी। नयी यहूदी बस्ती बनाने के पीछे इस्राइल सरकार का तर्क बाकू से भागे यहूदी शरणार्थियों को बसाने का था। इस नयी यहूदी बस्ती में पहली खेप में तीन हज़ार मकान बनाने की योजना थी। दूसरी में आठ हज़ार घर ठीक फिलिस्तीनी गाँवों के सामनेवाली जमीन पर बनाये जाएँगे। पिछले दो वर्षों से इस योजना पर काम हो रहा था। अमेरिका ने इस्राइल को दस अरब डॉलर का ऋण देना भी स्वीकार कर लिया जिससे इलाके में तनाव उत्पन्न हो गया। काउंसिल ऑफ लीग की अरब राज्यों की 98वीं सभा के आरम्भ में फिलिस्तीनी विदेश मन्त्री अल-कादूमी ने अपने भाषण में कहा कि जकार्ता में हुए हर वार्तालाप में अरब-इस्राइली समस्या एवं फिलिस्तीनी संघर्ष के प्रति बड़ी सद्भावना के साथ सबने समस्या का समाधान ढूँढ़ने की कोशिश की थी। मगर अफ़सोस, व्यवहारिक रूप से जो क़दम उठाये जाते हैं वे इस्राइल को पहले से अधिक मजबूत बनानेवाले होते हैं।

अल-कादूमी ने यरुशलम के महत्त्व को समझते हुए इस बात पर विशेष जोर दिया है कि फिलिस्तीन इस्राइल को अलग से अरब देशों से निपटने की इजाज़त नहीं देगा और न ही यरुशलम के बिना कोई राजनीतिक समाधान होने की गुंजाइश है क्योंकि यरुशलम आज़ाद फिलिस्तीन राष्ट्र की राजधानी है। काहिरा में हुई अरब लीग काउंसिल में यह प्रस्ताव पास हुआ कि अरब बस्तियों में बलपूर्वक यहूदी बस्ती बनाना जुर्म है और अरब मन्त्रियों का यह कर्तव्य है कि वह सुरक्षा समिति

के सामने 'अरब यरुशलम' का प्रश्न उठाएँ। सभा के अन्त में फैसल-अल-हुसैनी ने बताया कि वाशिंगटन में हुई शान्ति वार्ता में मुख्य मुद्दा फिलिस्तीनियों को सत्ता देने का था। इसलिए हमारी सारी कोशिश यही रहेगी कि वहाँ चुनाव प्रशासन द्वारा न हो कर अरब अधिकृत जगहों पर संविधान के अनुसार हो जिसमें पूरी तरह लोकतांत्रिक चुनाव प्रणाली अपनायी जाए।

इस तरह के फ़ैसले, भाषण प्रस्ताव पिछले 30 वर्षों से फिलिस्तीनियों के संघर्ष का अंग बन चुके हैं। लेकिन उनका संघर्ष जारी है। लेबनान, सीरिया, जोर्डन से आए फिलिस्तीनियों को पिछले एक वर्ष से इस्राइल गाजा पट्टी एवं पश्चिमी तट के अरब अधिकृत इलाके में बसने नहीं दे रहा है। उसका तर्क है कि ये फिलिस्तीनी वास्तव में विदेशी हैं और दूसरे देशों से आकर यहाँ बसना चाहते हैं जो कानूनी तौर से गलत है। मगर फिलिस्तीनी मुक्ति संगठन का कहना है कि विश्व के किसी भी कोने में रहनेवाले फिलिस्तीनी को हक है कि वह अपने देश लौटे।

शान्ति वार्ता की अगली बैठकें फ्रांस और इटली में होनेवाली हैं। इन दोनों सभाओं में फिलिस्तीनी शरणार्थी समस्या के साथ गाजा पट्टी पश्चिमी तट पर रहनेवाले अरब फिलिस्तीनियों की दैनिक समस्याओं पर विशेष ध्यान दिया जाएगा, जिसमें सबसे बड़ा मुद्दा पीने के पानी की सुविधा का होगा। कुछ वर्षों पहले जब इन इलाकों में लगातार कर्फ्यू लगे रहने से खाद्य और जल की भीषण समस्या हो गई थी, तो फिलिस्तीनियों ने भूख से तंग आकर इनसानी गोश्त खाने की इजाज़त मौलवियों से माँगी थी। आज विकसित देश बड़े-बड़े दावे कर रहे हैं, प्रगति एवं उन्नति की योजनाओं को कार्यान्वित कर रहे हैं उस समय अपने लिए जगह की तलाश में एक राष्ट्र अपने ही मुर्दों को खा कर संघर्ष जारी रखने की बात को उनके सामने लगातार रखता आ रहा है। देखना यह है कि विश्व स्तर पर इस मानवीय समस्या का सियासी समाधान मानव अधिकार की किस कसौटी पर होता है।

संडे आब्ज़र्वर : 6 मई, 1990

फिलिस्तीन : समाधान की शर्त

पहली बार अमेरिका ने इस्राइली फ़ौज द्वारा मसजिद अल-अकसा में हुई 21 फिलिस्तीनियों की निर्मम हत्या पर संयुक्त राष्ट्र संघ की सभा में वीटो का प्रयोग नहीं किया और सुरक्षा परिषद द्वारा भेजे जानेवाले छानबीन प्रतिनिधिमण्डल के फ़ैसले को राष्ट्रपति बुश ने एक 'सही क़दम' कह कर सराहा और उपराष्ट्रपति ने अमेरिकन टी. वी. नेटवर्क सी. बी. एस. को साक्षात्कार देते हुए यह बात साफ कर दी कि अमेरिका खाड़ी समस्या को किसी भी रूप में फिलिस्तीनी समस्या से जोड़ने के पक्ष में नहीं है।

15 अक्तूबर को मोरक्को की राजधानी राबात में इस्लामिक सभा बैठी जिस में पन्द्रह विदेश मन्त्री सम्मिलित हुए और अल-अकसा में हुई इन हत्याओं पर अपना दुख प्रकट करते हुए मोरक्को के राजा अल हसन ने कहा कि इस समस्या को मुसलिम समाज को हल करना पड़ेगा। इस्राइल जो कुवैत के सिलसिले से यह कह कर खामोश तमाशाई बना हुआ था कि यह रस्साकशी इराक़ और अमेरिका के बीच है और इसका कोई सम्बन्ध इस्राइल से तब तक नहीं बनता है जब तक इराक़ स्वयं इस्राइल के मामलों में सीधा हस्तक्षेप नहीं करता है। अमेरिका के इस व्यवहार और राष्ट्रसंघ के इस फ़ैसले को सुनकर इस्राइली प्रधानमन्त्री शमीर ने यह आरोप लगाया कि राष्ट्र संघ इराक़ का साथ दे रहा है। उप प्रधानमन्त्री डेविड लेवी ने तेल अवीव में अमेरिकन राजदूत से मुलाक़ात की और उसको इस्राइली केबिनेट का फ़ैसला सुनाया कि वे पूर्णरूप से संयुक्त राष्ट्र संघ के रेज़ूल्यूशन के विरोध में हैं। प्रधानमन्त्री शमीर ने किसी भी प्रकार के संयुक्त राष्ट्र संघ द्वारा भेजे प्रतिनिधिमण्डल के स्वागत से साफ इनकार कर दिया और इस बात पर दुख प्रकट किया है कि राष्ट्रपति बुश अपनी शान्तिप्रिय छवि बनाने में गलत तरीके से लगे हैं।

मध्यपूर्वी देशों के बीच फिलहाल तीन बड़े मोरचे खुले हुए हैं। सबसे पुरानी फिलिस्तीन समस्या है जहाँ मुसलमानों और यहूदियों के बीच पिछले चालीस वर्ष से घमासान युद्ध छिड़ा हुआ है। दूसरा लेबनान है जहाँ पर पन्द्रह वर्ष से मुसलमानों एवं इस्राइलों के बीच संघर्ष चल रहा है। तीसरा मोरचा जो ईरान-इराक़ युद्ध हो

सकता था, मैत्री में बदलकर एक ऐसे फलक में नज़र आता है जो मध्यपूर्वी देशों को वैचारिक धरातल पर दो भागों में बाँटता है। अमेरिकी विरोधी और अमेरिकी समर्थक देश, जिसमें मोनारकी के प्रति भी ज़हर भरा हुआ है। सऊदी अरब, टर्की, मिस्र इत्यादि मोटे रूप से अमेरिका समर्थक देश और ईरान, इराक़, फिलिस्तीन वग़ैरह अमेरिका विरोधी देशों में गिने जा सकते हैं, लीबिया, जार्डन, सीरिया इत्यादि ऐसे देश हैं जो अपनी राजनीतिक विचारधारा में बहुत स्पष्ट नहीं हैं। जार्डन और सीरिया पूर्ण रूप से कभी इराक़ पर कभी ईरान पर निर्भर रहता है जबकि लीबिया धनी देश होने और अमेरिका विरोधी होने के बावजूद कोई ठोस क़दम इस सिलसिले में नहीं उठा पाया और जब कोशिश भी की तो अमेरिका ने बम गिरा कर कर्नल गद्दाफ़ी का मुँह हमेशा के लिए बन्द कर दिया था।

ऐसी स्थिति में अमेरिका मध्यपूर्वी देशों से अपना सम्बन्ध बिगाड़ना नहीं चाहता है बावजूद इसके अमेरिकन फ़ौज सऊदी अरब में मौजूद है और ब्रिटिश प्रधानमन्त्री अपनी पूरी कोशिश में लगे हुए हैं कि इराक़ पर हमला हो जाना चाहिए ताकि सद्दाम हसैन को उनकी इस दिलेरी का मजा चखाया जाए मगर राष्ट्रपति बुश युद्ध के स्थान पर सद्दाम हुसैन पर जुर्माना लगाना चाहते हैं ताकि सद्दाम की माली और फ़ौजी ताकत एक साथ चरमरा जाए और युद्ध के बादल छँट जाएँ।

जापान जो अमेरिका को इस युद्ध के लिए न केवल काफ़ी धन दे रहा था बल्कि अपनी फ़ौजें भी सऊदी अरब भेज रहा था। जापानी जनता के भीषण विरोध के कारण जापान को अपना फ़ैसला बदलना पड़ा और फ़ौज भेजने का कार्यक्रम स्थगित करना पड़ा। सऊदी अरब, इराक़ और ईरान के खौफ़ से अमेरिका का राजनीतिक बँधुवा देश तो बन चुका है सो अलग, ऊपर से वह अमेरिकन फ़ौज का खर्च और टर्की इत्यादि देशों में इराक़ द्वारा पेट्रोल की कमी को पूरा करने का जिम्मा भी उठाये हुए है। इस बात से यह भी जाहिर होता है कि आज उन्नत देश फ़ौज पर होनेवाले खर्च को घटाकर देश की दूसरी योजनाओं पर धन व्यय कर रहे हैं वहीं पर ये पिछड़े मगर धनी देश, जिनके एक ही वर्ग में धन का जमाव है, वह फ़ौज और हथियार पर अधिक खर्च करने की स्थिति में आ गये हैं जो उन्हें निर्धन ही नहीं बल्कि उन्नत और विकसित देशों के बीच अधिक पिछड़ा हुआ साबित करेगी।

मध्यपूर्वी देश जहाँ पर काला सोना पेट्रो डॉलर की नदियाँ बहा कर सत्ताधारियों की कुंठित इच्छाओं को पूरा करके उनके समाज में रहनेवाली अस्सी प्रतिशत जनता को अंकुश में रखे हुए है वह यह भूल चुके हैं कि इस तरह का दबाव कभी-कभी विस्फोट के रूप में उभरता है। सऊदी अरब जैसा देश जहाँ आज अमेरिका अपने क़दम जमा चुका है, वह अपने पड़ोसी देश इराक़ से डरता रहा है और ईरान का मोनारकी विरोधी ख़ुमैनी ज्वर बड़े पैमाने पर सद्दाम को भारी तादाद में मदद देता

रहा है ताकि खुमैनी क्रान्ति को ईरान की सीमाओं तक सीमित रखा जाए। आज ईरान-इराक़ मित्रता का यह हाल है कि दस वर्ष के लम्बे ख़ूनी युद्ध के बाद दोनों देशों ने अपने-अपने देश में एक-दूसरे का दूतावास खोल कर यह साबित कर दिया है कि अमेरिका विरोधी यह दो ताकतें वास्तव में विश्व की महाशक्तियों के बीच चुनौती बनकर खड़ी हुई हैं।

इसीलिए कुवैत को लेकर जिस तरह अमेरिका, फ्रांस और ब्रिटेन, मानव अधिकार, अन्तरराष्ट्रीय कानून एवं स्वतन्त्रता की दुहाई दे रहे हैं उससे बिलकुल अलग सद्दाम हुसैन की एक इमेज लोगों के मन मस्तिष्क में बन रही है। विशेषकर उनके जो फिलिस्तीन समस्या के समर्थक रहे हैं और महाशक्तियों की दोमुँही राजनीतिक मर्यादा के विरोधी रहे हैं। इसी सच्चाई का फायदा उठाते हुए सद्दाम जहाँ बातचीत के लिए तैयार हुए हैं, वहीं पर उन्होंने एक शर्त भी लगाई है कि खाड़ी वार्तालाप में सारी अरब समस्याएँ शामिल होंगी जहाँ खासतौर से फिलिस्तीनी समस्या पर बातचीत रखी जाएगी।

संडे आब्ज़र्वर : 6 जनवरी, 1991

खण्ड : पन्द्रह

पन्द्रहवीं यात्रा

- कुर्द : अपनी स्वायत्तता के लिए लगातार संघर्षरत

कुर्द : अपनी स्वायत्तता के लिए लगातार संघर्षरत

1901 में जब कुर्दिस्तान के इलाक़े में तेल का पता चला, तभी से ब्रिटेन, फ्रांस और जर्मनी वहाँ विशेष रुचि दिखाने लगे हैं, इसी तेल के चलते उस इलाक़े को तीन भागों में बाँट दिया गया ताकि उनकी तेल सम्पत्ति का शोषण करने में इन देशों को सहूलियत हो। कुछ बरसों के बाद सोवियत संघ का भी ध्यान इस तेल ज़ख़ीरे की ओर गया और उसने ईरान के हिस्सेवाले कुर्दिस्तान के संग मित्रता बढ़ाई, जिससे अमेरिका चौकन्ना हुआ। वह इराक़ के किरकुक मौसूल इत्यादि तेल के धनी भण्डारों को रूस के कब्ज़े में नहीं देख सकता था, इसलिए जब ईरान के शाह ने 1970 में राष्ट्रपति निक्सन से इराक़ी कुर्दों को हथियार देने की बात कही तो वे इसे मान गए और सी. आई. ए. द्वारा इराक़ी कुर्दिस्तान में हथियार पहुँचने लगे। अमेरिका, राष्ट्रपति क़ासिम और सोवियत संघ की दोस्ती पर लगातार नज़र रखे हुए था, वह नहीं चाहता था कि ब्रिटेन, फ्रांस और जर्मनी के बाद सोवियत संघ इस इलाक़े में अपनी जड़ जमाकर साम्यवादी विचारधारा की सत्ता क़ायम कर दे।

हाल ही में अमेरिका और मित्र राष्ट्रों से युद्ध में सद्दाम हुसैन के पराजय के बाद इराक़ में उनके विरोध में गृहयुद्ध भड़क गया है। विपक्ष पर नज़र डालें तो पता चलता है कि शिया तो केवल सरकार बनाने की बात कर रहे हैं, मगर उत्तरी इराक़ में कुर्द एक के बाद एक शहर को अपने कब्ज़े में करने की कोशिश कर रहे हैं चूंकि इराक़ में कुर्दिस्तान का यह इलाका आर्थिक दृष्टि से बहुत महत्त्वपूर्ण है इसलिए उसको बग़दाद के विरोध में खड़ा करने में दो तरह के लाभ होंगे पहला, आर्थिक रूप से बग़दाद बाथ पार्टी के समर्पण समर्थन निष्ठा के बाद चरमराएगा और दूसरा कुर्दिस्तान के 60 वर्षीय पुराने विरोध को राह दिखाना अपेक्षाकृत आसान हो जाएगा। शायद इसी बात को नज़र में रखते हुए अमेरिकन सिपाही कुर्दों को बड़े प्रेम से हथियार भेंट कर रहे हैं। तुर्की और ईरान, अमेरिका की इस नीति को हवा दे रहे हैं।

मोसूल, जो बग़दाद और बसरा के बाद इराक़ का तीसरा बड़ा शहर है वहाँ और कलार कुफरा हलबजा सुलेमानिया आदि कुर्दिस्तान के इलाक़े के लोगों ने सद्दाम हुसैन के विरोध में हथियार उठा लिये हैं। (यह समाचार ईरान समाचार ब्यूरो इरना से प्राप्त हुआ है।) यह वह इलाका है जहाँ इस्लाम और ईसाई धर्म के मानने वाले हैं। दूसरी तरफ़ साम्यवादी और पूँजीवादी विचारधारा की रस्साकशी है। इसके अलावा चारों तरफ़ ईरान, सीरिया, टर्की, इराक़ से घिरा कुर्दिस्तान एक बफर इलाक़ा है, जिसकी स्वाधीनता के लिए बाहरी शक्तियाँ गम्भीरता से उसका साथ नहीं देती हैं, यहाँ तक कि उसके मामले पर गुटनिरपेक्ष देशों ने भी सदा अपने मुँह बन्द रखे हैं।

पूरे 60 वर्ष से लड़ते आ रहे कुर्दियों के लिए इस समय एक बहुत बड़ा प्रश्न सामने है कि तुर्की, सीरिया, ईरान और पश्चिमी शक्तियाँ मिलकर उत्तरी इराक़ को सद्दाम हुसैन के विरोध में खड़ा करके आगामी दिनों में क्या वह कुर्दों को इराक़ी सत्ता में साझेदार बनाएँगे या केवल सद्दाम हुसैन को कमजोर बनाकर उन्हें उसी तरह अपने चंगुल में रखना पसन्द करेंगे? इस समस्या को गूढ़ता से समझने के लिए हमारे लिए जरूरी है कि हम कुर्दिस्तान को ऐतिहासिक एवं राजनीतिक परिप्रेक्ष्य में देखें।

कुर्दिस्तान मध्यपूर्व में एक पहाड़ी इलाक़ा है जहाँ पर बसने वाली पहली आबादी 'कुर्दों' की थी, इस बात को सिद्ध करने के लिए हालाँकि कोई ऐतिहासिक और पुरातत्त्वीय प्रमाण नहीं मिलते, तो भी 'यो' झील से उरमिया झील तक का मेसोपोटामिया का मैदान, सभी जानते हैं कि कुर्दों का ही निवास-स्थान रहा है, जागरोस पर्वत पर रहने वाले कस्साइट क़बीलों के बारे में ज़रूर जानकारी मिलती है, जिन्होंने बाबुल को लूटा और बर्बाद किया था। इसी के साथ मेसोपोटामिया के प्रारम्भिक साम्राज्यों में यदाकदा जिन पहाड़ी क़बीलों के नाम मिलते हैं, वह कुर्द या कुर्दो-उची से बहुत समानता रखते हैं। कुर्ती मिट्टी के शिलालेखों को पढ़कर ब्रिटिश विद्वान सर हेनरी रालिंसन ने पहली बार यह तथ्य सामने रखा था कि वान झील के पूर्व एवं असीरिया के दक्षिण का जो भाग था, वह वास्तव में कुर्द क़बीलों का था।

लोक साहित्य द्वारा जो तथ्य सामने आए हैं, उससे पता चलता है कि गुतियम साम्राज्य नामक जो इलाक़ा था उसकी सीमा बिलकुल आज के कुर्दिस्तान जैसी है, जिसमें 'गूती' लोग रहते थे। इस साम्राज्य की राजधानी 'अररियाकहा' थी जो आज के किरकुक नगर के पास थी। बहरहाल बाबुल में मिले शिलालेखों से कुर्दिस्तान की भौगोलिक स्थिति और उसके नाम की जानकरी हमें मिलती है। कुर्दिस्तान देश की सीमा ईरान के राजा साइरस के साम्राज्य में सम्मिलित थी जब पाँचवीं सदी (ई.पू.) में साइरस ने मेसोपोटामिया पर अपनी विजय पताका फहरायी

थी, सिकन्दर महान के सत्ता में आने के बाद यह इलाक़ा उसके साम्राज्य के दायरे में दाखिल न हो सका क्योंकि इन पहाड़ों तक पहुँचने और कुर्दों से भिड़ने का उत्साह सिकन्दर के मन में नहीं था; फिर भी ग्रीक इतिहास में इस बात का सबूत मिलता है कि ग्रीकों द्वारा कुर्दों के पहाड़ से ईरान के उत्तरी सीमावर्ती क्षेत्र और पूर्व की ओर पलायन पर कभी निगरानी नहीं रखी गई थी उलटा उन्हें प्रोत्साहित किया था। अरमेनियन सम्राट टिगरानिस (91-55 ई. पू.) के समय में कुर्द वान झील और उरमिया झील के इलाक़े में रहते ही नहीं थे बल्कि उसको अपने कब्ज़े में भी कर लिया था। जब अरमेनियाई लोगों ने ईसाई धर्म को क़बूल किया उस समय अरमेनियाई राजा के दरबार से नज़दीकी सम्बन्ध होने के बावजूद कुर्दों ने अपना धर्म नहीं बदला और पहले की तरह मूर्ति पूजन पर ही विश्वास बनाये रखा, मगर अरमनी और कुर्दों के भाईचारे और प्रेम में कमी नहीं आई। वे साथ-साथ पहले की तरह एक जगह रहते रहे। सातवीं सदी में कुर्दों ने ईरानियों से पहले इस्लाम धर्म को क़बूल किया और सुन्नी मत पर कड़ी निष्ठा रखी।

इराक़ में अमेदिया, अरबील, रुनदूज और पूर्वी पहाड़ी इलाक़े के कुर्द शिया मत के हैं, 'अली इलाही' मत वाले शिया (इस्लामी) होकर भी अपने पुराने धार्मिक अनुष्ठानों को ही निभाते रहे, जबकि टर्की में रहने वाले कुर्द सुन्नी मत के विश्वासी हैं। कुर्दिस्तान में इस्लाम धर्म अपना लिए जाने के बाद लम्बे अरसे तक शान्ति और सुरक्षा रही मगर अरब, तुर्क और ईरानी सत्ता के अधीन रहने के बावजूद कुर्द कभी खुद अपने देश के शासक नहीं बने। मगर कुर्दों ने विदेशी शासकों के आगे कभी पूर्ण समर्पण नहीं किया। वे विदेशी सत्ता के अधीन रहने के बावजूद अपने सरदार या मुखिया के आदेश का ही पालन करते रहे। कुर्द समाज में सरदार एवं मौलवी, दो महत्त्वपूर्ण व्यक्तित्व हैं जो जनता पर विशेष प्रभाव रखते हैं।

सलजूकी साम्राज्य (AD 1200) के अन्तिम राजा ने कुर्द प्रान्त अपनी राजधानी बनाया और उसका नाम 'बहार' रखा, जो कि आज हमादान के उत्तर में स्थित है। यह इलाक़ा आज़रबैजान और लूरिस्तान के बीच में (हमादान, दीनावार, किरमानशाह, सेन्ना जागरोस, शाहपोर और कूफतियान) फैला हुआ था। इस तरह से यह नौ प्रान्तों का एक अखण्ड कुर्दिस्तान था मगर आटोमन शाह और ईरानी सम्राट के बीच हुए युद्ध में यह भाग (1639 AD) दो हिस्सों में बँट गया। लूरिस्तान और हमादान अलग हो गए। इसी के साथ कुर्द बिखरे और कुछ कुर्द जोगरास पर्वत की ओर जाकर बस गए। सीरिया में यह कुर्द खाबार नदी के किनारे बसे। इनका फैलाव दजला और फरात नदी के किनारे भी हुआ। टर्की में कुर्दों ने फरात नदी के किनारे उरफा प्रान्त और कार प्रान्त में बसना शुरू किया। इस तरह से कुर्द अब नयी सीमाओं में बँटकर ईरान, इराक़, सीरिया, टर्की और सोवियत संघ में उन देशों के अंग बन कर रह गए हैं। सीरिया एवं सोवियत संघ में इनकी

संख्या अपेक्षाकृत कम और असंगठित है।

कुर्दिस्तान सीमा का बँटवारा इराक़, सीरिया और टर्की के बीच पश्चिमी साम्राज्यवादी ताकतों द्वारा हुआ। ब्रिटेन और फ्रांस के बीच 'साइकेसपीकाट' अनुबन्ध के नाम से यह बँटवारा हुआ था, जिसको ब्रिटेन के प्रधानमन्त्री साइकेसपीकाट ने आटोमन साम्राज्य के बिखरने के बाद कुर्द इलाक़े को आपस में बाँट लिया था। ब्रिटेन ने मेसोपोटामिया के मुख्य क्षेत्र उत्तर में खानेकिन तक का लाल क्षेत्र अधिकार में कर लिया और दक्षिण में फ्रांस ने कुवैत के पार 'नीला' क्षेत्र ले लिया, जिसमें सीरिया, लेबनान और टर्की का दक्षिणी पूर्वी भाग शामिल था। अन्तिम सीमा रेखा, तुर्की और इराक़ के बीच, 1926 में वजूद में आई जब मोसुल का प्रसिद्ध तेल भण्डार तुर्की के कुर्दिस्तान से अलग होकर इराक़ में शामिल हुआ। यह बात साफ़ थी कि पश्चिमी ताकतें कुर्दिस्तान को टुकड़ों में बाँटना चाहती थीं मगर पेट्रोल के प्रति अपना लाभ देखते हुए।

कुर्दों का बँटवारा आज जिस तरह है, उसके हिसाब से आज तुर्की में लगभग नौ प्रान्त कुर्दिस्तान इलाक़े में आते हैं जो अगरी, वान, मूस, बिनगाल, बिट्लिस, दियार बाकिर, सीरट, मारदियन और हक्कारी के नाम से जाने जाते हैं। इराक़ स्थित कुर्दिस्तान के इलाक़े में उत्तरी इराक़ की ओर डिहाक, अरबील अल सुलेमानिया, किरकुक, मोंसुल और ईरान स्थित कुर्दिस्तान का भाग पश्चिमी आजरबैजान, कुर्दिस्तान और करमानशाह हैं।

कुर्द अरबी भाषा जानते हैं, मगर उनकी मातृभाषा कुर्दी है। ये लोग देखने में लम्बे, गोरे, काले बालों और काली आँखोंवाले होते हैं। बहादुर और बढ़िया खिलाड़ी होते हैं। सबसे विचित्र बात यह है कि कुर्द विभिन्न देशों की सीमाओं में बँट कर आज भी अपनी पहचान के प्रति बहुत जागरूक हैं और किसी तरह से भी उस देश के दूसरे बाशिन्दों के साथ अपने को घुला-मिला नहीं पाये हैं, जिसके कारण देश की केन्द्रीय सरकार से उनके सम्बन्ध कभी मधुर नहीं रहे। हालाँकि उनमें आपस में बड़ा प्रेम है। इराक़ के कुर्द बिना किसी झंझट और इराक़ी सरकार की इजाज़त के बिना भी ईरान में दाखिल हो सकता है, बिना रोक-टोक के यह आपस में एक-दूसरे के क्षेत्र में आते-जाते रहते हैं। इसीलिए वे ईरानी, जो खुमैनी के विरोधी थे और ईरान में दाखिल नहीं हो सकते थे, वे इराक़ का वीज़ा लेकर इराक़ी कुर्दिस्तान के ज़रिये ईरानी कुर्दिस्तान में दाखिल हो जाते थे और वहाँ से बस द्वारा तेहरान या अन्य शहरों में पहुँच जाते थे।

कुर्द लोगों का स्वशासन के लिए संघर्ष लगभग 60 वर्ष पुराना है। ईरान, इराक़ और टर्की में इनके आन्दोलन को हमेशा फ़ौज द्वारा दबाया गया, मगर जितना कड़ा अंकुश ईरान और तुर्की में इन पर है, उतना इराक़ में नहीं रहा। उसका कारण कुर्द आबादी का अनुपात है। जैसे, ईरान में कुर्द कुल आबादी का 13.24%, तुर्की

में 7.70% और इराक़ में वे 15.68% हैं, जिसके कारण इराक़ में कुर्दों की स्वायत्तता के आन्दोलन को दबाना और उन्हें कुचलना थोड़ा कठिन था। इसलिए इराक़ की नीति इन दोनों देशों से अलग थी। वह एक ओर उनकी स्वाधीनता की ललक को दबाता था तो दूसरी ओर उन्हें इराक़ से जोड़ने की भरसक कोशिश करता था, जिसके लिए उसने इस इलाक़े की प्रगति पर विशेष ध्यान दिया और उन्हें 'अरब कुर्द' का सम्बोधन दिया।

दूसरे विश्व युद्ध के बाद सिमको आन्दोलन 1920 और 1925 के बीच ईरानी कुर्दिस्तान में शिक़ाक क़बीले द्वारा उठा नेता इस्माइल आग़ा ने सम्पूर्ण कुर्दिस्तान की एकता एवं स्वाधीनता का नारा लगाया। 1925 में जब ईरान में रजाशाह सत्ता में आए तो उन्होंने इस्माइल को बातचीत के लिए 'अलहाड' में बुलाया, जहाँ उनकी हत्या करा दी गई।

इसी बीच कुर्दिश डिमाक्रेटिक पार्टी आफ़ ईरान की बुनियाद 1946 में सोवियत संघ की सहायता से डाली गई और माहाबाद में स्वाधीन कुर्दिस्तान वजूद में आया। मगर जैसे ही सोवियत फ़ौजें लौटीं फौरन 16 दिसंबर 1946 को शाह की फ़ौजों ने कुर्दिश रिपब्लिक को उखाड़ फेंका, 1949 में शाह ईरान की हत्या की कोशिश में सरकारी अंकुश पूरे ईरान पर कड़ा हो गया। जबकि 1952 के चुनाव में के. डी. पी. ने 80% से 90% मत प्राप्त किए थे मगर शाह ने माहाबाद की सामान्यवादी संघर्ष संस्था को तोड़ने के लिए वहाँ पर एक धार्मिक गवर्नर की नियुक्ति कर दी। 24 फ़रवरी 1955 को ईरान, इराक़, टर्की, पाकिस्तान ने बग़दाद अनुबन्ध पर हस्ताक्षर किए जो वास्तव में कुर्दिस्तान की स्वाधीनता के विरोध में जाता था। 1961 में शाह ने अपनी पूरी कोशिश इराक़ी कुर्दों के समर्थन में लगा दी ताकि वह बग़दाद की सरकार का विरोध कर सकें। 1979 में भी यह कोशिश एक-दूसरे रूप में हुई थी कि शाह ईरान इस शर्त पर इराक़ी कुर्दों को अपना समर्थन दे सकते हैं, अगर वे ईरान के विरोध में बगावत करने से बाज आएँ।

1979 के बाद इरानी इस्लामिक सरकार ने कुर्दिस्तान पर कड़ा अंकुश लगाया और उनकी स्वाधीनता की माँग को 'गद्दारी' का नाम दिया गया। 1979 से 1985 के बीच तेहरान इस्लामी सरकार और ईरानी कुर्दों में जबरदस्त ख़ूनी मुठभेड़ें हुई हैं मगर किसी भी कीमत पर खुमैनी ने उन्हें ईरान से अलग होने की इजाज़त नहीं दी। इस आन्दोलन का सारा आरोप शाह की तरह खुमैनी ने सोवियत संघ के सिर मढ़ा क्योंकि वही हथियार इन्हें दे रहा था। अक्सर ईरान सरकार ईरानी कुर्दिस्तान पर नाकाबन्दी लगा देती थी जिससे उनका खाना-पीना कठिन हो जाता और लोग मजबूर होकर इराक़ी कुर्दिस्तान से सहायता माँगते थे।

तुर्की में बीसवीं सदी के आरम्भ में कुर्द आन्दोलन अपनी पराकाष्ठा पर पहुँचा था, क्योंकि सियासी माहौल ऐसा था कि वह उसका लाभ उठा सकते थे। बहरहाल

1923 में जब टर्की आज़ाद हुआ उस समय मुस्तफ़ा कमाल ने बड़े कड़े क़दम कुर्दों के विरोध में उठाये। 3 मार्च 1924 को जब खलीफा सरकार समाप्त हुई, उस समय कुर्दों के सारे स्कूल, संस्था, प्रकाशन आदि को समाप्त करके 1925 में कुर्दिस्तान को फ़ौजी छावनी बना दिया गया। कुर्दों की पहचान को बुरी तरह ख़त्म किया जाने लगा। उनकी ज़बान, उनका रहन-सहन, उनके रीति-रिवाजों पर पूरे 50 वर्ष तक कड़ा नियन्त्रण लग गया। आखिर इस अंकुश के विरोध में 1925 में शेख साअद को खड़ा होना पड़ा। उनका विरोध धार्मिक लिबास में था। यह तूफ़ान अभी उठा ही था कि 4 सितम्बर 1925 को शेख साअद को उनके 52 साथियों के साथ दियारबेकिर में फाँसी पर चढ़ा दिया गया था। हज़ारों किसानों को मौत के घाट उतार दिया गया और घर और खेत जला कर राख कर दिए गए। चार सौ कुर्दियों को 'खापोर' में और सौ को 'हीनीस' में फाँसी पर चढ़ाया गया था।

1925 और 1928 के बीच लगभग तीन लाख कुर्दियों को सरकार ने बन्दूक़ की नोक पर उनके इलाके से निकाल बाहर किया। कड़ाके की सर्दी में बर्फ़ीले रास्ते को पार करते समय भूख और ठण्ड से लगभग दस हज़ार कुर्द रास्ते में मर गए। जल्द ही 1937 में एक बार फिर तुर्की के कुर्दों ने बगावत की और फिर हज़ारों की तादाद में मारे गए। इस बार सरकार ने 1965 तक कुर्दिस्तान के इलाक़े को सील कर दिया। यहाँ तक कि विदेशी पर्यटक भी वहाँ नहीं जा सकते थे। कुर्द अपनी भाषा नहीं बोल सकते थे। उनको कुर्दी के स्थान पर 'पहाड़ी तुर्क' कहा जाने लगा।

दूसरे विश्व युद्ध के बाद टर्की अकाल और आर्थिक कठिनाइयों के भँवर में ऐसा फँसा कि ध्यान कुर्दों पर से हटा और 1940 में कई कुर्द पार्टियाँ वजूद में आईं और उन्होंने कसकर सरकार की आलोचना की। 1950 में हुए चुनाव में कुर्दों ने बढ़-चढ़ कर डिमाक्रेटिक पार्टी आफ़ तुर्की को वोट दिया, क्योंकि वह कमाल के ख़ूनी शिकंजे से निकलना चाहते थे। कुर्दों पर पहले जैसे जुल्म धीरे-धीरे बन्द जरूर हुए मगर उनकी स्वाधीनता के प्रश्न पर डिमाक्रेटिक पार्टी की चुप्पी बरकरार है।

इराक़ के कुर्दिस्तान की स्थिति ईरान और तुर्की से अलग इसलिए नहीं है कि उनकी संख्या अधिक है बल्कि इसलिए है कि यह भाग खुशहाल और खनिज-सम्पदा से भरपूर है, जिसके कारण केन्द्रीय सरकार को इस इलाक़े पर निर्भर रहना पड़ता है। इराक़ के कुर्दी नेता मुल्ला मुस्तफ़ा बरज़ानी ने बग़दाद सरकार के आगे कभी अपने हथियार नहीं डाले, जबकि सरकार ने अपनी पूरी ताकत से कुर्दों की स्वाधीनता की इच्छा को दबाया है। चूँकि देश का आर्थिक ढाँचा इन इलाकों के हाथ से निकल जाने से चरमरा जाता, इसलिए 1970 में कुर्द अपने कुर्दिश

आटोनोमस इलाक़े को हासिल करने में किसी हद तक कामयाब हुए चूँकि कुर्दिस्तान सीमा को लेकर मार्च मैनिफेस्टो में कुछ कठिनाई आ गई थी। इसलिए वह प्रान्तीय स्वशासन पूरी तरह लागू न करा सके और 1974 में फिर एक बार इराक़ी कुर्दिस्तान में बगावत उभरी। उस समय ईरान के शाह ने कुर्दों को समर्थन देना आरम्भ किया उस समय इराक़ के राष्ट्रपति बक्र ने बड़ी चतुरता से अलजीरिया में हुई ओपेक देशों की सभा में ईरान के साथ एक अनुबन्ध बाँधा जिसमें दोनों देश मित्र राष्ट्र की तरह रहेंगे साथ ही इराक़ ने ईरान-इराक़ सीमा को लेकर ईरान की बात मानी, जिसके बदले में शाह ने इराक़ी कुर्दों के समर्थन से हाथ खींच लिया इस तरह से दोनों देशों ने मिलकर कुर्दी समस्या को थोड़े समय के लिए दबा दिया।

1925 में राष्ट्रीय संघ ने इराक़ी कुर्दिस्तान इलाक़े को 25 वर्ष के लिए एक नये प्रान्त के रूप में स्वीकारा जिसमें कुर्दों को उनकी रीतिरिवाज, भाषा, धर्म की पूरी स्वतन्त्रता दी गई और कुछ हद तक स्वशासन की अनुमति भी प्राप्त हुई। 1943 में इराक़ सरकार द्वारा कुर्दों पर अंकुश लगना आरम्भ हुआ। माहाबाद की कुर्द सरकार के ख़त्म होने के बाद वह आन्दोलन इराक़ में अपने पैर जमाने लगा। 1946 में मुस्तफ़ा बरजानी के सोवियत संघ भागने से पहले इराक़ के कुर्दिस्तान में के. डी. पार्टी की बुनियाद पड़ गई और साम्यवादी विचारधारा अपनी जड़ें जमाने लगी। बरजानी 'लालमुल्ला' के नाम से टर्की, ईरान और इराक़ में जाने जाते थे।

1958 में इराकी मोनारकी समाप्त होने के बाद जब जनरल कासिम सत्ता में आए तो कुर्दों ने अपने बेहतरीन दिन देखे। मुस्तफ़ा बरज़ानी सोवियत संघ से लौट आए और साम्यवादी सरकार के साथ कुर्द और अरब, दो इराक़ी भाई बनकर उत्तर-दक्षिण इराक़ पूरी स्वतन्त्रता से जीने लगा। इसी समय कई कुर्दी समाचार-पत्रों का प्रकाशन आरम्भ हुआ मगर यह प्रेम कुर्दों के बढ़ते सत्ता मोह से टूटने लगा और राष्ट्रपति कासिम शंकित हो गए। जब किरकुक शहर, जो धनी तेल भण्डार है, उससे कुर्दों को दूसरे शहरों की तरफ भगाया जाने लगा तब कुर्द और कासिम का सम्बन्ध शत्रुता में बदल गया। यह शत्रुता नौ वर्ष तक चलती युद्ध के रूप में सामने आई। राष्ट्रपति कासिम के सामने गम्भीर प्रश्न था कि वह इराक़ की अखण्डता कायम रखे या कुर्दों को स्वशासन की अनुमति दे? संयुक्त राष्ट्रसंघ ने उस समय रिपोर्ट दी थी कि 40,000 घर बर्बाद और 300,000 लोग बेघरबार हुए हैं। कुर्द फ़ौज जो 1961 में 20,000 थी वह 1970 में 50,000 हो गई थी। लगभग 40,000 मील के. डी. पी. ने अपने कब्ज़े में कर लिया है। इस समय इराक़ कुर्दों के तेवर का प्रभाव ईरान के कुर्द इलाकों पर पहले से मोनारकी के विरोध में 1958 से शुरू हो चुका था। इस समय उसने ईरानी कुर्दों को शाह के विरोध में अधिक उत्तेजित किया। दूसरी ओर कासिम एवं इराक़ी कुर्दों की यह मित्रता अमेरिका, ब्रिटेन, फ्रांस और जर्मनी को बहुत सुखद नहीं लग रही थी। उन्हें महसूस होने

लगा था कि सोवियत अपनी विचारधारा के चलते इस इलाके को अपने प्रभाव में ले रहा है। सो कासिम और कुर्दों के बीच षड्यन्त्र हुए, स्वयं कुर्दों को 'लाल मुल्ला' के विरोध में खड़ा किया जाने लगा, जिससे कई मोर्चों पर कुर्दों में झड़पें हुईं।

इराक़ में राष्ट्रपति कासिम के बाद जब बाथ सोशलिस्ट पार्टी सत्ता में आई तो उसने साम्यवादी और कुर्दों से हिसाब चुकाया, 1963 में किरकुक में बाथ पार्टी ने सीरिया की मदद से कुर्दों को दबाना चाहा मगर सफल न हुए। यह सिलसिला 1969 तक चलता रहा। एक एग्रीमेंट 11 मार्च 1970 को, जो मार्च मेनिफेस्टो के नाम से प्रसिद्ध हुआ, जिसके द्वारा कुर्दों को कुछ राहत मिली। फिर भी बाथ पार्टी कुर्दों के संग सत्ता बाँटना नहीं चाहती थी और नहीं किरकुक का तेल भण्डार से भरा धनी इलाका कुर्दों के हाथों में देना चाहती थी। उसको विदेशी सत्ता और कुर्दों को उनकी प्राप्त सहायता पर सदा शंका बनी रहती थी। 1970 और 1974 के बीच इराक़ ने अरबीकरण की नीति अपनाई। अगस्त 1974 में सरकार ने सबसे बड़ा क़दम उठाया जो 1961 से चले आ रहे कुर्द संघर्ष में अपना जवाब नहीं रखता था। लगभग 150,000 कुर्द ईरान की तरफ़ भागे, ईरान के शाह ने सहायता स्वरूप 122 एम. एम. फील्ड गन और एण्टी टैंक मिसाइल्स इराक़ी कुर्दों को दिया मगर इराक़ अपनी आठ डिवीज़न (120,000 सिपाही), 750 टैंक, 20,000 पुलिस और पूरी हवाई फोर्स और मिग 23 बंबर्स और अपने सोवियत पायलटों के साथ कुर्दिस्तान की बगावत को ख़त्म करने के लिए आगे बढ़ा। यह देखकर शाह ने कुर्दों का समर्थन करना छोड़ा क्योंकि उसका मैत्री अनुबन्ध भी इराक़ से बाँधा था। दूसरे शत-अल-अरब की बात भी इराक़ से सुलझानी थी। कुर्द बेसहारा रह गए और पहली अप्रैल 1974 को ईरानी सीमा सील हो गई और बारजानी और दूसरे नेता मार्च तक ईरान की तरफ़ भागने में किसी तरह कामयाब हो गए।

ईरान-इराक़ युद्ध में दोनों ओर के कुर्दों ने अपनी सरकारों को एक-दूसरे के विरोध में समर्थन दिया क्योंकि वे चाहते थे कि ईरान-इराक़ इस युद्ध में जितने ज़्यादा कमज़ोर होंगे, वे उतने ही उनके फायदे में रहेंगे। चूँकि कुर्द लड़ने वाले योद्धा के रूप में अपनी धाक जमाये हुए हैं इसलिए ईरान में और तुर्की में लगभग तीन तिहाई फ़ौज कुर्दी सिपाहियों से भरी है यह स्थिति इराक़ में नहीं है, क्योंकि अरब सैन्य बल स्वयं में शक्तिमान हैं, तो भी कुर्दों को ऊँची पदवी पुलिस और फ़ौज में देकर बाथ ने एक संवाद बनाये रखने की कोशिश की। सुलेमानिया और हालाबजा में ईरान द्वारा उत्तेजित किए इराक़ी कुर्दों पर 1988 में इराक़ी सरकार ने बगावत दबाने के लिए रासायनिक क़ैमिकल हथियारों का प्रयोग किया, जिसमें 5000 लोग मारे गए थे। उस समय इराक़ के लिए, जब ईरान से युद्ध चल रहा था, इस विरोध को दबाना ज़रूरी हो गया था। मगर इस क़दम की बड़ी निन्दा

हुई। ईरान-इराक़ युद्ध की छिटपुट झड़पें जब ईरान की ओर से आरम्भ हुई थीं, उस समय उत्तर की ओर कुर्दिस्तान इलाक़े पर सुरक्षा का कड़ा पहरा बिठाया गया था। क्योंकि ख़ुमैनी हिजबउल्लाही पार्टी वाले ईरानी कुर्दिस्तान में बलवान हो गए थे उन्होंने इराक़ी कुर्दिस्तान में सद्दाम हुसैन के विरोध में कुर्दों को उकसाया और बग़दाद स्थित ख़ुमैनी समर्थक दावा पार्टी को भी भरपूर सहयोग दिया।

वर्तमान इराक़ी राजनीतिक स्थिति में ऐतिहासिक पृष्ठभूमि कई तरह के इलाकाई संकटों को हमारे सामने रखती है। क्या इराक़ का बँटवारा सम्भव होगा? पश्चिमी ताकतें पेट्रोल की लालच में कुर्दिस्तान को एक स्वतन्त्र स्वावलम्बी राष्ट्र बनने में सहायता देंगी? क्या कुर्द अरब सत्ता से छिटककर विदेशी हाथों में नहीं चला जाएगा? क्या इराक़ी कुर्दों को इराक़ में उभरते शिया प्रभाव की सत्ता में नहीं रहना पड़ेगा? जबकि ईरान स्वयं इराक़ के इस सद्दाम विरोधी पक्ष को ढके-छिपे समर्थन दे रहा है। उस समय कुर्द आज के विरोध से कुछ हासिल कर पाएँगे? क्या टर्की, सीरिया, ईरान कुर्दों को सद्दाम हुसैन के विरोध में खड़ा करके अपने देश को इस तरह की कुर्दी बग़ावत से बचा पाएँगे? यदि शिया विपक्ष इराक़ में सत्ता में आता है और उसका समर्थन ईरान की इस्लामी सरकार खुल कर करती है, उस समय अरब राष्ट्रों की प्रतिक्रिया क्या होगी? आज अमेरिका सद्दाम हुसैन को कुचलकर पूरे इलाक़े पर शासन करना चाहता है, वह ईरान की चुनौती को स्वीकार करेगा या ईरान से मित्रता कर अरब राष्ट्रों पर ईरानी सत्ता की पताका फहराएगा? सेंट्रल एशिया, मध्यपूर्वी इलाका और अन्य इस्लामी राष्ट्रों में महाशक्तियों के विरोध में एक सामूहिक मोर्चा बनेगा, जबकि सोवियत संघ स्वयं एक बहुत ख़तरनाक सियासी दौर से गुज़र रहा है?

इन सारे प्रश्नों के बीच एक बात साफ़ है कि जब इजराइल ने अपने मानचित्र में दुनिया भर के विरोध के बावजूद सम्पूर्ण फिलिस्तीन, सऊदी अरब का कुछ हिस्सा, पूरा लेबनान, आधा इराक़ एवं सीरिया इत्यादि को अपनी सीमा क्षेत्र में दिखाया है, उस समय फिलिस्तीन मुक्ति संघर्ष के समाधान का जब तक कोई ठोस क़दम नहीं उठाया जाता तो कुर्दों को उनका अधिकार किस सियासी मर्यादा एवं व्यवस्था के मापदंड पर मिलेगा? एक तरफ़ कुवैत की आज़ादी के लिए 28 देश इराक़ को घेर कर बरबाद करते हैं और दूसरी ओर फिलिस्तीन के बँटवारे पर लगभग पचास वर्ष चुप रहकर कुर्दिस्तान को 60 वर्ष पहले टुकड़ों में बाँटते हैं।

इराक़ की बर्बादी में अब सद्दाम हुसैन की मौत या उनकी सत्ता में बने रहने की बात इतनी महत्त्वपूर्ण नहीं रह गई है, बल्कि सद्दाम द्वारा इस पूरे इलाक़े में जो सियासी उखाड़-पछाड़ होगी और इराक़ के बिखरने से जो इलाक़ाई असन्तुलन वजूद में आएगा उसका फैसला अमेरिका नहीं बल्कि तीसरी दुनिया के वह देश अपनी मर्यादा स्वावलम्बन, स्वतन्त्रता की कीमत चुका कर देंगे कि आखिर किस

तरह उन्होंने सद्दाम हुसैन को जुनूनी हालत में अकेला उन ताकतों के हवाले करके अपनी जलन, कुढ़न और प्रतिशोध की आग शान्त की है। जब कल स्वयं उनके देशों की चौखटों पर खड़ा होकर ये ताकतें उनका दरवाज़ा खटखटाएँगी तब उन्हें अहसास होगा कि इराक़ किन मुद्दों पर खड़ा हुआ था और इन लोगों ने व्यक्तिगत स्वार्थों के चलते एशिया के गौरव और इलाक़ाई सुरक्षा को किस कीमत पर बेच दिया।

इस इलाक़े से सद्दाम का भूत बहुत जल्द लोगों के मन-मस्तिष्क से उतरने वाला नहीं है, क्योंकि उसमें उनके मन की बात के साथ उनके अपने शोषण के विरोध में आक्रोश छिपा था, जो अब पश्चिमी देशों के प्रति विरोध का प्रतीक बन गया है।

संडे आब्ज़र्वर : 21 अप्रैल, 1991

खण्ड : सोलह

सोलहवीं यात्रा

● ईरानी क्रान्तिकारियों की वापसी

ईरानी क्रान्तिकारियों की वापसी

मौसम के बदलते ही जैसे प्रवासी परिन्दे अपनी ज़मीन की तरफ़ उड़ जाते हैं कुछ उसी तरह से जत्थे-जत्थे ईरानी उन देशों की तरफ़ लौटने लगे जिन्होंने उन्हें शरणार्थी मान कर वीज़ा दिया था। हिन्दुस्तान से उनका दाना पानी उठ गया था। सियासत ने उन्हें ख़ानाबदोश बनने पर मजबूर कर दिया था। ईरान क्रान्ति को गुज़रे दस-ग्यारह साल हो गए थे। मगर इस बीच साम्यवादियों की ख़ताएँ माफ़ नहीं हुई थीं। इमाम ख़ुमैनी के स्वर्गवास होने के बाद भूतपूर्व राष्ट्रपति ख़ामनई की पुराण पन्थी योजनाओं ने और जड़ता पकड़ ली जब वह विलायत-ए-फ़क़ीह बने। भारतीय मूल के लन्दन स्थित लेखक सलमान रुशदी की सज़ा में कोई कमी नहीं आई बल्कि जुलूस और भाषणों का एक बार फिर सैलाब आ गया और सलमान रुशदी का अकेलापन और बढ़ गया।

इस बीच 'अफ़ग़ानिस्तान : बुजकशी का मैदान' नामक मेरी पुस्तक 1990 में छप कर आ गई और एक बार फिर मैं राष्ट्रपति नजीब से इण्टरव्यू लेने की अपनी इच्छा दिल्ली अफ़ग़ान दूतावास में व्यक्त कर चुकी थी। जिस समय मैं अफ़ग़ानिस्तान में थी उस समय लगभग सारे महत्त्वपूर्ण राजनेता छुट्टी मनाने सोवियत संघ गए हुए थे। मेरी आशा के विपरीत अफ़ग़ान दूतावास से ख़बर आई कि नजीबउल्लाह ने मुझे इण्टरव्यू देने की रज़ामन्दी ज़ाहिर की है। इस बार मैं नजीब का इण्टरव्यू टी. वी. के लिए लेना चाहती थी सो संजय डालमिया से फ़ोन पर बात की वह सहर्ष तैयार हो गए और अपनी वीडियो टीम के इंचार्ज का फ़ोन नम्बर देकर उनसे सम्पर्क की बात की जो मैंने फ़ौरन कर ली। मुझे महसूस हुआ वह शख़्स इस साक्षात्कार में रुचि नहीं दिखा रहा है और बात टाल रहा है। मैंने टी. वी. पत्रकार विनोद दूआ को फ़ोन किया। उस आफ़िस में इस ख़बर से हड़बोंग सी मच गई। फ़ोन हाथोंहाथ लिया गया और तय यह पाया कि क्यों न राष्ट्रपति सद्दाम हुसैन को भी शामिल कर लिया जाए और कुवैत पर क़ब्ज़े की बाबत भी एक ज़ोरदार स्टोरी बना ली जाए। इराक़ी दूतावास से मुझे दो दिन बाद इत्तला मिल गई कि राष्ट्रपति सद्दाम हुसैन से मुलाक़ात निश्चित तो नहीं है परन्तु सौ फीसद सम्भावना है कि वह साक्षात्कार दे देंगे। विनोद दूआ और मेरा ख़ुशी के

मारे बुरा हाल था। मैं सातवें आसमान पर उड़ रही थी।

1984-85 में राष्ट्रपति सद्दाम से मुलाक़ात तय हुई थी मगर उनकी माँ के देहान्त के कारण पहली मुलाक़ात टल गई दूसरी बार बसरा पर ज़बर्दस्त बम्बारमेंट के कारण हम सारे पत्रकारों को एकाएक रिपोर्ट करने रवाना कर दिया गया जिसके कारण वह मौक़ा भी हाथ से जाता रहा। अब यह तीसरा मौक़ा मैं गँवाना नहीं चाहती थी। टी. वी. की पूरी टीम मेरे साथ जाने वाली थी। सवाल मैंने तैयार कर लिए थे। पूरे घर में एक बार फिर मेरे जाने से सनसनाहट-सी फैल गई थी। दोनों देश हथियारों से भरे बारूद का ढेर बने थे। वहाँ पर जाने का अर्थ कई बार मेरे परिवार वाले संवेदना के धरातल पर झेल चुके थे।

सुबह के अख़बार ने जो ख़बर दी उसने मस्तिष्क को हिला दिया। अमेरिका ने सद्दाम के देश पर बम्बारमेंट कर दिया। विनोद दूआ का थका हुआ स्वर कुछ देर बाद टेलीफ़ोन पर सुनाई पड़ा। तेज़ दौड़ते हुए जैसे कोई रोक दे कुछ ऐसी कैफ़ियत हमारी हुई। उनको एक बढ़िया स्टोरी नहीं मिली और मुझे···बहरहाल अफ़ग़ानिस्तान मैं जा सकती थी बिना किसी वीडियो कैमरे के मगर एकाएक काबुल पर मुजाहिदीनों के हमले से हालात फिर बदल गए और आशा निराशा में बदल गई।

मेरी यात्राओं पर एकाएक रोक लग गई। ईरान की यात्राएँ मेरे आलोचनात्मक लेखन के कारण बन्द हुईं। इराक़ जाने का रास्ता अब जार्डन होकर जाता था जो ग़ैरज़रूरी तौर पर ख़तरनाक और लम्बा था। अफ़ग़ानिस्तान में गृहयुद्ध घमासान हो उठा था। पाकिस्तान जाने की फ़िलहाल कोई ज़रूरत न थी। मैंने भी यात्राओं पर पूर्ण विराम लगा अपने को साहित्य की तरफ़ मोड़ा। पूरा एक दशक मैंने इन इलाक़ों की यात्रा में गुज़ारा था। बहुत-सी बातें मुझे भावनाओं के धरातल पर उद्वेलित करती थीं। कुछ चेहरे लगातार मेरा पीछा करते थे। कुछ इन्सानों का जीवन मुझे बहुत कुछ सोचने पर मजबूर करता था। वह सारी बातें मैंने कहानियों में बाँधना शुरू कीं। कुछ इस ख़्याल से भी कि एक दशक ज़रूरी मुद्दे लेखों, इण्टरव्यू द्वारा मैंने पाठकों तक पहुँचाए हैं। अब क्यों न इन्सानों की बातें इन्सानी किरदार द्वारा इन्सानों तक पहुँचाई जाएँ और संघर्ष का अन्दाज़ बदल दिया जाए।

1991 में 'ज़िन्दा मुहावरे' भारत के बँटवारे पर लिखा जो 1992 में छपकर आया। जिसका एक अध्याय कराची और दूसरा फ़ैज़ाबाद का गाँव था। दूसरा कहानी संग्रह 'संगसार' 1993 में आया जिसकी सारी कहानियाँ ईरान की क्रान्ति पर आधारित थीं और फिर 'इब्ने मरियम' 1994 में आया जिसकी कहानियाँ विश्व में विस्थापन की समस्या पर थीं उसमें ईरान, इराक़, इथोपिया, सीरिया, लेबनान, अफ़ग़ानिस्तान, कनाडा, भारत में पंजाब, भोपाल (की गैस त्रासदी पर), स्कॉटलैण्ड

यूगाण्डा पर आधारित थीं। लोगों के उजड़ने और बसने पर फिर बस कर उजड़ने पर इसमें वह सारे चेहरे थे जो मुझसे लगातार टकराते रहे और अपनी कहानी कहते रहे।

1994 में जब नेपाल जाना हुआ तो हिमालय ने अलग सी अनुभूति दी। वहाँ के लोग वहाँ का साहित्य वहाँ के लोकगीत सब कुछ अपने भी थे और पराए भी। पोखरा के सौन्दर्य का कोई अन्त न था। सेमिनार वाणिज्य एवं भौगोलिक स्थिति पर था जिसमें डॉ. शर्मा की शिरकत थी और मैं उनके साथ गई थी। पशुपति का मन्दिर एक अलग प्रभाव छोड़ता है जिसके मुक़ाबले में अन्य मन्दिरों का रहस्यमय वातावरण बहुत लुभावना लगता है। काठमाण्डू को देखकर लगा कि वह बैकांक का छोटा रूप है। आसमान, पेड़ और वातावरण में अजीब सी समानता लगी।

नेपाल साहित्य अकादमी में जाकर लेखकों से ढेरों बातें हुईं। अनुवाद को लेकर चर्चा हुई। कुछ प्रेस वाले भी थे जिन्होंने मुझसे छोटा-सा इण्टरव्यू लिया और लगभग आधे से ज़्यादा ईरान पर थे। इण्टरव्यू की जो हेडिंग छपी थी अख़बार में वह कुछ यूँ थी : 'ख़ुमैनी से मिलने वाली पहली महिला पत्रकार।' यहाँ नेपाल पहुँचकर भी मुझे ईरान से छुटकारा नहीं मिला था। राहुल सांकृत्यायन की ईरान पर लिखी चीज़ें यहाँ के बुद्धिजीवी पढ़ चुके थे। उनके दिमाग़ की ज़मीन उस देश के लिए अजनबी नहीं थी। उनके अन्दर अनेक प्रकार की जिज्ञासाएँ थीं जो उनके पूछे प्रश्नों से साफ़ झलकती थीं।

नेपाल से भारत लौटी तो मेरे पीछे आई डाक में एक ऐसा पत्र था जो किसी आठवें अजूबे से कम नहीं था। ईरान कल्चरल हाउस से भेजा गया ईरान जाने का दावतनामा और साथ ही फ़ारसी भाषा कार्यशाला में सम्मिलित होने का आग्रह भी। मन एकाएक बेचैन हो उठा। पत्र भेजने की तारीख़ देखी वह पाँच मई 1994 थी फिर ईरान जाने की जो बीस मई से थी। ख़त समय रहते मिल गया था दूसरे दिन जब मैं ईरान कल्चरल हाउस पहुँची तो पता चला कि सम्पर्क देर में स्थापित करने के कारण सारा कार्यक्रम अन्तिम चरण में पहुँच चुका है और अब कुछ नहीं हो सकता है। वहाँ कार्यशाला चल रही थी। तेहरान व आसपास के शहर, कस्बे से दो-तीन फ़ारसी अध्यापक आए हुए थे जो फ़ारसी उस्तादों को सही उच्चारण और विद्यार्थियों को मॉडर्न फ़ारसी की तालीम देने आए थे। एकाएक मुझे एक टीचर ने मुख़ातिब किया और कहा, "श्रीमती शर्मा, क्या आप अपने उस क़ैदी दोस्त को ख़त लिखना पसन्द करेंगी जिससे आप इराक़ के रमादी कैम्प में मिली थीं? मेंहदी तन्हाईयान अब मेरा शागिर्द है।" उनकी आँखों में एक साथ कई पैग़ाम थे। मेरी आँखों में कई तरह के जवाब, मन मस्तिष्क पुरानी यादों से एकाएक भर उठा। मैं ख़त नहीं लिख पाई। एक ख़ूबसूरत मौक़ा

मैंने खो दिया मगर जाने क्यों जल्दी में वह सब अभिव्यक्त करने की स्थिति में नहीं थी जो मैंने लम्बे अरसे में महसूस किया था।

इस ख़त ने मेरे और ईरान कल्चरल हाउस के बीच ख़ामोशी को तोड़ा संवाद शुरू हुआ। नई बन रही लाइब्रेरी के लिए उन्होंने मेरी पुस्तकें माँगीं जो मैंने उन्हें भेंट कीं और उनके आग्रह पर कुछ घण्टे लाइब्रेरी में बैठ कुछ अध्ययन भी किया। वह पुरानी लाइब्रेरी जो वर्षों पुरानी थी क्रान्ति के आरम्भ में बर्बाद हो गई थी क्योंकि हर पुस्तक के आरम्भ में शाह की तस्वीर थी जिसको उग्रवादियों ने फाड़ा और जला दिया था। ईरान कल्चरल हाउस का पुराना नक़्शा और पुराने परिचित मेरी नज़रों के सामने घूमने लगे। नौ रोज़ नए साल पर मुबारकबाद देने का सिलसिला था मगर अब वह सब खो गया था। भूतपूर्व प्रधानमन्त्री शाहपोर बख़्तियार का हर वर्ष भेजा कार्ड अब नहीं आता क्योंकि वह दूसरे जहाँ में चले गए हैं। उन्हीं की तरह अनेक शख़्स जिनका नाम सूची की तरह यहाँ लिखना ज़रूरी नहीं है। एक-एक कर के मौत के आग़ोश में जा डूबे हैं।

1995 का नया वर्ष बहुत तन्हा था। वह सब कुछ जो 1976 से शुरू हुआ था अतीत के खाने में चला गया। वर्तमान कई बार टेलीफ़ोन की घण्टी और कभी भूले-भटके डाकिया द्वारा डाले ख़त से अतीत का पता चलता है कि 'उड़ान की शर्त' की पात्रा महशीद सीरिया और ईरान में नहीं बल्कि जर्मनी में शरण लिए है। 'मोमजामा' कहानी की शीरिन लेबनान और भारत में न होकर अब दुबई में है। 'काग़ज़ी बादाम' की ख़ानम कहानी के दायरे से निकल बम के धमाके में डूब गई। 'अजनबी शहर' की शहला पेरिस में लावारिस टहल रही है और वे सारे नाम कुख्श, मोहसिन क़ादिर, जव्वाद सब के सब बहिश्ते-ज़हरा में जा सोए हैं और वे जो ज़िन्दा हैं एक नई क्रान्ति की ज़मीन दुरुस्त करने में लगे हैं देश के अन्दर भी और देश के बाहर भी और तब जब नई क्रान्ति का सूरज ईरान के उफ़क़ से नमूदार होने वाला होगा मैं यहाँ अकेले बैठ कर क्या करूँगी? तब तो मुझे जाना होगा, ज़रूर जाना होगा! मुझे उस दिन का शिद्दत से इन्तज़ार है।

अप्रकाशित, 1996

खण्ड : सत्रह

सत्रहवीं यात्रा

- नयी सदी के नये इतिहास का पहला अध्याय
- अफ़ग़ानिस्तान : हल न होनेवाली एक समस्या
- अफ़ग़ानिस्तान से दुश्मनी क्यों नहीं चाहता पाक
- आज के अफ़ग़ानिस्तान का सच
- अफ़ग़ानिस्तान का न समाप्त होने वाला संघर्ष
- काबुल की कलमें
- कोई भी नहीं चाहता यक़ीन करना

नयी सदी के नये इतिहास का पहला अध्याय

ग्यारह सितम्बर 2001 की वह सुबह हमेशा की तरह उगी थी। फ़र्क़ सिर्फ़ इतना था कि मैं अपने क़लम काग़ज़ के साथ मेज़ पर नहीं बैठी थी बल्कि इलाहाबाद से आए फ़ौजदारी मामलों के वकील के ऑपरेशन के लिए डॉ. शेराफ़ को फ़ोन मिलाकर उनके लिए समय ले रही थी जिनकी एक आँख की रौशनी अचानक चली गई थी डॉ. ने बताया कि उनकी उस आँख का रैटीना अपना स्थान बदल चुका है मगर ऑपरेशन के बाद आँख बिलकुल ठीक हो जाएगी। इमरजेन्सी केस था फौरन ऑपरेशन का समय तय हो गया। उनको हम प्रोत्साहन दे रहे थे कि घबराने की कोई बात नहीं, नये उपकरणों से वर्तमान समय में ऑपरेशन बहुत सरल हो गया है मगर जिसने कभी इंजेक्शन नहीं लगवाया हो उसके लिए यह सारा उपक्रम सदमे से कम नहीं था। वह डरे हुए भी थे और जज़्बाती भी हो रहे थे।

उनके ऑपरेशन वार्ड में जाने के बाद मैंने उसी कमरे से घर फ़ोन मिलाया ताकि बता सकूँ कि हम तीन घण्टे बाद घर पहुँचेंगे। फ़ोन की घण्टी बजती रही मगर फ़ोन नहीं उठा। कुछ देर बाद फिर मिलाया तो उधर से आवाज़ आई "हलो।"

"हाँ, देखो हम लोग..." मैं इतना ही कह पाई थी कि उधर से घबराई सी आवाज़ आई!

"अमेरिका पर हमला हो गया है।"

"सो रहे थे क्या जो ख़्वाब बता रहे हो" मुझे हँसी आ गई।

"नहीं, सच कह रहा हूँ...हम बिल्डिगें टूटती देख रहे हैं...धुआँ ही धुआँ है देखकर डर लग रहा है..."

"अच्छा!"

"अफ़ग़ानिस्तान का नाम लिया जा रहा है...तालिबान और ओसामा बिन लादेन का भी..."

"ठीक है, डरने की क्या बात है, तुम यह सब टी. वी. पर देख रहे हो।"

मेरे इस कहने पर दूसरी तरफ़ हल्की हँसी उभरी।

फ़ोन रखकर मैंने अमेरिका पर हमले की बात बताई। सभी सुनकर ज़हनी तौर से उलझ गए। घर पहुँचते ही टी. वी. खोला तो पता चला कि अमेरिका की दो बड़ी महत्त्वपूर्ण बिल्डिंगों पेंटागान डिफेन्स सेण्टर और वर्ल्ड ट्रेड सेण्टर को उड़ा दिया गया है। हैरत हुई लगा संसार उल्टी दिशा में चलने लगा है कि जो दूसरे देशों पर ज़रा से शक के कारण बम गिराता हो, अपने हथियार बेचता और भेजता हो उससे हवाई जहाज़ जा टकराये? यह अहसास वर्षों से था कि छोटे-छोटे राष्ट्र अमेरिका से घृणा करते हैं मगर आलोचना का हौसला नहीं रखते हैं, वह क्या ऐसी जुर्रत कर पाएँगे? यदि कई देशों का सामूहिक प्रयास है तो इस षड्यन्त्र का अमेरिका को कैसे पता नहीं चल पाया जो दूसरे देशों में अपनी खुफिया एजेंसियों को संस्कृति एवं समाज सेवा के एंज्यू के रूप में जगह-जगह फैलाए है? उसके सूचना रेडार भी इन हवाई जहाज़ के अन्दर बैठे उन आतंकवादियों की कारस्तानी को भाँप नहीं पाये जो दनदनाते हुए अमेरिका की रीढ़ की हड्डी से आ टकराये और अमेरिका का आदरणीय चेहरा तोड़-मोड़ कर यह बता दिया कि दुनिया को तबाह करने वाले तुम्हारी बारी भी आ सकती है।

जड़ सोच हिल गई। विचार भटकने लगे। ख़बरों की दुनिया में तहलका मच गया। एक गुमनाम शख़्स ओसामा बिन लादेन एकाएक चारों दिशाओं में मुख्य शीर्षक बन समाचारपत्रों की सुर्खी बन गया। तालिबान और ओसामा का नज़दीकी रिश्ता पुराने चित्रों एवं ख़बरों को ढूँढ़ कर जोड़ा जाने लगा। देश-देश में खलबली मच गई। अफ़ग़ानिस्तान के मुल्ला उमर की शामत आ गई। उससे नाराज़ लोगों के आक्रोश में तीव्रता आ गई हर तरफ़ तालिबान तालिबान की सदा गूँजने लगी। यह वही तालिबान थे जो अफ़ग़ानिस्तान के लिए एक नई उम्मीद बन कर आए थे जब सारी दुनिया मुजाहिदीनों पर लानत भेज रही थी। उससे पहले लाल फ़ौजों को लेकर संसार के कुछ देशों में हायतौबा मची थी तब भी अफ़ग़ानिस्तान में गृह युद्ध जारी था और लाल फ़ौजों के ख़िलाफ भी मोर्चा सधा हुआ था। कुछ दहाई पहले के बुश के इतिहास पर नज़र डालें तो पता चलेगा कि जाहिर शाह के राज्य को सरदार दाऊद ने बदला कुछ दिन बदलाव से लोग खुश हुए फिर शोषण व सत्ता के विरोध में जमा होने लगे। उसके बाद पी. डी. पी. पार्टी अफीज उल्लाह अमीन, बबरक कारमल तरक्की, नजीब को लेकर आई मगर साम्यवादी पार्टी किसी भी तरह से जनता का मन न मोह सकी। उस पर भी अत्याचार, अतिवादिता का आरोप लगा और तय पाया कि सात समुदायों का जो सूब-ए-सरहद में लाल फ़ौजों के विरोध में मोर्चा लिए हुए बैठे हैं उनको सत्ता में लाया जाए ताकि अफ़ग़ानिस्तान की स्थिति स्थिर हो मगर कुछ माह बाद वह व्यवस्था भी अपना विश्वास न जमा पाई और आज तालिबान भी रद्द किए जाने लगे।

पुरानी घटनाओं की रीलें ओसामा बिन लादेन को लेकर खुलने लगीं। वह सऊदी अरेबिया का है। दुनिया के दौलतमन्द लोगों में उसका शुमार है। उसके पिता ने मक्का मदीना की इमारत की मरम्मत करवा उसको नया रूप दिया। अफ़ग़ानिस्तान के अलावा भी वह कई अन्य देशों में अपना व्यापार जमाए है। कश्मीर में भी वह आतंकवादियों को समर्थन दे रहा है। अमेरिका ने जो ख़बरें देनी शुरू कीं तो ब्रिटेन क्यों पीछे रहता और भारत की तो दुखती रग थी आतंकवाद जिससे उसको अपने कई प्रान्तों में निबटना था। अमेरिका की इस घोषणा में कि आतंकवाद को जड़ से उखाड़ना है उसने अपने को शामिल कर लिया। उम्मीद की एक किरण दिखी कि इस बहाने कश्मीर की समस्या सुलझ गई तो हमेशा का सर दर्द दूर होगा। सो उसने भी तालिबान और ओसामा बिन लादेन को अपना निशाना बना कर सिमी पर बिना सबूत के रोक लगा दी क्योंकि उस संस्था ने ओखला के इलाक़े में ओसामा बिन लादेन का पोस्टर चिपकाया था। दिल्ली जो पुरसुकून थी। उस पर ओसामा बिन लादेन का आतंक छाने लगा बिना उसको पूरी तरह जाने हुए। कुछ लोगों के लिए इतना काफ़ी था कि वह मुसलमान है सो भारतीय मुसलमानों का व्यवहार, बर्ताव भी इतना ही उग्र है। शक का घेरा बिना बुनियाद के गहराने लगा। आँखों का रैटीना ग़लत दिशा की तरफ मुड़ गया। भावनात्मक स्तर से लेकर वैचारिक धरातल तक छोटे-मोटे ज्वालामुखी खदबदाने लगे।

संचार माध्यम लिखित एवं मौखिक शब्दों द्वारा अमेरिका से प्राप्त सूचनाओं का प्रवक्ता बन बैठा। दो-तीन भारतीय संवाददाता इस कठिन एवं खतरनाक समय में नार्थ एलायन्स के इलाक़े में पहुँचकर जो भी सूचनाएँ मौलिक रूप से उनके हाथ लग रही थीं भेजने की कोशिश में थे। चूँकि वे दरी फारसी एवं पश्तो भाषा नहीं जानते थे इसलिए हर ख़बर अनुवाद के रूप में सामने आती थी। दूसरे वे ऐसे जटिल समय में वहाँ गए थे बिना अफ़ग़ानिस्तान को पहले से जाने बूझे इस कारण वर्तमान परिवेश को ऐतिहासिक परिप्रेक्ष्य में देखते हुए वह सम्पूर्ण अफ़ग़ान मनोवृत्तियों को नहीं समझ सकते थे। समय कम था। घटना बड़ी थी। इसलिए उनका लक्ष्य केवल रपट देने तक सीमित हो कर रह गया था। ऐसी खतरनाक स्थिति में स्वयं अमेरिका काबुल की उन घटनाओं को चित्रित नहीं कर पा रहा था जिसको विश्व का आम आदमी देखना चाह रहा था। उड़ते हवाई जहाज़, गिरते बमों की तस्वीरें लगातार दोहराई जा रही थीं जिनसे अफ़ग़ानों का जनजीवन पकड़ में नहीं आ रहा था। अलजज़ायर चैनेल ओसामा बिन लादेन की ख़बरें एवं सन्देश दे रहा था। उसके कुछ संवाददाता काबुल में थे। इसके अलावा सारी ख़बरें एकपक्षीय थीं। किसी हद तक प्रचार के घेरे में बँधी हुई।

सात अक्तूबर 2001 को अमेरिका ने भारतीय समय के अनुसार रात दस बजे और अफ़ग़ान समय के अनुसार आठ पैंतालिस पर काबुल पर पहला हवाई

हमला बोला फिर कन्धार और जलालाबाद में बमबारी शुरू कर दी। पूरा विश्व एक बार फिर ठगा-सा रह गया कि एक महानशक्ति कहलाने वाला राष्ट्र संसार के ग़रीब देश अफ़ग़ानिस्तान पर आतंकवाद के समाप्त करने के सिलसिले से आतंक की शुरुआत युद्ध के रूप में कर रहा है। खास कर एक इन्सान को पकड़ने के लिए वह लाखों अफ़ग़ानों की निर्मम हत्या करने पर आमादा हो गया है क्या यह जल्दबाज़ी नहीं है? यह प्रतिक्रिया क्या अपने में आतंक नहीं है? क्या दुनिया एक बार फिर तबाही के कगार पर पहुँचना चाहती है?

इन सारे सवालों के बीच एक सवाल जो सबसे अहम था वह अफ़ग़ानियों के लेकर उठ रहा था कि यह कैसे लोग हैं जो अमेरिका को खुली चुनौती दे रहे हैं? बीस वर्ष से यह मुल्क गृहयुद्ध में फँसा है। रूसी लाल फ़ौजों को वापस भेजने में कामयाब हुआ और आज अमेरिका से टकराने के लिए अपने को आमादा पा रहा है क्या यह इसकी नादानी है या अज्ञानता? यह कौन हैं जो लगातार शोषण के विरोध में लड़ते रहते हैं। आखिर यह चाहते क्या हैं? अपनी सम्पूर्ण बर्बादी या अपना स्वात्ताय? इनकी माँगें हैं क्या?

राष्ट्रपति बुश अपने देश में हुए आतंकवाद का जवाब अफ़ग़ानिस्तान पर हमला करके देना चाह रहे हैं और उसको क्रूसेड का नाम दे रहे हैं। उधर तालिबान जेहाद का आह्वान दे रहे हैं और बकौल सैमुअल हंटिंगटन के यह सभ्यता का संघर्ष पश्चिम बनाम इस्लाम है। जॉन ब्लेयर इंगलैंड के प्रधानमन्त्री राष्ट्रपति बुश से भी ज़्यादा उग्र हो उठे और पूरी सहायता देने के साथ यह भी कहा उन्होंने कि अमेरिका को कुछ ऐसे सबूत मिले हैं जिससे यह काम ओसामा बिन लादेन के ग्रुप अलकायदा का लग रहा है उसी स्वर में सिमी पर प्रतिबन्ध लगाने के सिलसिले से भारत सरकार भी कहने लगी कि सबूत लादेन से सिमी के सम्बन्ध हैं पता चला है मगर पूरी दुनिया उसी तरह सबूत देखना चाहती थी जिस तरह वह देश-विदेश की ख़बरों को चलचित्रों द्वारा देख, समझ रही थी। कुछ अधूरी बातें जनता को अधिक चिन्तित और उग्र बना रही थीं। कुछ का ख़्याल था कि लादेन को अफ़ग़ान तालिबान दे दें अमेरिका को उधर लादेन कह रहा था कि यह काम मैंने नहीं किया। इस घटना को लेकर कार्टून, चुटकुले, डाकूमेण्टरी, कामिक्स मज़ाक़ उसी संख्या में लोगों के बीच और इण्टरनेट पर प्रचलित थे जितनी जिज्ञासा कि क्या होने वाला है कौन पकड़ा जाएगा? अमेरिका ओसामा को ज़िन्दा या मुर्दा पकड़ पाएगा या नहीं? तालिबान समर्पण करेंगे या नहीं आगे क्या होगा...? राष्ट्रपति बुश सदी की पहली जंग की बात कर रहे थे विश्व भर के राष्ट्र एवं जनता तमाशे के टिकट खरीदने में व्यस्त थी ताकि आराम से यह लड़ाई देखे जो एक बलवान राष्ट्र कमजोर राष्ट्र के साथ करने जा रहा है। दो फाँक हो गए तमाशबीन एक वह जो अमेरिका की जीत देखना चाह रहे थे दूसरे वे जो अफ़ग़ानों द्वारा अमेरिका को पिटता देखने के इच्छुक थे।

अफ़ग़ानिस्तान : हल न होनेवाली एक समस्या

अफ़ग़ानिस्तान में इस समय बुनियादी समस्याओं का कोई ओर-छोर नहीं है जैसे भूख, बेकारी, जहालत, ख़ून-ख़राबा, घुटन, बीमारी आदि। सामाजिक रूप से अफ़ग़ानिस्तान का ढाँचा पूरी तरह से चरमरा चुका है। ऊपर से सियासी रस्साकशी से आम इंसान का जीवन मौत से बदतर हो गया है, खासकर तालिबान को लेकर देश-विदेश दोनों स्तरों पर उसकी आलोचना हो रही है। उसका रूढ़िवादी मान्यताओं का समर्थन, औरतों पर पाबन्दी, अफ़ग़ान हिन्दुओं को अलग रंग का कपड़ा पहनने का हुक्म ये सब किसी भी राष्ट्र या समाज के विकास के नहीं, बल्कि पिछड़ेपन के लक्षण हैं, जो दर्शाते हैं कि उनके पास देश के विकास की कोई योजना नहीं है। तालिबान वास्तव में वे अफ़ग़ान जवान हैं जो लाल फ़ौजों के आने के बाद भागे हुए लोगों के पाकिस्तान में बसने के बाद पैदा हुए हैं। 30 लाख अफ़ग़ान शरणार्थियों के संग आए कुछ बच्चे होंगे, कुछ औरतें गर्भवती होंगी और कुछ बच्चे पाकिस्तान में जवान लड़के-लड़कियों के विवाह के बाद पैदा हुए होंगे। अपना घर-बार छोड़कर भागे हुए अफ़ग़ानी किस स्थिति में रह रहे थे, इसका अन्दाज़ा मुझे 1987 में सूब-ए-सरहद में कच्चीगढ़ी कैम्प नम्बर तीन में जाकर हो गया था। जिन बच्चों को मैंने कच्ची गली में खेलते और पंगोड़े पर सोते देखा था उनमें से कितने जुझारू, कुंठित, आक्रोश से भरे तालिबान में ढले होंगे इसका अहसास मुझे पूरी तरह से है। जाड़े के दिनों में अफ़ग़ान मामूलन पहाड़ों से मैदान की तरफ़ उतर आते हैं। यह अभ्यास बहुत पुराना है। इनका आना दरअसल रोजी-रोटी से जुड़ा हुआ था। मर्द मिट्टी की दीवार बनाने में दक्ष होते हैं, सो सस्ती मजदूरी में पाकिस्तानी ज़मींदारों को मेहनती मज़दूर मिल जाते थे। औरतें सुर्खी, पाउडर और दस्तकारी की छोटी-मोटी चीज़ें घर-घर जाकर बेचती थीं। अच्छी कमाई करके यह काफ़िला मैदानों से फिर पहाड़ों की ओर चला जाता था। लाल फ़ौजों के आते ही घबराए अफ़ग़ान पाकिस्तान के सूब-ए-सरहद की तरफ़ दौड़ पड़े और वे अफ़ग़ान भी इनमें शामिल थे जो दूर रहने के बावजूद अपना घर, गाँव,

खेती, दुकान, बाग़ को पूरी तरह से तबाहहाल देखकर बदहवास हो गए थे।

पाकिस्तान के भूतपूर्व राष्ट्रपति ज़िया-उल-हक की जब पख़्तून नेता खुदाई खिदमतगार वलीखान ने आलोचना करते हुए कहा कि मैं तो केवल पश्तूनिस्तान समस्या का समर्थक था मगर राष्ट्रपति ज़िया ने सूब-ए-सरहद को खुद पश्तूनिस्तान में बदल दिया। उनकी पत्नी नसीमा खान, जो सियासी कार्यकर्ता हैं, वह भी अपने भाषणों में इस बात की चर्चा करती रहीं कि जनेवा अनुबन्ध का उल्लंघन हो रहा है, लाल फ़ौजें जा रही हैं तो यह शरणार्थी भी वापस क्यों नहीं जा रहे हैं। ज़िया-उल-हक का जवाब था कि मैं अपनी माँ का जालन्धर से 90 मील पैदल चलकर आना कभी भूल नहीं सकता हूँ, इसलिए मैं अफ़ग़ान शरणार्थियों को पनाह देने से इनकार नहीं कर सकता हूँ। इस कूटनीति के पीछे राष्ट्रपति ज़िया की मानवीय दृष्टि नहीं, गहरी साजिशें थीं। वह इस सच को जानते थे कि भाग कर आए अफ़ग़ानों पर वे रोक नहीं लगा सकते हैं। इसलिए इस कमजोरी को अपने लाभ में भुनाने के लिए उन्होंने शरणार्थी कैम्प खोल दिए और सोवियत लैण्ड के विरोध में मोर्चा खोलकर उन्होंने अमेरिका और मध्य पूर्वी देशों से सहायता के रूप में रसदें और हथियार लिए ताकि वे भारत के विरोधी मंच को शक्तिशाली बना सकें और एक दिन इन्हीं मुजाहिदीन नेताओं द्वारा विदेशी हथियारों के संग वे भारत से पंजा लड़ा सकें। मगर अफ़सोस कि अफ़ग़ान भी कम चालाक कौम नहीं है। उसने कभी भी भारत से अपने पुराने रिश्ते ख़राब करने या खुली शत्रुता मोल लेने में कोई रुचि नहीं दिखाई और इस बीच जब अफ़ग़ान समस्या का बाज़ार सियासी भट्ठी में तप रहा था, उस समय राष्ट्रपति ज़िया की अचानक हवाई दुर्घटना में मौत हो गई। उनके बाद आई बेनजीर भुट्टो जो लगातार अफ़ग़ानों की आलोचना कर ज़िया को जिम्मेदार बताती थीं, वह भी अमेरिकी तन्त्र की शिकार हुईं और अमेरिका की खुशी के लिए वह अफ़ग़ानों को भाई कह कर सम्बोधित करने लगीं। जिन शरणार्थियों को ज़िया ने खुली छूट दी थी वे बस गए, मगर उनको वह आराम न मिल सका जो अफ़ग़ान सियासी समुदायों के नेताओं को प्राप्त था—काले शीशों की वातानुकूलित कारें, बेहतरीन घर और विदेशी रसदों में आधा हिस्सा। यह अलग बात है कि आरम्भ में भाग कर आए शरणार्थियों को पाकिस्तान का यातायात लगभग सौंप दिया गया। यह भी अजीब बात थी कि जो अफ़ग़ान पाकिस्तान की सख़्ती झेल नहीं पा रहे थे, वे लौटना चाह रहे थे। मगर उन पर कड़ा पहरा बैठा दिया गया, जैसे मोमंद क़बीले के 600 परिवारों को पाकिस्तानी पुलिस ने करमगेरी, बनू, बोकीहल और तुरन कैम्पों से बाहर निकलने नहीं दिया। पाकिस्तानी सरकार को डर था कि जो बड़ी रकमें विदेशों से प्राप्त हो रही थीं, उसमें कटौती न हो जाए। इस पाबन्दी के बावजूद 'सोरखाब' कैम्प से 200 कोकर और बलोची परिवार भागने में कामयाब हो गए। दूसरी ओर का

सच यह भी था कि 1981 में मुजाहिदीनों को अफ़ग़ानिस्तान में घुसने की मनाही काबुल सरकार ने लगा दी थी। अपनी बात को समझाने के चलते केवल भयभीत करने के लिए अक्टूबर और दिसम्बर माह में जेट व हेलीकॉप्टर से सूब-ए-सरहद पर बिना बम बरसाए शोर मचा कर चले गए थे जिससे पाकिस्तानी जनता में बदहवासी की लहर दौड़ पड़ी और जब उन्होंने बमबारी भी कर दी और कुछ जगहें तबाह हुईं, लोग मरे तब ज़िया ने लड़ाकू विमानों की अपनी माँग को सुरक्षा हेतु अमेरिका पर ज्यादा जोर डालना शुरू किया था। पूरे इलाके में विशेषकर अफ़ग़ानिस्तान, पाकिस्तान में हथियारों की माँग बढ़ गई, जिसको देखकर कुछ बेकार जवान 'छापामार' बन गए। इनका काम था, उन बीहड़ रास्तों और पगडंडियों से, हथियार लूट कर उन्हीं रास्तों में भाग जाना। इनसे तंग आकर हेलीकॉप्टर से पी. एफ. एम. माइन्स पहाड़ी सीमावर्ती क्षेत्र में डाली गईं जिनको यूरोपीय भाषा में 'तितली बम' कहा जाता था और अफ़ग़ान सोवियत फ़ौजी इनको 'हरे तोते' कहते थे। इस ख़तरनाक खेल का कोई खास असर इन छापामारों पर नहीं पड़ा, क्योंकि उनके लिए जीना दुश्वार हो रहा था। कमाई का कोई जरिया नहीं रह गया था। भूखे मरने से बेहतर था परिवार के लिए रोटी का जुगाड़ करते-करते शहीद होना। इन कैम्पों के नाम पर ज़िया सरकार ने दोनों हाथों से विदेशी मुद्रा लूटी थी। सूब-ए-सरहद में विश्व स्तर की समितियों को भी काम करने की इजाज़त दे दी थी जिनका लक्ष्य मानवीय था। जो काम ज़िया सरकार को करना चाहिए था वह स्वीडिश और जर्मनी की संस्थाएँ कर रही थीं। जैसे कच्चीगढ़ी में पानी का इन्तजाम 'हलाल अहमर' अर्थात सऊदी अरेबिया ने किया था। नानवाई की दुकानें जगह-जगह जर्मन समिति ने खुलवाई थीं। बेल्जियम ने अफ़ग़ान शरणार्थियों के हुनर विकसित करने के लिए उन्हें सिलाई मशीनें और दुकानें दी थीं जिसमें सारी सिलाई मशीनें भारत की थीं। पूछने पर पता चला कि बेल्जियम की नज़र में भारतीय मशीनें ज्यादा सस्ती हैं। वहाँ अफ़ग़ान कढ़ाई चल रही थी जो बाद में बाज़ारों में बिकती थी जिससे दर्ज़ियों की रोजी-रोटी चलती थी। सात अफ़ग़ान सियासी समुदायों में से कुछ ही कैम्पों में राशन-पानी और शिक्षा की व्यवस्था थी।

बाद में आने वाले शरणार्थियों को राशनकार्ड न मिलने के कारण दुश्वारी का सामना करना पड़ता था। बिजली-पानी पाकिस्तान ने मुफ्त दे रखा था। देशी-विदेशी ख़बरें, अपने माँ-बाप से उनकी मुसीबतों का बयान, पाकिस्तानी धरती पर जीने के लिए पल-पल मरना यह सब कुछ मूक दर्शक बने वह नस्ल देख रही थी जो एक से 15 वर्ष की थी जिनके दिमाग़ अपनी तरह काम कर रहे थे। उनके माँ-बाप उनको कोई आदर्श नहीं दे पा रहे थे। स्थितियाँ उनको नैतिकता नहीं सिखा पा रही थीं। ज़मीन उन्हें बेगाना बता बार-बार अहसास दे रही थी कि

वापस जाओ, तुम सब वापस जाओ और इसी के साथ भारतीय विरोधी प्रचार के ऐसे नाजुक अवसर पर भारत ने अफ़ग़ानों का नहीं नजीब और सोवियत समर्थित सरकार का साथ दिया। यदि भारत कहता तो मजाल नहीं कि लाल फ़ौजें हम पर कहर तोड़तीं और हम बेघरबार होते। ऐसे महौल में अफ़ग़ान की नई नस्ल पलकर बड़ी हो रही थी। इन अफ़ग़ान शरणार्थियों के दिल में आग थी, नेताओं में तड़प थी। वह अपना देश वापस लेना चाहते थे। अपनी अक्ल के मुताबिक एवं संस्कार के अनुसार ही वह रणनीति को अपनाते थे। मिसाल के तौर पर कैम्पों में जो पढ़ाई होती और पाठ्य पुस्तकें तैयार होती थीं, उनके लिए बेडिम वलाडीमिरोव ने अपनी पुस्तक 'अफ़ग़ानिस्तान षड्यन्त्र' में लिखा है कि अफ़ग़ान अंकगणित की शिक्षा बालकों को देते हुए हथियारों के चित्रों द्वारा उनको अंकों का ज्ञान देते हैं। जैसे एक नम्बर के साथ एक बन्दूक़ का चित्र है। दो अंक के साथ दो चाकुओं और तीन अंक के साथ तीन पिस्तौलों का चित्र छपा है और फिर चार से दस तक विभिन्न हथियारों की तस्वीरें हैं। नर्सरी के बच्चों के लिए पहलवाननुमा मुजाहिदीनों के चित्र हैं जिनके द्वारा कुछ इस तरह की शिक्षा दी जाती थी। 'मेरा बाप मुजाहिद, मेरा भाई मुजाहिद, जब मैं बड़ा होऊँगा तो मुजाहिद बनूँगा और दुश्मनों को भून डालूँगा।' ऐसी मानसिकता को लेकर जिस नस्ल की शिक्षा हुई हो उससे आशा करना कि एक प्रगतिशील नजरिया अपनाएगी और देश के विकास की योजनाएँ कार्यान्वित करेगी, हमारा यह आग्रह तर्कसंगत नहीं लगता है।

दैनिक भास्कर : 18 अगस्त, 2001

अफ़ग़ानिस्तान से दुश्मनी क्यों नहीं चाहता पाक

आज अफ़ग़ानिस्तान को लेकर सबसे परेशान देश पाकिस्तान है। जो डर उसको कभी लाल फ़ौजों से था कि वह अफ़ग़ानिस्तान के रास्ते कभी भी पाकिस्तान पहुँच जाएँगी, आज कुछ वैसा ही भय उन्हें अफ़ग़ान शरणार्थियों और अपनी ही ज़मीन पर पलकर बढ़े तालिबानों से है। अफ़ग़ानियों को पता है कि उनका शोषण किस-किस स्तर पर हर पाकिस्तानी हाकिम ने किया है और इसीलिए पाकिस्तानी चिन्तित है कि बदले के रूप में यह सिरफिरे, जिन्होंने गुलामी अंग्रेज़ों और मुगलों तक की सहन न कर उनके छक्के छुड़ा दिए थे तो फिर पाकिस्तान किस खेत की मूली है। पाकिस्तानी बुद्धिजीवी वर्ग पहले ही सऊदी अरेबिया के बढ़ते प्रभाव से चिन्तित है तथा अफ़ग़ानों का स्वागत देख उन लोगों ने खुलकर सरकार का विरोध किया, जिसका जवाब ज़िया सरकार ने दिया था कि ईरान और पाकिस्तान की तरफ़ भागते इन अफ़ग़ानों को यह देश दावत नहीं दे रहे हैं, बल्कि काबुल सरकार सरकार को इतना लोकप्रिय बनाए कि उसके नागरिक विदेशों में शरण न लें। दूसरे इन्कलाब के आरम्भ में अफ़ग़ानिस्तान से भागने वाले केवल सामन्ती और सियासी लोग नहीं थे बल्कि गरीब जनता थी। अफ़ग़ान सरकार इस पलायन से जरा भी दुःखी न थी। वे निहत्थे लोग जो भागे थे, मुजाहिदीन बन गए और अमेरिका ने स्टिंगर और नौपेक उनके हाथों में थमा दी। नौपेक कहाँ से पहुँची इस बारे में इंग्लैण्ड के संसद में काफ़ी प्रश्न पूछे जाते रहे, जिसका जवाब उस समय थैचर के पास नहीं था। स्टिंगर की बात को यह कहकर रेगन ने साफ़ कर दिया कि हमने दो सौ स्टिंगर मुजाहिदीनों को दी थीं। अमेरिका से 130 हवाई जहाज़ हथियारों से भरे पाकिस्तान की तरफ़ उड़े थे। यह काम 14 अप्रैल यानी जनेवा अनुबन्ध से पहले किए जाने की जल्दबाजी में हुए थे, ताकि हथियार भेजने पर पाबन्दी लगने से पहले इन्तजाम ठीकठाक रहे। इतने बड़े पैमाने पर हथियार रखने का इंतजाम एकाएक पाकिस्तान कैसे करता सो रावलपिंडी में आबादी से घिरे एक बड़े डिपो में भर दिए गए। तीखी धूप से

या लगातार विभिन्न इलाकों में आग लगने से इस डिपो में भी भयंकर विस्फोट हुआ था। इस्लामाबाद तक इस विस्फोट का असर पहुँचा, जहाँ हथियार उड़-उड़कर गिरे थे। अनुमान लगाया जाता है कि यदि पूरा डिपो आग की लपेट में आ जाता तो इस्लामाबाद व रावलपिंडी का खात्मा हो जाता। इस कैम्प के विस्फोट पर कड़ी जाँच बैठाने के इरादे को भाँपकर प्रधानमन्त्री जुनेजो को अपने पद से हटना पड़ा था। कहते हैं कई दिन तक बिना रुके तीन सौ दकमल गाड़ियाँ लगातार गोदाम पर पानी डालती रही थीं। अफ़ग़ानों से नफ़रत का यह सिलसिला रावलपिंडी से शुरू होकर लाहौर, कराची तक पहुँच गया। इस नफ़रत का मुख्य पात्र ज़िया सरकार थी, मगर वे मुजाहिदीन नेता, जिनको सहूलियतें मिल रही थीं वे बुरी तरह से ज़िया की मौत से आहत हुए और उनकी मौत पर यह बैनर कई जगह देखने को मिला 'ज़िया-उल-हक शहीद-ए-मुजाहिद मसायल-ए-अफ़ग़ानिस्तान' अर्थात अफ़ग़ानिस्तान की समस्या पर मरने वाला शहीद। ईरान, पाकिस्तान और अफ़ग़ानिस्तान की गतिविधि से ख़ासा नाख़ुश था। उसका सारा आक्रोश अमेरिका पर था। उसने अफ़ग़ान शरणार्थियों को किसी प्रकार का बढ़ावा नहीं दिया न कोई तिजारत या सियासत का मंच दिया, बल्कि उन्हें सीमावर्ती इलाकों में एक सीमित सुरक्षित स्थान रहने को दिया ताकि वे ईरान के बाकी शहरों और शहर की आबादी के बीच किसी किस्म का कोई हस्तक्षेप न कर सकें। ईरान के लिए अफ़ग़ान सिरदर्द थे। वह उनकी आमद से किसी तरह का लाभ तो नहीं उठाना चाहता था, मगर अपना इस्लामी (शिया) इंक़िलाब अवश्य अफ़ग़ानिस्तान तक निर्यात करना चाहता था। बेनजीर भुट्टो के दोनों भाइयों ने अफ़ग़ान विदेश मन्त्री की दोनों बेटियों से विवाह किया और कुछ वर्षों बाद दोनों की सन्दिग्ध अवस्था में मौत हुई। बेनजीर का तख़्ता पलटने से नवाज़ शरीफ़ का आगमन हुआ। यह दौर वह था जब अफ़ग़ानिस्तान में प्रधानमन्त्री हिकमतयार का दौर था। उस समय भी वहाँ शान्ति-सुरक्षा की कोई व्यवस्था नहीं हो रही थी। ज़िया के देहान्त के बाद वहाँ की विदेश नीति क्षीण हो गई और एक अलग तरह का बदलाव पूरे इलाके में पैंतरा बदलने लगा था। सोवियत लैण्ड के टूटने से छोटे-छोटे गणतन्त्र बन गए थे, जिनकी अपनी समस्याएँ थीं, मगर उनमें से ज्यादातर राष्ट्रों की हमदर्दी अफ़ग़ानिस्तान के साथ थी, जिसका सबूत लाल फ़ौजों के लौटने के बाद ही अफ़सर व सिपाहियों के दिए वक्तव्य से जाहिर होने लगा था कि उनको जब अफ़ग़ानिस्तान की तरफ़ कूच करने को कहा गया था तो असलियत कुछ और बताई गई थी। प्रधानमन्त्री नवाज़ शरीफ़ का काल अफ़ग़ानिस्तान को लेकर कोई खास नहीं रहा। बल्कि अन्तिम दिनों में पाकिस्तान की नीति की उग्रता ने उसको आतंकवादी गतिविधियों के चलते विश्व स्तर पर अपमानित भी किया जिससे यह भी संकेत निकाला जा सकता है कि अमेरिका

को अपने लक्ष्य तक पहुँचने के लिए पाकिस्तान को माध्यम बनाने की अब ज़रूरत नहीं रह गई है। बहुराष्ट्रीय कम्पनियों और प्रवासी भारतीयों को लेकर भारत की नीति में जो बदलाव आया है उससे अमेरिका का सीधा सम्पर्क भारत से बन गया है और भारत द्वारा वह ईरान से अपने सम्बन्ध अप्रत्यक्ष रूप से ठीक रखना चाहता है।

ऐसी स्थिति में अमेरिका तालिबान को लेकर कौन-सी नीति अपनाना चाहेगा यह बहुत साफ़ नहीं है तो भी वह जानता है कि जहाँ-जहाँ उसका विरोध हुआ वहाँ इस्लामिक कट्टरता के साथ हुआ। इसको यूँ भी कह सकते हैं कि अमेरिका जब अपनी सत्ता (जिसमें पहचान ईसाई धर्म की है) का बेजा इस्तेमाल करता है तब तक वह इलाका अपनी एकता दर्शाने के लिए धर्म की ढाल भी उठाता है। चाहे वह राष्ट्र वास्तव में धर्म-कट्टरता को मानता हो या नहीं। अगर फ्रेंच लेखक मैक्सिम राडिन्स का विश्लेषण पढ़ें, जो विचारधारा से साम्यवादी हैं। और मध्य-पूर्व देशों के विशेषज्ञ, इस्लाम पर उनका जबर्दस्त शोध है, उनके अनुसार वह पूरा इलाका जो अमेरिका या किसी भी महान शक्ति द्वारा शोषित है उसकी मानसिकता एक विशेष किस्म की असुरक्षा से गुजरती है। ज़मीन के छिनने बेघर-बार होने, विदेशी हुकूमत में रहने और अन्य कई तरह के अत्याचार सहते रहने के बाद वह अपनी आखिरी पूँजी जो उसका धर्म है, जो उसकी पहचान भी है, उस पर किसी प्रकार का हस्तक्षेप नहीं चाहता है। यदि अफ़ग़ान मुजाहिदीनों का विश्लेषण करें तो यह सच सामने आएगा कि अफ़ग़ानों में से भारी संख्या ऐसे अनुयायियों की होगी जो नाम से मुसलमान हैं, मगर सही, गहरी मामूलात धर्म के बारे में नहीं है, जबकि ईरान में टकराहट केवल साम्यवादी वर्ग और धार्मिक मुल्लाओं के बीच नहीं थी, बल्कि मुल्लाओं के बीच भी थी, कट्टरता एवं व्यापकता को लेकर। मुहाजिर वर्ग अफ़ग़ानों के आतंक और प्रभाव दोनों से दुःखी एवं भयभीत हैं। मुहाजिरों का कहना है कि यदि हम इंसानियत के नाते इनके साथ भलाई करते हैं तो यह धन्यवाद की जगह कहते हैं कि भाई तुम भी शरणार्थी और हम भी शरणार्थी तो फिर शुक्रिया कैसा? अब मुहाजिर संकट में जी रहे हैं। पहले सिंधी उन्हें पसन्द नहीं करते थे और रोज़ उनसे सियासी मुठभेड़ें होती थीं। अब अफ़ग़ानों ने सियासी रस्साकशी की जगह उनकी नैतिकता को चुनौती हशीश और तस्करी द्वारा दे डाली है। राष्ट्रपति मुशर्रफ जानते हैं कि जब आधे पाकिस्तान की आबादी का हिस्सा पठान हैं तो अफ़ग़ानिस्तान से बैर लेने का क्या अर्थ हो सकता है, सो ज़बानी वह दो सप्ताह अमेरिका के साथ रहे और अन्दर-अन्दर अफ़ग़ानों को सुव्यवस्थित होने का मौक़ा देकर साफ़ शब्दों में आक्रमण के विरोधी बन गए। विश्व स्तर पर उनकी यह भूमिका उचित भी है कि कोई देश बिना कारण क्यों हमले में शरीक होगा? ईरान और चीन ने भी अपनी नीति

को साफ़ शब्दों में व्यक्त कर दिया है कि अफ़ग़ानिस्तान पर हमले का समर्थन वह नहीं करेंगे। राष्ट्रपति बुश की इस बचकाना हरकत को आतंकवाद का इतिहास हमेशा याद रखेगा कि उन्होंने उसको हल करने का विनाशकारी विकल्प ढूँढ़ा था एवं तीसरे विश्व युद्ध की सम्भावना को बढ़ावा दिया था।

दैनिक भास्कर : 1 अक्तूबर, 2001

आज के अफ़ग़ानिस्तान का सच

विश्व का घटनाचक्र उल्टी दिशा में चल रहा है। दुनिया में आतंकवाद को प्रश्रय देने वाला आज आतंकवाद के विरुद्ध युद्ध कर रहा है। ऐसी स्थिति में अफ़ग़ानिस्तान को एक बार फिर समझने की जरूरत है। अफ़ग़ानिस्तान में यातायात के कई साधन हैं। जैसे पैदल यात्रा, बस, कार, हवाई जहाज़ आदि। मगर ये सुविधाएँ हर जगह मौजूद नहीं हैं। फिर भी अप्रैल क्रान्ति के चलते थोड़ा-बहुत विकास कुछ शहरों में हुआ है, मगर अधिकतर जगहें अभी भी बीहड़ रास्तों के दरमियान पगडंडियों से तय की जाती हैं। आज 2001 में यह जानकर आश्चर्य होगा कि अफ़ग़ानिस्तान में कोई भी रेल की पटरी किसी शहर, गाँव, मैदान, पहाड़ के बीच से नहीं गुजरती है। थोड़ा-सा रास्ता सोवियत लैण्ड कहे जाने वाले भू-भाग और अफ़ग़ानिस्तान उत्तर सीमा पर लोकल मालगाड़ी के लिए पटरी में बदला गया था, जिससे रसद, खाद, हथियार अर्थात फ़ौजों की ज़रूरत का सामान आता था। साहित्यकारों को भी यह जानकर आश्चर्य होगा कि शताब्दियों पहले जिस इलाक़े ने बेहतरीन शायरों को जन्म दिया और जहाँ ऋग्वेदों की रचना हुई, वहाँ पर आज वर्तमान समय में कोई उपन्यास नहीं लिखा गया है। कारण? छपने के साधनों के साथ पूँजी की कमी जिससे बड़े पैमाने पर काग़ज़ खरीदा जाए। कविताएँ इसलिए व्यक्त होती रहीं और कहानी लिखी जाती रहीं, क्योंकि वह कम जगह घेरती हैं और पत्रिकाओं, समाचार-पत्रों में आसानी से छप सकती हैं। उनका संग्रह भी कभी-कभी छप सकता है। यह है गुजरे काल और आज का अफ़ग़ानिस्तान। ये दोनों बातें अफ़ग़ानिस्तान की आर्थिक बदहाली का एक छोटा-सा नमूना हैं, क्योंकि इस देश में गरीबी, बेकारी, अशिक्षा, जड़ता है। इसी को देखकर भूतपूर्व अमेरिकन राष्ट्रपति ने अफ़ग़ानिस्तान को मध्ययुगीन अजायबघर कहा था। अपमान भरी यह उपाधि अफ़ग़ानिस्तान का सच है। ऐसा सच जो आश्चर्य और अफ़सोस से भरा हुआ है। उसकी इस बदहाली का कारण उसकी अपनी बनावट भी है। बफर स्टेट होने के कारण उसको कई तरह की हानि भी उठानी पड़ती है और चारों तरफ़ के दबाव भी सहने पड़ते हैं। यदि पाकिस्तान अपनी राह बन्द कर दे तो चौकी पर दूर तक

अंगूर लदे ट्रक खड़े रह जाते हैं और फल सड़क पर बेहद सस्ते दामों पर बेचने पड़ते थे, मगर अब गृहयुद्ध के कारण गाँव, बाग़ उजड़ गए हैं या बमबारी से पूरी तरह तबाह हो गए हैं।

अफ़ग़ान हथियार प्रेमी कौम रही है। पहले हथियार चलाना हर समाज की तरह अफ़ग़ानों में पौरुषता की निशानी समझी जाती थी। यहाँ तक रस्म होती थी कि दो दर्पण आमने-सामने वाले इलाकों की छवि देखकर बन्दूक़ चलानी पड़ती थी। गोली निशाने पर लग गई तो विवाह उस क़बीले में तय वरना दूसरे निशानेबाज को स्वयंवर जैसे समारोह में विवाह के लिए शामिल होना पड़ता था। यही शौक़ अफ़ग़ानों की कमजोरी है। उसको महान शक्तियों ने ख़ूब भुनाया और खेप की खेप चमचमाती सुन्दर मशीनगन-बन्दूक़ें और जाने कौन-कौन से नवीन और नवीनतम हथियार मुफ्त बँटवाए गए। जिनके पास नहीं था, वह खरीदने और चुराने के लिए व्याकुल हो उठे और इस माँग की पूर्ति के लिए कुछ बेरोजगार जवान हथियारों को हासिल करने के लिए चोरी और हत्याएँ भी करने लगे। कभी-कभी ऐसा भी होता था कि अक्सर दुकानदार या गुट के सरदार अपने ही चोरी किए हुए हथियारों को खरीदने पर मजबूर हो जाते थे। भूख और बेकारी से तंग जवान, बूढ़े असामाजिक तत्त्व बन गए। औरतों और बच्चों का अकेले सड़क पर निकलना दुश्वार हो गया। कुछ ऐसा माहौल बना जिसमें एक-दूसरे को पहचानना मुश्किल हो गया। इसका सीधा प्रभाव पड़ोसी देशों पर पड़ रहा था। इलाकाई सुरक्षा ख़तरे में पड़ गई थी। पाकिस्तान स्थित सात समुदाय—मुहम्मद यूनुस खालिस की इस्लामिक पार्टी, श्री सिबकतउल्लाह मुजाहिदी की अफ़ग़ानिस्तान नेशनल लिबरेशन फ्रण्ट, श्री सैयद अहमद गिलानी की नेशनल इस्लामिक फ्रण्ट फॉर अफ़ग़ानिस्तान, श्री मौलवी मोहम्मद नबी मोहम्मदी की इस्लामिक रेवुलूशनरी मूवमेंट, श्री अब्दुल रसूल खय्याम की इस्लामिक यूनियन फॉर द लिबरेशन ऑफ अफ़ग़ानिस्तान, श्री बोहरानउद्दीन रब्बानी की इस्लामिक सोसायटी, श्री गुलबदीन हिकमतयार की इस्लामिक पार्टी सत्ता में आकर अफ़ग़ानिस्तान में कोई करिश्मा न दिखा सकी तो पाकिस्तान सरकार को सदमा लगना ज़रूरी था। उनके सपने धूल में मिल गए थे। इतने लम्बे अरसे तक जिनको पेशावर में रखा था वह प्रधानमन्त्री और विभिन्न मन्त्रियों के पद को सँभालकर भी काबुल सरकार की जड़ें मजबूत न कर सके। यह निराशा स्वयं अफ़ग़ान नागरिकों को हुई और विशेषकर उन जवानों को जो पाकिस्तान के शरणार्थी कैम्पों में रह रहे थे। उनको लगने लगा कि आगे क्या होगा? क्या कभी हम अपने देश को लौट पाएँगे? उसको देख भी सकेंगे? अफ़ग़ानिस्तान को आबाद और खुशहाल न देखने वालों में से दो तरह के लोग हैं, जिनका लाभ इस बात में निहित है कि यह इलाका युद्धग्रस्त

बना रहे, ताकि उनका काम चलता रहे, दूसरे जब इलाका मुठभेड़ों में अपनी शक्ति ख़र्च करता रहेगा तो वह कभी भी विकास की योजनाएँ और प्रगतिशील विचारों को कार्यान्वित कर एक बेहतर समाज का निर्माण नहीं कर पाएगा। सदा हमारे अधीन रहेगा और हमारा बाज़ार बना रहेगा। ऐसी इच्छा रखने वालों में देशी और विदेशी दोनों शामिल हैं और मोटे रूप से देखें तो वैचारिक एवं आर्थिक टकराहट के साथ एक ऐसी सियासत की लड़ाई है जो नहीं चाहती है कि एशिया के देश अपने पैरों पर खड़े हों और मध्यपूर्वी, मध्य एशिया के राष्ट्र, जो धरती में दबे स्रोतों से धनवान हैं वे कहीं हमारी कूटनीति के चंगुल से निकल, एकता के स्रोत में बँध हमारे ऊपर हुकूमत न करने लगें, क्योंकि इनके पास प्राचीन सभ्यता एवं संस्कृति का एक ऐसा ख़ज़ाना है जो इनको लगातार ऊर्जा देता रहता है।

बामियान में बौद्ध मूर्तियों को पर्यटक देखने कभी जाते थे। फिलहाल तो अफ़ग़ान में ऐसा कुछ बचा ही नहीं जिसको देखने और घूमने कोई जाए। बुद्ध प्रतिमा को धराशायी करने के पीछे एक गहरा षड्यन्त्र है और उस षड्यन्त्र में अनजाने ही वे लोग भी शामिल हो गए हैं जो अफ़ग़ानिस्तान का भला चाहते हैं। एक लम्बे ख़ून-ख़राबे, भूख, बेकारी को झेलते हुए विश्व की कौन-सी कौम सहज और सन्तुलित रह सकती है। आज तालिबान जिस उद्देश्य को लेकर चले थे उसका पता नहीं क्या हुआ और वे भी वही सब करते दिख रहे हैं। फिर ओसामा बिन लादेन द्वारा वही सब करते दिखाया जा रहा है, जो लाल फ़ौजों, तरक्की अमीन, नजीब और जाने कितने अफ़ग़ान राष्ट्रपति, प्रधानमंत्री ने अपने शासन काल में अंजाम दिया। अब सवाल है कि फिर अफ़ग़ानिस्तान का सच क्या है? केवल उसका मध्ययुगीन अजायबघर बने रहना या फिर कुछ और? इस बुनियादी सवाल का जवाब शायद हम अफ़ग़ान लेखक रहववर्द जरयाब के उस जवाब में ढूँढ़ सकते हैं जिससे मैंने पूछा था कि भविष्य में उपन्यास लिखने की योजना बना रहे हैं? जवाब लम्बी ख़ामोशी के बाद आया—'मैंने पिछले 10 वर्षों से कुछ नहीं लिखा है। रचना का स्रोत जैसे ठहर-ठहर कर बार-बार पूछता है क्या लिखा जाए? इन सवालों से बचने के लिए मैंने अपने को अनुवाद करने में व्यस्त कर लिया है। क्योंकि अफ़ग़ानिस्तान में घटनाओं का चक्र कुछ इतनी तेजी से घूमा है कि लोग स्थिति का सही अवलोकन करने की दृष्टि खो चुके हैं। वह अब न घटने वाली घटनाओं पर टिप्पणी कर सकते हैं और न ही आने वाली घटनाओं का अनुमान लगा सकते हैं।' 10 वर्ष पहले लिए इस साक्षात्कार में छपा एक प्रश्न और है कि ऐसी भयंकर स्थितियों से गुजरने वाला रचनाकार वर्ग अब है कहाँ? सोवियत लैण्ड, जो उनकी पनाहगाह था वह बिखर गया। पाकिस्तान साम्यवादियों को जगह देने से रहा। ईरान वैसे ही अफ़ग़ान

बुद्धिजीवी वर्ग को घास नहीं डालता था। भारत उनके लिए सुरक्षित नहीं है। फिर यह क़लमकार बदनसीब सृजनकर्ता आखिर कब मध्ययुगीन अजायबघर को तोड़ने में कामयाब होंगे और कब्र की संख्या में वृद्धि करने पर रोक लगाएँगे? अमेरिकी हमले से अफ़ग़ानिस्तान जल रहा है। अब देखना है कि इस बदनसीब देश का भविष्य कौन-सा करवट लेता है।

दैनिक भास्कर : 11 अक्तूबर, 2001

अफ़ग़ानिस्तान का न समाप्त होने वाला संघर्ष

अमेरिका के राष्ट्रपति बुश ने बिना लाग-लपेट के विश्व के सामने अपनी बात कह दी है कि यह हमले रुकेंगे नहीं, इस लड़ाई में कोई समय सीमा नहीं है। यह एक साल से लेकर एक दशक तक चल सकती है। हमको राख बटोरना है। इसमें सन्देह नहीं कि पिछले दिनों अमेरिका ने काबुल, कन्धार, जलालाबाद इत्यादि पर जमकर बमबारी की और ख़बरें सुनाई गईं कि यह सारे हमले तालिबान के ठिकानों पर किए गए हैं। इन ख़बरों में जहाँ यह बताना ज़रूरी समझा गया कि अभी तक ओसामा बिन लादेन और मुल्ला उमर पकड़ा नहीं गया पर यह बताना कतई ज़रूरी नहीं समझा गया कि वास्तव में अफ़ग़ानिस्तान के उन आम इनसानों पर क्या गुज़र रही है जो 1978 से रूसी फ़ौजों से लेकर 2001 में अमेरिकी आक्रमण तक का कहर झेल रहे हैं।

कभी फल और फूलों से ढकी काबुल और कन्धार की धरती बमों की इस बारिश को झेल कर बंजर हो उठेगी और खेती और बागवानी के काबिल नहीं रह जाएगी। राष्ट्रपति बुश ने वायदा किया है कि वह युद्ध से बर्बाद इलाकों को आबाद करेंगे। अभी भी वायदे के मुताबिक वह रोटी और गोली एकसाथ अफ़ग़ानों को बाँट रहे हैं। यहाँ यह भी सवाल उठता है कि क्या रूसियों द्वारा किए विकास को अफ़ग़ानियों ने दिल से स्वीकारा था? उन्होंने बहुत कुछ अफ़ग़ानिस्तान के लिए किया, मगर अन्त में लाल फ़ौजों को वापस जाना पड़ा। इस अनुभव के बावजूद राष्ट्रपति बुश के पास शायद कोई चारा बचा नहीं था कि वह एक बार फिर वियतनाम का तजुर्बा दोहरायें। इसीलिए वह इस युद्ध को मुसलमानों के खिलाफ़ न कहकर आतंकवाद के विरोध में उठाया कदम कह रहे हैं जो अफ़ग़ानिस्तान तक सीमित नहीं रहेगा। यह सबक वह अन्य देशों को भी पढ़ाना चाहेंगे ताकि आतंकवादी अपना अन्त करीब जानकर विश्व स्तर पर समर्पण कर दें।

राष्ट्रपति बुश के इस ऐलान से विश्व में हलचल मचना ज़रूरी है क्योंकि

लगभग हर देश किसी न किसी रूप में आतंकवाद को झेल रहा है। इसी चिन्ता में कतर, दोहा में इस्लामिक सम्मेलन बुलाया गया और जो इस नतीजे पर पहुँचा कि आतंकवाद को मिटाने में वे सब अमेरिका के साथ हैं, मगर अफ़ग़ानिस्तान पर आक्रमण के पक्ष में नहीं। यदि अमेरिका ने उनके किसी भी सदस्य देश पर आक्रमण किया तो सारे अरब देश एक हो जाएँगे। यहाँ भी बात इस्लाम की नहीं बल्कि उसूल की है कि आतंकवाद को समाप्त करने के लिए आतंकवादी तौर-तरीका उचित नहीं है। उधर अफ़ग़ानिस्तान में तालिबान पर अमेरिका और ब्रिटेन हमले कर रहे हैं तो दूसरी ओर रूस ताजिकिस्तान और उज्बेक उत्तरी अफ़ग़ानिस्तान को सहायता देकर उनको सत्ता में लाने की कोशिश में हैं।

ऐसी स्थिति में उत्तरी गठबन्धन (नार्थ एलायंस) वास्तव में है क्या? इसको समझना बहुत ज़रूरी है। अफ़ग़ानिस्तान दो भागों में मोटे रूप से विभाजित है। दक्षिण और उत्तर। दक्षिणी भाग पाकिस्तान से लगा हुआ पश्तून बहुल पश्तो भाषी इलाका है। ये खालिस पठान लोग हैं। इस इलाके में पथरीली भूमि और दुर्गम पहाड़ी शृंखलाओं का जाल है। जीवन सख्त है। उत्तरी भाग प्रकृति की ओर से हरा-भरा है खनिज स्रोत से भरा है। लोग ईरानी-पठान नस्ल के उज्बेक-ताजिक हैं। मूल रूप से दरी फारिस भाषित लोग हैं, जो ज्यादा शिक्षित एवं खुशहाल हैं। इसकी सीमा रेखा रूस-ताजिक-उज्बेकिस्तान से मिलती है। इसी इलाके से होकर लाल फ़ौजें 1978 में अफ़ग़ानिस्तान में दाखिल हुई थीं। चूँकि उनके विद्रोह में उत्तरी भाग इतने कट्टर तरीके से नहीं खड़ा हो पाया था जितना दक्षिणी पश्तून इलाका खड़ा हुआ था। इसलिए यह इलाका रूसियों द्वारा विकसित हुआ। आज भी उत्तरी भाग के चन्द महत्त्वपूर्ण समुदाय अमेरिका की सहायता लेकर तालिबान को समाप्त करना चाहते हैं। ग़ौर करने की बात यह है कि यह इलाक़ा पहले रूसी फ़ौजों की मदद से पश्तूनों को दबाना चाहता था। आज वह रूस और अमेरिका की मदद से यही काम अंजाम देना चाहता है। ईरानी भी पश्तून से ज्यादा ताजिक, उज्बेक और फ़ारसी भाषित पठानों की तरफ़ नर्म हैं। इस तरह से अफ़ग़ानिस्तान भाषा, पहचान, नस्ल, विचारधारा को लेकर बरसों से दो फाँक रहा है।

इस समय उत्तरी गठबन्धन की स्थिति बेहद दिलचस्प है, इसमें दक्षिण का पठान मुजाहिदीन सय्याफ आकर मिल गया है। तुर्क और परशाई भी एकजुट हो चुके हैं। इसलिए फिलहाल यह नहीं कहा जा सकता है कि यह केवल भाषा की लड़ाई है या नस्ल की या फिर धर्म की, बल्कि सदा की तरह सत्ता की लड़ाई है कि कौन और कैसे काबुल पर अपना कब्ज़ा जमाए। खासकर तब जब उत्तरी अफ़ग़ानिस्तान वाले अपने को हर बात में दक्षिण वालों से बेहतर मानते हैं और विश्वास रखते हैं कि वे बेहतर हाकिम साबित होंगे। दक्षिणी भाग वाले पश्तूनवली

(अर्थात अपनी क़बीलाई परम्परा पर अडिग रहने वाले) लोग अपने को अफ़ग़ानिस्तान का असली बाशिन्दा और सही शासक मानते हैं और अपने इस अधिकार और क़बीलाई संविधान को लेकर यह हर उस देशी-विदेशी ताकतों से लड़ने का जुनूनी तेवर रखते हैं जो इनकी नज़र में बाहरी है। ये पठान भारत प्रेमी एवं पाकिस्तान से घृणा करने वाली कौम है मगर सियासत ने परिस्थितियाँ इस तरह बनाई हैं कि हालात के मारे अफ़ग़ान अपनी सम्पूर्ण गतिविधियों के चलते पाकिस्तान समर्थक बन चुके हैं क्योंकि पहले वे पहाड़ों से उतरकर भारत आते थे। उनका वह पुराना इलाका अब पाकिस्तान कहलाता है, सो सीमा मिली होने के कारण यह वहाँ भागते हैं जहाँ इनका भरपूर राजनीतिक, सामाजिक, आर्थिक शोषण किया जाता है। इनके द्वारा पाकिस्तान ने अमेरिका और मध्य पूर्वी देशों से खेप के खेप हथियार और रसद में खाद्य पदार्थ एवं डालर लिये हैं। यह काम इस समय भी पाकिस्तान बड़ी गहरी कूटनीति को अपनाकर हासिल कर रहा है। जिस तरह अफ़ग़ानिस्तान अपनी स्थिति में बेहद महत्त्वपूर्ण है महाशक्ति के लिए, उसी तरह पाकिस्तान हर तरह की जालसाजी, षड्यन्त्र, दलाली के लिए एक बेहद उपयुक्त राष्ट्र है जिसका समय-समय पर प्रत्येक राष्ट्र अपने लाभ में प्रयोग करता है और उसकी मुँहमाँगी कीमत देता है।

इसका यह अर्थ कतई नहीं लगाया जा सकता है कि पाकिस्तान इस समय बड़ी सन्तोषजनक स्थिति में है। यदि कहा जाए कि उसकी स्थिति खतरनाक चौराहे पर खड़ी है तो गलत न होगा। अरब देशों से अफ़ग़ानिस्तान के नाम पर पैसा लेने वाले पाकिस्तानी सत्ताधारी खुल कर न पठानों के विरोध में जा सकते हैं न अमेरिका के बल्कि अमेरिका के कारण उसकी स्थिति तब तक मजबूत बनी रहेगी जब तक अमेरिका राष्ट्रपति मुशर्रफ को चाहेगा। पाकिस्तान में पश्तून बहुल पठान हैं। सूबा सरहद की लगभग पूरी आबादी पठान है ऐसी स्थिति में पाकिस्तान आज बारूद के ढेर पर बैठा एक ऐसा देश है जिसके एक तरफ़ खाई तो दूसरी तरफ़ कुआँ है।

अफ़ग़ानिस्तान की समस्या बहुत पुरानी है। यदि दो दशक का इतिहास लें तो देखेंगे कि जिस तरह तालिबान को बुरा भला कहा जाता रहा है उसी तरह तरक्की, बबरक कारमल, नज़ीब के ज़ुल्म व सितम और भ्रष्टाचार की कहानियाँ गूँजती रही थीं। फिर दौर आया मुजाहिदीन का तो उसमें भी लगभग सभी सत्ताधारी क्रूर-कट्टर और भ्रष्ट रहे, इनमें राष्ट्रपति रब्बानी एवं भूतपूर्व प्रधानमन्त्री हिकमतयार की बर्बरता की दास्तानें भी चलती रही थीं। फिर आ गए तालिबान—वही बच्चे, लड़के जिन्हें शरणार्थी अफ़ग़ानों ने पाकिस्तान की ज़मीन पर जन्म दिया, उन्हें पाला-पोसा और अब यह हाल है कि पख़्तूनिस्तान की माँग पख़्तूनवली का संविधान जाने कहाँ खो गया। रह गई महाशक्तियों की रस्साकशी और

मुजाहिदीन की नयी पीढ़ी के आपसी मतभेद, पिछड़ेपन रूढ़िवादिता का मर्सिया जो विश्व स्तर पर स्वयं अफ़ग़ान कौम और प्रत्येक समझदार व्यक्ति सीना पीट-पीट कर पढ़ रहा है मगर आज उसका रंग भी अपने पैंतरे बदलने लगा है।

अफ़ग़ानिस्तान में इस गठजोड़ से एक और वैचारिक मंच उभरकर आया है, जो तालिबान से शदीद नफ़रत करता था मगर उन पर हो रहे विदेशियों के इस हमले को उचित नहीं मानता है। तालिबान बहुतों की हमदर्दी का पात्र बनते जा रहे हैं। इस बनती-बिगड़ती अहसास की दुनिया और बदलते सन्दर्भों में वैचारिक धरातल कई बार टुकड़े-टुकड़े हो जाते हैं। कोई ताज्जुब नहीं कि इतने ख़तरनाक हथियारों के आगे उमर और ओसामा की लाशें मिलें या न मिलें मगर उन्हें ढूँढ़ने के लिए एक मुल्क को राख-खून में बदलने की कोशिश का जो दृढ़ निश्चय कर लिया गया है उसका अन्त क्या होगा?

अफ़ग़ानिस्तान के बाशिंदों को बदला नहीं जा सकता है मगर उनसे संवाद स्थापित किया जा सकता है और यह सोच नादानी होगी कि बम या टैंक अफ़ग़ानिस्तान समस्या का हल होंगे। उनकी माँगों, उनकी कठिनाइयों, उनकी देशभक्ति, उनकी बनावट एवं आवाज़ को जब तक सम्मानपूर्वक सुना और समझा नहीं जाएगा यह कौम चैन से नहीं बैठेगी। यह कठिनाई का समय कौन-सा रूप लेता है यह तो समय ही बताएगा मगर पश्तून पठानों का इतिहास अवश्य इस बात का साक्षी रहा है कि उन पर कोई भी हाकिम लम्बे समय तक हुकूमत नहीं कर पाया और कई पुश्तों के मर-खप जाने के बाद भी उनके सवाल उसी तरह ज़िन्दा और बेबाक हैं।

ट्रिब्यून : 16 अक्तूबर, 2001

काबुल की कलमें

कितना अजीब अहसास है कि जिस इंसान को आप मरा हुआ समझें वह एकाएक बीस वर्ष बाद ज़िन्दा हो जाए? ऐसा ही कुछ मेरे साथ हुआ। ईरानी साम्यवादी कवि मोहसिन मीहन दूस्त के ख़त आने बन्द हो गए तो मैंने 1981 में यह मान लिया कि वे शहीद हो चुके हैं और 1983 में अपना कहानी संग्रह 'संगसार' उनको मुर्दा समझकर समर्पित कर दिया। मैं बीस साल इस ख़्याल में रही कि अब ईरान में मेरा जानने वाला कोई नहीं बचा होगा। मगर मेरे सहपाठी से अचानक तेहरान हवाई अड्डे पर उनके छोटे भाई की मुलाक़ात होती है, खैरियत पूछी जाती है और फिर फ़ोन पर बातों का सिलसिला आरम्भ होता है। यह अलग बात है कि जिस इंसान को बीस वर्ष मरा हुआ समझा हो, उससे फ़ोन पर बात करना कितना अजीब अनुभव रहा होगा। वर्तमान और अतीत के दो पाटों के दरम्यान मेरा दिलोदिमाग़ कई माह तक विचारों के स्तर पर पिसता रहा था कि इतने साल इस बीच गए कहाँ?

कुछ ऐसी ही कैफ़ियत 1994 से अफ़गान लेखकों को लेकर चिन्ता के रूप में अनेक प्रश्नों के संग सामने आती रही है कि वे कहाँ होंगे? मुजाहिदीन के आने के बाद वे सब किन देशों में पनाहगुजीन हुए होंगे और अब तालिबान और अमेरिका के बीच इस युद्ध में उन पर मानसिक रूप से क्या गुजर रही होगी? 1987 में लगभग सभी लेखकों से मुलाकात हुई थी। उस समय जहाँ अमेरिका ने मुजाहिदीन को मिसाइलें देकर माहौल को ख़तरनाक बना दिया था वहीं अफगान लेखक संघ में जागृति की लहर फैली हुई थी। इसकी रोशनी बाजार में किताबों-कापियों की दुकान को चमकाए हुए थी। पाण्डुलिपियाँ पुस्तकों का रूप धारण कर रही थीं। विद्यार्थी क़लम-पेंसिल, नोटबुक खरीदकर किसी दौलतमंद की तरह भरे-पूरे घर लौटते थे। अप्रैल क्रान्ति (1987) का यह सबसे रोशन पहलू था। आईने की तरह साफ़ सिक्के का दूसरा अंधकारमय पहलू यह था कि जहीर शाह के समर्थक माओ साम्यवादी गुट और परम्परागत सोच वाले लेखक, कवि, पत्रकार और अनुयायी तब अफ़ग़ानिस्तान से बाहर भटक रहे थे।

अफ़ग़ानिस्तान का ग़ज़नी प्रान्त सभ्यता, संस्कृति और विशेषकर साहित्यकारों

का गढ़ रहा है। लगभग सभी प्राचीन फारसी ग्रन्थ यहीं पर रचे गए हैं—वैदिक काल में ऋग्वेद भी। उनकी गूँज आज भी फ़िज़ाओं में टैंकों, मिसाइलों, और लड़ाकू विमानों की घड़घड़ाहटों के बीच मद्धिम लय में मौजूद हैं। समनगान का वह इलाका, जहाँ आज बारूद बिछ रही है, वहाँ शाहनामा के साठ हज़ार शेरों के महाकाव्य में एक कहानी है कि ईरान का मशहूर पहलवान रुस्तम अपने घोड़े रख्श को ढूँढ़ते हुए समनगान की तरफ़ निकल गया। वहाँ के बादशाह ने उसकी आवभगत की और शहजादी तहमीना से रुस्तम का विवाह हुआ। दूसरे दिन सुबह खोया घोड़ा लेकर रुस्तम ईरान लौट आया और फिर लगातार लड़ाई में व्यस्त रहा। अरसे बाद तहमीना ने अपने बेटे सोहराब की ज़िद से मजबूर होकर उसके बाजू पर वह ताबीज़ बाँधा जो रुस्तम ने पत्नी को भेंट में दिया था। यह इसलिए कि बेटा बाप की निशानी के जरिए ढूँढ़ ले और पिता बेटे को पहचान ले। मगर ईरान के शहंशाह काऊस की चालबाजी से वे दोनों नहीं मिल पाए। यहाँ तक कि रुस्तम के हाथों जब बेटा ज़ख्मी होता है तो भेद खुल जाने के बाद रुस्तम बादशाह से वह औषधि 'नोशदारु' माँगता है जिससे सोहराब ठीक हो सकता था। मगर शाह ने इस डर से वह दवा नहीं दी कि कहीं यह वीर बाप-बेटे मिलकर उसका तख्ता न उलट दें। बात यहीं ख़त्म नहीं होती है कि बेटा पिता के हाथों मुकाबले के चलते अनजाने में मारा गया बल्कि आगे जाकर शाह की चालाकियों से रुस्तम के भाई शुगाद के षड्यन्त्र द्वारा उसको कुएँ में गिराया जाता है जहाँ रुस्तम न चाहने के बावजूद लड़ता है। उस भाई की हत्या करने के बाद स्वयं भी मौत को गले लगा लेता है।

फिरदौसी के महाकाव्य 'शाहनामा' की सबसे दर्दनाक कहानी 'रुस्तम और सोहराब' है और आलोचक अकसर महाभारत, शाहनामा और इलियड की तुलनात्मक विवेचना करते हैं। महाभारत युद्ध को रचने वाले कौरवों की ननिहाल का इलाका यही रहा है। आज जो कुछ अफ़ग़ानिस्तान में हो रहा है वह दरअसल मानवीय पीड़ा का महाकाव्य है। इसे लिखने के लिए पता नहीं किसी के पास फुरसत होगी या नहीं। क्या कोई साठ हजार शेर लिख कर इंसानी व्यथा को क़लमबन्द कर सकेगा कि बुजकशी के खेल की तरह एक ज़िन्दा मुल्क को लगातार मुर्दा बकरी की खाल की गेंद समझकर किस बेदर्दी से ख़ून और खाक में घसीटा जा रहा है। जो देश संस्कृति का महान केन्द्र रहा है वहाँ आज जाहिल, आतंकवादी और हथियार प्रेमी बर्बरता की हद तक कट मर रहे हैं। उनकी आवाज़ वर्षों से दबाई जा रही है मगर घुट नहीं पा रही है। उसको समझने की जगह यह कहा जा रहा है कि यह इस्लामी आतंकवाद है। जो नहीं जानते वे जान लें कि अफ़ग़ानिस्तान में हिन्दू धर्म और बौद्ध धर्म बरसों तक अपनी जड़ें जमाए था। क्या उसने इनके संस्कार में कुछ भी ऐसा योगदान नहीं दिया कि ये शान्तिप्रिय बने रहते? यदि बात को

सही दिशा में समझा जाए तो ज्यादा बेहतर होगा कि अफ़ग़ानिस्तान की भौगोलिक परिस्थितियाँ वास्तव में वहाँ का सच है। उसी ने अफ़गान व्यक्तित्व को बनाया है न कि हिन्दू-बौद्ध-इस्लाम धर्म ने उनकी शारीरिक संरचना की है।

अफ़ग़ानिस्तान में बोली जाने वाली भाषा 'दरी' कहलाती है—अर्थात 'दर्रों' में बोली जाने वाली। 'दरी' भाषा आज की फ़ारसी का प्राचीन स्वरूप है। बाद में इस भाषा के तीन नाम पड़ गए—ताजिकी, ताजिकिस्तान में बोली जाने वाली फ़ारसी, ईरान की फ़ारसी और अफ़ग़ानिस्तान की दरी फ़ारसी। तीनों स्थानों की फ़ारसी एक भाषा होने के बावजूद अपनी अभिव्यंजना में काफ़ी अलग हैं। उच्चारण में इतनी भिन्नता है कि यदि तीनों देशवासी एक साथ जमा होकर बातें करें तो वह एक दूसरे को नहीं समझ सकते हैं। सबसे शुद्ध और विकसित ईरान की फ़ारसी है क्योंकि इसके भाषा-साहित्य पर लगातार काम होता आया है जिसके कारण फ़ारसी मँज गई है और वर्तमान परिवेश और देश-काल के साथ अपनी यात्रा कर रही है। पर बाकी देशों में चूंकि अधिक काम नहीं हुए हैं इसलिए भाषा उतनी विकसित नहीं हो पाई है।

अफ़ग़ानिस्तान में कहानी लेखन 1919 में शुरू हुआ था। पहली कहानी 'जेहाद-ए-अकबर' के नाम से लिखी गई थी जिसमें अंग्रेज़ों के विरोध में अफ़गान संघर्ष का वर्णन था। इस कहानी के अंदाज़ पर कई और कहानियाँ लिखी गईं। मगर शिल्प-शैली के स्तर पर सब कमजोर कहानियाँ थीं। उनमें कहानीपन की कमी भी अखरती थी। 1940 के बाद दरी कहानी का एक स्वरूप बनने लगा। 1960 तक आते-आते उसमें निखार आने लगा मगर पूरी शैली को कोई नाम नहीं दिया जा सका। केवल यही कहा जा सकता है कि दरी कहानी का मूल मुद्दा यथार्थ-चित्रण ही रहा है। हज़ार वर्ष पहले स्थानीय रचनाकार अपनी मौलिकता के साथ या कहें अपनी स्थानीय भाषा से अलग दरी में लिख रहे थे। तब वे भाषा के स्वरूप बनाने में मददगार साबित हो रहे थे। आज वही कोशिश अनेक स्तरों पर कहानी के साथ हो रही है जो कल विकसित होगी मगर अभी तक किसी लेखक ने कोई उपन्यास नहीं लिखा है। लम्बी कथा ज़रूर लिखी गई है।

अफ़ग़ानिस्तान कवियों का देश रहा है इसलिए शायरी ने अपने कई पड़ाव विकास की दृष्टि से तय किए हैं। परंपरागत शैली को जब नीमा योशीज ने फ़ारसी में तोड़ा तो उसका प्रभाव अफ़ग़ानिस्तान में भी पड़ा। युवा कवियों ने नई कविता की शुरुआत की और आज लेखकों से ज्यादा कवियों के नाम गिनाए जा सकते हैं। इनमें दस्तगीरी पंचशीरी का नाम प्रथम पंक्ति में रखा जाएगा। वे सबके सब खुरासानी को अपनी कविता में प्रमुखता देते हैं। उनकी नई कविता का एक नमूना :

मैं सिपाही हूँ इंक़िलाब का
नुमाइंदा हूँ लश्करे-जवान का
जनता का दोस्त
दुश्मनों की आँख का काँटा हूँ
पूर्वी देशों के घायल दिल में
ढूँढ़ रहा हूँ संघर्ष का तराना

अफ़ग़ानिस्तान में पत्रकारिता भी हर काल में अपने समय की सत्ता के अधीन रही है और कोई बड़ा नाम अपने पूरे तेवर के साथ उभर न सका। अपने में यह बड़ी दर्दनाक बात है कि काबुल की सरकार चाहे वह शाही रही हो या साम्यवादी, हमेशा समस्याओं से जूझती रही है। उसने जनता के लिए ऐसी कोई भी सहूलियतें नहीं दीं जो एक व्यवस्था कायम करतीं। ऐसी स्थिति में पत्रकारों का स्वतंत्र व्यक्तित्व बनना कठिन था। वही हाल लेखन का रहा। गरीबी, बेकारी, शिक्षा की बदइंतजामी के कारण एक आम इंसान फल-फूल न सका और शोषण का शिकार होता रहा। अफ़ग़ानिस्तान का इतिहास पढ़ें तो लगता है कि आधा समय अफ़गानी अपने अस्तित्व को बनाए रखने के लिए कभी सरकार से, कभी क़बीलों से तो कभी विदेशी सत्ता से लड़ने पर मजबूर रहे हैं। इस कारण इनकी विशेष मानसिकता सुरक्षा को लेकर हो गई है और हथियारबन्द रहना इनकी पहली ज़रूरत है। अंग्रेज़ों, मुग़लों, रूस और अब अमेरिका से ये पूरे दमखम से लड़ रहे हैं। ज़रा अस्पतालों के घायलों की ओर देखिए! उनके चेहरों पर बेचारगी या आँखों में डर या बदन की भाषा में कहीं भी रहम की अपील नजर नहीं आती है।

ऐसे मौक़ों पर जब कलमकार चुप रहना पसन्द नहीं करते हैं, उस समय दुनिया के किसी कोने से किसी अफ़गान लेखक, कवि, पत्रकार की कोई रचना कहीं नजर नहीं आ रही है। उनकी यह ख़ामोशी किस बात की दलील है। उनका यूँ गुम हो जाना किस बात का संकेत है? उनका गला इस तरह घोंटा गया है कि कोई आवाज़ बरसों हो गए, सुनाई नहीं पड़ रही है—या फिर वह ज़िन्दा ही नहीं बचे हैं जो आवाज़ उठा सकें?

आज अफ़ग़ानिस्तान जिस मानवीय त्रासदी के दौर से गुजर रहा है उसे देख बहुत कुछ याद आ जाता है। अपनी घूमी जगहें, अपने मित्र, अपने परिचित, सूखे मेवों और बड़ी-बड़ी रोटियों से भरा थैला। उसी के साथ क्लासिक दरी साहित्य पर काम करने वाले हबीब नवाबी जो बड़ी उम्मीद से अपना पुस्तकालय बेच कर भारत आए थे कि इंदिरा गाँधी से सहायता लेंगे और जम कर लिखेंगे। वे निराश खाली हाथ लौटे और वहाँ जाकर एक सत्ता ने उन्हें जेल में डाला। दूसरी ने हाथ-पैर तोड़ा और वे अपने सारे सपने भूल गए। वह कहाँ हैं ज़िन्दा या मुर्दा, कुछ पता नहीं।

पूछने की सारी राहें ही गुम हो गईं। मगर यक़ीन है मोहसिन मीहन दूस्त की तरह ये लोग फिर मिलेंगे। हालाँकि तब मैं शायद उनसे मिलने की उम्मीद छोड़ चुकी हूँगी। फिलहाल तो मोहसिन की एक कविता से अपनी बात खत्म करूँगी। यह चंद रोज़ पहले मुझे मिली है।

> सर जो तकिए पर
> रखता हूँ तो
> परेशान ख्वाब देखता हूँ
> न परी
> न नदी
> न ही महान पूर्वजों के चेहरे ही
> बस
> सोते में वही सब देखता हूँ
> जो जागते हुए नजर आता है!

जनसत्ता : 2002

कोई भी नहीं चाहता यक़ीन करना

अफ़ग़ानिस्तान की मौजूदा हालत को देखकर पता नहीं क्यों फ़ारसी की कवयित्री फरोग़ फर्रुखजाद का ख़्याल आता है जिसकी लम्बी कविता की पंक्तियाँ बड़े अर्थपूर्ण ढंग से दिमाग़ में चक्कर लगाती मुझे उन मोहल्लों, सड़कों और घरों में ले जाती हैं जहाँ से मैं गुजरी हूँ लगता है हर शै यही पंक्तियाँ गुनगुना रही है :

> कोई भी नहीं चाहता यक़ीन करना कि
> बाग़ सूख रहा है कि
> बाग़ का दिल धूप में
> झुलस रहा है।
> कि बाग़ का दिमाग़ धीरे-धीरे
> हरियाली की यादों से खाली हो रहा है।
> और बाग़ का अहसास
> तन्हा चीज़ है, जो दम तोड़ रहा है।

जिस बेदर्दी से अफ़ग़ानिस्तान पर अमेरिका के बमों ने गिर कर देश का भौगोलिक नक्शा बदला है उसने उससे कहीं ज़्यादा गहरे तरीक़े से औरतों के दिलों में शिगाफ़ किया है। उनकी गोदें वीरान और घर बर्बाद हो गए। किसी-किसी घर में तो मर्द के नाम पर बच्चा तक नहीं बचा आखिर पच्चीस वर्ष से चली आ रही यह लड़ाई जहाँ मर्दों को निगल रही है वहीं पर औरतों को भटकने पर मजबूर कर रही है। इसका सबसे दर्दनाक नमूना नब्बे साल की कवयित्री समनबू हैं जो आज हेरात की सड़कों पर अपना पहला ग़ज़ल संग्रह हाथ में पकड़े भीख माँगती नज़र आती हैं। उनकी इस हालत के पीछे तो सच्चाइयाँ हो सकती हैं पहली यह कि वह हालात की मार से सनक गई हों और गहरे मानसिक संताप के कारण उनका संतुलन बिगड़ गया हो और दूसरा कारण यह हो सकता है कि उनका घरबार गृह युद्ध के कारण उजड़ गया हो। लाल फ़ौजों के आने से लेकर आज अमेरिका बमबारी तक गाँव के गाँव जल कर राख में बदल गए हैं। पिछले बीस वर्षों में कभी कोई हादसा 'समनबू' को बेहसारा कर गया है। उनकी कविता की चन्द पंक्तियाँ देखें :

क्या करूँ ऐसा जो
गुज़र जाए आज का दिन
अपनों के हाल पर रोई मैं आज
नहीं है मेरे पास खाना, पैसा, काम
अपना ही ग़म बला बन गया है आज

अगर आज हम अपना कर्तव्य पूरा नहीं करेंगे
तो कहाँ मिलेगी हमको शान्ति एवं सुरक्षा
तब हैरान व परेशान हम दर दर भटकेंगे
मोहताज़ रोटी-पानी के लिए आज की तरह।

समनबू की तरह लीदा उम्मीद जीवट नहीं थी। उसने सिर्फ़ बीस वर्ष ख़ून में डूबे अफ़ग़ानिस्तान को देखा था। शायद उसकी पैदाइश के समय पठानों की रस्मों के मुताबिक़ बन्दूक नहीं दाग़ी गई होगी मगर गृहयुद्ध के चलते मशीनगन, मिसाइल और तोपों से हैरात गूँज रहा होगा। यह संवेदनशील कवयित्री 1999 को अपने ऊपर तेल छिड़ककर मर गई। जो अपनी कविता की नोटबुक में बार-बार यह लिखती थी कि

मुझे अपना वतन प्यारा है।
अपने पूरे वजूद के साथ

हम उन औरतों की बातें कर लेते हैं जो अपनी भावनाओं को क़लम द्वारा काग़ज़ पर उतारना जानती हैं मगर वे हज़ार औरतें जो अपना होंठ सिले अफ़ग़ानिस्तान में नई बनती क़ब्रों के सिरहाने न रो सकती हैं न बैन कर सकती हैं उनकी व्यथा कथा कौन पढ़ेगा, सुनेगा, लिखेगा? ऐसी औरतों को लक्ष्य बना कर 1976 में मीना नामक महिला ने दूसरी प्रगतिशील विचार रखने वाली महिलाओं के साथ एक 'सियासी महिला संस्था' 'रावा' शुरू की मगर इससे पहले कि 'रावा' अपना काम शुरू करती लाल फ़ौजें अफ़ग़ानिस्तान में दाखिल हो गईं। सोवियत समर्थक साम्यवादी पार्टी परचम और खल्क़ का जम कर इस संस्था ने विरोध किया जिसके कारण 'वजीहे' और 'नाहीद' को अपनी जान खोनी पड़ी और बाक़ी सदस्यों को ज़हर दे दिया गया। 'रावा' का मकसद औरत के अधिकारों के प्रति न केवल औरत को जागरूक करना था बल्कि उनको वे सारे अधिकार दिलाने थे। अपने को प्रगतिशील कहलाने वाले परचमी व खल्क़ी भी महिलाओं के मामले में रूढ़िवादी सोच के साबित हुए। मुजाहिदीन समुदाय जो पाकिस्तान में शरणार्थी जीवन व्यतीत कर रहे थे। उन्हें 'रावा' के तौर-तरीक़े बिलकुल पसन्द नहीं आए और खाद एवं

गुलबुदीन समुदाय ने 'रावा' की बुनियाद रखने वाली 'मीना' का काम तमाम कर दिया। यह बहुत बड़ी क्षति थी मगर संस्था खत्म नहीं हुई और तालिबानों के समय में भी वह अपना काम करती रही। यह अलग बात है कि उनको काबुल छोड़कर पाकिस्तान में पनाह लेने पर मजबूर होना पड़ा।

'रावा' सारी कठिनाइयों के बावजूद कई भाषाओं में अपना पर्चा छापती है ताकि अफ़ग़ानिस्तान में होते सियासी बदलाव और उससे प्रभावित औरतों की स्थिति साफ हो जैसे बलात्कार अफ़ग़ानिस्तान का एक ऐसा अपराध है जो लगातार शहरों कस्बों में औरतों एवं कमसिन लड़कियों के साथ होता चला आ रहा था जिसकी दर तालिबान सरकार में बढ़ने नहीं पाई मगर जेलखाने अलबत्ता औरतों से भर गए। औरतों पर पाबन्दी थी कि वह बीमार होने पर डाक्टर या ख़रीदारी के लिए घर से बाहर न निकलें। पुल-ए-चर्खी नामक जेल में औरतों के लिए 50 की संख्या तक की गुंजाइश थी वहाँ पर 2 हजार औरतें भरी थीं। जिनका जुर्म बहुत मामूली था। रेडक्रास की तरफ़ से जो खाद्य पदार्थ मिलती थी उसको कर्मचारी बेच देते थे और बहुत कम मुक़दार में चावल उबालने को देते थे जो एक क़ैदी की खुराक से बहुत कम होता। औरतें भूख, बीमारी, निराशा तनाव की बीमारी से पीड़ित रहतीं। बलात्कार के बाद जो सबसे बड़ी समस्या औरतों को लेकर वजूद में आई है वह अपहरण की है। धर्म के नाम पर हर तरह के गुण्डे बदशाम खुलेआम लूटमार के लिए भटकते रहते हैं उसका कारण बेकारी, भूख, कुंठा और महँगाई है। ऐसी हालत में औरतों पर दोहरी मार है। एक तरफ़ पढ़ने-लिखने, बाहर घूमने-फिरने पर पाबन्दी है और दूसरी तरफ़ सड़क या गली में अकेला निकलना सुरक्षित बिलकुल नहीं रहा।

अफ़ग़ानिस्तान में कई विवाह का चलन जाहिर शाह के समय में था। बाद में इस पर पाबन्दी भी लगाई गई मगर जो मानी नहीं गई। विवाहित औरत पूरी तरह पति की मर्ज़ी के हिसाब से चलती है। पहले भी क़बीलों में मर्द का काम गप्पें मारना, चाय पीना और औरत की जिम्मेदारी खानादारी और खाली समय में क़ालीन बुनना है। जिसको बेचने का और उससे मिले रुपयों को रखने का अधिकार मर्द को है। कुछ वर्षों पहले एक माओवादी प्रकाशक व कवि 1976 में भाग कर भारत आये थे। बहुत हँसमुख और मिलनसार। उनकी पत्नी से बातचीत के दरमियान कई बातों का पता चला कि एक औसत अफ़ग़ानी औरत अपनी मर्ज़ी से कहीं भी आ जा नहीं सकती है। यदि वह पढ़ी-लिखी है और नौकरी करना चाहती है और अपने मौलिक विचारों को सामने रखना चाहती है तो पति बहुत शालीन स्वर में परन्तु फैसलाकुन आवाज़ में कहेगा कि खानम! ऐसी हालत में मेरे घर में तुम्हारी कोई जगह नहीं है। मर्द की मर्ज़ी से जीना ही अफ़गान सभ्य समाज की परम्परा है और इस रिवायत को अस्वीकार करने का अर्थ है सौत को

सहन करना या फिर तलाक़ की लानत को झेलना।

सबसे ज़्यादा अत्याचार औरतों ने उस समय झेला जब तालिबानों और उत्तर के अहमद शाह मसूद में ठन गई। तालिबान के हमलों और उत्तरी भाग में लड़ाई के कारण अकसर बेसहारा औरतें अपने जले घर बार और मरे मर्दों को पीछे छोड़ काबुल की तरफ़ पनाह लेने के लिए भागतीं तो उनके पास कभी टोकरा भर अंगूर होता या देगची या फिर बुखारी। बहुत कम ऐसी औरतें थीं जो अपने चौपायों को अपने साथ ले आ पाईं जिनको बेच कर उन्होंने अपनी ज़िन्दगी को तरतीब दिया वरना अक्सर चौपाए औरतों से सँभल न पाने के कारण रास्ते में भाग जाते। जवान गर्भवती औरतों को ऐसी हालत में जब दर्द शुरू होता तो किसी तरह पत्तियों की आड़ बना उनको बच्चे के जन्म में मदद करनी पड़ती। कुछ अमीर घर के बच्चों का अपहरण कर फिरौती माँगी जाती या फिर ताजिक होने के कारण उन औरतों को जेल में डाल दिया जाता और खाने-पीने की सुविधा न होती। रास्ते में छापा मार, अपहरणकर्ता, बलात्कारी, चोर-उचक्के हर तरह के लोग इन बेसहारा औरतों को परेशान करने के लिए मौजूद रहते। जो औरतें मर्दों के साथ होतीं उनके मर्दों को कैदखाने में डाल देते। जब औरतें जेल जाकर पता लगाना चाहतीं तो जवाब मिलता 'मुझे मालूम नहीं।'

इन वर्षों में रूस के दूतावास की इमारत टूट-फूट कर बुरी हालत में जंग के कारण पहुँच गई थी। उसी इमारत में इन बेबस औरतों को जो फरजे कलकान, चारीकार, कुर्रेबाग़, कूहस्तान, गुलबहार, पख़ान से भाग कर आई थीं पनाह लिए हैं। उन्हें अपने पतियों बेटों का कोई समाचार नहीं है। भाषा उनकी दरी फ़ारसी है और तालिबानों की पश्तों है। क्या पूछें क्या समझें? खाने की कमी जिससे कई बच्चों की मौत भूख के कारण हो गई उनको वहीं दूतावास के आँगन में दफन कर दिया। पानी की व्यवस्था नहीं। उस पर जुल्म यह कि कई नई नवेली दुल्हनें भी थीं जिनको अपने पति का पता नहीं। कई औरतें दर्द से इसलिए तड़पती रहीं कि उनके सर से चादर फिसल गई थी जिस पर तालिबान सिपाहियों ने बन्दूक़ के कुन्दे से कई वार कर दिया और कहा कि तुम्हारी भाषा फ़ारसी के चलते हमारी हार उत्तर में हुई है। अपने ही देश के एक हिस्से से भागीं औरतें देश के दूसरे हिस्से में पहुँचकर कितनी बेबस और आहत हो उठीं।

अफ़ग़ानिस्तान एक बदनसीब मुल्क है उससे ज़्यादा बदनसीब वहाँ की औरतें हैं जो किसी भी सरकार में चैन से नहीं रह पाईं और न कोई व्यवस्था उनके विकास और उत्थान के लिए कुछ कर सकी। इसके बावजूद वह जीने के लिए हर कठिन डगर से गुजरने के लिए बाध्य हैं। चाहने न चाहने के बावजूद वह आंतकवादियों, छापामारों, कठमुल्लाओं, रूढ़िवादियों की माँ, बहन, बेटी कहलाने के लिए मजबूर हैं। बमबारी में भागती बूढ़ी औरतों का रोना और पीड़ा का वह कसैलापन कि अपनों

को दफनाये बिना वह लाशें खुले आसमान के नीचे छोड़ भाग आई हैं। उनकी इस व्यथा को समझते हुए फ़ारसी कवि अहमद शामलू की यह पंक्तियाँ याद आ जाती हैं :

मेरा डर, हाँ मेरा डर इस,
धरती पर मरने वालों से है
क्योंकि
यहाँ दफनाने वाले की मज़दूरी
आदमी की स्वतन्त्रता से अधिक है।

अफ़ग़ानिस्तान का इतिहास शाही है कि किसी दौर में चाहे वह बायें बाजूवाली सरकार का या दाहिने बाजू वाली सरकार का हो किसी ने भी औरत से नहीं पूछा कि तुम कौन सी व्यवस्था देश के लिए चाहती हो आखिर भावी नागारिकों को भविष्य में तुम्हें ही जन्म देना है। आज भी नई सरकार बनते हुए विश्व के विकसित देश किसी भी अफ़ग़ान स्त्री की भागीदारी की आवश्यकता महसूस नहीं कर रहे हैं जबकि विश्व प्रेस ने महिला दमन की सबसे लोमहर्षक कहानियाँ अफ़ग़ानिस्तान के सन्दर्भ में छापी और दिखाई थीं। परन्तु जब वास्तव में कानून बनने का समय आता है या हिस्सा मिलने का अवसर होता है उस समय औरत नेपथ्य में चली जाती है। तब वह अपना मुकद्दर पुरुष में राष्ट्र में परिवार में देखने पर मजबूर कर दी जाती है।

आज से नहीं पिछली कई दहाइयों से अफग़ान बच्चियाँ बेची जा रही हैं घरों में काम करने वाली नौकरानियों के रूप में। उनके माँ-बाप की दोहरी मानसिकता है पहली कुछ धन की प्राप्ति दूसरे बच्चों का लालन-पालन न कर सकने का दबाव सो वह इसी में अपनी मुक्ति देखते हैं कि चलो बेटियाँ कहीं पेट तो भर रही हैं। जवान लड़कियाँ वेश्यावृत्ति में फँस चुकी हैं पेट की आग बुझाने परिवार वालों का खर्च उठाने के लिए इसके अलावा उनके पास कोई विकल्प नहीं है अब तो 11 सितम्बर के पेण्टागान के आक्रमण के बाद अफ़गानों को काम मिलना भी कठिन होता जा रहा है विशेषकर औरतों को, जो अधेड़ उम्र में घरों में केक बनाने सिलाई और सफाई का काम करके या चटनी-अचार-मुरब्बा बनाकर अपना गुज़ारा कर लेती थीं। बहुत कम ऐसी खुशनसीब लड़कियाँ हैं जो विदेशियों से विवाह करके एक सम्मानित जीवन व्यतीत कर रही हैं। प्रचार एवं प्रसार माध्यम से जो छवि औरत की यह कहकर दिखाई जा रही है कि ब्यूटी पार्लर खुल गए हैं। औरतें, लड़कियाँ दाखिले ले रही हैं नौकरी करने निकल रही हैं। यह एक ऐसा महिला विरोधी सियासी हथकंडा है जो वास्तविकता से कोसों दूर है। इस सच पर तो कहने का दिल चाहता है कि 'पास में नहीं दाने अम्माँ चली भुनाने' औरतों को सियापा करने से फ़ुरसत

मिले तो वह क्रीम मलें। उनका मुँह तो रोज़ कई-कई बार आँसुओं से धुलता है। अफ़ग़ान औरत सारे दबाव के बावजूद हालात से जूझ रही हैं। शामलू के शब्दों में कहना चाहूँगी :

धान के जले खेत के किनारे
शान्त खड़ी बाला
हवा में हिलते उसके महीन कपड़े।
ख़ुदाया, ख़ुदाया।
ये लड़कियाँ, हरगिज़ ख़ामोश न हों
जब उनके मर्द
थकन और निराशा से, बूढ़े हो रहे हों।

जनसत्ता : 2002

बात सिर्फ़ सद्दाम की नहीं है

अफ़ग़ानिस्तान के बाद इराक़ का नम्बर आने वाला था, यह बात सबको पता थी। ठीक उसी तरह जैसे आज दुनिया महसूस कर रही है कि इराक़ के बाद किसी तीसरे देश का नम्बर आएगा। अफ़ग़ानिस्तान के सिलसिले से बहुतों को यह हक़ीक़त पता थी कि तालिबानों का बनता स्वावलम्बी तेवर अमेरिका को पसन्द नहीं आया जबकि लाल फ़ौजों के विरोध में खुद अमेरिका ने खुले दिल से मुजाहिदीनों को धन और हथियार दिए थे। उनकी औलादें जो उसकी दी गई रसद से पल कर पाकिस्तान में शरणार्थी कैम्पों में पली बढ़ी थीं आखिर उनके तेवर क्यों सहता? अफ़ग़ानिस्तान की तारीख़ शाहिद है कि जब जब अफ़ग़ानिस्तान ने स्वावलम्बी नीति अपनाने की कोशिश की तब तब उस सत्ताधारी को अपनी हुकूमत से हाथ धोना पड़ा चाहे वह भूतपूर्व शाह अमानउल्लाह खाँ हों या भूतपूर्व राष्ट्रपति दाऊद बहरहाल ग्यारह सितम्बर की अमानवीय घटना के बाद राष्ट्रपति बुश को अपने अपमान का बदला लेना था। उस समय उनका दिया नारा 'आतंकवाद जड़ से उखाड़ना है' सभी को स्वीकार हुआ था मगर जिस तर्ज़ पर उन्होंने ओसामा बिन लादेन और मुल्ला उमर को पकड़ने के लिए अफ़ग़ानिस्तान पर बम गिराना शुरू किया था उससे ज़्यादातर लोग असहमत थे। आज अमेरिका को अपना किया गया वायदा याद नहीं रहा और अफ़ग़ानिस्तान को आबाद करने की जगह एशिया के एक और देश को नेस्तनाबूद करने के लिए उसने कमर कस ली है।

अफ़ग़ानिस्तान के सिलसिले से एतराज़ की जो फुसफुसाहट फैली थी कि जो काम संवाद के द्वारा किया जा सकता है उसके लिए बम का प्रयोग क्यों? आज वही फुसफुसाहट प्रायश्चित्त, आक्रोश में बदल चुकी है। इराक़ के समर्थन या कहें इस हमले के विरोध में लगभग 180 देश हैं और अमेरिका के साथ केवल 35 देश जिसमें ब्रिटेन को छोड़ कर कोई भी उल्लेखनीय देश नहीं है जिसके पास इस हमले का कोई वाजिब तर्क हो जबकि स्वयं अमेरिका और ब्रिटेन में अपनी सरकार की कारगुज़ारियों के विरोध में आलोचना और प्रदर्शन हो रहे हैं समाज के हर कार्य क्षेत्र से इस अतिक्रमण की निन्दा करने के लिए बिना झिझक लोग आगे बढ़ रहे हैं। इसके बावजूद अमेरिका विश्वराय की अवहेलना ही नहीं कर रहा बल्कि

उसने उन सारी विश्व संस्थाओं की बात को भी नकार दिया है जो आज तक समस्याओं को सुलझाने में अपना सार्थक योगदान देती रही हैं। आखिर यह सब केवल राष्ट्रपति बुश का अपने पिता के अपमान के बदले तक सीमित है या फिर कुछ और? कुछ और की यदि हम व्याख्या करते हैं तो हमको साफ नज़र आता है कि अमेरिका ब्रिटेन और फ्रांस हर उस देश पर अपनी पूरी सत्ता चाहता रहा है जहाँ कच्चा माल हो। इन तीनों देशों की राजनीति एवं मित्रता समय समय पर बदलती रही है। ईरान में जिस राजनेता ने अपने पेट्रोल का राष्ट्रीयकरण कराना चाहा या फिर अपनी स्वावलम्बी नीति अपनाई उसका तख़्ता एक रात में उलट दिया गया। इराक़ के पास बेहतरीन पेट्रोल है। स्वयं अमेरिका के पास भी तेल के कुएँ हैं मगर जब दूसरों का माल हड़पा जा सकता है तो फिर वह क्यों अपने स्रोत खोले?

लीबिया के राष्ट्रपति कर्नल ग़द्दाफ़ी ने जैसे ही अमेरिका के विरोध में सर उठाया था अमेरिका ने ग़द्दाफ़ी के महल और राजधानी पर बम गिराकर उनको हमेशा के लिए ठंडा कर दिया। सऊदी अरब अमेरिका के जाल में कुछ इस तरह फँस चुका है कि चाहने के बावजूद उस तंत्र से निकल नहीं सकता है जबकि सऊदी की जनता अमेरिका को पसन्द नहीं करती और न ही शहनशाहियत की इस परम्परा को और सऊदी सत्ताधारी इस बात को समझते हुए अमेरिका से हाथ मिलाए हुए हैं जिस तरह ईरान के आर्यामेहर ने दोबारा सत्ता में लौटने के बाद अमेरिका से हाथ मिला लिया था मगर कब तक ? एक दिन उनको मौलवियों और साम्यवादियों ने उखाड़ फेंका और न पूर्व न पश्चिम का नारा देकर न केवल सोवियत लैण्ड बल्कि अमेरिका को नकारते हुए उन्होंने गृहयुद्ध के साथ इराक़ के साथ हुई युद्ध को झेलते हुए अपने उस व्यक्तित्व को हासिल किया जो ईरानी था। आज यही तेवर सद्दाम के हैं यही तेवर पिछले पचपन वर्ष से फिलिस्तीनियों ने अपना रखा है। इसमें कोई शक नहीं है कि यदि आज सद्दाम अमेरिका के आगे झुक गया तो पूरा मध्यपूर्वी इलाका अमेरिका के दमन और अंकुश की चपेट में आ जाएगा। जो अन्य अरब देश हैं छोटे और मझोले उनमें इतनी शक्ति नहीं है कि वे अमेरिका का विरोध कर सकें या फिर उसको सद्दाम की तरह खुली चुनौती दे सकें। इस तरह से हम देखते हैं कि सद्दाम हुसैन केवल अपनी लड़ाई नहीं लड़ रहे हैं बल्कि पूरे इलाक़े की सुरक्षा, शान्ति और आत्मसम्मान की लड़ाई लड़ रहे हैं।

दजला फरात सभ्यता संस्कृति का साक्षी इराक़ जिसने हम को काग़ज़ क़लम दिया। खत-ए-मीखी में संसार का पहला (हमुराबी का) लिखित क़ानून दिया जिसकी धाराएँ आज भी क़ानून में अपना प्रभाव रखती हैं। प्राचीन काव्य गाथाएँ दीं जिसने मानव सभ्यता के सामूहिक मंच पर अपना महत्त्वपूर्ण योगदान दिया। समय गुज़रता गया और महत्त्वपूर्ण ऐतिहासिक गलियारों से गुज़रता हुआ आज के इराक़ का इलाका

उस कर्बला की घटना पर आकर रुकता है जहाँ न्याय और अन्याय की जंग शुरू होती है और पानी से भरी नदियों पर पहरा बिठा कर धनवान परन्तु घमण्डी पक्ष सोचता है कि अब हुसैन और उसका परिवार प्यास से तड़पते बच्चों और कमसिन लड़कियों की बदहाली से घबरा कर समर्पण कर देंगे और जब ऐसा नहीं होता तो धोखे से सहायता का षड्यन्त्र रच इमाम हुसैन और उनके साथियों को कूफे के पास कत्ल कर दिया जाता है। समय उस घटना को लेकर टिका नहीं रहा और प्रकृति ने अपना फैसला दिया जिसने इमाम हुसैन को सदा के लिए जीवित कर शहादत का दर्शन और अधिकार के लिए लड़ने का हौसला दिया। उस ज़मीन पर रहने वाले इराकियों को अपनी सभ्यता, संस्कृति एवं ऐतिहासिक घटना का पूरा ज्ञान है वे इस हालत में कर्नल ग़द्दाफ़ी, सऊदी अरब या अन्य देशों के वासियों जैसा बर्ताव नहीं कर सकते हैं। इसलिए सद्दाम हुसैन की अमेरिका को चुनौती दरअसल उस शोषण के विरोध में जाती है जो महान शक्तियों ने इस इलाके में रायज़ कर दी है। हर इलाक़े के इंसान की बनावट वहाँ की मिट्टी, हवा और पानी होता है जो उसका निर्माण करता है यह बात एक दूसरे धरातल पर राष्ट्रपति बुश अफ़ग़ानिस्तान के सिलसिले से भी नहीं समझ पाए और अपनी हवाई ताकत के बल पर उन्होंने अपनी विजय घोषित कर दी जो दरअसल उनकी हार साबित हुई जो न ओसामा बिन लादेन को और न मुल्ला उमर को ज़िन्दा या मुर्दा पकड़ पाई।

इसमें कोई शक नहीं कि अमेरिका के पास हवाई शक्ति और तबाही के नए उपकरण मौजूद हैं ऊपर से संचार माध्यम द्वारा रात-दिन प्रसारित व प्रचारित होने वाले झूठे समाचारों का न समाप्त होने वाला सिलसिला भी। बहुत मुमकिन है कि मनोवैज्ञानिक लड़ाई हारने के बावजूद वह अपनी हवाई सैन्य शक्ति से इराक़ को रेगिस्तान में बदल अपनी विजय पताका लहरा सकता है मगर उस घृणा का क्या करेगा जो संसार भर में बुश और बुश के अमेरिका के लिए गहरे दिलों में बैठ रही है? क्या यह आतंकवाद को बढ़ावा नहीं देगी? अमेरिका अपने टावरों की बर्बादी का सदमा नहीं झेल पाया, क्या कल वह व्यक्तिगत स्तर पर अपने ही देश में और विदेशों में अपने देशवासियों की सुरक्षा कर पाएगा? क्या वास्तव में अमेरिका और उसके नागरिक अब सुरक्षित हैं? यह सारे प्रश्न बुरी तरह से न केवल अन्य सोचने समझने वालों को बल्कि स्वयं अमेरिकी जनता को परेशान कर रहे हैं।

इराक़ 1991 से अमेरिका से पंजे लड़ा रहा है इस पूरी दहाई में कई तरह के गम्भीर कष्ट वहाँ की जनता ने झेले मगर सद्दाम के विरोध में वैसी बग़ावत नहीं पनप पाई जैसी अमेरिका की इच्छा थी। उसका सबसे बड़ा कारण इराकियों की देशभक्ति और स्वाभिमान है। वह बखूबी समझती है कि यदि सद्दाम हटे तो अमेरिका एक कठपुतली सरकार उनके सर पर बिठा देगा और उनके देश में कम्पराडोर व्यवस्था अपनी जड़ें जमाने लगेगी जो उनके स्वयं और उनके देश के

हित में कतई नहीं होगी। इसमें कोई शक नहीं है कि सद्दाम की बाथ पार्टी के विरोध में दावा पार्टी की तरह अन्य संगठन भी सक्रिय हैं। स्वयं वहाँ के समाज में जड़ सोच वाले सद्दाम की प्रगतिवादी विचारधारा एवं उनके द्वारा लागू कानूनों और योजनाओं के सख़्त ख़िलाफ़ हैं। यही हाल इराक़ के आसपास के अनेक छोटे, मंझोले देशों का है। अब सवाल यह है कि वे कौनसी खूबियाँ हैं जो सद्दाम को न केवल एक देशभक्त बल्कि अपनी जनता से बेहद प्यार करने वाला एक खुले दिल का इंसान साबित करती हैं। उसकी सोच में ऐसा क्या है जो विश्व के 180 देश उसकी सत्ता के हटाए जाने और जबर्दस्ती थोपे गए इस युद्ध के विरोध में हैं? इससे पहले अनेक छोटी बड़ी लड़ाइयाँ विश्व के देशों ने झेली हैं। हमेशा छुटपुट एतरात देखने को मिले ज़रूर हैं मगर आम लोग संसार भर में एक आन्दोलन के रूप में सड़कों पर निकल आएँ ऐसा पहले तो कभी नहीं हुआ?

दरअसल सद्दाम हुसैन ने न केवल अपने देशवासियों को एक बेहतर ज़िन्दगी दी बल्कि उनको सर उठा कर जीने का सलीका भी दिया। बिना पक्षपात के उन्होंने लड़के-लड़कियों की शिक्षा को अनिवार्य बनाया बल्कि हर कार्यक्षेत्र में उन दोनों की बराबर की साझेदारी बनाई। फ़ौज हो या अन्य कार्यक्षेत्र हर स्थान पर आपको औरतें बिना मुँह छुपाए गर्दन सीधी किये अपने काम में व्यस्त दिखेंगी। उनकी इस बेपर्दिगी से परेशान जाने कितने अरब देश उनसे नफरत करते हैं यहाँ तक इमाम खुमैनी ने लगातार उन्हें 'काफिर' कह कह कर इस बात पर मजबूर कर दिया कि चादर में लिपटी छुईमुई बनी औरतें 'युद्ध रणनीति' के चलते बाज़ारों में खुलेआम घूम सकती हैं। इराक़ में भी जड़ सोच वालों और कुएँ के मेढक बने मुसलमानों की कमी नहीं है और सद्दाम फोर्स लगातार इन्हीं अँधेरों से सामाजिक स्तर पर लड़ती रही हैं। ये बातें अमेरिका को भी भली नहीं लगती हैं। वह मध्यपूर्वी देशों में किसी तरह की चेतना नहीं चाहता है। उसकी मंशा केवल इतनी है कि वह शहंशाही दौर के ईरान और आज के सऊदी अरब की तरह इन अरबों को पेट्रोडालर के चलते आधुनिक साधनों का इतना आदी बना दिया जाए कि वे आरामदेह ज़िन्दगी में डूब अय्याशी के अतिरिक्त कुछ न सोच सकें। आत्म-मंथन, आत्मसम्मान, सोच-विचार की वे सारी शक्तियाँ इस तरह उनके अन्दर दम तोड़ जाएँ कि वे अमेरिका के ऊपर निर्भर रहने की मानसिकता से कभी न उभर सकें।

तारीख़ गवाह है बगदाद संस्कृति का बहुत बड़ा केन्द्र रहा है जहाँ केवल अपने बुद्धिजीवियों, कलाकारों, साहित्यकारों के लिए उसके दरवाज़े खुले नहीं रहे हैं बल्कि सुदूर देशों से भी सम्मान पाने के लिए हुनरमन्द बगदाद के दरबार में पहुँचते रहे हैं वही परम्परा आपको आज भी बगदाद में नज़र आएगी। एक तरफ़ यदि युद्ध चल रहा है तो दूसरी ओर कवि सम्मेलन, फैशन शो और अन्तर्राष्ट्रीय स्तर पर बेहद गम्भीर समस्याओं पर सेमिनार बड़े सुचारु रूप से हो रहे हैं। यह

मेरा आँखों देखा सच है। वहाँ की व्यवस्था ऐसी है कि आपको लगातार उस जिजीविषा को जिलाए रखना पड़ता है जो जागते इंसान की पहली शर्त है। सद्दाम हुसैन के यही तेवर अन्य अरब देश के राजनेताओं को अपनी जनता के प्रति जवाबदेह बनाते हैं। उनमें न सद्दामवाले गड्स हैं और न उनका दिमाग इतना सक्रिय और सब से बड़ा कारण है कि कुछ अरब देशों को छोड़कर अन्य देशों में न प्रकृति स्रोत है और न ही वे अन्य किसी गुण के कारण अपना विशेष व्यक्तित्व रखते हैं शायद इसी कारण सद्दाम हुसैन को छोड़कर फिलिस्तीनी संग्राम के प्रति कोई अन्य राजनेता इतना संवेदनशील नहीं है। यदि अरब देश विचार एवं सामाजिक प्रतिबद्धता के प्रति इतने ही जागरूक होते तो फिलिस्तीनी संघर्ष इतना लम्बा न खिंचता। इराक़ की ओर देखने की हिम्मत अमेरिका जैसे सरफिरे देश को कभी न पड़ती, इस्राइल गैरज़रूरी तरीक़े से अपने पैर न फैलाता। कुवैत अपनी ज़मीन अमेरिकी आक्रमणकारियों को कभी न देता और तब इन सबके तेवर दूसरे होते। आज मुस्लिम देशों में केवल ईरान ऐसा देश है जिसने खुल कर अमेरिका के इस क़दम की आलोचना बड़े कड़े शब्दों में की है क्योंकि उसके वैचारिक तेवर एवं सियासी नीति इराक़ की तरह ही स्वतन्त्र और स्वावलम्बी बने रहने की है।

आज दो सप्ताह गुज़र जाने के बाद भी हर तरह से नवीन उपकरणों से लैस फ़ौजें बग़दाद में दाखिल नहीं हो पाई हैं भले ही वह हवाई हमले करते जाएँ और न ही इस सबसे इराकियों का मनोबल टूटा है। यह अजीब इत्तेफाक़ है मोहर्रम का महीना जब मुसलमान कर्बला की लड़ाई के सोग में डूबे हैं उस समय अमेरिका का यह हमला मुसलमानों को एक विचित्र मानसिकता से दो चार करा रहा है। वही कर्बला जिसने अपने अधिकारों को पाने की लड़ाई लड़ शहादत का दर्शन पाया और किसी भी जुल्म और जालिम के सामने समर्पण न करने की रूहानी शक्ति पाई। ऐसे समय में समस्या केवल सद्दाम की नहीं रह गई है बल्कि उस सारे दमन, शोषण और अंकुश के विरोध में खड़े होने की है जब इतिहास अपने को दोहराएगा।

राष्ट्रीय सहारा : मार्च, 2003

खण्ड : अट्ठारह

अट्ठारहवीं यात्रा

साक्षात्कार

- श्रीमती नासिरा शर्मा से दिनेश द्विवेदी की बेबाक बातचीत

श्रीमती नासिरा शर्मा से दिनेश द्विवेदी की बेबाक बातचीत

❑ क्या आप बता सकेंगी कि आपका लेखन कब से आरम्भ हुआ, उसकी प्रथम रचना क्या थी एवं उसका प्रकाशन किस पत्र या पत्रिका में कब और कहाँ हुआ?

● मैं तीसरी कक्षा में थी तब पहली बार कहानी प्रतियोगिता में भाग लिया था। कॉलेज में यह सिलसिला चलता रहा—पुरस्कार भी मिलते रहे। मगर सातवीं कक्षा में थी तब पहली कहानी 'राजा भैया' बाल-पत्रिका में छपी थी। परन्तु होश-हवास में जो कहानी छपी थी वह है 'बुतख़ाना' जो कि 'सारिका' में सन् 76 में छपी थी। वैसे उर्दू में रेडियो के लिए बहुत लिखा।

❑ लेखन के सन्दर्भ में आपकी पारिवारिक पृष्ठभूमि क्या रही?

● दोनों ही घरों में लेखन की पृष्ठभूमि आमादा मिली। जिस घर में आँख खोली—वह इल्म-व-अदब का गहवारा था। हर महीने होने वाले मुशायरे में हिन्दुस्तान भर के प्रसिद्ध शायर आते थे। जोश मलीहाबादी और फ़िराक़ गोरखपुरी की शायरी का आरम्भ वहीं से होता है। दादा, पिता, चाचा व चाचा ज़ाद भाई सब ही बढ़िया शायर थे। कुछ के कलाम कोर्स में भी पढ़ाए जाते थे। बदक़िस्मती से जब मेरे बचपन की शुरुआत हुई, उन्हीं दिनों पिता का देहान्त हो गया। अपार आदर, सम्मान, दौलत, जायदाद—सब कुछ था उस घर में नहीं थी तो सरपरस्ती! बड़े होने तक बहुत से चेहरे, उनकी बदलती मर्यादाएँ देखीं। कथ्य ही कथ्य मेरे चारों तरफ़ बिखरे थे। ऐसे-ऐसे लोग जो आसानी से कहानी व नॉवेल के पात्र बन सकते थे मगर तब मैं शायद इतनी परिपक्व नहीं थी कि उन पर क़लम उठाती—तब उन्हें जी रही थी—समझ रही थी। चूँकि मैं घर में छोटी थी। इसलिए स्वाभाविक था कि मेरा शोषण भी जमकर हुआ। कभी अपने बारे में न अधिक सोचा न कुछ किया। मसल मशहूर है न कि आदमी कुत्ता हो जाए मगर छोटा भाई न हो। अब आप इस कहावत को छोटी बहन के सन्दर्भ में रखकर देखें। छठवीं क्लास से ही पूरे घर की ज़िम्मेदारियों का बोझ बड़ी बहन के विवाह के बाद मेरे कन्धों पर आ गया था। हालाँकि घर में नौकर-चाकर थे मगर व्यवस्था तो मेरे हाथ में ही थी। मेरी मँझली बहन ने, जो कि अपने समय की बड़ी

अच्छी कवयित्री व लेखिका थीं, उन्होंने मेरा नाम 'लेडी विथ दी लैम्प' रख दिया था। उस समय की मेरी कहानियों में उस वातावरण का प्रभाव अवश्य था। इस घर में दूसरे प्रकार का सहयोग मिला—काम की स्वतन्त्रता। जो चाहे करूँ। मगर अपने द्वारा बनाई मर्यादा व उसूलों के बन्धन में ज़रूर फँस जाती हूँ—वही आड़े भी आता है—और उनके चलते कभी-कभी दुःखी भी होती हूँ। कुढ़ती भी हूँ। संक्षेप में मुझे लेखन का विस्तृत फैलाव अवश्य मिला है। तभी टी. वी. के कई ड्रामों में एक्ट भी कर पाई। सेटेलाइट के बहुत से ड्रामे लिखे जिन्हें स्वयं एक्ट भी किया। रेडियो के लिए भी खूब लिखा। परन्तु इस सब के बावजूद चूँकि मैं औरत हूँ इसलिए एक मर्द की तरह सुबह से शाम तक कॉफ़ी हाउस या मित्रों के घरों का चक्कर नहीं लगा सकती हूँ, बल्कि मुझे तो तफरीह का समय बहुत कम मिल पाता है लेखन, अध्यापन, घर और मेरा विषय इन्हीं के बीच कोल्हू के बैल की तरह पिसती रहती हूँ। चूँकि सहयोग है, बढ़ावा है तभी इतने सारे काम कर पाती हूँ।

❐ जैसा कि विगत कुछ वर्षों में आपका लेखन सामने आया है, वह लगभग सारा ही ईरान पर केन्द्रित रहा है।

● जैसा कि विगत कुछ वर्षों में—सम्पूर्ण कहना तो मुनासिब नहीं है। हाँ आधा ज़रूर ईरान पर है। उसका कारण शायद मेरे व्यक्तित्व के दो पक्ष हैं। ईरान मेरा विषय है, लिखना मेरी आदत, स्कॉलर और लेखक दोनों अपनी राह पर बराबर से चलते रहते हैं। मैंने रोकना भी मुनासिब नहीं समझा चूँकि लेखिका हूँ महसूस करती हूँ सो ईरान पर भी चन्द कहानियाँ लिख डालीं। (शामी काग़ज़ ईरानी कहानियों का संग्रह)

❐ हमारे यहाँ की विषय-वस्तु की तुलना में आपको ईरान की विषय-वस्तु लेखन के सन्दर्भ में ज़्यादा महत्त्वपूर्ण क्यों लगी?

● ऐसी कोई बात नहीं है न आँखों ने न दिल ने न दिमाग़ और क़लम ने ऐसी कोई 'तुलना' को सामने रख करके लिखा है। ईरान पर इस संजीदगी से लिखने का कारण एक और भी है वह है वहाँ की क्रान्ति और बुद्धिजीवियों से मेरा सम्बन्ध! जिस समाज को मैं इतने क़रीब से देख रही हूँ और देखने का अवसर मिला, उस पर क़लम न उठाना, मेरे संवेदनशील अहसासों की बेइज़्ज़ती होती यह क्रान्ति न होती तो शायद मैं जब तब कुछ लिखती मगर सौन्दर्य, कुरूपता, दुःख, सुख, स्वतन्त्रता, घुटन का एक ऐसा अद्भुत संगम देखकर मेरा लेखन पिछले तीन वर्षों में ईरानी क्रान्ति पर सिमट आया है। यह मेरी अन्दर की प्रेरणा और ललक है कि मैं लिखूँ उस 'जेनुइन' संघर्ष को आगे बढ़ाऊँ इस सोते को ज़बर्दस्ती सुखाना या बन्द कर देने की न मैंने कोशिश की न ही सोचा है। मगर इन तीन वर्षों में भारतीय सन्दर्भ में लिखी कहानियाँ भी छपती रही हैं मगर लेखों के देखते उनकी गिनती कम ही रही है।

❐ नासिरा जी, एक बहुत ही अहम सवाल है—आपके द्वारा सम्पादित-अनूदित चार भाषा में 'इकोज़ ऑफ़ इरैनियनरेन्यूलूशन' कविता संकलन प्रकाशित हुआ था,

उसमें प्रायः सभी कवि शाह विरोधी थे, 'सारिका' ने जब ईरानी क्रान्ति पर केन्द्रित अंक निकाला तब उसमें ख़ुमैनी पक्ष के प्रति झुकाव का अहसास था, मगर अब जब 'पुनश्च' में ईरान को लेकर जो प्रकाशित हुआ है, वह सत्ता पक्ष का विरोधी एवं प्रगतिवादियों का पक्षधर है। क्या आप बताएँगी कि इस उतार-चढ़ाव के पीछे आपका नज़रिया क्या था?

● ईरानी क़ौम की उन्नति और देश की सम्पन्नता और इस इंक़िलाब को मैंने अपने लेखन से काफ़ी बढ़ावा दिया था। शाह ज़ालिम था उसने ज़बान और बयान को क़ैद कर रखा था। दुश्मन एक था पिछले वर्ष जब 'सारिका' का अंक निकला था तब तक ईरान की ऐसी दुर्दशा न थी जो आज है। इन तीन वर्षों में ईरान के इंक़िलाब ने बड़ी पेचीदा यात्रा तय की है। पारसाल तक केवल विचारात्मक टकराव होता था। जिसका ज़िक्र 'सारिका' में है उनकी हर कहानी वर्तमान सत्ता के विपक्ष में जाती है 'सितार' 'काली-छोटी मछली' 'लाल ताल' इत्यादि लेखक संघ का पत्र व मेरी रिपोर्ताज़, कहीं पर भी ख़ुमैनी साहब की प्रशंसा नहीं। इस वर्ष वहाँ का हाल ही दूसरा है। चुन-चुनकर बुद्धिजीवी मारे जा रहे हैं। यहाँ पर मैं एक बात आपसे और अपने पाठकों के सम्मुख कहना चाहूँगी कि मेरा लेखन न किसी एक व्यक्ति के पक्ष में है न विपक्ष में बल्कि उस फ़ासिस्ट व्यवस्था के विरुद्ध है जो शाह के दौर में था। और अब दोबारा फिर वहाँ वर्तमान ख़ुमैनी व्यवस्था में मौजूद है। यह सवाल मुझे ऐसा अहसास दिला रहा है जैसे कि 'सारिका' व अन्य लेख पढ़े बिना एक सरसरी नज़र डालकर लापरवाही से प्रश्न उछाल दिया गया हो।

❑ क्या आप वर्तमान ईरानी ताक़तों को मज़हबी ख़ब्त मानती हैं?

● इतना आसान नहीं है कहना बल्कि उसको यूँ लें कि मज़हबी ख़ब्त को कुछ बड़ी ताक़तें बढ़ावा देकर अपने लाभ में भुनाना चाहती हैं। हम एशियाई मुल्क़ उनके हाथों अपना ख़ून चुसवाते हैं सर उठाते तो बरसों भुगते हैं मगर अब एशिया जाग रहा है, क्रान्ति की लहर पूरे मध्य पूर्व को जगाएगी।

❑ ईरान की क़लमों एवं वहाँ की आम जनता के सत्ता-विरोधी तत्त्वों पर हो रहे ज़ुल्म, नृशंसताओं, बर्बरताओं का तो आपके माध्यम से प्रस्तुतीकरण हो रहा है, मगर वहाँ पर लेखकों, बुद्धिजीवियों की एक जमात ऐसी भी तो होगी जो कि सत्ता की सुख-सुविधा से जुड़ी होगी—क्या ऐसे वर्ग से आपकी मुलाक़ात नहीं हुई है?

● क्यों नहीं! इनसे तो रोज़ ही मुलाकात होती थी। यह वह अवसरवादी लोग थे जो हर सत्ता से जुड़कर रहना चाहते हैं लाभ उठाते हैं और जी भरकर मेरे सामने वर्तमान सत्ता की बुराई करते थे इसमें केवल दफ़्तरों के कर्मचारी सम्मिलित नहीं हैं बल्कि बुद्धिजीवी, लेखक, मौलवी और आम आदमियों का एक विशेष ग्रुप। मेरी दोस्त के भाई इस्लामी कोर्ट के जज थे। उनके घर जाकर जो दृश्य देखने को मिलते थे वर्तमान सत्ता की 'डिमोक्रेसी' को मेरे सामने उजागर किया। वही जज सत्तर साल

के बूढ़े को 'तिरयाक' का नशा करने पर सज़ा देते थे, स्वयं 'तिरयाक' पीते थे अन्य स्त्री से सम्बन्ध या परपुरुष से स्त्री का सम्बन्ध इस पर इस्लामी कोर्ट औरत की संगसार (पत्थर से मारना) और मर्द को अस्सी कोड़े की सज़ा देता था। मगर वह एक पत्नी को तलाक़ दे दूसरी पत्नी के साथ रहकर एक अन्य स्त्री से मित्रता बढ़ा रहे थे जिसका पति उन्हीं के जेल में था। इंक़िलाब के आरम्भ में अमीरों की ज़मीन-जायदाद ज़ब्त हुई थी उसके चक्कर में इन साहब ने हर बच्चे के नाम दो-दो मकान तेहरान जैसे शहर में करा लिए थे। यह सिर्फ़ एक घर की कहानी है ज़रा आप सोचें तो ऐसे अवसरवादी और बेईमान आदमी जब व्यवस्था के अंग बन जाएँ तो उस देश का क्या हाल होगा? बेईमान जिएगा, ईमानदार मारा जाएगा। एक दूसरी मेरी मित्र जो अस्पताल में नर्स है और मध्यवर्गीय परिवार से है। बताने लगीं कि उनके दूर के रिश्तेदारों ने हर टिकिट पर चालीस हज़ार की रिश्वत प्रधानमन्त्री कार्यालय में दी सबको विदेश जाने की इजाज़त मिल गई मगर हम जैसों के लिए क़ानून है। तीन वर्ष हो गए किसी देश का 'वीज़ा' हमें नहीं मिलता है। कुछ लोगों का यह विचार है कि रिश्वत का काम सरकार करवा रही है क्योंकि उसका ख़ज़ाना ख़ाली है। टैक्स बढ़ा दिए हैं जुर्माना ज़रा-ज़रा सी बात पर होता है।

सियावुश कसराई, बेआज़ीन, जमालमीर सादक़ी जैसे चोटी के लेखक व कवि वर्तमान सत्ता से जुड़े हैं सारी सुख-सुविधाएँ उन्हें मिली हैं। जहाँ अन्य लेखकों की पुस्तकें जल रही हैं वहाँ पर इनकी पुस्तकें व समाचार-पत्र (मरदुम तोदे पार्टी का) खुले आम छपता और बिकता है। उनके पास गाड़ी है मकान है क़ालीन है खाना है क्या नहीं है जो एक आदमी की सुख-सुविधा के लिए काफ़ी होता है? मगर सच बात तो यह है कि इनसे मिलकर वह भी ईरान के तनावपूर्ण वातावरण में जब इंक़िलाब अपना सही मार्ग ढूँढ़ रहा हो हमेशा मुँह का स्वाद बिगड़ा है कभी न प्रशंसा मिली है न ताक़त बल्कि इनकी खोखली अवसरवादिता ने भीषण घृणा का संचार अवश्य किया जिसने मुझे ऐसे लोगों के प्रति कटु बना दिया।

❑ कहते हैं सम-सामाजिक विषयों एवं समस्या पर लिखा गया साहित्य कालजयी या स्थायी नहीं होता, तवारीख़ी दस्तावेज़ भले ही बन जाए—इस सन्दर्भ में समय-समय पर लिखे गए और लिखे जा रहे ईरानी-लेखन को लेकर आपकी क्या राय है?

● इस कथन को हर सन्दर्भ में लागू नहीं किया जा सकता है क्योंकि साहित्य की अपनी माँग होती है। उस माँग पर यदि कोई दैनिक समस्या या सम-सच्चाई पूरी उतरती है तो उसे साहित्य बनने से कोई रोक नहीं सकता है रहा ईरान का वर्तमान साहित्य तीन वर्षों में लिखे गए साहित्य को मैं तीन हिस्सों में बाँटूँगी।

(अ) पिछले पचास वर्षों से संघर्ष वाले क़लम अब पहले की तरह कुछ नहीं लिख पा रहे हैं क्योंकि···

(a) भाषा का एकाएक बदलकर नई माँगों पर उतारना।

(b) उनका लिखा जला दिया जाना।

(c) चुन-चुनकर उन सबको मारा जाना।

ऐसी स्थिति में जब क़लम की जगह जान की चुनौती लग जाएगी तब कौन साहित्यकार फ़ुर्सत में बैठकर साहित्य रचेगा।

(ब) वर्तमान सत्ता का सम्पूर्ण अधिकार प्रेस, लेखन पुस्तकों पर ऐसे समय में केवल प्रचारक साहित्य ईरान में नज़र आ रहा है। इसमें सच को झूठ और झूठ को सच साबित किया जा रहा है। जैसे पेट्रोल का राष्ट्रीयकरण आन्दोलन डॉ. मुस्दिक़ ने न कर नवाब सफ़व्वी (फ़िदाईन मुसलमान गुट के आंतकवादी गुरिल्ला) ने किया था या फिर नीमायोशीज एक सामाजिक कवि न होकर धार्मिक कवि था इत्यादि। यह अपने में एक शोचनीय समस्या अवश्य है। मगर एक वक़्ती लहर है। जो कल मिट जाएगी क्योंकि ज़बरदस्ती न इतिहास बनता है न लिखा जाता है। यह एक बेहूदा मज़ाक़ होता है संजीदा चिन्तन और लेखन के साथ।

(स) पिछले दो वर्षों से कम लिखा गया है या यूँ कहें लिखा ही नहीं गया है, पल-पल मौत के भय से त्रस्त लेखक क्या लिखेगा? यदि उसने कुछ लिखा भी है और जलने से बच भी गया है तो यक़ीनन अच्छा ही लिखा होगा। मगर जो साहित्य इंक़िलाब के बाद लिखा गया है वह निःसन्देह उस कोटि का नहीं है जो शाह के दौर में लिखा गया था क्योंकि कुछ जनवादी कवियों ने लेखन को नारों में बदलने का प्रयास किया था जो भोंडा होकर रह गया है। इस कमी को बहुत से साहित्यकारों ने ईरान में महसूस किया। संक्षेप में शाह के दौर में लिखी पाण्डुलिपियाँ दो वर्ष पहले छपी थीं मगर अब ईरान में समय है नई उगी प्रतिभाओं का जो पिछले दो वर्ष में लेखक, कवि बन गए हैं, इनसे आशा करना फ़िज़ूल है।

❑ आपके सौजन्य से ईरानी-साहित्य पढ़ने में आया है वह प्रायः ज़ुल्म और शहादत के ख़ून से रंगा हुआ है, क्या वहाँ रोमाण्टिक क़िस्म का नहीं लिखते?

● ईरान की धरती रोमांस के सिलसिले में बड़ी उर्वर है। रोमाण्टिक साहित्य की भरमार है। मगर समय की माँग फ़िलहाल कुछ और है। लेनिन का एक जवाब याद आ रहा है जो उसने इण्टरव्यू देते हुए कहा था कि—'जब समाज गूढ़ समस्याओं से दो-चार हो उस समय शादी-ब्याह, प्रेम-प्रसंग कुछ अटपटे लगते हैं समाज की माँग इन दायरों से आगे है।' तब्ललुली, नादिर नादिर पोर, फ़रोग ये बहुत अच्छे रोमाण्टिक साहित्यकार हैं। फ़ुर्सत रही तो रोमाण्टिक साहित्य भी अनुवाद करके पढ़ने को दूँगी। मेरा जब सम्बन्ध ईरान के साहित्यकारों से बना तब समय बन्दूक़, ख़ून, संघर्ष का था। लेखक के दायित्वों को पहचानने का था। रोमाण्टिक साहित्य अपने आप लोगों व साहित्यकारों की नज़र से गिर गया था।

❑ ईरान में सत्ता पक्ष की ओर से स्थापित साहित्य तथा अन्य ललित कलाओं की अकादमी तो ज़रूर होगी?

● काफ़ी है! मगर उनका काम फ़िलहाल इस्लाम का प्रचार और सत्ताधारियों की प्रशंसा करने तक सीमित रह गया है। यह एक दुखदायी पहलू है जिससे स्वयं ईरानी दुःखी हैं।

❑ लेखन के अलावा रंगमंच, थियेटर एवं फ़िल्म इत्यादि की दशा कैसी है?

● शाह के दौर में ललित कलाएँ ख़ूब पनपी थीं। रंगमंच पर बड़े बेहतरीन ड्रामे होते 'खाक' और 'गाऊ' जैसी फ़िल्में अन्तर्राष्ट्रीय इनाम लेती रहीं। मगर अब केवल ईरान-इराक़ युद्ध, जेहाद-ए-साज़िन्दगी में कृषि समाचार, मौलवियों के भाषण, उनका जीवन बस यही आज का रंगमंच, थियेटर फ़िल्म का हाल है। कभी-कभी पोलिश और रूसी फ़िल्में जो इंक़िलाबी संघर्ष से सम्बन्धित हैं उनको भी दिखाया जाता है। यह तो आपको पता है ईरान शाह के दौर में फ़िल्मी डबिंग के सिलसिले में प्रथम था। अब तकनीकी रूप से गिर गया है। उसका कारण है अच्छे-अच्छे दक्ष लोग शाही आदमी के नाम पर निकाल दिए गए हैं नए लोग बहरहाल अभी सीख रहे हैं; सो एक सीन आप पाँच मिनट तक देखे चले जा रहे हैं ऊब होती है, थकन होती है मगर किया क्या जाए? रंगमंच थियेटरों के हाल बन्द पड़े हैं। ईरान में ललित कला का जनाज़ा निकल गया है।

❑ नासिरा जी, लेखिका होने के कारण आप संवेदनाओं की गहराई से जुड़ी हुई हैं, ईरान के भयावह-माहौल से लौटने पर आपकी मानसिकता पर किसी तरह का असर तो होता होगा?

● क्यों नहीं, मेरी मानसिकता का सही प्रतिनिधित्व करता है मेरा लेखन और यही कारण है कि मेरी तीनों यात्राओं की उपलब्धियाँ ईरानी वातावरण के प्रभाव को उजागर करती हैं। पहली यात्रा इंक़िलाब के आरम्भ ज़ोश उमंग और दिमाग़ी ताज़गी के लिए हुई थी, दूसरी यात्रा संघर्ष का रंग लिए, तीसरी अन्तिम यात्रा ख़ून, थकन, बेबसी, भय से परिपूर्ण। आज मैं ईरान के वातावरण को सोचती हूँ तो लगता है कि एक भयानक सपना था जो मैंने देखा था मगर इसकी ख़ूबी यह थी कि भय ने भागना नहीं बल्कि अडिग रहकर संघर्ष करना बताया था क्योंकि भागने का अर्थ था सदियों का अन्धकार।

❑ एक बहुत ही कटु सवाल है जो कि अनेकों भ्रमों के तहत निर्मित हुआ कि—आप जब-जब भी ईरान जाती हैं तो वहाँ की सत्तारूढ़ सरकार आपको किस तरह इजाज़त देती है? लोगों का तो यहाँ तक भ्रम है कि आप शायद ईरान की 'एजेण्ट' हैं—इस पर आपका क्या स्पष्टीकरण है?

● मैं इस भ्रम का स्पष्टीकरण क्या दूँ यह वही लोग पता लगा सकते हैं जो ऐसा समझते हैं उनके अवश्य तथ्यपूर्ण सनदें होंगी। समय होगा उनके पास, उन्हें उत्तर देना चाहिए। ईरानी संविधान में प्रेस की स्वतन्त्रता है वह किसी भी पत्रकार या लेखक को वीज़ा न देकर बदनामी मोल नहीं लेंगे। दिखावे के लिए वह सब करते

हैं। फिर सरकार में सत्ता विरोधी लोग भी तो मौजूद हैं। वैसे आपके इस सवाल ने मुझे एक घटना की याद दिला दी जो प्रसिद्ध उर्दू शायर और इंक़िलाबी 'हसरत मोहानी' के साथ पेश आई थी उन पर तरह-तरह के इल्ज़ाम थे जैसे काँग्रेसी हैं, मार्क्सवादी हैं, जमाते इस्लामी हैं, शायर हैं, इंक़िलाबी हैं, फलाँ हैं, फ़लाँ हैं—उन्होंने इन सारी अफ़वाहों को सुनकर उन साहब से कहा था 'जनाब, ज़रा, फिर से दोहराइएगा मैं क्या-क्या हूँ?' लोगों को बात करनी है वह करेंगे, यह भी कहेंगे कि मैं C.I.A. हूँ, K.G.B. हूँ इस्रायली एजेण्ट हूँ वग़ैरह-वग़ैरह बड़ा दिलचस्प टॉपिक है, दिल बहलाने दीजिए लोगों को। मगर एक बात और कहूँगी कि मेरे आस-पास जो लोग हैं और दूर भी वह मेरे इस काम को उसी उद्देश्य से देखते हैं जिस दृष्टि से मैं लिख रही हूँ कुछ लोगों का काम है बात बनाना और फिर उस दौर में जब लेखक बिकता हो, ख़ेमों में बँटता हो तब यदि वह मेरे स्वतन्त्र लेखन पर शक करता है तो मैं उसे हक़ देती हूँ कि वह अपने अन्दाज़ से मुझे देखे बात बनाए मगर यह सब वक़्ती बातें होती हैं। इश्क़ और मुश्क़ छुपाए नहीं छुपता है सच सात पर्दों में भी नहीं छुपता झूठ सात पर्दों के बाद भी बेनक़ाब हो जाता है।

❑ ईरान के साहित्य को आप जिस तरह से प्रस्तुत करने में व्यस्त हैं, इससे आपका स्वयं का लेखन तो बहुत पिछड़ गया—है न?

● इसमें तो कोई शक नहीं है, शायद मैं इस बीच नई नाविलें लिख डालती एक-दो कहानी संकलन आ जाते मगर मुझे इसका दुःख नहीं है। उसका कारण है। बिना मक़सद के उस लेखन से क्या फायदा जो गिनती में हो मुझे पता है मेरे इस लेखन से ईरान का वह तबका फैज़याब हो रहा है जो कल ज़िन्दा नहीं बचेगा क्योंकि गिन-गिन कर मारा जा रहा है। भूखे-नंगे तो वह पहले से ही थे। इसलिए उनसे माली मदद का भी इमकान नहीं है कि कल मुझे बड़ी दौलत मिलेगी। यदि मैं अपना ईरान पर किया गया लेखन किसी पार्टी या ग्रुप (तोदे पार्टी या अकसरियत ग्रुप) के लिए करती तो न मैं दुःख झेलती न ही मेरे स्वयं के लेखन को क्षति पहुँचती तब एक मध्यवर्गीय मानसिकता को साथ लिए, भविष्य के लिए पैसा जोड़ती। इनाम के लिए भागती, ज़बरदस्ती कुछ हासिल करने में जुटी होती, आज मन से हल्की हूँ दिमाग़ से ताज़ा क्योंकि जो मैं उचित जान रही हूँ सही समझ कर लिख रही हूँ, साज़िश नहीं कर रही हूँ फिर उम्र पड़ी है स्वयं के स्वतन्त्र लेखन के लिए फिर यह अनुभव कितना अनोखा है कि जिनके लिए लिखा वह सब क़ब्रों में सोए पड़े हैं और मैं ज़िन्दा हूँ क़लम चला रही हूँ आने वाली ईरानी नस्ल को बताने के लिए मेरे पास बहुत से अनुभव, बहुत सी घटनाएँ हैं जिसकी मैं चश्मदीद गवाह हूँ।

❑ समय-समय पर आपकी जो कहानियाँ या अन्य सामग्री पढ़ने में आई है उसकी पृष्ठभूमि प्रायः विदेशी रही है—क्या आप यहाँ की पृष्ठभूमि या वातावरण को अपने लेखन के उपयुक्त नहीं पातीं?

● ऐसी तो कोई बात नहीं है 'सारिका' का एक अंक आ जाने या 'शामी काग़ज़' छपने का यह मतलब हरग़िज़ नहीं है कि मुझे अपने देश की पृष्ठभूमि लेखन के लिए उपयुक्त नहीं लगती है। छोटी पत्रिकाओं में मेरी भारतीय पृष्ठभूमि की कहानियाँ छपती रहती हैं। शायद आपकी नज़र से गुज़री हों, एक संग्रह भी शीघ्र प्रकाशित हो रहा है। इसके अतिरिक्त बहुत से काम हैं जो अधूरे पड़े हैं समय कम है, काम ज़्यादा।

❑ ईरान के बुद्धिजीवियों, साहित्यकारों, चिन्तकों की तुलना में हमारे यहाँ के बुद्धिजीवियों, साहित्यकारों, चिन्तकों के बारे में आपकी क्या राय है? इसके साथ ही वहाँ के प्रगतिवादियों एवं यहाँ के प्रगतिवादियों (जनवादियों भी) में क्या फ़र्क़ है?

● फ़र्क़ दोनों देशों के सियासी वातावरण में है, जितना ईरानी बुद्धिजीवी लेखन के लिए क़ुर्बानी देता है भारतीय नहीं देता है। एक शे'र कहने, एक लेख लिखने, एक ड्रामा करने के जुर्म में दस वर्ष तक जेल में सड़ता है मगर पीछे हटता नहीं है। बड़े-बड़े लेखकों व बुद्धिजीवियों की जो दुर्गति ईरान में पिछले पचास वर्ष में हुई है। अद्वितीय है। भारत में संघर्ष रोटी का है, अच्छी 'लिविंग' का है वहाँ सब कुछ मिला हुआ है इसलिए वह बड़ी आसानी से विचारात्मक धरातल पर लड़ते हैं, क़ुर्बान होते हैं। रहा प्रगतिवादी या जनवादी का प्रश्न वह भी अपने में बेसिक भिन्नता रखता है। हमारे समाज में शराब न पीना, नमाज़ न पढ़ना ही जनवादी होने या प्रगतिवादी होने की निशानियाँ हैं वास्तव में यह लिबरल (मार्क्सवादी नहीं) लोग हैं जो भारतीय समाज में मार्क्सवादी जनवादी बन बैठते। उनकी स्थिति ठीक तोदे पार्टी (ईरानी कम्युनिस्ट पार्टी) की तरह है। ईरान में जनवादी व प्रगतिवादी चूँकि घुटन में रहे हैं और एक बेहद माडर्न समाज में भी उनकी माँग दूसरी क़िस्म की है। अवसरवादी वहाँ भी ख़ूब हैं मगर जो वास्तव में जनवादी व प्रगतिवादी हैं वह हमारे भारतीयों से बहुत आगे हैं उसका कारण भी है। हमारी कम्युनिस्ट पार्टी (C.P.I) 1940 में बनी जबकि ईरान में सौ वर्ष पहले बनी थी। हमारे यहाँ जनवादी अधिकतर मध्यवर्गीय थे ईरान में अधिकतर निम्नवर्गीय यहाँ से जीवन मूल्यों का फर्क़ आरम्भ होता है। मध्यवर्गीय कहीं जाकर अपने लाभों में खो जाता है जबकि निम्न वर्ग आसानी से फुसलाया नहीं जाता है। इसी 'पुनश्च' के अंक के सारे लेखकों को देखें उनकी पारिवारिक पृष्ठभूमि क्या रही है?

हमारे यहाँ जनवाद का प्रयोग केवल व्यक्तिगत लाभों के लिए किया जाता है जहाँ लाभ ख़त्म वहाँ जनवादी नारा समाप्त नौकरी मिलने तक क्रान्ति रही उसके बाद ख़त्म। स्थिति ईरान को देखते शोचनीय है मगर निराशाजनक नहीं, नई आने वाली नस्ल जो देहाती व शहरों में काम कर रही हैं उनसे उम्मीद है।

❑ आपने अपनी तरह मुसीबतों को झेलते हुए अपना काम किया है उसके प्रकाशनादि कर रहे लेखक वर्ग से आपको क्या सहयोग और सहानुभूति मिली?

● सहयोग की जगह अफ़वाह ज़रूर उड़ाई है ख़ैर यह रही मज़ाक़ की बात मेरा

विषय ऐसा है कि ज़रा कठिन है सहायता देना क्योंकि भाषा का मसला खड़ा हो जाता है। छपने को लेकर कहीं आश्चर्य हुआ तो कहीं दुःख हर अख़बार की अपनी पॉलिसी हर सम्पादक की अपनी दृष्टि बड़ा कठिन काम है बिना किसी खेमे से जुड़े छपना, हिन्दी में 'सारिका' और उसके भूतपूर्व सम्पादक की मैं हमेशा आभारी रहूँगी उन्होंने ईरान की समस्या को संजीदगी से लिया और मुझे पाठकों तक अपने विषय को पहुँचाने में एक प्लेटफ़ार्म दिया (आपका भी आभार प्रकट करना जरूरी समझती हूँ) हिन्दी साहित्यकारों, सम्पादकों से मुझको दुःखद या कटु अनुभव ईरान के मसले को लेकर नहीं है बल्कि उनकी रुचि उनकी हमदर्दी ने मुझे काफ़ी सहारा दिया है मगर उसके बरअक्स, इंग्लिश व उर्दू में काफ़ी दिल दुःखता है वहाँ पर जाकर महसूस हुआ कि यदि आप किसी की 'एजेण्ट' (लोगों के अनुसार) होतीं तो छपने में आसानी होती, कुछ ने वायदे किए मगर लेख देखकर ख़ामोश हो गए यह उनकी कमज़ोरी थी या वह किसी झंझट में फँसना नहीं चाहते थे मगर कुछ लोगों ने वही इण्टरव्यू, वही लेख छापे। उर्दू में क़िस्तवार मैंने लिखा, चार क़िस्त तक सिलसिला ठीक रहा फिर पूरे-पूरे पैराग्राफ़ उड़ाए जाने लगे, साथ ही मेरे विरोधी पत्र भी छपते, विरोधी पत्र मुझे भेज देते जो बहुत ही अभद्र भाषा में लिखे होते थे मेरे लेखों की तीन क़िस्त को निचोड़ कर एक क़िस्त बना दी गई मेरे पक्ष में आने वाले पत्र नहीं छपते थे। कहने पर ख़ामोशी—पत्र लिखने पर जवाब नदारद! तंग आकर मैंने क़िस्त लिखना बन्द कर दी। पत्रों का मज़मून इतना दुखदायी होता था कि सोचना पड़ता था कि अभी हमारे यहाँ कितनी ज़हालत, कितनी रूढ़िवादिता है। तथ्यपूर्ण बातों का जवाब व्यक्तिगत रूप से कीचड़ उछालना है। इसी उर्दू के मज़मून पर मुझे 'इस्लामी पासदारों' की ओर से पत्र मिला कि आपको यजीद की बेटी कहा जाए या रावण की पुत्री? आपका आधा नाम 'ज़लील' है (शर्मा) आप पैसों से ख़रीदी जा चुकी पत्रकार हैं। आपको इमाम खुमैनी के ख़िलाफ़ लिखने के लिए क्षमा माँगनी पड़ेगी। हम आपको 'लानती तौक़' पहनाते हैं क़ुबूल करें। आप मुर्दाबाद, इसराइली मुर्दाबाद, इस्लामी इंक़िलाब ज़िन्दाबाद, इमाम खुमैनी ज़िन्दाबाद। 22 जून की 'क़ौमी आवाज़ की सारी प्रतियाँ' आग को भेंट कर दी गई हैं। आप पर लानत—पत्र मजे की बात है उर्दू में लिखा था।

❑ यूँ तो सवाल निहायत व्यक्तिगत है—परन्तु आपकी सम्पूर्ण लेखन प्रक्रिया में इसकी कहीं न कहीं अहमियत तो रही होगी—वह यह कि इस सबके दौरान आपके परिवार का सहयोग किस तरह का रहता है?

● यदि परिवार का सहयोग न मिलता तो शायद मैं कभी इतना काम न कर पाती। मिसाल के तौर पर इस साल मैं मानसिक तौर पर इतना ज़ख़्मी लौटी थी कि यदि उस हालत में परिवार ज़रा भी मेरे कष्ट को न समझ पाता तो शायद मैं बहुत भारी दिमाग़ी चोट से दो-चार होती क्योंकि पढ़े-लिखे संवेदनशील मन-मस्तिष्क के

लिए सबसे हानिकारक है तिरस्कार और यह तिरस्कार ईरान में क़दम-क़दम पर पढ़े-लिखे लोगों को सहने पड़ते हैं उसी में मैं शामिल हो चुकी थी।

❑ कभी ऐसे क्षण भी आए हैं जब आपको लगा हो कि क़लम रख तौबा कर ली जाए?

● एक बार ईरान में 'किहान इण्टरनेशनल' के कार्यालय में जब उसके सम्पादक ने मुझे ज़बरदस्ती लंच पर रोका और बातों के दरमियान पूछा आप पहले भारतीय हैं या शिया या आप इस्लाम को सियासी दीन समझती हैं या नहीं? यहाँ तक ठीक था एकाएक उन्होंने पूछा, आप कश्मीर को आज़ाद कराने में हमारी क्या मदद करेंगी? आप मेरा हाल समझ सकते हैं मेरे जवाब पर उन्होंने कहा, आप मुसलमान होकर कश्मीर में 'जमहूरी इस्लामी' सरकार स्थापित करने में मदद नहीं कर सकती हैं तो अर्थ साफ़ है आप प्रधानमन्त्री की स्पोक्समैन हैं वरना आप ही की यूनिवर्सिटी के टीचर्स हमारी मदद कर रहे हैं।

अख़बारों में कश्मीर को लेकर थोड़ी बहुत ख़बर आप पढ़ ही रहे होंगे। बहुत मुश्किल से क्रोध को दबाकर कहा कि "यदि मुसलमानों के लिए व्याकुल हैं तो दावत करें सारे हिन्दुस्तान में मुसलमान बिखरे हैं बस जाएँ ईरान में आकर।"

मेरे साथी ने कहा ज़रा नर्मी से बात कर लेतीं तो काम बन जाता इमाम को अब नहीं देख पाएँगी। मेरा क्रोध, झुँझलाहट अपनी चरम सीमा पर पहुँच गया था लग रहा था नफ़रत के कैंसर ने मेरे सारे वजूद को जकड़ रखा है लगा दुनिया में यही टॉपिक रह गया था हिमाक़त के लिए? इक्के वाले और ताँगे वाले, पान वाले मन्त्री व सम्पादक बनकर विदेश पर अपनी राय दें। एक हफ़्ते बाद दिमागी झुँझलाहट कम हुई, महसूस हुआ था। एशियाई मुल्कों का यही दर्द है अपने पैर में कुल्हाड़ी मारना और दुश्मन को मैदान देना। इस दर्द को पीना पड़ेगा क्योंकि अधिकतर हमारे लोग अशिक्षित हैं चाहे वह भारत हो या ईरान।

❑ इस समय आप क्या लिख रही हैं?

● ईरान पर पुस्तक विभिन्न लोगों का इण्टरव्यू और मेरे विचार इसके बाद देखा जाएगा।

❑ चलते-चलते एक अन्तिम सवाल—वर्तमान लेखकों में आपको कौन-कौन पसन्द हैं?

● यह प्रश्न पाठकों से करते तो अच्छा था। पसन्द उनकी रहती है अपना तो यह हाल है लेखकों की कभी एक कहानी कभी दो कहानी पसन्द आती हैं सम्पूर्ण साहित्य को क़बूल करना मुश्किल है वैसे अच्छे लिखने वाले हिन्दी में काफ़ी हैं और उनकी लम्बी लिस्ट है!

पुनश्च : मार्च 1983

ख़ाड़ी युद्ध पर सुमनमाला ठाकुर के सवाल नासिरा शर्मा से

नासिरा शर्मा ने ईरान-इराक़ युद्ध को बहुत करीब से देखा है। उनकी उजड़ी बस्तियों में घूम-घूमकर अनुभव बटोरा है। ये पहली महिला हैं, जिन्होंने ख़ुमैनी के सत्ता में आने के बाद ख़ुमैनी से मुलाक़ात की। पाँच साल से इराक़ पर और दस सालों से ईरानी क्रान्ति के गम्भीर मसले पर काम करती रही हैं। इन्होंने विरोधी पार्टी के मसूद रजवी शाहपुर बख़्तियार से पेरिस में भेंट की। इस क्रान्ति के सिलसिले में ईरानी गुस्सालों (मुर्दे नहलानेवालों) से बातचीत की। गृहयुद्ध और रणक्षेत्र का उनसे बड़ा चश्मदीद गवाह भला और कौन होगा? अपनी जिज्ञासु प्रवृत्ति की वजह से ये क़ब्रिस्तान के इंचार्ज तक से मुलाक़ात कर आईं। **सुमन माला ठाकुर** नासिरा के अनुभवों को यहाँ सवाल-जवाब के रूप में पेश कर रही हैं।

❑ अभी हाल ही में आप बगदाद और बसरा (इराक़) से लौटकर आई हैं, वहाँ युद्ध की क्या स्थिति है?

● ईरान-इराक़ का जो युद्ध है, वह कभी जोर पकड़ता है, कभी धीमा हो जाता है। एक साल पहले बसरा के पास मजनून आइलैंड में जो घमासान युद्ध हुआ था, उसमें डूबकर मरनेवाले ईरानियों की तादाद एक लाख 20 हज़ार थी, क्योंकि मजनून आइलैंड पर ईरानियों ने क़ब्ज़ा कर लिया था और इराकियों ने बाँध खोल दिया था। इस बार जब मैं इराक़ में थी, तब ईरान का हमला बसरा पर सुबह आठ बजे से आठ बजे रात तक लगातार होता रहा था। हम लोग उसी दिन साढ़े बारह बजे बसरा की तरफ रवाना हुए। अगली सुबह साढ़े छह बजे से जो शेलिंग शुरू हुई, तो रात भर बड़े-बड़े धमाकों से पूरा शहर गूँजता रहा। मेरे साथ जर्मन टी.वी., फ्रेंच एजेंसी और रॉयटर के पत्रकार थे। हम लोग सारा दिन होटल में क़ैद रहे, शहर में कर्फ़्यू था। शाम को साढ़े पाँच बजे मिलिटरी की तरफ से इजाज़त मिली कि हम बाज़ार जा सकते हैं। बसरा पोर्ट और बसरा सेंट्रल में घर, बाज़ार और बच्चों के स्कूल बरबाद हो गए थे।

❑ आख़िर इस युद्ध का मूल कारण है क्या, और इतनी लम्बी लड़ाई क्यों

चल रही है?

● ख़ुमैनी साहब जब ईरान से जिलावतन हुए, तो चौदह साल तक इराक़ में रहे और पेरिस से जब ईरान आए, तो उन्होंने अमरीका, सऊदी अरब और दूसरे देशों की आलोचनाएँ तो की हीं, खुले शब्दों में यह भी कहा कि 'सद्दाम हुसैन काफिर है'। 1980 में राष्ट्रपति बनीसद्र और विदेश मन्त्री कुतुबज़ादे ने कहा था कि सद्दाम हुसैन को इराक़ पर राज करने का कोई हक नहीं है। इराक़ की जनसंख्या का 65 प्रतिशत शिया आबादी है, उस पर एक सुन्नी भला कैसे हुकूमत कर सकता है और चूँकि नजफ और कर्बला हजरत अली और इमाम हुसैन का पवित्र स्थान है, तो इन तीर्थ स्थानों पर सिर्फ़ शियाओं का हक होना चाहिए। मोटे तौर पर यह दो देशों, दो इतिहासों, दो नस्लों की लड़ाई तो है ही, इसके अलावा यह रूढ़िवादिता और प्रगतिशीलता की लड़ाई भी है। सद्दाम हुसैन की सत्तारूढ़ पार्टी 'बास' सोशलिस्ट पार्टी है। सोशलिस्ट पार्टी और सोवियत लैंड की तरफ झुकाव किसी भी मौलवी को पसन्द नहीं आ सकता।

❑ आपको क्या लगता है, यह लड़ाई कब बन्द होगी? अब तो राजीव गांधी ने भी इस मामले में पहल की है।

● इराकियों को यही शिकायत थी कि भारतवर्ष इस ओर ध्यान नहीं दे रहा है। मगर वे खूब जानते थे कि ख़ुमैनी किसी के भी कहने से युद्ध ख़त्म नहीं करेंगे, क्योंकि अब तो यह इस्लामिक पार्टी के अस्तित्व की बात है। युद्ध बन्द होते ही उनका तख्ता पलट जाएगा, क्योंकि सत्ता में आने के बाद उन्होंने ईरानियों को इस युद्ध के अलावा दिया ही क्या है? पिछले पाँच सालों से विश्वविद्यालय बन्द हैं, फैक्टरियाँ कच्चे माल की वजह से बन्द हैं। उत्पादन हो नहीं रहा है, बेकारी और महँगाई का अन्त नहीं। आबादान, खुर्रम के तेल कारखाने इस युद्ध की नजर होकर कब के बन्द हो चुके हैं। लोगों को विभिन्न टैक्सों के जरिये लूटा जा रहा है। देशद्रोह और शाह प्रेमी के इलजाम में लोगों को गिरफ्तार किया जा रहा है। रिश्वत का बाज़ार गरम है। यह सब इस्लाम की रक्षा के नाम पर! लड़ाई बन्द होने पर सरकार देशवासियों को क्या जवाब देगी? ख़ुमैनी ने ईरान की जनता को इस बात का विश्वास दिला रखा है कि जिस प्रकार हजरत मुहम्मद ने इस्लाम का झंडा स्पेन तक गाड़ा था, वह कम-से-कम नजफ और कर्बला तक तो इसे गाड़ेंगे ही। लेकिन वह भूल जाते हैं कि पाँच सालों में न सद्दाम हुसैन बदले, न ख़ुमैनी कहीं पहुँचे। यह युद्ध अब ख़ुमैनी की मौत के बाद ही समाप्त होगा।

जब 1982 में ईरान के संसद सदस्य और इस्लामिक पार्टी के अध्यक्ष रफतसनजानी से पूछा गया था कि वे युद्ध के बारे में क्या सोचते हैं, तो उन्होंने कहा था कि कल क्यों, आज ही युद्ध बन्द करें, मगर सद्दाम हुसैन मानें तब न। पिछले तीन सालों से सद्दाम हुसैन ने सम्मेलनों और अन्तर्राष्ट्रीय गोष्ठियों के माध्यम

से दस-बारह बार युद्धविराम की अपील की, मगर ख़ुमैनी ने हमेशा इसे नज़रअन्दाज़ कर दिया। अब ईरान ने कहा है कि वह आबादी पर हमला नहीं करेगा, मगर सद्दाम हुसैन कहते हैं कि या तो युद्धविराम हो, या फिर युद्ध जारी रहे, चाहे वीराने पर बम गिरे, चाहे आबादी पर।

❑ बनीसद्र, मुजाहिदीन व अन्य ख़ुमैनी विरोधी ख़ुमैनी को हटाने की कोशिश क्यों नहीं करते हैं?

● इसलिए कि ख़ुमैनी-विरोधी दल विभिन्न गुटों में बँटे हुए हैं। उनमें एकता नहीं है। हर कोई सत्ता में आना चाहता है। अगर ये एक हो जाएँ, तो ख़ुमैनी का पल भर भी ईरान में टिकना मुश्किल हो जाएगा।

❑ यह युद्ध लम्बे अरसे से चल रहा है, तो क्या राष्ट्र संघ और अन्य शान्ति संगठन किसी काम के नहीं हैं?

● काम के बस इतने ही हैं कि वे सीधे ख़ुमैनी और सद्दाम हुसैन को 'कांटेक्ट' करते हैं। 'रेडक्रास' और 'ह्यूमन राइट्स' के लिए ईरान ने अपने दरवाज़े नहीं खोले। इधर ईरानी सियासी क़ैदियों और इराकी युद्धबन्दियों की बड़ी बुरी हालत है। उचित तो यह होगा कि संसार भर के सारे शान्ति संगठन मुनाफ़ाखोर देशों से अनुरोध करें कि वे अपने हथियार ईरान या इराक़ के हाथों न बेचें। साथ ही इन देशों का बॉयकॉट भी होना चाहिए।

❑ सुनते हैं कि ईरानी लड़के भी मैदाने जंग में पहुँच रहे हैं। मजहब का यह कैसा नशा है, जो एक इनसान को इतना ख़ुदगर्ज बना दे कि वह बच्चों से उनका बचपन, उनकी मासूमियत तक छीन ले?

● कहा ही गया है कि मजहब समाज के लिए एक किस्म की अफीम है। शुरू-शुरू में ये लड़के बाप-भाइयों को देखकर ट्रेनिंग लेते थे और बाद में जब घमासान लड़ाई होने लगी, तो यही लड़के ज़बरदस्ती भेजे जाने लगे। जैसे एक लड़के ने कहा ही था कि बच्चों की कमजोरी बन्दूक़ होती है और उस कमजोरी का हुकूमत ने फायदा उठाया।

❑ आपने किस लड़के का ज़िक्र किया?

● इस लड़के से मेरी मुलाक़ात इराक़ में हुई। वैसे तो इराक़ में करीब 80 हज़ार युद्धबन्दी हैं, जिनमें काफ़ी लड़के हैं। ज्यादातर आठ से सोलह साल के। बहुत से लड़कों ने जेल में ही जवानी देखी। यह लड़का भी मुझे वहीं मिला। इन्हीं लड़कों पर जर्मन और फ्रेंच टेलीविजन ने फ़िल्म भी बनाई। जर्मन फ़िल्म 22 मई '83 को जर्मनी में दिखाई गई। इस फ़िल्म में मैंने एक सवाल किया था जब ख़ुमैनी ने रेडक्रास से यह कहकर तुम्हें वापस नहीं लिया कि तुम सब ईरानी लड़के नहीं हो, तो तुम्हें कैसा लगा? कैदी लड़के मेंहदी का जवाब था, "आपका सवाल सियासी है, मगर वह हमारा रहबर है, उन्होंने जो कहा होगा, ठीक ही कहा होगा।" इस

फ़िल्म ने साबित किया कि ये बच्चे ईरानी हैं। एक लम्बी बातचीत के बाद कुछ युद्धबन्दी लड़कों को ख़ुमैनी ने वापस भी लिया।

❑ आपने बताया कि ईरान कुटिलता से इस युद्ध को लम्बा खींच रहा है, मगर उसके मुक़ाबले में इराक़ कैसे पाँच साल से लड़ रहा है?

● इराक़ अपने क्षेत्रफल, जनसंख्या और धन को देखते ईरान का चौथा हिस्सा है। सऊदी अरब और कुवैत की माली इमदाद (मदद) से ही वह ईरान से लड़ता आ रहा है। सद्दाम हुसैन को उकसाने में सऊदी अरब का बहुत बड़ा हाथ रहा है, क्योंकि ईरान में राजतन्त्र का खात्मा सऊदी अरब के लिए खतरे की घंटी थी। सीरिया और लीबिया अरब राष्ट्र होकर भी ख़ुमैनी का समर्थन कर रहे हैं, क्योंकि मध्य पूर्वी देशों में सद्दाम हुसैन का प्रभाव इन्हें फूटी आँखों नहीं सुहाएगा। ये सारे विरोध और अन्तर्विरोध जहाँ मध्य-पूर्व राजनीति को उलझाते हैं, वहीं ये यह भी बताते हैं कि हर देश की अपनी राजनीति होती है, उसमें नस्ल, धर्म वगैरह की ढाल सिर्फ़ अवसरवादिता है, वरना सत्ता ही सब कुछ है।

रविवार, 1986

पाकिस्तान एवं अफ़गानिस्तान की सियासी स्थिति पर मजीद अहमद का इण्टरव्यू

पश्चिम एशियाई विशेषज्ञ के रूप में अपना एक विशिष्ट स्थान रखनेवाली कथाकार नासिरा शर्मा उर्दू, पश्तो, अंग्रेज़ी और हिन्दी में समान रूप से लिखती हैं। पूर्णरूप से संकटमय क्षणों में युद्ध के दौरान कई बार ईरान-इराक़ और अफ़ग़ानिस्तान जाकर वहाँ के जटिल और अहम सवालों पर विशेष लेखन और पत्रकारिता की। फ्रांसीसी तथा जर्मन दूरदर्शन की युद्धबन्दियों पर बनी फ़िल्मों में इनकी विशेष भूमिका और योगदान रहा है। सर्जनात्मक लेखन के क्षेत्र में चर्चित कृतियाँ—शाल्मली, पत्थर गली, इब्ने मरियम और शामी काग़ज़ इसके प्रतीक हैं।

भारत और पाकिस्तान के सियासी रिश्ते कैसे भी हों, कितनी भी दूरियाँ हों, लेकिन तहज़ीबी और जज़्बाती सतह पर अब भी एक किस्म का जुड़ाव बाक़ी है, जिसके होते ये सियासी दूरियाँ बनावटी और खोखली लगती हैं और सारे रिश्ते एक बहुत बड़े अन्तर्विरोध से घिरे नजर आते हैं। यहाँ प्रस्तुत हैं कथाकार नासिरा शर्मा से **मजीद अहमद** की बातचीत के प्रमुख अंश—

❑ पाकिस्तान से लौटे अपने दोस्तों से हम पाकिस्तान के लोगों और लाहौर, कराची जैसे शहरों के बारे में ढेर सवाल करते हैं। हमारी यह जानने की ख़्वाहिश होती है कि बँटवारे के बाद जो लोग पाकिस्तान गए, क्या उनका अपनी छोड़ी गई जगहों से कोई लगाव बाक़ी है?

● जो लोग यहाँ से गए हैं उनका लगाव तो है, वे याद भी करते हैं। कहीं जबर्दस्त पछतावा भी है। अब्दुल मलिक ने बातों-बातों में उनसे कहा कि "बँटवारा बहुत बड़ी गलती थी। हिन्दू दोस्तों की यादें बहुत जोरदार हैं। मैं उनकी याद में कई दिन तक बीमार रहा।" दूसरी ओर देखें चाहे वे इन्तज़ार हुसैन हों या कोई मामूली आदमी, अब भी भाषा में हिन्दी शब्द बहुत झलकते हैं। इन्तज़ार हुसैन का एक जुमला बहुत गहरे भीतर तक कभी न भूलनेवाली खरोंच पैदा करता है, "यार, तुम्हारे क़ब्रिस्तान बहुत ख़ूबसूरत हैं। घने छायादार पेड़ों के नीचे तुम लोग सोते हो, मरने के बाद!" जो संवेदनशील मुहाजिर हैं, उन्हें बहुत पछतावा है। वे

अपने वतन की ज़मीन से उखड़े हैं। अब भी उनकी जड़ें थरथरा रही हैं।

❑ तहजीबी बँटवारे का पाकिस्तान में लिखे गए उर्दू अदब पर क्या असर पड़ा?

● अदब में जो कुछ भी लिखा गया है उसमें अधिकतर विषय बँटवारा ही बँटवारा रहा है। जो अदीब हैं, इस मामले में काफ़ी तल्ख हैं। वे उन पुरानी यादों से अब भी आज़ाद नहीं हुए हैं। 'जर्द पत्तों का वन' में बांग्लादेश की लड़ाई और बँटवारे को इस तरह लिखा है कि जो लोग यहाँ नए रंग-ढंग से जुड़ नहीं पाए और जिनकी ज़मींदारी टूट रही है, उन्हें यह पता नहीं था कि जिस्मानी ऐशो-आराम के साथ एक ज़हनी रिश्ता भी होता है, जो तोड़ा नहीं जा सकता। यह बात सिर्फ़ अदीबों तक है, जो लोग बड़े ओहदों पर होते हैं और सियासत में दखल रखते हैं, वे बहुत ही आलोचनात्मक अन्दाज़ में हिकारत से बातें करते हैं। वह चाहे सियासत हो या फिर हिन्दुस्तान और रूस की सरकार। तीसरी दिलचस्प बात आम मुहाजिर है जिसकी बातें अदीब नहीं करते। वे हिन्दुस्तान जब कभी आते हैं तो अपने रिश्तेदारों पर नजर डालते हैं, जो ताल्लुकेदार थे, ज़मींदारी टूटने से उनका हाल बुरा है। उनका मज़ाक उड़ाते हैं। सारी कटुताएँ परत-दर-परत हैं। यह बात पंजाबियों, पंजाबी अदीबों में नहीं मिलती है, जबकि पंजाब आधा काटा गया था।

❑ हिन्दुस्तान में उर्दू अदब में बहुत से आन्दोलन हुए जैसे जदीदियत का आन्दोलन, तरक़्क़ीपसन्द तहरीक को कायम करने का आन्दोलन...तो क्या इन आन्दोलनों का पाकिस्तान के उर्दू अदब पर भी कोई असर पड़ा है?

● मुझे ऐसी कोई खास बात नहीं दिखती। जिस समय ऐसे आन्दोलन होते थे, वे दोनों ही जगह थे। जदीदियत में आगा साहब का नाम लिया जाता है और तरक़्क़ीपसन्द में अहमद नदीम कासमी का। ये वही लोग थे जो यहाँ से गए। उर्दू अदब का हिन्दीवाले काफ़ी अनुवाद कर चुके हैं, कर रहे हैं। खास तौर पर अफसानों का। सबसे बड़ी बात जो मुझे लगी वह यह कि पाकिस्तानियों में जो एक कल्चर का रिश्ता होता है वह अभी वहाँ महफूज है। इसकी वजह पाकिस्तान में कम लिखनेवाले और मुक़ाबला भी ज़रा कम ही होता है। हिन्दुस्तान से जो लोग वहाँ जाते हैं, उनकी ख़ातिरदारी होती है। ये लोग एक धुँधला-धुँधला सा ख़्वाब बुन देते हैं। दूसरी बात, वहाँ का हर बुद्धिजीवी सरकारी ओहदे पर है, जो यहाँ नज़र नहीं आता।

❑ क्या बेनजीर भुट्टो के प्रधानमन्त्री बनने के बाद लोगों की ज़ुबान जो काफ़ी अर्से से बन्द थी और साफगोई में कमी आ गई थी, आगे अदब में उससे कोई फ़र्क़ पड़ा।

● जिस वक़्त जिया साहब की मौत हुई मैं पाकिस्तान में थी और खुलेपन की हवा बह रही थी। इसमें भी शक नहीं कि पहली बार चुनाव हुआ, बेनजीर

सत्ता में आईं उन्हें एक प्लेटफ़ार्म मिला। प्रगतिशील विचारधारा के अदीबों ने बेनजीर का साथ इसलिए दिया कि कहीं कठमुल्ला सत्ता के गलियारों में फिर न खड़े हो जाएँ और रोशनखयाली का कत्ल कर दें।

❑ क्या वहाँ कभी स्वस्थ लोकतन्त्र कायम होगा अथवा जेल की सलाखें और पुलिस के कोड़ों की मार तथा फ़ौजी बूटों की हुकूमत ही रहेगी?

● जब सारी बुनियाद ख़राब है तो स्वस्थ लोकतन्त्र का सवाल ही नहीं। जो पत्रकार हैं उनका भी हिसाब-किताब है। एक नाम आ जाने से सिस्टम नहीं बदलता। पाकिस्तान नफरत की बुनियाद पर बना, सामन्ती व्यवस्था पर चला। जहाँ रोजी-रोटी मिलों और खेत-खलिहानों से न आती हो, वहाँ किसी एक नाम के आने से कोई तब्दीली नहीं आएगी। सिर्फ़ भ्रष्टाचार की शक्ल बदलेगी। कभी वह इस्लाम की शक्ल में नजर आती है, कभी 'पाकिस्तान पीपुल्स पार्टी' की नजर में।

❑ पाकिस्तान अदब के वे कौन से शायर और अफसानिगार हैं, जिन्होंने आपको प्रभावित किया?

● इन्तज़ार हुसैन, किश्वर, नाहीद, अब्दुल्ला हुसैन। आज भी 'उदास नस्लें' और 'दर्द पत्रों का वन' मेरी पसन्दीदा किताबें हैं।

❑ पाकिस्तान में उर्दू और पंजाबी के आपस में विरोध होने का क्या क़िस्सा है?

● सारी भाषाएँ एक-दूसरे के विरोध में हैं, यह नेचुरल है। क्या किया जा सकता है? पंजाबी को मौक़ा नहीं मिला है। उसके लेखकों ने उर्दू को काफ़ी कुछ दिया है। चाहे वे राजेन्द्र सिंह बेदी हों या फ़ैज़ अहमद फ़ैज़। इधर हिन्दुस्तान में जितने पंजाबी रचनाकार हैं—भीष्म साहनी, महीप सिंह, कृष्णा सोबती सभी हिन्दी में लिख रहे हैं। रचनाकार भाषाओं में नहीं बँट सकता। उसका मुद्दा है अभिव्यक्ति। इसलिए वह भाषा से ऊपर उठकर लिखता है। किसी भाषा विशेष का दायरा अपनाना ठीक नहीं। बलोची इतना गरीब इलाका है, जहाँ रोटी भी ढंग से नहीं मिलती है। साहित्य क्या खाक लिखेंगे। एक दिन में कुछ नहीं होगा, क्योंकि पावर, कानून और पैसे से योजनाएँ तो कार्यान्वित हो सकती हैं, लेकिन साहित्य नहीं पैदा हो सकता है, न लिखा जा सकता है।

❑ पाकिस्तान में आम औरत की क्या हालत है? क्या उसकी आज़ादी के सिलसिले में कोई जद्दोज़हद चल रही है।

● कुछ नहीं। जैसे हिन्दुस्तान में एक आम औरत पिसती है, वैसे ही वहाँ। कोई खास फ़र्क़ नहीं, लेकिन अभिजात्य वर्ग की औरत ज़रूरत से ज़्यादा आज़ाद है।

❑ शरीयत का सहारा लेकर औरत के ख़िलाफ़ जो कहा जाता है, क्या इससे

इस्लाम के मूल्यों पर असर नहीं पड़ रहा?

● पाकिस्तान में शरीयत कानून लागू करने का रूढ़िवादी तरीका है। 'शरीयत लॉ हाय-हाय' के नारे लगाती औरतें कहती हैं, 'हमारा क़दम आगे बढ़ा है, पीछे नहीं हटेगा'। मध्य वर्ग की औरत देहात में हैं। वह अपने को बेबस और बेकस समझती हैं मगर उसी वर्ग की औरत शहर में पढ़ती हैं, नौकरी करती हैं, फिर भी उसका पति और घर कैसा हो, उसके कितने बच्चे हों, इस पर उसका कोई अधिकार नहीं है। इस्लाम के जोर में कानून की व्यवस्था भी रूढ़िवादी दृष्टिकोण के लिए हुई है। दूसरी तरफ बिना सिर व सीना ढके तेजी से कार चलाती, सिगरेट के धुएँ उड़ाती, विदेशों में ख़रीदारी के लिए यात्राएँ करनेवाली और उन्मुक्त जीवन जीनेवाली औरतें हैं।

❑ पाकिस्तान में बिहारी मुसलमानों को बाहरी माना जाता है, क्या यह सही है?

● एकदम सही है। यह बात अफ़ग़ानिस्तान के सिलसिले में जिया-उल-हक ने कही थी।

❑ आप पश्चिम एशिया के कई दौरे कर चुकी हैं और अफ़ग़ानिस्तान पर भी आपने काफ़ी काम किया है। अफ़ग़ानिस्तान में इधर एक नई परिस्थिति उभर आई है क्या आप संक्षेप में इसकी पृष्ठभूमि पर प्रकाश डालेंगी?

● एक तो सबसे बड़ी बात है कि अफ़ग़ानिस्तान में बदलाव की जो भूमिका बन गई थी, जब रूसी फ़ौजें वहाँ आई थीं और लोग जिसे रूढ़िवादिता या मजहबी जुनून कह रहे हैं, यह वास्तव में अफ़ग़ानिस्तान की हक़ीक़त है दूसरी बात मुसलमानों के पास दो ही रास्ते हैं—या तो बहुत प्रोग्रेसिव हो जाना या इस्लामिक लिबास में अपने झंडे को ऊँचा करने का, अफ़ग़ानिस्तान के पास एकता की यही अभिव्यक्ति रह गई थी, जबकि हक़ीक़त यह है कि वहाँ न तो इतने पढ़े-लिखे लोग हैं और न ईरान की तरह वहाँ इस्लाम के दर्शन पर काम करनेवाले अफ़गान। वे खुद कहते हैं कि कुरान और रसूल से बढ़कर उनके क़बीले का कानून उनकी रगों में बहता है।

अफ़ग़ानों का कहना है कि अफ़ग़ानिस्तान अफ़ग़ानों की ज़मीन है, पस्तूनवली उनका कानून है, अफ़गानी ज़रूरत से ज़्यादा ज़मीन से जुड़े लोग हैं।

❑ अफ़ग़ानिस्तान का अपना इतिहास ही ऐसा रहा है कि उस पर रूस और ब्रिटेन जैसी ताकतें भी क़ाबू नहीं कर पाईं क्या आज भी अफ़ग़ानिस्तान के बारे में यही कहा जा सकता है?

● हाँ अफ़ग़ानिस्तान ने करके दिखा दिया और रूस की लाल फ़ौजों को वापस जाना पड़ा। गोर्बाचौफ की समझदारी से चीज़ें उस तरह बिगड़ी नहीं, मगर सोवियत लैंड टुकड़ों में बँट गया और आज भी जो झगड़ा है उन लोगों का वह

आपस में ज़्यादा है क्योंकि भारत एवं दूसरे देश इन्हीं क़बीलों के सरदारों द्वारा हस्तक्षेप कर रहे हैं।

❑ अफ़गान राजनीति असल में ट्रायबल (जनजाति) राजनीति का ही नया रूप है, क्या आप इस अक्सर कहे जानेवाली बात से इत्तिफाक रखती हैं?

● वे लोग ट्रायबल कल्चर वाले हैं और वही उनकी पूरी सोच को प्रभावित करती है जहाँ तक धर्म उनके सिर पर तारी है, यह चीज़ उन्हें एकता में बाँध सकती है।

❑ पश्चिम में भी और पूर्व में भी कई प्रेक्षक इस ख़तरे की ओर गम्भीरता से इशारा कर रहे हैं कि अफ़ग़ानिस्तान की नई सत्ता कठमुल्लों की प्रेरणा का स्रोत बन सकती है आप इससे कहाँ तक सहमत हैं?

● मुझे लगता है कि जो भी सम्भावना बन रही है, बनने दी जाए, क्योंकि ईरान में मौलवियों का जो तांडव नृत्य था, आखिर उसे भी थमकर हारना पड़ा। आज वे अपनी अतिवादिता से शर्मिन्दा हो साहित्य, संस्कृति की बातें करने लगे हैं। उसी तरह से अफ़ग़ानिस्तान को भी इस अनुभव से गुजरने का अवसर मिलना चाहिए, क्योंकि बच्चा-ए-सक्का की जो सत्ता थी, वह अफ़ग़ानिस्तान में सिर्फ़ 10 महीने रही और मौलवियों की कोशिश बिखर गई।

❑ अफ़ग़ानिस्तान के जन-जीवन के बारे में कुछ आँखों देखी बताइए? वे लोग आखिर भारत को कैसे देखते हैं?

● बड़े अफसोस की बात है कि जो पहले हमारे पड़ोसी देश थे, वे अब मुस्लिम देश की तरह माने-जाने लगे हैं, वरना ये सारे पड़ोसी देश हिन्दुस्तान को बहुत ज़्यादा आदर और सम्मान से देखते हैं। यहाँ की फ़िल्में जो सबसे सस्ता मनोरंजन है, उसके लिए दीवाने रहते हैं। हिन्दुस्तान आना चाहते हैं, घूमते हैं। बुद्धिजीवी वर्ग एक दूसरे स्तर पर भारत को ज्ञान का स्रोत समझता है। यहाँ के विचार, दर्शन, जीवन, जीने का अन्दाज़ उन्हें बहुत पसन्द है।

❑ अफ़ग़ानिस्तान की पिछली जद्दोज़हद का ज़ाहिरा तौर पर वहाँ के साहित्य, कला, संस्कृति पर असर पड़ा होगा?

● अफ़गानी लेखक ने मुझसे कहा था, "नासिरा, मैंने पिछले 10 साल से कुछ भी काम नहीं किया। मेरे साथ बहुत से लोग हैं, जिन्होंने मौलिक कुछ लिखा ही नहीं, क्योंकि जिस विचारधारा को लेकर चले थे उसे समझकर जब सत्ता में हम आए, तो सबसे पहले धक्का लगा कि हम अपने देश को ही जानते। वापसी का कोई रास्ता बचा ही नहीं था और नई ज़मीन खोदने के लिए हमारे पास समय नहीं था। लेकिन एक दूसरी हक़ीक़त यह भी थी कि सोवियत लैंड ने पहली बार बहुत सारे लेखकों की किताबें छापीं। कला, साहित्य पर बहुत काम हुआ जो शायद न हो पाता, मगर वे सब चीज़ें एक खास विचारधारा के अधीन थीं। अफ़ग़ानिस्तान

की पथरीली ज़मीन को तोड़ने की जद्दोज़हद वास्तव में उसके पत्थरों पर बोई सतही फ़सल थी।

❑ विलेन यदि गुलबुदीन हिकमतयार हैं तो हीरो कौन है?

● सबसे बड़ी बात यह कि मसूद को आज वर्तमान सियासत ने हीरो बनाकर रखा। मसूद को रशियन पसन्द करते थे। यहाँ पर जो हिकमतयार को नहीं पसन्द करते, उसकी कई वजहें हैं—एक तो पठान होने के नाते पखतूनिस्तान का मसला स्ट्रांग होगा, जो पाकिस्तान नहीं चाहेगा, क्योंकि पठान बहुसंख्यक क्षेत्र उसके हाथ से निकल जाएगा। पाकिस्तान तब तक रुचि रखता था जब तक यह लड़ाई अमरीका के लिए रूस की थी दूसरे अमरीका भी दूध का जला छाँछ भी फूँककर पिएगा। यह कतई नहीं चाहता कि ईरानवाला अनुभव अफ़ग़ानिस्तान में दोहराया जाए। अन्तर्राष्ट्रीय स्तर पर यह बात अमरीका के लिए शोचनीय है कि सोवियत लैंड के बिखरने से उसके राष्ट्र जो इस्लामिक-गण बने हैं वे और ईरान की अपनी जो इस्लामिक सरकार हो गई और फिर अफ़ग़ानिस्तान एक हो जाए। इसमें वे एकता नहीं रखना चाहते जो अमरीका के ख़िलाफ़ बहुत बड़ा बल बन जाएगा। मसूद, जो ताजिक हैं और पंचशीर इलाके के शेर कहलाते हैं, उनके आने से अफ़ग़ानिस्तान का वह पठान तेवर सत्ता में नहीं आ पाएगा और ईरान को भी एक साहसी बोलनेवाला लीडर मिलेगा जो उनके बड़े भाई होने को मान सकता है। अगर गुलबुदीन हिकमतयार सत्ता में आ जाते हैं तो वे सबसे पहले अपना कूटनीति सम्बन्ध भारत से स्थापित करने की कोशिश करेंगे।

❑ आखिर गुलबुदीन हिकमतयार का क्या होने जा रहा है?

● गुलबुदीन हिकमतयार इतने बड़े विलेन नहीं हैं, जितना बड़ा प्रश्न उन्हें बना दिया है। अगर आँख खोलकर देखें तो मापदण्ड किसी अपराधी के लिए तय हो सकते हैं, वे सारे गुण वहाँ के प्रत्येक नेता में हैं। इसलिए हिकमतयार जो पेशे से इंजीनियर हैं, पढ़े-लिखे हैं जो दूसरों की तरह सत्ता में आना चाहते हैं। उन्होंने हिज़्बेइस्लामी के नाम पर असंख्य लोगों को मरवाया। नजीबुल्लाह ने सत्ता में रहने के लिए लाखों अफ़गानों को कटवाया।

संडेमेल, 1993

विस्थापन की समस्या महाराजकृष्ण भरत के जिज्ञासापूर्ण प्रश्न और नासिरा शर्मा के उत्तर

❑ जिलावतनी और विस्थापन बोध की कविताओं में मूल अन्तर क्या है? विश्व में किन-किन जातियों/समूहों को जिलावतनी/विस्थापन के दर्द को भोगना पड़ा?

● मोटा फ़र्क़ है जिलावतनी और विस्थापन में। जिलावतनी किसी जुर्म की सज़ा में किसी व्यक्ति को दी जाने वाली सज़ा है। विस्थापन की समस्या का कारण आर्थिक, सामाजिक, पारिवारिक, सियासी, कभी-कभी सत्ता की तानाशाही भी होता है। जिलावतनी की शायरी एक महत्त्वपूर्ण दस्तावेज की तरह सामने आती है, क्योंकि उसमें व्यक्ति किसी विचार, किसी आन्दोलन, किसी संघर्ष के चलते अभिशप्त होता है। विस्थापन में बिना कारण भी एक फैसले की चपेट में लोग आ जाते हैं जैसे हिन्दुस्तान-पाकिस्तान के बँटवारे में हज़ारों लोग बौखलाए, परेशान और आतंक से घबराकर सीमा पार हुए थे। उनके पास कोई विचार, आन्दोलन, संघर्ष नहीं था, जो कुछ था वह अपनी जान बचाने का जोख़िम भरा संकल्प था।

इसी तरह से दो मिसालें हमारे सामने हैं। 1948 में जब यहूदियों के लिए होमलैण्ड का फैसला हुआ, तो सभी जगह से होते हुए ये फिलिस्तीन की तरह लौटे। यह बहुत बड़ा सच है कि यहूदियों की मनोवृत्ति से सभी विकासशील देश परेशान थे, कुछ सत्ताधारियों का ख़्याल था कि यहूदी जब फिलिस्तीन लौटेंगे, तो अरब इलाके में सामाजिक बदलाव आएगा। इससे दो तरह की पीड़ाएँ उभरीं। एक, फिलिस्तीन में स्थित बेघरबार हुए और उनका पलायन अरब के दूसरे देशों में हुआ और दूसरा, सभी जगह रचे-बसे यहूदियों का लौटना भी एक दर्दनाक हादसा बना। नई नस्ल जो विश्व के अनेक देशों में जन्मी, अपनी जन्मस्थली को अपना वतन माना, उनके लिए यह फैसला बहुत कठिन था। इसी तरह का दूसरा फैसला सद्दाम हुसैन ने किया था, जब ईरान-इराक़ का युद्ध शुरू हुआ था। उन्होंने शिया मूल के सभी ईरानियों को या यूँ कहिए ईरानीमूल के सभी शियों को देश छोड़ने के

लिए मजबूर किया।

पाकिस्तान में भी दो तरह की अभिव्यक्तियाँ मिलती हैं, एक बँटवारे से उपजी, जिसमें बेहतरीन उपन्यास हमको नज़र आते हैं और बाद के दिनों में, कलम और ज़बान पर लगे अंकुश ने जो जिलावतनी भोगी, उसमें चाहे फ़ैज़ हों या फमीदा रियाज़ उनकी नज़्मों ने इस दर्द को बहुत हद तक महसूस किया। पहला मुहाजिरत का गम था, वह भी विस्थापन का बोध था, दूसरा जिलावतनी का एक रूप था।

यह पीड़ा का बिल्कुल अनोखा अनुभव था। अगर मैं इसको संक्षेप में कहूँ तो यह पूरी सदी विस्थापन की समस्या से पीड़ित रही है। बोस्निया, युगेंडा, फिलिस्तीन, विश्वयुद्ध द्वितीय और इसके बाद यदि छोटे पैमाने पर आएँ तो अपने ही देश में पंजाब, मेघालय, कश्मीर तथा इसी के साथ एक बेहद छोटी त्रासदी भोपाल गैस काण्ड भी है, जिसने किसी को भी सुखपूर्वक अपने घर में रहने नहीं दिया।

इन दिनों पीड़ाओं (जिलावतनी और विस्थापन) से निकली कविताओं में मौटे तौर से एक ही अन्तर है कि एक ज़मीन के लिए रोता है और एक विचार और आन्दोलन के लिए। दोनों का मूल स्वर राष्ट्रीय चेतना और मातृभूमि प्रेम है। यह विवेचना किसी थीसिस के लिए तो बहुत जरूरी है, लेकिन मानवीय संवेदनाओं के बँटवारे के लिए मुनासिब नहीं है। क्योंकि एक में केवल अहसास है, दूसरे में चेतना और अहसास दोनों मिले हुए हैं। परन्तु लक्ष्य बहुत जुदागाना नहीं। एक अभिव्यक्ति व्यक्तिवाद बनकर उभरती है, जिसमें मानव की मूल जरूरतों, आकांक्षाओं, सपनों और यथार्थ की बात खुल कर सामने आती है।

❑ शरणार्थी/विस्थापित जीवन के त्रासद भरे क्षणों को विश्व के किन कवियों ने कितनी तीव्रता के साथ अभिव्यक्ति दी है?

● इसकी ज़िन्दा मिसाल फिलिस्तीनी कवि हैं, ईरानी कवि हैं, पाकिस्तानी कवि हैं और वे सारे संवेदनशील रचनाकार हैं जिन्होंने अपने देश और काल में हुए परिवर्तन के कारण देश-निकाला के दर्द को भोगा है। इनमें फिलिस्तीनी कवयित्री फदवा तूफान तथा महमूद दरिओश, समीउल कासम, राशिद हुसैन, सलीम जुबरान आदि प्रमुख हैं।

ईरानी कवियों में सईद सुलतानपुरी, अहमद शामलू, मीर फितरूस हैं। पाकिस्तानी रचनाकारों में फ़ैज़ और फमीदा रियाज़ हैं।

भारत में जिन कवियों ने अपने को अभिव्यक्ति किया है उनमें बहुत से ऐसे हैं, जो कश्मीर में नहीं रहे, परन्तु उन्होंने अपनी यादों के सहारे अपनी अभिव्यक्ति दी है, जिसमें चन्द्रकान्ता और पद्मा सचदेव, शामा, क्षमा कौल हैं। उस तरह पंजाब में जिसने वहाँ रहकर सब झेला और एक बुलन्द आवाज़ उठाई, उसमें पाश का नाम प्रमुख है।

❑ यहूदियों के साहित्य को पढ़ने के बाद कैसा महसूस होता है?

● यहूदियों के साहित्य को पढ़ने के बाद लगता है कि उन पर जो तारीख़ ने जुल्म किया, उसकी प्रतिध्वनियाँ बड़ी गहरी, उनके साहित्य में मिलती हैं।

❑ यहूदियों ने दो हज़ार वर्षों के जिलावतनी के दर्द को भोगा है और वह पीढ़ी फिलिस्तीन में आ बसी जिन्होंने कभी फिलिस्तीन या फिर यरूशलम को नहीं देखा था। पर इन लोगों ने उस ज़मीन से अरबों को निष्कासित किया, तो यह क़दम कहाँ तक उचित था?

● इसी पीड़ा पर मेरी लिखी कहानी 'ज़ैतून के साथ' है। उस कहानी का एक जुम्ला याद आ रहा है इस वक़्त—'क्या उचित है, दूसरों की क़ब्र पर अपना घर बनाना।' यह एक बहुत बड़ा सवाल है और मुझे लगता है जो ज़मीन की लड़ाई है, उसने फिलिस्तीन में तारीख़ को दोहराया है जैसे वर्षों पहले वह ज़मीन यहूदियों की थी और वह उसे छोड़कर चले गए थे। ऐसा कहा जाता है और बताया जाता है कि खुदा ने वायदा किया है ज़मीन देने का और दो हज़ार साल बाद तारीख़ के गले पन्नों से अपनी ज़मीन के मानचित्र को ढूँढ़कर लौटना खोज की दृष्टि से बहुत बड़ा काम है, मगर मानवीय दृष्टि से यह एक बहुत गैर इंसानी फेल है। क्योंकि दो हज़ार साल से बसे लोग भी अपने अधिकारों का दावा कर सकते हैं। अगर मैं यूँ कहूँ कि यहूदियों से घबराए, उकताए विश्व के राष्ट्र उन्हें अपने देश से निकालना चाहते थे और विश्व स्तर पर होमलैण्ड बनाने का षड्यन्त्र रचा गया था तब शायद किसी को ज्ञात नहीं था कि इसका नतीजा पहले से भी ज्यादा दर्दनाक होगा। आज केवल दो कौमें ही पीड़ा को नहीं झेल रही हैं बल्कि कई राष्ट्र, कई नस्लें, इस फैसले को झेल रही हैं।

❑ यहूदियों और फिलिस्तीन से भागे हुए रचनाकारों में किन का दर्द तीव्र हो उठा है कविताओं में?

● यहूदियों का दुख, अपने ऊपर हुए जुल्मों की तीव्रता बहुत ज्यादा गहरी हो उठी है उनकी कविताओं में। इसको विश्व साहित्य नकार नहीं सकता है। और पिछले पचास वर्ष में, जो कुछ फिलिस्तीन ने सहा, यहाँ तक सहा कि उन्होंने मरे हुए लोगों का गोश्त खाने के लिए फतवा भी लिया था। आज इस विकसित समाज में यंह बहुत बड़ा सवाल है कि सियासत इतिहास को दोहराती हुई इंसान को कहाँ ले जाकर खड़ा कर देती है।

❑ इधर भारत देश में घाटी से एक विशेष समुदाय का निष्क्रमण हुआ और गत एक दशक से विस्थापन बोध से प्रेरित कविताएँ रची जा रही हैं। क्या कविता के क्षेत्र में यह एक नया प्रयोग माना जाएगा?

● आतंक से उभरा हुआ जो तेवर पाश की कविताओं में है इस तरह का कोई भी तेवर कश्मीर में नज़र नहीं आता। उसका शायद कारण भी है। जितनी कश्मीर समस्या उलझी हुई है उतने ही वहाँ के लोग परेशान हैं। जिस प्रकार एक

अफ़गानी कवि ने कहा था, "पिछले दस वर्षों से मैंने कुछ नहीं लिखा। मेरे सामने यह बहुत बड़ा सवाल है कि लाल फ़ौजों ने आकर ठीक किया या मुल्क को बरबाद किया।" कुछ अलग मगर इसी तरह का वैचारिक संवेदन, सियासी उलझाव कश्मीर में भी है। मुद्दा बहुत साफ नहीं है, जिसके कारण फिलहाल कोई रचना या रचनाकार खुलकर सामने नहीं आता है। यह भी हो सकता है, जो कुछ लिखा जा रहा है वह ईरान के पहलवी साम्राज्य के काल की तरह छप नहीं पा रहा हो।

❑ साहित्यकार तटस्थ नहीं रह सकता, ऐसे में इन विस्थापित कवियों की सह-संवेदना क्या अन्य भारतीय रचनाकारों में उभरी है, क्या उन्होंने कुछ लिखा है?

● साहित्यकार की सबसे बड़ी खूबी है कि वह तटस्थ रहे मुद्दों को लेकर, लेकिन उसमें तटस्थता के चलते संकीर्णता न आए विषयों को लेके। उर्दू में एक बेहद खूबसूरत नज़्म फिलिस्तीन के ऊपर कैफी आज़मी की है। कैफी की तरह अनेक शायरों ने अपने को अभिव्यक्ति किया है। मेरी अपनी कहानी 'तीसरा मोर्चा' कश्मीर की पृष्ठभूमि पर है; जिसमें मैंने बताया है कि हिन्दू-मुसलमान मोर्चे के अलावा एक तीसरा मोर्चा औरत की अस्मिता का है, जो इस सियासी लड़ाई में सबसे ज्यादा खण्डित हुई है।

❑ आपके जीवन में ऐसी कोई घटना घटी हो जिसने आपको गहरे तक उद्वेलित किया हो?

● मैं एक घटना से निकल नहीं पाती हूँ। उसे घटना कहना ठीक नहीं है फिर भी उन दिनों में कश्मीर, पंजाब, इराक़-ईरान युद्ध, ईरान-अफ़ग़ानिस्तान रेवल्यूशन, फिलिस्तीन—इन विषयों पर लिख रही थी और इनको पढ़ भी रही थी। साथ ही इन देशों के लोग मेरे सम्पर्क में भी थे। मेरी संवेदनाएँ कुछ ज़रूरत से ज्यादा मुखर थीं; बारीक से बारीक चीज़ों को ग्रहण करने में जागरूक थीं। उन्हीं दिनों मेरे पति डा. शर्मा का एक छात्र कश्मीर से आया था और तोहफा में बादाम का एक छोटा-सा थैला था। प्लास्टिक का रंग काला था। पता नहीं क्यों उस थैले का बोझ दो तरह से मेरे ऊपर छाया हुआ था। एक तो यह अहसास दिला रहा था कि ख़ून से लुथड़े कश्मीर से कोई हमारे लिए तोहफा लेकर आया है और हमें जवाबदेह कर गया, कि मैं लेखक या इंसान के नाते इस पूरी समस्या पर क्या कर पाई, दूसरे उन्हीं दिनों गोश्त काले लिफ़ाफ़ों में कसाबों ने देना शुरू कर दिया था। पता नहीं क्यों मैंने वह थैला, सामानों की अलमारियों के बिल्कुल पीछे डाला, न उसको खोला, न बादाम किसी को खाने दिया। अर्से बाद जब जेएनयू का मकान छोड़ने लगे तो अलमारी को खाली करते हुए बादाम से भरा वह थैला मेरी लड़की के हाथ लगा, उसने जब उसको खोला तो उसमें कीड़े लग चुके थे। संवेदना का एक तीसरा झटका मुझे गहरे हिला गया था।

यह जो लम्बा सफर मैंने मन-मस्तिष्क में किया, उसको न तब बता सकती थी, न उसका खुलासा बेटी को दे सकती थी, लेकिन उन सारी बातों का अजीब सा बोझ आज भी महसूस करती हूँ, क्योंकि मेरे पास बहुत से ईरानियों ने भी अमानतें रखी थीं। कुछ ने वापस ले लीं, कुछ लौटे नहीं। उनमें एक पारसी का टाइपराइटर भी है; जो पिछले बीस साल से मेरे पास रखा है।

मगर इन दोनों पीड़ाओं का धरातल अलग-अलग होने के बावजूद किसी एक अहसास से गुँथा हुआ है, जो जिलावतनी और विस्थापन को एक केन्द्र बिन्दु पर मिलाता है।

फरवरी, 2000

इराक़ पर अमेरिका के आक्रमण पर शीबा फहमी का महत्वपूर्ण साक्षात्कार नासिरा शर्मा से

अयातुल्ला ख़ुमैनी ने अपने पूरे सत्ताकाल में केवल एक ही पत्रकार को इण्टरव्यू दिया था और वह पत्रकार थीं नासिरा शर्मा। 1981 के उनके इस एक इण्टरव्यू ने पश्चिमी पत्रकारिता की दुनिया में अपनी छाप छोड़ी थी। फिर उसके बाद नासिरा शर्मा ने फ्रेंच पत्रकारों के साथ 1983 में एक लघु डॉक्यूमेण्ट्री की जिसमें उन्होंने ईरानी युद्ध-क़ैदियों का फ़ारसी में साक्षात्कार लिया जिससे ख़ुमैनी के उस दावे की कलई खुल गई कि सेना में कम उम्र लड़के नहीं भेजे जा रहे हैं रमादी कैम्प में बन्दी बनाए गए इन क़ैदियों के इस साक्षात्कार और कैमरे के सामने बयान से दुनिया को पता चला कि इन बच्चों को जन्नत की कुंजी का लालच देकर रणक्षेत्र में भेजा जाता था। इस सनसनीखेज़ फ़िल्म ने ईरानी प्रशासन को कम उम्र लड़कों की घर वापसी पर मजबूर कर दिया था। नासिरा शर्मा ने कुल छः बार इराक़ और चार बार ईरान का दौरा किया। इस बीच उन्होंने जर्मन पत्रकारों के साथ भी एक विस्तृत फ़िल्म बनाई और मुजाहिदीनों के शीर्ष नेता और ख़ुमैनी के कट्टर विरोधी मसूद रजवी और भूतपूर्व राष्ट्रपति बनीसद्र का पेरिस में इण्टरव्यू लिया। इसके अलावा भी कई शीर्ष मुजाहिद नेताओं के साथ किए गए इण्टरव्यू इस फ़िल्म में दर्ज हैं उसके बाद अफ़ग़ानिस्तान के संघर्ष के दौर में उन्होंने शीर्ष नेता गुलबुदीन हिकमतयार का सूबा-ए-सरहद में इण्टरव्यू लिया यह 1987 का वह दौर था जब अमेरिका ने नई सर्फेस टू सर्फेस (ज़मीन से ज़मीन पर वार करने वाली) मिसाइलें मुजाहिदीनों को भेजी थीं जिससे हर तरफ़ भीषण गोलाबारी और तबाही जारी थी।

नासिरा शर्मा का औपचारिक परिचय कुछ इस तरह है—वह फ़ारसी, हिन्दी, उर्दू, अँग्रेज़ी और पश्तो भाषाओं की माहिर हैं, उन्होंने ईरान, इराक़, अफ़ग़ानिस्तान, पाकिस्तान और भारत के शीर्ष नेताओं और बुद्धिजीवियों के साथ साक्षात्कार किए हैं उसके अलावा इन देशों के युद्धरत काल पर लेखन और स्वतन्त्र पत्रकारिता भी

की है। नासिरा शर्मा का साहित्यिक लेखन भी उनकी ख्याति का एक अहम कारण है 'खुदा की वापसी', 'संगसार', 'इब्ने मरियम', 'सबीना के चालीस चोर', 'बुतख़ाना', 'दूसरा ताजमहल', 'पत्थरगली', 'गूँगा आसमान' जैसे कहानी संग्रह मध्यपूर्व और तीसरी दुनिया की औरतों के जीवन पर उनकी समझ और संवेदनशीलता को दर्शाते हैं। इसके अलावा उनके कई उपन्यास, लेख-संग्रह, अध्ययन, रिपोर्ताज़, नाटक, टी. वी. फ़िल्म, सीरियल, साक्षरता, बाल साहित्य, संयोजन, सम्पादन और स्तम्भ मंज़रेआम पर आ चुके हैं।

इस विस्तृत साक्षात्कार में नासिरा शर्मा की मध्यपूर्व की राजनीति, समाज और धार्मिक चेतना पर गहरी पकड़ ने बारीकियों को उधेड़ा है और समस्या के नए आयाम से पाठकों को रूबरू करवाया है। बातचीत कर रही हैं 'हेडलाइन प्लस' पत्रिका की सम्पादिका **शीबा फहमी**।

❑ कोई मुल्क किसी दूसरे मुल्क पर सरकार या हुक्मरां बदलने का हुक्म कैसे थोप सकता है?

● बिल्कुल नहीं थोप सकता, कोई हक़ नहीं पहुँचता है?

❑ फिर कैसे अमेरिका एक दशक से ऊपर से यह मुहिम चला रहा है? और इतने बड़े पैमाने पर तबाही के बावजूद सद्दाम भी कुर्सी क्यों नहीं छोड़ते, आखिर इससे पहले भी महाशक्तियों ने हुक्मरानों को जिलावतन करवाया है?

● देखिए सद्दाम पर आसानी से इल्ज़ाम नहीं थोपा जा सकता, इसके लिए सबसे पहले तो मध्यपूर्वी देशों का ज्ञान होना चाहिए। इन देशों के पास कुदरती दौलत (प्राकृतिक स्रोत) बहुत ज़्यादा हैं। उनके पास न सिर्फ़ पेट्रोल की अकूत दौलत है बल्कि इतिहास का भी ख़ज़ाना है और इराक़ धार्मिक ऐतिहासिक सभ्यता और संस्कृति का केन्द्र रहा है। हम यह कैसे भूल सकते हैं कि आज जो हम लिख-पढ़ रहे हैं वह कलम-काग़ज़ इराक़ ने ही हमें दिया। विश्व का पहला लिखित हमुराबी का कानून इराक़ से मिला और बेबिलोन विश्व के अजूबों में से एक...इराक़ कोई मामूली देश नहीं है। फिर अगर आप ईरान की क्रांति पर नज़र डालें तो ईरान का सारा इन्क़लाब कम्प्राडोर व्यवस्था के ख़िलाफ़ था चाहे वह मौलवियों ने किया हो और चाहे साम्यवादियों ने। उनका पैट्रो-डॉलर अमेरिका इस शर्त पर खा-पका रहा था कि उसने आर्यामेहर को अपनी शर्तों पर दोबारा लौटने की मंजूरी दी थी और यही बात किसी भी तरह से अवाम के हलक नहीं उतर रही थी कि हम एक दौलतमन्द मुल्क हैं, हमारे पास सम्पदा और संस्कृति है तो हम क्यों अमेरिका के गुलाम बनें। इसलिए लड़ाई हुई, शहनशाहियत ख़त्म हुई और इसके बावजूद कि अमेरिका ने बहुत बुरी तरह परेशान किया और सद्दाम को भी उकसाया कि वह लड़ाई में जूझते रहें, और शाह के वफादारों को भी आगे बढ़ाया कि शाह फिर लौटेगा आप यक़ीन कीजिए, और इस तरह ईरान-इराक़ की लड़ाई छिड़ गई फिर

जो तीन (फ्रांस, ब्रिटेन और अमेरिका) महाशक्तियाँ थीं या कह लें चार (रूस) इसके गठबन्धन बदलते रहे, कभी अमेरिका और ब्रिटेन दोस्त हो गए कभी फ्रांस और ब्रिटेन दोस्त हो गया, इन्होंने बुरी तरह से हमारी पुरानी सभ्यता के जो केन्द्र थे, जिन्हें ज़मीनी दौलतें भी खूब मिली हुई थीं और जिनके पास इतिहास था उन्हें बुरी तरह रौंदा और गुलाम बनाने की कोशिश की क्योंकि इन महाशक्तियों के पास इतिहास नहीं था लेकिन जो आधुनिक तारीख़ थी वह इन्होंने बनाई थी। तो कहीं हम पिछड़ तो गए उनकी आधुनिक तरक्की से। जैसे भारत के पास बहुत कुछ है लेकिन मानी हुई बात है कि हम फ्रांस, अमेरिका से बहुत सी चीज़ों में सौ साल पीछे हैं। इसलिए हम आज जो पाना चाहते थे वह आधुनिकता इन लोगों के पास थी और इन्होंने मध्यपूर्वी स्रोतों को अपनाना शुरू किया और ईरान के पढ़े-लिखे लोगों ने जब बग़ावत की तो ईरान ने क्या-क्या नहीं झेला? गृहयुद्ध झेले, ईरान-इराक़ जंग हुई, गुरिल्ला-वार हुई, कितना जुल्म सहा लेकिन आख़ीर में स्वतन्त्रता और स्वावलम्बन हासिल किया।

बिल्कुल इसी तरह सद्दाम जानता है कि मध्यपूर्वी देशों में कोई इतनी जुर्रत नहीं रखता (सिवाय फिलिस्तीनियों के जो खुद मुश्किलों से लड़ रहे हैं) अब रहा सवाल कुवैत का, कुवैत जानता है कि उसका पूरा अस्तित्व अमेरिका के लिए है, सऊदी अरब ने अपने को गिरवी रख रखा है क्योंकि वह सिर्फ़ आरामदेह ज़िन्दगी चाहते हैं, बददुओं के पास इतना दिमाग़ नहीं है और अगर है तो वक्ती शहनशाहियत उसे पनपने का मौक़ा नहीं देती है। असल में सद्दाम यह लड़ाई सिर्फ़ अपने लिए नहीं लड़ रहा है बल्कि वह इस पूरे इलाके की स्वतन्त्रता और सुरक्षा के लिए लड़ रहा है। उसके पास कुछ उसूल हैं, वह दूर तक चीज़ों को देख रहा है।

❑ यह इतना बड़ा कॉज़ है जो कि वक़्त ने सद्दाम के कन्धों पर डाला है लेकिन हर मौक़े पर अरब ममालिक की एकता की दुहाई देने वाले अरबों को क्यों नहीं नज़र आ रहा है?

● नज़र तो आ रहा है लेकिन अवाम को क्योंकि वहाँ की सरकारों की इतनी हैसियत नहीं है। वहाँ सरकारों के पास सैन्य शक्ति नहीं है, आर्थिक स्थिति डगमगा रही है और वह मरना नहीं चाहते हैं। सद्दाम मरना चाहता है, कॉज़ के लिए ईराकी मरना चाहते हैं क्योंकि उनके पास सिर्फ़ सभ्यता और संस्कृति ही नहीं बल्कि शहादत का दर्शन (फलसफ़ा) है जो हुसैन ने आने वाली नस्लों को दिया है उससे सद्दाम क्या पूरे इराक़ी मुक्त नहीं हो सकते, ईरानी मुक्त नहीं हो सकते, यह उनकी केमिकल बनावट है। इससे कुवैत वाले आज़ाद हो सकते हैं क्योंकि उनके पास हुसैन का दर्शन नहीं है। इसे दुनिया को समझना पड़ेगा अगर उन्हें इराक़ को समझना है।

❑ अमेरिका को इराक़ के साथ-साथ ईरान से भी ख़तरा है उसकी गिद्ध-दृष्टि

बराबर ईरान पर लगी है और मौजूदा हालात में परम्परागत विरोधी होते हुए भी ईरान खुलकर अमेरिका का विरोध कर रहा है। इराक़-ईरान मोहाज़ अब कितना दूर है?

● मुझे तो साफ़ नज़र आ रहा है वैसे जब दुनिया आतंकवाद के नाम पर अफ़ग़ानिस्तान पर बमबारी करवा कर बहुत खुश थी मुझे उस वक़्त भी साफ़ दिख रहा था कि अब किसी दूसरे मुल्क की शामत आने वाली है। अब भी बिल्कुल साफ़ है कि इराक़ के बाद ईरान की लाज़मी तौर पर शामत है (अगर अमेरिका यहाँ कामयाब हो गया) और वह इसलिए नहीं कामयाब होगा कि इराकियों में लड़ने का हौसला नहीं बल्कि इसलिए कि इसके पास हवाई ताक़त ज़बर्दस्त है जिससे वह अफ़ग़ानिस्तान में जीता।

❑ संयुक्त राष्ट्र संघ को किसलिए ज़िन्दा रखा जाए? दुनिया के सारे मुल्क जो इस संस्था को ज़िन्दा रखने के लिए पैसा देते हैं उनकी एक न चली सब ठगे से खड़े देखते रह गए और अमेरिका इराक़ को रौंद रहा है?

● मुझे तो यह ईरान और अफ़ग़ानिस्तान पर काम करते वक़्त ही महसूस हो गया था कि ऐसी संस्थाएँ अपनी सारी ताक़त खो चुकी हैं और आज यह सच खुल कर सामने आ गया है लेकिन फिर भी यह क़ाबिले तारीफ़ है कि लोग आवाज़ बुलन्द कर रहे हैं। इससे पहले चाहे वह बोस्निया हो, ईरान-इराक़ जंग हो, भारत-पाक युद्ध हो, दुनिया की अवाम सड़क पर नहीं निकली थी आज वह वक़्त आ गया है कि अवाम सड़कों पर है क्योंकि एक प्रोग्रेसिव, वतनपरस्त, नेशनलिस्ट आदमी के ख़िलाफ़ जुल्म हो रहा है। अमेरिका की पूरी मध्यपूर्वी सियासत आम लोगों की समझ में आ चुकी है और मेरे ख़्याल से लोग अब पछता भी रहे हैं क्योंकि अफ़ग़ानिस्तान पर आतंकवाद का इल्ज़ाम साबित नहीं हो सका है दूसरे अमेरिका के पास अब फुर्सत भी नहीं है कि वह अफ़ग़ानिस्तान को फिर से आबाद करे। इसलिए लोगों में कुछ प्रायश्चित्त का जज़्बा है, कुछ आक्रोश है और कुछ शर्मसारी है कि सन् 2003 में आप संवाद (बातचीत) की जगह बमबारी कर रहे हैं।

❑ अमेरिका ने हमला अपनी मर्ज़ी, अपने चुने हुए वक़्त और अपने तरीक़े से करके इराक़ में चौतरफ़ा तबाही व बर्बादी मचा दी है। अब वह कहता है कि इराक़ का पुनर्निर्माण संयुक्त राष्ट्र संघ द्वारा सभी मुल्कों के चंदे से होगा। यह कैसी एकतरफ़ा और अजीब सिच्युएशन बनाई है अमेरिका ने?

● इसमें तो कोई शक नहीं है कि अमेरिका ने पूरे विश्व पर एक महँगा कमिटमेण्ट थोपा है लेकिन मुझे इसमें दो तरह की परिस्थिति पैदा होती दीख रही है एक तो यह कि या तो मध्यपूर्व में अकेला इराक़ दम तोड़ देगा और उसके बाद एक यूनिटी (एकता) उभरेगी जो बहुत समय लेगी और या फिर अमेरिका का अन्त हो जाएगा।

❑ एक मसला यह भी है कि अमेरिका जीत गया तो बिल्कुल दूसरी तरह की रेखाएँ विश्व के नक़्शे पर उभरेंगी क्योंकि अमेरिका-ब्रिटेन ने इराक़ को तीन टुकड़ों में बाँट कर, एक हिस्सा कुवैत को, एक टर्की को और एक नो मैन्स लैण्ड बनाने का इरादा ज़ाहिर कर दिया था। ऐसी सूरत में यह इराक़ की जनता का क्या करेंगे जो कि एक अलग नस्ल है, एक अलग राष्ट्रीय पहचान रखती है, उसका अपना एक इतिहास है, एक प्राचीन संस्कृति है जो दूसरे अरबों के साथ शेयर नहीं की जा सकती। इस अवाम को कैसे बाँटेंगे? कौन कहाँ जाएगा?

● वही हाल करेंगे जो इन्होंने फिलिस्तीनी अवाम का किया है। जैसे उनकी नस्लें नहीं जानतीं कि उनके माँ-बाप का वतन फिलिस्तीन उनका भी वतन क्यों नहीं है? उनका वतन कहाँ है? यह सवाल इराकियों की चेतना में बसा हुआ है और यह चेतना छिन नहीं सकती।

❑ लेकिन यह कितनी भयानक त्रासदी होगी कि इराक़ की इतनी बड़ी अवाम फिलिस्तीनी मानसिकता का शिकार हो जाए, मानवबम बनने पर मजबूर हो जाए, उन्हें अपनी या किसी की ज़िन्दगी में दिलचस्पी न रहे। अगर इस जंग का नतीजा यही है तो फिर कितने ओसामा पैदा होंगे, कितने सद्दाम जन्म लेंगे? एक पूरी नस्ल से उसका वतन छीन लेने के क्या परिणाम होंगे?

● हाँ, जिस झूठे आतंकवाद के नाम पर यह ज़्यादतियाँ कर रहे हैं वही इनके गले की हड्डी बनने वाला है। जिस बुरी तरह से अमेरिका के ख़िलाफ़ सचमुच के आतंकवाद की शुरुआत होगी उससे वहशत तो लग रही है। यह मोहर्रम का महीना है, वहाँ पर लोग 14 हज़ार साल पहले की कुर्बानी को 'रिवाइव' करते हैं। और वह कुर्बानी सिर्फ़ रवायत के तौर पर नहीं याद की जाती उससे आदमी को एक ताक़त मिलती है कि अपने हक़ के लिए लड़ो, जुल्म के ख़िलाफ़ आगे बढ़ो। ऐसी हालत में सद्दाम अपने आप मुसलमानों की अस्मिता का हीरो बन चुका है, एक बार फिर बिल्कुल उसी तरह पानी छिन रहा है खाना छिन रहा है जैसे उस ज़माने में हुआ था। यह बड़ी अजीब सी बात है क्योंकि मोहर्रम के साथ चेहल्लुम शुरू होगा और कर्बला पर हमला जारी है। यह सारी कैफ़ियत मुसलमानों और मुस्लिम समाज पर रिसर्च करनेवालों, मुहब्बत करने वालों, इस्लाम पर काम करने वालों, इराक़ में वक़्त गुज़ार चुके लोगों पर अजीब तरह का प्रभाव छोड़ रही है।

❑ जब्र की बिना पर आज एक नया 'वर्ल्ड-ऑर्डर' अस्तित्व में आ चुका है और भारत शायद इसलिए चुप रहा कि जिस तरह एकतरफ़ा कार्यवाही आज अमेरिका सिर्फ़ आरोप लगा कर इराक़ के ख़िलाफ़ कर सकता था उसी तरह का 'सेंक्शन' वह पाकिस्तान के ख़िलाफ़ चाहता था लेकिन अभी जो भयानक क़त्लेआम काश्मीरी पण्डितों का हुआ है उसकी शिकायत करने पर अमेरिका फिर पाकिस्तान से बातचीत शुरू करने की सलाह दे रहा है जबकि भारत को इससे एलर्जी है

और भारत कहता है कि जब तक सीमापार से आतंकवाद बन्द नहीं होता पाकिस्तान से बातचीत का सवाल नहीं उठता। तो भारत की इराक़ जैसे दोस्त के ख़िलाफ़ आपराधिक चुप्पी साधने पर भी नतीजा यह निकले तो हमारी विदेशनीति किस हद तक कामयाब है?

● मेरे ख़्याल से हम कभी अमेरिका के साथ जा ही नहीं सकते और हमारी सरकार की बहुत बड़ी ग़लती थी कि वह अमेरिका की तरफ़ झुक गई। दूसरी चुभने वाली बात यह है कि हम किसी भी मसले पर पाकिस्तान को सामने रख कर निर्णय लेते हैं। हर चीज़ के लिए कह देंगे कि पाकिस्तान ने यह कर दिया वो कर दिया। आप यह भी तो सोचिए कि खुद आपने सीमावर्ती प्रान्तों में विकास ही नहीं किया तो वहाँ की जनता आपके साथ क्यों होगी? कश्मीर ही क्यों आप उत्तरपूर्वी प्रान्तों को देखिए क्या वहाँ जनता आपके साथ है? क्या आप समझते हैं कि सीमा सुरक्षा पुलिस और सेना के बल पर ही राज कर लेंगे? क्या एक पुरानी मस्जिद और रामजन्म भूमि जिसके लिए तारीख़ कुछ और कह रही है, के ज़रिए हिन्दू-मुसलमानों के बीच नफ़रत पैदा कर आप शान्ति से राज करेंगे। इन सब चीज़ों को देख कर मुझे लगता है कि पाकिस्तान का हाथ हो न हो हमारा ही बहुत बड़ा हाथ है अपने देश में संघर्ष उत्पन्न कराने में।

❑ लेकिन पिछले कुछ सालों से ख़ासकर 9/11 के बाद से भारतीय कूटनीति में अमेरिका से दोस्ती का बड़ा सेलीब्रेशन है। यह माना जा रहा है कि अगर एक बार अमेरिका हमें दोस्त का दर्जा दे दे तो फिर पाकिस्तान पर क़ाबू पाया जा सकता है?

● इसमें कोई शक नहीं क्योंकि दोनों की विचारधारा एक हो रही है कि किसी को दबा कर उस पर राज करना। लोकतन्त्र का, प्रजातन्त्र का खुलापन तो है नहीं। जब बाहर निकलो तो हँसी आती है एक उदाहरण दूँ—मैं एक बार जयपुर का सफ़र कर रही थी पास की सीट पर एक अधिकारी जो कुवैत में कहीं नौकरी करते थे मिले, बातों बातों में मैंने उनसे पूछा कि आपको क्या लगता है क्या हमला होगा? तो वह बोले "मैडम हमला तो होना ही चाहिए मुसलमानों के दिमाग़ बहुत ख़राब हो गए हैं"। तो जहाँ यह विचार हो कि एक तरफ़ उन्हीं मुसलमानों की आप रोटी खा रहे हैं, वहाँ कमा कर भारत में अपना मकान बना रहे हैं, उन्हीं मुसलमानों का सर कटवाने के लिए आप बेचैन हैं। ऐसी मानसिकता के लिए क्या कह सकते हैं? यह वक़्त आया है तो गुज़र भी जाएगा।

❑ अवाम की सतह पर सद्दाम हुसैन मुसलमानों के हीरो बन गए हैं, यहाँ तक परम्परागत शत्रुता भुला कर लोग सद्दाम के साथ हैं अमेरिका इस परिस्थिति से कैसे निबटेगा?

● इसे मुसलमानों तक सीमित नहीं करना चाहिए, इसमें वह सभी अवाम

और देश शामिल हैं जो नैतिकता, इंसानियत और तर्क में विश्वास रखते हैं। उनका मज़हब कोई भी हो सकता है। जिसकी पहली वजह तो यही है कि लोग अन्दर-अन्दर अमेरिका से नफ़रत करते हैं और उन्हें लगता है कि अमेरिका के ख़िलाफ़ कोई खड़ा तो हुआ। खुमैनी को भी लोगों ने इसीलिए पसन्द किया था कि किसी ने तो अमेरिका को चुनौती दी। उनके बाद सद्दाम ने यह किया है। ज़्यादा बड़ी बात यह है कि इराक़ के लोग क्यों पसन्द करते हैं। वह क्यों सद्दाम के लिए जान देने पर तुले हैं? जबकि ऐसा भी नहीं है कि दावा पार्टी बाथ पार्टी की दुश्मन नहीं है और नॉन प्रोग्रेसिव, जड़वादी भी सद्दाम के ज़बर्दस्त दुश्मन हैं, आस-पास के देश भी सद्दाम को पसन्द नहीं करते, क्योंकि यह एक वैचारिक लड़ाई है, सद्दाम एक प्रोग्रेसिव आदमी है, इस्लाम के अध्ययन में उसने प्रोग्रेसिवनेस देखी है, आदमी और इंसानियत की आज़ादी देखी और जो उसके आस-पास के देश हैं उन्होंने इस्लाम में जड़ता देखी है और बेवकूफ़ी देखी है। सऊदी अरब ही को देखें वहाँ वह मर्द पकड़ा जाता है जिसकी बीवी चादर न ओढ़े लेकिन सद्दाम के यहाँ कोई औरत चादर लपेट कर टहलती नज़र नहीं आती थी। उसने पर्दे के ख़िलाफ़ आवाज़ उठाई तीन चार शादियों के ख़िलाफ़ आवाज़ उठाई औरतों को बराबर से पढ़ने और नौकरी करने का अधिकार दिया और उन्होंने सबसे बड़ी बात यह की कि जब उन्होंने शिया क़ानून और सुन्नी क़ानून का अध्ययन किया तो उन्हें लगा कि शिया क़ानून में औरतों को ज़्यादा आज़ादी है तो उन्होंने इराक़ की तमाम औरतों के लिए शिया क़ानून अपना लिया जिससे औरतों को बड़ी राहत मिली जैसे कि आप तीन बार तलाक़ कह कर चंपत नहीं हो सकते, न औरत को निकाल सकते हैं। तो समझने की बात है कि सद्दाम को कौन पसन्द करेगा? जहाँ जड़ता है, अय्याशी है, जहाँ गद्दी का डर है वहाँ सद्दाम के लिए कोई आगे नहीं बढ़ेगा। लेकिन दुनिया के जो प्रोग्रेसिव लोग हैं, बा-होश लोग हैं वह सद्दाम को मध्यपूर्व में देखना चाहते हैं। क्योंकि मध्यपूर्व जिस तरह से जड़ता और अमेरिका की चपेट में आ रहा है उसे कोई तो बचाए। और अगर एक मर्तबा इराक़ अमेरिका के चंगुल में आ गया तो समझ लो अरबों की कमर टूट गई। मध्यपूर्वी देश दलदल में चले गए।

❑ क्या इसीलिए अमेरिका को इस्लामी देशों में कट्टरपंथी ही रास आते हैं। उसने ओसामा बिन लादेन बनाया, उसने तालिबान बनाए, और जो भी अमेरिका-दोस्त हुकूमतें हैं वहाँ लोकतन्त्र नहीं है?

● देखिए हम भी सोवियत संघ के दोस्त थे हमने टेक्निकल दोस्ती की, हमने संस्कृति का आदान-प्रदान किया, हमने लेखन का आदान-प्रदान किया, लेकिन हमने एक दूसरे को गुलाम नहीं बनाया। अमेरिका का लक्ष्य मदद करके गुलाम बनाना होता है। वह उस देश का सारा कच्चामाल हड़पना चाहता है जो कि बहुत

ख़तरनाक है। इसीलिए मध्यपूर्व के वह देश जो कहते रहे कि ठीक है तुमने मदद की है, पर हम आज़ाद और स्वावलम्बी तो रहें, तो अमेरिका को न अफ़ग़ानिस्तान का वह राष्ट्रपति पसन्द आया चाहे वह दाऊद जैसा शासक ही क्यों न हो या मुसद्दिक़ हो जिन्होंने ईरान के पेट्रोल का राष्ट्रीयकरण करना चाहा तो अमेरिका ने रातोंरात तख़्ता पलटवा दिया इसी तरह सद्दाम के साथ कर रहा है। यह तो इन्तहा है, आखिर यह हैं कौन सद्दाम को हटाने वाले? आज अगर हम नारा दें कि हम बुश को हटाना चाहते हैं तो अमेरिकी अवाम कैसे रिएक्ट करेंगे। यह ऐसा ख़तरनाक उल्लंघन और अतिक्रमण है कि मुझे लगता है दुनिया जरूर कुछ करेगी, आम जनता करेगी सरकारें करें या न करें।

हेडलाइन प्लस : अप्रैल, 2003

●●●